SCHÜLER-DUDEN
Die Astronomie

DUDEN für Schüler

Rechtschreibung und Wortkunde
Vom 4. Schuljahr an

Grammatik
Vom Aktiv bis zum zweiten Futur

Wortgeschichte
Sprachgeschichte und Etymologie für den modernen Sprachunterricht

Bedeutungswörterbuch
Weil viele Wörter mehrdeutig sind

Fremdwörterbuch
Von relaxed bis marginal

Die richtige Wortwahl
Auf einen Schlag den inhaltlich und stilistisch treffenden Ausdruck

Lateinisch-Deutsch
Die Neufassung des »Taschen-Heinichen«

Der Sport
Vom Fallrückzieher bis zur Trainingslehre

Die Kunst
Von der Farbenlehre bis zur Aktionskunst

Die Musik
Bach und Bebop, Farbenhören und farbiges Rauschen

Die Literatur
Absurdes Theater, Naturalismus, Hinkjambus: die Literatur in ihrer Vielseitigkeit

Die Chemie
Von der ersten Chemiestunde bis zum Abiturwissen

Die Ökologie
Klassische Ökologie und moderne Umweltproblematik

Die Pflanzen
Vom Gänseblümchen bis zum Mammutbaum: Antwort auf Fragen, die im Unterricht offen bleiben

Die Biologie
Auf dem neuesten Stand der Forschung

Die Tiere
Rötelfalken und Rötelmäuse. Für kleine und große Biologen

Die Physik
Die wichtigsten Begriffe und Methoden der Physik

Die Astronomie
Von hellen Sternen und schwarzen Löchern. – Stern-Stunden verständlich gemacht

Die Geographie
Von der Geomorphologie bis zur Sozialgeographie

Wetter und Klima
Vom Heidelberger Talwind bis zu den Passaten

Die Geschichte
Ob Merkantilismus oder UN: alles Wissenswerte leicht zugänglich

Die Wirtschaft
Vom Break-even-point bis zur Schattenwirtschaft

Politik und Gesellschaft
Vom Bruttosozialprodukt bis zur Pressefreiheit

Die Religionen
Aberglaube, Christentum, Zwölfgöttersystem: die Welt der Religion auf einen Blick

Die Philosophie
»Logik des Herzens« und kategorischer Imperativ: die wichtigsten Modelle und Schulen

Die Psychologie
Vom Alter ego bis zur Zwillingsforschung

Die Pädagogik
Alles zum Thema Schule, Ausbildung und Erziehung

Die Informatik
Algorithmen und Zufallsgenerator: das Informationszentrum für Anfänger und Fortgeschrittene

Die Mathematik I
5.–10. Schuljahr

Die Mathematik II
11.–13. Schuljahr

Das Wissen von A bis Z
Ein allgemeines Lexikon: die ideale Ergänzung zu den »Spezialisten«

DUDEN-Schülerlexikon
Ein Lexikon nicht nur für die Schule

SCHÜLER-DUDEN

Die Astronomie

Herausgegeben und bearbeitet
von Meyers Lexikonredaktion

Wissenschaftliche Bearbeitung:
Prof. Dr. Wolfram Winnenburg

DUDENVERLAG
Mannheim/Wien/Zürich

Redaktionelle Leitung:
Karl-Heinz Ahlheim

Redaktion:
Dr. Gerd Grill, M. A.

Wissenschaftliche Mitarbeit:
Thomas Bartelworth,
Andreas Christian

CIP-Titelaufnahme der Deutschen Bibliothek
Schülerduden »Die Astronomie« / hrsg. u. bearb. von
Meyers Lexikonred. Wiss. Bearb.: Wolfram Winnenburg. –
Mannheim; Wien; Zürich: Dudenverl., 1989
ISBN 3-411-02220-5
NE: Winnenburg, Wolfram [Bearb.]; Die Astronomie

Das Wort DUDEN ist für Bücher
aller Art für den Verlag
Bibliographisches Institut & F. A. Brockhaus AG
als Warenzeichen geschützt

Alle Rechte vorbehalten
Nachdruck, auch auszugsweise, verboten
© Bibliographisches Institut & F. A. Brockhaus AG,
Mannheim 1989
Satz: Bibliographisches Institut & F. A. Brockhaus AG,
Mannheim (DIACOS Siemens) und
Mannheimer Morgen Großdruckerei und Verlag GmbH
Druck und Einband: Klambt-Druck GmbH, Speyer
Printed in Germany
ISBN 3-411-02220-5

VORWORT

Der Schülerduden „Die Astronomie" ist als unterrichtsbegleitendes Nachschlagewerk vorrangig für die Sekundarstufe II konzipiert und wendet sich besonders an Schüler, die Astronomie als Grundkurs wählen. Als Thema eines Wahlbereichs, aber auch als integrativer Bestandteil naturwissenschaftlicher Fächer, z. B. der Physik, hat die Astronomie in der Schule einen hohen Stellenwert für die Entwicklung des Weltbildes sowie für das Selbstverständnis und die Einstellung zur Umwelt.
Der Schülerduden „Die Astronomie" vermittelt in verständlicher Form, wie der Schüler über die Beobachtung und Beschreibung astronomischer Objekte und Erscheinungen, schließlich über die Begründung ihrer physikalischen Natur Zugang zur Astronomie findet. Er zeigt zugleich, wie sich die Astronomie, eine der ältesten Wissenschaften, zu einem der aktuellsten Forschungsbereiche entwickelt hat. Denn mit ihren weitreichenden Instrumenten stößt die Astronomie heute bis an die Grenzen des Weltalls vor. Sie erweitert in hohem Maße unser Wissen über die Entwicklung und den Aufbau des Universums. Sie bringt uns damit auch einer Antwort auf die Frage nach dem Ursprung des Lebens näher.
Die eingehende Beschreibung von Forschungsmethoden und theoretische Betrachtungen machen über das reine Faktenwissen hinaus verständlich, daß Ergebnisse und Trends der modernen Astronomie, die häufig das Vorstellungsvermögen übersteigen oder gar phantastisch anmuten, auf sehr vernünftigen und in vielen Fällen nicht einmal schwierig nachzuvollziehenden Überlegungen beruhen.
Der Schülerduden „Die Astronomie" ist gezielt auf die Belange des Schulunterrichts abgestimmt. Er bietet Orientierungshilfen und vermittelt die Grundlagen zum Verständnis des angebotenen Stoffes.

Mannheim, im Frühjahr 1989   Verlag und Herausgeber

Die Zeichen der Internationalen Lautschrift

Bei schwer auszusprechenden Stichwörtern ist im Stichwortkopf in eckigen Klammern die korrekte Aussprache in phonetischer Umschrift angegeben. Die Ausspracheangaben bedienen sich der folgenden Zeichen des Internationalen Phonetischen Alphabets (IPA):

a	helles bis mittelhelles a	hat [hat], Rad [ra:t]	pf	pf-Laut	Pfau [pfaʊ]
ɑ	dunkles a	Father englisch ['fɑːðə]	r	r-Laut	Rast [rast]
æ	sehr offenes ä	Catch englisch [kætʃ]	s	β-Laut („scharf")	Rast [rast]
ʌ	abgeschwächtes dunkles a	Butler englisch ['bʌtlə]	ʃ	sch-Laut	schalt! [ʃalt]
aɪ	ei-Diphthong	reit! [raɪt]	t	t-Laut	Tau [taʊ]
aʊ	au-Diphthong	Haut [haʊt]	θ	stimmloser englischer th-Laut	Commonwealth engl. ['kɔmənwɛlθ]
b	b-Laut	Bau [baʊ]	ts	z-Laut	Zelt [tsɛlt]
ç	Ich-Laut	ich [ɪç]	tʃ	tsch-Laut	Matsch [matʃ]
d	d-Laut	Dampf [dampf]	u	geschlossenes u	Kur [kuːr]
ð	stimmhafter englischer th-Laut	Father englisch ['fɑːðə]	u̯	unsilbisches [u]	Capua italienisch ['kaːpu̯a]
dʒ	dsch-Laut („weich")	Gin [dʒɪn]	ʊ	offenes u	Pult [pʊlt]
e	geschlossenes e	lebt [leːpt]	v	w-Laut	Wart [vart]
ɛ	offenes e	hätte ['hɛtə]	w	konsonantisches u	Winston englisch ['wɪnstən]
ɛ̃	nasales [ɛ]	Teint [tɛ̃ː]	x	Ach-Laut	Bach [bax]
ə	Murmellaut	halte ['haltə]	y	ü-Laut	Tüte ['tyːtə]
f	f-Laut	fast [fast]	ʏ	offenes ü	rüste ['rʏstə]
g	g-Laut	Gans [gans]	ɥ	konsonantisches ü	Suisse französisch [sɥis]
h	h-Laut	Hans [hans]	z	s-Laut („weich")	Hase ['haːzə]
i	geschlossenes i	Elisa [e'liːza]	ʒ	sch-Laut („weich")	Genie [ʒe'niː]
i̯	unsilbisches [i]	Mario italienisch ['maːri̯o]	ʔ	Kehlkopfverschlußlaut	Verein [fɛr''aɪn]
ɪ	offenes i	bist [bɪst]	ː	Längenzeichen, bezeichnet Länge des unmittelbar davor stehenden Vokals	bade ['baːdə]
ɨ	zwischen [i] und [u] ohne Lippenrundung	Gromyko russisch [gra'mɨkə]			
j	j-Laut	just [jʊst]			
k	k-Laut	kalt [kalt]			
l	l-Laut	Last [last]	'	Hauptbetonung, steht unmittelbar vor der betonten Silbe; wird nicht gesetzt bei einsilbigen Wörtern und nicht, wenn in einem mehrsilbigen Wort nur ein silbischer Vokal steht.	Acker ['akər], Apotheke [apo'teːkə]
ʎ	lj-Laut	Sevilla spanisch [se'βiʎa]			
m	m-Laut	man [man]			
n	n-Laut	Nest [nɛst]			
ŋ	ng-Laut	lang [laŋ]			
ɲ	nj-Laut	Champagne französisch [ʃã'paɲ]			Haus [haʊs]
o	geschlossenes o	Lot [loːt]			
õ	nasales o	Bon [bõː]			
ɔ	offenes o	Post [pɔst]			
ø	geschlossenes ö	mögen ['møːgən]			
œ	offenes ö	könnt [kœnt]			Johnson englisch [dʒɔnsn]
œ̃	nasales ö	Parfum [par'fœ̃ː]			
ɔy	eu-Laut	heute ['hɔytə]	-	Bindestrich, bezeichnet Silbengrenze	Wirtschaft ['vɪrt-ʃaft]
p	p-Laut	Pakt [pakt]			

Zur Einrichtung des Lexikons

Die Hauptstichwörter stehen in streng alphabetischer Folge und sind in **fetter Groteskschrift** gesetzt. Unterstichwörter im fortlaufenden Text sind in **halbfetter Grundschrift** gesetzt. Derartige Unterstichwörter erscheinen an der jeweiligen alphabetischen Stelle zugleich als Verweisstichwörter in fetter Groteskschrift (**A**↑B oder **A**: svw. ↑B). Zur besseren Übersicht und zur Gliederung des Stoffes sind besonders in größeren Artikeln manche Wörter oder Wortfolgen *kursiv* hervorgehoben.

Hat ein Stichwort mehrere, stark voneinander abweichende Bedeutungen, werden diese durch das Zeichen ◊ differenziert.

Bei Fremdwörtern wird die Hauptbetonungsstelle angegeben; dabei kennzeichnet ein untergesetzter Punkt eine betonte Kürze, ein untergesetzter Strich eine betonte Länge. Schwer auszusprechende Fremdwörter (in Ausnahmefällen auch deutschstämmige Wörter) erhalten im Stichwortkopf Ausspracheangaben in der Internationalen Lautschrift (siehe nebenstehende Tabelle); in diesen Fällen erhält das Stichwort selbst keine Betonungsangabe.

Abkürzungen

Abgekürzt werden die Stichwörter im fortlaufenden Text mit ihren Anfangsbuchstaben; dabei gelten die Buchstabenfolgen ch., ph., qu., sch., st. und th. als Einheit. In den gebeugten Formen der Einzahl und Mehrzahl werden die Beugungsendungen an die Stichwortabkürzung angehängt. Im übrigen werden folgende Abkürzungen verwendet (die abgekürzten Sprachangaben gewöhnlich nur im Stichwortkopf bei den Herkunftsangaben):

Abb.	Abbildung	insbes.	insbesondere
Abk.	Abkürzung	internat.	international
allg.	allgemein	italien.	italienisch
amerik.	amerikanisch	jap.	japanisch
arab.	arabisch	Jh.	Jahrhundert
Bez.	Bezeichnung(en)	Kurzbez.	Kurzbezeichnung
BR Deutsch-	Bundesrepublik	lat.	lateinisch
land	Deutschland	Mehrz.	Mehrzahl
bzw.	beziehungsweise	mex.	mexikanisch
chin.	chinesisch	Mill.	Million(en)
d. h.	das heißt	mlat.	mittellateinisch
dt.	deutsch	Mrd.	Milliarde(n)
eigtl.	eigentlich	N	Norden, Nord-
einschl.	einschließlich	nat.	national
Einz.	Einzahl	n. Br.	nördliche Breite
engl.	englisch	n. Chr.	nach Christus
finn.	finnisch	niederl.	niederländisch
frz.	französisch	nlat.	neulateinisch
gleichbed.	gleichbedeutend	NNO	Nordnordosten
griech.	griechisch	nnö.	nordnordöstlich
hebr.	hebräisch	NNW	Nordnordwesten
hpts.	hauptsächlich	nnw.	nordnordwestlich

NO	Nordosten, Nordost-	ssw.	südsüdwestlich
nö.	nordöstlich	svw.	soviel wie
NW	Nordwesten, Nordwest-	SW	Südwesten, Südwest-
nw.	nordwestlich	sw.	südwestlich
O	Osten, Ost-	Tab.	Tabelle
ö. L.	östliche Länge	u. a.	und andere(s),
ONO	Ostnordosten		unter anderem
onö.	ostnordöstlich	u. ä.	und ähnliches
OSO	Ostsüdosten	u. d. M.	unter dem Meeresspiegel
osö.	ostsüdöstlich	ü. d. M.	über dem Meeresspiegel
österr.	österreichisch	v. a.	vor allem
poln.	polnisch	v. Chr.	vor Christus
portugies.	portugiesisch	vgl.	vergleiche
russ.	russisch	W	Westen, West-
S	Süden, Süd-	wiss.	wissenschaftlich
s.	siehe	w. L.	westliche Länge
Sammelbez.	Sammelbezeichnung	WNW	Westnordwesten
s. Br.	südliche Breite	wnw.	westnordwestlich
SO	Südosten, Südost-	WSW	Westsüdwesten
sö.	südöstlich	wsw.	westsüdwestlich
sog.	sogenannt	Zus.	Zusammensetzung(en)
span.	spanisch		
SSO	Südsüdosten	**Zeichen**	
ssö.	südsüdöstlich	↑ siehe * geboren † gestorben	
SSW	Südsüdwesten		

Bildquellenverzeichnis

Bibliographisches Institut und F. A. Brockhaus, Mannheim; dpa Bildarchiv, Frankfurt am Main und Stuttgart; ESA – European Space Research and Technology Centre, Noordwijk, Niederlande; ESO – European Southern Observatory, Garching b. München; Photo- und Presseagentur FOCUS, Hamburg; Dr. J. Fried, Heidelberg; Gruner + Jahr, München; Herrmann und Krämer, Garmisch-Partenkirchen; Kiepenheuer-Institut für Sonnenphysik, Freiburg im Breisgau; Ernst Klett Verlag, Stuttgart; Fotoagentur H. Lade, Frankfurt am Main; W. Neumann, Heidelberg; Max-Planck-Institut für Physik und Astrophysik, Garching bei München; Max-Planck-Institut für Aeronomie, Katlenburg-Lindau; Max-Planck-Institut für Astronomie, Heidelberg; Radiosternwarte Westerbork, Niederlande; Spektrum der Wissenschaft, Heidelberg; Treugesell Verlag, Dr. Vehrenberg, Düsseldorf; USICA, Bonn; G. Weigelt, Erlangen; Prof. W. Winnenburg, Dülmen; Carl Zeiss, Oberkochen.

A

Abbremsparameter (Verzögerungsparameter; Formelzeichen q): eine Größe, die zusammen mit der ↑Hubble-Konstanten die Beschreibung von ↑Friedmann-Weltmodellen ermöglicht. Sowohl in der relativistischen als auch in der nichtrelativistischen Kosmologie erfolgt die Expansion des Weltalls gebremst, d. h. verzögert. Dies geschieht aufgrund der Gravitationswechselwirkung der Massen. Um Aussagen über die Entwicklung des Weltalls machen zu können, wäre die Kenntnis der genauen Größe dieser Bremsung, des A.s, von großem Nutzen.

Die Expansionsgeschwindigkeiten, mit denen sich Galaxien im All gegenseitig voneinander, und somit auch von der Erde, entfernen, sind proportional zu ihren Entfernungen. Trägt man die Expansionsgeschwindigkeiten v (in km/s) gegen die Abstände r (in Mpc) auf (Abb.), so liegen die gemessenen Werte in der Umgebung einer Geraden.

Den Anstieg der Geraden bezeichnet man als Hubble-Konstante. Dieser Wert wird mit $H_0 = H(t_0)$ bezeichnet, da er die augenblickliche Expansionsgeschwindigkeit repräsentiert. Jeder Blick ins All ist zugleich auch ein Blick zurück in frühere Phasen. Bei der Beobachtung einer entfernten Galaxie sehen wir daher sowohl deren früheren Entwicklungszustand als auch deren frühere Bewegung. Da infolge der Gravitationswechselwirkung die Expansion des Weltalls gebremst sein sollte, müßte der Wert der Expansionsgeschwindigkeit zu einem früheren Zeitpunkt auf jeden Fall größer gewesen sein als der heutige. Um die gebremste Expansion zu charakterisieren, benötigt man neben der Hubble-Konstanten H_0 eine weitere Kenngröße (Observable), den ebenfalls zeitabhängigen A., wobei mit $q_0 = q(t_0)$ der augenblickliche Wert bezeichnet wird. Dieser A. q_0 ist im Prinzip meßbar, wenn man die Abbremsung von Galaxien als Funktion ihrer Entfernung bestimmen kann. Messungen an weit entfernten Galaxien ergeben nun, daß deren Geschwindigkeiten leicht oberhalb der Geraden $v = H_0 \cdot r$ liegen, wie aus der obigen Abb. ersichtlich. Dies deutet auf eine zeitliche Abnahme der Expansionsgeschwindigkeit hin. Die geringe Abweichung des heutigen vom früheren Wert der Expansion spricht für eine geringe Abbremsung. Dies ist mit der Annahme einer hyperbolischen Expansion verträglich, was wiederum bedeuten würde, daß sich das Weltall für alle Zeiten ausdehnt, also offen ist.

Nun ist der A. q_0 proportional zur mittleren Dichte des Weltalls. Dies gestattet entweder die Bestimmung der mittleren Dichte oder liefert eine weitere Möglichkeit zur Bestimmung des A.s q_0. Um eindeutige Aussagen über q_0 machen zu können, wäre daher eine zuverlässige Bestimmung der Materiedichte wün-

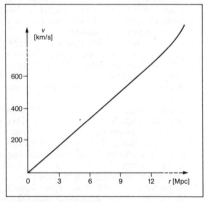

Abbremsparameter.
Expansionsgeschwindigkeit v von Galaxien in Abhängigkeit von ihrer Entfernung r zur Erde

Abenddämmerung

schenswert. Moderne Bestimmungen der Materiedichte liefern Werte unterhalb der kritischen Dichte und untermauern so die Annahme eines offenen Weltalls.

Trotz dieser evident erscheinenden Resultate können gegenwärtig keine eindeutigen Aussagen über den Welttyp wegen zusätzlicher Unsicherheiten in der Trennung von Evolutions- und Krümmungseffekten sowie weiterer ungelöster Probleme (wie z. B. ↑ Missing mass) gemacht werden.

Abenddämmerung ↑ Dämmerung.

Abendhauptlicht: der in unseren Breiten im Frühjahr am Abendhimmel sichtbare Teil des ↑ Zodiakallichts.

Abendrot: die durch Rayleigh-Streuung bewirkte Rotfärbung des Sonnenlichts bei Sonnenuntergang (↑ Himmelslicht).

Abendstern: volkstümliche Bez. für den Planeten Venus, wenn er in östlicher Elongation steht und deshalb bei Sonnenuntergang als einer der ersten Himmelskörper am westlichen Abendhimmel sichtbar wird.

Bei westlicher Elongation geht Venus vor der Sonne auf und wird daher als ↑ Morgenstern bezeichnet.

Abendweite: Mit A. wird der Winkel am Horizont zwischen Westpunkt und Untergangspunkt eines Gestirns bezeichnet. Der Begriff wird im allg. nur bei der Sonne angewendet.

A. und ↑ Morgenweite sind von der geographischen Breite des Beobachtungsortes und von der Jahreszeit abhängig. – ↑ auch Tageslänge.

Aberration [zu lat. aberrare = abirren]:

◊ Mit A. bezeichnet man in der *Astronomie* die scheinbare Veränderung eines Gestirnsortes am Himmel. Diese Veränderung ist durch die Bewegung der Erde und die endliche Geschwindigkeit des Lichts bedingt.

Der durch die Objektivmitte eines Fernrohrs fallende Lichtstrahl eines Sterns braucht eine kurze Zeit, bis er zum Okular läuft. Während dieser Zeit hat sich die Erde mit dem Fernrohr aber weiterbewegt und dadurch trifft der Strahl nicht mehr die Objektivmitte. Wenn das Fernrohr so eingestellt wird, daß sich ein Lichtquant längs der optischen Achse bewegt, muß das Fernrohr um den kleinen Winkel $\alpha = v/c$, den **A.swinkel**, in Richtung auf die Erdbewegung geneigt werden. Dabei ist v die Geschwindig-

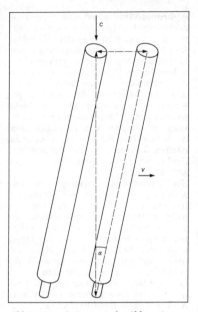

Abberation. Astronomische Abberation

keitskomponente der Erde senkrecht zum Lichtstrahl und c die Lichtgeschwindigkeit. Der A.swinkel ist somit am größten, wenn die Erdbewegung senkrecht zum Lichtstrahl erfolgt.

Man unterscheidet tägliche, jährliche und säkulare Aberration.

Die **tägliche A.** beruht auf der Rotation der Erde. Der Beobachter wird durch die Rotation auf einem Kreis um die Erdachse bewegt. Für Orte mit der geographischen Breite φ beträgt die tägliche A. $\alpha = 0{,}32'' \cdot \cos\varphi$. Die tägliche A. ist daher vom Betrag her mit $\alpha = 0{,}32''$ am Erdäquator ($v = 465$ m/s) am größten und sinkt zu den Erdpolen hin auf null. Um diesen kleinen Winkel erscheinen Sterne auf der nördlichen Halbkugel

absolute Helligkeit

beim Durchgang durch den Meridian nach Osten verschoben.
Die **jährliche A.** wurde 1725 von J. Bradley entdeckt. Durch die jährliche Bewegung der Erde um die Sonne auf einer elliptischen Bahn beschreiben beobachtete Sterne im Laufe eines Jahres im allgemeinen eine Ellipse um ihren wahren Ort. Genauer: Ein Stern am Pol der Ekliptik beschreibt einen Kreis vom Radius $\alpha = v/c = 20{,}48''$, in der Ekliptik eine Gerade mit der maximalen Auslenkung $\pm \alpha$. Für alle übrigen Sterne ist die A.figur eine Ellipse, deren große Achse zur Ekliptik parallel verläuft. Etwas komplizierter ist die A. von Planeten. Hier ist bei der Bestimmung der A. wegen der merklichen Eigenbewegung der Planeten an der Sphäre die Laufzeit des Lichts vom Planeten zum Beobachter (**A.szeit**) mit zu berücksichtigen.
Mit **säkularer A.** bezeichnet man die durch die Bewegung des Sonnensystems relativ zu den umgebenden Sternen auftretende Ortsveränderung. Da die Sonnenbewegung für historische Zeiträume als geradlinig gleichförmig angesehen werden darf, beinhaltet die säkulare A. eine zeitlich konstante Verschiebung der Sternörter, die wegen ihrer Geringfügigkeit der Beobachtung nicht zugänglich ist und daher in der praktischen Astronomie unberücksichtigt bleibt.
◊ die in *optischen Systemen* aufgrund von Abbildungsfehlern entstehenden Abweichungen von der idealen Abbildung; auch Bez. für die Abbildungsfehler selbst, speziell die chromatische und die sphärische A. (↑ Bildfehler).
Abplattung (Formelzeichen A): bei Himmelskörpern die durch Rotationskräfte verursachte Abweichung von der Kugelform (Ausbauchung am Äquator). Angegeben wird die A. durch den Unterschied zwischen Äquatordurchmesser a und Poldurchmesser b, dividiert durch den Äquatordurchmesser:

$$A = \frac{a-b}{a}.$$

Die A. der Erde kann geodätisch durch Schwerkraftbestimmung (Pendelmessung) oder astronomisch aus ↑ Präzession und Mondbewegung bestimmt werden. Neuerdings werden Bahnabweichungen von künstlichen Satelliten zur genauen Bestimmung herangezogen.
Die A. der Erde ist gering; sie liegt bei rund 1:300. Merkliche A.en weisen dagegen Jupiter, Saturn und Uranus auf (jeweils größer als 1:20).
Absolutbeobachtung: eine Beobachtung, die Meßwerte ohne Bezug zu anderen astronomischen Objekten liefert.
Im Gegensatz zur ↑ Anschlußbeobachtung ist die A. meist schwierig durchzuführen. In der Regel wird sie zur Erstellung einer Standardreihe von ↑ Anschlußsternen (z. B. Polsequenz) angewandt.
absolute bolometrische Helligkeit (Formelzeichen M_{bol}): ein Maß für die gesamte Energieabstrahlung eines Sterns (↑ bolometrische Helligkeit), bezogen auf die Einheitsentfernung 10 pc. Zwischen der ihr äquivalenten ↑ Leuchtkraft, bezogen auf die Sonne, besteht folgende Beziehung:

$$M_{bol} - 4{,}72 = -2{,}5 \log \frac{L}{L_\odot},$$

wobei 4,72 der Wert der a.n b.n H. der Sonne und $L_\odot$ die Sonnenleuchtkraft ist.
absolute Helligkeit (Formelzeichen M): die in ↑ Größenklassen ausgedrückte ↑ scheinbare Helligkeit, die ein Himmelskörper in einer Einheitsentfernung hätte. Durch Übereinkunft wurde diese für Sterne auf 10 pc festgelegt, das entspricht einer Parallaxe $\pi = 0{,}1''$.
Neuerdings spricht man auch bei Körpern unseres Sonnensystems (z. B. bei ↑ Planetoiden) von absoluter Helligkeit. Hier wird allerdings zweckmäßigerweise eine Bezugssphäre mit der Entfernung 1 AE zugrunde gelegt. Unter der a.n H. eines Meteors versteht man dagegen die scheinbare Helligkeit, die der Meteor in 100 km Höhe im Zenit hätte.
Da die Himmelskörper in verschiedenen Spektralbereichen unterschiedlich stark strahlen, hängt die gemessene Helligkeit in starkem Maße von der spektralen Empfindlichkeit des verwendeten Empfängers ab. Zur Unterscheidung wird das Formelzeichen M mit entsprechenden Indizes versehen.

absoluter Ort

Die a. H. eines Sterns kann aus seiner ↑Spektralklasse oder seiner ↑Farbe abgeleitet werden. Wichtige Zustandsdiagramme zur Bestimmung der a.n H. sind die ↑Hertzsprung-Russell-Diagramme und die ↑Farben-Helligkeits-Diagramme.

absoluter Ort ↑Ort.

Absorption [zu lat. absorbere, absorptum = verschlucken]: die Schwächung der Strahlungsenergie beim Durchgang durch Materie. Ursache für den Entzug der Energie sind ↑Absorptionsprozesse.

Absorptionsprozesse: elementare Strahlungsmechanismen, die in Umkehrung zu den ↑Emissionsprozessen für die Absorption von Strahlungsenergie verantwortlich sind. Als Hauptmechanismen sind zu nennen: gebunden-gebundene, gebunden-freie sowie frei-freie ↑Übergänge.

Absorptionsspektrum: ein kontinuierliches ↑Spektrum mit „fehlenden" (dunklen) Linien. Die dunklen Linien entstehen durch Absorption in kühleren Gasen, die z. B. einen Stern umgeben. Auskunft über die Art der Herausfilterung liefern ↑Absorptionsprozesse.

Abstandsgesetz: das aus der Photometrie bekannte Gesetz der geometrischen Verdünnung, wonach der Strahlungsstrom einer punktförmigen Quelle mit dem Quadrat der Entfernung abnimmt.

Achernar [aus arab. āhir an-nahr = Ende des Flusses (bezogen auf die Lage des Sterns am Ende des auch „Fluß Eridanus" genannten Sternbildes Eridanus]: Hauptstern im Sternbild ↑Eridanus mit einer scheinbaren visuellen Helligkeit von $0^m\!.47$. – ↑auch Sternverzeichnis.

Achondriten [griech. a- = verneinendes Präfix]: eine Untergruppe der Steinmeteoriten. Im Gegensatz zu den ↑Chondriten enthalten diese eisenarmen Meteoriten keine millimetergroßen Silicatkugeln (Chondren).

Acrab [arab. 'aqrab = Skorpion]: Stern im Sternbild ↑Skorpion mit einer scheinbaren Helligkeit von $2^m\!.63$. – ↑auch Sternverzeichnis.

adaptive Optik [zu lat. adaptare = gehörig anpassen]: ein neuartiges Verfahren, um z. B. die durch atmosphärische Turbulenz (↑Luftunruhe) verursachte Verschlechterung des Auflösungsvermögens mit Hilfe von Formänderungen eines verhältnismäßig dünnen Teleskopspiegels zu korrigieren. Die Formänderungen werden von einer optoelektronischen Sensoranordnung gesteuert. – ↑auch optische Großteleskope.

Adler (Aquila; Abk.: Aql]: ein Sternbild, das von mittleren nördlichen Breiten aus im Sommer am Abendhimmel sichtbar ist. Durch das Sternbild A. zieht sich das Band der Milchstraße.
Hauptstern ist ↑Atair, der zusammen mit ↑Wega (Sternbild Leier) und ↑Deneb (Sternbild Schwan) das ↑Sommerdreieck bildet.

Adrasteia [nach der gleichnamigen weiblichen Gestalt der griech. Mythologie]: ein Satellit des ↑Jupiters.

AE: Einheitenzeichen für ↑astronomische Einheit.

Airglow ['εəglou; engl. = Luftglühen]: Bez. für das in der Atmosphäre durch Rekombination bewirkte ↑Nachthimmelslicht.

Akkretion [aus lat. accretio = Zunahme]: die Massenzunahme von kosmischen Objekten, z. B. durch gravitationsbedingtes „Aufsammeln" von Materie. Nach der A.stheorie dürfte es bei Sternen in interstellaren Wolken nur in Ausnahmefällen zu einer merklichen Massenaufsammlung kommen. Denn zum einen bedarf es zur A. einer überdurchschnittlich dichten Wolke interstellarer Materie, zum anderen einer sehr kleinen Relativgeschwindigkeit zwischen der Wolke und dem Materie aufsammelnden Stern. Ferner wirken der für das „Heranziehen" von interstellarer Materie verantwortlichen Gravitation der Strahlungsdruck der Sternstrahlung sowie der Gasdruck im interstellaren Gas, das in Sternnähe sicher ionisiert und aufgeheizt ist, entgegen.
Bei Kernen von Galaxien dagegen könnte A. ein durchaus normaler Vorgang sein.

Aktinograph [griech. aktís, aktĩnos = Strahl]: Gerät zur zeitlichen Registrierung des auftretenden Strahlungsstroms (↑Aktinometer).

Aktinometer [griech. aktís, aktĩnos =

Strahl]: Gerät zur relativen Strahlungsmessung, z. B. zur Messung der ↑Solarkonstanten. Um Absolutmessungen durchführen zu können, bedarf es einer zusätzlichen Eichung. A. zur Messung des integralen Strahlungsstroms basieren auf dem Prinzip der Umwandlung von Strahlungs- in Wärmeenergie. Als Strahlungsempfänger dient eine geschwärzte dünne Metallplatte, deren Absorptionsverhalten dem eines absolut ↑schwarzen Körpers nahe kommt. Die Energie der auftretenden Strahlung wird aufgrund der Temperaturerhöhung thermoelektrisch oder über den Grad der Krümmung eines geschwärzten Bimetallplättchens bestimmt. Die zeitliche Registrierung des Strahlungsstroms erfolgt mit dem **Aktinographen.**
Im Unterschied zu A.n sind ↑Pyrheliometer Absolutinstrumente.

Aktinometrie: *allg.* svw. Strahlungsmessung.
In der *Astronomie* werden mitunter Sternkataloge, in denen Helligkeitsmessungen abgedruckt sind, als A.n bezeichnet. Bekannte A.n sind die 1904/08 entstandene **Göttinger A.**, die für 3 500 Sterne zwischen 0° und +20° Deklination photographisch bestimmte scheinbare Helligkeiten enthält, sowie die **Yerkes-A.**, die für den Deklinationsbereich 60° bis 75° die photographisch ermittelten scheinbaren Helligkeiten von 2 354 Sternen bis zur Größe 8ṃ25 aufführt.
Daneben gibt es Helligkeitskataloge, die diese Bez. nicht führen.

aktive Galaxien: Sammelbez. für Galaxien, bei denen eine Fülle unterschiedlichster Erscheinungen, wie energiereiche Röntgen- und Radiostrahlung, stark nichtzirkulare Gasbewegungen sowie leuchtkräftige Infrarot- und optische Emission, auf die Freisetzung großer Energiebeträge hinweist und die daher als „aktiv" bezeichnet werden. Aktivität beobachtet man vornehmlich in ↑Quasaren, ↑Seyfert-Galaxien und ↑Radiogalaxien. Neuerdings verstärkt sich die Vermutung, daß Aktivität in nahezu allen Galaxien auftreten müßte.
Als Mechanismus für derart gewaltige Energieumwandlungen kommt der Einfall von Materie ins merkliche Gravitationsfeld großer Massen bzw. Massenansammlungen in Frage. Aber auch ein ausbruchartiger Anstieg der Sternentstehungsrate wäre als Mechanismus für derartige Aktivitäten denkbar. Massereiche junge Sterne (im extremen Fall mit einer Gesamtmasse bis zu einer Milliarde Sonnenmassen) könnten für eine kurze Dauer von vielleicht 10 Mill. Jahren eine gewaltige Gesamtleuchtkraft erzeugen. Am Ende dieser Periode würden dann viele Sterne als Supernovä explodieren und daher Gasbewegungen mit hoher Geschwindigkeit sowie intensive Röntgen- und Radioemission bewirken. Die lange Zeit vorherrschende Meinung, daß es sich bei a.n G. um Galaxien mit explodierenden Kernen handelt, wird gegenwärtig nicht mehr favorisiert.
Das derzeit bevorzugte Modell für a. G. beschreibt die gewaltige Energieabgabe als ↑Akkretion von Materie durch ein ↑schwarzes Loch von 10^6 bis 10^9 Sonnenmassen. Notwendige Voraussetzung für Aktivität wären demnach schwarze Löcher. Diese könnten sich durch Sternkollisionen in den dichten Kernen von Galaxien gebildet haben. Schwarze Löcher wären nach diesem Modell in nahezu allen Kernen von Galaxien existent, damit wahrscheinlich auch im Zentrum unseres Milchstraßensystems. Als Auslösemechanismus für die Speisung eines schwarzen Loches mit Materie vermutet man eine starke Gezeitenstörung der galaktischen Scheibe durch eine sehr nahe Begleitergalaxie. Durch die Gezeitenstörung würde das Gas in die Kernregionen getrieben, dort das bis dahin ruhige schwarze Loch füttern und somit die Aktivität auslösen.
Beobachtungen des galaktischen Zentrums scheinen das obige Bild über schwarze Löcher als Verursacher der Aktivität von Galaxien zu stützen. Zwar ist die im Zentrum unseres Milchstraßensystems beobachtete Aktivität gering im Vergleich zu den Aktivitäten in klassischen a.n G. (Quasare, Seyfert- und Radiogalaxien), doch lassen eine Reihe interessanter Phänomene aufhorchen:
1. Die beobachtete großräumige Expansion von neutralem Gas im galaktischen

aktive Optik

Zentrum könnte auf eine Explosion, die sich vor etwa 10^6 Jahren ereignet hat, hinweisen.

2. Das Vorhandensein einer kompakten, nichtthermischen Radioquelle mit einem Durchmesser von weniger als 100 AE könnte ein weiterer Hinweis auf ein schwarzes Loch sein.

3. Große Geschwindigkeiten des ionisierten Gases (H II, Ne II) in Entfernungen von weniger als einem Parsec vom galaktischen Zentrum bestärken die Vermutung, daß sich im Milchstraßensystem ein schwarzes Loch befindet.

aktive Optik: ein Steuerungsverfahren ähnlich der ↑adaptiven Optik, das zur Korrektur der Störungen eines Spiegels, z. B. durch Gravitationseffekte beim Kippen des Teleskops, durch thermische Effekte oder Windeinflüsse, Anwendung findet. Im Gegensatz zur adaptiven Optik, bei der die Korrekturrate bis zu 200 Korrekturen pro Sekunde betragen kann, ist sie im Falle der a. O. beträchtlich niedriger (bei Bedarf bis zu 5 Korrekturen pro Sekunde).

Aktivitätszentrum: ein Störungsgebiet auf der Sonne. Typische Erscheinungen sind ↑Sonnenflecken, ↑Fackeln, ↑Flares, ↑Protuberanzen und starke Magnetfelder.

Alamak [aus arab. al-'anāq = die Ziege]: Stern im Sternbild ↑Andromeda mit einer scheinbaren visuellen Helligkeit von $2^m_.28$. – ↑auch Sternverzeichnis.

Albedo [lat. = weiße Farbe]: Maß für das diffuse Rückstrahlungsvermögen von Körpern. In der Astronomie bezeichnet man mit A. den Anteil des Sonnenlichts, den ein Himmelskörper reflektiert. Ein Körper, der das Sonnenlicht zu 100% reflektiert, hat demnach die A. 1. Die A. 0 bedeutet, daß der Körper kein Licht reflektiert.

Das Rückstrahlungsvermögen der Planeten und Monde ist von besonderer Bedeutung, da der Vergleich der A.werte von Himmelskörpern und irdischen Substanzen, auch ohne Planetenmission, Rückschlüsse auf die Oberflächenbeschaffenheit von Monden und Planeten erlaubt.

Aus der Tab. der A.werte für Himmelskörper ersieht man, daß die A. von Mond und Merkur sehr gering, diejenige von Venus dagegen recht groß ist.

Albedowerte

von Himmelskörpern		von irdischen Substanzen	
Venus	0,76	Kreide	0,85
Erde	0,39	Wolken	0,70
Callisto	0,15	Granit	0,31
Mond	0,07	Vesuvasche	0,16
Merkur	0,06	Ätnalava	0,04

Albireo (Abk.: β Cyg): der Stern am Kopf des Sternbildes Schwan. β Cygni ist bereits mit einem Feldstecher als ↑Doppelstern erkennbar. Die beiden Komponenten sind unterschiedlich gefärbt. Der orangene Hauptstern hat eine scheinbare Helligkeit von $3^m_.2$, der bläuliche Begleiter von $5^m_.4$.

Alcyone [al'ts...]: svw. ↑Alkyone.

Aldebaran [auch: ...'ba:ran; arab. addabarān = der (den Plejaden) Folgende]: Hauptstern im Sternbild ↑Stier mit einer scheinbaren visuellen Helligkeit von $0^m_.86$. – ↑auch Sternverzeichnis.

Alderamin [arab.]: Hauptstern im Sternbild ↑Cepheus mit einer scheinbaren visuellen Helligkeit von $2^m_.41$. – ↑auch Sternverzeichnis.

Alferaz: svw. ↑Alpheratz.

Alfonsinische Tafeln: 1252 auf Anordnung Alfons X. von Kastilien unter Leitung der jüdischen Gelehrten Jehuda Ben Mose und Isaak Ben Sid in Toledo zusammengestelltes astronomisches Werk mit Tabellen zur Berechnung der Örter von Sonne, Mond und den Planeten Merkur, Venus, Mars, Jupiter und Saturn.

Algenib [arab. al-ǧanb = die Seite (gemeint ist wohl: des Pegasus)]:
◊ Hauptstern (α Persei) im Sternbild ↑Perseus mit einer scheinbaren visuellen Helligkeit von $1^m_.79$.
A. wird mitunter auch ↑Mirfak genannt.
◊ Stern (γ Pegasi) im Sternbild ↑Pegasus mit einer scheinbaren visuellen Helligkeit von $2^m_.83$.
γ Pegasi ist ein veränderlicher Stern, allerdings nur mit einer mittleren Schwan-

Allende-Meteorit

kung von $0^m\!.02$ um seinen durchschnittlichen Helligkeitswert. – ↑ auch Sternverzeichnis.

Algol [auch: 'algɔl; von arab. al-ġūl = Name eines häufig seine Gestalt wechselnden Wüstengeistes (also wohl eine Anspielung auf die wechselnde Lichtstärke)]: Stern im Sternbild ↑ Perseus mit einer scheinbaren visuellen Helligkeit von $2^m\!.2$.
A. ist der zuerst entdeckte und bekannteste ↑ Bedeckungsveränderliche, der auch der Klasse der A.sterne den Namen gab. Nachdem bereits im Jahre 1670 die Lichtvariabilität von A. beobachtet worden war, entdeckte man im Jahre 1782, daß seine ↑ Lichtkurve periodisch ist. – ↑ auch Sternverzeichnis.

Algolsterne [auch: 'algɔl...]: ↑ Bedeckungsveränderliche vom Typ EA, die nach dem Repräsentanten ↑ Algol dieser Klasse ihren Namen haben.

Algorab [arab. al-ġurāb = der Rabe]: Stern im Sternbild ↑ Rabe mit einer scheinbaren visuellen Helligkeit von $2^m\!.95$. – ↑ auch Sternverzeichnis.

Alioth [arab.]: Stern im Sternbild ↑ Großer Bär mit einer scheinbaren visuellen Helligkeit von $1^m\!.76$. – ↑ auch Sternverzeichnis.

Alkor [arab.]: ein nur $4^m\!.2$ heller, aber trotzdem bekannter Stern, der sich unter dem Knick der Deichsel des Großen Wagens im Sternbild Großer Bär befindet. Im Volksmund heißt er deshalb auch **Reiterlein**. Auch als **Augenprüfer** wird er bezeichnet, da sein Erkennen als ein Maß für gute Augen gewertet wird. Letzteres ist aber nur bedingt richtig.

Alkyone [griech.] (Alcyone): Stern im Sternbild ↑ Stier mit einer scheinbaren visuellen Helligkeit von $2^m\!.86$. – ↑ auch Sternverzeichnis.

Allende-Meteorit: ein 1969 im nördlichen Mexiko in der Nähe von Pueblito de Allende niedergegangener Meteorit. Im A.-M.en, der zur Gruppe der kohligen Chondriten zählt, wurde erstmals ein von irdischen Gesteinen abweichendes Isotopenverhältnis entdeckt. Ähnliche Beobachtungen wurden später auch bei anderen kohligen Chondriten gemacht. Kohlige Chondriten sind primitive Meteoriten, weil sie kaum Spuren einer Entwicklung zeigen. Primitive Meteoriten lassen sich als Körper interpretieren, die sich in einem frühen Stadium der Entstehung unseres Sonnensystems verfestigen und sich seitdem kaum verändert haben. Die im A.-M.en und in anderen kohligen Chondriten bei Sauerstoff (O) und Magnesium (Mg) gefundenen anormalen Isotopenverhältnisse erlauben möglicherweise Rückschlüsse auf die Entstehung des ↑ Sonnensystems. Beim Sauerstoff kennt man drei verschiedene ↑ Isotope: ^{16}O, ^{17}O, ^{18}O.
Näherungsweise machen chemische Prozesse keinen Unterschied zwischen den Isotopen eines Elements. Da jedoch die Masse eines Atoms die Reaktionsgeschwindigkeit beeinflußt, treten bei genauerer Betrachtung geringe Unterschiede auf, die mit einem ↑ Massenspektrometer nachweisbar sind. Die Abweichungen gehorchen einem einfachen Gesetz: Verschiebt sich durch eine chemische Reaktion das Verhältnis $^{17}O/^{16}O$, so verschiebt sich das Verhältnis $^{18}O/^{16}O$ um den doppelten Betrag. Die Steigung von $^{17}O/^{16}O$ gegen $^{18}O/^{16}O$ ist daher in diesem Falle 1/2 (wie bei irdischem Material). Ändern sich jedoch die Verhältnisse $^{18}O/^{16}O$ und $^{17}O/^{16}O$ aufgrund reiner Zu- oder Abfuhr von ^{16}O, so bleibt

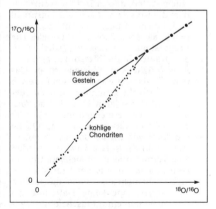

Allende-Meteorit. Relative Isotopenverhältnisse bei irdischem Gestein im Vergleich zu kohligen Chondriten für Sauerstoff

allgemeine Präzession

das Verhältnis $^{17}O/^{18}O$ konstant, d. h. die Gerade $^{17}O/^{16}O$ gegen $^{18}O/^{16}O$ hat die Steigung 1 (wie bei chondritischem Material).

Kennt man diesen Zusammenhang, so lassen sich chemisch bedingte Unterschiede in der Isotopenverteilung rechnerisch korrigieren und die „wahren" Isotopenverhältnisse rekonstruieren. Untersuchungen an irdischen Sauerstoffproben aus der Luft, dem Wasser und dem Boden ergeben unter Berücksichtigung der Korrekturen immer die gleiche relative Isotopenhäufigkeit, nämlich: 99,756% ^{16}O, 0,039% ^{17}O und 0,205% ^{18}O. Auch Sauerstoffproben vom Mond liefern ein gleiches Isotopenverhältnis.

Beim Allende-Material fand man für Sauerstoff erstmals ein von irdischen Gesteinen abweichendes Isotopenverhältnis. Wie aus der Abb. ersichtlich, ergibt sich im $^{17}O/^{16}O$-gegen-$^{18}O/^{16}O$-Diagramm für kohlige Chondriten eine Gerade mit der Steigung 1. Man glaubt, dies auf einen erhöhten ^{16}O-Anteil zurückführen zu dürfen. Als Grund für dieses anormale Isotopenverhältnis vermutet man, daß der Sauerstoff in kohligen Chondriten durch Addition zweier Sauerstoffkomponenten hervorging, aus einem Anteil, dessen Isotopenverhältnis dem des irdischen Sauerstoffs entspricht und einem Anteil, der nur aus dem reinen Sauerstoffisotop ^{16}O besteht. Die Frage ist nur, wie dieser zusätzliche Sauerstoffanteil in die Meteoriten gelangte. Zwei Möglichkeiten bieten sich an. Das reine ^{16}O-Isotop war chemisch in festen Staubpartikeln gebunden, also ein Bestandteil der solaren Urwolke (als Gas hätte es sich vermengen müssen), oder aber es kam aus einer anderen Quelle erst kurz vor Entstehung des Sonnensystems in die solare Urwolke, so daß eine Vermengung nicht mehr stattfinden konnte. Die Analyse der Sauerstoffisotope reicht nicht aus – zumal die stabilen Sauerstoffisotope keine Datierung gestatten – um eine Entscheidung zwischen diesen beiden Möglichkeiten zu treffen.

Ein weiteres, bei kohligen Chondriten gefundenes anormales Isotopenverhältnis, nämlich das für Magnesium, verspricht jedoch weiterreichende Auskünfte. Man vermutet, daß der überschüssige ^{26}Mg-Anteil aus dem zur Zeit der Bildung von Meteoriten vorhandenen ^{26}Al-Isotop entstanden ist. ^{26}Al-Isotope wandeln sich unter Aussendung von Strahlung bei einer Halbwertszeit von 720 000 Jahren in ^{26}Mg-Isotope um. Als Entstehungsort des Aluminiums könnte man die Kohlenstoffhülle einer nahen Supernova ansehen. Diese Supernova kann maximal nur wenige Millionen Jahre vor der Bildung unseres Sonnensystems stattgefunden haben. Ein früheres Supernovaereignis hätte bei Berücksichtigung der Halbwertszeit vom ^{26}Al-Isotop dazu geführt, daß sich alles ^{26}Al in ^{26}Mg umgewandelt hätte, bevor es zur Bildung von Meteoriten kam. Als Folge von Vermengungen im solaren Urnebel wären somit Unregelmäßigkeiten im Isotopenverhältnis in Meteoriten heute nicht mehr nachweisbar.

Die gefundenen anormalen Isotopenverhältnisse in kohligen Chondriten geben Anlaß zu der Vermutung, daß eine nahe Supernova zur Bildung unseres Sonnensystems beitrug, zumal bei der Sternentstehung nach neueren Erkenntnissen Supernovä ohnehin einen entscheidenden Beitrag leisten.

allgemeine Präzession ↑ Präzession.
allgemeine Relativitätstheorie ↑ Relativitätstheorie.

Almagest: ein von Ptolemäus um 150 n. Chr. verfaßtes Handbuch der Astronomie, das fast anderthalb Jahrtausende das Standardwerk der Astronomie bildete.

Alpha Centauri (α Centauri): Hauptstern im Sternbild Centaurus. A. C. hat eine scheinbare Helligkeit von $-0\overset{m}{.}27$ und besteht in Wirklichkeit aus drei Komponenten. Von der Erde ist er nur um 0,02 pc weiter entfernt als der uns nächsten gelegene Stern, sein lichtschwacher Begleiter ↑ Proxima Centauri. Beide Sterne befinden sich am Südhimmel und sind von Mitteleuropa aus nicht sichtbar.

Alphard [al'fart; arab. al-fard = der einzige (gemeint: der einzige hell leuchtende Stern der Hydra)]: Hauptstern im

Sternbild ↑Weibliche Wasserschlange mit einer scheinbaren visuellen Helligkeit von 1.̇99. – ↑auch Sternverzeichnis.

Alpheratz [al'fe:rats] (Alferaz, Sirrah): Hauptstern im Sternbild ↑Andromeda mit einer scheinbaren visuellen Helligkeit von 2.̇02. – ↑auch Sternverzeichnis.

Altair: der Stern ↑Ataír.

Altar (Ara; Abk.: Ara): ein kleines Sternbild südlich des Skorpions, das von mittleren nördlichen Breiten aus nicht mehr sichtbar ist.

Altersbestimmung: in der Astronomie die Bestimmung des Alters von kosmischen Objekten einschließlich der Bestimmung des Weltalters. Unter „Alter" versteht man dabei z. T. verschiedene definierte Zeiträume. Ganz allgemein kann man sagen, daß unter „Alter" diejenige Zeit verstanden wird, in deren Verlauf sich der heute beobachtete Zustand eines Körpers nicht wesentlich geändert hat. Die zur A. herangezogenen verschiedenen und z. T. unabhängigen Methoden haben bislang in keinem Fall zu einem Alter von mehr als $17 \cdot 10^9$ Jahren geführt.

Alter von Erdgesteinen

Die Methoden zur A. irdischer Gesteine beruhen zumeist auf dem radioaktiven Zerfall bestimmter, in der zu datierenden Probe enthaltener Radionuklide **(radiogene A.)**. Sofern die mit der Zeit exponentiell abnehmenden Konzentrationen dieser Radionuklide und die entsprechend zunehmenden Konzentrationen ihrer Zerfallsprodukte (Tochternuklide oder Umwandlungsprodukte) nicht durch irgendwelche anderen Prozesse im Laufe der Zeit verändert worden sind, kann man mit Hilfe der Zerfallsreihen und der für jedes Radionuklid charakteristischen Halbwertszeit aus dem Verhältnis der derzeitigen Menge des radioaktiven Ausgangsnuklids zur ursprünglichen Menge im zu datierenden Zeitpunkt die seither verflossene Zeit und damit das Alter der Probe bestimmen. Je nachdem, ob zur A. ein festes oder gasförmiges Tochterprodukt gewählt wird, erhält man das sog. Verfestigungs- oder Edelgasalter. Mit dieser Methode kann als Maximalalter immer nur die Zeit seit der letzten Verfestigung des untersuchten Objekts – denn erst von diesem Zeitpunkt an verbleiben die Umwandlungsprodukte auch tatsächlich am Ort ihrer Entstehung – oder entsprechend die Zeit nach der letzten großen Erhitzung des Gesteins bestimmt werden.

Die radiogenen A.en basieren im wesentlichen auf folgenden Zerfallsreihen:

Halbwertszeit $T_{1/2}$

$^{238}U \rightarrow {}^{206}Pb + 8{}^4He$ $4{,}49 \cdot 10^9$ Jahre
$^{235}U \rightarrow {}^{207}Pb + 7{}^4He$ $0{,}713 \cdot 10^9$ Jahre
$^{232}Th \rightarrow {}^{208}Pb + 6{}^4He$ $13{,}9 \cdot 10^9$ Jahre
$^{87}Rb \rightarrow {}^{87}Sr + \beta^-$ $50 \cdot 10^9$ Jahre

^{40}K ⟶ ^{40}Ar + K-Einfang + γ / $^{40}Ca + \beta^-$ $1{,}31 \cdot 10^9$ Jahre

Die sog. **Bleimethoden** beruhen auf dem über eine Reihe instabiler Zwischennuklide erfolgenden Zerfall der Uranisotope ^{238}U und ^{235}U bzw. des Thoriumisotops ^{232}Th in die stabilen Bleiisotope ^{206}Pb, ^{207}Pb und ^{208}Pb. Eine wesentliche Fehlerquelle der Bleimethoden ist ein mögliches Ausdiffundieren der gasförmigen Zwischenprodukte.

In manchen Fällen ist auch die **Heliummethode** anwendbar, die die gesamte Menge des durch Alphazerfall von Zerfallsreihengliedern entstehenden Heliums zur A. heranzieht.

Ein weiteres Verfahren zur A. geht von dem heute zu 0,0119% in natürlichem Kalium enthaltenen Kaliumisotop ^{40}K aus, das zu 89% durch Betazerfall in das Calciumisotop ^{40}Ca und zu 11% durch Elektroneneinfang in das stabile Argonisotop ^{40}Ar übergeht. Während der ^{40}Ca-Zuwachs zumeist wegen des ursprünglichen Calciumgehalts nicht genau bestimmt werden kann, das Edelgas Argon hingegen bei der Bildung älterer Gesteine nur in sehr kleinen Mengen eingebaut wurde, liefert die Bestimmung des im Laufe der Zeit radiogen gebildeten ^{40}Ar in dem durch Erhitzen (Schmelzen) aus der Probe ausgeschiedenen Gas zusammen mit der in gleicher Weise vorgenommenen Bestimmung des ^{40}K-Gehalts zuverlässige Datierungen für Minerale.

Altersbestimmung

Dabei wendet man die **Kalium-Argon-Methode** hpts. bei Mineralen mit einem Alter von etwas über $10 \cdot 10^6$ Jahre an, während die **Kalium-Calcium-Methode** bei Gesteinen von etwa 10^9 Jahren an angewandt wird. Die sehr ähnliche **Rubidium-Strontium-Methode** beruht auf dem Betazerfall des Rubidiumisotops ^{87}Rb in das stabile Strontiumisotop ^{87}Sr. Mit dieser A.smethode wurde das bisher höchste Alter für irdisches Gestein ermittelt: $3,8 \cdot 10^9$ Jahre.

Bei der **^{14}C-Methode** wird der Gehalt an radioaktivem Kohlenstoff ^{14}C (Halbwertszeit 5760 Jahre) in organischem Material bestimmt. Das Verhältnis, mit dem Organismen ^{12}C und ^{14}C (das mit bekannter Rate ständig neu in der Erdatmosphäre durch kosmische Strahlung erzeugt wird) zu Lebzeiten einbauen, ist bekannt. Aus der Annahme des ^{14}C-Gehalts nach dem Tod der Organismen läßt sich auf das Alter der Probe schließen. Mit der ^{14}C-Methode kann etwa der Zeitraum von vor 500 bis vor 50000 Jahren erfaßt werden.

Alter von Mondgestein

Bei der A. von Mondgestein finden die gleichen Methoden wie bei der A. von irdischem Gestein Anwendung. So lieferten die Rubidium-Strontium-Methode und die Bleimethode für magmatisches Gestein aus dem Mare Tranquillitatis das gleiche Alter von $3,6 \cdot 10^9$ Jahren. Untersuchungen an Mondstaub führten zu Alterswerten von 1,6 bis $4,5 \cdot 10^9$ Jahren. 2,0 bis $2,6 \cdot 10^9$ Jahre alt erwies sich dagegen das Gestein aus dem Oceanus Procellarum nach der Kalium-Argon-Methode. Die großen Unterschiede bei den A.en des Mondstaubs lassen den Schluß zu, daß das untersuchte Gestein ursprünglich aus verschiedenen Gegenden stammt. Da es sich stets um Verfestigungsaltersangaben handelt, geben die Alterswerte die Zeit des letztmaligen Aufschmelzens von Gestein in den einzelnen Gebieten an. Offensichtlich fanden derartige Prozesse zu unterschiedlichen Zeiten statt. Denkbar wäre, daß der Staub durch explosionsartige Auswerfungen aus verschiedenen Gebieten zu den einzelnen Fundorten gelangte. A.en des Mondgesteins führen letztendlich zu einem Mindestalter des Mondes von $4,5 \cdot 10^9$ Jahren.

Alter von Meteoriten

Die radiogenen A.en lassen sich prinzipiell auch bei Meteoriten anwenden. Neben dem so bestimmbaren Verfestigungsalter kann aber auch noch ein sog. Bestrahlungsalter, d. h. die Zeitspanne, während der die ↑ kosmische Strahlung auf den Meteoriten eingewirkt hat, hergeleitet werden. Man bestimmt dazu die Menge der Umwandlungsprodukte, die durch die Wechselwirkung der kosmischen Strahlung (hpts. hochenergetische Protonen) mit Atomkernen der Meteoriten entstanden sind. Die so bestimmten Bestrahlungsaltersangaben zeigen eine breite Streuung zwischen 10^4 und 10^9 Jahren. Die nachfolgende Tab. liefert typische Mittelwerte von Alterswerten bei Meteoriten:

	radiogenes Alter (Jahre)	Bestrahlungsalter (Jahre)
Eisenmeteoriten	$4,6 \cdot 10^9$	$5 \cdot 10^8$
Steinmeteoriten	$4,6 \cdot 10^9$	$2 \cdot 10^7$

Wie aus der Tab. ersichtlich, ergeben sich für das Bestrahlungsalter von Meteoriten wesentlich kürzere Zeiten als für das Verfestigungsalter. Dies spricht für die These, daß Meteoriten durch Zerfall von größeren Körpern entstanden sind und somit erst verhältnismäßig spät der kosmischen Strahlung ausgesetzt waren.

Alter von Sternen

Für die A. von Sternen existieren verschiedene, voneinander unabhängige Methoden.

Für Sterne früher Spektralklassen, etwa O-, B- und A-Sterne, gelingt die Bestimmung eines Maximalalters aufgrund der Energieumwandlung. Die von diesen Sternen ausgestrahlte Energie wird im Innern durch Fusion von Wasserstoff zu Helium aufgebracht (↑ Energieumwandlung). Aus der Leuchtkraft eines Sterns kann auf die Stärke der Fusionsprozesse im Kern geschlossen werden, d. h. wie effektiv Wasserstoff zu Helium fusioniert. Einen hinreichenden Näherungs-

Altersbestimmung

wert für das Maximalalter, d. h. für die gesamte Lebensdauer des Sterns, erhält man, wenn man den gesamten ursprünglichen Wasserstoff (etwa 3/4 der Sternmasse) durch die Reaktionsrate teilt. Bei Annahme einer konstanten Leuchtkraft ergibt sich z. B. für B0-Sterne ein Maximalalter von $0,22 \cdot 10^9$ Jahren, für einen A0-Stern schon ein solches von $5,2 \cdot 10^9$ Jahren. Leider weiß man bei ↑ Hauptreihensternen aber nicht, wieviel Wasserstoff bereits umgewandelt worden ist, so daß man ihr tatsächliches Alter nicht angeben kann.

Wesentlich genauere Altersangaben gewinnt man mit Hilfe von Daten aus der Sternentwicklung. Dabei bestimmt man im allg. die Verweildauer eines Sterns auf der Hauptreihe. Es zeigt sich, daß die Zeit zwischen Bildung des Sterns und Erreichen der Hauptreihe sehr kurz ist. Die Verweildauer eines Sterns auf der Hauptreihe hängt weniger von seiner chemischen Zusammensetzung als vielmehr von seiner Masse ab. Für Hauptreihensterne gilt nämlich die Masse-Leuchtkraft-Beziehung (↑ Masse-Leuchtkraft-Diagramm). Da längs der Hauptreihe die Leuchtkraft sehr viel schneller steigt als die Masse, haben massereiche Sterne eine kürzere Lebensdauer als massearme. Nach Umwandlung von etwa 12% des gesamten Wasserstoffvorrats beginnt der Stern sich von der Hauptreihe abzusetzen und wandert in das Gebiet der roten Riesen. Die Verweildauer beträgt bei einem Stern mit 5 Sonnenmassen etwa $56 \cdot 10^6$ Jahre, bei einem Stern mit 1,3 Sonnenmassen etwa $10 \cdot 10^9$ Jahre.

Klasse	$M/M_\odot$	12%-Grenze erreicht nach [10^6 Jahre]
O 5	39	~ 0,5
B 0	20	4,6
B 5	6,7	46
A 0	3,5	319
A 5	2,2	1 160
F 0	1,7	2 700
F 3	1,26	3 800
F 6	1,13	6 000

In letzter Zeit lassen sich aus der Untersuchung von Absorptionslinien des einfach ionisierten radioaktiven ^{232}Th auch Abschätzungen über das radiogene Alter von Sternen machen. Die Ergebnisse deuten darauf hin, daß einige Sterne möglicherweise weit jünger sind als bisher angenommen. Eventuell muß sogar das geschätzte Alter des Universums nach unten korrigiert werden.

Alter von Populationen

Das Alter von Mitgliedern einzelner ↑ Populationen läßt sich ebenfalls anhand ihrer Entwicklung ausrechnen.

Population	Alter [10^9 Jahre]
Halopopulation	12–17
intermediäre Population I	10–15
Scheibenpopulation	10–12
intermediäre Population II	2–10
Spiralarmpopulation	0,1– 2

Danach zählen die ältesten Sterne mit einem Alter von 12 bis $17 \cdot 10^9$ Jahren zur Halopopulation und die jüngsten mit einem Alter von $0,1 \cdot 10^9$ bis $2 \cdot 10^9$ Jahren zur Spiralarmpopulation. Das Alter einer Population ist offenbar ein entscheidendes Merkmal. Aus diesem Grund könnte man die Populationen auch als hinterlassene „Dokumente" verschiedener Entwicklungsphasen des Milchstraßensystems interpretieren.

Alter von Sternhaufen

Am besten läßt sich das Alter offener Sternhaufen ermitteln. Sterne eines offenen Haufens sind alle gleich alt. Da sie aber verschiedene Massen haben, sieht man die Sterne in verschiedenen Entwicklungsphasen. Abgesehen von einigen durch die ↑ Hertzsprung-Lücke deutlich separierten Riesen sind die Haufensterne im ↑ Hertzsprung-Russell-Diagramm Hauptreihensterne. Letztere bevölkern die Hauptreihe von unten her bis zu einer bestimmten Spektralklasse, also letztlich bis zu einer bestimmten Sternmasse. Es sind gerade jene Sterne, die sich schon deutlich von der Hauptreihe abgehoben haben, andererseits aber noch nicht zu roten Riesen geworden sind. Der für den jeweiligen Haufen charakteristische Abknickpunkt liefert

Altersbestimmung

im Vergleich mit Rechnungen zur Sternentwicklung das Alter des Haufens (↑ offene Sternhaufen, Abb.).
In der nachfolgenden Tab. ist das Alter einiger offener Sternhaufen aufgelistet:

Name	früheste Spektralklasse	Alter in 10^6 Jahren
h Persei	B 0	4,4
NGC 457	B 2	15
Plejaden	B 6	80
M 41	B 8	170
M 11	B 9	200
Ursa-Maior-Strom	A 0	300
Praesepe	A 0	300
Hyaden	A 3	870
M 67	F 5	4 600

Offene Sternhaufen sind im allg. junge Gebilde. Von 100 untersuchten offenen Sternhaufen haben nur drei ein Alter von mehr als 10^9 Jahren, alle anderen sind altersmäßig zwischen 10^6 und 10^9 Jahren einzustufen. Dies legt den Schluß nahe, daß offene Sternhaufen laufend entstehen und sich nach $0,5 \cdot 10^9$ bis 10^9 Jahren wieder auflösen. ↑ Kugelsternhaufen sind dagegen sehr alte Sternansammlungen. Nach neueren Untersuchungen sind sie sogar bis zu $17 \cdot 10^9$ Jahren alt.
Eine weitere Methode zur A. von Sternansammlungen nutzt die Bewegungsverhältnisse in Sternhaufen. Aufgrund der ungeordneten Bewegungen und der gravitativen Wechselwirkungen der Haufensterne untereinander (bei Sternhaufen mit geringer Dichte auch mit benachbarten Feldsternen) kommt es ständig zu Bahnablenkungen und zum Austausch von Energie. Mit der Zeit wird so ein Stern nach dem anderen den Haufen verlassen. Diese Auflösungstendenz erklärt die begrenzte Lebensdauer offener Haufen. Der Auflösungsgrad eines Sternhaufens ist daher ein Maß für das Alter.
Bei ↑ Assoziationen zeigen die Eigenbewegungen der Sterne im Mittel nach außen. Kennt man die Expansionsgeschwindigkeit und den linearen Durchmesser der Assoziation, so kann man den frühesten Zeitpunkt der Expansion abschätzen. Aufgrund dieser Expansionsmethode ergab sich für die II-Perseus-Assoziation ein Alter von $1,5 \cdot 10^6$ Jahren und für die Lacerta-Assoziation ein Alter von $4,2 \cdot 10^6$ Jahren. Bei einigen Assoziationen beobachtet man auch sog. Ausreißer, junge Sterne, vermutlich Mitglieder der entsprechenden Assoziation, die aus bisher ungeklärten Gründen die Assoziation mit hoher Geschwindigkeit verlassen. Auch hier versucht man aus der Geschwindigkeit und aus der Entfernung das Alter der Assoziation abzuschätzen (vgl. Tab. 1).
Die A. mit verschiedenen unabhängigen Methoden führte zu den in Tab. 2 aufgeführten Resultaten.
Wie aus Tab. 2 ersichtlich, sind mittlere Abweichungen von 50 % bei Altersangaben durchaus realistisch. Die Tab. zeigt

Altersbestimmung (Tab. 1). Das Alter einiger Assoziationen nach der Ausreißermethode

Assoziation	Stern	Spektralklasse	Geschwindigkeit [km/s]	Alter in 10^6 Jahren
Orion-Assoziation	AE Aurigae	O 9	128	2,6
	µ Columbae	B 0	128	2,6
	53 Arietis	B 2	80	4,6
I-Cepheus-Assoziation	68 Cygni	O 8	45	5,1
Scorpio-Centaurus-Assoziation	ζ Ophiuchi	O 9	32	3,0
Lacerta-Assoziation	HD 197419	B 2	35	5
	HD 201910	B 5	35	5

Altersbestimmung (Tab. 2). Altersangaben (in 10^6 Jahren) nach verschiedenen Methoden

Assoziation	Methode			
	Sternentwicklung	Auflösung	Expansion	Ausreißer
Orion	3			2,6
				2,6
				4,8
Lacerta	6,8		4,2	5
				5
II Perseus	5,5		1,5	
I Cepheus	3			5,1
Scorpio-Centaurus	4			3
offene Haufen				
NGC 2264	1,1			
Ursa-Maior-Strom	300	300		
mittlere Lebensdauer	500	1 000		
älteste Objekte				
M 67	4 600			
Schnelläufer	5 700			
Kugelhaufen	17 000			

aber auch, daß Assoziationen zu den jüngsten, Kugelhaufen zu den ältesten Gebilden zählen. Mit einem Alter jünger als 10^9 Jahre nehmen offene Haufen offensichtlich eine Mittelstellung ein.

Alter des Milchstraßensystems

Unter der Annahme, daß das Alter der Milchstraße nicht jünger sein kann als das seiner Mitglieder und auch nicht viel älter als das seiner ältesten Mitglieder, nämlich der Sterne der Halopopulation, ergibt sich für das Milchstraßensystem ein Alter von $12 \cdot 10^9$ bis $17 \cdot 10^9$ Jahren.

Weltalter

Eine grobe Abschätzung für das ↑Weltalter liefert der Kehrwert der ↑Hubble-Konstanten H_0. Für einen angenommenen Wert von $H_0 = 75$ (km/s)/Mpc ergibt sich die Hubble-Zeit zu

$$t_0 = H_0^{-1} = 4 \cdot 10^{17} \text{s} = 15 \cdot 10^9 \text{ Jahre.}$$

Diese Methode der A. beruht auf der Bestimmung der Expansionszeit unseres Weltalls. Dabei geht man bei der Bestimmung der Hubble-Zeit von einer konstanten Expansion aus. Je nachdem, welches Weltmodell zugrunde gelegt wird, ergeben sich als Folge des unterschiedlichen Expansionsverhaltens Abweichungen für das Weltalter.

Nun kann das Weltall jedoch nicht jünger sein als die kosmischen Objekte in ihm. Ein Vergleich mit Altersangaben für die ältesten kosmischen Objekte, die mit Hilfe unterschiedlicher und unabhängiger Methoden gewonnen wurden, zeigt, daß auch die Expansionszeit des Weltalls eine durchaus annehmbare Altersangabe liefert.

Amalthea [nach der Nymphe Amaltheia der griech. Mythologie]: ein Satellit des ↑Jupiters.

Am-Sterne [a:"ɛm...] (Metallinien-A-Sterne): Sterne der Spektralklasse A, die in ihrem Spektrum anormal starke Metallinien zeigen. Am-St. sind mit hoher Wahrscheinlichkeit Doppelsterne.

Ananke [griech.]: ein Satellit des ↑Jupiters.

And: Abk. für ↑Andromeda.

Andromeda [nach der gleichnamigen Gestalt der griech. Mythologie] (Abk.:

Andromedanebel

And): ein Sternbild des nördlichen Himmels, das von mittleren nördlichen Breiten aus im Herbst und Winter am Abendhimmel sichtbar ist.
Die hellsten Sterne des Sternbildes sind ↑Alpheratz, ↑Mirach und ↑Alamak. Diese drei Sterne bilden zusammen mit dem Hauptstern des Perseus, ↑Mirfak, am einen Ende und dem rechten oberen Stern des Pegasusquadrats am anderen Ende eine Sternkette, die ↑Herbst-Fünfsternreihe.
Im Sternbild A. liegt der ↑Andromedanebel, der schon mit bloßem Auge als schwachleuchtender, länglicher Nebelfleck sichtbar ist.

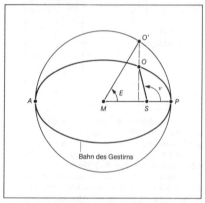

Anomalie. Darstellung der wahren Anomalie (v) und der exzentrischen Anomalie (E)

Andromedanebel: Das mit bloßem Auge wahrnehmbare Nebelwölkchen im Sternbild Andromeda ist eine Galaxie vom ↑Hubble-Typ Sb. Die Nachbargalaxie, die hinsichtlich Dimension, Struktur, Masse, Einzelobjekten, Radiostrahlung und Rotation sehr große Ähnlichkeit mit unserem Milchstraßensystem aufweist, trägt im Messier-Katalog die Bez. M31.
Die Entfernung des A.s zur Erde wird mit 667 kpc angegeben. Seine Masse läßt sich auf etwa $310 \cdot 10^9$ Sonnenmassen schätzen, der Durchmesser beträgt in der Symmetrieebene etwa 50 kpc. Unter einem Winkel von 77° erscheint uns die Symmetrieebene als System.
Der A. weist in seinem Spektrum eine leichte ↑Blauverschiebung auf. Das bedeutet, daß die Radialgeschwindigkeit – etwa 180 km/s – auf unsere Sonne hin gerichtet ist. Der Grund hierfür liegt darin, daß die Bewegung des A.s in der lokalen Gruppe die der allgemeinen Expansion des Weltalls betragsmäßig übertrifft und ihr entgegengerichtet ist.
Der sich uns etwas nähernde A. hat neben den schon seit längerem bekannten elliptischen Galaxien (Hubble-Typ E2 bzw. E6) noch weitere kugelförmige Zwerggalaxien als Begleiter.
1950 wurde der A. als erste diskrete extragalaktische Radioquelle entdeckt. – Abb. S. 309.

Andromediden: anderer Name für ↑Bieliden.

Anomalie [zu griech. anómalos = uneben]: Als Abweichung vom Normalen, nämlich der Kreisform, werden bei der mathematischen Beschreibung der Bahn eines Himmelskörpers Winkelwerte genannt, die für die Stellung des Körpers in seiner elliptischen Bahn von Bedeutung sind. Man unterscheidet drei verschiedene Anomalien.
In der Abb. möge die Ellipse die Bahn eines Planeten um die Sonne darstellen. Dann steht die Sonne in einem der beiden Brennpunkte, den wir mit S bezeichnen. Mit P sei dann das ↑Perihel, mit A das ↑Aphel, mit M der Mittelpunkt der großen Achsen der Ellipse, auch Apsidenlinie genannt, und schließlich mit O die Bahnposition des Planeten gekennzeichnet.
Die **wahre A.** v ist der Winkel OSP.
Die **exzentrische A.** E ist der Winkel $O'MP$. Dabei ist O' der Schnittpunkt des von O aus auf die Apsidenlinie gefällten und über die Ellipse hinaus verlängerten Lots mit einem um den Mittelpunkt M der Ellipse geschlagenen Kreis mit einem Radius gleich der großen Ellipsenhalbachse.
Die **mittlere A.** M ist der vom Mittelpunkt der Sonne aus gemessene Winkel zwischen Perihel und einem gedachten „mittleren Planeten", der sich bei gleicher Umlaufzeit wie der wahre Planet

Antimaterie

mit konstanter Winkelgeschwindigkeit um die Sonne bewegt. Wahre und exzentrische A. ändern sich also ungleichmäßig. Eine Beziehung zwischen exzentrischer und mittlerer A. beschreibt die Kepler-Gleichung

$$E - \varepsilon \sin E = M,$$

wobei ε die numerische ↑ Exzentrizität bedeutet.

anomalistisches Jahr [zu griech. anómalos = uneben] ↑ Jahr.

Anregung: Bez. für den durch Energiezufuhr bewirkten ↑ Übergang (Quantensprung) eines gebundenen Teilchens aus einem energetisch niedrigen Zustand in einen energetisch höheren Zustand, ohne daß dabei eine Ablösung des Teilchens (z. B. des Elektrons vom Atom) stattfindet.

Anregungstemperatur (Formelzeichen T_{exc}): Im Gegensatz zur kinetischen Temperatur, die ein Maß für die Bewegungsenergie der Atome ist, beschreibt die A. die Verteilung der Atome auf die verschiedenen Anregungszustände. Bei einer im thermischen Gleichgewicht befindlichen Gasmasse existieren pro Zeiteinheit genau so viele Anregungsprozesse wie Ausstrahlungsprozesse, die die Anregung wieder rückgängig machen. Für eine bestimmte kinetische Temperatur läßt sich daher die statistische Verteilung der Atome auf die einzelnen angeregten Zustände ermitteln. So gelangt man zur ↑ Boltzmann-Formel.
Dieses Gesetz besagt nun, daß in einem Gas um so mehr Atome in angeregten Zuständen existieren, je höher die kinetische Temperatur des Gases ist. Im strengen thermischen Gleichgewicht sind daher beide Temperaturen identisch.
In der Astronomie treten derart ideale Gasbedingungen im allg. nicht auf. So kann z. B. bei Sternatmosphären oder Gasnebeln die Anregung oder der Ionisationsgrad höher sein, als es entsprechend der kinetischen Temperatur sein sollte. Aus dem Verhältnis der Stärken verschiedener Spektrallinien kann auf den Grad der Besetzung angeregter Zustände und damit auf die A. des Gases geschlossen werden.

Anschlußbeobachtung: astronomische Beobachtung, bei der man die Meßwerte (z. B. Positionen oder Helligkeiten) im Gegensatz zur ↑ Absolutbeobachtung nicht unmittelbar, d. h. durch Laboreichung u. ä., sondern relativ durch Einschätzen oder Einmessen zu bekannten Meßwerten einer Reihe von ↑ Anschlußsternen erhält.

Anschlußsterne: Sterne mit bekannter physikalischer Größe, wie z. B. Farbe, Helligkeit oder Position, auf die Messungen anderer Sterne bezogen werden können (↑ Anschlußbeobachtung).

Ant: Abk. für **Ant**lia (↑ Luftpumpe).

Antapex [griech. antí = gegen, gegenüber]: der Gegenpunkt zum ↑ Apex, also der Punkt der Sphäre, von dem aus sich die Sonne in bezug auf die sie umgebenden Sterne mit einer Geschwindigkeit von rund 20 km/s wegbewegt. Der A. liegt im Sternbild ↑ Taube.

Antares [griech.]: Hauptstern im Sternbild ↑ Skorpion mit einer scheinbaren visuellen Helligkeit von $1^m\!.08$. – ↑ auch Sternverzeichnis.

Antennengewinn: Maß für die Richtwirkung einer Antenne bzw. eines Radioteleskops.

Antennentemperatur: in der *Radioastronomie* ein Maß für die Signalstärke der Radioquelle. Die A. entspricht der Temperatur eines ohmschen Widerstands, der im Empfänger dieselbe Rauschleistung wie die zu messende kosmische Quelle erzeugt.

Antimaterie [griech. antí = gegen]: Materie, die aus den ↑ Antiteilchen der normalen Teilchen besteht und aufgebaut ist, z. B. aus Positronen, Antiprotonen und Antineutronen. A. wäre für sich isoliert, nicht jedoch in Gegenwart von normaler Materie existenzfähig, weil die Antiatome beim Zusammentreffen mit normalen Atomen unter Energiefreisetzung zerstrahlen (Vernichtungsstrahlung).
Ob andere Galaxien aus A. bestehen, ist an ihrer Lichtemission nicht feststellbar, da die Energieniveaus der Antiatome völlig mit denen der entsprechenden Atome der normalen Materie übereinstimmen. Auch die emittierten Photonen unterscheiden sich nicht.

Antiteilchen

Antiteilchen [griech. antí = gegen]: Bez. für das zu jedem Elementarteilchen existierende „Gegen"-Teilchen, das gleiche Masse, gleiche mittlere Lebensdauer, gleichen Spin und gleichen Isospin besitzt, während alle seine übrigen Eigenschaften zwar dem Betrag nach gleich sind, aber ein entgegengesetztes Vorzeichen haben.

Antlia [lat. = Pumpe (von griech. antlíon = Schöpfeimer)]: wiss. Name für das Sternbild ↑ Luftpumpe.

Apastron [griech. apó = von - weg, entfernt von und griech. ástron = Stern] (Sternferne): bei physischen Doppelsternen eine der beiden ↑ Apsiden auf der elliptischen Bahn des Begleiters um den Hauptstern, und zwar jene, für die die Entfernung der beiden Komponenten (Hauptstern - Begleiter) voneinander am größten ist.

Apertursynthese [lat. apertura = Öffnung]: rechnerische Konstruktion hochaufgelöster Radioquellenbilder aus mehreren Beobachtungsreihen an Vielelementen-Interferometern (↑ Radiointerferometrie) unter Ausnutzung der Erdrotation.

Apex [lat. = Spitze]: der im Sternbild ↑ Herkules gelegene Zielpunkt an der Sphäre (genäherte Koordinaten $\alpha = 18^h$, $\delta = +30°$), auf den sich die Sonne relativ zu den sie umgebenden Sternen mit einer Geschwindigkeit von rund 20 km/s hinbewegt. Der Gegenpunkt heißt ↑ Antapex.

Aphel [zu griech. aph'hēlíou = von der Sonne weg] (Sonnenferne): sonnenfernster Punkt der Bahn eines Himmelskörpers um die Sonne; Gegenpunkt des ↑ Perihels. - ↑ auch Apsiden.

Apoapsis [griech. apó = von - weg, entfernt von]: eine der beiden ↑ Apsiden auf der elliptischen Bahn eines Körpers um einen anderen, und zwar diejenige mit dem größten Abstand der beiden Körper.

Apogalaktikum [zu griech. apó = von - weg, entfernt von und ↑ galaktisch]: der Punkt auf der Bahnkurve eines um das galaktische Zentrum rotierenden Sterns, in dem der Stern seine größte Entfernung vom galaktischen Zentrum hat.

Apogäum [zu griech. apó = von - weg und griech. gē = Erde]: entferntester Punkt der Bahn eines Körpers (z. B. Mond, Satellit) um die Erde. Gegenpunkt ist das ↑ Perigäum. - ↑ auch Apsiden.

Apollo [nach dem griech. Gott Apollon]:

◊ ein Planetoid, der im Jahre 1932 entdeckt wurde und dessen Perihel innerhalb der Venusbahn liegt.

◊ Bez. für die Raumflugkörper des A.-Programms, eines abgeschlossenen Raumfahrtprogramms der USA. Die ersten Raumfahrzeuge dieser Reihe wurden für Testzwecke zu Erd- oder Mondumkreisungen eingesetzt.
Am 16. Juli 1969 wurde **A. 11** gestartet. Die Mannschaft bestand aus M. Collins, N. A. Armstrong und E. E. Aldrin. Die Landefähre setzte am 20. Juli 1969 im Mare Tranquillitatis auf. Am frühen Morgen des 21. Juli betraten zunächst Armstrong und dann Aldrin als erste

Apollo. Mondflüge			
Mission	Start	Landeplatz	Astronauten*
Apollo 11	16.7.1969	Mare Tranquillitatis	Collins; Armstrong, Aldrin
Apollo 12	14.11.1969	Oceanus Procellarum	Gordon; Conrad, Bean
Apollo 13	11.4.1970	mißglückt, Rückkehr zur Erde am 17.4.1970	Swigert, Haise, Lovell
Apollo 14	31.1.1971	Fra Mauro	Roosa; Shepard, Mitchell
Apollo 15	26.7.1971	Hadley-Apenninen-Gebiet	Worden; Scott, Irwin
Apollo 16	16.4.1972	Descartes-Gebiet	Mattingly; Young, Duke
Apollo 17	7.12.1972	Taurusgebirge	Evans; Schmitt, Cernan

*an erster Stelle der Astronaut, der im Mutterschiff blieb.

Menschen die Mondoberfläche. Sie blieben über zwei Stunden außerhalb der Landefähre, wobei sie Geräte aufstellten und Gesteinsproben sammelten. Es gelangen noch 5 weitere Missionen (↑ Übersicht). – Abb. S. 127.

Aps: Abk. für **Apus** (↑ Paradiesvogel).

Apsiden [von griech. hapsís, hapsídos = Verknüpfung; Bogen]: die beiden Punkte auf der elliptischen Bahn eines Himmelskörpers um einen anderen, für die die Abstände zwischen den Körpern Extremwerte annehmen (**Apoapsis** größte, **Periapsis** kleinste Entfernung). Bei Bahnen um die Sonne heißen diese Punkte **Aphel** (Sonnenferne) bzw. **Perihel** (Sonnennähe), bei der Bahn eines Körpers um die Erde **Apogäum** (Erdferne) bzw. **Perigäum** (Erdnähe).

Apsidenlinie: die Verbindungslinie der ↑ Apsiden; sie ist bei einer elliptischen Bahn identisch mit der großen Bahnachse.
Die A. beschreibt in der Regel eine langsame Drehung, die auf Störungen durch benachbarte Körper zurückzuführen ist. Bekannt ist auch die von der allgemeinen Relativitätstheorie geforderte zusätzliche Apsidendrehung bei Merkur (relativistische ↑ Periheldrehung).

Apus [griech. = ohne Fuß (nach alter Vorstellung ist der Paradiesvogel ein „fußloses" Tier)]: wiss. Name für das Sternbild ↑ Paradiesvogel.

Aql: Abk. für **Aquila** (↑ Adler).

Aqr: Abk. für **Aquarius** (↑ Wassermann).

Aquariden: zwei Meteorströme mit Radianten im Sternbild Wassermann (Aquarius; Name!). Die vom Halley-Kometen erzeugten **Mai-A.** (auch η-A. genannt) sind Anfang Mai, die zu den ekliptikalen Strömen zählenden **Juli-A.** (auch δ-A. genannt) sind Ende Juli/Anfang August zu beobachten. Im Maximum der Mai-A. (um den 5. Mai) sind bis zu 120 Meteore pro Stunde zählbar, im Maximum der Juli-A. (um den 3. August) sind immerhin noch 40 Meteore pro Stunde beobachtbar.

Aquarius [zu lat. aqua = Wasser]: wiss. Name für das Sternbild ↑ Wassermann.

Äquator [lat. = Gleichmacher]: derjenige Großkreis auf einer Kugel, dessen Ebene senkrecht zur Verbindungslinie der beiden Pole steht (↑ Koordinatensysteme).

Äquatorhorizontalparallaxe: der Winkel, unter dem von einem Stern aus der Äquatorhalbmesser der Erde erscheint. Diese tägliche ↑ Parallaxe tritt bei Verschiebung des Koordinatenursprungs vom topozentrischen zum geozentrischen Standpunkt auf.

Äquatorsysteme (Äquatorialsysteme): astronomische ↑ Koordinatensysteme, die bestimmt sind durch den Himmelsäquator als Grundkreis und durch Nord- und Südpol als ↑ Himmelspole. Man unterscheidet zwischen **festem** und **bewegtem Äquatorsystem.**

Aquila [lat. = Adler]: wiss. Name für das Sternbild ↑ Adler.

Äquinoktialpunkte [zu ↑ Äquinoktium]: die beiden Punkte auf der Ekliptik, in denen sich die Sonne bei ihrer scheinbaren jährlichen Bewegung zur Zeit des Frühlingsanfangs (um den 21. März) bzw. des Herbstanfangs (um den 23. September) befindet: **Frühlingspunkt** und **Herbstpunkt.**
Die beiden Ä. liegen infolge der Verlagerung der Ekliptik und des Himmelsäquators durch die Drehbewegung der Erde (Nutation und Präzession) nicht fest, sondern bewegen sich in historischen Zeiträumen merklich längs der Ekliptik entgegengesetzt zur scheinbaren Sonnenbewegung. Während sie vor 2000 Jahren noch in den Sternbildern Widder bzw. Waage lagen, befinden sich heute in den Sternbildern Fische bzw. Jungfrau. Daraus wird verständlich, warum Frühlingspunkt und Herbstpunkt auch **Widderpunkt** bzw. **Waagepunkt** genannt werden.

Äquinoktium [aus lat. aequinoctium, zu lat. aequus = gleich und lat. nox, noctis = Nacht] (Tagundnachtgleiche): der Zeitpunkt, an dem die Sonne auf ihrer scheinbaren Bahn den Himmelsäquator von Süden nach Norden (um den 21. März; **Frühlings-Ä.**) oder von Norden nach Süden (um den 23. September; **Herbst-Ä.**) kreuzt.

AR: Abk. für ↑ Rektaszension.

Ara [lat. = Altar]: wiss. Name für das Sternbild ↑ Altar.

Arago-Punkt [nach D. F. J. Arago]:

Arcturus

Gebiet am Himmel, in dem die ↑Himmelslichtpolarisation ein Minimum erreicht.

Arcturus [griech. = Bärenhüter] (Arkturus, Arctur, Arktur): Hauptstern im Sternbild ↑Bootes. Mit einer scheinbaren Helligkeit von -0^m06 gehört A. zu den hellsten Sternen am Himmel. – ↑auch Sternverzeichnis.

Arend-Roland-Komet: ein von S. Arend und G. Roland im November 1956 entdeckter auffälliger Komet. Er durchlief das Perihel seiner Bahn am 8. April 1957 und näherte sich der Erde am 20. April 1957 auf $85 \cdot 10^6$ km. Außer dem Hauptschweif mit einer maximalen scheinbaren Länge von etwa 40° entwickelte er Ende April 1957 einen etwa halb so langen Gegenschweif. Der Komet erreichte eine Helligkeit von 1^m und konnte auch in Mitteleuropa gut beobachtet werden.

Argo [griech.]: wiss. Name für die Sternfigur ↑Schiff.

Ari: Abk. für Aries (↑Widder).

Ariel [hebr.]: ein Satellit des ↑Uranus.

Aries ['aːriːɛs; lat. = Widder]: wiss. Name für das Sternbild ↑Widder.

Aristotelische Bewegungslehre: eine Art Qualitätenphysik, die grundsätzlich zwischen vergänglichen irdischen und unvergänglichen himmlischen Vorgängen unterscheidet und die Entwicklung der Physik bis zum 17. Jahrhundert bestimmte. Erst durch Sir I. Newton wurde die A. B. endgültig überwunden und die Epoche der klassischen Physik (Newton-Physik) eingeleitet.

In Verkennung des Reibungseinflusses auf Bewegungsvorgänge traf Aristoteles eine unglückliche Entscheidung. Aus der Nichtauffindbarkeit eines logischen Grundes, warum einmal in Bewegung versetzte „irdische" Körper im Gegensatz zu „himmlischen" Körpern nicht „ewig" weiterlaufen, folgerte Aristoteles folgenschwer die Wesensverschiedenheit von irdischen und himmlischen Bewegungen.

Bewegung ist nach Aristoteles immer zielstrebig, und somit ist die A. B. die Ausführung einer Teleologie der Natur (von griech. télos = Ziel). Da „alles, was in Bewegung ist, von etwas anderem bewegt wird", stellt sich die Frage nach dem „Motor" des bewegten Körpers („mobile"). Ein Lebewesen bewegt sich aus eigenem Antrieb („a se"), seine ihm innewohnende Seele ist der „Motor". Bei unbelebten Körpern ist das Problem jedoch vielschichtiger. Aristoteles unterscheidet deshalb zunächst zwischen erzwungenen und natürlichen Bewegungen.

Erzwungene Bewegungen bedürfen zu ihrer Aufrechterhaltung ständiger Anstrengung von außen. So wird z. B. jede Bewegung eines Ochsenkarrens auf schwerem Ackerboden gestoppt, sobald die Verbindung zwischen Ochsenkraft und Karren unterbrochen wird. Als weitere Beispiele seien Wurf, Zug oder Stoß angeführt. Z. B. wirkt zunächst der Werfer von außen direkt auf das Wurfgeschoß, nach Abwurf desselben überträgt sich die Krafteinwirkung auf die angrenzende Luft, womit die äußere Verbindung zwischen „Motor" und „mobile" erhalten bleibt. Das der Luft mitgeteilte bewegende Vermögen nimmt bei der Übertragung an weitere Luftschichten immer mehr ab, womit sich schließlich die zur Ruhe kommende Bewegung erklären läßt.

Natürliche Bewegungen haben ihren Bewegungsantrieb in sich und stellen eine gestörte Ordnung wieder her. Im Gegensatz zu den griechischen Atomisten, die stoffliche Qualitäten auf die Bewegung und Konfiguration der Atome im leeren Raum zurückzuführen suchten, erklärt Aristoteles gerade die natürliche Bewegung aus der qualitativen Verschiedenheit der Stoffe. Entsprechend der Elementenlehre des Empedokles (495–434 v. Chr.) unterscheidet Aristoteles zunächst vier Grundstoffe: Erde (fest), Wasser (flüssig), Luft (gasförmig) und Feuer (glühend). Absolut Leichtes (z. B. Rauch, in dem das Element Feuer mit der Eigenschaft, leicht zu sein, überwiegt) strebt in die Höhe, absolut Schweres (z. B. ein Stein, in dem das Element Erde mit der Eigenschaft, schwer zu sein, überwiegt) fällt nach unten. Wasser und Luft dagegen sind Zwischenstoffe, die steigen bzw. fallen, je nachdem, wo sie sich befinden, denn jeder Stoff hat das Bestreben, an seinen natürlichen Ort zu gelangen.

Aus den unterschiedlichen Qualitäten und den damit verbundenen natürlichen Orten der Elemente folgerte Aristoteles das Postulat der Ordnung des Kosmos. In das Weltzentrum ordnete er die schwere unbewegliche feste Erde. Die natürlichen Orte der weiteren Elemente Wasser, Luft und Feuer waren konzentrische Hohlkugeln (Sphären) um den natürlichen Ort der Erde. An die Feuersphäre schloß sich die Mondsphäre an, die eine natürliche Grenze zwischen **sublunarer** und **translunarer Welt** bildete. In der translunaren Welt folgten auf weiteren Sphären Merkur, Venus, Sonne, Mars, Jupiter sowie die Fixsterne. Die Bewegung dieser Himmelskörper schien im Gegensatz zu allen irdischen Bewegungen ewig. Dementsprechend ordnete Aristoteles diesen Körpern eine weitere Bewegungsart zu: die in ungestörter Ordnung in sich selbst zurücklaufende Kreisbewegung. Konsequent folgerte Aristoteles, daß es aufgrund dieser andersartigen himmlischen Bewegung im translunaren Raum anstelle der irdischen Elemente ein zusätzliches Element geben muß, dem gerade die Eigenschaft zukommt, die ewigen Kreisbewegungen zu bewirken. Als Substanz der Himmelskörper und Sphärenschalen führte er daher Äther als fünftes Element ein.

Mit der Annahme konzentrischer Sphären lassen sich die täglichen Bewegungen der Himmelskörper beschreiben. Genauere Beobachtungen über längere Zeiten zeigen jedoch Ortsveränderungen von Sonne, Mond und Planeten relativ zu den Fixsternen. Aber alle komplizierten Schleifenbewegungen der Himmelskörper waren gemäß dem Platonischen Postulat auf ein ideales System gleichförmiger Kreisbewegungen zurückzuführen.

Arktur ↑Arcturus.
Arkturus ↑Arcturus.
ASO [Abk. für engl. advanced solar observatory]: geplante amerikanische Anlage aus mehreren Instrumentengruppen zur Untersuchung der Sonnenatmosphäre und ihrer Ausläufer in den Weltraum. Dabei werden Winkelauflösungen bis zu 0,1 Bogensekunden erreicht werden. Etwa 1990 oder später soll damit begonnen werden, die Anlage mit Hilfe des Space-shuttle im Erdumlauf zusammenzubauen.

Aspekt [aus lat. aspectus = das Hinsehen, der Anblick]: Bez. für bestimmte ↑Konstellationen von Sonne, Mond und Planeten.

Assoziation [zu lat. associare = beigesellen, vereinigen, verbinden]: eine lokkere Ansammlung von Sternen, die im Gegensatz zu den „eigentlichen" ↑Sternhaufen nicht durch eine allgemein erhöhte Sterndichte auffällt. A.en sind vielmehr durch eine übernormale Anhäufung von Sternen bestimmten Typs charakterisiert. Dementsprechend unterscheidet man **OB-A.en**, Ansammlungen von seltenen ↑O-Sternen und ↑B-Sternen, **T-A.en**, Ansammlungen von ↑T-Tauri-Sternen, sowie **R-A.en**, Ansammlungen von Sternen, die in ↑Reflexionsnebel eingebettet sind.

Man kennt etwa 100 A.en in unserem Milchstraßensystem, die jeweils 10 bis 1 000 Sterne umfassen und einen Durchmesser von 30 bis 200 pc besitzen. Sie konzentrieren sich vorwiegend in den Spiralarmen der Milchstraße und markieren die Stellen, an denen in allerjüngster Zeit Sterne entstanden sind.

Bei einigen A.en zeigt die ↑Eigenbewegung der Sterne im Mittel nach außen. Bei Kenntnis dieser Expansionsbewegung und der gegenwärtigen Größe ist es möglich, den Beginn dieser Expansion und damit das Alter der A.en abzuschätzen. Derartige Altersabschätzungen liefern Werte von einigen Millionen Jahren.

Infolge der unterschiedlichen Eigenbewegung der Sterne und möglicher Störungen von Nachbarobjekten lösen sich A.en nach relativ kurzer Zeit (typisch sind 10^6 bis 10^7 Jahre) auf.

Häufig sind offene Sternhaufen in eine A. eingebettet oder assoziiert. A.en gelten wie offene Sternhaufen als gute ↑Spiralarmindikatoren.

A-Sterne: Sterne der ↑Spektralklasse A, bei denen im Linienspektrum über-

Asteroiden

wiegend die Wasserstofflinien der Balmer-Serie sowie einige Metallinien, besonders von Fe II und Ca II, auftreten.

Asteroiden [zu griech. astḗr = Stern und griech. -eidḗs = gestaltet, ähnlich]: andere Bez. für ↑ Planetoiden.

Astigmatismus [mit verneinender Vorsilbe (griech. a- = un) zu griech. stígma = Stich, Punkt gebildet]: ein ↑ Bildfehler.

Astrograph [griech. ástron = Stern]: mehrlinsiger, zu photographischen Zwecken eingesetzter Refraktor, dessen ↑ Öffnungsverhältnis mindestens 1:8 beträgt und daher meist das von visuellen Refraktoren übertrifft.

Astrokompaß [griech. ástron = Stern]: vom Erdmagnetfeld unabhängig arbeitendes Gerät zur Bestimmung der Nordrichtung. Nach der Einstellung der astronomischen Daten eines bestimmten Gestirns am A. und nach Anpeilung dieses Gestirns kann die Nordrichtung abgelesen werden. Der A. wird v. a. in hohen geographischen Breiten (Polarnavigation) verwendet.

Astrolabium [von gleichbed. griech. astrolábos] (Astrolab):

◊ ein historisches Instrument, mit dem nicht nur Gestirnsörter meßbar, sondern auch Aufgaben der ↑ Astrometrie lösbar waren.

◊ ein modernes Winkelmeßinstrument, auch **Prismen-A. (Prismenastrolab)** genannt, mit dem Sterndurchgänge mittels eines Höhenkreises beobachtbar sind.

Astrologie [griech. ástron = Stern] (Sterndeutung): der Versuch, das Geschehen auf der Erde und das Schicksal des Menschen aus bestimmten Konstellationen der Gestirne zu deuten und vorherzusagen.

Die A. geht dabei von der Überzeugung aus, daß zwischen der Sternenwelt und irdischen Vorgängen (insbes. der menschlichen Existenz) eine erfaßbare, geregelte und damit prognostizierbare Beziehung besteht. Die im Deutschen Astrologenverband (DAV) vereinigten Astrologen prognostizieren grundsätzlich keine konkreten Ereignisse, sondern geben nur Tendenzen an und weisen auf Entwicklungsmöglichkeiten hin. Die Mitglieder dieses Verbandes versuchen sich abzusetzen von unseriösen, geschäftstüchtigen Scharlatanen und von der Vulgär-A., die in der Regenbogenpresse Horoskope verbreitet. Darüber hinaus streben sie die Anerkennung der A. als ernstzunehmende wiss. Disziplin an.

In den frühen Kulturen des Orients, v. a. bei den Babyloniern, waren Astronomie und A., Aberglaube und primitive Priesterreligion häufig miteinander verquickt. Neben der Lösung wiss. und praktischer Aufgaben (Zeit- und Kalenderbestimmung, geodätische Ortsbestimmung, Vermessung der Erde, Entfernungsbestimmung des Mondes und der Sonne) wurde durch systematische Beobachtung der Erscheinungen des Sternenhimmels auch die Frage nach möglichen Einflüssen der Gestirne auf die Erde und den Menschen untersucht. Da zweifellos kosmische Wirkungen auf der Erde festzustellen sind – erinnert sei nur an die Beleuchtung und Erwärmung durch die Sonne, das Pflanzenwachstum, das Auftreten sowie die unterschiedliche Ausbildung von Ebbe und Flut in Verbindung mit den Mondphasen, die Störung des Funkverkehrs bei Sonneneruptionen, das gehäufte Auftreten gewisser Krankheiten zu bestimmten Jahreszeiten – war in der Frühzeit der astronomischen Forschung die Frage nach eventuell persönlichkeitsformenden Einflüssen von Gestirnen durchaus berechtigt. An dieser Frage entzündete sich schließlich der Streit zwischen Astronomie und A., die bis ins Mittelalter eng miteinander verknüpft waren. Fortan gingen sie getrennte Wege.

In den westlichen Staaten unserer Zeit hat die A. viele Anhänger. Dies mag durch das Sicherheitsbedürfnis der Menschen bedingt sein. Offensichtlich fällt vielen Menschen die Lebensbewältigung leichter, wenn ihnen von einer „Autorität" – in diesem Falle von einem Astrologen – mitgeteilt wird, was sie zu tun oder zu lassen haben.

Die Astronomie der Gegenwart steht der A. durchweg fremd und ablehnend gegenüber, wie die letzte Stellungnahme der Astronomischen Gesellschaft aus dem Jahre 1949 verdeutlicht: „Der

Astrologie

Glaube, daß die Stellung der Gestirne bei der Geburt eines Menschen seinen Lebensweg beeinflusse, daß man sich in privaten und öffentlichen Angelegenheiten bei den Sternen Rat holen könne, hat seine geistige Heimat in einem astronomischen Weltbild, das die Erde und mit ihr den Menschen in den Mittelpunkt des kosmischen Geschehens stellt. Dieses Weltbild ist längst versunken. Was heute als A., Kosmobiologie usw. auftritt, ist nichts anderes als eine Mischung aus Aberglaube, Scharlatanerie und Geschäft. Zwar gibt es astrologische Kreise, die von den genormten und gedruckten Charakteranalysen und Beratungen für alle Lebenslagen abrücken, diesen Torheiten aber ihre eigene „wissenschaftliche" und daher ernst zu sein sollende A. entgegenstellen.
Aber auch diese A. ist den Beweis, eine Wissenschaft zu sein und mit wiss. Methoden zu arbeiten, schuldig geblieben. Daran können auch die gelegentlichen Zufallstreffer astrologischer Aussagen nichts ändern. A. ist lediglich ein System willkürlich angenommener Spielregeln. Ein solches System kann nicht den Anspruch erheben, wiss. begründete Deutungen und Prognosen in privaten und öffentlichen Angelegenheiten zu geben."
Die gegen die A. gerichteten Einwände weisen die Astrologen entschieden von sich. Dabei führen sie unter anderem folgende Gründe an: Einer Disziplin, die sich einer mythisch-symbolischen Denkweise bediene, könne man nicht mit naturwiss. Argumenten zu Leibe rücken. Die A. beruhe auf Regeln, die aus jahrtausendealten Erfahrungen abgeleitet seien und durchaus nicht willkürlich angenommene Spielregeln darstellten. Diese astrologischen Regeln unterlägen nicht dem Kausalitätsprinzip und bedürften somit gar nicht der üblichen Verifizierung durch naturwiss. Methoden, ja, sie entzögen sich ihnen sogar. Zur vorurteilsfreien Prüfung der A. bedürfe es daher nicht naturwiss. Methoden, sondern adäquater Mittel wie Erfahrungswerte und Erfolgsquoten.
Die A. befaßt sich mit den Einflüssen postulierter, physikalisch nicht erklärbarer kosmischer Kräfte, die von Sonne, Mond, den Planeten und Tierkreiszeichen auf den Menschen wirken sollen. Sie operiert mit einer Fülle von Bildern, die einen astrologischen Hintergrund haben. Die A. setzt sich ausdrücklich in Gegensatz zur humanistischen und aufklärerischen Auffassung des modernen Denkens, das durch die logische Denkweise der Naturwissenschaft geprägt ist. Trotz ihres irrationalen Ansatzes bedienen sich die Astrologen zunächst rationaler Methoden bei der Berechnung zur Erstellung eines **Horoskops.** Darunter versteht man eine schematische Darstellung von der Stellung der Planeten, der Sonne und des Mondes an der Himmelskugel in bezug auf einen festen Ort und Zeitpunkt.
In der Hauptsache befassen sich heutige Astrologen mit dem Geburts- oder Individualhoroskop, das für die Geburtszeit (wenn möglich minutengenau) gestellt wird und die genaue geographische Position (Breite und Länge) des Geburtsortes des Individuums berücksichtigt. Die wesentlichen Daten, die der Astrologe zur Erstellung eines solchen Individualhoroskops benötigt, sind genaue Zeit und genauer Ort der Geburt. Die Erstellung eines Horoskops ist eine nahezu astronomische Aufgabe, die leicht erlernbar ist und im folgenden erläutert wird.
Der Astrologe bezieht dabei – ohne im geringsten selbst zu beobachten – die Ergebnisse der Astronomie für seine Überlegungen mit heran. Die Deutung hingegen, ob alt oder modern, beruht auf dem antiken geozentrischen Weltbild.
Zur Erstellung eines Horoskops werden auf einer Karte die Positionen von Sonne, Mond und den Planeten in Beziehung zu den Tierkreiszeichen eingetragen, wobei die Erde in den Mittelpunkt der Darstellung, Planeten und Tierkreiszeichen dagegen nach außen hin eingezeichnet werden (vgl. Abb.). Ferner tragen die Astrologen noch den Aszendenten (Sonnenaufgangspunkt) des Nativen – so bezeichnet man die Person, für die ein Horoskop erstellt wird – und das diesem entsprechende Medium Coeli

Astrologie

(M. C. oder Himmelsmitte) ein. Den Abschluß des Horoskops bilden die zwölf Häuser (Himmelsabschnitte). Das Horoskop stellt also eine schematische Skizze dar, aus der die Stellung von Sonne, Mond und Planeten in den Tierkreiszeichen und Häusern zur Zeit und in bezug auf den Ort eines Ereignisses, z. B. der Geburt, hervorgeht.

Abgesehen von der Häusereinteilung, die von einzelnen Astrologen unterschiedlich gehandhabt wird, sind die übrigen Elemente eines Horoskops eindeutig festgelegt.

Eine Liste, in der die Örter eines Himmelskörpers von Tag zu Tag oder in anderen regelmäßigen Zeitabständen verzeichnet sind, heißt Ephemeride (von griech. = Tagebuch). Derartige Nachschlagewerke kann man in Bibliotheken einsehen oder ausleihen. Für Interessenten stehen aber auch zahlreiche Jahrbücher für Sternfreunde zur Verfügung, die meist neben einem Himmelskalender mehr oder weniger umfassende Auszüge der großen Ephemeriden enthalten.

Um die in den Tabellenwerken gemachten Angaben verwerten zu können, muß die Geburtszeit (Zonenzeit) in Ortszeit umgerechnet werden. Dabei spielt die geographische Länge des Geburtsortes eine große Rolle. Die Ortszeiten verschiedener Längenkreise auf der Erde unterscheiden sich wie die in Zeitmaß (1 h = 15°) ausgedrückten geographischen Längen.

Die unterschiedlichen Sonnenaufgangszeiten sind in Abhängigkeit vom Tagesdatum und der geographischen Breite in den astronomischen Jahrbüchern enthalten und können dort entnommen werden.

Auf einem Kreisbogen, der entsprechend der Tageslänge in 24 Stunden unterteilt wird, markiere man den Aszendenten. Dann zeichne man die Verbindungslinie zwischen dem Aszendenten und dem Mittelpunkt des Kreises. Diese Linie verlängere man bis zur gegenüberliegenden Seite des Kreisbogens. Dieser Punkt bedeutet den Deszendenten, den Sonnenuntergangspunkt in astrologi-

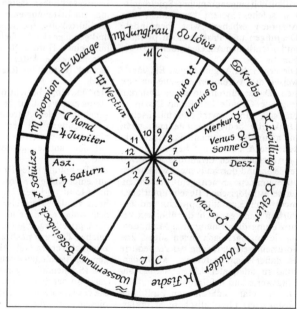

Astrologie. Horoskop

Astrometrie

scher Sicht. Die Senkrechte zu dieser Verbindungslinie durch den Kreismittelpunkt liefert als Schnittpunkte mit dem Kreisbogen das Medium Coeli und als Gegenpunkt das Imum Coeli.

Nachdem Aszendent und Deszendent sowie Himmelsmitte genau festgelegt sind, geht der Astrologe dazu über, die sog. Häusergrenzen einzutragen. Beginnend beim Aszendenten, der die Felderspitze oder den Anfang des ersten Hauses darstellt, wird das Horoskop in 12 Sektoren oder Häuser entgegen dem Uhrzeigersinn eingeteilt. Nachdem auch das Häusersystem erstellt ist, werden die Positionen von Sonne, Mond und Planeten eingetragen. Die dazu erforderlichen Angaben können wiederum den Jahrbüchern entnommen werden, die die Stellung von Venus oder Mars, Jupiter oder Merkur usw. für jeden Zeitpunkt enthalten.

Zum Schluß sind noch die Tierkreiszeichen in das Horoskop aufzunehmen. Dies geschieht, indem man dem ersten Kreisbogen einen weiteren äußeren Bogen hinzufügt und die Tierkreiseinteilung so vornimmt, daß die Sonnenstellung zur Zeit des Ereignisses, für das das Horoskop erstellt wird, hier also der Geburt, mit dem Tagesdatum des Tierkreises zusammenfällt.

Damit ist die Berechnung des Horoskops beendet. Die eigentliche A. beginnt erst jetzt mit der Interpretation des fertiggestellten Horoskops.

Da rationale Erklärungsmöglichkeiten fehlen, ist A. eine Glaubensfrage. Grundlage der Deutung bilden die den Planeten zugeschriebenen „Wesenskräfte". Den 12 Abschnitten (Tierkreiszeichen) bzw. Sternbildern des Tierkreises wird eine Zusatzwirkung als „Haus" zugeschrieben, die je nach Sternbild und Planet verschieden ist. Darüber hinaus hat jeder Planet an einem bestimmten Punkt des Tierkreises seine stärkste Wirkung, die Erhöhung (exaltatio), und im entgegengesetzten Punkt seine schwächste Wirkung, die Erniedrigung (dejectio). Wichtig für ein Geburtshoroskop (Nativität) ist der im Augenblick und am Ort der Geburt aufsteigende Punkt der Ekliptik, der sog. Aszendent, von dem aus der Tierkreis eingeteilt wird, so daß diese Häuser je nach Aszendent unterschiedliche Wirkungen haben. Bestimmte Winkel (Konstellationen), unter denen die Planeten geozentrisch zueinander erscheinen (Konjunktion 0°, Opposition 180°, Trigonalschein 120°, Quadratur 90°, Sextilschein 60°), sollen eine Verstärkung, Abschwächung oder gar Aufhebung der Wirkung verursachen. Jedes Tierkreiszeichen hat darüber hinaus eine die Wirkung des in ihm stehenden Planeten beeinflussende spezifische Eigenwirkung.

Durch geschickte Kombination aller Möglichkeiten lassen sich beliebige, wünschenswert erscheinende Aussagen herleiten, die zudem bewußt vieldeutig oder verschwommen gehalten sind. Den zufälligen, auf Erfüllungszwang willensschwacher Menschen beruhenden Treffern stehen unzählige falsche Prognostizierungen gegenüber. All diese „Nieten" lassen sich auch nicht durch „unnatürlich" eingeleitete Geburten oder Kaiserschnitte – durch die der astrologisch bestimmte Geburtszeitpunkt verschoben und damit das Horoskop verfälscht wird – erklären. Bislang sind die Astrologen einen eindeutigen Nachweis ihres Erfolgs schuldig geblieben. Dieser Nachweis dürfte auch schwer zu erbringen sein, da bereits ein einfacher Einwand die Seriosität von Horoskopen in Frage stellt. So sollten nach Lehre der A. ein- und zweieiige Zwillinge aufgrund ihrer Geburtshoroskope die gleichen Charaktere und Veranlagungen besitzen. Dies steht aber im Widerspruch zur Erbbiologie und zur Erfahrung. Auch bei sog. Horoskopzwillingen – Menschen, die nahezu zur gleichen Zeit und am gleichen Ort geboren wurden – sucht man die nach der Lehre der A. angeblich gleichen Eigenschaften vergeblich.

Astrometrie [griech. ástron = Stern] (Positionsastronomie, sphärische Astronomie): Teilgebiet der Astronomie, das sich mit der Messung der Örter (Positionen) und Parallaxen der als punktförmig angesehenen kosmischen Objekte und mit deren scheinbaren und wahren Ortsveränderungen an der Himmelsphäre befaßt. Die Ergebnisse der A. werden

astrometrische Doppelsterne

u. a. in Sternkatalogen festgehalten. Außerdem werden in der A. die Grundlagen der astronomischen Orts- und Zeitbestimmung bearbeitet.

astrometrische Doppelsterne [griech. ástron = Stern]: eine Klasse von ↑Doppelsternen, bei denen die Existenz eines Begleiters nur aus periodischen Ortsveränderungen der Hauptkomponente geschlossen werden kann. Daher wird diese Gruppe auch „Sterne mit unsichtbarem Begleiter" genannt.

Astronautik [zu griech. ástron = Stern und griech. naútēs = Seemann] (Kosmonautik, Raumfahrt, Weltraumfahrt): die Erforschung und Durchquerung des Raums außerhalb der dichten irdischen Atmosphäre mit bemannten oder unbemannten Raumflugkörpern.

Astronom [zu Astronomie]: Naturwissenschaftler auf dem Gebiet der ↑Astronomie. Heute werden A.en wegen der starken physikalischen Ausrichtung dieses Faches z. T. auch **Astrophysiker** genannt. Voraussetzung ist ein Hochschulstudium, das in der Regel über ein Diplom in Physik mit der Promotion in Astronomie abgeschlossen wird.

Entsprechend ihrem Aufgabenschwerpunkt in Forschung und Lehre arbeiten A.en in der praktischen oder theoretischen Astronomie bzw. in der Didaktik der Astronomie. Ihre Aufgaben erfüllen A.en in erster Linie an Beobachtungs- oder Auswertungsstationen, die Universitäten oder wiss. Organisationen, wie z. B. den Max-Planck-Instituten, angeschlossen sind, sowie in astronomischen oder physikalischen Instituten. Neuerdings gewinnt die Bildungsarbeit an Volkshochschulen sowie an Volkssternwarten und Planetarien immer mehr an Bedeutung, so daß auch hier zahlreiche A.en haupt- oder nebenberuflich tätig sind.

Daneben gibt es Amateur-A.en, die auf privater Basis Beobachtungen durchführen. Sie sind meist im Rahmen einer Volkssternwarte oder in überregionalen Vereinigungen (in der BR Deutschland in der „Vereinigung der Sternfreunde e. V.") zusammengeschlossen.

Astronomie [griech. = Sternkunde] (Himmelskunde): umfassende Bez. für alle Zweige der exakten Naturwissenschaften, die sich mit der Erforschung des Weltalls beschäftigen. Ziel der A. ist es, Erkenntnisse über die Verteilung und Bewegung, die physikalischen Eigenschaften und Zustände, die Zusammensetzung und Entwicklung der Materie im Weltall sowie über die Struktur der Welt in ihrer Gesamtheit zu gewinnen. Sie befaßt sich dazu insbes. mit der Beobachtung und Analyse der aus dem Weltraum und v. a. von den verschiedenen Himmelsobjekten kommenden elektromagnetischen Strahlung, außerdem mit den aus dem Weltraum und v. a. von der Sonne kommenden Teilchenstrahlen sowie mit der Analyse von Gesteinsproben, die entweder auf der Erde gefunden werden (Meteoriten) oder direkt von den verschiedenen Himmelsobjekten stammen.

Die dabei untersuchten Himmelsobjekte sind insbes. die Körper des Sonnensystems (die Sonne, die Planeten und ihre Monde, die Planetoiden, Kometen und Meteoriten, ferner die Sternhaufen und Galaxien (einschl. Milchstraßensystem), die Pulsare, Quasare und sonstigen Radioquellen sowie die im Raum zwischen diesen Objekten befindliche interplanetare, interstellare und intergalaktische Materie. Die registrierte Strahlung wird in Sternwarten nach Richtung, Quantität und Qualität mit unterschiedlichen Methoden und speziellen Instrumenten analysiert, wobei sich zahlreiche Forschungszweige entwickelt haben. Daneben haben sich durch die Einbeziehung der auf die Erde einfallenden Teilchenstrahlen und Körper sowie durch die Möglichkeit des Anflugs an Planeten und Satelliten unseres Sonnensystems neue Forschungsmöglichkeiten eröffnet. Bereits seit dem 4. Jahrtausend v. Chr. wurden in den frühen Hochkulturen erste Gestirne systematisch beobachtet. So besaßen alte Kulturvölker wie die Chinesen, Ägypter, Chaldäer und Mayas, die Babylonier und Griechen erstaunliche astronomische Kenntnisse, die sie v. a. zur Zeitbestimmung und für astrologische Zwecke nutzten. Die alten Kulturvölker betrieben die Lehre von den Sternen aber noch nicht im Sinne einer

Astronomie

wiss. Disziplin. Der gestirnte Himmel war für sie ein Symbol für das „Andere" (Natur, Gottheit), ein Gegenpol des „Ich" mit seiner Welt des inneren Erlebens, der Wünsche und des Schaffens. Sie erfreuten sich jedoch nicht nur an der Schönheit und Erhabenheit des gestirnten Himmels oder beteten zu den Sternen, sondern suchten gleichzeitig auch Aufschluß über die „heimlichen" himmlischen Vorgänge und über ihre persönliche Abhängigkeit von kosmischen Ereignissen zu erhalten. So waren die frühen Astronomen in erster Linie Priester und Philosophen, die beobachtend und deutend in dem Gang der Gestirne göttliches Walten zu erkennen glaubten.

Zutreffende Begründungen über die Abläufe am Firmament zu geben, war zu jener Zeit weder möglich noch wurde die Frage danach gestellt. Doch war man durchaus in der Lage, näherungsweise Angaben über zukünftige Gestirnstellungen zu machen. Den höchsten damaligen Stand erreichte wohl die A. der Babylonier. Auf der babylonischen A. baute dann später die griechische auf, die auf dem Umweg über Ägypten zur Grundlage der antiken A. wurde. Die Griechen waren nämlich das erste Volk, das den Versuch einer rationalen Erklärung der Himmelserscheinungen unternahm. Die griechischen Kenntnisse fanden ihren Niederschlag im ↑ Ptolemäischen Weltbild. Das von Ptolemäus im ↑ Almagest zusammengetragene Wissen bildete fast 1 500 Jahre lang – bis zum Ende des Mittelalters – die Grundlage der Astronomie.

Die entscheidende Wende von der antiken A. zur A. der Neuzeit setzte mit der Postulierung des ↑ Kopernikanischen Weltbildes ein, für dessen Anerkennung jedoch erst posthum und allmählich die philosophischen, physikalischen und empirischen Grundlagen geschaffen werden mußten. A. und Astrologie teilten sich in zwei Disziplinen, da sich trotz zweifellos vorhandener kosmischer Wirkungen auf die Erde keine persönlichkeitsformenden Einflüsse feststellen ließen.

G. Galilei und J. Kepler gingen wohl als erste von der rein geometrischen Interpretation der beobachteten Größen zur kinematischen, d. h. zur physikalisch begründbaren Interpretation über. Sie verwarfen den von den Aristotelikern (↑ Aristotelische Bewegungslehre) erhobenen Unterschied zwischen himmlischer und irdischer Materie und bereiteten stattdessen das Postulat der ↑ Universalität der Naturgesetze vor, das Newton in seinem Hauptwerk „Philosophiae naturalis principia mathematica" wohl erstmals explizit formuliert hat.

Für die weitere Entwicklung der A. erwies sich diese Ausdehnung des Geltungsbereichs physikalischer Gesetze auf das gesamte Weltall als äußerst fruchtbar. Doch noch bis in die Mitte des 19. Jahrhunderts galt das Interesse astronomischer Forschung fast ausschließlich der Messung der Richtung bzw. Richtungsänderung der von den Gestirnen kommenden Strahlung. Dieser Bereich der Forschung wird heute als **klassische** oder **fundamentale** A. bezeichnet. Man rechnet dazu die ↑ Astrometrie und die auch weitgehend theoretische ↑ Himmelsmechanik, die geographische Orts- und Zeitbestimmung sowie die Probleme der Festlegung fundamentaler Koordinatensysteme.

Erst ab der Mitte des 19. Jahrhunderts wurden insbes. auch Quantität und Qualität der Strahlung gemessen. Da dazu Meß- und Untersuchungsmethoden aus der Physik herangezogen wurden, bezeichnete man diesen Bereich als **Astrophysik.**

Aus der Verknüpfung von Messungen der Richtung, der Flußdichte und der Zusammensetzung der von Sternen kommenden Strahlung konnten für einzelne Sterne die sog. Zustandsgrößen (Leuchtkraft, Oberflächentemperatur, Flächenhelligkeit an der Oberfläche, Radius, Masse, mittlere Dichte, Rotationsgeschwindigkeit und chemische Zusammensetzung) abgeleitet werden. Die bekannteste Beziehung zwischen zwei Zustandsgrößen (absolute Helligkeit und Spektralklasse) stellt das ↑ Hertzsprung-Russell-Diagramm dar.

Große photometrische und spektroskopische Durchmusterungen des Himmels

Astronomie

bilden die Grundlage für statistische Untersuchungen im Rahmen der **Stellarstatistik**, bei denen die Sterne als Elemente statistischer Mengen behandelt und statistisch ihre räumliche Verteilung und ihr Zustand sowie (in der **Stellardynamik**) ihre Bewegung innerhalb der verschiedenen Sternansammlungen bzw. Sternsysteme (v. a. im Milchstraßensystem) untersucht werden. Entsprechend wird heute auch die Verteilung der Sternsysteme (Galaxien) im Weltall untersucht. Diese Methode der Stellarstatistik wird allerdings wegen der Absorption des Sternenlichts durch Materie im interstellaren Raum beeinträchtigt (interstellare Absorption).

Mit großen Spiegelteleskopen wurden ab 1920 die Entfernungen der Spiralnebel bestimmt. Man erkannte, daß es sich um extragalaktische, d. h. außerhalb unseres Milchstraßensystems liegende Sternsysteme handelt. Der A. war es somit möglich, wesentliche Bereiche des Universums zu überblicken. Fragen der ↑Kosmologie wurden nicht mehr vor dem Hintergrund einer primär dogmatisch-weltanschaulich bestimmten Denkweise beantwortet. Größtenteils wurden nun anhand der Natur nachprüfbare Aussagen zugrunde gelegt. Darüber hinaus sind auch heute noch kosmologische Interpretationen teilweise als spekulativ einzuschätzen. Gleichzeitig eröffneten sich Einblicke in die vielfältigen Formen und Strukturen von Sternsystemen, und es wurden Vorstellungen und Zahlengrößen über Alter, Größe und räumlich-zeitliche Struktur der Welt als Ganzes gewonnen. Selbst Fragen nach der Entstehung der Welt (↑Kosmogonie) können auf diese Weise behandelt werden.

Die Vielfalt der Objekte und Bereiche astronomischer Forschung erfordern von den Astronomen und Astrophysikern sowohl die Ausarbeitung vieler spezieller Beobachtungsinstrumente und -methoden (Bereich der praktischen A.) als auch theoretisch-physikalische Untersuchungen verschiedenster Art zur Deutung der Beobachtungsergebnisse sowie zur Herleitung astronomischer Gesetzmäßigkeiten und Erkenntnisse.

Die Fortschritte in der A. werden heute v. a. durch die Entwicklung der Elektronik und damit der physikalischen Meßtechnik, der Computer- und Nachrichtentechnik sowie durch die Entwicklung der Raumfahrt bestimmt: Neben die nur mit optischen Instrumenten und Methoden im Wellenlängenbereich des sichtbaren Lichts arbeitende optische A. traten die ↑Infrarotastronomie und v. a. die ↑Radioastronomie, die durch Entdeckung der Radioquellen, insbes. der Pulsare, Quasare und Radiogalaxien, sowie der kosmischen Hintergrundstrahlung (Drei-Kelvin-Strahlung) zu ganz neuen, z. T. umwälzenden Erkenntnissen in der gesamten A. bis hin zur Kosmologie und ihren Vorstellungen von der Entstehung des Weltalls (↑Big-bang-Theorie, ↑Big-bounce-Theorie, ↑inflationäres Szenario) führte. In der ↑Radarastronomie werden durch Aussenden von Radiostrahlungsimpulsen und Empfang der Echos mit Methoden der Radio-A. sehr genaue Vermessungen im Sonnensystem vorgenommen. Der Einsatz von speziellen Teleskopen, photographischen Kameras, Strahlendetektoren u. a. in Ballons, Raketen, künstlichen Satelliten (insbes. speziellen A.satelliten) und Raumsonden sowie die bemannte Raumfahrt ermöglichen es heute, auch jene Wellenlängenbereiche der elektromagnetischen Strahlung (v. a. Ultraviolett-, Röntgen- und Gammastrahlen) zu erfassen und zu analysieren, für die die Atmosphäre kein astronomisches Fenster besitzt und die daher von ihr vollständig absorbiert werden. Durch diese **Ballon-, Raketen-** bzw. **Satelliten-A.** wurden die Astronomen nicht nur von den Behinderungen durch die ↑Szintillation der unteren Atmosphärenschichten befreit, es entwickelten sich auch entsprechend den bisher vom Erdboden aus nur teilweise oder überhaupt nicht zugänglichen Wellenlängenbereichen des elektromagnetischen Spektrums neben der Infrarot-A. die ↑Röntgenastronomie (einschl. der Gammastrahlen-A.) und die ↑Ultraviolettastronomie, wobei sich ähnlich wie bei der Radio-A. nicht nur neue Erkenntnisse über bekannte kosmische Objekte ergaben, sondern auch bis

astronomische Instrumente

dahin unbekannte bzw. neuartige Objekte entdeckt wurden.
Eine Weiterentwicklung auch der erdgebundenen optischen A. wurde durch den Bau modernster Sternwarten mit sehr viel leistungsfähigeren, z. T. auch neuartigen Spiegelteleskopen und Empfängersystemen bewirkt, die zu neuen Erkenntnissen sowohl über die Objekte des Sonnensystems als auch über die extragalaktischen, insbes. sehr fernen Sternsysteme führten. Die Computertechnik schließlich ermöglichte die rechnerische Behandlung und Lösung von Problemen der theoretischen A. bzw. Astrophysik (z. B. von Mehr- und Vielkörperproblemen, wie die Bewegung der Planeten oder die Dynamik von Sternsystemen, ferner Fragen der Sternentstehung und -entwicklung, der Energieumwandlung sowie des Endzustandes von Sternen) oder von Problemen der Himmelsmechanik bzw. Bahnbestimmung, die sich durch die Raumfahrt stellten.
Astronomische Forschung ist heute ohne fundierte Kenntnisse aus anderen Wissensgebieten, insbes. aus der Physik, nicht mehr möglich. A. hat sich zu einer interdisziplinären Wissenschaft entwickelt, die einerseits bei der Deutung der Mehrzahl der beobachteten astronomischen Phänomene der Unterstützung oft recht unterschiedlicher Teildisziplinen der Physik und ihr verwandter Wissenschaften bedarf, andererseits aber auch immer wieder astronomische Beobachtungen und Ergebnisse von fundamentaler Bedeutung für naturwiss. Disziplinen liefert.
Gegenwärtig tragen folgende Teilgebiete der Physik und benachbarter Disziplinen zum Fortschritt der astronomischen Forschung erheblich bei: Atom- und Molekülphysik, Plasmaphysik, Hydrodynamik und Gasdynamik, Kernphysik, Elementarteilchenphysik, Relativitätstheorie, Quantentheorie, Festkörperphysik sowie Mathematik, Synergetik, Molekularbiologie, Chemie, Geowissenschaften und Technik.
Die Bedeutung der gegenwärtigen astronomischen Forschung für die Physik mögen die astrophysikalischen Arbeiten bzw. Arbeiten von astrophysikalischer Relevanz belegen, die im Rahmen der Nobelpreise für Physik in den letzten Jahrzehnten ausgezeichnet wurden:
Die Entdeckung der kosmischen Strahlung (V. F. Hess; 1936);
Beiträge zur Theorie der Kernreaktionen, insbes. in bezug auf die Energieerzeugung in Sternen (H. A. Bethe; 1967);
radioastronomische Arbeiten, insbes. für die Entwicklung der Apertursynthesetechnik und die Entdeckung der Pulsare (Sir M. Ryle und A. Hewish; 1974);
Entdeckung der kosmischen Hintergrundstrahlung (A. A. Penzias und R. W. Wilson; 1978);
Beiträge zur Struktur und Entwicklung der Sterne sowie Untersuchungen für die Entstehung der chemischen Elemente relevanten Kernreaktionen (S. Chandrasekhar und W. H. Fowler; 1983).

astronomische Dämmerung ↑ Dämmerung.

astronomische Einheit (Einheitenzeichen AE bzw. AU [für engl. astronomical unit]): gebräuchliche Entfernungseinheit innerhalb unseres Sonnensystems. Unter der Entfernungsangabe 1 AE versteht man die mittlere Distanz Erde–Sonne. Der von der Internationalen Astronomischen Union (IAU) festgelegte Wert beträgt:

$$1\,\text{AE} = 1{,}49597870 \cdot 10^{11}\,\text{m}.$$

Es ist aber üblich, mit dem aufgerundeten Wert

$$1\,\text{AE} = 149{,}6 \cdot 10^9\,\text{m}$$

zu rechnen.

Astronomische Gesellschaft (Abk.: AG): eine im Jahre 1863 gegründete wiss. Vereinigung von Astronomen. Mit Gründung der ↑ Internationalen Astronomischen Union im Jahre 1918 verlor die AG ihre internat. Bedeutung und ist heute weitgehend auf den deutschsprachigen Raum beschränkt.

astronomische Instrumente: Geräte zur Beobachtung und Messung kosmischer Objekte bzw. der von ihnen ausgehenden Strahlung. Folgende Elemente sind praktisch allen a.n I.n gemeinsam:
1. Die Strahlung wird zunächst gesammelt; dazu dienen im optischen (und be-

35

astronomische Jahreszählung

nachbarten) Strahlungsbereich Systeme aus Linsen und/oder Spiegeln (↑ Linsenteleskop, ↑ Spiegelteleskop, ↑ Astrograph usw.), im Radiowellenbereich große Antennenanlagen (↑ Radioteleskop), in den übrigen Strahlenbereichen spezielle Teleskope oder Detektoren (↑ Röntgenastronomie, ↑ Gammaastronomie, ↑ Ultraviolettastronomie, ↑ Infrarotastronomie). 2. Die Strahlung wird einem Analysator zugeführt (optische bzw. elektronische Filter, Spektrographen u.a.). 3. Ein Strahlungsempfänger registriert die Strahlung. Als Empfänger dienen (neben dem Auge bei der direkten Beobachtung mit einem astronomischen Instrument) u.a. Photoplatten, Photozellen, Thermoelemente, Bolometer und Radiowellenempfänger. Das sammelnde System und die Strahlungsempfänger werden gewöhnlich mit Hilfe der ↑ Montierung und einer Nachführungsvorrichtung auf einen bestimmten Punkt des Himmelsgewölbes eingestellt und bei der erdgebundenen Beobachtung der scheinbaren täglichen Bewegung der Himmelssphäre nachgeführt.

astronomische Jahreszählung: von der julianischen Zeitrechnung abweichende Jahreszählung, nach der dem Jahr 1 das (von der historischen Jahreszählung nicht berücksichtigte) Jahr 0 vorangeht, das dem Jahr 1 v.Chr. entspricht.
Vor die vorchristlichen Jahre der a.n J. wird ein Minuszeichen gesetzt.

astronomische Konstanten: Gruppe von Meßwerten, die notwendig sind, um Beobachtungen von Himmelskörpern auszuwerten und zu interpretieren und die für diesen Zweck den ↑ Ephemeriden in den Jahrbüchern zugrunde liegen. Die meisten Konstanten sind deshalb mit Dimension, Figur, Gravitationsfeld und Bewegung der Erde verbunden. Die zahlreichen, nach verschiedenen Methoden bestimmten a.n K. sind nicht unabhängig voneinander. Man unterscheidet daher zwischen **primären (fundamentalen)** und **abgeleiteten Konstanten**. Die Frage, welche Konstanten als primär und welche als abgeleitet eingestuft werden, ist keine Frage der Meßgenauigkeit, sondern in erster Linie eine Frage der Zweckmäßigkeit. Wegen der inneren Konsistenz und wegen der Vergleichbarkeit astronomischer Ergebnisse ist man jedoch auf die Festlegung eines

Astronomische Konstanten

primäre Konstanten

Lichtgeschwindigkeit	$c = 299\,792\,458$	(12) m/s
Lichtzeit für die astronomische Einheit	$\tau_{AE} = 499{,}004\,782$	(6) s
Äquatorradius der Erde	$R_e = 6\,378\,140$	(5) m
Gravitationskonstante	$G = 6{,}672 \cdot 10^{-11}$	(4) m³/kg s²
Massenverhältnis Mond–Erde	$\mu = 0{,}012\,300\,02$	(5)
allgemeine Präzession in Länge (für 2000)	$p = 5\,029{,}0966''$	(1 534) ''/100 Jahre
Schiefe der Ekliptik (für das Jahr 2000)	$\varepsilon = 23°26'21{,}488''$	(102)
Nutationskonstante (für das Jahr 2000)	$N = 9{,}2055''$	(3)

abgeleitete Konstanten

astronomische Einheit	$AE = c\,\tau_{AE} = 1{,}495\,978\,70 \cdot 10^{11}$	(2) m
Sonnenparallaxe	$\pi_\odot = \arcsin(R_e/AE) = 8{,}794\,148''$	(7)
Aberrationskonstante (für das Jahr 2000)	$k = 20{,}495\,52''$	(0,2)
Massenverhältnis Sonne/Erde	$M_\odot/M_\oplus = 332\,964{,}0$	(3)
Sonnenmasse	$M_\odot = 1{,}9891 \cdot 10^{30}$	(12) kg

internat. Systems von Konstanten angewiesen, welches jedoch von Zeit zu Zeit umgeordnet werden kann. Seit 1983 gilt das IAU-(1976)-System, das nach langjähriger Vorbereitung 1976 von der Internationalen Astronomischen Union angenommen wurde und das von 1964 bis 1983 geltende IAU-(1964)-System ablöste.

Die primären und abgeleiteten Konstanten dieses IAU-(1976)-Systems sind in der Übersicht aufgelistet, wobei die Ziffern in Klammern in Einheiten der letzten angegebenen Dezimalen die Grenzen angeben, innerhalb derer der exakte Wert liegen sollte.

astronomisches Dreieck (nautisches Dreieck): das sphärische Dreieck mit den Eckpunkten Himmelspol, Zenit, Stern.

astronomisches Fernrohr: andere Bez. für das in der optischen Astronomie verwendete ↑ Kepler-Fernrohr.

astronomische Zeichen: Symbole für Planeten und ihre Konstellationen, Tierkreiszeichen, Mondphasen sowie für bestimmte Punkte auf der Ekliptik. Sie sind vermutlich z. T. aus Abkürzungen von Namen (Planeten), z. T. aus Bildern entstanden und – mit Ausnahme der in Analogie zu diesen neu geschaffenen Symbole der erst später entdeckten Planeten Uranus, Neptun und Pluto – in der heute üblichen Form seit dem Spätmittelalter in Gebrauch. Ursprung, Entstehungszeit und -ort sind ungewiß. – ↑ auch Tierkreiszeichen.

Astrophysik [griech. ástron = Stern]: ◊ Teilgebiet der Astronomie, in dem die physikalisch-chemischen Eigenschaften der kosmischen Körper und der zwischen ihnen liegenden Räume untersucht werden.

Die astrophysikalische Forschung basiert auf dem Postulat von der ↑ Universalität der Naturgesetze. Mit der spektralen Zerlegung des Sternlichts und der theoretischen Grundlage der Spektralanalyse im vorigen Jahrhundert entwickelte sich die A. zum dominierenden Forschungsgebiet der Astronomie. In zunehmendem Maße befruchten sich heute Physik und A. gegenseitig, indem sie wesentliche Entdeckungen und Theorien austauschen, überprüfen und nutzen.

◊ mitunter benutzte Bez. für die heute betriebene Astronomie, die im wesentlichen astrophysikalische Forschung ist.

Aszendent [zu lat. ascendere = hinaufsteigen]: in der *Astrologie* das gerade aufgehende Sternzeichen.

Atair [arab. = der fliegende (Adler)] (Altair): Hauptstern im Sternbild ↑ Adler. Mit einer scheinbaren visuellen Helligkeit von $0\overset{m}{.}77$ zählt A. zu den hellsten Sternen des nächtlichen Himmels. Zusammen mit ↑ Wega und ↑ Deneb bildet A. das ↑ Sommerdreieck. – ↑ auch Sternverzeichnis.

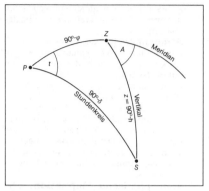

Astronomisches Dreieck (P Himmelspol, Z Zenit, S Stern)

Astronomische Zeichen			
Himmelskörper			
○	Sonne	♃	Jupiter
☾	Mond	♄	Saturn
☿	Merkur	♅	Uranus
♀	Venus	♆	Neptun
⊕	Erde	♇	Pluto
♂	Mars		
Mondphasen			
●	Neumond	○	Vollmond
☽	erstes Viertel	☾	letztes Viertel
Konstellationen		*Punkte*	
☌	Konjunktion	☊	aufsteigender Knoten
☍	Opposition	☋	absteigender Knoten
□	Quadratur	♈	Frühlingspunkt

Atlas [nach dem gleichnamigen Titan der griech. Mythologie]: ein Satellit des ↑Saturn.

Atmosphäre [griech. atmós = Dampf, Dunst und griech. sphaîra = Kugel, Erdkugel]: eigentlich die einen festen Himmelskörper umgebende Gashülle. In diesem Sinne wird der Begriff A. bei Planeten und bei der ↑Erde gebraucht. Aber auch bei Sternen spricht man von ↑Sternatmosphären. Hierbei denkt man nicht an die gasförmigen Hüllen, die manche Sterne (Hüllensterne) umgeben, sondern im übertragenen Sinne an die äußeren, weniger dichten Schichten eines Sterns.

atmosphärische Refraktion: Die von Gestirnen ausgehenden Lichtstrahlen werden – abgesehen vom senkrechten Eintritt in die Atmosphäre – beim Durchgang durch die von oben nach unten immer spezifisch und optisch dichter werdenden Luftschichten um so stärker gebrochen, je tiefer sie eindringen.

Dabei wird der Lichtstrahl in den Atmosphärenschichten so abgelenkt, daß er eine konkav gekrümmte Bahn beschreibt, wie die Abb. stark übertrieben verdeutlicht. Da man das Objekt in der geradlinigen rückwärtigen Verlängerung der auftretenden Strahlen „sieht", wird durch die a. R. eine zu große Höhe vorgetäuscht. Neben einer allgemeinen Anhebung h_{Re} der Gestirnsorte um

$$h_{Re} \approx 1' \cot h$$

(bei $T_{Luft} = 10\,°C$, $p_{Luft} = 1010$ hPa und h = Höhe des Gestirns) tritt bei flächig erscheinenden Himmelsobjekten wie Sonne und Mond in Horizontnähe wegen der dort stark anwachsenden Refraktionshebung zusätzlich eine Verkürzung des vertikalen Durchmessers auf. Das ist der Grund für die dort beobachtbaren ovalen Verzerrungen dieser Gestirne.

Es sei angemerkt, daß die scheinbare Vergrößerung von Sonne, Mond und Sternbildern in Horizontnähe keine physikalischen Ursachen hat. Diese nur visuell beobachtbare scheinbare Vergrößerung beruht vielmehr auf einer optischen Täuschung.

AU: Einheitenzeichen für ↑astronomische Einheit.

Aufgang: der Zeitpunkt des Heraufziehens eines Gestirns über den Horizont (als Folge der Erdrotation von West nach Ost). Da die ↑atmosphärische Refraktion die Höhe eines Gestirns vergrößert (im Horizont um bis zu 35'), erfolgt der **scheinbare A.** früher als der **wahre Aufgang.**

Neben scheinbarem und wahrem A. differenziert man noch zwischen speziellen Aufgängen.

Mit dem **heliakischen A.**, dem ersten Hervortreten eines Gestirns in der östlichen Morgendämmerung aus dem Bereich der Sonnenstrahlen, beginnt die Zeit seiner jährlichen Sichtbarkeit. Für ein Gestirn ist dieser Zeitpunkt u. a. stark abhängig von seiner Helligkeit, da ein lichtstarkes Gestirn in der Morgen-

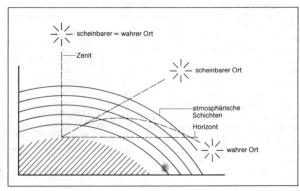

Atmosphärische Refraktion

Auflösungsvermögen

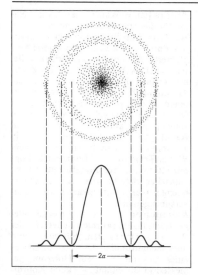

Auflösungsvermögen. Beugungsfigur und deren Helligkeitsverteilung bei einem punktförmigen Objekt

dämmerung eher zu sehen ist als ein lichtschwaches.
Der **akronyktische A.** ist der Zeitpunkt, an dem ein Gestirn bei Sonnenuntergang über dem Horizont erscheint. Schließlich bezeichnet man als **kosmischen A.** jenen Zeitpunkt, an dem das Gestirn gleichzeitig mit der Sonne aufgeht.
Auflösungsvermögen: 1. Bei *Teleskopen* ein Maß für die Fähigkeit, zwei Gegenstandspunkte an der Sphäre so abzubilden, daß sie noch getrennt registriert werden können.
Die Begrenzung des A.s ist in der Beugung einfallender Wellen begründet. Die Objektivfassungen optischer Instrumente ebenso wie die Pupillenbegrenzung der Augen stellen nämlich Öffnungen dar, an denen die Strahlung gebeugt wird. Das Bild eines punktförmigen Gegenstandes ist daher kein Punkt, sondern ein Beugungsfleck mit einer Helligkeitsverteilung.
Bei guten Objektiven vereinigt das Zentralscheibchen um die 90% des Strah-

lungsstroms. Beugungsfiguren, bei denen das Maximum 0. Ordnung des einen Flecks in das Minimum 1. Ordnung des zweiten Flecks fällt, können daher als getrennte Bilder registriert werden.
Nach der Beugungstheorie gilt für den halben Winkeldurchmesser des zentralen Scheibchens vom Objektiv aus gesehen:

$$\hat{\alpha} = 1{,}22 \frac{\lambda}{D},$$

wobei $\hat{\alpha}$ in Bogenmaß gemessen den halben Winkeldurchmesser, λ die Wellenlänge der einfallenden Strahlung und D den Objektivdurchmesser bezeichnet. In derselben Größenordnung liegt das A. eines Teleskops. Als theoretisches A. eines Teleskops definiert man den Winkelabstand zweier kosmischer Objekte:

$$\hat{d}_0 = 0{,}85\hat{\alpha} \approx \frac{\lambda}{D}.$$

Es ist üblich, d_0 in Gradmaß anzugeben. Die Umrechnung von Bogenmaß $\hat{d}_0$ in Gradmaß d_0 erfolgt dabei nach der bekannten Beziehung

$$\frac{d_0}{\hat{d}_0} = \frac{360°}{2\pi}.$$

Beispielsweise erreicht ein optisches Fernrohr für eine mittlere Wellenlänge $\lambda = 550$ nm bereits mit $D = 12$ cm eine Winkelauflösung $d_0 = 1''$. Ein Radioteleskop würde für das gleiche A. wegen der größeren Auflösung bei einer mittleren Radiowellenlänge von $\lambda = 20$ cm immerhin schon einen Durchmesser von etwa 41 km benötigen. Dennoch ist es in der Radioastronomie möglich, gleiche und sogar noch bessere Winkelauflösungen zu erreichen. Dies gelingt mit Hilfe der Interferometrie. Very-large-array-Anordnungen oder Very-long-baseline-Interferometrie erreichen Winkelauflösungen, die diejenigen optischer Instrumente bei weitem übertreffen. Das praktische A. optischer, erdgebundener Teleskope wird nämlich hpts. durch atmosphärische Turbulenzen begrenzt, die eine Winkelauflösung kleiner als $1''$ selten erlauben. Neben ↑Bildfehlern, die den Bildpunkt weit über das eigentliche Beugungsscheibchen vergrößern, beschränkt bei der photographischen Regi-

Augenprüfer

strierung auch die Photoplatte durch endliche Korngröße und Diffusion des Lichts in der Emulsion das A. einer optischen Fernrohrbeobachtung. Große Objektivöffnungen steigern folglich nicht das A., wirken sich jedoch günstig auf die Bildhelligkeit aus, da der durchgelassene Strahlungsstrom mit dem Quadrat des Objektivdurchmessers ansteigt. Bei der visuellen Beobachtung – das A. des Auges beträgt nur rund 1' – muß der Winkel daher auf etwa das 60fache vergrößert werden. Eine derartige Vergrößerung wird „nützlich" genannt, da eine stärkere Vergrößerung keine weiteren Einzelheiten liefert, sondern lediglich größere Beugungsscheiben. Eine schwächere Vergrößerung dagegen nutzt das Leistungsvermögen des Geräts nicht aus.
2. Bei *Spektralapparaten* das Verhältnis der Wellenlänge λ zum Wellenlängenunterschied $\Delta\lambda$, der bei der betreffenden Wellenlänge gerade noch zu beobachten ist.
In der optischen Astronomie wird heute mit den besten Spektralapparaten ein A. in der Größenordnung von 10^6 erreicht.
Augenprüfer: andere Bez. für den Stern ↑Alkor.
Aur: Abk. für **Auriga** (↑Fuhrmann).

Auriga [lat. = Wagenlenker]: wiss. Name für das Sternbild ↑Fuhrmann.
Austrittspupille: bei einem Fernrohr das durch das Okular entworfene verkleinerte Abbild der ↑Eintrittspupille. Es entsteht wenige Millimeter bis Zentimeter hinter dem Okular. Eine optimale Abbildung des vom Objektiv entworfenen Bildes auf der Netzhaut durch Okular und Auge gelingt, wenn sich die Augenpupille am Ort der A. befindet.
AXAF [Abk. für engl. advanced X-ray astrophysics facility]: ein mit einem Wolter-Teleskop (↑Röntgenteleskop) mit 120 cm Apertur ausgerüsteter amerikanischer Satellit, der zur Erstellung hochgenauer Röntgenkarten des Universums geplant ist.
Azimut [von arab. as-sumūt = die Wege, Richtungen] (Formelzeichen A): der Winkel zwischen dem Südpunkt und dem Schnittpunkt des Vertikalkreises eines Gestirns mit dem Horizont, gemessen in Bogenmaß. – ↑auch Koordinatensysteme.
azimutale Montierung [zu ↑Azimut]: ↑Montierung.
Azimutalkreise [zu ↑Azimut]: parallel zum Horizont verlaufende Kreise an der Himmelssphäre. Gestirne, die auf demselben Azimutalkreis liegen, haben also die gleiche Höhe h.

B

Babinet-Punkt [babi'nɛ...; nach J. Babinet]: Gebiet am Himmel, in dem die ↑Himmelslichtpolarisation ein Minimum erreicht.
Bahn: die Gesamtheit der Punkte im Raum, die ein Massenpunkt (insbes. der Schwerpunkt eines Körpers) bzw. ein Teilchen bei einer beliebigen Bewegung nacheinander durchläuft; dabei ist die Zeit t der Kurvenparameter dieser **B.kurve**; bei kräftefreier Bewegung ist die B. geradlinig, bei Einwirkung von Kräften gekrümmt; die durch den Kehrwert des zugehörigen Krümmungsradius charakterisierte **B.krümmung** ist um so

stärker, je größer die Kraftwirkung und je kleiner die Geschwindigkeit des Körpers bzw. Teilchens ist; insbes. ermöglicht die Bestimmung der von elektrischen und magnetischen Feldern hervorgerufenen B.krümmung der B.spuren energiereicher geladener atomarer Teilchen z. B. in Nebel- oder Blasenkammern die Ermittlung ihrer Energie bzw. ihres Impulses. Während in der Relativitätstheorie der B.begriff bei Hinzunahme der Zeit als vierter Koordinate eines vierdimensionalen Raums gültig bleibt, wobei die B. eines Massenpunktes als **Weltlinie** bezeichnet wird, ist in der Mikrophysik wegen der allg. Gültigkeit der Heisenbergschen Unschärferelation der B.begriff nur noch begrenzt verwendbar, da jede genaue Ortsmessung eines atomaren Teilchens seine Geschwindigkeit und damit seine Bewegung in unbestimmter Weise ändert.

In der *Astronomie* unterscheidet man die von einem Himmelskörper in einem bestimmten Zeitintervall wirklich im Raum zurückgelegte **wahre B.** von seiner auf einen als ruhend angenommenen anderen Körper (z. B. die Sonne bei der jährlichen Bewegung der Erde) bezogenen **relativen B.** und von seiner **scheinbaren B.**, die er an der Himmelskugel aufgrund seiner wahren B. und der Bewegung des Beobachters auf der rotierenden und sich um die Sonne bewegenden Erde beschreibt.

Bahnbestimmung: ein Teilgebiet der †Himmelsmechanik, das die Bestimmung der Bahnelemente von Himmelskörpern aufgrund von Beobachtungen behandelt.

Bahnbewegung: die Bewegung eines kosmischen Körpers auf seiner Bahn um einen zweiten kosmischen Körper. Bei der B. eines Körpers im Sonnensystem unterscheidet man zwischen rechtläufiger und rückläufiger (retrograder) Bahnbewegung.

Bahnelemente: unabhängige Bestimmungsstücke, um die Bahn eines Körpers in einem vorgegebenen Gravitationsfeld festzulegen.

Erfahrungsgemäß benötigt man für eine Bahnbeschreibung sechs unabhängige Bahnelemente. So ist der Wurf eines Balls beispielsweise vom Ort des Abwurfs (drei Ortskoordinaten) und vom Geschwindigkeitsvektor (drei Vektorkomponenten) abhängig. Analoges gilt für jeden anderen Körper, sei es ein Planet, ein Satellit oder eine Interkontinentalrakete.

In der Astronomie hat es sich bewährt, statt der kartesischen Koordinaten die sechs folgenden B. für die Beschreibung der Bahn eines Himmelskörpers zu verwenden:

1. große Halbachse a;
2. numerische †Exzentrizität ε des Kegelschnitts (durch die Größen a und ε wird die Form der Bahnkurve bestimmt. Bei parabelnahen Kometenbahnen kann $\varepsilon = 1$ gesetzt werden, so daß eine Bestimmung entfällt);
3. Länge des aufsteigenden †Knotens Ω gegenüber einer Bezugsrichtung, z. B. in bezug auf den Frühlingspunkt;
4. Neigungswinkel i der Bahnebene, auch **Inklination** genannt, zu der Bezugsebene, z. B. Ekliptik, Äquatorebene der Erde oder eines Planeten (durch die Größen Ω und i wird die Lage der Bahnebene festgelegt);
5. Länge des Perihels in der Bahn $\tilde\omega$ (durch die aus zwei Winkeln in verschiedenen Ebenen zusammengesetzte Länge des Perihels $\tilde\omega = \Omega + \omega$ ist die Lage der Ellipse in der Bahnebene festgelegt);

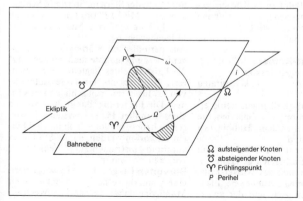

☊ aufsteigender Knoten
☋ absteigender Knoten
♈ Frühlingspunkt
P Perihel

Bahnelemente

Bahnneigung

6. Perihelzeit *T* (Durchgang des kosmischen Körpers durch das Perihel). Mit der Perihelzeit *T* ist der Ort des Himmelskörpers, z. B. Planet oder Komet, festgelegt.
In der Abb. sind die B. eingezeichnet. Die drei B. Ω, *i* und $\bar{\omega}$, die die Lage der Ellipse im Raum festlegen, ändern sich wegen der ↑Präzession und sind daher abhängig von der Wahl des Koordinatensystems. Die anderen drei B. sind unabhängig vom Koordinatensystem.
Bei Vorlage einer Parabelbahn kommt man mit fünf Bestimmungsgrößen aus, bei einer Kreisbahn sogar mit vier. Hier entfällt neben der Exzentrizität auch noch die Perihellänge.
Bei Bahnen anderer Körper als Planeten ist das Perihel durch die entsprechende Größe (↑Apsiden) zu ersetzen, beispielsweise bei der Bahn eines Begleiters um die Hauptkomponente im System eines Doppelsterns durch das Periastron.
Die obigen B. sind keine zeitlich konstanten Größen, da in der Realität kein ideales ↑Zweikörperproblem zugrunde liegt. Im Rahmen von Störungsrechnungen müssen daher eventuell zusätzliche Kräfte, welche durch Gravitationskräfte weiterer Himmelskörper, durch Abweichungen von einer kugelsymmetrischen Massenverteilung oder durch andere Ursachen hervorgerufen werden, berücksichtigt werden.

Bahnneigung (Formelzeichen *i*): ein ↑Bahnelement. Die B. gibt den Winkel an, um den die Bahn eines Körpers gegen eine Referenzebene, z. B. die Ebene der Ekliptik, geneigt ist. Erdsatelliten auf Polarbahnen haben eine B. von rund 90°.

Baker-Schmidt-Kamera ['bɛɪkə...]: ein Typ von ↑Spiegelteleskop.

Balkengalaxien: svw. Balkenspiralen (↑Hubble-Typ).

Balkenspiralen (Balkengalaxien): eine bestimmte Gruppe von Galaxien, die nach ihrem Aussehen dem ↑Hubble-Typ SB zuordenbar sind.

Balmer-Serie [nach J. J. Balmer]: im sichtbaren Spektralbereich gelegene Serie von Spektrallinien des Wasserstoffs. Diese **Balmer-Linien** entstehen bei Elektronenübergängen zwischen der zweit-innersten und äußeren Elektronenschale. Sie können als Emissions- oder Absorptionslinien in Erscheinung treten.
Die langwelligsten Balmer-Linien sind die H_α-Linie bei 656,2 nm und die H_β-Linie bei 486,1 nm. Die Balmer-Linien verdichten sich gegen die sog. **Balmer-Grenze** bei 364,6 nm, wo sich ein kontinuierliches Spektrum (Balmer-Kontinuum) anschließt. Absorption in diesem Bereich bewirkt den sog. **Balmer-Sprung** im Intensitätsverlauf von Sternspektren, dessen Größe sich bei den verschiedenen Spektralklassen der Sterne unterscheidet.

Bandbreite: ein Frequenzbereich Δv, der z. B. mit einem Radioteleskop aufgenommen werden kann.

Bandenspektrum: ein Spektrum, das von Molekülen stammt. Bei Molekülen treten aufgrund der gequantelten Schwingungs- und Rotationszustände Sequenzen von nahe beieinanderliegenden Spektrallinien, sog. Banden, auf.

Bandentemperatur: in Analogie zur ↑Anregungstemperatur eine Temperatur, die die Anregung der verschiedenen Rotations- und Schwingungszustände von Molekülen beschreibt.

Bärenhüter: andere Bez. für ↑Bootes, der den ↑Großen Bären „hütet".

Bärenstrom: anderer Name für den Ursa-Maior-Bewegungssternhaufen (↑Ursa-Maior-Haufen).

Barnards Pfeilstern ['bɑːnəd; nach E. E. Barnard] (Kurzbez. Pfeilstern): ein nur 9.^{m}5 heller Stern im Sternbild Schlangenträger. Mit 10,3″ pro Jahr zeigt dieser nur 1,81 pc entfernte Stern die größte ↑Eigenbewegung.
Aus periodischen Störungen in der Eigenbewegung glaubte man zunächst auf die Existenz eines Begleiters oder mehrerer Begleiter mit einer Gesamtmasse von 1,5 Jupitermassen schließen zu können. Die Folgerung, damit die Existenz eines fremden Planetensystems bewiesen zu haben, mußte jedoch im nachhinein verworfen werden, da die Störungen aufgrund instrumenteller Fehler nur vorgetäuscht waren.

Baryonen [zu griech. barýs = schwer]: eine Unterklasse der ↑Hadronen, deren Mitglieder daher der starken Wechsel-

wirkung genügen. Die B. haben die ↑Baryonenzahl A = 1 (die Antibaryonen haben A = −1) und einen halbzahligen ↑Spin.
Außer den Kernbausteinen Proton und Neutron zählen auch noch die Hyperonen zu den bekannten Mitgliedern dieser Elementarteilchenfamilie.

Baryonenzahl: die Differenz der Zahl der Baryonen und Antibaryonen. Bislang galt, daß die B. sich in einem physikalischen Prozeß nicht ändert. Wenn die B.erhaltung wirklich ein Naturgesetz ist, so könnte das Proton nie zerfallen, da es das leichteste Teilchen ist, dessen B. nicht verschwindet.
Den ↑vereinheitlichten Theorien (GUTs) zufolge sollten aber Protonen spontan zerfallen können und somit sollte letztlich alle Materie instabil sein. Mit der Nichterhaltung der B. ließe sich auch der Überschuß von normaler Materie im Vergleich zur Antimaterie im Universum erklären. Bis dato haben die vereinheitlichten Theorien aber nur spekulativen Wert.

BD: Abk. für ↑Bonner Durchmusterung.

Becher (Crater; Abk.: Crt): unauffälliges Sternbild des südlichen Himmels.

Bedeckung: Bez. für das partielle oder vollständige Verschwinden eines Himmelskörpers hinter einem anderen, der in die Visierrichtung Erde–Himmelskörper eintritt. Die Beobachtung der B.en von Sternen durch den Mond ermöglicht eine genauere Untersuchung der Mondbewegung, die von Radioquellen ihre genaue Ortsbestimmung. Zusätzlich können sich bei B. auch Informationen über die Struktur der Quelle ergeben.

Bedeckungsveränderliche: ↑photometrische Doppelsterne und, falls spektroskopische Daten bekannt sind, auch ↑spektroskopische Doppelsterne, deren Bahnebenen so gegen die Blickrichtung geneigt sind, daß es aufgrund von zeitweisen gegenseitigen Bedeckungen der Komponenten untereinander zu Helligkeitsänderungen kommt.
Pro Bahnumlauf kommt es zu zwei Bedeckungen, also zu zwei Helligkeitsminima, die im allg. unterschiedlich tief sind. Die beobachtbaren Perioden liegen zwischen 0,5 Stunden und 30 Jahren. Über 90% der Perioden liegen jedoch unter 10 Tagen.
Die durch rein geometrische Bedeckung verursachte ↑Lichtkurve ermöglicht Rückschlüsse auf Radien und Massen der beteiligten Sterne. Nach der Form der Lichtkurve klassifiziert man die B.n in 3 Typen:
1. **EA-** oder **Algol-Typ:** Das Normallicht ist annähernd konstant. Die Minima sind steil ausgeprägt (vgl. Abb.). Die Periode ist immer größer als ein Tag. All dies deutet darauf hin, daß wir es hier mit weit voneinander entfernten Komponenten zu tun haben. Daher tritt keine

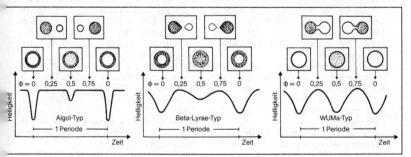

Bedeckungsveränderliche. Zusammenhang zwischen der Lichtkurvenform bei Bedeckungsveränderlichen und dem Konfigurationstyp enger Doppelsterne. Die jeweils leuchtkräftigere Komponente, die während des Hauptminimums vom Begleiter bedeckt wird, ist schraffiert gezeichnet

Begleiter

Verformung der Komponenten durch gravitative Wechselwirkung auf. Der Lichtwechsel ist allein auf gegenseitige Bedeckung zurückzuführen. Die relative Tiefe der beiden Minima hängt somit allein vom Verhältnis der beiden ↑ Flächenhelligkeiten oder ↑ Effektivtemperaturen ab. Typischer Repräsentant dieser Gruppe ist der Stern ↑ Algol. Nach ihm werden die B.n vom Typ EA oder Algol auch **Algolsterne** genannt.

2. **EB- oder Beta-Lyrae-Typ:** Die Lichtkurve zeigt im Gegensatz zum Algol-Typ schon fast kein konstantes Normallicht und daher auch keine scharfen Minima mehr (vgl. Abb.). Die Periode liegt bei ungefähr einem Tag oder etwas darunter. Der Grund hierfür liegt in der geringen Distanz der beiden Komponenten zueinander, so daß es infolge von Gezeitenkräften zu „Ausbeulungen" der Sterne kommt. Durch die wassertropfenförmige Verformung der Komponenten sehen wir je nach momentaner Lage verschieden große Querschnitte der Sterne, wodurch sich auch außerhalb der Bedeckung scheinbare Helligkeitsveränderungen ergeben. Typischer Vertreter dieser Gruppe ist Beta Lyrae, nach ihm werden diese Sterne auch **Beta-Lyrae-Sterne** genannt.

3. **EW- oder WUMa-Typ:** Die Lichtkurve ähnelt den EB-Typen, jedoch sind beide Minima gleich tief (vgl. Abb.). Die Periode ist immer kleiner als ein Tag. Man nimmt an, daß beide Komponenten die gleiche Flächenhelligkeit haben. Typischer Vertreter dieser Gruppe ist ↑ W-Ursae-Maioris, nach ihm werden diese Sterne auch **W-Ursae-Maioris-Sterne** genannt.

Der Zusammenhang zwischen ideal strukturierten Lichtkurven und dem Konfigurationstyp ist in der Abb. dargestellt. Dabei ist die Komponente mit der größeren Flächenhelligkeit schraffiert gezeichnet.

Im konkreten Einzelfall können komplexere Lichtkurven auftreten. Fließende Materieströme von einer Komponente auf die andere oder Rotationen verursachen lokale Verdunklungen oder Aufhellungen und führen damit zu Veränderungen der Lichtkurve.

Daneben gibt es aber auch interessante *Spezialfälle von B.n*, die in der obigen Klassifikation nicht enthalten sind. Ein Beispiel hierfür ist die gegenseitige Bedeckung von rotem Riesen und blauem Zwergstern. Bei partieller Bedeckung scheint der Zwergstern durch die Chromosphäre des roten Riesen hindurch und ermöglicht so die Analyse der Chromosphäre eines Sterns.

Begleiter: Bez. für den Satelliten eines Planeten oder für die Komponente mit der geringeren Masse bzw. Helligkeit in einem Doppel- oder Mehrfachsternsystem.

Bellatrix [lat. = die Kriegerische]: Stern im Sternbild ↑ Orion mit einer scheinbaren visuellen Helligkeit von $1\overset{m}{.}64$. – ↑ auch Sternverzeichnis.

Benetnasch [arab. = Töchter des Sarges (d. h. Leidtragende)]: Stern im Sternbild ↑ Großer Bär mit einer scheinbaren visuellen Helligkeit von $1\overset{m}{.}86$. – ↑ auch Sternverzeichnis.

Bennett-Komet: von J. C. Bennett am 20. Dezember 1969 entdeckter Komet, der im März 1970 auch von Europa aus gut beobachtbar war. Die sichtbare Schweiflänge betrug maximal etwa 20°.

Bessel-Sonnenjahr: der zu Ehren des Astronomen F. W. Bessel benannte Zeitraum zwischen zwei aufeinanderfolgenden Durchgängen der Sonne durch den Frühlingspunkt (tropisches Jahr). Als Beginn des B.-S.es wird der Augenblick angesehen, in dem der Mittelpunkt der mittleren Sonne exakt die Rektaszension $\alpha = 18^h\ 40^{min} = 280°$ hat; das ist nahezu am 1. Januar der Fall. Der Beginn des B.-S.es fällt also in etwa mit dem des bürgerlichen Jahres zusammen.

Be-Sterne [be:ˈeː...]: bekannte ↑ Emissionsliniensterne der Spektralklasse B, bei denen v. a. die Wasserstofflinien der Balmer-Serie und die Fe-II-Linien als Emissionslinien (e steht für Emission) beobachtbar sind. Diese Linien sind aufgrund des Doppler-Effekts sehr stark verbreitert.

Das Emissionsspektrum der Be-St. ist häufig variabel und kann in Zeiträumen von Jahren und Jahrzehnten zum Spektrum normaler B-Sterne wechseln.

Be-St. kommen in offenen Sternhaufen

ungewöhnlich häufig vor. Ein gutes Beispiel sind die Hyaden. Hier sind von 13 Sternen der Spektralklasse B 8 und früher allein vier Be-Sterne.

Beta-Canis-Maioris-Sterne (β-Canis-Maioris-Sterne): andere Bez. für ↑ Beta-Cephei-Sterne, da auch der Stern β im Sternbild Großer Hund (Canis Maioris) ein typischer Vertreter dieser speziellen Sterngruppe ist.

Beta-Cephei-Sterne (β-Cephei-Sterne, Beta-Canis-Maioris-Sterne): ↑ Veränderliche frühen Typs mit raschen Perioden von 3 bis 6 Stunden. Mit Hilfe der ↑ Perioden-Leuchtkraft-Beziehung kann man eine Entfernungsabschätzung vornehmen.

Beta-Lyrae-Sterne (β-Lyrae-Sterne): ↑ Bedeckungsveränderliche vom Typ EB, die nach einem typischen Vertreter dieser Gruppe, β Lyr (Beta Lyrae) im Sternbild ↑ Leier, benannt sind.

Beteigeuze [arab.]: Hauptstern im Sternbild ↑ Orion mit einer scheinbaren visuellen Helligkeit von $0^m\!.8$. – ↑ auch Sternverzeichnis.

Bethe-Weizsäcker-Zyklus: andere Bez. für den von H. A. Bethe und C. F. Frhr. von Weizsäcker entdeckten ↑ CNO-Zyklus.

Beugung: Abweichung von der geradlinigen Ausbreitung einer Welle an den Kanten und Öffnungen von Objekten, merklich, wenn die Dimension der Öffnung kleiner oder etwa gleich der Wellenlänge der Strahlung ist.
Ein System von vielen engen Spalten (Öffnungen) stellt das B.sfilter dar, welches zur spektralen Zerlegung ankommender Strahlung in Spektralapparaten Verwendung findet. Andererseits begrenzt die B. an den Rändern von Sammellinsen und Hohlspiegeln das Auflösungsvermögen von Fernrohren. Statt der theoretisch zu erwartenden punktförmigen Abbildung von weit entfernten Sternen im Brennpunkt, erhält man durch die B. am Objektivrand einen auseinandergezogenen Bildfleck, das sog. ↑ Beugungsscheibchen, in dem sich, durch Interferenz bedingt, helle und dunkle Ringe ausbilden.

Beugungsscheibchen: ein mehr oder minder verschmierter Abbildungsfleck einer punktförmig erscheinenden Lichtquelle im Brennpunkt eines Fernrohrobjektivs. Ursache für die nichtpunktförmige Abbildung ist die Beugung an den Rändern des Objektivs. Das B. besteht, durch Interferenz bedingt, aus einer Aufeinanderfolge von hellen und dunklen Ringen **(Beugungsringe)**. Die Schärfe dieser Ringe ist ein Maß für die Luftunruhe, wobei mit zunehmender Luftunruhe die Sichtbarkeit dieser Beugungsringe abnimmt.

Bewegungssternhaufen: eine Gruppe von Sternen, die nicht durch eine räumliche Konzentration um ein Haufenzentrum, sondern durch eine gemeinsame Bewegungsrichtung auf einen entfernt liegenden Konvergenz- oder Fluchtpunkt hin charakterisiert sind. Bekannte Beispiele sind ↑ Hyaden, ↑ Praesepe und ↑ Plejaden.

Biela-Komet ['biːla... oder bi'eːla...]: von W. von Biela am 27. Februar 1826 entdeckter kurzperiodischer Komet, der eine Umlaufzeit von 6,75 Jahren hatte. Der Komet konnte mit früheren Erscheinungen der Jahre 1772 und 1805 identifiziert werden. 1832 wurde er erwartungsgemäß wieder beobachtet. Es war berechnet worden, der Komet käme der Erdbahn auf 32 000 km nahe. Obwohl er nur der Erdbahn, nicht aber der Erde nahe kommen sollte, löste diese Ankündigung einige Aufregung, stellenweise sogar Weltuntergangsstimmung in der Bevölkerung aus. 1839 konnte der B.-K. nicht gesehen werden, da er sich stets etwa in Sonnenrichtung befand.
1845 geschah dann etwas Außerordentliches. Am 19. Dezember bemerkte der englische Astronom Hind eine Gestaltsverzerrung des Kometen. Später konnte Maury in Washington direkt beobachten, wie sich der Komet in zwei Teile spaltete. Die Distanz der beiden Teile wuchs auf $0{,}314 \cdot 10^6$ km etwa zur Zeit des Perihendurchgangs. Dann nahm sie zunächst wieder etwas ab, wuchs aber bis zur nächsten Wiederkehr 1852 auf $2{,}5 \cdot 10^6$ km an. Seitdem blieb der Komet verschollen. In der Nacht vom 27. auf den 28. November 1872 wurden dann viele tausend Meteore beobachtet. Dieser gewaltige Meteorstrom konnte auf

Bieliden

die Bruchstücke des B.-K.en zurückgeführt werden (↑Bieliden).
Bieliden [bi'li:... oder bi-e'li:...] (Andromediden, Novemberschwarm): ein ↑Meteorstrom, der auf den ↑Biela-Kometen zurückgeht. Unbedeutende Sternschnuppenfälle treten zwischen dem 18. und 26. November auf.
Big-bang-Theorie ['bɪgˈbæŋ...]: Die Idee, daß die Welt in einem **Urknall** (**Big bang**; aus engl. big bang = großer Knall) explosionsartig aus einer unvorstellbaren Konzentration von Materie und vor allem von Energie in Strahlungsform (Feuerball) entstanden ist, geht auf den belgischen Astrophysiker A. G. Lemaître zurück, der 1927 seine Theorie veröffentlichte. 1948 lieferte der russisch-amerikanische Astrophysiker G. Gamow die physikalischen Grundlagen für diese Theorie.

Die Entstehung der Welt in einem Urknall war lange Zeit die plausibelste Hypothese. Die B.-b.-Th. interpretiert hervorragend den ↑Hubble-Effekt, die ↑Drei-Kelvin-Strahlung sowie die Heliumhäufigkeit im All. Sie versagt jedoch bei der Erklärung des ↑Horizontproblems, des ↑Flachheitsproblems, des ↑Monopolproblems sowie des ↑Homogenitätsproblems. Die Lösung dieser Probleme verspricht eine von Astrophysikern und Elementarteilchenphysikern zu Beginn der 80er Jahre in Angriff genommene Modifizierung dieser klassischen Urknalltheorie, das ↑inflationäre Szenario. Eine mögliche Alternative zur Urknalltheorie erhofft man sich von der ↑Big-bounce-Theorie, die die Entwicklung der Welt aus dem Vakuum beschreibt.

Die Friedmann-Lösungen der Einstein-Feldgleichungen und der Hubble-Effekt deuten darauf hin, daß das Weltall sich aus einem Zustand extrem hoher Dichte und Temperatur auszudehnen begann (↑Friedmann-Weltmodelle). Die Richtigkeit dieser Annahme vorausgesetzt, lassen sich über den Urknall recht konkrete Aussagen machen: Den Zeitpunkt des Urknalls kann man in erster Näherung abschätzen. Bei linearer Expansion (Expansionsgeschwindigkeit v = const) ergibt die reziproke ↑Hubble-Konstante H_0 gerade das ↑Weltalter t_0. Für $H_0 = 50$ (km/s)/Mpc beispielsweise ergibt sich der Wert $t_0 = 2 \cdot 10^{10}$ Jahre (**Hubble-Zeit**). Aufgrund der Gravitationswechselwirkung der Massen erfolgt die Expansion jedoch gebremst. Die Hubble-Konstante ist daher nur eine obere Grenze für das Weltalter. Um die gebremste (negativ beschleunigte) Expansion zu charakterisieren, benötigt man neben der Hubble-Konstanten H_0 noch eine weitere Kenngröße, den ↑Abremsparameter q. Allerdings sind derzeit keine eindeutigen Aussagen über q möglich. So bleibt nur die Folgerung, daß $t_0 < H_0^{-1}$ (**Friedmann-Zeit**) ist. Je nach Art der Expansion ergibt sich ein anderes Weltalter:

elliptische Expansion:
$$t_0 < \frac{2}{3} H_0^{-1};$$

parabolische Expansion:
$$t_0 = \frac{2}{3} H_0^{-1};$$

hyperbolische Expansion:
$$\frac{2}{3} H_0^{-1} < t_0 < H_0^{-1}.$$

Wichtiger als der genaue Wert von t_0 sind prinzipielle Aussagen über frühe Stadien des Weltalls. Im Urknallmodell begann die Entwicklung des Universums aus einem Zustand extremer Konzentration mit dem Weltradius $R \approx 0$ und expandierte auf seinen jetzigen Wert $R = R(t)$. Das Verhalten von Strahlung unterscheidet sich in charakteristischer Weise von dem der Materie. Für die mittlere Dichte der Materie gilt auch bei expandierendem Weltall:

$$\varrho_M \sim V^{-1} \sim R^{-3},$$

wobei V das jeweilige Weltvolumen bezeichnet. Entsprechendes gilt zunächst auch für die Quantendichte:

$$\varrho_p \sim V^{-1} \sim R^{-3}.$$

Zusätzlich ist jedoch noch zu berücksichtigen, daß aufgrund der Rotverschiebung ($\lambda \sim R$) die Gesamtenergie der im Universum vorhandenen elektromagnetischen Strahlung proportional

Big-bang-Theorie

zum wachsenden Radius abnimmt (Energie pro Quant nach M. Planck $E = h\nu = hc/\lambda$). Die Energiedichte der Quanten ist proportional zum Produkt aus Quantendichte und Quantenenergie, mithin

$$\mu \sim \varrho_p \cdot E.$$

Somit gilt:
$$\mu \sim R^{-3} \cdot R^{-1}$$
oder
$$\mu \sim R^{-4}.$$

Handelt es sich um Strahlung mit der Energieverteilung eines Hohlraumstrahlers, so gehorcht die Energieverteilung auch während des ganzen Expansionsvorgangs dem Planck-Gesetz. Die entsprechende Hohlraumstrahlertemperatur nimmt wegen der Proportionalität der Energiedichte μ zu T^4 (Stefan-Boltzmann-Gesetz; ↑Strahlungsgesetze) entsprechend mit

$$T \sim R^{-1}$$

ab. Die heutige Drei-Kelvin-Strahlung ist also aus der harten, d.h. energiereichen Strahlung des extrem heißen Feuerballs erklärbar.
Die Drei-Kelvin-Strahlung hat heute nur eine geringe Energiedichte

$$\mu_0 = aT^4$$

mit der Strahlungskonstanten

$$a = 7{,}57 \cdot 10^{-16} \, \text{Jm}^{-3}\,\text{K}^{-4}.$$

Die Massendichte ϱ_S der Strahlung erhält man über die Einstein-Formel $E = mc^2$, aus der folgt:

$$\varrho_{S_0} = \frac{\mu_0}{c^2} = 5 \cdot 10^{-34} \, \text{g/cm}^3.$$

Derzeit ist also die Strahlungsdichte ϱ_s gegenüber der aus der Beobachtung der Galaxien folgenden mittleren Materiedichte

$$\varrho_{M_0} = 10^{-30} \text{ bis } 10^{-31} \, \text{g/cm}^3$$

verschwindend gering. Daher bezeichnet man den heutigen Kosmos als materiedominiert oder kurz als **Materiekosmos**.
Materiedominanz war nicht immer gegeben, wie man aus den unterschiedlichen Potenzen abliest, mit denen ϱ_M und ϱ_s vom ↑Weltradius $R(t)$ abhängen.
Beim Zurückverfolgen der Geschichte des Universums erreichen wir bei kleinerem Weltradius einen Zeitpunkt, bei dem Strahlungsdichte und Materiedichte die gleiche Größe hatten.
Wegen der Erhaltungssätze

$$\varrho_M \cdot R^3 = \varrho_{M_0} \cdot R_0^3$$

für die Masse und

$$\varrho_S \cdot R^4 = \varrho_{S_0} \cdot R_0^4$$

für die Strahlung dürfte dieser Zeitpunkt erreicht worden sein, als das Universum eine etwa 1000mal kleinere Ausdehnung als heute hatte. Hier zeigt sich die fundamentale Bedeutung einer möglichst genauen Kenntnis der Werte $\varrho_M(t_0) = \varrho_{M_0}$ und $\varrho_S(t_0) = \varrho_{S_0}$.
Die Phase, in der die Strahlungsdichte die Materiedichte übertraf, nennt man frühes Universum. In dieser Zeit $t < 300\,000$ Jahren war das Universum also strahlungsdominiert. Da die Strahlungsdichte $\varrho_S \sim T^4$ als auch $\varrho_S \sim R^4$ ist, ist die Temperatur umgekehrt proportional zum Radius des Universums:

$$T \sim \frac{1}{R}.$$

Im folgenden wird eine dem Wissensstand Anfang der 80er Jahre entsprechende Übersicht über die einzelnen Entwicklungsphasen oder Ären des frühen Universums, die durch die jeweils erreichten Temperaturen bestimmt werden, gegeben. Elementarteilchen- und Astrophysiker machen dagegen gegenwärtig Aussagen über das frühe Universum bis zur Zeit $t = 10^{-43}$ s (↑Planck-Werte) nach dem Urknall.
Hadronenära. Jenseits von $T = 10^{12}$ K ist die thermische Energie der Teilchen so groß, daß es zu Erzeugungs- und Vernichtungsprozessen schwerer Teilchen (Hadronen und Mesonen) in harter Gammastrahlung kommt.
Leptonenära. Sinkt die Temperatur unter 10^{12} K, so überwiegen die Vernichtungsprozesse. Übrig bleiben hpts. Photonen (deren Energie $E = 3kT$ bei $6 \cdot 10^{10}$ K gerade der Ruhemasse der Elektronen ent-

Big-bang-Theorie

spricht), Elektronen, Myonen und Neutrinos. Diese Teilchen – mit Ausnahme der Photonen – bilden die Familie der Leptonen. Der Rest der bei der Zerstrahlung von Teilchen und Antiteilchen entstandenen ursprünglichen Gammastrahlung wird heute als Drei-Kelvin-Strahlung interpretiert. Bei 10^{10} K endet diese Phase, weil hier ein Großteil der Elektronen durch Zusammenstoß mit ihren Antiteilchen zerstrahlen.

Die chaotischen Phasen der Hadronen- und Leptonenären sind gekennzeichnet durch ein Gleichgewicht der Erzeugung und Vernichtung von Materie und Antimaterie. Um die Beobachtungen mit den Modellannahmen in Einklang zu bringen, muß man fordern, daß in diesen Phasen ein Bruchteil von etwa 10^{-9} mehr Materie als Antimaterie entsteht und daß ferner die Summe aller positiven und negativen Ladungen gleich null ist, mit anderen Worten, es entstehen gleichviel Protonen und Elektronen. Eine mögliche Erklärung liefert die Elementarteilchenphysik, die im inflationären

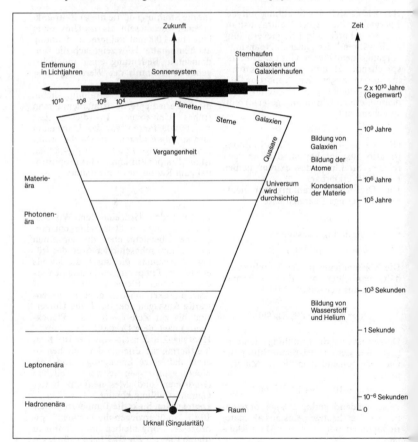

Big-bang-Theorie. Raum-Zeit-Diagramm eines evolutionären Weltmodells.

Szenario und in der Big-bounce-Theorie Eingang fand.

Photonenära. Unterhalb von 10^{10} K besteht die Welt überwiegend aus Photonen. Wegen der Vielzahl der vorhandenen freien Elektronen wechselwirken die Strahlungsquanten sehr häufig mit ihnen, d. h. die freie Weglänge der Photonen zwischen zwei Wechselwirkungen ist sehr klein. Daher spricht man in diesem Zusammenhang davon, daß Materie und Strahlung aneinander gekoppelt sind. Diese aus Materie und Strahlung im thermischen Gleichgewicht befindliche Welt wird als **Feuerball** bezeichnet (unter Urknall dagegen versteht man teilweise die gesamte frühe Entwicklung bis zur Entkopplung von Strahlung und Materie).

Im Feuerball wirkt auf die Materie ein hoher Strahlungsdruck, verursacht durch die zahlreichen Impulsübertragungen. Kurz vor der Entkopplung von Strahlung und Materie ist der Strahlungsdruck immerhin etwa 10^9mal so groß wie der Gasdruck.

Die physikalischen Vorgänge werden anfänglich durch die zunächst rapide abnehmende Temperatur des expandierenden Mediums gesteuert. Während bei Temperaturen oberhalb von 10^{10} K nur unabhängige Elementarteilchen vorhanden sind, ist bei Temperaturen zwischen 10^{10} und 10^8 K die Möglichkeit der Fusion zwischen Protonen und Neutronen zur Bildung von Deuterium-, Tritium- und Heliumkernen gegeben. Unter der Voraussetzung, daß praktisch alle Neutronen zum Aufbau von Heliumkernen beitragen, errechnet sich ein Massenanteil von primordialem, d. h. als Folge des Urknalls erzeugtem Helium von 0,25 bis 0,33. Dieser Wertebereich wird durch Beobachtungen kosmischer Heliumhäufigkeit in vernünftiger Übereinstimmung bestätigt. Die Heliumhäufigkeit und die Drei-Kelvin-Strahlung, die als Relikte eines primordialen Feuerballs gedeutet werden, sind wichtige Stützen der Big-bang-Theorie. E. Fermi und A. Turkevich wiesen bereits 1949 nach, daß die Reaktionskette nach Helium abbrechen muß, weil die instabilen Kerne mit der Atomzahl $A = 5$ bzw. 8 sehr viel schneller zerfallen, als sie durch Zweierstöße aufgebaut werden. Unter physikalisch-realistischen Bedingungen können neben den H- und He-Kernen daher nur noch Spuren der Lithiumisotope ^{6}Li und ^{7}Li in dieser Phase entstanden sein. Die Existenz schwerer Elemente ist wohl auf Kernreaktionen in Sternen und bei Supernovaexplosionen zurückzuführen.

Mit Unterschreiten der Temperaturschwelle von 5 000 K finden dann in großem Umfang Vereinigungen von Protonen und Elektronen zu Wasserstoffatomen statt. Durch diesen Vorgang wird ein großer Teil der freien Elektronen plötzlich gebunden und es kommt zur Entkopplung von Materie und Strahlung. Die Photonen können sich fortan frei ausbreiten, d. h., das Universum wird zunehmend durchsichtig. Eine Klumpenbildung der Materie wird vorerst noch durch den Strahlungsdruck verhindert.

Materieära. Bei Temperaturen unter rund 3 000 K ist die Entkopplung von Strahlung und Materie soweit fortgeschritten, daß es zur Kondensation von Materie kommt. Danach erst dürften sich dann Galaxienhaufen und Galaxien sowie Sterne und Planeten gebildet haben.

Big-bounce-Theorie ['bɪg'baʊnds...; engl. big bounce = großer Einsturz]: eine zur †Big-bang-Theorie von W. Priester und H.-J. Blome entwickelte mögliche Alternative, die das Problem der Singularität (Bereich unendlich großer Dichte und Temperatur) der Urknalltheorien löst.

Die B.-b.-Th. geht von der Annahme eines ursprünglich homogenen, isotropen und materiefreien Weltalls aus bzw. einer Raum-Zeit-Welt aus, in der sich noch alle Materiefelder in ihrem Grundzustand (Vakuum) befanden. Da der Zustand eines solchen Vakuums als äußerst instabil angenommen wird, kommt es zum Übergang in eine Phase, in der auch Materie existieren kann. Die bei diesem Übergang freiwerdende Energie, vergleichbar mit der „Erstarrungswärme" beim Phasenübergang von flüssigem zu festem Wasser, führt zur Erzeugung von Materie.

Bildfehler

Gestützt wird diese Vorstellung durch die Quantenfeldtheorie. Nach den Prinzipien dieser Theorie werden Formen realer Materie (Elementarteilchen) als Anregungszustände von den den Raum erfüllenden Feldern angesehen.
Für einen Beobachter, der nur makroskopisch sehen kann, erscheint das Vakuum leer. Im subatomaren Bereich ist es jedoch ein kompliziertes System. In der Quantenfeldtheorie ist der leere Raum von Feldern durchsetzt, denen ein von Null verschiedenes Energieniveau entsprechen kann. Unter der Annahme, daß das Quantenvakuum der Zustandsgleichung $p_v = -\varepsilon_v$ mit $\varepsilon_v = \varrho_v \cdot c^2$ genügt, wobei p_v der Druck und ε_v die Energiedichte bedeuten, ergeben sich aus den Einstein-Feldgleichungen drei ↑ Friedmann-Weltmodelle als mögliche Lösungen. Sie beschreiben ein materiefreies Weltall, dessen Dynamik durch die Energiedichte ε_v des Vakuums bestimmt wird. Unter der Annahme einer seit beliebiger Vergangenheit (also vor der ↑ Friedmann-Zeit null) konstanten Vakuumenergie, die einer Äquivalenzdichte von ε_v entspricht, ergeben sich folgende Lösungen:
Die *Lösung mit hyperbolischer Metrik* (Krümmungsvorzeichen $k = -1$) beginnt zur Friedmann-Zeit $t = 0$ mit Radius $R = 0$ und $\varrho_v = 2 \cdot 10^{76}$ g/cm³. Die hyperbolische Lösung entspricht in etwa der Big-bang-Theorie, allerdings beginnend mit der endlichen Dichte $\varrho_v = 2 \cdot 10^{76}$ g/cm³, die auch noch weit unterhalb der Planck-Dichte $\varrho_{Pl} = 5 \cdot 10^{93}$ g/cm³ (↑ Planck-Werte) liegt.
Die *Lösung mit euklidischer Metrik* ($k = 0$) beginnt mit $R = 0$ bei $t = -\infty$ und $p_v = 2 \cdot 10^{76}$ g/cm³.
Die *Lösung mit sphärischer Metrik* ($k = +1$) heißt Big bounce. Dieses Big-bounce-Modell beginnt bei unendlich ausgedehntem Volumen, kontrahiert und durchläuft zur Friedmann-Zeit null ein Minimumvolumen (Phase maximaler Raumkrümmung mit $R = 3 \cdot 10^{-25}$ cm), um dann wieder zu expandieren. Der Übergang von einem vakuumdominierten Weltall in ein mit relativistischer Materie und Strahlung erfülltes Weltall findet nach der Minimumphase statt.

Die Physik der Teilchenerzeugung in gekrümmten Raum-Zeit-Welten ist noch ein offenes Problem. Beim Übergang der Vakuumenergie in Materie sollte man erwarten, daß gleich viele Teilchen und Antiteilchen erzeugt werden. Um die heutige Vorherrschaft der normalen Materie gegenüber der Antimaterie in unserer Welt zu erklären, ist zu fordern, daß die Teilchenerzeugung in ↑X-Bosonen und X̄-Bosonen entsprechend der ↑ vereinheitlichten Theorien erfolgt ist. Die X- und X̄-Bosonen bewirken durch eine winzige Asymmetrie in ihrem Zerfallsmodus in Quarks bzw. Quark-Leptonen-Paare eine geringe Bevorzugung der normalen Materie gegenüber der Antimaterie. Damit läßt sich die Materie, die unsere heutige Welt darstellt, als Überschuß erklären, der bei der gegenseitigen Zerstrahlung von Materie und Antimaterie entstanden ist.
Das Big-bounce-Modell vermeidet das Problem der Singularität zur Friedmann-Zeit null. Im Big-bounce-Weltmodell ist die konstante Energiedichte des Vakuums zugleich die maximal überhaupt auftretende Energiedichte, auch nach dem Übergang vom vakuumdominierten All in ein mit Materie und Strahlung erfülltes Friedmann-Weltmodell. Schwierigkeiten bereitet allerdings noch das physikalisch ungelöste Problem des Phasenübergangs in ein Friedmann-Weltmodell. Die Hypothese vom energiereichen Quantenvakuum würde an Akzeptanz gewinnen, wenn es gelänge, die beim Phasenübergang übrig gebliebene Vakuumenergiedichte aus Beobachtungen abzuleiten.

Bildfehler: Fehler, die bei der optischen Abbildung auftreten:
1. Chromatische Aberration (Farbfehler): Da die Brechzahl von Gläsern wellenlängenabhängig ist, variiert die Bildebene

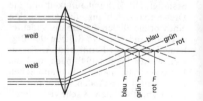

Bildfehler

einer einfachen Linse für achsenparallele Strahlen verschiedener Farben.

2. **Sphärische Aberration (Öffnungsfehler):** Äußere Zonen einer Linse bzw. eines Kugelspiegels vereinigen achsenparallele Strahlen in einer kürzeren Brennweite als Strahlen aus den mittleren Zonen. Deformationen, d. h. Durchbiegungen der Linse, beeinflussen zusätzlich diesen Effekt.

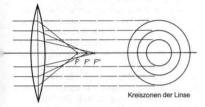

Kreiszonen der Linse

Eine Behebung dieses Fehlers ist durch Kombination zweier Linsen oder durch Verwendung nichtkugelförmiger (asphärischer) Spiegel möglich. Ein Parabolspiegel ist daher frei von diesem Öffnungsfehler.

3. **Koma:** ein B., der bei gegen die Achse geneigtem Strahlengang auftritt und sich dadurch bemerkbar macht, daß die Bilder punktförmiger Objekte (Sterne) kometenförmig abgebildet werden. Der Grund hierfür liegt in der unterschiedlichen Vereinigung der außerhalb der Achse parallel verlaufenden Strahlen.

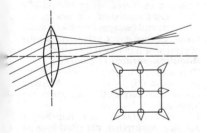

Als Hauptfehler tritt die Koma bei Parabolspiegeln auf und begrenzt damit deren brauchbares Bildfeld. Schmidt-Spiegel dagegen sind komafrei. Bei Refraktoren ist durch Kombination von Linsen eine Korrektur erreichbar.

4. **Bildfeldwölbung:** Die Abbildung gegen die Achse geneigter paralleler Lichtbündel erfolgt nicht in einer Ebene. Daher ist das entworfene Bild auf einer ebenen Bildfläche nicht scharf.

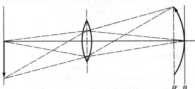

Eine Aufhebung dieses Fehlers gelingt durch eine entsprechende Wölbung der Auffangfläche für das Bild, z. B. der photographischen Platte, oder durch eine Bildfeldebnungslinse.

5. **Astigmatismus:** Für gegen die optische Achse geneigt einfallende Strahlung ist das Objektiv kein Kreis, sondern eine Ellipse. Es kommt daher nicht zur Abbildung in einem Punkt, sondern bestenfalls, entsprechend der beiden Symmetrieachsen, zu zwei kleinen, voneinander entfernt liegenden geraden Strichen. Außerhalb dieser Geraden werden ovale Scheibchen erzeugt.

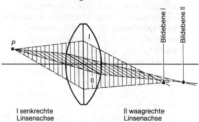

I senkrechte Linsenachse   II waagrechte Linsenachse

Eine Korrektur dieses Fehlers ist nur bei größeren Bildwinkeln – wie sie in Astrographen auftreten – nötig und durch Kombination verschiedener Linsen möglich.

6. **Verzeichnung:** Asymmetrisch aufge-

Objekt   kissenförmige Verzeichnung   sternförmige Verzeichnung

51

baute Objekte neigen bei sonst scharfem Bild zu einem von der Neigung des Strahlenbündels zur Linsenachse abhängigen Abbildungsmaßstab. Daher treten z. B. tonnenförmige oder kissenförmige Verzeichnungen auf. In der Astronomie sind derartige Fehler ohne Belang, da sie rechnerisch korrigierbar sind.

Bildfeld: in der Fachastronomie gebräuchliche Bez. für das ↑Gesichtsfeld einer Kamera. Die Größenangabe der Ausschnittfläche (**B.größe**) erfolgt in Winkelangaben. So beträgt z. B. die B.größe beim ↑Schmidt-Spiegel des Observatoriums auf dem Mount Palomar oder beim Spiegel der Südsternwarte 6,5° × 6,5°.

Bildfeldwölbung: ein ↑Bildfehler.

Bildhauer (Sculptor; Abk.: Scl): ein lichtschwaches Sternbild des südlichen Himmels.

Bildverarbeitungssystem: ein System von Meßgeräten, Rechnern und Bilddarstellungsgeräten. Es ermöglicht, die mittels Teleskopen gewonnenen Beobachtungsdaten (z. B. auf einer Photoplatte) als digitalisierte astronomische Bilder in geeigneter Form darzustellen, zu verarbeiten und zu interpretieren. Die verschiedenen Verarbeitungsstufen der astronomischen Bildverarbeitung lassen sich grob als Bildabtastung, Vorverarbeitung, Bildzerlegung, Merkmalextraktion, Klassifikation und Strukturanalyse charakterisieren. Da diese Stufen sich gegenseitig beeinflussen, müssen sie eventuell mehrmals durchlaufen werden, bevor die eingegebenen astronomischen Beobachtungswerte sinnvoll interpretiert werden können.

Bildwandler: Bildverstärker oder -umwandler, die lichtschwache Bilder in lichtstärkere bzw. im infraroten und ultravioletten Spektralbereich gewonnene Meßdaten überhaupt erst in Bilder transformieren.

Von besonderer Bedeutung für die optische Astronomie sind optoelektronische Bildverstärker, die eine zweidimensionale ↑photoelektrische Photometrie ermöglichen. Diese im Prinzip auf Fernsehtechnik basierenden B. unterliegen z. Z. einer rasanten Entwicklung.

Im einzelnen handelt es sich um Geräte, bei denen das von der Optik des Teleskops oder Spektroskops gewonnene Bild auf einer Photokathode abgebildet wird. Die dabei freigesetzten Elektronen werden nur nicht wie im Photomultiplier zu einem Strom integriert, verstärkt und registriert, sondern mit Hilfe einer Elektronenoptik auf einen Bildschirm helligkeitsgetreu abgebildet. Das so gewonnene verstärkte sekundäre Bild kann nun bei Bedarf noch weiter verstärkt werden, zur Zeit noch bis zu zweimal. Auf diese Weise lassen sich die Belichtungszeiten von schwachen kosmischen Objekten drastisch verringern, grob gesagt, von Stunden auf Minuten.

Blauverschiebung (Violettverschiebung): die bei einigen Galaxien unserer näheren Umgebung, z. B. beim ↑Andromedanebel, beobachtete Verschiebung von Spektrallinien zu kürzeren (blauen) Wellenlängen hin. Diese negative Verschiebung

$$z = \frac{\Delta\lambda_{\text{Verschiebung}}}{\lambda_{\text{Laboratorium}}}$$

der Spektrallinien wird aufgrund des ↑Doppler-Effekts als Radialgeschwindigkeit auf unsere Sonne hin gedeutet. Eine derartige Bewegung – Resultierende aus individueller Radialgeschwindigkeit und allgemeiner Expansion – kann deshalb in der ↑lokalen Gruppe auftreten, weil innerhalb der lokalen Gruppe Galaxien existieren, deren individuelle Radialgeschwindigkeit auf uns zu gerichtet ist und betragsmäßig die (falls die lokale Gruppe nicht gebunden ist) der allgemeinen Expansion übersteigt.

Blinkkomparator ↑Komparator.

Bolometer [zu griech. bolē = Wurf; (Sonnen)strahl]: Gerät zur Messung der Gesamtenergie elektromagnetischer Strahlung.

Die Wirkungsweise von B.n beruht auf der Absorption der Strahlung in bestimmten elektrischen Leitern, deren Widerstandsänderung als Folge der durch die Strahlungsabsorption auftretenden Temperaturänderung meßbar ist. Bolometrische Empfänger, etwa Germanium-B., welche die Temperaturabhängigkeit des elektrischen Leitvermögens

von Germaniumkristallen nutzen, müssen bei Temperaturen des flüssigen Heliums (~3 K) betrieben werden. Mit ihnen kann elektromagnetische Strahlung bis zu etwa 1 nm Wellenlänge nachgewiesen werden.
Die mit Hilfe von B.n bestimmten scheinbaren ↑bolometrischen Helligkeiten sind bei punktförmig erscheinenden Objekten mit bekannter Entfernung oder bei ausgedehnt erscheinenden Objekten (Flächenhelligkeit) auch ohne Kenntnis der Entfernung im wesentlichen ein Maß für die ↑Effektivtemperatur des jeweiligen Objekts.

bolometrische Helligkeit (Formelzeichen m_{bol}): ein Maß für die Strahlung im gesamten Spektrum, im Unterschied zu den übrigen Helligkeitsangaben, die sich auf einen mehr oder minder engen Spektralbereich beziehen (↑scheinbare Helligkeit).
Da die von den Sternen abgestrahlte Gesamtenergie in ihrem Innern durch Kernprozesse erzeugt wird, ist die Kenntnis b.r H.en für theoretische Studien des Sternaufbaus von Nutzen. Die b.n H.en lassen sich aber weder gut beobachten noch genau berechnen. Die meßtechnischen Probleme basieren sowohl auf instrumentellen als auch auf naturgegebenen Schwierigkeiten.
Einerseits sind nichtselektive, also für alle Wellenlängen gleich empfindliche Strahlungsempfänger, wie ↑Radiometer, ↑Bolometer oder ↑Thermoelement, relativ unempfindlich und daher nur für Messungen an den hellsten Sternen brauchbar. Andererseits ist die gesamte Strahlung eines Sterns nicht direkt meßbar, da atmosphärische und interstellare Absorption gewisse Wellenlängenbereiche der Strahlung (so etwa die der H-Atome unterhalb 91,2 nm) blockieren. Eine Umrechnung visueller oder photographischer Helligkeiten über die ↑bolometrische Korrektion in die b. H. wäre bei Kenntnis der Energieverteilung im gesamten Sternspektrum möglich. Die theoretische Berechnung der bolometrischen Korrektion ist aber wegen der immer noch großen Unsicherheit bezüglich unserer Kenntnis der Energieverteilung in Sternspektren ein besonders schwieriges und noch keineswegs befriedigend gelöstes Problem.

bolometrische Korrektion (Abk. BC): die Differenz zwischen visueller oder photographischer Helligkeit und bolometrischer Helligkeit eines Himmelskörpers. Die b. K. dient dazu, anhand von meßbaren visuellen oder photographischen Helligkeiten die für den Sternaufbau so wichtige bolometrische Helligkeit zu berechnen. Die b. K. ist minimal bei Sternen, deren Strahlungsmaxima mit dem meßtechnisch erfaßbaren Spektralbereich zusammenfallen. Sie nimmt dagegen beträchtliche Werte v. a. bei solchen Sterntypen an, die viel Energie außerhalb des sichtbaren Bereichs ausstrahlen, also bei Sternen mit sehr niedrigen Temperaturen, die den größten Teil der Energie im Infraroten abstrahlen, und bei Sternen mit sehr hohen Temperaturen, die vorwiegend im UV-Bereich strahlen.
Wegen der immer noch unsicheren Kenntnisse über die Energieverteilung in Sternspektren sind große b. K.en gleichbedeutend mit sehr unsicheren Werten.
Der Nullpunkt der bolometrischen Skala ist willkürlich festgelegt. Eine sinnvolle Festlegung ist die Wahl BC = 0 für F 5 V-Sterne (↑Spektralklasse, ↑Leuchtkraftklasse).

Boltzmann-Formel: nach L. Boltzmann benannte Gleichung, die die Verteilung der Atome im thermischen Gleichgewicht gemäß dem Grad ihrer Anregung beschreibt.
Seien N_s die Zahl der Teilchen pro Volumeneinheit auf dem atomaren Energieniveau E_s und N_0 die entsprechende Anzahl auf dem Grundzustand, so gilt nach Boltzmann für den Anregungsgrad:

$$\frac{N_s}{N_0} = \frac{g_s}{g_0} e^{-E_s/kT},$$

wobei g_0 das statistische Gewicht des Grundzustandes E_0 und g_s das statistische Gewicht des Energieniveaus E_s, d. h. die Zahl der Zustände mit der gleichen Energie, E_s die Anregungsenergie, also die Energiedifferenz zwischen dem betrachteten und dem Grundzustand, und schließlich $k = 1,38 \cdot 10^{-23} \text{JK}^{-1} =$

Bonner Durchmusterung

$8{,}6 \cdot 10^{-5}\,\text{eVK}^{-1}$ die Boltzmann-Konstante ist. Wie man leicht sieht, nimmt der Anregungsgrad N_s/N_0 über den Exponentialfaktor mit wachsender Temperatur stark zu, dagegen mit wachsender Anregungsenergie E_s stark ab. Bei mittleren Temperaturen sind daher nur Energieniveaus mit niedriger Anregungsenergie merklich besetzt.

Die nachfolgende Abschätzung möge am Beispiel Wasserstoff den Anregungsgrad in der Photosphäre ($T \approx 5000$ K) der Sonne verdeutlichen. Für die Anregungsenergie des zweiten Quantenzustands beim Wasserstoff ist $E_2 = 10\,\text{eV}$. Daraus folgt für $E_2/kT \approx 24$. Da $e^{-24} \approx 10^{-10}$ ist, folgt für den Anregungsgrad für Wasserstoff in der Photosphäre der Sonne: Auf rund 10 Milliarden Atome im Grundzustand kommt ein angeregtes Atom.

Bonner Durchmusterung (Abk.: BD): ein Sternkatalog mit Karten, der rund 458 000 Sterne bis zur scheinbaren Helligkeit $9^m\!.5$, zum Teil bis 10^m im Deklinationsbereich $+90°$ bis $-23°$ für statistische Untersuchungen und zur Identifizierung der Sterne mit mäßiger Genauigkeit festhält.

Jeder aufgelistete Stern hat eine Durchmusterungsnummer (BD plus Zahlenangabe). So hat z. B. Sirius die Durchmusterungsnummer BD$-16°$ 1591; das bedeutet, daß Sirius in der BD innerhalb der Zone von $-16°$ bis $-17°$ Deklination liegt und dort die Nummer 1591 trägt.

Die Erstellung der BD erfolgte in zwei Etappen. Um 1855 begann F. W. Argelander an der Bonner Sternwarte mit der genäherten Ortsbestimmung für Sterne zwischen dem Nordpol des Himmels und $-2°$ Deklination. Der nach sieben Jahren in 625 Beobachtungsnächten erstellte Katalog enthält 324 198 Sterne. Hierbei sind alle Sterne aus dem oben angeführten Bereich bis zu 9^m aufgelistet worden, darüber hinaus sogar auch viele bis 10^m. Sein Mitarbeiter und Nachfolger Schönfeld setzte dieses Werk bis zur Deklination von $-23°$ fort. Im Unterschied zu Argelanders BD wird diese Durchmusterung „Südliche BD" genannt; sie enthält weitere 133 659 Sterne.

Thome an der Sternwarte Córdoba (Argentinien) setzte die Ausdehnung der Durchmusterung nach Süden fort. Bis zu seinem Tod im Jahre 1908 waren bis zur Deklination von $-52°$ die genäherten Örter weiterer 489 827 Sterne, nämlich aller Sterne heller als 10^m, erfaßt. Die Vollendung dieser Arbeit aus noch nicht bearbeitetem Beobachtungsmaterial und dem anderer Beobachter einerseits bis zum Südpol von $-22°$ ergab eine Auflistung von 613 953 Sternen bis zu 10^m zwischen $-22°$ und $-90°$ Deklination (↑ Córdoba-Durchmusterung).

Boo: Abk. für ↑ **Bootes.**

Bootes [griech., eigtl. = der mit Stieren Pflügende] (Abk.: Boo): ein Sternbild des nördlichen Himmels in Nachbarschaft zum Großen Wagen im Sternbild Großer Bär. Da dem Großen Wagen bzw. dem Großen Bären bei der scheinbaren täglichen Drehung des Sternenhimmels nachfolgt, wird dieses Sternbild auch **Ochsentreiber** (in der sinngemäßen Übersetzung des griech. Wortes) oder **Bärenhüter** genannt.

Von mittleren nördlichen Breiten aus ist B. v. a. im Frühling am Abendhimmel gut beobachtbar. Hauptstern ist ↑ Arcturus, der zu den hellsten Sternen am Himmel zählt. Zusammen mit Regulus im Sternbild Löwe und Spica im Sternbild Jungfrau bildet er das sog. ↑ Frühlingsdreieck.

brauner Zwerg: hypothetisches kosmisches „Zwitterobjekt" zwischen Planet und Stern, das nur eine geringe Infrarotstrahlung aussendet. Es ist ein schwer auffindbares kosmisches Objekt, da seine Masse zwar die Masse (0,07 bis 0,09 $M_\odot$) eines typischen Planeten um ein Vielfaches übertrifft, aber unterhalb der kritischen Masse liegt, so daß im Innern keine Kernfusionsprozesse anlaufen können. Dieser „Pseudostern" hat einen kleinen Radius und setzt sich aus ↑ entartetem Gas zusammen.

Brechung (Refraktion): die Änderung der Ausbreitungsrichtung von Wellen beim Durchgang durch die Grenzfläche zweier Medien, in denen die Ausbreitungsgeschwindigkeiten der Wellen verschieden sind.

Die Größe der Richtungsänderung wird durch das B.sgesetz

$$\frac{\sin \alpha}{\sin \beta} = \frac{c_1}{c_2}$$

angegeben, wobei α und β die Winkel eines Strahls (Wellennormale) mit dem Einfallslot sowie c_1 und c_2 die Ausbreitungsgeschwindigkeiten in den betreffenden Medien sind.
In der optischen Astronomie spielt die B. eine nicht unbedeutende Rolle. Dabei ist die Brechzahl

$$n = \frac{c_0}{c}$$

ein Maß für die Richtungsänderung des Lichts beim Austritt aus einem Stoff ins Vakuum (c_0 Lichtgeschwindigkeit im Vakuum, c Lichtgeschwindigkeit im betrachteten Stoff). Stoffe mit unterschiedlicher Brechzahl n werden zur Herstellung von optischen Linsen und Linsensystemen verwandt, um z. B. das Licht kosmischer Objekte zu sammeln und abzubilden. Mit Linsen versehene Fernrohre werden daher auch Refraktoren genannt.
Da die Brechzahl eines Stoffs in der Regel wellenlängenabhängig ist (↑Dispersion), nutzt man diese Eigenschaft des Stoffs zur Erzeugung von Spektren in Spektralapparaten.
Negativ dagegen kann sich diese Eigenschaft unter Umständen als ↑Bildfehler bei der Abbildung durch Linsen bemerkbar machen. Bei einlinsigen Objektiven fallen als Folge der wellenlängenabhängigen B. die Brennpunkte verschiedener Farben, d. h. von Licht unterschiedlicher Wellenlänge, nicht zusammen, so daß störende Farbsäume und Unschärfen auftreten (chromatische Aberration).
Brechzahlunterschiede in verschiedenen atmosphärischen Luftschichten führen schließlich zum Phänomen der ↑atmosphärischen Refraktion.
Breite:
◊ **ekliptikale B.** (Formelzeichen β): der Winkelabstand eines Gestirns von der ↑Ekliptik, gemessen in Bogenmaß (↑Koordinatensysteme).
◊ **galaktische B.** (Formelzeichen b): der Winkelabstand eines Gestirns von der Ebene des Milchstraßensystems, gemessen in Bogenmaß (↑Koordinatensysteme).
◊ **geographische B.**: der Winkel zwischen dem in einem Punkt auf der Erdoberfläche gefällten Lot und der Äquatorebene.
◊ **geozentrische B.**: der Winkel zwischen der Verbindung eines Punktes der Erdoberfläche mit dem Erdmittelpunkt und der Äquatorebene. Da die Erde nicht kugelsymmetrisch ist, sind geographische und geozentrische B. nicht identisch.
◊ **geomagnetische B.**: der Winkel zwischen der Verbindung eines Punktes der Erdoberfläche mit dem Erdmittelpunkt und der Ebene des magnetischen Äquators.
Breitenkreise:
◊ auf der *Erdoberfläche* alle zum Erdäquator parallelen Kreise (geographische Breite).
◊ an der *Himmelssphäre* alle zur Ekliptik parallelen Kreise (ekliptikale Breite) bzw. alle zum galaktischen Äquator parallelen Kreise (galaktische Breite). – ↑auch Koordinatensysteme.
Bremsstrahlung: die bei der Abbremsung eines schnellen geladenen Teilchens (z. B. eines Elektrons) im elektrischen Feld eines anderen geladenen Teilchens (z. B. Atomkern) entstehende elektromagnetische Strahlung. Bei einer solchen Abbremsung wird ein Photon ausgesandt, dessen Energie $h \cdot v$ (h Planck-Wirkungsquantum, v Frequenz der Strahlung) gerade so groß ist wie der Energieverlust ΔE des abgebremsten Teilchens. Da hierbei ΔE nicht auf bestimmte Werte beschränkt ist, erhält man ein kontinuierliches Spektrum, das als Bremsspektrum bezeichnet wird. Das schnelle geladene Teilchen kann maximal seine gesamte kinetische Energie verlieren, weshalb die Photonenenergie und daher die Frequenz der B. eine obere bzw. die Wellenlänge eine untere kurzwellige Grenze besitzt. Für die **Grenzfrequenz** v_{max} gilt:

$$h \cdot v_{max} = E_{kin} = q \cdot U$$

$$v_{max} = \frac{E_{kin}}{h} = \frac{q \cdot U}{h};$$

Brennpunkt

dabei ist q die Ladung des abgebremsten Teilchens, das die Beschleunigungsspannung U durchlaufen hat, um die kinetische Energie E_{kin} zu erreichen. Für die zugehörige **Grenzwellenlänge** gilt:

$$\lambda_{min} = \frac{c}{v_{max}} = \frac{c \cdot h}{q \cdot U}$$

(c Lichtgeschwindigkeit).
Die Intensität der B. ist dem Produkt der Quadrate der Ladungen von einfallendem und ablenkendem Teilchen direkt und dem Quadrat der Masse des einfallenden Teilchens umgekehrt proportional. Wegen dieser starken Massenabhängigkeit ist praktisch nur die Elektronen-B. von Bedeutung.

Brennpunkt (Fokus): derjenige Punkt auf der optischen Achse einer Linse, eines Linsensystems oder eines gekrümmten Spiegels, in dem sich achsennahe, parallel zur optischen Achse einfallende Strahlen nach der Brechung bzw. Reflexion schneiden.

Brennweite (Formelzeichen f): Abstand des ↑Brennpunktes von einer Linse, einem Linsensystem oder einem gekrümmten Spiegel.

Brewster-Punkt ['bru:stə...; nach Sir David Brewster]: Gebiet am Himmel, in dem die ↑Himmelslichtpolarisation ein Minimum erreicht.

Brookhaven-Neutrinoexperiment ['brukhɛɪvən...]: svw. ↑Chlor-Sonnenneutrino-Experiment.

B-Sterne ['be:...]: eine ↑Spektralklasse von Sternen mit Absorptionslinien des neutralen Heliums (He I) und Balmer-Linien des H I.

bürgerliche Dämmerung ↑Dämmerung.

Burst [bəːst; engl. = Ausbruch] (Radioburst): auffallender Strahlungsausbruch im Radio- und Röntgenbereich der Sonne. B.s kommen häufig in Verbindung mit Eruptionen, auch Flares genannt, vor. Die B.s werden je nach zeitlichem oder frequenzmäßigem Verlauf in verschiedene Typen unterteilt. Als Mechanismen kommen je nach Typ Eigenschwingung des Koronaplasmas oder ↑Synchrotronstrahlung schneller Elektronen in Frage.

C

Cae: Abk. für **Caelum** (↑Grabstichel).
Caelum ['tsɛː...; lat. = Meißel, Grabstichel]: wiss. Name für das Sternbild ↑Grabstichel.
Calar Alto: 2 168 m hoher Berg in der Sierra de los Filabres, Südspanien. Hier entstand in den 70er und 80er Jahren eine der modernsten Sternwarten der Welt (deutsch-spanisches astronomisches Zentrum). In der klaren und trockenen Luft dürfte in mindestens 200 Nächten pro Jahr eine ungestörte Beobachtung möglich sein. Neben den Spiegelteleskopen von 1,23 m, 2,2 m und 3,5 m Durchmessern des Max-Planck-Instituts für Astronomie, Heidelberg, haben das Observatorium Madrid ein 1,5-m-Teleskop und die Sternwarte Hamburg-Bergedorf ihren Schmidt-Spiegel mit 80 cm Öffnung dort aufgestellt.

Callisto [nach Kallisto, der Geliebten des Zeus in der griech. Mythologie] (Kallisto): einer der vier Hauptmonde des ↑Jupiters. C. besteht vermutlich größtenteils aus Eis und Wasser. Seine Oberfläche erinnert an die des Erdmondes. – Abb. S. 129.
Calypso [nach der gleichnamigen Nymphe der griech. Mythologie]: ein Satellit des ↑Saturn.
Cam: Abk. für **Camelopardalis** (↑Giraffe).
Camelopardalis [griech. = Giraffe]: wiss. Name für das Sternbild ↑Giraffe.
Cancer ['kantsə; lat. = Krebs]: wiss. Name für das Sternbild ↑Krebs.
Canes Venatici [lat. = Jagdhunde]: wiss. Name für das Sternbild ↑Jagdhunde.
Canis Maior [lat. = großer Hund]:

wiss. Name für das Sternbild ↑Großer Hund.

Canis Minor [lat. = kleiner Hund]: wiss. Name für das Sternbild ↑Kleiner Hund.

Canopus [griech.]: Hauptstern im Sternbild ↑Schiffskiel mit einer scheinbaren visuellen Helligkeit von $-0\overset{m}{.}73$. C. ist nach Sirius der hellste Stern an der Himmelssphäre, allerdings von mittleren nördlichen Breiten aus nicht sichtbar, da er zu weit südlich steht. C. ist ein Stern der Spektralklasse F 0, und zwar ein Überriese der Leuchtkraftklasse Ib. Seine Entfernung beträgt etwa 170 pc. – ↑auch Sternverzeichnis.

Cap: Abk. für **Capricornus** (↑Steinbock).

Capella [lat. = (kleine) Ziege] (Kapella): Hauptstern im Sternbild ↑Fuhrmann. Zählt mit einer scheinbaren visuellen Helligkeit von $0\overset{m}{.}09$ zu den hellsten Sternen des Abendhimmels. Mit fünf weiteren hellen Sternen bildet C. das ↑Wintersechseck. – ↑auch Sternverzeichnis.

Caph [zu arab. al-kaff al-ḥaḍīb = die gefärbte Hand]: Stern im Sternbild ↑Cassiopeia mit einer scheinbaren visuellen Helligkeit von $2\overset{m}{.}25$. –↑auch Sternverzeichnis.

Capricornus [lat. = Steinbock]: wiss. Name für das Sternbild ↑Steinbock.

Car: Abk. für **Carina** (↑Schiffskiel).

Carina [lat. = Kiel]: wiss. Name für das Sternbild ↑Schiffskiel.

Carme [nach Karme, einer weiblichen Sagengestalt der griech. Mythologie]: ein Satellit des ↑Jupiters.

Cas: Abk. für ↑Cassiopeia.

Cassegrain-Coudé-Teleskop [kas-'grēku'de...]: ein ↑Cassegrain-Teleskop, wobei der Fangspiegel die vom Hauptspiegel reflektierten Strahlen in die hohle Stundenachse spiegelt.

Cassegrain-Teleskop [kas'grē; nach N. Cassegrain]: ein ↑Spiegelteleskop, dessen konvex hyperbolisch geschliffener Fangspiegel vor dem Primärfokus angebracht ist und der vom Hauptspiegel reflektierten Strahlen im allg. durch eine Bohrung im Hauptspiegel zum Auge bzw. zur photographischen Platte spiegelt.

Cassini-Teilung [nach G. D. Cassini]: ungefähr eine Bogensekunde breiter dunkler Teilungsstreifen auf dem Ring des Saturns, der mit einem Fernrohr von 8 bis 10 cm Öffnung und 150- bis 200-facher Vergrößerung gerade noch beobachtbar ist.

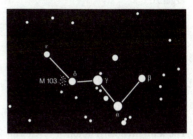

Cassiopeia. Die Hauptsterne des Sternbildes

Cassiopeia [nach der griech. Sagengestalt Kassiopeia] (Kassiopeia; Abk.: Cas): ein leicht auffindbares Sternbild des nördlichen Himmels. Die fünf hellsten Sterne, darunter Schedir (α Cassiopeiae) und Caph (β Cassiopeiae), bilden ein W, weswegen C. auch das **Himmels-W** genannt wird.
C. liegt dem Ansatz der Deichsel des Großen Wagens gerade gegenüber, wenn man den Polarstern in der Mitte annimmt. Von mittleren nördlichen Breiten aus beobachtet, bleibt C. stets über dem Horizont und zählt daher zu den Zirkumpolarsternbildern. Durch das Sternbild zieht sich die Milchstraße. Im Sternbild C. findet man viele Sternhaufen, z. B. M 103, der nahe beim Stern δ in Richtung auf den Stern ε hin gesehen werden kann, sowie die starke Radioquelle ↑Cassiopeia A.

Cassiopeia A (Abk.: Cas A): zerfetzter ↑Emissionsnebel mit extrem starker nichtthermischer Radiostrahlung im Sternbild Cassiopeia.

Castor [nach dem griech. Sagenheld Kastor] (Kastor): einer der beiden Zwillingssterne im Sternbild ↑Zwillinge, der zusammen mit fünf weiteren hellen Sternen das ↑Wintersechseck bildet. – ↑auch Sternverzeichnis.

CCD-Detektor

CCD-Detektor [die Abk. CCD steht für engl. **c**harge-**c**oupled **d**evice = ladungsgekoppeltes Bauelement]: neuartiger, hoch lichtempfindlicher Empfänger („elektronische Photoplatte"), der die Palette bewährter optischer Empfänger wie ↑ Photoplatte und ↑ Photomultiplier ergänzt.

Der ursprünglich als mikroelektronisches Bauteil für die Fernsehindustrie entwickelte Siliciumchip besitzt auf seiner Oberfläche ein Raster von bis zu 1 000 × 1 000 lichtempfindlicher Elemente, auch Pixel (picture elements) genannt. Jedes einzelne Pixel ist zwischen 15 und 30 µm breit. CCD-D.en werden im allg. auf 150 K gekühlt, um das störende thermische Rauschen zu unterdrücken.

Die auftreffenden Photonen lösen aufgrund des ↑ Photoeffekts Elektronen aus. Die Quantenausbeute ist sehr hoch; sie beträgt etwa 80%. Dabei ist die Anzahl der ausgelösten Elektronen direkt proportional zur auffallenden Lichtstärke. Nach Belichtungsende werden die gesammelten Elektronen getrennt pro Pixel in eigens zugeordnete Speicherzellen gebracht, das sog. Transportregister. Das Transportregister läßt sich seriell auslesen, die Information durch Steuerung von Strömen verstärken, digitalisieren und mit Hilfe eines Rechners zu einem optischen Bild zusammensetzen, während die Photodioden bereits erneut zur Messung eingesetzt werden.

Das entscheidende Wesensmerkmal des CCD-D.s ist aber der „charge-coupling"-Prozeß, das freie Verschieben der erzeugten Ladungspakete von einem Speicherplatz zum anderen im Transportregister. Im Unterschied zur Photoplatte können so getrennt gewonnene Einzelbilder mit Hilfe eines Computers zu einem neuen Bild verarbeitet, im einfachsten Fall aufsummiert werden.

CCD-D.en sind im Bereich von 400 bis 1 000 nm Wellenlänge außerordentlich empfindlich. Einerseits ermöglichen sie Integrationszeiten (d.h. Summe der verschiedenen Belichtungszeiten) von mehreren Stunden, andererseits können Ladungen von nur 6 Elektronen pro Bildelement nachgewiesen werden. CCD-D.en eignen sich daher zum Nachweis extrem lichtschwacher Objekte. Während für Photoplatte und Photomultiplier beim Einsatz herkömmlicher Fernrohre die Grenzhelligkeit bei etwa der 22. Größe liegt, registriert der CCD-D. noch Sterne und Galaxien bis zur 25. Größe, also 15mal lichtschwächere Objekte.

Im Gegensatz zur Photoplatte ist der CCD-D. wie der Photomultiplier ein linearer Empfänger, d. h., beide sprechen direkt auf die einfallenden Lichtphotonen an. Damit kommt der CCD-Platte neben der großen Reichweite auch eine hohe photometrische Genauigkeit zu. Bezüglich der geometrischen Abbildungstreue ist der CCD-D. allerdings der Photoplatte unterlegen. Geeignet dagegen ist der CCD-Chip zur ↑ Spektroskopie von ausgedehnten Objekten wie Galaxien, H-II-Regionen, Supernovaüberresten und planetarischen Nebeln.

Neben den bewährten optischen Empfängern Photoplatte und Photomultiplier werden Halbleiterphotodetektoren zukünftig immer mehr Verwendung finden.

CD: Abk. für ↑ Córdoba-Durchmusterung.

Cen: Abk. für ↑ Centaurus.

Centaurus [nach Kentaur, Fabelwesen der griech. Mythologie] (Abk.: Cen): ein Sternbild des nördlichen Himmels, von dem in mittleren nördlichen Breiten nur die nördlichsten Teile knapp über dem Horizont beobachtbar sind.

Im C. liegt mit einer Entfernung von 4,3 Lj der uns nächste Stern, **Proxima Centauri**, dicht bei dem sehr hellen Stern α Centauri.

Cepheiden [tse...]: ursprünglich Kurzbez. für die langperiodisch veränderlichen ↑ Delta-Cephei-Sterne, die der Population I angehören.

Neuerdings unterteilt man die langperiodischen C. in die **klassischen,** die sog. **Typ-I-C.** (d. h. vom Typ der Delta-Cephei-Sterne) und in die **Typ-II-C.** oder ↑ W-Virginis-Sterne, die der Halopopulation II angehören. Bei gleicher Periode P ist ein W-Virginis-Stern um etwa $1^m\!.4$ schwächer als ein Delta-Cephei-Stern, wie man auch aus der ↑ Perioden-

chemische Zusammensetzung

Leuchtkraft-Beziehung entnehmen kann. Daneben zählt man zu den C. heute noch die kurzperiodischen ↑ Beta-Cephei-Sterne.
Starke Verwandtschaft mit den C. zeigen die ↑ RR-Lyrae-Sterne und die ↑ Delta-Scuti-Sterne, die im ↑ Hertzsprung-Russell-Diagramm für Veränderliche in der Verlängerung des C.streifens liegen. Die C. besitzen sehr große Leuchtkräfte. Daher sind sie auch noch in sehr großen Entfernungen identifizierbar und können somit zur ↑ Entfernungsbestimmung einiger extragalaktischer Sternsysteme herangezogen werden.

Cepheus ['tseːfɔys; nach der griech. Sagengestalt Kepheus] (Kepheus; Abk.: Cep): ein Sternbild des nördlichen Himmels, das, von mittleren nördlichen Breiten aus beobachtet, stets über dem Horizont bleibt und daher zu den Zirkumpolarsternbildern zählt.
Durch das Sternbild C. zieht sich das milchig verwaschene Band der Milchstraße. Hauptstern ist ↑ Alderamin. Bemerkenswert ist der veränderliche Stern δ Cephei (Delta Cephei), nach dem der Gruppe veränderlicher Sterne benannt ist, die ↑ Delta-Cephei-Sterne. Der unregelmäßig veränderliche Stern μ Cephei, wegen seiner tiefroten Farbe gelegentlich auch **Granatstern** genannt, zählt mit seiner Spektralklasse M 2 zu den ↑ roten Riesen.

Ceres [nach der gleichnamigen röm. Göttin]: der erste, im Jahre 1801 entdeckte kleine Planet (↑ Planetoiden). C. hat einen Durchmesser von rund 1 000 km. Seine Entfernung von der Sonne variiert zwischen 2,55 und 2,94 AE. Das Spektrum legt bezüglich der chemischen Zusammensetzung einen Vergleich mit einem kohlenstoffhaltigen ↑ Chondriten nahe.

Cet: Abk. für Cetus (↑ Walfisch).
CETI [Abk. für engl. communication with extra-terrestrial intelligences = Kommunikation mit außerirdischen Intelligenzen]: Sammelbegriff für die Anstrengungen, Kontakt mit möglichen außerirdischen intelligenten Lebewesen aufzunehmen (↑ Leben im All).
Cetus [von griech. kētos = Walfisch]: wiss. Name für das Sternbild ↑ Walfisch.

Cha: Abk. für ↑ Chamäleon.
Chamäleon [ka...; von griech. chamailéōn, eigtl. = Erdlöwe] (Chamaeleon; Abk.: Cha): ein kleines Sternbild des südlichen Himmels.
Chandrasekhar-Grenze [tʃændrə-'ʃɛɪkə...]: von dem indisch-amerikanischen Astrophysiker S. Chandrasekhar berechnete Grenzmasse für ↑ weiße Zwerge, die bei 1,4 Sonnenmassen liegt. Sterne, die im Endstadium der ↑ Sternentwicklung eine höhere Masse aufweisen, enden als ↑ Neutronenstern oder als ↑ schwarzes Loch.
Charon [ç...; nach dem gleichnamigen Totenfährmann der griech. Mythologie]: einziger bislang bekannter Satellit des ↑ Pluto.
Chemischer Ofen (Fornax; Abk.: For): ein lichtschwaches Sternbild des südlichen Himmels.
chemische Zusammensetzung: eine nicht genau bekannte ↑ Zustandsgröße von Sternen. Spektralanalysen liefern nur Werte für die ch. Z. der Sternatmosphären, und selbst hierfür liegen wirklich gesicherte Werte für nicht mehr als ein paar Dutzend Sterne vor. Bei den meisten beobachteten Sternen muß man sich mit qualitativen Aussagen begnügen.
Sieht man von einigen seltenen Sondertypen ab, so ist die ch. Z. der Sterne – soweit bekannt – erstaunlich ähnlich. Wasserstoff ist mit 60 bis 70 Massenprozent, Helium mit 40 bis 30 Massenprozent vorhanden. Die schweren Elemente sind nur mit 2 bis 4 Massenprozent vertreten, wobei die Häufigkeit mit zunehmender Kernladungszahl abnimmt.
Erwähnt seien einige Sondertypen mit anormaler ch.r Z., die zwar äußerst selten vorkommen, aber nicht weniger interessant sind: ↑ Heliumsterne, in deren Atmosphäre offenbar fast kein Wasserstoff, dafür aber als häufigstes Element Helium auftritt; ↑ Wolf-Rayet-Sterne mit kohlenstoff- bzw. stickstoffreicher Atmosphäre; metallarme Sterne mit etwa 1/100 der normalen Metallhäufigkeit in der Atmosphäre. Ob die beobachteten Anomalien in den Atmosphären bestimmter Sondertypen tatsächlich auf einer chemischen Anomalie oder aber auf

einer physikalischen Unter- bzw. Überhäufigkeit der Sterne beruhen, ist noch nicht geklärt.

Chlor-Sonnenneutrino-Experiment (Brookhaven-Neutrinoexperiment): ein in den frühen 70er Jahren am Brookhaven National Laboratory durchgeführtes Experiment zur Messung des solaren Neutrinoflusses. Der auf Chlorbasis arbeitende Neutrinodetektor registrierte dabei nur etwa ein Drittel des nach dem ↑ Standardsonnenmodell vorausberechneten Neutrinoflusses.

Als Neutrinodetektor fungierte ein Tank mit 400 m³ Chloräthylen, der sich zum Schutz vor kosmischer Strahlung 1 500 m unterhalb der Erdoberfläche befand. Als Nachweisreaktion diente

$$\nu_e + {}^{37}Cl \rightarrow {}^{37}Ar + e^-.$$

Dieser auf der Basis von Chlor (Cl) arbeitende Neutrinodetektor vermag nur Elektronneutrinos ν_e oberhalb einer Energie von 0,81 MeV zu zählen. Das Reaktionsprodukt Argon 37 erhielt über die Emission von Elektronen e^- genügend Rückstoßenergie, um sich aus der chemischen Verbindung zu befreien. Das sich zunächst als Argonion durch die Flüssigkeit bewegende ${}^{37}Ar$ wurde abgegrenzt und ließ sich nach Neutralisation zu einem Argonatom durch Spülen mit Helium aus dem Chloräthylen herauslösen. Über Elektroneneinfang

$${}^{37}Ar + e^- \rightarrow {}^{37}Cl + \nu_e$$

gelang dann in einem Zählrohr der ${}^{37}Ar$-Nachweis.

Das Ch.-S.-E. vermochte wegen der Energieschwelle von 0,81 MeV für den Nachweis von Elektronneutrinos nur die hochenergetischen Neutrinos aus dem Betazerfall von ${}^8B \rightarrow {}^8Be + e^- + \nu_e$ zu zählen, deren solarer Fluß allerdings um den Faktor 10^{-4} kleiner ist als der entsprechende Neutrinofluß aus der eigentlichen Basisreaktion der Sonne, der ↑ pp-Reaktion.

Anstelle der erwarteten Einfangrate von 7,8 SNU (Solar Neutrino Unit) registrierte man lediglich 2,2 ± 0,4 SNU. Für die reduzierte Meßrate – grob ein Drittel des errechneten Wertes – hat man bis heute keine schlüssige Erklärung. Als denkbare Erklärungen sind Abweichungen vom Standardsonnenmodell oder eine ↑ Neutrinooszillation in der Diskussion. Aufschluß über die Ursache für die reduzierte Meßrate erhofft man sich vom ↑ Gallium-Sonnenneutrino-Experiment.

Chondriten [ç...; zu griech. chóndros = Korn]: häufigste Art von Steinmeteoriten (Anteil 82%), bestehend aus 0,1 bis 5 mm großen kugeligen Silicataggregaten **(Chondren)** von Hypersthen, Enstatit, Bronzit, Pigeonit, Olivin und Serpentin in Nickeleisen.

Eine Untergruppe der Ch. bilden die kohligen Ch., die sich durch hohen Kohlenstoffgehalt auszeichnen. In diesen kohligen Ch. wurden auch komplexere organische Verbindungen, wie z. B. Aminosäuren, nachgewiesen.

Nachfolgend die drei Hauptklassen der Ch.:

Kohlige Ch.: stark oxidiert; Eisen als FeO und Fe_2O_3; Schwefel als SO_4. Alle Elemente, auch die siderophilen Elemente wie z. B. Ni und Co als Oxide. Nahezu alle flüchtigen Elemente in solaren Häufigkeiten.

Enstatit-Ch.: stark reduziert; Eisen als Metall und FeS. Alle siderophilen Elemente als Metalle, selbst Silicium teilweise als Metall; Ca, Mn, Cr als Sulfide. Flüchtige Elemente vorhanden.

Gewöhnliche Ch: Oxidationsgrad zwischen kohligen Ch. und Enstatit-Ch.; Eisen als Metall, FeO und FeS. Flüchtige Elemente verarmt.

chromatische Aberration [k...; zu griech. chrôma = Farbe]: ein bei Linsenfernrohren auftretender ↑ Bildfehler.

Chromosphäre [k...; Kurzbildung aus griech. chrôma = Farbe und Photosphäre]: Übergangsschicht zwischen Photosphäre und Korona der Sonne. Ihre Dicke beträgt mehrere tausend bis 10 000 km. Die Temperatur hat nahe der Photosphäre ein Minimum von 4 200 K und erreicht in der Übergangszone zur Korona mehrere 100 000 K. Die Dichte fällt umgekehrt von 10^{21} Teilchen/cm³ bis auf 10^{15} Teilchen/cm³.

Die Chr. ist inhomogen. Sie zeigt in ihren höheren Schichten flammenähnliche, etwa 1000 km dicke und bis über 10000 km hohe, **Spicules** genannte Gebilde. Spicules haben Lebensdauern von mehreren Minuten. Ihre Temperaturen liegen unter denen der Umgebung. Das optische Spektrum kann unmittelbar vor und nach der Totalitätsphase einer Sonnenfinsternis (Phase der vollständigen Bedeckung der Sonne durch den Mond) beobachtet werden, wenn es kurz hell aufblitzt. Wegen der tangentialen Sicht beobachtet man ein Emissionsspektrum ohne Absorptionslinien. Wegen des kurzen Aufleuchtens wird dieses Spektrum **Flash-Spektrum** genannt. Bei Beobachtungen der Sonnenscheibe lassen sich mit Spektroheliogrammen viele Informationen gewinnen. Dabei werden Sonnenaufnahmen in streng monochromatischem Licht mit Wellenlängen im Zentrum starker Emissionslinien gemacht. Es ist dann z. B. möglich, verschiedene Schichten der Chr. selektiv zu betrachten. Geeignete Emissionslinien sind vor allem die Calciumlinie K und die Wasserstofflinie H_α.

Cir: Abk. für Circinus (↑Zirkel).

Circinus [lat. = Zirkel]: wiss. Name für das Sternbild ↑Zirkel.

Cirrusnebel [lat. cirrus = Federbüschel, Franse] (Cygnusnebel): ein weitgehend ringförmig erhaltener Gasnebel, der als Überrest einer vor 300000 Jahren stattgefundenen ↑Supernova gedeutet wird. Der Supernovaüberrest zeigt eine starke radiale Expansion. Er ist eine starke Radio- und Röntgenquelle (Cygnus X-5).

CMa: Abk. für Canis Maior (↑Großer Hund).

CMi: Abk. für Canis Minor (↑Kleiner Hund).

Cnc: Abk. für Cancer (↑Krebs).

Comagalaxienhaufen

CNO-Zyklus [tse:'ɛn"o:...] (Kohlenstoff-Stickstoff-Sauerstoff-Zyklus; Bethe-Weizsäcker-Zyklus): eine Kernreaktion für die ↑Energieumwandlung im Innern von Sternen, die bei Temperaturen oberhalb von 10 Mill. K neben der ↑pp-Reaktion abläuft und im Bereich von 15 bis $30 \cdot 10^6$ K vorherrscht.

Wie bei der pp-Reaktion findet auch hier eine H-Fusion, summarisch $4\,^1H \rightarrow {}^4He$, statt. Der beteiligte Kohlenstoff durchläuft zwar eine Reihe von Verwandlungen, ist zum Schluß jedoch wieder vorhanden. Man kann ihm daher die Rolle eines „nuklearen Katalysators" zuschreiben. Im einzelnen besteht der Hauptzyklus aus den unten aufgeführten Reaktionen. Die Klammerwerte geben wie bei der pp-Reaktion die mittlere Eintreffzeit für die Reaktion an. Nach Berücksichtigung der Neutrinoverluste von 1,69 MeV ergibt sich eine positive Bilanz von 25 MeV = $4 \cdot 10^{-12}$J pro Heliumkern.

Coelostat [tsø...]: svw. (↑Zölostat.

Col: Abk. für Columba (↑Taube).

Columba [lat. = Taube]: wiss. Name für das Sternbild ↑Taube.

Com: Abk. für Coma Berenices (↑Haar der Berenike).

Coma Berenices [lat. coma = Haupthaar; nach der ptolemäischen Königin Berenike]: wiss. Name für das Sternbild ↑Haar der Berenike.

Comagalaxienhaufen: symmetrisch aufgebauter Galaxienhaufen mit tausenden von Einzelgalaxien – zumeist vom ↑Hubble-Typ E und S0 – im Sternbild Haar der Berenike (Coma Berenices). Der etwa 100 Mpc entfernte Galaxienhaufen hat einen Durchmesser von 7 Mpc und eine Masse von etwa $400 \cdot 10^{12}$ $M_\odot$. Im Haufen befinden sich

---

CNO-Zyklus

$^{12}C + {}^1H \Rightarrow {}^{13}N + \gamma$	+ 1,95 MeV	$(1,3 \cdot 10^7$ Jahre)
$^{13}N \Rightarrow {}^{13}C + e^+ + \nu$	+ 2,22 MeV	(7 Minuten)
$^{13}C + {}^1H \Rightarrow {}^{14}N + \gamma$	+ 7,54 MeV	$(2,7 \cdot 10^6$ Jahre)
$^{14}N + {}^1H \Rightarrow {}^{15}O + \gamma$	+ 7,35 MeV	$(3,2 \cdot 10^8$ Jahre)
$^{15}O \Rightarrow {}^{15}N + e^+ + \nu$	+ 2,71 MeV	(82 Sekunden)
$^{15}N + {}^1H \Rightarrow {}^{12}C + {}^4He$	+ 4,96 MeV	$(1,1 \cdot 10^5$ Jahre)

Comahaufen

eine ausgedehnte Radioquelle sowie eine Röntgenquelle.

Comahaufen: offener Sternhaufen von etwa 100 Einzelsternen im Sternbild Haar der Berenike (Coma Berenices). Bereits mit bloßem Auge gelingt eine Auflösung in mehrere Sterne.

Commonwealth-Observatorium ['kɔmənwɛlθ...]: Sternwarte auf dem 768 m hohen Mount Stromlo westlich von Canberra, Australien. Hauptinstrumente sind ein 188-cm-Spiegel, ein 127-cm-Spiegel, ein 50/65-cm-Schmidt-Spiegel sowie ein 66-cm-Linsenteleskop.

Compton-Effekt ['kʌmptən...]: von A. H. Compton 1923 entdeckte Änderung der Frequenz bzw. der Wellenlänge von elektromagnetischer Strahlung bei der Streuung an Elektronen. In der Astronomie spielen sowohl der gewöhnliche wie die inverse C.-E. eine Rolle.
1. **Gewöhnlicher C.-E.:** Hochenergetische Quanten, z. B. einer Röntgenstrahlung, beschleunigen Elektronen unter Energie- und Impulsverlust.
2. **Inverser C.-E.:** Energiearme Photonen, z. B. des Sternlichts oder der ↑ Drei-Kelvin-Strahlung, werden durch Stöße mit energiereichen Elektronen zu Röntgenphotonen oder Gammaquanten.

Copernicus:
◊ nach N. Kopernikus benannter, am Rande des Oceanus Procellarum liegender großer Mondkrater mit einem Durchmesser von 90 km und einem bis 5600 m über die Mondoberfläche aufsteigenden Wall.
◊ nach N. Kopernikus benannter amerikanischer Erdsatellit, der am 21. August 1972 gestartet wurde und zur Untersuchung von Gamma-, Röntgen- und Ultraviolettstrahlung aus dem Weltall diente. C. gehörte zu den OAO-Satelliten (OAO 3).

Córdoba-Durchmusterung ['kɔ...] (Abk.: CD): an der Sternwarte in Córdoba (Argentinien) erstellter Teil der ↑ Bonner Durchmusterung. Dieser mit Karten versehene Sternkatalog umfaßt rund 614000 Sterne in dem Deklinationsbereich von $-22°$ bis $-90°$.

Corona Australis [lat. = südliche Krone]: wiss. Name für das Sternbild ↑ Südliche Krone.

Corona Borealis [lat. = nördliche Krone]: wiss. Name für das Sternbild ↑ Nördliche Krone.

Corvus [lat. = Rabe]: wiss. Name für das Sternbild ↑ Rabe.

Cos-B: am 9. August 1975 von der europäischen Raumfahrtbehörde ESA gestarteter Gammasatellit. Von seiner elliptischen Erdumlaufbahn aus diente Cos-B v. a. zur Erforschung von Gebieten in und nahe der galaktischen Ebene. Der wissenschaftliche Kontakt zum Satelliten konnte bis Ende April 1982 aufrechterhalten werden. Cos-B führte Messungen an hochenergetischer Gammastrahlung im Bereich von 50–5000 MeV durch. Elektromagnetische Strahlung mit dermaßen hohen Energien und entsprechend kleinen Wellenlängen kann nicht mit fokussierenden Instrumenten wie in der optischen Astronomie oder in der Radioastronomie analysiert werden. Gammaphotonen werden in geeigneten Materialien – bei Cos-B geschieht hierzu Wolframplatten – in Elektron-Positron-Paare umgewandelt, die dann durch ihre ionisierende Wirkung in einer Funkenkammer nachgewiesen werden können.

Coudé-System [ku'de...] ↑ Spiegelteleskop.

C-Prozeß ['tse:...]: eine für die Energieumwandlung im Innern von Sternen unerhebliche, für die ↑ Elementensynthese jedoch bedeutende Kernreaktion. Der C.-P. setzt bei etwa $0,8 \cdot 10^9$ K u. a. mit folgenden Reaktionen ein:

$$^{12}C + ^{12}C \longrightarrow {}^{24}Mg + \gamma$$
$$\longrightarrow {}^{23}Mg + n$$
$$\longrightarrow {}^{23}Na + p$$
$$\longrightarrow {}^{20}Ne + {}^{4}He.$$

Bei Temperaturen oberhalb 10^9 K können weitere Kernprozesse, wie z. B. der ↑ O-Prozeß, mit abnehmender positiver Energiebilanz bis hin zum Eisen mit der Nukleonenzahl 56 ablaufen. Dadurch ist die Existenz einer Vielzahl schwerer Elemente erklärbar.

CrA: Abk. für Corona Australis (↑ Südliche Krone).

Crabnebel ['kræb...; engl. crab = Krebs] (Krebsnebel): Der sich im Sternbild ↑ Stier befindliche Gasnebel mit der

Cyg X-1

Bez. M 1 oder NGC 1952 ist ein Musterbeispiel für einen Supernovaüberrest. Die ↑ Supernova ereignete sich im Jahre 1054 und war mehrere Wochen, wenn nicht Monate, mit bloßem Auge sichtbar. Die Entdeckung der abgestoßenen Hülle und damit des Gasnebels aber gelang erst nach Erfindung des Fernrohrs. Heute zählt der C. zu den meisterforschten Objekten. Die abgestoßene Hülle, das Supernovaremnant, breitet sich mit etwa 1 000 km/s aus. Das emittierte Licht ist stark polarisiert, was auf ein ausgebreitetes Magnetfeld im Nebel schließen läßt. Aber auch als starke Radioquelle (Taurus A) ist der Nebel seit langem bekannt. Im Innern befindet sich der mit einer Periodenlänge von 0,033 s bislang am schnellsten rotierende Pulsar (NP 0532), der auch im Gamma- und Röntgenbereich als Pulsar identifiziert werden konnte. Dieser Crabpulsar dürfte als kollabierender Überrest des ursprünglichen Sterns heute ein rotierender ↑ Neutronenstern sein. – Abb. S. 308.

Crater [griech. = Mischkrug]: wiss. Name für das Sternbild ↑ Becher.

CrB: Abk. für Corona Borealis (↑ Nördliche Krone).

Crt: Abk. für Crater (↑ Becher).

Cru: Abk. für Crux (↑ Kreuz des Südens).

Crux [lat. = Kreuz]: wiss. Name für das Sternbild ↑ Kreuz des Südens.

Crv: Abk. für Corvus (↑ Rabe).

C-Sterne (Kohlenstoffsterne): Riesensterne der Spektralklassen R und N (**R-Sterne, N-Sterne**). In den Spektren dieser Sterne treten Banden des Cyans (CN), des Kohlenmonoxids (CO) und des Kohlenstoffs (C_2) verstärkt auf, weshalb sie zur Gruppe der C-St. zusammengefaßt wurden.

CVn: Abk. für Canes Venatici (↑ Jagdhunde).

Cyg: Abk. für Cygnus (↑ Schwan).

Cyg A: Abk. für ↑ Cygnus A.

Cygnus ['tsy...; griech.-lat. = Schwan]: wiss. Name für das Sternbild ↑ Schwan.

Cygnus A ['tsy...] (Abk.: Cyg A): eine doppelte Radioquelle, die nach Sonne und ↑ Cassiopeia A die drittstärkste Quelle am nördlichen Himmel ist.

Ursprünglich hielt man solche Objekte für kollidierende Galaxien, später dann für Doppelgalaxien in der Entstehung. Die heutige Interpretation spricht von „galaktischem Kannibalismus". Darunter hat man sich das Aufsaugen eines kleinen Sternsystems durch ein größeres mittels eines Materiestroms von der kleinen zur größeren Galaxie vorzustellen. Dazu kann es kommen, wenn in der Nähe des Zentrums eines Galaxienhaufens eine große Galaxie mit einer oder mit mehreren kleinen kollidiert. Solange die Galaxienkerne noch nicht miteinander verschmolzen sind, erscheinen diese Objekte mit Mehrfachkernstruktur.

Cygnusnebel ['tsy...]: svw. ↑ Cirrusnebel.

Cygnus X-1 ['tsy...] (Abk.: Cyg X-1): eine faszinierende Röntgendoppelsternquelle im Sternbild Schwan (Cygnus), bei der der unsichtbare Begleiter möglicherweise ein ↑ schwarzes Loch ist.

Die sichtbare Komponente ist mit großer Wahrscheinlichkeit ein ↑ Überriese mit einer Masse von rund 20 Sonnenmassen. Für die Masse M des unsichtbaren Begleiters ergibt sich aus der Periode der Doppler-Verschiebung (als Folge der Umlaufbewegung um die unsichtbare Komponente), je nach Annahme der Bahnneigung, ein Wert zwischen 5 und 15 Sonnenmassen. Dieser enorm große Massenwert für einen kompakten Partner ist für einen ↑ Neutronenstern viel zu hoch, jedoch nicht für ein schwarzes Loch.

Im gleichen Sternbild gibt es noch weitere Röntgenquellen, z. B. Cygnus X-5, die mit dem ↑ Cirrusnebel zusammenfällt.

Cygnus X-3 ['tsy...]: seltenes Beispiel eines Röntgendoppelsternsystems, das wie ↑ Herkules X-1 auch im VHE-Gammabereich (Abk. VHE für engl. very high energy) periodische Strahlung aussendet.

Cyg X-1: Abk. für ↑ Cygnus X-1.

D

Dämmerung: die Übergangszeit zwischen der vollen Taghelligkeit und der vollständigen Nachtdunkelheit. Bei Sonnenaufgang spricht man von **Morgen-D.**, bei Sonnenuntergang entsprechend von **Abenddämmerung**. Die D.sdauer ist von der Neigung der scheinbaren Sonnenbahn gegen den Horizont abhängig. Je steiler die Sonnenbahn in bezug auf den Horizont verläuft, um so schneller sinkt oder steigt die Sonne. Neigung der Sonnenbahn und damit auch Dauer der D. sind von der geographischen Breite des Beobachtungsortes abhängig. Am Äquator ist die Dauer sehr kurz, in Mitteleuropa beträgt sie etwa 2 Stunden.

Die Ursache für die D. liegt in der diffusen Streuung des Sonnenlichts von den oberen Luftschichten – die noch oder schon direkt vom Sonnenlicht getroffen werden – in die untere Atmosphärenschicht, die nicht mehr oder noch nicht von der Sonnenstrahlung getroffen wird.

Aus praktischen Gründen unterscheidet man drei verschiedene *D.szeiten.*

Unter **bürgerlicher D.** versteht man die Zeitspanne, in der die Sonne zwischen 0° und 6,5° tief unter dem Horizont steht. Dann ist die Erdoberfläche relativ dunkel.

Als **nautische D.** bezeichnet man den Zeitraum, in der die Sonne zwischen 0° und 12° tief unter dem Horizont steht. Am Beginn oder Ende dieses Zeitraums sind bereits Sterne bis zur 3. Größenklasse ortbar.

Die **astronomische D.** beginnt oder endet, wenn die Sonne etwa 18° tief unter dem Horizont steht. Jetzt erst herrscht vollständige Dunkelheit.

Deferent [zu lat. deferre = hinabtragen, hinabführen]: in der ↑ Epizykeltheorie der Trägerkreis für den Epizykel.

Deimos [nach dem gleichnamigen Begleiter des Gottes Ares in der griech. Mythologie]: unregelmäßig geformter äußerer Satellit des ↑ Mars. Seine Maße sind etwa 10 · 12 · 16 km. Er umkreist den Mars im mittleren Abstand von 23400 km von dessen Zentrum in 30 h 21 min.

Deklination [zu lat. declinare = abbiegen, beugen] (Formelzeichen δ): der Winkelabstand eines Gestirns vom Himmelsäquator, gemessen in Bogenmaß (↑ Koordinatensysteme).

Del: Abk. für **Delphinus** (↑ Delphin).

Delphin [griech.-lat.] (Delphinus; Abk.: Del): ein kleines Sternbild des nördlichen Himmels, das von mittleren nördlichen Breiten aus im Sommer und Herbst am Abendhimmel (am Ostrand des Sternbildes Adler) sichtbar ist.

Delta-Cephei-Sterne [...'tseːfeːi...] (δ-Cephei-Sterne): langperiodische ↑ Veränderliche vom Typ der klassischen ↑ Cepheiden. Diese pulsierenden Riesensterne gehören der Scheibenpopulation (Population I) der Galaxis an. Man findet sie auch in extragalaktischen Systemen, u.a. in den Magellan-Wolken. Die Amplituden der Lichtkurve sind selten größer als $2^m_{.}0$. Die Perioden liegen zwischen 2 und 50 Tagen. Von großer Bedeutung sind diese klassischen Cepheiden für die ↑ Entfernungsbestimmung von Sternansammlungen, da zwischen Periode und Leuchtkraft eine feste Relation besteht. Für eine genauere Bestimmung ist allerdings auch noch die ↑ Eigenfarbe $(B-V)_0$ zu berücksichtigen, da bei gegebener Periode P blaue Sterne heller sind. Wenn man statt der Leuchtkraft die absolute visuelle Helligkeit M_v wählt, findet man in der Literatur als gängigen Mittelwert:

$$M_v = -2,46 - 3,42 \log P + 2,52(B-V)_0.$$

In der ↑ Perioden-Leuchtkraft-Beziehung ist das Verhalten sonstiger Veränderlicher im Vergleich zu diesen klassischen Cepheiden ablesbar. Da die Ce-

diffuse Nebel

pheiden sehr große Leuchtkräfte haben, können sie auch als Entfernungsindikatoren für einige extragalaktische Sternsysteme herangezogen werden.

Delta-Scuti-Sterne (δ-Scuti-Sterne; Zwergcepheiden): kurzperiodisch pulsierende ↑Veränderliche, deren Lichtkurve denen der ↑RR-Lyrae-Sterne ähnelt, jedoch sind die Perioden auf 0,2 Tage und die Lichtänderung in der Regel auf $0^m\!.1$ begrenzt. Mit Hilfe der ↑Perioden-Leuchtkraft-Beziehung kann man eine Entfernungsabschätzung vornehmen.

D.-S.-St. und RR-Lyrae-Sterne liegen im ↑Hertzsprung-Russell-Diagramm in der Verlängerung des Cepheidenstreifens und haben daher starke Verwandtschaft mit den ↑Cepheiden. Damit erklärt sich auch die Bez. Zwergcepheiden für Delta-Scuti-Sterne.

Deneb [aus arab. danab = Schwanz (der Henne)]: Hauptstern im Sternbild ↑Schwan mit einer scheinbaren visuellen Helligkeit von $1^m\!.26$. – ↑auch Sternverzeichnis.

Deneb Kaitos [aus arab. danab qaytus]: Stern im Sternbild ↑Walfisch mit einer scheinbaren visuellen Helligkeit von $2^m\!.04$. – ↑auch Sternverzeichnis.

Denebola [aus arab. danab al-asad = Schwanz des Löwen]: Stern im Sternbild ↑Löwe mit einer scheinbaren visuellen Helligkeit von $2^m\!.14$. – ↑auch Sternverzeichnis.

Dichotomie [zu griech. dícha = getrennt und griech. tomé = Schneiden, Schnitt]: die Halbphase eines Gestirns, d. h., wenn ein nicht selbstleuchtendes Gestirn als Halbkreis sichtbar ist. Außer beim Mond ist die D. auch noch bei den Planeten Merkur und Venus von der Erde aus zu beobachten.

Dichte (Formelzeichen ϱ): eine ↑Zustandsgröße von Sternen. Die mittleren D.n nehmen wegen der starken Abhängigkeit vom Radius sehr unterschiedliche Werte an. Sie liegen um 10^{-6} g/cm³ bei ↑Überriesen, bis zu 10^6 g/cm³ (ein Kubikzentimeter hat die Masse einer Tonne) bei ↑weißen Zwergen. ↑Neutronensterne haben sogar 10^{14} bis 10^{15} g/cm³, das entspricht der Dichte in Atomkernen. Unsere Sonne macht sich da mit einer D. $\varrho_\odot = 1{,}41$ g/cm³ geradezu bescheiden aus.

Die mittlere D. eines Sterns definiert man als Masse durch Volumen:

$$\varrho = \frac{M}{V} = \frac{M}{\frac{4}{3}\pi R^3}.$$

Sind Masse M und Radius R des Sterns nicht bekannt, so kann bei Pulsationsveränderlichen, d. h. bei Sternen mit periodischen Helligkeitsschwankungen, die durch periodische Radienänderungen hervorgerufen werden, gemäß der Pulsationstheorie ϱ näherungsweise durch Messung der Periode P bestimmt werden. Dabei gilt:

$$P \cdot \sqrt{\varrho} = \text{const.}$$

Die Tab. gibt einen Überblick über Größenordnungen der D. im kosmischen Bereich.

	Dichte ϱ [g/cm³]
Kernmaterie (Neutronensterne)	10^{14}
Zentrum der Sonne	10^2
Luft	10^{-3}
Hochvakuum	10^{-18}
interstellare Materie	10^{-24}
intergalaktische Materie	10^{-30}

differentielle Rotation [zu lat. differentia = Verschiedenheit]: eine ↑Rotation, bei der Teile des rotierenden Systems eine unterschiedliche Winkelgeschwindigkeit aufweisen. Bekanntes Beispiel ist unsere Sonne, deren Rotation vom Äquator zu den polaren Zonen hin abnimmt. Ähnliche Erscheinungen sind auch bei Jupiter und Saturn zu beobachten. Auch unser Milchstraßensystem führt eine d. R. aus. Vom Kern aus nimmt die Winkelgeschwindigkeit zu den äußeren Bereichen hin ab.

diffuse Himmelsstrahlung: svw. ↑Himmelsstrahlung.

diffuse Nebel [aus lat. diffusus = ausgebreitet]: ↑leuchtende Gasnebel von unregelmäßiger Gestalt.

Im Unterschied dazu sind planetarische Nebel leuchtende Gasnebel mit regelmäßiger, einem Planetenscheibchen äußerlich ähnlicher Gestalt.

Wenn auch der Zustand der interstellaren Materie in beiden Untergruppenvergleichbar ist, so besteht doch ein gewichtiger Unterschied. Das Gas der planetarischen Nebel wird durch einen einzigen Zentralstern angeregt, während bei d.n N.n durchaus mehrere Sterne zur Anregung des Gases beitragen, auch wenn das Gas von einem Zentralstern stammt. – ↑ auch Übersicht.

Dione [nach der gleichnamigen Titanin der griech. Mythologie]: ein Satellit des ↑ Saturn.

Dipolantenne [griech. dís (di-) = zweimal, doppelt] ($\lambda/2$-Antenne): einfachster, auch in der Radioastronomie benutzter Antennentyp (↑ Radioteleskope), der aus einer metallenen Schleife mit einer Länge von $\lambda/2$, mitunter aber auch nur von $\lambda/4$ oder $\lambda/8$ des zu empfangenden Radiosignals mit der Wellenlänge λ besteht. Ein optimaler Empfang wird erreicht, wenn die Antenne so ausgerichtet ist, daß die zu empfangende Wellennormale senkrecht auf die Drahtschleife trifft.

Dispersion [aus lat. dispersio = Zerstreuung]: die Abhängigkeit einer physikalischen Größe von der Wellenlänge bzw. von der Frequenz.
In der *optischen Astronomie* interessiert v. a. die Abhängigkeit des Brechungs- und Beugungswinkels von der Wellenlänge. Die Stärke der auftretenden D. kann als ein Maß für die Güte einer spektralen Zerlegung angesehen werden.
In der *Radioastronomie* interessiert v. a. die als Folge der wellenlängenabhängigen Fortpflanzungsgeschwindigkeit in einem ionisierten Gas auftretende zeitliche Verzögerung der ankommenden Radiosignale, z. B. bei einem Pulsar, der einen zeitlich eng begrenzten Puls auf einem breiten Frequenzband aussendet. Die Stärke der auftretenden D. ist dabei proportional zum Produkt der im Raum zwischen Quelle und Empfänger vorhandenen Zahl der freien Elektronen pro cm^3 und der Entfernung der Radioquelle in Parsec.

Dissoziation [aus lat. dissociatio = Trennung]: bei Gasen die Aufspaltung von Molekülen in einzelne Atome.

Distanz [aus lat. distantia = Abstand]:
◊ allg. die Entfernung eines Sterns (↑ Entfernungsbestimmung).
◊ der im Bogenmaß – meist in Bogensekunden – angegebene Winkelabstand zweier ↑ Positionen (Formelzeichen ϱ), besonders von Doppelsternen. Zusammen mit dem ↑ Positionswinkel bildet die D. ein Paar von Polarkoordinaten. Anwendung finden die Polarkoordinaten z. B. bei der mittels eines Mikrometers durchgeführten Bestimmung des relativen Ortes eines lichtschwachen Begleiters in einem Doppelsternsystem oder bei der Bestimmung des Kontakts bei Bedeckungen.

Donati-Komet: am 2. Juni 1858 von G. B. Donati entdeckter sehr heller Komet. Er zeigte deutlich eine Trennung zwischen dem schmalen, maximal etwa 40° langen und gerade von der Sonne

Diffuse Nebel (Auswahl)

Bezeichnung	Koordinaten α[h m] δ[° ′] l [°] b [°]	Winkelgröße [′ × ′] Emissionsmaß [pc cm^{-6}]	Entfernung [kpc] lin. Ausdehnung [pc]	Elektronendichte [cm^{-3}] Gesamtmasse [$M_\odot$]
Orionnebel (NGC 1976, M 42)	5 33– 5 30 209,13–19,35	90 × 60 6 · 10^6	0,5 0,6	5 000 10
Rosettennebel (NGC 2 237 ... 46)	6 30– 5 00 206,39– 1,87	80 × 60 3 · 10^4	1,0 50	16 11 000
Trifidnebel (NGC 6 514, M 20)	17 59–23 00 6,99– 0,17	20 × 20 5 · 10^4	2,1 5	100 200
Lagunennebel (NGC 6 523, M 8)	18 01–24 20 6,06– 1,23	45 × 30 3,7 · 10^4	1,4 3,5	600 200

Doppler-Effekt

wegweisenden Plasmaschweif und dem viel breiteren, stärker gekrümmten und etwa ebenso langen Staubschweif.

Doppelgalaxie: analog zu ↑Doppelsternen Bez. für zwei eng benachbarte Galaxien, deren gravitative Wechselwirkung so stark ist, daß sie eine physische Einheit bilden.

Doppelsterne: Unter (physischen) D.n versteht man ein Paar von räumlich nah beieinander stehenden Sternen, die durch die gravitative Wechselwirkung zusammengehalten werden und periodische Bewegungen um den gemeinsamen Schwerpunkt beschreiben. Nicht zu dieser Kategorie zählen die für die astronomische Forschung uninteressanten optischen Systeme. Darunter versteht man zwei oder mehrere Sterne, die zwar von der Erde aus in benachbarter Richtung an der Himmelskugel zu sehen sind, die aber nur scheinbar dicht beieinander stehen, in Wirklichkeit (räumlich) weit voneinander getrennt sind, da sie sehr unterschiedliche Entfernungen haben.

D. sind eine häufige Erscheinung. Mit wachsender Entfernung wird es allerdings immer schwerer, die Duplizität oder gar Multiplizität nachzuweisen. Wenigstens 50% aller Sterne dürften Mitglieder von Doppel- bzw. Mehrfachsystemen sein. Bekannte Beispiele findet man im ↑Sternverzeichnis.

Sterne eines Doppel- oder Mehrfachsystems nennt man auch **Mitglieder** oder **Komponenten**. Dabei bezeichnet man den Stern mit der größeren bzw. größten Helligkeit – und damit auch meist den mit der größeren Masse (↑Masse-Leuchtkraft-Diagramm) – als **Hauptkomponente**, alle übrigen Komponenten als **Begleiter**. Die Abstände der einzelnen Komponenten variieren sehr stark, so daß Umlaufzeiten zwischen Stunden und Millionen Jahren vorkommen. Man schätzt, daß etwa 70% dieser Systeme stabil sind.

Eine Einteilung der D. erfolgt traditionellerweise nach praktischen Gesichtspunkten der Beobachtungstechnik. Insbes. unterscheidet man: ↑visuelle Doppelsterne, ↑astrometrische Doppelsterne, ↑spektroskopische Doppelsterne, ↑photometrische Doppelsterne bzw. ↑Bedeckungsveränderliche und ↑Röntgendoppelsterne. Allerdings sind die Grenzen zwischen diesen Gruppen fließend.

Bezüglich der Entstehung von Einzelsternen, Doppel- oder Mehrfachsystemen gibt es verschiedene Theorien (Einfang, Spaltung, getrennte Massenzentren usw.). Favorisiert werden derzeit Überlegungen, wonach mehr oder minder zufällige Umstände bei der ↑Sternentstehung (Turbulenz, Magnetfelder u. a.) dafür verantwortlich sind, ob sich ein Einzelstern, ein Doppel- oder ein Mehrfachsystem entwickelt.

Doppler-Effekt [nach Ch. Doppler]: Erscheinung, wonach bei jeder Art von Welle eine Änderung der Frequenz bzw. der Wellenlänge eintritt, sobald Beobachter und Wellenerreger sich relativ zueinander bewegen.

Besonders eindrucksvoll ist der **akustische D.-E.**, der sich beispielsweise beim schnellen Vorbeifahren eines Sirenenfahrzeugs in einer Veränderung der Tonhöhe bemerkbar macht. Bei Abstandsverringerung hört der Beobachter einen höheren, bei Abstandsvergrößerung einen tieferen Ton.

In der Astronomie ist der **optische D.-E.** von besonderer Bedeutung; er macht sich in einer Verschiebung der Spektrallinien bewegter Himmelsobjekte bemerkbar.

Beim optischen D.-E. kommt es allein auf die Relativgeschwindigkeit v_r zwischen Lichtquelle und Beobachter an, da die Vakuumlichtgeschwindigkeit c eine vom Bewegungszustand des Beobachters unabhängige Naturkonstante ist. Für Bewegungen in der Sichtlinie gilt mit $v_r \ll c$:

$$v = v_0 \left(1 + \frac{v_r}{c}\right)$$

bei Annäherung von Lichtquelle und Beobachter. Andererseits gilt:

$$v = v_0 \left(1 - \frac{v_r}{c}\right)$$

bei Entfernung von Lichtquelle und Beobachter, d. h., bei Abstandsverringerung tritt eine Verschiebung der Spektrallinien zum blauen Ende des sichtbaren

Doppler-Verbreitung

Spektrums hin auf, bei Abstandsvergrößerung eine Verschiebung zum roten Ende hin. Für $v_r \sim c$ ist die relativistische Formel für den D.-E. zu verwenden:
1. bei Bewegungen aufeinander zu:
$$v = v_0 \frac{\sqrt{1-(\frac{v_r}{c})^2}}{1-\frac{v_r}{c}};$$
2. bei Bewegungen voneinander weg:
$$v = v_0 \frac{\sqrt{1-(\frac{v_r}{c})^2}}{1+\frac{v_r}{c}}.$$

Die Frequenzänderung entspricht einer Wellenlängenänderung mit dem relativen Betrag
$$z = \frac{\lambda - \lambda_0}{\lambda_0} = \frac{\Delta \lambda}{\lambda_0};$$
bei einer Rotverschiebung ist $\lambda > \lambda_0$, z also positiv, bei einer Blauverschiebung z folglich negativ.
Für die Wellenlängenänderung z ergibt sich unter Anwendung der dritten binomischen Formel im relativistischen Fall für eine Rotverschiebung:
$$z = \frac{\lambda - \lambda_0}{\lambda_0} = \sqrt{\frac{1+\frac{v_r}{c}}{1-\frac{v_r}{c}}} - 1,$$
für eine Blauverschiebung entsprechend
$$z = \frac{\lambda - \lambda_0}{\lambda_0} = \sqrt{\frac{1-\frac{v_r}{c}}{1+\frac{v_r}{c}}} - 1.$$

Die durch den D.-E. hervorgerufene Verschiebung der Spektrallinien gestattet die Messung der Radialgeschwindigkeit v_r von kosmischen Objekten.
Bei rotierenden flächenhaften Objekten zeigt das von den Rändern ausgesandte Licht im Spektrum entgegengesetzte Linienverschiebungen. Auf diese Weise läßt sich die Rotationsgeschwindigkeit z. B. der Sonne oder der Saturnringe bestimmen. Doppelsterne zeigen wegen ihrer periodisch wechselnden Radialgeschwindigkeit während der Bahnbewegung periodisch wechselnde Linienverschiebungen. Punktförmig erscheinende Objekte dagegen verraten ihre Rotation durch eine Linienverbreiterung, die sich durch die Überlagerung der entgegengesetzten Linienverschiebungen als Folge der Bewegung zu oder von uns weg ergibt. Eine natürliche Doppler-Verbreiterung ist bei strahlenden Objekten stets vorhanden. Sie entsteht als Folge der ungeordneten thermischen Bewegung der die Strahlung aussendenden oder absorbierenden Atome. Die Spektrallinienverbreiterung ist umso größer, je höher die Temperatur der strahlenden oder absorbierenden Materie ist. Mithin kann man aus der Verbreiterung auf die ↑Effektivtemperatur schließen.
Auf die Bedeutung des D.-E.s bei extragalaktischen Objekten hat E. P. Hubble hingewiesen (↑Hubble-Effekt).
Doppler-Verbreitung [nach Ch. Doppler]: die auf dem Doppler-Effekt beruhende Verbreiterung von Spektrallinien infolge der thermischen Bewegung der strahlenden Atome oder Moleküle. Aus der D.-V. können Rückschlüsse auf die Temperatur des strahlenden Mediums gezogen werden (spektroskopische Temperaturbestimmung).
Dor: Abk. für **Dorado** (↑Schwertfisch).
Dorado [span.]: wiss. Name für das Sternbild ↑Schwertfisch.
Dra: Abk. für **Draco** (↑Drache).
Drache (Draco; Abk.: Dra): ausgedehntes Sternbild des nördlichen Himmels, das, von mittleren nördlichen Breiten aus beobachtet, stets über dem Horizont bleibt und daher zu den Zirkumpolarsternbildern zählt.
Innerhalb dieses Sternbildes, das sich im Bereich zwischen Großem und Kleinem Bären erstreckt, liegt der Nordpol der ↑Ekliptik.
Drachenmonat: svw. ↑drakonitischer Monat.
Draco [lat. = Drache]: wiss. Name für das Sternbild ↑Drache.
Draconiden: periodisch auftretender ↑Meteorstrom, dessen Höhepunkt auf den 9. Oktober fällt. Sein Radiant (Ausstrahlungspunkt) liegt im Sternbild Drache (Draco). Es handelt sich um Auflösungsprodukte eines Kometen, der eine Umlaufzeit von 6,6 Jahren hat.
drakonitischer Monat [zu lat. draco, draconis = Drache] (Drachenmonat): die Zeitspanne, bis der Mond wieder im gleichen Knoten seiner Bahn steht (↑Monat). Die Knotenpunkte der Mondbahn heißen auch **Drachenpunkte**.
Drei-Alpha-Prozeß (3α-Prozeß; Salpeterprozeß): eine Kernreaktion für die

Drei-Kelvin-Strahlung

↑Energieumwandlung im Innern von Sternen, die oberhalb von 100 Mill. K abzulaufen beginnt. Voraussetzung für einen nennenswerten Beitrag zur Energieumwandlung ist neben der hohen Temperatur eine sehr große Dichte. Durch die Vereinigung von drei Heliumkernen (α-Teilchen) wird Kohlenstoff nach folgender Reaktionskette gebrütet:

$$^4He + {}^4He \rightarrow {}^8Be + \gamma - 0{,}095 \text{ MeV},$$
$$^8Be + {}^4He \rightarrow {}^{12}C + \gamma + 7{,}4 \text{ MeV}.$$

Das Zwischenprodukt Beryllium ist äußerst instabil. Wegen seiner geringen Lebensdauer ist die Wahrscheinlichkeit, daß ein Be-Kern mit einem He-Kern zu einem C-Kern fusioniert, nur $1:10^9$. Die Bilanzierung ergibt einen Wert von $+7{,}3$ MeV pro ^{12}C-Kern.

Dreieck: Kurzbez. für die beiden Sternbilder ↑Nördliches Dreieck und ↑Südliches Dreieck.

Dreiecksnebel (Triangulumgalaxie): ein spiralförmiges Sternsystem mit der Katalogbez. M 33 (↑Messier-Katalog), das im Sternbild ↑Nördliches Dreieck liegt.

Dreifarbenphotometrie: ein ↑Helligkeitssystem, das auf Messungen in drei verschiedenen Spektralbereichen basiert. Bekannt sind das RGU-System und das UBV-System. – Abb. S. 306.

Drei-Kelvin-Strahlung (3-K-Strahlung, Hintergrundstrahlung, kosmische Hintergrundstrahlung): eine Strahlung, die im Jahre 1965 von den beiden amerikanischen Wissenschaftlern A. A. Penzias und R. W. Wilson zufällig entdeckt wurde. Diese weitgehend isotrope Hintergrundstrahlung ist möglicherweise der Rest einer in den Ursprungsphasen der Welt entstandenen thermischen Strahlung. Daher dürfte ihre Entdeckung der kosmologisch wichtigste Schritt seit Auffindung des ↑Hubble-Effekts gewesen sein.

Bei Versuchen, die Empfindlichkeit von Empfangsanlagen für radiofrequente Strahlung zu steigern, fanden Penzias und Wilson bei einer Wellenlänge von 7,35 cm einen konstanten Anteil von Empfangsleistungen, der von der Orientierung der Antenne unabhängig war. Weitere Messungen im Wellenbereich zwischen 30 und 3 cm deuteten (zumal die Strahlung auch auf keine an der Sphäre lokalisierbare Radioquelle zurückgeführt werden konnte) an, daß es sich um ein universelles und isotropes Strahlungsfeld handeln müßte. Die Frequenzverteilung in dem beobachteten Wellenlängenbereich paßt gut zu einer Planck-Kurve (↑Strahlungsgesetze) für eine Temperatur von etwa 2,7 K, deren Maximum der Strahlungsenergie bei $\lambda = 1$ mm liegt.

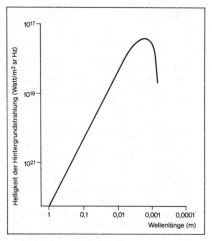

Drei-Kelvin-Strahlung. Spektrum

Der endgültige Nachweis, ob es sich tatsächlich um eine Hohlraumstrahlung für eine derart niedrige Temperatur handelt, steht derzeit noch aus. Dazu bedürfte es weiterer gesicherter Meßdaten außerhalb des genannten Wellenlängenbereichs und der gesicherten Isotropie der Strahlung.

Nun sind aber Messungen oberhalb 30 cm nicht möglich, da hier die nichtthermische Strahlung aus unserer Galaxis alles überdeckt. Unterhalb von 3 cm erschwert die mangelnde Durchlässigkeit der Erde weitere Messungen. Von besonderem Interesse sind aber gerade Meßdaten unterhalb des Strahlungsmaximums bei $\lambda = 1$ mm. Messungen von Höhenraketen aus liefern im Bereich um

Dreikönigsstern

Dreikörperproblem

Massenverteilung	Beispiele
alle m_i vergleichbar (stellares Dreikörperproblem)	enger Doppelstern – entfernter Begleiter
$m_1 \gg m_2 \gg m_3$	Sonne – Planet – Mond
$m_1 \gg m_2, m_3$ (planetares Dreikörperproblem)	
a) m_2 und m_3 nicht zu sehr verschieden	Sonne – Jupiter – Saturn
b) $m_3 \approx 0$	Sonne – Jupiter – Planetoid, Komet Erde – Mond – künstliche Sonde

$\lambda = 1$ mm Strahlungsströme, die erheblich über der 2,7-K-Kurve liegen. Ob Meßungenauigkeiten oder andere Ursachen (z. B. verschiedene kosmische Komponenten in der Hintergrundstrahlung) der Grund für diese Strahlungsüberschüsse sind, ist derzeit noch nicht geklärt. Dagegen dürfte die Abweichung von der Isotropie, etwa 0,1 %, durch die individuelle Bewegung des irdischen Beobachters gegenüber der allgemeinen Expansion plausibel erklärbar sein.
Die Existenz einer kosmischen Hintergrundstrahlung war bereits 1949 von G. Gamow gefordert worden. Er postulierte, daß das Universum zum Zeitpunkt seiner Entstehung sehr heiß gewesen wäre. Die Ursubstanz nannte Gamow „Ylem"; heute spricht man vom ↑Feuerball; die frühen Entwicklungsphasen werden als „Urknall" bezeichnet. Durch die nachfolgende Expansion des Universums vergrößerte sich die Wellenlänge λ der ausgesandten Lichtquanten proportional zum zeitabhängigen Weltradius $R(t)$. Es gilt also

$$\lambda = P \cdot R(t)$$

mit einer unbekannten Proportionalitätskonstanten P. Durch diese Wellenlängenänderung bleibt der Charakter der Hohlraumstrahlung erhalten, die Strahlungstemperatur aber sinkt mit $T \sim R^{-1}(t)$.
Die ursprüngliche Strahlungstemperatur der Hintergrundstrahlung muß daher früher viel höher gewesen sein. Bei bestimmten Annahmen über das ↑Weltalter und die Art der ↑Expansion des Weltalls (linear, elliptisch, parabolisch oder hyperbolisch) lassen sich Aussagen über die Strahlungstemperatur früherer Entwicklungsphasen der Welt folgern.

Dreikönigsstern: svw. ↑Stern von Bethlehem.

Dreikörperproblem: ein klassisches Problem der Himmelsmechanik, da die Bewegungsgleichungen für die gravitative Wechselwirkung von drei und mehr Himmelskörpern allgemein nicht lösbar sind.
Dreikörperwechselwirkungen nehmen in der Himmelsmechanik eine wichtige Rolle ein, wie die Übersicht zeigt.
Das D. führt zu neun gewöhnlichen Differentialgleichungen zweiter Ordnung und erfordert daher 18 Integrationskonstanten (jede Masse hat drei Orts- und Geschwindigkeitskoordinaten). Von diesen 18 Integrationskonstanten sind im allgemeinen Fall nur 10 bekannt. Sechs liefern Ort und Geschwindigkeit des gemeinsamen Schwerpunktes, der sich stets gleichförmig auf einer geraden Linie bewegt (Schwerpunktsatz), drei weitere sind durch den Erhaltungssatz für den Drehimpuls gegeben, der dem zweiten ↑Kepler-Gesetz beim ↑Zweikörperproblem entspricht, und die zehnte liefert schließlich der Satz von der Erhaltung der Energie.
Bis heute ist kein allgemeines Lösungs- oder Näherungsverfahren bekannt. Approximative Lösungen sind lediglich für

Dunkelwolke

beschränkte Zeitabstände mit Hilfe numerischer Integration möglich. In der Vergangenheit erforderten diese Näherungsverfahren zeitaufwendige Rechenarbeit. Heute entlasten schnelle Rechner die Astronomen von dieser Aufgabe und liefern Näherungswerte von nahezu beliebiger Genauigkeit.
Trotz der Unmöglichkeit einer allgemeinen Lösung für das D. sind strenge Lösungen für wenige Spezialfälle gegeben. So existieren exakte Lösungen, wie bereits J. de Lagrange aufgezeigt hat, für die nach ihm benannten Ausnahmefälle:
1. Die drei Massepunkte besetzen während der Bewegung ständig die Ecken eines gleichseitigen Dreiecks.
2. Die drei Massepunkte verharren während der Bewegung ständig auf einer sich um den Schwerpunkt drehenden geraden Linie, wobei die durch das Verhältnis der drei Massen bestimmten gegenseitigen Abstände unverändert bleiben.
In diesen Ausnahmefällen befindet sich bei einem in den gemeinsamen Schwerpunkt von m_1 und m_2 rotierenden System die Masse m_3 in einem der fünf **Librationspunkte** L_1 bis L_5, die schematisch in der folgenden Abb. eingetragen sind.

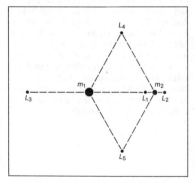

Dreikörperproblem. Librationspunkte

Man spricht von Librationspunkten, weil sich hier Gravitation und Fliehkraft kompensieren. Stabilitätsüberlegungen zeigen, daß m_3 bereits durch kleine Störungen aus L_1 bis L_3 weggetrieben werden kann, während in den mit den Massen m_1 und m_2 ein gleichseitiges Dreieck bildenden Librationspunkten L_4 und L_5 stabiles Gleichgewicht herrscht. Selbst bei Aufenthalt in der Umgebung dieser Punkte treten nur geringe Störungen auf, so daß noch Quasigleichgewicht herrscht. Ein Beispiel für letzteres liefern die ↑Trojaner, die näherungsweise in den Librationspunkten L_4 und L_5 des Sonne-Jupiter-Systems stabil um die Sonne laufen.
Partikuläre oder periodische Lösungen erhält man für das **eingeschränkte D.** (problème restreint). Dieses ist an folgende Bedingungen geknüpft:
1. Die Bewegung der drei Körper erfolgt in einer Ebene.
2. Eine der drei Massen ist im Vergleich zu den beiden anderen vernachlässigbar klein, was zur Folge hat, daß sie die Bewegungen der beiden anderen Massen nicht beeinflußt.
3. Die beiden endlichen Massen umkreisen den gemeinsamen Schwerpunkt auf Kreisbahnen.
Die Bewegungsgleichung des dritten Körpers ist zwar wiederum nicht allgemein, aber für einen beschränkten Zeitraum durch vereinfachte numerische Integration lösbar. Unter der Voraussetzung aber, daß die Bewegung der dritten Masse periodisch ist, d. h. die vernachlässigbar kleine Masse nach einem, zwei oder drei Umläufen wieder in den Ausgangszustand mit gleichem Geschwindigkeitsvektor zurückkehrt, und damit die Ausgangsbedingungen wieder hergestellt werden, läßt sich der Bewegungsablauf nicht nur partikulär, sondern für alle Zeiten berechnen.

D-Schicht: ionisierte Schicht in der Atmosphäre der Erde, die bei etwa 80 km Höhe liegt, also Teil der ↑Ionosphäre ist.

Dubhe [...be; aus arab. dubb = Bär]: Hauptstern im Sternbild ↑Großer Bär mit einer scheinbaren visuellen Helligkeit von 1^m79. – ↑auch Sternverzeichnis.

Dumbbellnebel ['dʌmbɛl...; engl. dumbbell = Hantel]: ein planetarischer Nebel, ↑Hantelnebel.

Dunkelwolke (Dunkelnebel): Im Unterschied zu ↑leuchtenden Gasnebeln

Durchgang

fallen D.n dadurch auf, daß sie das Licht dahinter befindlicher Sterne verdecken und so sternleere Stellen vortäuschen. Offensichtlich handelt es sich um **galaktische Nebel** mit im optischen Bereich absorbierendem Material (Staub und Gas), bei denen ferner der Strahlungsstrom eventuell benachbarter Sterne nicht ausreicht, um die Materiewolken zum Selbstleuchten anzuregen oder zumindest eine merkliche Reflexion zu bewirken.

Etwa ein Drittel der Fläche unserer Milchstraße ist mit D.n bedeckt. Ohne optische Hilfsmittel kann man die Gabelung der Milchstraße am Sommerhimmel in der Gegend der Sternbilder Schwan und Adler, wo zwei helle Arme durch ein dunkles, fast sternleeres Dreieck getrennt sind, als überzeugendes Beispiel für die Existenz von Dunkelwolken betrachten. Auch an der südlichen Himmelskugel findet man in der Milchstraße ein auffällig dunkles Loch, den ↑ Kohlensack.

Extinktion, Entfernung und Ausdehnung von D.n lassen sich durch Sternzählungen nach dem ↑ Wolf-Schema bestimmen. Die Ausdehnung dieser Wolken variiert zwischen 3 und 100 pc, wobei große Wolken häufig in sich wolkig unterteilt sind. Es existieren aber auch sehr kleine, meist kreisförmige D.n mit einem Durchmesser von 0,005 bis 1 pc, die insbes. vor hellen Nebeln beobachtet werden, die sog. ↑ Globulen. Diese werden häufig als „Protosterne" oder „Sternembryos" angesehen.

Durchgang: 1. das Überschreiten des Meridians durch ein Gestirn während der scheinbaren täglichen Bewegung der Sphäre, bedingt durch die Rotation der Erde um ihre Achse; 2. der Vorübergang der beiden inneren Planeten (Merkur und Venus) vor der Sonnenscheibe. Der **Merkur-D.** findet alle 8 Jahre, der **Venus-D.** nur viermal im Zeitraum von 138 Jahren statt.

Durchgangsinstrument (Passageinstrument): ein Gerät, mit dem der Zeitpunkt des Meridiandurchgangs eines Gestirns bestimmt wird. Im Prinzip arbeitet es wie ein ↑ Meridiankreis, bei dem aber die Teilkreise nur zur ungefähren Einstellung des Instruments und nicht zur exakten Sternhöhenbestimmung benötigt werden.

Durchmusterung: Sternkatalog, der für viele Sterne Angaben, z. B. Koordinaten und Helligkeiten, mit mäßiger Genauigkeit zum Zweck statistischer Untersuchungen oder zur Identifizierung der Sterne enthält.

Bekannte D.en sind: ↑ Bonner Durchmusterung, ↑ Córdoba-Durchmusterung und ↑ Henry-Draper-Katalog.

Dynamotheorien: Theorien, die die Erscheinungen von planetarem Magnetismus, insbes. beim Dipolfeld der Erde, erklären sollen. Die dabei zugrunde gelegten Prozesse ähneln dem Mechanismus eines selbsterzeugenden Dynamos. Bei einem solchen Dynamo entstehen Ströme durch die Bewegung von einem Metall in einem Magnetfeld, wobei das Magnetfeld wiederum durch diese Ströme selbst aufgebaut wird. In der Erde vermutet man derartige Prozesse im flüssigen und metallischen äußeren Erdkern, wo Bewegungen etwa durch Konvektion oder durch die Rotation der Erde induziert werden könnten.

E

E: Abk. für ↑ Farbexzeß.

EB: Abk. für ↑ Eigenbewegung.

Effektivtemperatur [zu lat. efficere, effectum = hervorbringen, bewirken]: nach dem Stefan-Boltzmann-Gesetz (↑ Strahlungsgesetze) diejenige Temperatur, bei der ein Hohlraumstrahler die gleiche ↑ Flächenhelligkeit hat wie ein Stern an seiner Oberfläche. Die E. ist somit ein Maß für die ausgestrahlte Gesamtenergie eines Sterns.

egozentrisches Weltbild [lat. ego =

Eigenbewegung

Ich]: ein naives Weltmodell, das aus dem Weltgefühl des Menschen, im Zentrum allen astronomischen Geschehens zu stehen, hervorgegangen ist.
Viele Völker alter Kulturen beanspruchten aufgrund dieses augenscheinlichen Mittelpunkteindrucks inmitten einer realen kosmischen Halbkugel zu leben. Die Erde stellten sie sich daher zunächst als gewaltige Scheibe vor, die vom Ozean umflossen und vom Himmelsgewölbe umspannt wurde.

Eichfelder: in der Stellarstatistik kleine Felder an der Himmelssphäre, im engeren Sinne Bez. für die Himmelsgebiete, die in einem vom J. C. Kapteyn 1905 aufgestellten, später erweiterten Forschungsplan zur Durchmusterung des Himmels repräsentativ ausgewählt wurden (aufgrund der damaligen, inzwischen korrigierten Vorstellung über die Galaxis). Letztere werden auch als **Kapteyn-Felder** oder **Selected areas** bezeichnet.

Eidechse (Lacerta; Abk.: Lac): ein kleines lichtschwaches Sternbild des nördlichen Himmels, das, von mittleren nördlichen Breiten aus beobachtet, zum größten Teil nie unter dem Horizont verschwindet. Das Sternbild E. liegt zwischen den größeren Sternbildern Andromeda, Pegasus, Schwan und Cepheus.

Eigenbewegung (Abk.: EB oder PM [für engl. proper motion]: die scheinbare Bewegung eines Sterns an der Sphäre. Anders ausgedrückt: die zeitliche Änderung des mittleren Ortes eines Sterns, verursacht durch die Relativbewegung zwischen Stern und Sonne. Die E. liefert somit keine vollständige Information über die wirkliche Bewegung eines Sterns, sondern über den Bewegungsanteil, der senkrecht zu unserer Gesichtslinie liegt.
Aufgrund der großen Entfernungen der Sterne äußern sich die E.en nur in sehr kleinen Positionsveränderungen. Um diese zu ermitteln, benötigt man mindestens zwei möglichst weit auseinanderliegende Positionsbestimmungen eines Gestirns, wobei die Zeitspanne eines Berufslebens selten ausreicht, um sichere E.en zu erhalten.
In Sternkatalogen oder speziellen E.skatalogen wird die E. μ in Rektaszension μ_α und in Deklination μ_δ oder direkt durch Hinzufügung des Positionswinkels in Bogensekunden pro Jahr oder Jahrhundert angegeben.
Von den etwa 200 000 vermessenen Sternen haben nur rund 500 Sterne eine E. von mehr als 1″/Jahr, wobei 1″ pro Jahr schon gleich einer Vollmondbreite in 2000 Jahren entspricht. Die größte bekannte E. hat ↑ Barnards Pfeilstern im Sternbild Schlangenträger mit 10,3″/Jahr. Beträge von 0,1″/Jahr entsprechen aber schon Sternen mit großem tangentialem Bewegungsanteil.
Die E.en der Sterne führen langfristig zu einer Veränderung der Sternbilder. Abb. 2 zeigt am Beispiel der Sterne des Großen Wagens die durch E. verursachte Figuränderung.
Positionsbeobachtungen wurden und werden auch heute noch mit dem ↑ Meridiankreis durchgeführt. Allerdings gibt

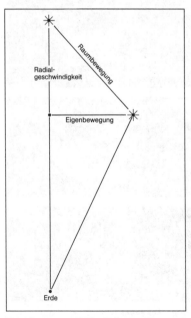

Eigenbewegung (Abb. 1) als eine Bewegungskomponente kosmischer Körper

Eigenfarbe

man heute der photographischen Platte den Vorzug. Einmal kann mit ihr eine große Anzahl von Sternen gleichzeitig erfaßt werden, zum anderen lassen sich die gewonnenen Aufnahmen konservieren und jeweils unter gleichen Bedingungen bearbeiten. Die so erhaltenen relativen E.en von Hunderten von Sternen pro Plattenfeld müssen dann lediglich noch an solchen aus Meridiankreisbeobachtungen gewonnenen fundamentalen E.en geeicht werden.

Um den durch die wahre Bewegung des Sterns im Raum hervorgerufenen Anteil der E., die **wahre E.** des Sterns, zu erhalten, müssen die gemessenen Werte von der Sonnenbewegung befreit werden.

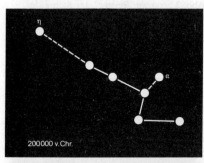

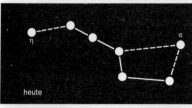

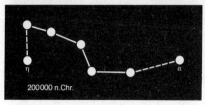

Eigenbewegung (Abb. 2).
Die Figuränderung des Großen Wagens im Verlauf von 400 000 Jahren

Sind Entfernung und E. (in Bogensekunden/Jahr) eines Sterns bekannt, so läßt sich über die Formel

$$v_T = 4{,}74 \frac{\mu}{\pi} \left[\frac{\text{km}}{\text{s}}\right]$$

die E. in km/s, also die Tangentialkomponente der Sterngeschwindigkeit v_T berechnen. Die Formel gewinnt man, wenn man beachtet, daß sich die E. in Bogensekunden/Jahr zum Betrag der Tangentialgeschwindigkeit verhält wie die Parallaxe π in Bogensekunden zur astronomischen Einheit (AE) in km, also:

$$v_T = \frac{\mu \cdot 1\,\text{AE}}{\pi} \left[\frac{\text{Bogensek.}}{\text{Bogensek.}} \cdot \frac{\text{km}}{\text{Jahr}}\right]$$

$$v_T = \frac{1{,}5 \cdot 10^8\,\text{km}}{3{,}2 \cdot 10^7\,\text{s}} \cdot \frac{\mu}{\pi}$$

$$v_T = 4{,}74 \cdot \frac{\mu}{\pi} \left[\frac{\text{km}}{\text{s}}\right].$$

Über die zweite Geschwindigkeitskomponente, die ↑Radialgeschwindigkeit v_r in der Blickrichtung, gibt die Spektralanalyse aufgrund des Doppler-Effekts direkt Auskunft in km/s. Zusammen mit der ebenfalls in km/s gemessenen E. erhält man die absolute Bewegung eines Sterns.

Ziel beim Studium der Sternbewegung ist es, über weitgehend ungeordnete ↑Pekuliarbewegungen der individuellen Sterne hinaus Aufschluß über das dynamische Verhalten unseres Milchstraßensystems zu gewinnen, um damit gleichzeitig einen wichtigen Schlüssel für den Aufbau unserer Galaxis zu bekommen.

Eigenfarbe (Intrinsic color; Index 0): die Differenz zweier in der Einheit „Größenklasse" gemessener Sternhelligkeiten bei verschiedenen Wellenlängen. Da das Sternenlicht auf dem Weg zum Beobachter durch interstellare Materie verfärbt werden kann, differiert die gemessene Farbe von der Eigenfarbe. Diese Verfärbung wird durch den ↑Farbexzeß ausgedrückt.

Einhorn (Monoceros; Abk.: Mon): ein Sternbild in der Nähe des Himmelsäquators, das von mittleren nördlichen Breiten aus im Winter am Abendhimmel sichtbar ist. Durch dieses Sternbild zieht sich das Band der Milchstraße.

Im Sternbild E. liegen viele galaktische Nebel und Sternhaufen, u. a. der berühmte ↑ Rosettennebel.

Einstein-Dilatation [nach A. Einstein]: svw. ↑ Zeitdilatation.

Einstein-Gravitationstheorie: die in der allg. Relativitätstheorie dargelegte Gravitationstheorie, die die ↑ Newton-Gravitationstheorie als Grenzfall umfaßt.

Bis zum Beginn unseres Jahrhunderts wurden Raum und Zeit als Gegebenheiten vor jeglicher naturwiss. Erkenntnis angesehen. Die von A. Einstein konzipierte allg. Relativitätstheorie fordert einen radikalen Bruch mit der bis dato angenommenen anschaulichen Vorstellung von Raum und Zeit. Danach sind Raum und Zeit selbst physikalische Größen und damit Gegenstand physikalischer Forschung.

Nach der allg. Relativitätstheorie sind die Geometrie des Raums und die Gravitation miteinander verknüpft. An die Stelle der Newton-Bewegungsgleichungen treten die sog. Einstein-Feldgleichungen. Diese Feldgleichungen können beiderseits gelesen werden:

1. Das Vorhandensein von Quellen des Gravitationsfeldes bedingt eine allein von der Verteilung und Änderung dieser Quellen abhängige wechselnde geometrische Struktur (Krümmung) des Raums und des Raum-Zeit-Kontinuums. Es existiert also weder ein absoluter Raum noch eine absolute Zeit.

2. Die Gravitation ist durch die geometrische Struktur ersetzbar. Dabei ist die geometrische Metrik so bestimmt, daß Körper, die nur Gravitations- und Trägheitskräften unterworfen sind, in diesem Raum-Zeit-Kontinuum kräftefreie Bahnen, geodätische Linien, beschreiben. Gravitationskräfte sind also wie Trägheitskräfte Scheinkräfte, die nur auftreten, wenn man die Bewegungen eines Körpers in einem dem speziellen Problem nicht angepaßten euklidischen Raum mit einer unabhängigen universellen Zeit darzustellen versucht.

Insbes. bei starken Gravitationsfeldern und großen Dimensionen, wie sie im Weltall auftreten, findet die E.-G. Anwendung. Neben speziellen lokalen Anwendungsgebieten (z. B. ↑ Gravitationskollaps, ↑ schwarzes Loch) ist v. a. die Kosmologie, in der die Struktur des Weltraums als Ganzes untersucht wird, Anwendungsgebiet der Einstein-Gravitationstheorie.

Als Meilenstein für die Raum-Zeit-Auffassung der allg. Relativitätstheorie erwies sich W. de Sitters kosmologische Lösung der Feldgleichungen (1917), die ein materiefreies expandierendes Weltmodell lieferten (Einstein-de-Sitter-Kosmos). Die vollen Konsequenzen einer dynamischen Raum-Zeit-Welt zog erst A. A. Friedmann 1924. Die nach ihm benannten, nicht materiefreien Weltmodelle (↑ Friedmann-Weltmodelle) sind ebenfalls nichtstatisch. Diese Weltmodelle sind relativ einfach und erwiesen sich als tragfähig. In Friedmann-Weltmodellen beginnt ein Universum zu einem Zeitpunkt in endlicher Vergangenheit und expandiert je nach Masse unterschiedlich.

Trotz der unterschiedlichen Konzeptionen von Einstein- und Newton-Gravitationstheorie sind die beiden Theorien fast deckungsgleich im Bereich kleiner Dimensionen und nicht allzu starker Gravitationsfelder.

Eintrittspupille: bei einem Fernrohr die freie Öffnung des Objektivs.

Einundzwanzig-Zentimeter-Linie (21-cm-Linie): eine Linie im Radiobereich, die den überwiegenden Teil der interstellaren Materie, nämlich den neutralen Wasserstoff, der direkten Beobachtung zugänglich macht.

Die Linie entspricht dem Übergang zwischen zwei Hyperfeinstrukturniveaus des Grundzustands beim neutralen Wasserstoffatom. Im Grundzustand haben die Spins von Elektron und Proton zwei Einstellmöglichkeiten: relativ zueinander parallel oder antiparallel, wobei letztere Spinorientierung dem energetisch tiefer liegenden Grundzustand entspricht. Dem geringen Unterschied der magnetischen Wechselwirkungen entspricht eine kleine Energiedifferenz und damit eine niedrige Frequenz von 1420,4 MHz, entsprechend einer Wellenlänge $\lambda = 21,105$ cm. Die Übergangswahrscheinlichkeit ist äußerst gering

Eisenmeteoriten

(die mittlere Lebensdauer des energetisch höher liegenden Zustands beträgt rund 11 Mill. Jahre). Aufgrund der großen Häufigkeit der H-Atome kommt es trotzdem zur Emission größerer Mengen von 21-cm-Photonen, die ihrerseits so gut wie nicht reabsorbiert werden. Die Beobachtung der 21-cm-Linie erfolgt in der Regel in Emission, lediglich wenn eine heiße Radioquelle im Hintergrund steht, auch in Absorption.
Radiostrahlung wird durch Staubwolken praktisch nicht beeinflußt. Dadurch werden radioastronomisch auch solche Bereiche der Beobachtung zugänglich, deren Beobachtung im optischen Bereich grundsätzlich unmöglich ist.

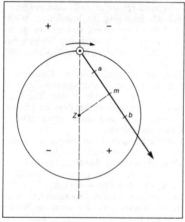

Einundzwanzig-Zentimeter-Linie. Nach dem Rotationsmodell ist im Innern der Sonnenbahn die Beziehung zwischen Radialgeschwindigkeit und Entfernung nicht eindeutig. So haben die Punkte a und b die gleiche Radialgeschwindigkeit (+, − Richtung derselben)

Da das Emissionsvermögen des interstellaren Wasserstoffs in der 21-cm-Linie fast nur von seiner Dichte abhängt, dagegen kaum von der Temperatur, ist die Strahlungsstärke aus einer bestimmten Richtung ein Maß für die Gesamtmenge in dieser Richtung. Aus der Linienverbreiterung kann man mit Hilfe des Doppler-Effekts auf die ↑Radialgeschwindigkeit der Atome schließen. Die Beobachtung liefert somit direkt nicht nur die Gesamtmenge des Wasserstoffs in einer Richtung, sondern auch seine Verteilung auf die verschiedenen Radialgeschwindigkeiten. Unter der Annahme, daß die ↑H-I-Gebiete an der galaktischen Rotation teilnehmen, darf man bei den großen, in Betracht kommenden Geschwindigkeiten die Eigenbewegung der einzelnen Wolken im Vergleich zu der differentiellen galaktischen Rotation vernachlässigen. Bei Kenntnis des Rotationsgesetzes – allerdings ist dieses nicht mit hinreichender Genauigkeit bekannt – lassen sich Radialgeschwindigkeitsintervalle und Entfernungsintervalle auf dem Sehstrahl einander zuordnen. Eine weitere Schwierigkeit sind Doppeldeutungen (Materie in zwei verschiedenen Entfernungen kann die gleiche Radialgeschwindigkeit haben), die man durch andere Kriterien, wie z. B. Winkelausdehnung der Quelle senkrecht zur galaktischen Ebene, zu eliminieren sucht.

Durch Beobachtungen in verschiedenen galaktischen Längen versucht man, das Rotationsgesetz und die Verteilung des Wasserstoffs gleichzeitig zu bestimmen. Systematische Untersuchungen liefern so eine räumliche Darstellung der Dichteverteilung des Wasserstoffs in der galaktischen Scheibe. Derartige Kartierungen lassen deutlich erkennen, daß der Wasserstoff keineswegs gleichförmig in der galaktischen Scheibe verteilt ist. Vielmehr gibt es ringförmige Bereiche höherer Dichte, die sich vom Untergrund abheben und als ↑Spiralarme gedeutet werden. Mit radioastronomischen Messungen wird so in Ergänzung zu den optischen ↑Spiralarmindikatoren eine Erhellung der Spiralstruktur unserer Galaxis angestrebt.

Eisenmeteoriten: eine Gruppe von ↑Meteoriten; bestehen fast ausschließlich aus Eisen und Nickel.

Ekliptik [von lat. linea ecliptica, eigtl. = zur Eklipse gehörende Linie, Bahn (da in ihr Eklipsen auftraten)]: Von der Erde aus gesehen ist die E. die „Wanderstraße" (Himmelskreis), die die

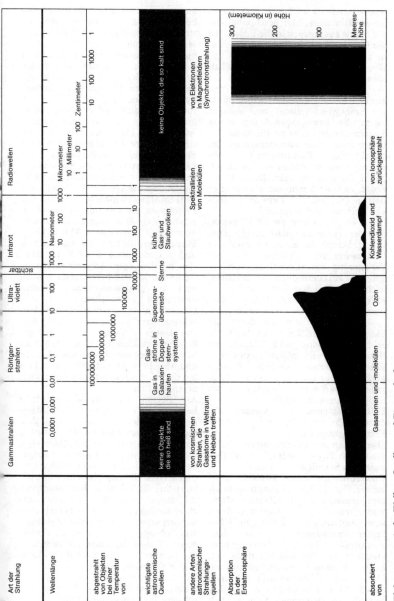

Elektromagnetische Wellen. Quellen und Eigenschaften

Sonne scheinbar im Laufe eines Jahres an der Himmelssphäre beschreibt. Von der Sonne aus gesehen ist die E. dagegen die Projektion der Erdbahn um die Sonne an die Himmelssphäre. Dabei ist die Erdbahnebene (**Ekliptikalebene**) zum einen definiert durch die Verbindungslinie zwischen dem Mittelpunkt der Sonne und dem Schwerpunkt des Erde-Mond-Systems, zum anderen durch die Bewegungsrichtung dieses Systemschwerpunktes um die Sonne.

In astronomischen Jahrbüchern werden die ekliptikalen Koordinaten († Koordinatensysteme) allerdings auf den Mittelpunkt der Erde bezogen. Dies hat zur Folge, daß die Sonne um geringfügige Beträge (maximal 0,8″) um die Ekliptikalebene hin- und herpendelt.

Die E. ist gegenwärtig um 23° 27′ gegenüber dem Himmelsäquator geneigt. Diese sog. **Schiefe der E.** ist aufgrund von † Präzession und † Nutation, die eine Verlagerung des Himmelsäquators relativ zur Fixsternsphäre verursachen, leicht veränderlich († Himmelspol).

ekliptikales System (Ekliptikalsystem): ein astronomisches Koordinatensystem, das bestimmt ist durch die Ekliptik als Grundkreis und durch die ekliptikalen Nord- und Südpole als Himmelspole († Koordinatensysteme).

Ekliptikalkarten: spezielle Kartenwerke, die nur die Sternörter in einem mehrere Grad breiten Streifen um die Ekliptik herum darstellen.

Ekliptikalstrom: ein Meteorstrom, dessen Bahn nur wenig gegenüber der Ekliptik geneigt ist.

Elara [nach der gleichnamigen Mutter des Riesen Tityos in der griech. Mythologie]: ein Satellit des † Jupiters.

elektromagnetische Wellen: Sammelbez. für alle im Vakuum bzw. in einem Medium sich wellenförmig ausbreitenden, räumlich und zeitlich periodischen Änderungen elektromagnetischer Felder, unabhängig von ihrer Erzeugungsweise und ihrer Wellenlänge bzw. Frequenz. Sie treten immer dann auf, wenn elektrische Ladungsträger (insbes. Elektronen) sich beschleunigt bewegen und damit elektrische Strom- und Ladungsdichten sich räumlich und zeitlich ändern. Sie entstehen z. B. bei Fließen hochfrequenter elektrischer Wechselströme in Antennen und Schwingkreisen, als Abstrahlung eines Hertz-Dipols, durch Abbremsung von Elektronen im Coulomb-Feld von Atomkernen (Bremsstrahlung) oder durch Quantensprünge der Elektronen in angeregten atomaren Systemen (Emission von Licht, Infrarot-, Ultraviolett- oder Röntgenstrahlung) bzw. der Protonen in angeregten Atomkernen (Emission von Gammastrahlen). Ihre Energieverteilung nach Frequenzen bzw. Wellenlängen bildet das sog. **elektromagnetische Spektrum.**

Die Ausbreitungsgeschwindigkeit e.r W. im Vakuum beträgt 299 792,46 km/s und wird Lichtgeschwindigkeit genannt. Die Entfernung, die e. W. mit Vakuumlichtgeschwindigkeit in einem Jahr zurücklegen, heißt † Lichtjahr. – Abb. S. 77.

Elementarteilchen [zu lat. elementum = Grundstoff]: Bez. für die kleinsten, mit den gegenwärtig zur Verfügung stehenden Mitteln bzw. Energien nicht weiter zerlegbaren materiellen Teilchen nebst ihren † Antiteilchen.

Unsere Materie kann man sich aus „Einzelbausteinen" zusammengesetzt denken. Durch „Teilung" der Materie gelangt man zu kleineren Bausteinen: vom Molekül über das Atom zum Elektron und Atomkern, vom Atomkern zum Proton und Neutron sowie zu weiteren kleineren Teilchen.

Am Beginn der E.physik um 1930 herrschte die Vorstellung, daß alle Materie nur aus den drei elementaren, d. h. nicht mehr aus anderen Bestandteilen zusammengesetzten Teilchen Proton (p), Neutron (n) und Elektron (e^-) aufgebaut wäre. Seitdem ist man durch Experimente (im Prinzip Rutherford-Streuversuche, die jedoch in Beschleunigern mit immer hochenergetischeren Teilchen durchgeführt werden) zu mehreren hundert verschiedenen Teilchen gelangt. Um Ordnung in die verwirrende Vielfalt dieses „E.zoos" zu bringen, ordnete man die Teilchen zunächst nach ihrer Masse in drei Gruppen:

leichte Teilchen – Leptonen;
mittelschwere Teilchen – Mesonen;
schwere Teilchen – Baryonen.

Elementenhäufigkeit

Eine Ordnung nach der Lebensdauer ist dagegen wesentlich schwieriger. Neben stabilen bzw. langlebigen E. (langlebig bei Verwendung der Elementarzeit, d. h. der Zeit, die das Licht etwa braucht, um eine Länge von der räumlichen Ausdehnung eines E. zurückzulegen, also etwa 10^{-23} s), zu denen das Proton, das Elektron oder auch das Neutron zählen, gibt es eine große Zahl extrem kurzlebiger E. (Lebensdauer kleiner als 10^{-20} s), die sog. Teilchen- oder Massenresonanzen. Die Existenz dieser Resonanzen läßt sich aus der Gültigkeit der Erhaltungssätze herleiten.

Die Entdeckung einer räumlichen Ladungsverteilung in Protonen und Neutronen durch R. Hofstadter führte zu dem Schluß, daß es noch kleinere Teilchen geben sollte. Diese Überlegung läßt eine Unterteilung des „E.zoos" in punktförmige Teilchen (Leptonen) und strukturierte Teilchen (Hadronen) als sinnvoll erscheinen. Der strukturelle Aufbau der Hadronen läßt sich durch die Quarktheorie beschreiben, die im ↑Standardmodell der Elementarteilchen dargelegt ist. Aber auch vor diesen „elementarsten" Elementarteilchen, den ↑Quarks und ↑Leptonen, machen die theoretischen Physiker nicht halt. Sie denken bereits über Bausteine von Quarks und sogar von Leptonen nach, die äußerst winzig, aber von enormer Energie sein müßten.

Elementenhäufigkeit: relative Häufigkeit der chemischen Elemente. Mit Beginn der Raumfahrt konnten nicht nur Meteoriten und Erdgesteine, sondern auch Gesteine von Mond, Venus und Mars sowie die interplanetare Materie direkt untersucht werden. Mit Hilfe von spektroskopischen und radioastronomischen Untersuchungen ist es auch möglich, etwas über die E. in den Atmosphären anderer Sterne sowie im interstellaren Gas, etwa in planetarischen Nebeln oder anderen Gebilden, zu erfahren.

Von den weitaus meisten Himmelskörpern ist die quantitative Kenntnis der E. nicht gut. Es zeigt sich allerdings, daß verschiedenartige Objekte in etwa die gleiche chemische Zusammensetzung aufweisen, die zudem theoretisch einsichtige Gesetzmäßigkeiten zeigt. Der relative Mangel an leichten Elementen, etwa bei den inneren Planeten, sollte

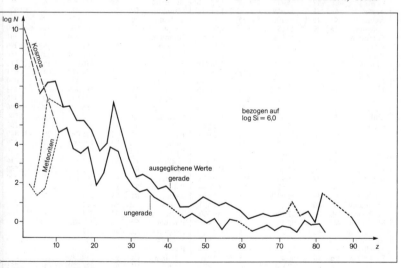

Elementenhäufigkeit. Allgemeine kosmische Häufigkeitsverteilung

Elementenhäufigkeit

darüber nicht hinwegtäuschen. Nimmt man gewisse Abweichungen in Kauf, so kann man es verantworten, von einer allg. kosmischen Häufigkeitsverteilung der Elemente zu reden. Wasserstoff (H) und Helium (He) dominieren eindeutig. Das Massenverhältnis H:He:Rest beträgt etwa 73:25:2.
Soweit ermittelbar, wurde die allg. kosmische Häufigkeitsverteilung der Elemente in der Tab. zusammengestellt. Die Häufigkeiten sind auf 10 Wasserstoffatome bezogen.
Um einen anschaulichen Eindruck von der Häufigkeitsverteilung zu geben, kann man den Logarithmus der Häufigkeit gegen die Ordnungszahl z auftragen (vgl. Abb. S. 79).

Elementenhäufigkeit

Element	Symbol	Ordn.-zahl	mittleres Atomgewicht	Häufigkeit Atomzahl	Häufigkeit Masse
Wasserstoff	H	1	1,0080	10^{12}	10^{12}
Helium	He	2	4,0026	$8,51 \cdot 10^{10}$	$3,39 \cdot 10^{11}$
Lithium	Li	3	6,941	5,02	39,81
Beryllium	Be	4	9,0122	12,59	100
Bor	B	5	10,811	< 1000	< 10000
Kohlenstoff	C	6	12,0111	$3,31 \cdot 10^8$	$3,98 \cdot 10^9$
Stickstoff	N	7	14,0067	$9,12 \cdot 10^7$	$1,29 \cdot 10^9$
Sauerstoff	O	8	15,9994	$6,60 \cdot 10^8$	$1,05 \cdot 10^{10}$
Fluor	F	9	18,9984	39811	794328
Neon	Ne	10	20,179	$8,31 \cdot 10^7$	$1,66 \cdot 10^9$
Natrium	Na	11	12,9898	$1,78 \cdot 10^6$	$4,07 \cdot 10^7$
Magnesium	Mg	12	24,305	$2,63 \cdot 10^7$	$6,46 \cdot 10^8$
Aluminium	Al	13	26,9815	$2,45 \cdot 10^6$	$6,03 \cdot 10^7$
Silicium	Si	14	28,086	$3,31 \cdot 10^7$	$9,33 \cdot 10^8$
Phosphor	P	15	30,9738	331131	$1,02 \cdot 10^7$
Schwefel	S	16	32,06	$1,58 \cdot 10^7$	$5,13 \cdot 10^8$
Chlor	Cl	17	35,453	398107	$1,58 \cdot 10^7$
Argon	Ar	18	39,948	$6,31 \cdot 10^6$	$2,51 \cdot 10^8$
Kalium	K	19	39,102	89125	$3,47 \cdot 10^6$
Calcium	Ca	20	40,08	$1,99 \cdot 10^6$	$7,94 \cdot 10^7$
Scandium	Sc	21	44,956	1660	74131
Titan	Ti	22	47,90	134896	$6,46 \cdot 10^6$
Vanadium	V	23	50,9414	25119	$1,29 \cdot 10^6$
Chrom	Cr	24	51,996	707946	$3,72 \cdot 10^7$
Mangan	Mn	25	54,9380	251189	$1,38 \cdot 10^7$
Eisen	Fe	26	55,847	$3,98 \cdot 10^7$	$2,24 \cdot 10^9$
Kobalt	Co	27	58,9332	125893	$7,94 \cdot 10^6$
Nickel	Ni	28	58,71	$2,00 \cdot 10^6$	$1,17 \cdot 10^8$
Kupfer	Cu	29	63,546	31623	$2,00 \cdot 10^6$
Zink	Zn	30	65,37	15849	10^6
Gallium	Ga	31	69,72	251	15849
Germanium	Ge	32	72,59	794	63096
Arsen	As	33	74,9216	200	15849
Selen	Se	34	78,96	1585	125893
Brom	Br	35	79,904	398	31623
Krypton	Kr	36	83,80	1585	125893
Rubidium	Rb	37	85,4678	251	19953
Strontium	Sr	38	87,62	708	61660
Yttrium	Y	39	88,9059	63	6310
Zirkonium	Zr	40	91,22	316	31623
Niobium	Nb	41	92,906	100	10000
Molybdän	Mo	42	95,94	83	7943
Technetium	Tc	43	98,906	–	–
Ruthenium	Ru	44	101,07	40	7943
Rhodium	Rh	45	102,905	16	1585
Palladium	Pd	46	106,4	28	3020
Silber	Ag	47	107,868	6	676
Cadmium	Cd	48	112,40	63	6310
Indium	In	49	114,82	25	3162
Zinn	Sn	50	118,69	32	3981
Antimon	Sb	51	121,75	10	1259
Tellurium	Te	52	127,60	100	12589
Jod	I	53	126,9045	25	3162
Xenon	Xe	54	131,30	100	12589
Caesium	Cs	55	132,905	12	1585
Barium	Ba	56	137,34	89	12589
Lanthan	La	57	138,906	40	5012
Cer	Ce	58	140,12	63	8913
Praseodymium	Pr	59	140,908	25	3548
Neodymium	Nd	60	144,24	60	8710
Promethium	Pm	61	146	–	–
Samarium	Sm	62	150,4	28	4266
Europium	Eu	63	151,96	6	851
Gadolinium	Gd	64	157,25	12	1905
Terbium	Tb	65	158,925	2	316
Dysprosium	Dy	66	162,50	12	1950
Holmium	Ho	67	164,930	3	501
Erbium	Er	68	167,26	6,6	1096
Thulium	Tm	69	168,934	2	316
Ytterbium	Yb	70	170,04	16	2512
Lutetium	Lu	71	174,97	4	631
Hafnium	Hf	72	178,49	6	1000
Tantal	Ta	73	180,948	2	398
Wolfram	W	74	183,85	10	1995
Rhenium	Re	75	186,2	1	196
Osmium	Os	76	190,2	8	1585
Iridium	Ir	77	192,2	6	1259
Platin	Pt	78	195,09	79	15849
Gold	Au	79	196,967	4	776
Quecksilber	Hg	80	200,59	8	1585
Thallium	Tl	81	204,37	2	316
Blei	Pb	82	207,19	60	12589
Wismut	Bi	83	208,981	5	1000
Polonium	Po	84	210	–	–
Astatin	At	85	211	–	–
Radon	Rn	86	222	–	–
Francium	Fr	87	223	–	–
Radium	Ra	88	226,025	–	–
Actinium	Ac	89	227	–	–
Thorium	Th	90	232,038	5	1259
Protactinium	Pa	91	230,040	–	–
Uran	U	92	238,029	1	251

Man erkennt eine zunächst schnelle, dann langsamere Abnahme mit der Ordnungszahl. Einige Elemente oder Elementgruppen zeigen deutliche Häufigkeitsspitzen, was besonderes bei der Eisenspitze auffällig ist. Elemente mit gerader Ordnungszahl sind in der Regel häufiger als benachbarte Elemente ungerader Ordnungszahl (Harkins-Regel). Die Elemente Lithium, Beryllium und Bor sind extrem selten. Sie werden im Sterninnern schnell zerstört, bilden sich aber bei Zusammenstößen von kosmischer Strahlung mit schwereren Kernen ständig neu.

Weitere Gesetzmäßigkeiten ergeben sich, wenn man neben der Ordnungszahl auch die Massenzahl betrachtet. So zeigen die Isotope schwerer Elemente Häufigkeitsspitzen, die mit den sog. magischen Neutronenzahlen $N = 50, 82$ und 126, bei denen im Kern abgeschlossene Neutronenschalen vorliegen, zusammenhängen. Solche magischen Zahlen gibt es natürlich auch für die Anzahl der Protonen im Kern.

Elementensynthese: Man nimmt an, daß Kerne von schwerem Wasserstoff (Deuterium) und vom größten Teil des Heliums, das heute im Universum vorhanden ist, bereits in den ersten Minuten nach dem Urknall aus Kernen des einfachen Wasserstoffs (Protonen) und aus Neutronen entstanden sind. Aufgrund der Instabilität von Kernen mit 5 oder 8 Nukleonen wurden in dieser Phase des Universums praktisch keine schwereren Elemente gebildet. Sie verdanken ihre Entstehung im wesentlichen Kernprozessen, die im Rahmen der ↑ Sternentwicklung ablaufen.

Ab etwa 10^7 K setzt die ↑ pp-Reaktion ein, die ebenso wie der parallel ablaufende ↑ CNO-Zyklus zur Entstehung von ^{4}He-Kernen aus jeweils vier Protonen führt. Bei höheren Temperaturen und Drücken setzen ↑ Drei-Alpha-Prozesse ein, bei denen aus drei Heliumkernen (Alphateilchen; α-Teilchen) ein ^{12}C-Kern gebildet wird. Höhere Elemente können schließlich bei ausreichenden Drücken und Temperaturen, durch weitere Anlagerung von ^{4}He-Kernen oder durch die Fusion schwererer Kerne miteinander, z. B. von zwei ^{12}C-Kernen im ↑ C-Prozeß, aufgebaut werden. Solche Prozesse führen nur bis zum Aufbau von ^{56}Fe. Der Aufbau schwererer Kerne würde dem Stern keine Energie mehr liefern, sondern Energie verbrauchen. Bei in Sternen auftretenden Stoßwellen, z. B. bei einer Supernova, können die Kernprozesse kurzfristig sehr beschleunigt werden.

Der Aufbau schwererer Kerne als ^{56}Fe ist durch Neutronenanlagerungsprozesse möglich. E. durch langsame Neutronenanlagerung (sog. **s-Prozesse**) findet in roten Riesensternen statt. In der Heliumbrennzone können Neutronen durch Reaktionen wie ^{4}He + ^{22}Ne → ^{25}Mg + n entstehen. Diese können sich schweren Kernen, wie ^{56}Fe, die schon in der Materie, aus der sich der Stern gebildet hat, vorhanden sind, anlagern. Die so gebildeten Kerne können gegebenenfalls durch Betazerfälle ihre Ordnungszahlen ändern. Es stellt sich schließlich ein Gleichgewicht ein, bei dem stabile Kerne im allg. umso häufiger sind, je kleiner ihr Wirkungsquerschnitt für Neutroneneinfänge ist.

Bei der E. fangen mittelschwere Kerne durch schnelle Neutronenanlagerung (sog. **r-Prozesse**) in wenigen Sekunden oder Minuten bis zu mehreren 100 Neutronen ein. Durch radioaktive Zerfälle können die unterschiedlichsten Kerne aus ihnen hervorgehen. Der erforderliche hohe Neutronenfluß kann bei Supernovä in der Umgebung des implodierenden Kerns durch Kernphotospaltung des Eisens entstehen:

$$\gamma\text{-Strahlung} + {}^{56}\text{Fe} \rightarrow 13\alpha + 4n.$$

Bei Neutronenanlagerungsprozessen entstehen bevorzugt Atomkerne mit abgeschlossenen Neutronenschalen; das sind Kerne mit sog. magischen Neutronenzahlen wie 50, 82 und 126. Die seltenen Elemente Lithium, Beryllium und Bor werden ständig im interstellaren Raum gebildet.

Elevation [zu lat. elevare = empor-, hochheben]: seltene Bez. für ↑ Höhe.

elliptische Galaxien: Galaxien, die nach ihrem Aussehen dem ↑ Hubble-Typ E zuordenbar sind.

Elongation

Elongation [zu lat. elongare = entfernen, fernhalten]: Winkelabstand eines Planeten von der Sonne. Steht ein Planet in westlicher E., so geht er vor der Sonne auf (↑Morgenstern), steht er dagegen in östlicher E., so geht er nach der Sonne unter und kann am Abendhimmel beobachtet werden (z. B. Venus als ↑Abendstern oder Merkur).

Emission [aus lat. emissio = das Herausschicken, Ausströmenlassen]: Aussendung einer Wellen- oder Teilchenstrahlung. Die E. ist der der ↑Absorption entgegengesetzte Prozeß. Verantwortlich für die E. sind ↑Emissionsprozesse.
In Sternatmosphären finden sowohl E. als auch Absorption gleichzeitig statt.

Emissionsgebiete: andere Bez. für die zu den Emissionsnebeln zählenden ↑H-II-Gebiete.

Emissionsliniensterne (Hüllensterne): Sterne mit einer Gashülle, bei denen starke Emissionslinien im optisch sichtbaren Bereich nachweisbar sind.
Nach den Vorstellungen vom Sternaufbau nehmen sowohl Dichte als auch Temperatur der Sterne von innen nach außen ab. Die Sternatmosphäre, eine Außenhaut mit verschwindend geringer Dichte, grenzt das heiße Sterninnere gegen den interstellaren Raum ab. Diese Vorstellungen decken sich mit den Beobachtungen von Sternspektren, die aus einem Kontinuum bestehen, dem Absorptionslinien, die in der Sternatmosphäre gebildet werden, überlagert sind.
Nun findet man aber auch Sternspektren, die neben Absorptionslinien noch Emissionslinien aufweisen. Die Existenz solcher Emissionslinien führt nun auf das Vorkommen von Sternen mit ausgedehnten Gashüllen zurück. Diese Gashüllen sind generell transparent, so daß das Sternenlicht fast ungeschwächt hindurchgehen kann; sie selbst leuchten in den Wellenlängen der Emissionslinien, womit die dem Sternspektrum überlagerten Emissionslinien zu erklären sind. Der Mechanismus, der zur Ausbildung derartiger Hüllen führt, ist derzeit noch unklar.
Bekannte E. sind im Bereich der frühen Spektraltypen die ↑Be-Sterne oder die ↑Wolf-Rayet-Sterne, im Bereich der späteren Spektraltypen v. a. die ↑T-Tauri-Sterne. Unsere Sonne zählt nicht zu den E.n, obwohl sie mit einer Gashülle, der ↑Sonnenkorona, umgeben ist. Der Grund hierfür liegt darin, daß ihre Emissionslinien im optisch sichtbaren Bereich sehr schwach sind und nur unter besonderen Bedingungen, wie z. B. bei einer Sonnenfinsternis, beobachtet werden können. Starke Emissionslinien findet man bei der Sonne im fernen UV- und Röntgenbereich.

Emissionsnebel: ↑leuchtende Gasnebel mit bis zu 300 und mehr Emissionslinien im visuellen und infraroten Bereich. Als E. im klassischen Sinne bezeichnet man normale ↑H-II-Gebiete, z. B. den ↑Orionnebel und den ↑Nordamerikanebel. Neben den klassischen E.n gibt es wichtige Sondergruppen, ↑planetarischen Nebel sowie die Hüllen um ↑Wolf-Rayet-Sterne, um ↑Novä und um ↑Supernovä. Da die E. ganz offensichtlich keine eigenen Energiequellen besitzen, dürften sie die abgestrahlte Energie letztlich von benachbarten Sternen erhalten.
Im wesentlichen handelt es sich bei dem interstellaren Gas zwar um Wasserstoff, aber auch Helium und geringe Anteile an schwereren Elementen, wie z. B. Sauerstoff, Kohlenstoff oder Stickstoff, sind beigemengt. Die Mindestenergie, um den interstellaren Wasserstoff zu ionisieren, beträgt 13,5 eV (Lyman-Grenze). Dies entspricht einer Strahlung mit einer Wellenlänge λ = 91,2 nm. Treffen daher Photonen dieser oder noch kurzwelligerer UV-Strahlung auf den zunächst neutralen Wasserstoff (Abk. H I), so wird er fast vollständig ionisiert (Abk. H II). Dabei lösen die Photonen Elektronen aus den Atomen und übertragen eventuell auch gleichzeitig kinetische Energie, die zur Aufheizung des entstandenen Plasmas (Wasserstoffionen und Elektronen) führt. Auf diese Weise entstehen heiße H-II-Gebiete (~ 10 000 K), deren äußere Grenze durch den Übergang von nahezu vollständig ionisiertem zu vernachlässigbar ionisiertem, also neutralem Wasserstoff markiert wird. Dieser Übergang, d. h. die Grenze zwischen H-II- und H-I-Gebiet, ist im optischen Spektralbe-

Emissionsnebel

reich im Licht der Balmer-Linie H_α deutlich als scharf begrenzte Sphäre beobachtbar.

Die Dimensionen solcher H-II-Gebiete erstrecken sich bis zu rund 200 pc, mit anderen Worten, von großen Komplexen wie dem Nordamerikanebel bis hin zu Gebieten, die nur noch Hüllen eines Sterns sind.

Trotz der starken Verdünnung der Materie kommt es zu Rekombinationsprozessen, d.h., ionisierte Wasserstoffatome und Heliumatome fangen freie Elektronen ein. Dabei landet das Elektron im allg. nicht im Grundzustand, sondern auf einem höheren Niveau. Von dort fällt es bevorzugt über Kaskadensprünge ($n \rightarrow n-1 \rightarrow n-2$ ...) die Energieniveaus hinunter. Dadurch wird eine Vielzahl von Emissionslinien ausgesandt. Im optischen Bereich entstehen beim Übergang auf das zweite Energieniveau die kräftigen Balmer-Linien des Wasserstoffs. Im Lichte der zuvor erwähnten Balmer-Linie H_α kann man nicht nur das H-II-Gebiet relativ scharf abgrenzen, sondern auch aus dem Strahlungsstrom auf die Anzahl der Rekombinationen und damit auf die Elektronendichte bzw. Protonendichte in den H-II-Gebieten schließen. Diese Elektronenbzw. Protonendichte liegt bei 10 bis 10^4 pro cm^3. Weitere Mechanismen zur Anregung von Emissionsvorgängen sind Resonanz und Elektronenstöße sowie Abbrems- und Ablenkprozesse (sog. frei-freie Übergänge, wie die Abb. zeigt).

Schwerere Elemente machen sich durch Fluoreszenz – „erlaubte" Übergänge zahlreicher Ionen wie einfach ionisierter Sauerstoff (O^+ oder O II), Kohlenstoff (C^+ oder C II), Stickstoff (N^+ oder N II) – oder durch sog. „verbotene" Emissionsprozesse bemerkbar. Unter letzteren versteht man Elektronenübergänge in Atomen und Ionen, die im Labor praktisch nicht beobachtbar sind, deren Wahrscheinlichkeit im Weltraum zwar geringer als die der normalen Übergänge, aber nicht vernachlässigbar klein ist. Zu diesen verbotenen Übergängen kommt es, wenn tiefliegende, nahezu stabile (metastabile) Niveaus angeregt werden. Da die Energie im Weltall – im Gegensatz zum Labor – wegen der dort herrschenden geringen Dichte so gut wie nicht durch konkurrierende Prozesse (Stöße) abgeführt werden kann, kommt es beim Übergang in den Grundzustand zu verbotenen Linien der mehrfach ionisierten Atome, z.B. O II, O III, N II, Fe II. V.a. die beiden starken Linien bei $\lambda = 500{,}7$ nm und $\lambda = 495{,}9$ nm (O III) liefern nicht nur den Hauptbeitrag zum Leuchten, sondern sind auch für die grünliche Farbe einiger Nebel verantwortlich. Die überlagerte Kontinuumstrahlung dagegen ist auf gebundenfreie und frei-freie Übergänge (H, He, die häufigsten Metalle) sowie auf Streuung an Staubteilchen zurückführbar.

Während normale H-II-Gebiete durch plötzliches Auftreten hochenergetischer Photonen in vorher neutralem Wasserstoff entstehen, beginnt bei den Sondergruppen erst mit dem Abstoß von Materiehüllen in den interstellaren Raum die Existenz dieser Emissionsnebel.

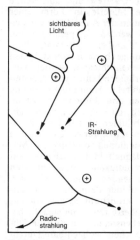

Emissionsnebel.
Zum Mechanismus frei-freier
Übergänge: Je stärker das
Elektron (Punkt) im elektrischen
Feld des Protons (Kreis)
abgelenkt wird, umso
kurzwelliger ist die
emittierende Strahlung

Emissionsprozesse

Die planetarischen Nebel und die Hüllen von Novä werden nach Abstoßung durch den „Reststern" verstärkt aufgeheizt. Die nun freigelegte tiefere und daher heißere Sternschicht bewirkt bei diesen E.n eine um zwei- bis fünffach höhere Temperatur als wir sie bei H-II-Gebieten vorfinden. Die Folge davon sind verstärkt auftretende verbotene Linien. Infolge unterschiedlicher Expansionsgeschwindigkeiten ergeben sich für die planetarischen Nebel Sichtbarkeitszeiten von 10^4 und für Hüllen von Novä von 10^2 Jahren.

Die E. von ↑ Wolf-Rayet-Sternen entstehen durch die Vermengung dauernd abfließender Sternmaterie mit dem heißen Gas bereits vorhandener H-II-Gebiete. Die Folge davon sind Temperaturen zwischen 10 000 und 30 000 K.

Besondere Strahlungsmechanismen treten bei den Supernovaüberresten auf. Infolge der enormen Expansionsgeschwindigkeit von 5 000 bis 10 000 km/s schiebt der Überrest alle auftretende interstellare Materie in Form einer Schockfront an der Außenhülle vor sich her. Dabei werden Temperaturen von 10^6 K erreicht und eine ↑ Bremsstrahlung sogar im Röntgenbereich erzeugt. In den kühleren Innenschichten werden vorwiegend verbotene Linien von O, N und S ausgestrahlt. Die Kontinuumstrahlung im optischen und Radiobereich ist im wesentlichen eine ↑ Synchrotronstrahlung. Instabilitäten in den Schockfronten bewirken starke Verwirbelungen und Dichtefluktuationen von ionisierter Materie und Magnetfeld. Die dabei fast auf Lichtgeschwindigkeit beschleunigten Elektronen senden beim Durchlaufen der Magnetfelder dann die beobachtbare Synchrotronstrahlung aus. Die aus Supernovaüberresten gebildeten E. haben eine Lebensdauer von etwa 10^5 Jahren und erreichen beobachtbare Durchmesser bis 50 pc.

Emissionsprozesse: elementare Strahlungsmechanismen, die für die Aussendung von Strahlungsenergie eines Körpers verantwortlich sind.
Als Hauptmechanismen treten energetische ↑ Übergänge auf. Die dabei emittierte elektromagnetische Strahlung der Frequenz v kann aufgefaßt werden als aus Photonen der Energie

$$E = h \cdot v$$

bestehend (h Planck-Wirkungsquantum). Bei atomaren Übergängen darf die ausgesandte Energie gerade die Energiedifferenz zweier diskreter Bahnen (Bohr-Atommodell) anschaulich interpretiert werden; mit anderen Worten, es wird eine Änderung des Energiezustands eines Elektrons bewirkt, das sich im elektrischen Feld des Atomrumpfs bewegt.

Emissionsspektrum: ↑ Spektrum, dessen Eigenarten durch Emission von Strahlung und nicht durch spätere Absorption (↑ Absorptionsspektrum) gekennzeichnet sind. Ein E. kann aus einzelnen Spektrallinien **(Emissionslinien)** oder aus einer Vielzahl eng benachbarter Linien **(Emissionsbande)** bestehen oder als kontinuierliches Spektrum auftreten.

Empfängerfunktion: eine Funktion, die die Eigenschaften der Meßapparatur bei der Bestimmung scheinbarer Helligkeiten in verschiedenen Farben beschreibt (↑ Helligkeitssysteme).

Enceladus [nach Enkelados, einem Giganten der griech. Mythologie]: ein Satellit des ↑ Saturn.

Encke-Komet: Komet mit der zur Zeit kürzesten bekannten Umlaufzeit von 3,3 Jahren. Die große Halbachse seiner Bahn beträgt $3,3 \cdot 10^8$ km (2,21 AE), die Bahnexzentrizität liegt bei 0,847, die Bahnneigung bei 12° 4′.
Der Komet wurde 1786 von P. F. A. Méchain entdeckt. Nach nur zwei Beobachtungen ging er zunächst verloren, wurde aber am 16. November 1818 von J. L. Pons wiederentdeckt. J. F. Encke berechnete seine Bahn und identifizierte den Kometen mit den früheren Beobachtungen. Encke stellte auch eine Abnahme der Periodendauer von rund 2,5 Stunden pro Umlauf fest. In den vergangenen Jahrzehnten nahm diese ohnehin ungleichmäßig erfolgende Verkürzung stark ab. Ihre Ursache liegt wohl in Rückstoßeffekten beim Ausstoß von Materie aus dem Kometenkern.

Encke-Teilung: eine 1837 von J. F. Encke entdeckte, nur mit großen Fern-

Energieumwandlung

rohren sichtbare Teilungslinie auf dem äußeren Ring A des Planeten Saturn. Diese schwache Linie wird mitunter anschaulich auch als „Bleistiftlinie" bezeichnet.

Endstadium: allg. letzte Phase eines Prozesses; in der Stellarastronomie häufig als letzte Phase der ↑ Sternentwicklung verstanden. Nach gängiger Lehrmeinung beendet ein Stern je nach seiner im E. zurückbehaltenen Masse sein Leben als ↑ weißer Zwerg, ↑ Neutronenstern oder ↑ schwarzes Loch.

Energietransport: physikalischer Vorgang, durch den Energie räumlich transportiert wird, im Sterninnern z. B. von innen nach außen. Die Umwandlung von Energie durch Kernreaktionen geschieht wegen der erforderlichen hohen Temperaturen im Kern eines Sterns oder nach Erschöpfung des fusionsfähigen Kernmaterials (Kernbrennstoffe) in Schalen (↑ Schallenquelle). Vom jeweiligen Umwandlungsort muß die Energie zur Oberfläche des Sterns transportiert werden, von der die Abstrahlung erfolgt. Für den E. gibt es drei physikalische Möglichkeiten: Wärmeleitung, Strahlung und Konvektion (Materieströmung).

Im Weltall überwiegt eindeutig der E. durch Strahlung. Nur in weißen Zwergen und im Zentrum roter Riesen tritt vorwiegend Wärmeleitung, in den Kernen massereicher Sterne sowie in den äußeren Zonen massearmer Sterne Konvektion als Mechanismus für den E. auf.

Energieumwandlung: in normalen sonnenähnlichen Sternen die Freisetzung von Energie durch Kernprozesse, in anderen Fällen auch durch Kontraktionsprozesse.

Bei den im Stern ablaufenden *Kernprozessen* handelt es sich um thermonukleare Fusionen. Fusionen sind Reaktionen, bei denen leichtere Kerne zu einem schwereren Kern verschmelzen. Im Sterninnern werden diese Fusionen durch die kinetische Energie der ungeordneten thermischen Bewegung eingeleitet. Zur Überwindung der elektrischen Abstoßungskräfte zwischen zwei (positiv geladenen) Kernen, der sog. Coulomb-Kräfte, ist die mittlere kinetische Energie trotz der hohen Temperaturen im Sterninnern zwar nicht ausreichend, dennoch kommt es zu Kernreaktionen in genügender Zahl. Dies liegt in der Geschwindigkeitsverteilung der Partikel und im quantenmechanischen Tunneleffekt begründet. Da das Protonengas sich wie ein ideales Gas verhält, existieren aufgrund der Maxwell-Verteilung Protonen mit höherer kinetischer Energie als es der mittleren Energie entspricht. Zusätzlich ist es aufgrund des Tunneleffekts mit kleiner, aber endlicher Wahrscheinlichkeit möglich, daß Teilchen die Coulomb-Kräfte mit kleinerer kinetischer Energie als E_{coul} überwinden. So ist über große Zeiträume die Energieversorgung eines Sterns gesichert.

Unter den im Sterninnern vorhandenen Bedingungen laufen – in Abhängigkeit von der Temperatur – v. a. die ↑ pp-Reaktion, der ↑ CNO-Zyklus, der ↑ Drei-Alpha-Prozeß sowie der ↑ C-Prozeß ab. Neben der elektromagnetischen Energieabstrahlung treten auch Energieverluste durch den Stern verlassende Neutrinos ν auf, die bei Kernprozessen entstehen. Die Bildung von Neutrino-Antineutrino-Paaren oberhalb von 10^8 K, wie z. B. durch Photoneutrinos

$$e^- + \gamma \rightarrow e^- + \nu + \bar{\nu}$$

oder Annihilation

$$e^+ + e^- \rightarrow \nu + \bar{\nu},$$

bedeutet einen merklichen Energieverlust. Diese Verluste können in hochentwickelten Sternen zur Abkühlung des Kerns oder in massereichen Sternen zu Instabilitäten führen, wenn der Stern den Energieverlust durch Kontraktion zu kompensieren versucht, dabei heißer wird und damit gleichzeitig die Neutrinobildung anfacht.

Die von einem Stern pro Zeiteinheit abgestrahlte Energie, die ↑ Leuchtkraft, ist sehr groß und darüber hinaus da Sterne keine kurzlebigen Objekte sind, über große Zeiträume konstant.

Kontraktion als Freisetzungsprozeß für Gravitationsenergie ist nicht imstande, die Energieabstrahlung eines Sterns für 10^8 bis 10^{10} Jahre zu gewährleisten. Da-

entartetes Gas

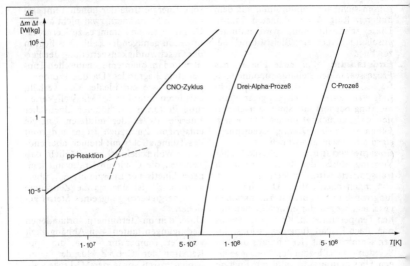

Energieumwandlung. Spezifische Energieumwandlungsprozesse in Sternen

her ist sie für den Gleichgewichtszustand der ↑ Hauptreihensterne belanglos. Dagegen spielt sie bei der Sternentstehung und in späteren schnellen Entwicklungsphasen eine wichtige Rolle. Kontraktion kann nur dann eintreten, wenn Gas- und Strahlungsdruck nicht im Gleichgewicht mit dem Gravitationsdruck sind; also nur dann, wenn im Sterninnern noch nicht oder nicht mehr genügend Energie umgewandelt wird, um die Temperatur und damit den Gas- und Strahlungsdruck genügend groß zu halten. Dies ist im Verlauf der Sternentwicklung vor dem Einsetzen thermonuklearer Fusionen oder nach Beendigung der pp-Reaktion der Fall, wo die Temperatur nicht ausreicht, um eine (andere) Kernreaktion in Gang zu setzen.

entartetes Gas: ein Materiezustand, bei dem das Gas nicht den klassischen Gasgesetzen gehorcht.

Nach der Zustandsgleichung für ideale Gase gilt, daß der Gasdruck p proportional der Temperatur T und der Dichte ϱ ist. Im Gegensatz dazu gilt für ein e. G., daß der Druck unabhängig von der Temperatur ist und somit nur noch von der Dichte abhängt. Entartete Materie tritt im Innern gewisser roter Riesen und fast im gesamten Bereich der weißen Zwerge auf, wobei etwa die Hälfte der Masse weißer Zwerge sogar relativistisch entartet ist. Hauptreihensterne dagegen sind vom Entartungszustand ihrer Materie weit entfernt. Die Frage des Materiezustands spielt bei Stabilitätsbetrachtungen von Sternen eine wichtige Rolle.

Die Materie normaler Sterne (Hauptreihensterne) ist weitgehend ein Plasma (hochionisiertes Gas), das aus freien Elektronen, Protonen und einem kleinen Zusatz schwerer Kerne bzw. Ionen, vorwiegend He-Kernen, besteht. Der Gleichgewichtszustand dieser „Gaskugel" wird dadurch aufrechterhalten, daß der Gasdruck (nur bei sehr heißen und massiven Sternen tritt additiv noch der Strahlungsdruck hinzu) dem Gravitationsdruck entgegenwirkt.

Weiße Zwerge dagegen haben bei gleicher Innentemperatur wie Hauptreihensterne eine rund 10^6mal größere mittlere Dichte als z. B. die Sonne. Das Elektronengas dieser Sterne ist dabei weit-

gehend im Sinne Fermi/Dirac entartet (↑ Entartung). Der Druck p des entarteten Gases ist nur noch von der Dichte ϱ abhängig ($p \sim \varrho^{5/3}$). Bei relativistischer Entartung – die Elektronen besitzen relativistische Geschwindigkeiten – ist der Druck p nur noch proportional $\varrho^{4/3}$.
Bei relativistischer Entartung ergibt sich eine obere Grenzmasse für weiße Zwerge. Der Druck durch das Gewicht der Sternmasse M eines weißen Zwergs, den das entartete Gas auffangen muß, läßt sich wie folgt abschätzen: Für die Dichte (Masse pro Volumen) gilt

(1) $$\varrho \sim \frac{M}{R^3},$$

wobei R der Sternradius ist. Andererseits gilt für die Druckänderung in Abhängigkeit vom Ort

(2) $$\left(\frac{dp}{dr}\right)_R = -\varrho \frac{GM}{R^2}$$

(G Gravitationskonstante). Aus der Kombination von (1) und (2) bezüglich des gravitativen Druckgefälles folgt:

$$\left(\frac{dp}{dr}\right)_R \sim -\frac{M^2}{R^5}.$$

Für die Änderung des Gasdrucks in Abhängigkeit vom Ort gilt dagegen bei einem nichtrelativistisch entarteten Gas unter Beachtung von $p \sim \varrho^{5/3}$:

$$\left(\frac{dp}{dr}\right)_R \sim -\frac{M^{5/3}}{R^6}.$$

Druckkraft und Gravitationskraft hängen in diesem Fall also von verschiedenen Potenzen des Radius ab. Bei konstanter Masse vermag der Stern sich stets im Fall einer auftretenden Instabilität wieder ins Gleichgewicht zu bringen, und zwar bei Überwiegen der Gravitationskraft durch Radiusabnahme, bei Überwiegen des Gasdrucks durch Radiuszunahme.
Bei relativistisch entarteter Materie gilt dagegen für die Änderung des Gasdrucks in Abhängigkeit vom Ort wegen $p \sim \varrho^{4/3}$:

$$\left(\frac{dp}{dr}\right)_R \sim -\frac{M^{4/3}}{R^5}.$$

Wie man sieht, hängen jetzt Gasdruck und Gravitation mit der gleichen Potenz vom Radius ab. Ein Stern vermag daher die beiden entgegengesetzt gerichteten Kräfte durch eine Radiusänderung nicht mehr ins Gleichgewicht zu bringen. Vielmehr existiert eine kritische Masse M_{kr}, bei der theoretisch genau Gleichgewicht herrscht. Unter Vernachlässigung einer eventuellen Sternrotation beträgt diese Grenzmasse gerade

$$M_{kr} = 1{,}44 \, M_\odot,$$

wobei $M_\odot$ die Sonnenmasse ist. Die Masse eines Sterns relativ zur kritischen Masse spielt bei der Sternentwicklung für die Art des Endstadiums die dominante Rolle. Ist die Sternmasse M kleiner als die kritische Masse M_{kr}, so expandiert der Stern, da in diesem Fall die Gravitationskraft kleiner als die Druckkraft ist. Bei der Expansion nimmt die Dichte ab. Damit tritt allmählich ein Übergang von relativistischer zu nichtrelativistischer Entartung ein. Das bedeutet, daß nun wiederum ein Gleichgewichtszustand möglich ist.
Ist dagegen die Sternmasse M größer als die kritische Masse, so überwiegt stets die Gravitationskraft, so daß der Stern – unter Außerachtlassung des Neutronengases – theoretisch bis zum Radius Null kontrahiert. In diesem Fall spricht man von einem ↑ Gravitationskollaps.
Entartung: Abweichung eines Gases vom regulären Verhalten. Bei Dichten $\varrho > 10^2$ bis 10^4 gcm^{-3} tritt je nach Temperatur für die Materie im Sterninneren eine E. auf. Die physikalische Grundlage hierfür bildet das Pauli-Prinzip, welches besagt, daß in einem Atom aus quantentheoretischen Gründen jeder mögliche Energiezustand mit nur höchstens zwei Elektronen von entgegengesetztem Spin besetzt werden kann. Dieses Prinzip haben E. Fermi und P. A. M. Dirac auch auf die Statistik angewandt. In einem entarteten Gas sind alle Quantenzustände der Elektronen bis zu einer bestimmten maximalen Energie (der Fermi-Energie) herauf vollständig besetzt. Diese Regel gilt aber auch für alle anderen Elementarteilchen mit halbzahligem Spin, wie z. B. Protonen, Neutronen und ^{3}He-Kerne, die als Fermionen bezeichnet werden. Bei der E. der Stern-

Entfernungsbestimmung

materie kommen primär Elektronen und Protonen in Betracht. Da Elektronen eine rund 2000mal kleinere Masse als Protonen haben, ist ihre Fermi-Energie bei gleicher Teilchendichte am größten. Während der Kontraktion eines Sterns entartet daher zunächst das Elektronengas.

Bei Hauptreihensternen liegt die mittlere Elektronendichte im Innern unter 10^{31} m^{-3}, was einer Fermi-Energie von etwa 200 eV entspricht. Im Gegensatz dazu beträgt die thermische Energie der Elektronen mindestens 1000 eV. Demnach ist die Materie vom E.szustand noch weit entfernt. Weiße Zwerge haben bei gleicher Temperatur eine rund 10^6mal größere mittlere Dichte. Deshalb liegt die Fermi-Energie hier mit 200 keV weit über der thermischen Energie von 1 keV. Das Elektronengas im Innern weißer Zwergsterne ist demnach weitgehend entartet. Für das Protonengas sind dagegen thermische und Fermi-Energie von gleicher Größenordnung, so daß das Protonengas in weißen Zwergen nicht entartet ist.

Entfernungsbestimmung.
Reichweiten seit dem Altertum

Zeit	Größe	Anmerkung
Altertum	0,01 Ls	bekannter Teil der Erdoberfläche
150 v. Chr.	1,3 Ls	Mondentfernung
um 1700	80 Lmin	Radius der Saturnbahn
1840	10 Lj	erste trigonometrische Sternparallaxe (61 Cyg)
um 1925	50000 Lj	Radius des Milchstraßensystems
um 1955	5 Mrd. Lj	angenommene optische Reichweite des Mount-Palomar-Spiegels
heute	17 Mrd. Lj	angenommene momentane optische und radioastronomische Reichweite

Entfernungsbestimmung: Verfahren zur Bestimmung der Entfernungen kosmischer Objekte. In der Astronomie spielt die E. eine zentrale Rolle. So benötigt beispielsweise die Stellarstatistik genaue Entfernungsdaten, um aus der scheinbaren Position und Positionsänderung auf Lage und Bewegung im Raum schließen zu können. Die Astrophysik benötigt ebenfalls genaue Entfernungsangaben, um wichtige Zustandsgrößen wie Radius und Leuchtkraft ermitteln zu können. Aus dieser Notwendigkeit heraus sind im Laufe der Zeit eine Reihe verschiedener Methoden zur E. entwickelt worden, die hinsichtlich ihrer Anwendbarkeit, Reichweite und Genauigkeit sehr unterschiedlich sind. Die Übersicht vermittelt ein Bild der Reichweitensteigerung in der Astronomie seit dem Altertum.

Nachfolgend sind die verschiedensten Methoden zusammengestellt.

1. Laufzeitmethoden

Entfernungsmessungen mit Laufzeitmethoden sind nur im Nahbereich der Erde mit Hilfe von Radar- oder Laserimpulsen möglich. Anhand von Laufzeitmessungen der Signale von der Radarantenne zum Objekt und zurück bzw. von der Laserquelle zum installierten Spiegel auf dem Mond und zurück zum Meßgerät konnten die Entfernungen von Mond bzw. Venus sehr genau bestimmt werden. Ist eine Entfernung im Planetensystem bekannt, so erhält man mit Hilfe des dritten ↑Kepler-Gesetzes auch die Entfernungen der übrigen Planeten. Auf diese Weise hat man sehr genaue Entfernungsangaben gewonnen, insbes. für die Entfernung Erde–Sonne, die sog. ↑astronomische Einheit.

2. Geometrische Methoden

Trigonometrische Parallaxen: Diese klassische Methode wird auch bei Vermessungen auf der Erde angewandt. Bei der geodätischen Vermessung von nicht direkt erreichbaren Geländepunkten verwendet man seit alters die Methode des „Vorwärtsschneidens", auch **Dreiecks-** oder **trigonometrische Methode** genannt. Diese Methode beruht auf der

Entfernungsbestimmung

Idee, über die Messung der Länge einer Grundlinie im Dreieck, der sog. Basis, und der beiden Grundlinienwinkel die übrigen Seiten und damit auch die Entfernung der Dreiecksspitze von der Grundlinie mit Hilfe trigonometrischer Berechnung zu ermitteln.

Dieses Verfahren findet auch in der Astronomie Anwendung, wobei man es hier im Prinzip mit gleichschenkligen Dreiecken zu tun hat. Rein theoretisch genügt also die Messung eines Winkels, zweckmäßigerweise des Winkels an der Dreiecksspitze. Der halbe Winkel an der Dreiecksspitze wird ↑ Parallaxe genannt. Zur Bestimmung der Entfernung oder, wie man auch sagt, der Parallaxe, im Sonnensystem wählt man als Basis den Äquatordurchmesser. Für Stern-E.en ist diese Basis jedoch nicht groß genug. Daher benutzt man für die Sternparallaxen die größtmögliche Basis, derzeit noch der große Durchmesser der Erdbahn. Die Verfahren basieren also auf der Messung der täglichen bzw. der jährlichen Parallaxe. Das Problem dieser trigonometrischen Parallaxen liegt in der Messung sehr kleiner Winkel, denn schon der uns am nächsten stehende Stern, Proxima Centauri, hat eine Parallaxe unter einer Bogensekunde. Da der prozentuale Fehler mit zunehmender Entfernung wächst, findet diese Methode nur bis zu einer Entfernung von rund 100 pc Anwendung. Durch Vergrößerung der Basis, z. B. durch die Schaffung von Meßmöglichkeiten auf äußeren Planeten, wäre eine beträchtliche Reichweitensteigerung dieser trigonometrischen Methode möglich. In der heutigen Praxis müssen alle anderen, weiter reichenden Methoden an dieser trigonometrischen Parallaxe geeicht werden. Daraus ist ersichtlich, warum den trigonometrischen Parallaxen in der Astronomie eine so große Bedeutung zukommt.

Säkulare Parallaxe: Hier wird die scheinbare Verschiebung der Sterne aufgrund der Sonnenbewegung zur E. ausgenutzt. Diese Methode ist besonders geeignet für die kollektive E. von Sterngruppen. Die Messung der säkularen Parallaxe gelingt, wenn man unterstellt, daß die ↑ Pekuliarbewegungen der Gruppenmitglieder nach Richtung und Größe vollkommen regellos verteilt sind, so daß sich die Werte der Individualbewegung bei der Mittelbildung aufheben und nur die parallaktische Bewegung übrigbleibt. Es ist ersichtlich, daß dieses Verfahren zu falschen Werten führt, wenn die Bedingung der vollkommenen Regellosigkeit der Pekuliarbewegung verletzt ist. Das ist z. B. der Fall, wenn diese Methode auf Sterne eines ↑ Bewegungssternhaufens, also auf Sterne mit in Betrag und Richtung gleicher Eigenbewegung, angewandt wird.

Sternstromparallaxe: Die Anwendbarkeit dieser Methode ist auf Bewegungs-

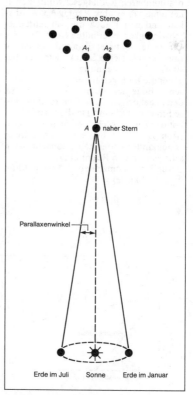

Entfernungsbestimmung (Abb. 1). Prinzip der jährlichen Parallaxenbestimmung

Entfernungsbestimmung

sternhaufen beschränkt, deren Mitglieder sich mit gleichem Geschwindigkeitsbetrag und gleicher Richtung auf einen Flucht- bzw. Konvergenzpunkt an der Sphäre hin bewegen.

Die Raumgeschwindigkeit dieser Sterne läßt sich in zwei Komponenten aufspalten, die ↑Radialgeschwindigkeit und die ↑Eigenbewegung. Gelingt eine Bestimmung letzterer nicht nur in Bogensekunden, sondern in km/s (wie bei der Radialgeschwindigkeit), so spricht man statt von Eigenbewegung von Tangentialgeschwindigkeit. Durch Messung des Winkels α zwischen Sternposition und Konvergenzpunkt sowie der in km/s bestimmbaren Radialgeschwindigkeit v_r kann man die wahre Raumgeschwindigkeit und damit auch die Tangentialgeschwindigkeit v_T erhalten (Abb. 2).

Die in tangentialer Richtung in einem Jahr zurückgelegte Strecke wird als Basis für die Berechnung der Entfernung genutzt. Die Eigenbewegung μ – gemessen in Bogensekunden pro Jahr – liefert den zugehörigen Winkel, unter dem diese Strecke erscheint. Da die Basis linear mit der Zeit anwächst, reichen die Sternstromparallaxen bei genügend zeitlich voneinander entfernten Beobachtungen sehr weit in den Raum hinaus.

Bezüglich der einzelnen Größen gilt nun (vgl. die Skizze):

$$\text{tg } \alpha = \frac{v_T}{v_r},$$

$$\text{tg } \mu = \frac{v_T}{r}.$$

Daraus folgt für die Entfernung r:

$$r = v_r \cdot \text{tg}\,\alpha/\text{tg}\,\mu.$$

Unter Ausnutzung der Beziehung zwischen Tangentialgeschwindigkeit und Eigenbewegung

$$v_T = 4{,}74 \frac{\mu}{\pi}$$

folgt für die Parallaxe π

$$\pi = 4{,}74 \frac{\mu}{v_r} \text{ctg}\,\alpha \left[\frac{''/a}{km/s}\right].$$

Mit dieser Methode lassen sich Entfernungen bis zu 5 kpc bestimmen. Der mittlere Fehler liegt bei 20–50%, da nicht ausgeschlossen werden kann, daß mitunter Vorder- oder Hintergrundsterne mit zu den Haufensternen gezählt werden.

Mit der genannten Methode wurden die Entfernungen von einigen hundert Sternhaufen ermittelt, u. a. der Plejaden, der Praesepe oder der Hyaden. Auf diesem Wege ist man in der Hauptsache zu sicheren Entfernungsangaben von Sternen der frühen Spektralklassen O, B, A und F gelangt.

Dynamische Parallaxe: Diese Methode ist auf ↑visuelle Doppelsterne anwendbar. Für den Fall, daß die Bahn des Begleiters um den Hauptstern bekannt ist, läßt sich aus der spektroskopisch ermittelten Bahngeschwindigkeit und der Umlaufzeit auf die wahre Umlaufbahn und damit auf den mittleren Abstand im linearen Maß schließen. Zusammen mit dem mikrometrisch bestimmten Winkel-

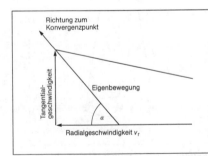
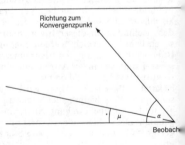

Entfernungsbestimmung (Abb. 2). Prinzip der Sternstromparallaxe

abstand erhält man dann durch trigonometrische Überlegungen direkt die Entfernung. Leider ist dieser Idealfall nur selten verwirklicht, da meist die spektroskopische Messung der Umlaufgeschwindigkeit nicht gelingt. Im Normalfall kann man jedoch das dritte Kepler-Gesetz zu Hilfe nehmen, wonach für den mittleren Abstand a gilt:

$$a^3 = (M_1 + M_2) \cdot U^2,$$

wenn man die Massen M_1 und M_2 der beiden Komponenten in Sonnenmasseneinheiten und die Umlaufzeit U des Begleiters zum Hauptstern in Jahren rechnet. Die genaue Ermittlung der Umlaufzeit bereitet im allg. keine Schwierigkeit. Dagegen sind die beiden Massen nicht direkt bestimmbar. Im günstigen Fall liefert die ↑ Perioden-Leuchtkraft-Beziehung die Massen, andernfalls muß man sich mit einer hypothetischen Massenannahme begnügen, indem man als Wert für beide Komponenten eine Sonnenmasseneinheit ansetzt. Bei diesem hypothetischen Ansatz, man spricht folgerichtig von der hypothetischen Parallaxe, erhält man in der Regel brauchbare Werte, da die Masse nur mit der 3. Wurzel in die Rechnungen eingeht. Die Reichweite dieser Methode liegt bei etwa 200 pc. Ihre Genauigkeit ist, wie ausgeführt, sehr stark von der Kenntnis der Bahndaten abhängig.

Durchmessermethode: Sie basiert auf dem Vergleich von wahrem (d. h. dem in linearem Maß, z. B. in km oder AE, gemessenen) Durchmesser und scheinbarem Durchmesser (d. h. dem Winkel, unter dem der wahre Durchmesser von der Erde aus erscheint). Gelingt die Ermittlung des wahren Radius bzw. Durchmessers D in AE, z. B. für die Abstände von Doppelsternen, Sternhaufen oder extragalaktischen Systemen, und mißt man den scheinbaren Durchmesser d in Bogensekunden, dann gilt für die Parallaxe (ebenfalls in Bogensekunden):

$$\pi = \frac{d}{D}.$$

Rotationsparallaxe: Diese Methode gründet auf mehr oder minder guten Annahmen über die Rotation der Milchstraße. Infolge der differentiellen Rotation, d. h. der unterschiedlichen Bahngeschwindigkeit der Sterne um das Milchstraßenzentrum, ist die mittlere Radialgeschwindigkeit RG der Sterne relativ zur Sonne von der galaktischen Länge l (↑ Koordinatensysteme) und von der Entfernung r abhängig. Diese systematische Abhängigkeit versucht man durch die Oort-Rotationsformeln zu beschreiben. Mit Hilfe dieser Formeln lassen sich dann z. B. aus der spektroskopisch beobachteten Radialgeschwindigkeit und aus der galaktischen Länge l die mittleren Entfernungen sonnennaher Sterne in der galaktischen Ebene näherungsweise berechnen:

$$RG = A \cdot r \sin 2l.$$

A ist dabei die Oort-Konstante, für die ein Wert von 15 bis 20 (km/s)/kpc angesetzt wird.

Abgesehen von Unsicherheiten bezüglich der galaktischen Rotation wird ein weiterer Fehler durch die Pekuliarbewegung der Sterne verursacht. Er ist umso größer, je geringer die Entfernung zur Sonne ist. Daher findet diese Methode vorwiegend bei etwas größeren Entfernungen von 100 oder 1000 pc Anwendung, insbes. bei Cepheiden, planetarischen Nebeln und entfernten offenen Sternhaufen, v. a. aber bei der E. von H-I-Gebieten.

3. *Photometrische Methoden*

Photometrische Methoden basieren auf dem Vergleich von ↑ scheinbarer Helligkeit m und ↑ absoluter Helligkeit M. Für den ↑ Entfernungsmodul $m - M$ gilt:

$$m - M = 5 \log r - 5 = -5 \log \pi - 5$$

oder:

$$\log r = -\log \pi = 0{,}2\,(m - M + 5).$$

Da die Bestimmung der scheinbaren Helligkeit m gewöhnlich keine Schwierigkeit bedeutet, differieren die einzelnen photometrischen Methoden lediglich in der Bestimmung der absoluten Helligkeit. Fehler bei der Bestimmung der absoluten Helligkeit wirken sich allerdings gravierend aus. Ein weiteres Problem bei diesen Methoden ist die

Entfernungsbestimmung

Berücksichtigung der interstellaren Absorption. Bei Annahme eines konstanten Absorptionsbetrages γ pro Entfernungseinheit erhält man für die Schwächung A der Strahlung in Richtung zum Stern das Produkt $\gamma \cdot r$ und damit für den Entfernungsmodul

$$m - M = 5 \log r + A - 5.$$

Ist dagegen die Absorption pro Entfernungseinheit γ in Richtung zum Stern nicht konstant, so erhält man den Schwächungsbetrag A durch Integration über die Strecke r zum Stern:

$$A = \int_0^r \gamma(r) \, dr.$$

Alle photometrischen Methoden bedürfen wegen der Unsicherheit bezüglich der interstellaren Absorption einer Eichung von geometrisch bestimmten Entfernungsindikatoren. Dies geschieht beispielsweise an der geometrisch bestimmten Entfernung der Hyaden. Bevor nun die einzelnen photometrischen Methoden besprochen werden, sei vorweg noch etwas zum Gebrauch des Wortes „Parallaxe" bei photometrischen Methoden gesagt. Die ursprüngliche Bedeutung dieses Wortes – Winkelverschiebung – trifft in diesem Zusammenhang nicht direkt zu. Das Wort „Parallaxe" soll nur andeuten, daß die so bestimmten Entfernungsmaße auf Parallaxeneinheiten umgerechnet werden.

Spektroskopische Parallaxe: Die Bestimmung der absoluten Helligkeit erfolgt bei diesem Meßverfahren entweder durch eine individuelle Analyse des Sternspektrums in Hinblick auf die Stärke verschiedener Linien, wie z.B. der H_γ-Linie, oder durch Bestimmung der ↑Leuchtkraftklasse. Auf diese Weise läßt sich der Ort des Sterns im ↑Hertzsprung-Russell-Diagramm bestimmen. Der Fehler dieser Methode liegt bei rund 20 bis 40 %. Er ist bedingt durch Klassifikationsfehler, durch Streuung der absoluten Helligkeit innerhalb der Spektralklasse und durch Eichungsfehler des Hertzsprung-Russell-Diagramms. Letztere können insbes. bei späten Überriesen verstärkt auftreten. Die Reichweite der Methode liegt bei etwa 200 pc, da sich nur von hellen Sternen brauchbare Spektren ermitteln lassen.

Spektraltypparallaxe: Bei dieser Methode wird die absolute Helligkeit über die Bestimmung der ↑Spektralklasse ermittelt. Diese kann, instrumentell bedingt, heute bei Sternen bis zur scheinbaren Helligkeit von 15^m ermittelt werden. Daher ist die Reichweite dieser Methode wesentlich größer als die der zuvor erwähnten. Die Festlegung der absoluten Helligkeit erfolgt wieder über das Hertzsprung-Russell-Diagramm. Falls keine anderen Unterscheidungskriterien, wie z.B. Kenntnisse über Eigenbewegungen, vorliegen, ist allerdings eine Unterscheidung zwischen Riesen und Zwergen nicht möglich. In diesem Fall reduziert man entweder den Anwendungsbereich auf frühe Typen oder geht ganz allgemein davon aus, daß es sich um Zwerge handelt. Diese Annahme ist berechtigt, da Zwerge wesentlich häufiger sind als Riesen.

FHD-Parallaxe: Eine sehr genaue und weitreichende Methode zur E., besonders von Sternhaufen, ist die Parallaxenbestimmung über das ↑Farben-Helligkeits-Diagramm. Da alle Haufenmitglieder die gleiche Entfernung haben, liefern schon die scheinbaren Helligkeiten den „richtigen" Verlauf im Farben-Helligkeits-Diagramm, wobei die Lage des Haufens im Koordinatensystem noch einer Korrektur wegen der nicht bekannten Entfernung und Verfärbung bedarf. Zur Bestimmung des Farben-Helligkeits-Diagramms von Haufen genügt also die Messung der scheinbaren Helligkeit in zwei ↑Farben, z.B. B und V. Durch Verschiebung der beobachteten Hauptreihe auf eine geeichte Hauptreihe, z.B. auf die Hauptreihe des Farben-Helligkeits-Diagramms mit 246 sonnennahen Sternen mit zuverlässig bekannten absoluten Helligkeiten (Fehler der Leuchtkräfte $\pm 0\overset{m}{.}22$), erhält man (vgl. Abb. 3) auf der Ordinate den Entfernungsmodul $m - M$ und auf der Abszisse die Verfärbung

$$E_{B-V} = (B - V) - (B - V)_0 = \Delta(B - V).$$

Unterschiede in der Hauptreihe auf-

Entfernungsbestimmung

grund der Sternentwicklung lassen sich im Gegensatz zu den Unterschieden aufgrund der chemischen Zusammensetzung berücksichtigen. Die Methode eignet sich hervorragend für Sternhaufen, deren Mitglieder alle etwa die gleiche Entfernung haben. Bei Sternfeldern, deren Objekte sehr unterschiedliche Entfernungen aufweisen, erhält man nur bedingt brauchbare Ergebnisse. Bei Einzelsternen versagt diese E. mittels UBV-Photometrie allerdings, da hier eine Unterscheidung von Riesen und Zwergen sowie eine Bestimmung der interstellaren Verfärbung nicht möglich ist.

Cepheidenmethode: Mittels der ↑Perioden-Leuchtkraft-Beziehung lassen sich insbes. für Delta-Cephei-Sterne und RR-Lyrae-Sterne die absoluten Helligkeiten ermitteln. Mit der sehr weitreichenden Methode gelingt auch die Vermessung extragalaktischer Systeme.

Novä- bzw. Supernoväparallaxe: Bei Novä kann man aus dem zeitlichen Verlauf des Helligkeitsabfalls auf die Maximalhelligkeit schließen:

$$M_{bol_{max}} = -11,5 + 2,5 \log t_3,$$

wobei t_3 die Zeit des Abstiegs um 3^m in Tagen bedeutet. Bei Supernovä setzt man dagegen für den Typ I eine absolute Helligkeit von -19.1 und für den Typ II eine absolute Helligkeit von -17.0 an. Die Supernovämethode ist zwar sehr weitreichend, aber wegen der Streuung der absoluten Helligkeiten in ihrer Genauigkeit begrenzt.

Strahlungsenergetische Parallaxe: Bei ↑Bedeckungsveränderlichen ist der Radius R ableitbar. Da man aus der Analyse des Spektrums auf die Effektivtemperatur T_{eff} schließen kann, erhält man die ↑Flächenhelligkeit

$$F = \sigma \cdot T_{eff}^4$$

mit der Stefan-Boltzmann-Konstanten

$$\sigma = 5,67 \cdot 10^{-8} \, Wm^{-2} K^{-4}.$$

Bei Kenntnis des Radius R und der Flächenhelligkeit F gelangt man über die Größe der strahlenden Oberfläche zur Gesamtleuchtkraft $L: L = F \cdot 4\pi R^2$.
Äquivalent zur Leuchtkraft L ist die absolute bolometrische Helligkeit M_{bol} angegeben im System der ↑Größenklassen. Im einzelnen gilt:

$$M_{bol} - M_{bol\odot} = -2,5 \log \frac{L}{L_\odot},$$

wobei $M_{bol\odot} = 4\overset{m}{.}74$ ist. Die Reichweite dieser relativ genauen Methode ist mit derjenigen der dynamischen Parallaxe vergleichbar.

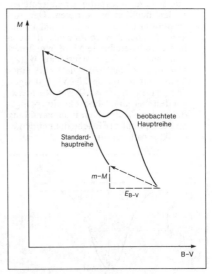

Entfernungsbestimmung (Abb. 3).
Prinzip der FHD-Parallaxe

Gesamthelligkeitsvergleich: Bei homogenen Objekten wie Sternhaufen oder Galaxienhaufen versucht man die Entfernung hellerer Mitglieder abzuschätzen oder, falls Einzelsterne nicht beobachtbar sind, über die mittlere Helligkeit oder den mittleren Durchmesser gleichartiger Objekte. Falls Einzelobjekte jedoch beobachtbar sind, wählt man, um mögliche Anomalien bei Einzelobjekten auszuschalten, statt der hellsten Mitglieder zweckmäßigerweise das fünft- oder zehnthellste Objekt.

4. *Weitere Methoden*

Methode der interstellaren Absorption: Nimmt man eine gleichmäßige Vertei-

Entfernungsmodul

lung des interstellaren Gases an, so wächst die Stärke der Absorptionslinien im Sternspektrum proportional mit der Entfernung r an. Diese Erkenntnis macht sich die interstellare Absorptionsmethode zunutze. Hierfür eignen sich insbes. frühe O- oder B-Sterne, da deren Spektrum selbst relativ wenige Absorptionslinien aufweist, so daß die durch interstellare Absorption hervorgerufenen Linien deutlich hervortreten. Der Absorptionsgrad zeigt sich sowohl in der Tiefe ΔI_0 der Absorptionslinie als auch in der Halbwertsbreite $\Delta\lambda$. Man definiert nun eine sog. Äquivalentbreite $W(\lambda)$. Darunter versteht man die Breite eines äquivalenten rechteckigen, 100%igen Absorptionsstreifens. Dieser Rechteckstreifen hat die Höhe der Strahlungsflußdichte I_K der Kontinuumstrahlung und entspricht der Fläche der betrachteten Absorptionslinie.

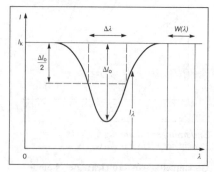

Entfernungsbestimmung (Abb. 4).
Äquivalentbreite einer Absorptionslinie

Für die K-Linie des Calciums nimmt man die Entfernung $r = 30\,W(K)$ an, wobei $W(K)$ die Äquivalentbreite für die K-Linie ist. Setzt man $W(K)$ in nm in die obige Formel ein, so ergibt sich die Entfernung r in Parsec.

Entsprechend rechnet man bei den D-Linien des Natriums mit

$$r = 25\,\frac{W(D_1)+W(D_2)}{2}.$$

Der Fehler der Methode der interstellaren Absorption liegt bei 50 bis 100%, bedingt durch die in Wirklichkeit nicht erfüllte Annahme einer gleichmäßigen Verteilung der interstellaren Materie.

Verfärbungsmethode: Legt man eine gleichmäßige interstellare Staubverteilung zugrunde, so wächst auch die ↑ Verfärbung proportional zur Entfernung. Unter dieser Annahme läßt sich daher aus dem Verfärbungsmaß die Entfernung in erster Näherung abschätzen.

Rotverschiebungsmethode: Diese mitunter auch als „Meßlatte der Galaxienentfernungen" bezeichnete Methode beruht auf dem ↑ Hubble-Effekt und ist im Prinzip ein idealer Entfernungsmesser für Galaxien. Über die relativ leicht aus dem Spektrum einer Galaxie zu erhaltende Doppler-Verschiebung $\Delta\lambda$ gelangt man zur Radialgeschwindigkeit v_r. Für $\Delta\lambda/\lambda_0$ klein gegenüber 1, wobei λ_0 die entsprechende Laborwellenlänge ist, gelangt man mit Hilfe der Beziehung

$$\frac{\Delta\lambda}{\lambda_0} = \frac{v_r}{c}$$

oder, bei $\frac{\Delta\lambda}{\lambda_0} \geq 1$, mit der relativistischen Beziehung

$$\frac{\Delta\lambda}{\lambda_0} = \sqrt{\frac{1+v_r/c}{1-v_r/c}} - 1$$

über die Hubble-Gleichung $v_r = H_0 \cdot r$ direkt zur Entfernung r der Galaxie. Da in der Regel v_r in km/s und die ↑ Hubble-Konstante H_0 in $(km/s) \cdot Mpc^{-1}$ gerechnet wird, erhält man r direkt in Mpc. Wie man leicht sieht, hängt die Genauigkeit dieser Methode sehr stark von der Kenntnis der Hubble-Konstanten ab. Moderne Eichungen benutzen zur Ermittlung der Hubble-Konstanten Galaxien aus unserer näheren Umgebung (bis zu 50 Mpc), deren Entfernung mit konventionellen Methoden bestimmt wurde. Leider streuen die so ermittelten Werte für H_0 noch im Bereich zwischen 50 und 100 $(km/s) \cdot Mpc^{-1}$. Bei Benutzung eines mittleren Wertes von $H_0 = 75$ $(km/s) \cdot Mpc^{-1}$ sind entsprechende Unsicherheiten in der E. nicht auszuschließen.

Entfernungsmodul: Maß für die Entfernung eines Gestirns, ausgedrückt

Entfernungsmodul

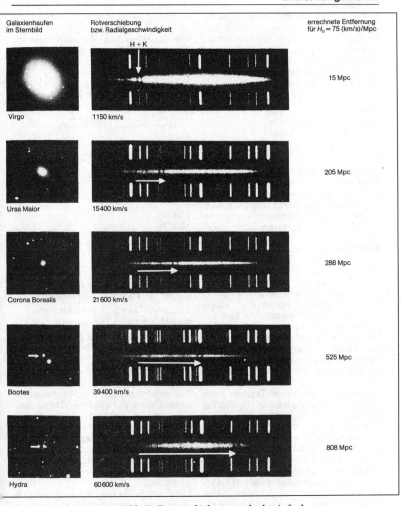

Entfernungsbestimmung (Abb. 5). Rotverschiebungsmethode. Aufnahmen unterschiedlich weit entfernter Galaxienhaufen (links) und die entsprechende Rotverschiebung (Pfeile) der Spektrallinien (Mitte) in bezug auf die Laborlage (oberhalb und unterhalb der verschobenen Spektrallinien)

durch die Größenklassendifferenz $m-M$ (↑scheinbare Helligkeit minus ↑absolute Helligkeit). Bei Vernachlässigung von interstellarer Absorption und atmosphärischer ↑Extinktion gilt in der Maßeinheit ↑Größenklasse:

$m - M = -2{,}5 \log s/S$
oder $m - M = +2{,}5 \log S/s$,

Entropie

wobei s und S die entsprechenden Strahlungsströme in den jeweiligen Entfernungen r (= wahre Sternentfernung in Parsec) und R (= 10 pc = Einheitsentfernung) sind. Da Strahlungsströme mit dem Quadrat der Entfernung abnehmen, also $(S/s) = (r/R)^2$ ist, gilt:

$m - M = 2{,}5 \log (r/R)^2$
$m - M = 5 (\log r - \log R)$
$m - M = 5 (\log r - 1)$
$m - M = -5 + 5 \log r.$

Zur Berechnung der absoluten Helligkeit M eines Sterns aus seiner scheinbaren Helligkeit muß zusätzlich die Entfernung bzw. seine Parallaxe bekannt sein. Andererseits kann bei Kenntnis der absoluten und scheinbaren Helligkeit eines Objekts seine Entfernung berechnet werden (z. B. ↑spektroskopische Parallaxe).

Entropie [zu griech. en = in, innerhalb und griech. tropé = Wendung, Umkehr]: Zustandsgröße thermodynamischer Systeme und Maß für die Irreversibilität (Nichtumkehrbarkeit) der in ihnen ablaufenden Prozesse. In einem abgeschlossenen System (ohne Energiezufuhr oder -abfuhr) kann die Gesamt-E. nie abnehmen, bei reversiblen Vorgängen (Idealfall) bleibt sie konstant. Diese Gesetzmäßigkeit wird im 2. Hauptsatz der Wärmelehre (sog. E.satz) formuliert. In der unbelebten Welt herrscht gewöhnlich die natürliche Tendenz, sich auf einen Zustand größerer Unordnung hinzubewegen. Normalerweise ist ein Zustand mit größerer Unordnung auch ein wahrscheinlicherer Zustand und damit ein Zustand höherer Entropie. Die E. wird daher häufig als Maß für diese Unordnung angesehen.

Entweichgeschwindigkeit (Fluchtgeschwindigkeit, parabolische Geschwindigkeit): die Geschwindigkeit, die ein Körper erreichen muß, um das Gravitationsfeld eines Himmelskörpers verlassen zu können. Sie ist gleich der zweiten ↑kosmischen Geschwindigkeit

$$v_2 = \sqrt{2} \cdot \sqrt{G \frac{M}{r}},$$

wobei M die Masse des Himmelskörpers, r der Abstand der Massenschwerpunkte und G die Gravitationskonstante ist.
Für die Oberfläche der nachfolgenden Himmelskörper ergeben sich folgende E.en:

Himmelskörper	Entweichgeschwindigkeit an der Oberfläche [km/s]
Sonne	618
Erde	11,2
Mond	2,4
Merkur	4,2
Venus	10,3
Mars	5
Jupiter	61
Saturn	37
Uranus	22
Neptun	25
Pluto	?
Ganymed	2,9
Triton	3,1
Planetoid (Durchmesser 700 km)	es genügt ein Kanonenschuß
Planetoid (Durchmesser 20 km)	es genügt ein Steinwurf
Planetoid (Durchmesser 3 km)	es genügt ein Hochsprung

Ephemeriden [griech. = Tagebücher]: Tabellen mit den für einen längeren Zeitraum vorausberechneten geozentrischen Örtern der Gestirne. Dabei werden insbesondere die Örter von Sonne, Mond und Planeten für zeitlich konstante Abstände, in der Regel von Tag zu Tag, angegeben. Sie dienen dem raschen Auffinden der Planeten, aber auch zur genauen Positions-, Orts- und Zeitbestimmung.
Die E. werden in Jahrbüchern unter gleichem Namen publiziert.

Ephemeridensekunde: vereinbarungsgemäß der 31 556 925,9747ste Teil des ↑tropischen Jahres für den 0. Januar 1900 (= 31. Dezember 1899) 12 Uhr ↑Ephemeridenzeit.

Ephemeridenzeit (Abk.: EZ bzw. ET für engl. gleichbed. Ephemeris time): ein in Ephemeridensekunden als Einheit ausgedrücktes streng gleichförmiges

Zeitmaß. Der E. liegt die Länge einer Sekunde, gleich 1/31556925,97474 eines tropischen Jahres zum Beginn unseres Jahrhunderts, genauer zum Termin 1900 Januar 0,5 E., zugrunde. Im Unterschied zur astronomisch definierten E. wird seit 1984 eine mit der Internat. Atomzeit verknüpfte **dynamische** E. (**Dynamical time**; Abk.: TD für frz. gleichbed. temps dynamique) in den Jahrbüchern benutzt. Zeiteinheit ist die SI-Sekunde (Atomsekunde), mit Atomuhren auf Meereshöhe gemessen und daher unabhängig von der Erddrehung. Bei der seit 1984 eingeführten TD unterscheidet man zwischen TDB und TDT.

Die **baryzentrische dynamische Zeit** (TDB) benutzt man für Bewegungsgleichungen, die sich auf den Schwerpunkt des Sonnensystems beziehen, die **terrestrische dynamische Zeit** (TDT) für Ephemeriden, die den scheinbaren geozentrischen Ort angeben. Um die Kontinuität zwischen alter und neuer E. zu gewährleisten, wurde die Differenz zwischen TDT und der Internat. Atomzeit (TAI) auf den Wert der zur Zeit geschätzten Differenz zwischen ET und TAI gesetzt, also

$$TDT = TAI + 32,184 \text{ s}.$$

Der Unterschied zwischen TDB und TDT, der durch den Umlauf der Erde bedingt ist, ist für den Amateur vernachlässigbar, denn er beträgt maximal rund 0,0017 s.

Epimetheus [nach dem gleichnamigen Titanen der griech. Sage, Bruder des Prometheus]: ein Satellit des ↑ Saturn.

Epizykeltheorie: von griechischen Gelehrten entwickelte Theorie, die die Rückläufigkeit und Schleifenbewegung der Planeten aus geozentrischer Sicht auf ineinander geschachtelte Kreisbewegungen um die Erde zurückführt.

Im Sinne der ↑ Aristotelischen Bewegungslehre hatten sich alle himmlischen Körper auf Kreisbahnen zu bewegen. Besonders schwierig war es für die damaligen Astronomen, die Planetenbewegungen auf Kreisbahnen zurückzuführen, da die beobachtbare rückläufige Planetenbewegung sich nicht durch eine einfache unveränderliche Kreisbewegung um den Mittelpunkt Erde erklären läßt. Griechische Astronomen erdachten verschiedene sinnreiche und schöne Modelle, um das Wandern der Planeten in Übereinstimmung mit dem Dogma, daß Himmelskörper sich (mit konstanter Geschwindigkeit) zeitlich unbegrenzt um die ruhende Erde bewegen, zu bringen. Im ↑ Ptolemäischen Weltbild wird die Planetenbewegung auf eine Kombination von Kreisbewegungen zurückgeführt. Im einfachsten Fall bewegt sich der Planet nicht direkt auf einem Kreis um den Mittelpunkt der Erde, sondern auf einem kleinen Nebenkreis, **Epizykel** genannt. Das Zentrum des Epizykels wiederum umläuft einen größeren Kreis, den sog. **Deferenten**, in dessen Mittelpunkt die Erde ruht. Als Folge dieser ineinandergeschachtelten Kreisbewegung scheint sich der Planet zeitweise rückwärts zu bewegen. Die rückläufige Bewegung erfolgt nach dieser Überlegung, wenn der Planet näher bei der Erde steht und heller erscheint. Mit Hilfe dieser epizyklischen Bewegung war somit im Sinne der Aristotelischen Bewegungslehre eine Theorie für die rück- und vorläufige Bewegung der Planeten gefunden. Abb. 1 zeigt das Prinzip.

Mit einer angemessenen Wahl für die Radien von Deferenten und Epizykeln

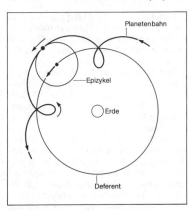

Epizykeltheorie (Abb. 1). Deutung der scheinbaren Planetenbewegung als Bewegung auf Epizykeln

Epoche

zueinander sowie für die Umlaufzeiten in den Kreisen schufen die Griechen eine Theorie für die Bewegung des Mondes und der fünf damals bekannten Planeten Merkur, Venus, Mars, Jupiter und Saturn, die mit den Beobachtungsdaten in etwa übereinstimmte. Genauer beobachtet, zeigten sich jedoch infolge der gleichförmigen Planetenbewegungen kleine Widersprüche, die sich nicht als Beobachtungsfehler wegdiskutieren ließen. Ptolemäus griff, um Theorie und

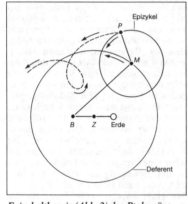

Epizykeltheorie (Abb. 2) des Ptolemäus

Beobachtung in Einklang zu bringen, insbes. zu folgenden Kunstgriffen:
1. Das Zentrum eines jeden Deferenten setzte er ein klein wenig entfernt von der Erde.
2. Den Epizykelmittelpunkt ließ er nicht gleichmäßig auf dem Deferenten umlaufen, sondern mit gleichmäßiger Winkelgeschwindigkeit relativ zu einem exzentrisch im Deferenten gelegenen Punkt *B*, dem **Equanten,** rotieren.

Durch Neigung der Epizykelebene gegen die des Deferenten findet auch noch die Neigung der Planetenbahnen in diesem Modell ihre Berücksichtigung.

Trotz dieser Korrekturen ließen sich die scheinbaren Bahnen von Merkur (wegen der größeren Bahnexzentrizität als die der anderen Planeten) und Mond nur schwer darstellen, so daß man gezwungen war, zu Epiepizykeln überzugehen, eine weitere Komplizierung dieser zunächst einfachen Theorie.

Neben Ptolemäus hat auch Kopernikus die E. in dem nach ihm benannten ↑ Kopernikanischen Weltbild zur besseren Berechnung der scheinbaren Bewegungen von Mond und Planeten benötigt. Erst nachdem J. Kepler das Aristotelische Dogma, wonach sich Himmelskörper nur auf Kreisbahnen bewegen konnten, verworfen hatte, wurde die E. zur Erklärung der Planetenbewegungen hinfällig. Mit der Entdeckung, daß Planeten auf ellipsenförmigen Bahnen gemäß den ↑ Kepler-Gesetzen die Sonne umlaufen, waren zur Erklärung der rück- und vorläufigen Bewegung der Himmelskörper an der Sphäre keine mathematischen Hilfskonstruktionen mehr erforderlich.

Epoche [griech., eigtl. = das Anhalten]: Zeitpunkt, auf den Beobachtungen oder bestimmte Größen bezogen werden. Die Angabe der E. ist notwendig, da es im Raum kein festes Koordinatensystem gibt.

So ist wegen der Wanderung des Frühlingspunktes (hpts. als Folge der ↑ Präzession) bei den in Sternkatalogen gebräuchlichen Angaben von ↑ Rektaszension und ↑ Deklination sowie bei Bahnelementen der Bezugszeitpunkt mit anzuführen. Bei ↑ Veränderlichen gibt die E. das Datum des Helligkeitsmaximums bzw. -minimums an.

Viele heute gebräuchliche Sternverzeichnisse, Sternkarten, Ephemeriden und Verzeichnisse von Bahnelementen verwenden die Epoche 1950.0. Das bedeutet, daß sich die Koordinaten und Bahnelemente auf das sphärische Koordinatensystem beziehen, das durch den mittleren Äquator und das Äquinoktium zum Zeitpunkt des Beginns des ↑ Bessel-Sonnenjahres 1950 definiert ist. Das Julianische Datum dieses Zeitpunktes ist JD 2 433 282.432, entsprechend 1950, Januar 0.923 (gleichbedeutend 1949, Dezember 31 $22^h 9^m 7,2^s$ Weltzeit).

Die neue Standard-E. bezieht sich, da seit 1950 mehr als die Hälfte der Zeit bis zum Jahre 2000 schon verstrichen ist, auf den mittleren Äquator und das Äquinoktium zum Zeitpunkt JD 2 451 545.0, entsprechend 2000, Januar 1.5. Damit liegt

Erde

zwischen der neuen E. 2000.0 und der von Newcomb für die fundamentalen Ephemeriden genommenen E. 1900 genau ein Julianisches Jahrhundert zu 36 525 Tagen. Die neue Standard-E. beruht aber nicht mehr auf dem Bessel-Sonnenjahr, sondern auf dem Julianischen Jahr. Um Verwechslungen zu vermeiden, kennzeichnet man die E. nach dem Julianischen Jahr mit J, die nach dem Bessel-Sonnenjahr mit B.
Die Julianischen Daten der gebräuchlichen Standard-E.n sind:

$1900.0 = 1900,$ Januar $0, 12^h$ UT
$= 2 415 020.000$
B $1950.0 = 1950,$ Januar 0.923
$= 2 433 282.423$
J $2000.0 = 2000,$ Januar $1, 12^h$ UT
$= 2 451 545.000$

Für die Umrechnung von Koordinaten und Bahnelementen von einer E. auf die andere existieren handliche Näherungsformeln.
Equ: Abk. für **Equuleus** (↑ Füllen).

Equuleus [lat. = Füllen]: wiss. Name für das Sternbild ↑ Füllen.
Erdachse: die Rotationsachse der Erde.
erdartige Planeten: die Planeten Merkur, Venus, Erde und Mars. Diese Planeten haben im Vergleich zu den ↑ jupiterartigen Planeten relativ kleine Massen (0,055 bis 1 Erdmasse), relativ kleine Radien (2 439 km bis 6 378 km), aber relativ große mittlere Dichten (3,93 g/cm^3 bis 5,52 g/cm^3) und wenige oder gar keine Satelliten.
Erdatmosphäre: die Lufthülle der ↑ Erde.
Erde: der dritte Planet unseres Sonnensystems. Der Äquatordurchmesser beträgt rund 12 756 km, der Abstand der Pole 12 714 km. Die E. hat eine Masse von $5,974 \cdot 10^{24}$ kg, ihre mittlere Dichte liegt bei 5,52 g/cm^3. Die Entfernung von der Sonne schwankt zwischen $147 \cdot 10^6$ km (Anfang Januar) und $152 \cdot 10^6$ km (Anfang Juli); sie liegt im Mittel bei $149,6 \cdot 10^6$ km. Die Bahnexzentrizität ist

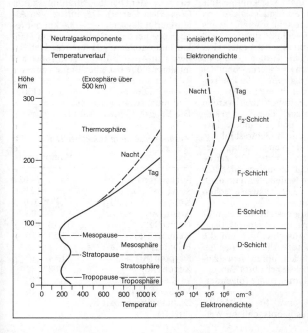

Erde. Temperaturverlauf und Elektronendichteverteilung in der Erdatmosphäre

Erde

0,016. Die siderische Rotationsperiode beträgt rund 23 h 56 min 4 s, die Umlaufzeit um die Sonne 365,256 Tage. Die mittlere Umlaufgeschwindigkeit um die Sonne beträgt 29,8 km/s. Die Äquatorneigung gegen die Bahnebene (Schiefe der Ekliptik) liegt bei 23° 27′ 8″.
Die Rotationsachse der Erde verändert ihre Lage im Raum ständig. Neben kleineren, kurzperiodischen Veränderungen führt die Erde eine kreiselförmige Bewegung aus, bei der die Erdachse sich in etwa 25 800 Jahren (auf den Ekliptiknordpol blickend) im Uhrzeigersinn um den Pol der Ekliptik bewegt und dabei einen Kegel beschreibt. Dieser ↑ Präzession sind noch Schwankungen mit einer 19jährigen Periode, die sog. langperiodische ↑ Nutation, überlagert.
Kenntnisse vom inneren Aufbau der E. kann man z. B. durch Beobachtung von Erdbebenwellen, die unter Brechung und Reflexion den ganzen Erdkörper durchlaufen, erhalten. Die ozeanische Erdkruste ist basaltisch und normalerweise nur 5 km dick. Die kontinentale Erdkruste hat eine normale Dicke von 30 bis 70 km und besteht größtenteils aus Granit. Darunter schließt sich bis 2900 km Tiefe der silikatische, feste, aber plastisch verformbare Erdmantel an. Es folgt der metallische Erdkern, wobei der äußere Erdkern (bis rund 5 100 km Tiefe) wohl flüssig, der innere fest ist.
Rund 70% der Erdoberfläche werden von Ozeanen bedeckt. Die E. ist tektonisch sehr aktiv und verändert ihre Oberfläche, z. B. durch Gebirgsbildung, Vulkanismus und Verschiebung der Kontinentalplatten, ständig. Die starke Verwitterung sorgt immer wieder für eine Glättung des Reliefs, weshalb auch Einschlagkrater vergleichsweise selten erhalten geblieben sind.
Die **Erdatmosphäre** besteht im wesentlichen aus Stickstoff und Sauerstoff. Letzterer dürfte fast ausschließlich auf die Aktivität von Photosynthese treibenden Organismen zurückzuführen sein (Zusammensetzung trockener Luft ↑ Tab.).
Man teilt die Erdatmosphäre folgenderweise auf:
Troposphäre (bis etwa 10 km Höhe). Hier spielt sich das hauptsächliche Wettergeschehen ab. Die Temperatur sinkt mit der Höhe.
Stratosphäre (in etwa 10 bis 50 km Höhe). Sie enthält die Ozonschicht (Maximum bei rund 25 km Höhe). Die Temperatur bleibt mit zunehmender Höhe konstant oder steigt.
Mesosphäre (etwa 50 bis 80 km Höhe). Sie ist gekennzeichnet durch starke Temperaturabnahme bis auf rund −80°C.
Thermosphäre (bis etwa 500 bis 1 000 km Höhe) mit dem Bereich der ↑ Ionosphäre, die verschieden geladene Schichten enthält (D-Schicht, E-Schicht, F_1-Schicht, F_2-Schicht). Die Temperatur steigt mit der Höhe und nimmt schließlich in der oberhalb der Thermosphäre gelegenen **Exophäre** Werte bis über 2 000 °C an. Die Abgrenzung der Exosphäre zum Weltraum ist fließend.
Das **Erdmagnetfeld** ist etwa $5 \cdot 10^{-5}$ Tesla stark. Dieses Feld kann elektrisch geladene Teilchen aus dem Weltraum einfangen und ist so verantwortlich für die Existenz der beiden Strahlungsgürtel **(Van-Allen-Gürtel)**. Der innere Van-Allen-Gürtel liegt in etwa 4 000 km mittlerer Höhe bei einer Breite von rund 3 000 km und enthält v. a. Protonen. Der äußere Van-Allen-Gürtel liegt in 16 000 km mittlerer Höhe bei einer Breite von etwa 7 000 km und enthält vornehmlich Elektronen. Die beiden Van-Allen-Gürtel sind nicht scharf getrennt.
Die E. besitzt einen ↑ Mond.

Zusammensetzung trockener Luft

Gas	Volumprozente
Stickstoff (N_2)	78,084
Sauerstoff (O_2)	20,946
Kohlendioxid (CO_2)	0,033
Argon (Ar)	0,934
Neon (Ne)	$18,18 \cdot 10^{-6}$
Helium (^{4}He)	$5,24 \cdot 10^{-6}$
Heliumisotop (^{3}He)	$6,55 \cdot 10^{-12}$
Krypton (Kr)	$1,14 \cdot 10^{-6}$
Xenon (Xe)	$0,087 \cdot 10^{-6}$
Wasserstoff (H_2)	$0,5 \cdot 10^{-6}$
Methan (CH_4)	$2 \cdot 10^{-6}$
Distickstoffmonoxid (N_2O)	$0,5 \cdot 10^{-6}$

Eruptionsveränderliche

Erdlicht: ein schwaches, aschgraues Licht, in dem die Nachtseite des Mondes wenige Tage vor oder nach Neumond erscheint. Es handelt sich hierbei um von der Erde auf die Mondoberfläche reflektiertes Sonnenlicht.

Erdmagnetfeld: das dipolförmige Magnetfeld der Erde. Die magnetische Achse ist um etwa 11° gegen die Rotationsachse der Erde geneigt. 1970 lag der magnetische Nordpol bei 78,6° n. Br. und 70,1° westlicher Länge. Er ändert seine Lage ständig, einige tausendstel Grad jährlich. In der Erdgeschichte kippte das E. wiederholt um 180°. Am geomagnetischen Äquator beträgt die horizontale Magnetfeldstärke durchschnittlich $3,1 \times 10^{-5}$ Tesla, am magnetischen Nordpol hat die vertikale Feldstärke einen Wert von $5,8 \times 10^{-5}$ Tesla. Eine horizontal und vertikal frei bewegliche Magnetnadel richtet sich parallel zu den Magnetfeldlinien aus. Man bezeichnet dabei die Neigung gegen die Erdoberfläche als Inklination, die Abweichung von der geographischen Nordrichtung als Deklination.
Nach den ↑Dynamotheorien wird das E. hpts. durch elektrische Ströme im Erdinnern hervorgerufen. Dieses Hauptfeld zeigt langfristige Variationen. Aber auch die in der ↑Ionosphäre auftretenden Ströme und die Sonnenaktivität beeinflussen das Erdmagnetfeld. Es treten periodische erdmagnetische Variationen und infolge starker Sonnenaktivität erdmagnetische Stürme auf.
Da das E. elektrisch geladene Partikel des Sonnenwindes einfängt, bilden sich die Van-Allen-Gürtel der ↑Erde. Den gesamten Bereich oberhalb von etwa 1000 km Höhe, in dem sich nahezu ausschließlich elektrisch geladene Teilchen befinden, deren Bewegungen durch das E. beeinflußt werden, nennt man ↑Magnetosphäre.

Erdmond ↑Mond.

Erdsatellit: ein Körper, der sich unter dem Einfluß der Erdanziehung im freien Fall um die Erde bewegt. Als einziger natürlicher E. ist der Mond bekannt.

Erektion [aus lat. erectio = Aufrichtung]: eine periodische Störung der Mondbewegung infolge unterschiedlicher Stellungen von Sonne, Mond und ↑Apsidenlinie der Mondbahn.

Eri: Abk. für ↑Eridanus.

Eridanus [griech.-lat.] (Fluß Eridanus; Abk.: Eri): ein weit ausgedehntes Sternbild des südlichen Himmels. Nur die nördlichen Teile sind von mittleren Breiten aus im Winter am Abendhimmel sichtbar. Nicht sichtbar von diesen Beobachtungsorten ist der hellste Stern ↑Achernar.

Eros [nach dem gleichnamigen griech. Gott der sinnlichen Liebe]: 1898 von C. G. Witt entdeckter Planetoid, der die Nummer 433 trägt. Mit E. war erstmals ein Kleinplanet entdeckt worden, dessen Bahn zum Teil innerhalb der Marsbahn verläuft. Es handelt sich um einen länglich geformten Körper der Größe $35 \cdot 16 \cdot 17$ km mit einer Masse von rund $5 \cdot 10^{15}$ kg. Sein Abstand von der Sonne schwankt zwischen 1,13 AE und 1,78 AE; er liegt im Mittel bei 1,46 AE. E. nähert sich der Erde bis auf minimal rund 0,15 AE. Die Bahnneigung gegen die Ekliptik beträgt 10,8°, die Bahnexzentrizität liegt bei 0,223. E. umkreist die Sonne in 642 Tagen und hat eine Rotationszeit von etwa 5 h 16 min.
Historisch interessant ist, daß E. Anfang des 20. Jahrhunderts noch zur Bestimmung der astronomischen Einheit (AE) benutzt wurde. Aus der Kenntnis seiner Bahn ließ sich mit Hilfe des dritten Kepler-Gesetzes seine Entfernung zur Erde in Einheiten der Erde-Sonne-Entfernung (AE) ausdrücken. Durch trigonometrische Messungen seines Abstands zur Erde, wenn er dieser nahe kam, ließ sich sein Abstand auch in Kilometern bestimmen. Durch Vergleich der so gewonnenen Entfernungsangaben (in km und AE) erhielt man auch die astronomische Einheit in km.

erster Vertikal: der durch den Ost- und Westpunkt am Horizont verlaufende Höhenkreis. Dabei versteht man unter Höhenkreis einen Großkreis, der senkrecht auf dem Horizont steht und damit durch ↑Zenit und ↑Nadir geht.

Eruptionsveränderliche [lat. eruptio = Ausbruch]: eine Gruppe der ↑Veränderlichen, deren Helligkeitsänderungen sporadisch und abrupt erfolgen.

eruptive Protuberanz [zu lat. erumpere, eruptum = hervorbrechen, ausbrechen]: eine ↑ Protuberanz, bei der chromosphärische Materie in die Sonnenkorona geschleudert wird.

ESA: Abk. für European Space Agency; 1975 gegründete europäische Weltraumorganisation (Sitz Paris), die die zuvor von ESRO (European Space Research Organization, Europäische Organisation zur Erforschung des Weltraums; gegründet 1962) und ELDO (European Space Vehicle Launcher Development Organization, Europäische Organisation für die Entwicklung von Trägerraketen; gegründet 1964) wahrgenommenen Aufgaben der Entwicklung und des Baus von Satelliten bzw. Trägerraketen für friedliche Zwecke übernahm und die Zusammenarbeit der europäischen Staaten in der Weltraumforschung und Raumfahrttechnologie gewährleisten soll. Mitgliedstaaten: Belgien, BR Deutschland, Dänemark, Frankreich, Großbritannien, Irland, Italien, Niederlande, Schweden, die Schweiz und Spanien.

Die ESA umfaßt neben dem Hauptquartier in Paris folgende Einrichtungen: das European Space Research and Technology Centre (**ESTEC**; Europäisches Raumfahrtforschungs- und -technikzentrum) in Noordwijk (Niederlande), das European Space Research Institute (**ESRIN**; Europäisches Raumforschungsinstitut) in Frascati (Italien) und das European Space Operations Centre (**ESOC**; Europäisches Operationszentrum für Weltraumforschung) in Darmstadt, das mit Erfassung und Verarbeitung der über die Bodenstationen Michelstadt, Redu (Belgien), Villafranca del Castillo (Spanien) und Kouru (Frz.-Guayana) empfangenen Daten betraut ist. Wichtigste Projekte der ESA sind gegenwärtig das Weltraumlaboratorium Spacelab und die Trägerrakete Ariane.

E-Schicht: eine ionisierende Schicht in der Atmosphäre der Erde, die bei etwa 115 km Höhe liegt und Teil der ↑ Ionosphäre ist.

ESO: Abk. für: European Southern Observatory (↑ Südsternwarte).

ET: Abk. für engl. Ephemeris time (↑ Ephemeridenzeit).

Europa [nach der gleichnamigen Geliebten des Zeus in der griech. Mythologie]: einer der vier Hauptmonde des ↑ Jupiters. E. ist von einem Eismantel überzogen. Risse darin erscheinen als dunkle Linien auf hellem Grund.

Europäisches Südliches Observatorium: svw. ↑ Südsternwarte.

Europäische Südsternwarte ↑ Südsternwarte.

European Southern Observatory [jʊərə'piːən 'sʌðən əb'zəːvətrɪ]: svw. ↑ Südsternwarte.

Evektion [zu lat. evehere, evectum = herausführen, hinausfahren]: eine Störung in der Bewegung des Mondes durch Sonne und Planeten.

Die bereits von Ptolemäus entdeckte sog. große Ungleichheit oder Ungleichförmigkeit in der Mondbewegung hat ihre Ursache in der Verschiebung der ↑ Apsiden und der ↑ Exzentrizität. Innerhalb einer Periode von 32 Tagen kann sich die ekliptische Länge des Mondes um 1° 16′ vergrößern oder verkleinern.

Exosat [Abk. für engl. ESA's X-ray observatory satellite]: ein am 26. Mai 1983 von der europäischen Raumfahrtbehörde ESA in eine elliptische Erdumlaufbahn gebrachter Satellit zur Beobachtung von elektromagnetischer Strahlung im Bereich von kurzwelliger UV- bis zu kurzwelliger Röntgenstrahlung.

Exosphäre [griech. éxō = außen, außerhalb]: eine Schicht in der Atmosphäre der ↑ Erde.

Expansion des Weltalls [aus lat. expansio = Ausdehnung]: die zeitlich veränderliche räumliche Ausdehnung des Weltalls. Der Anschauung nach ist der Sternenhimmel ein Symbol der Unveränderlichkeit. Naheliegend ist daher die Vorstellung eines statischen, unveränderlichen Universums. Diese Vorstellung findet sich in den wichtigsten antiken und mittelalterlichen Weltmodellen wieder, die den Kosmos als ruhend und begrenzt ansehen.

Erst theoretische Überlegungen von W. de Sitter und A. A. Friedmann gipfelten unabhängig voneinander in der Aussage, daß ein statisches Weltall aus Stabilitätsgründen nicht existieren kann. In beiden Fällen wiesen die mathematischen Gleichungen auf ein evolutionäres Weltall, das entweder kontrahiert oder expandiert. Diese theoretischen Voraussagen führten schließlich über die Beobachtung extragalaktischer Nebel zur Entdeckung des ↑Hubble-Effekts.

Die Interpretation der Spektrallinienverschiebung extragalaktischer Objekte durch E. P. Hubble als ↑Doppler-Effekt liefert eine allgemeine Expansionsbewegung der Sternsysteme. Die Deutung der Rotverschiebung als Doppler-Effekt wird heute untermauert durch das Auffinden der gleichen relativen Verschiebungswerte eines Objekts (z. B. einer Galaxie) über große Bereiche seines Spektrums, von langwelliger Radiostrahlung bis hin zur Röntgenstrahlung. Neben der Doppler-Verschiebung kennen wir gegenwärtig nur einen einzigen weiteren Effekt, durch den die Spektrallinien zum Roten hin verschoben sein könnten: die ↑Gravitationsrotverschiebung. Diese kann hier jedoch als alleinige Ursache ausgeschlossen werden, da sie nicht systematisch von der Entfernung der Galaxien abhängig sein dürfte. Sieht man von der Einführung eines neuen Naturgesetzes ab, scheidet eine alternative Deutung der Rotverschiebung aus. Damit dürfte die Expansion real sein.

Die quantitative Bestimmung der Expansionsgeschwindigkeit ist mit Hilfe des Hubble-Effekts möglich. Von besonderem Interesse für die Kosmologie ist die Frage nach der zeitlichen Entwicklung der Expansionsgeschwindigkeit. Diese Frage ist prinzipiell beantwortbar durch die Beobachtung von Objekten in unterschiedlichen Entfernungen. Solche Beobachtungen bedeuten nämlich, da jeder Blick in den Raum zugleich auch ein Blick in die Zeit zuvor ist, auch eine Beobachtung von Objekten aus unterschiedlichen Zeiten. Durch Ermittlung der Expansionsgeschwindigkeiten aus verschiedenen Zeiten läßt sich im Prinzip eine Zeitabhängigkeit des Hubble-Parameters H herausfinden. Die derzeit erreichte Beobachtungsgenauigkeit läßt aber eine eindeutige Aussage noch nicht zu.

Die Annahme einer von der Erde aus in allen Richtungen auftretenden Expansion kann leicht zu dem Trugschluß führen, die Erde hätte – wie in historisch überholten Weltbildern behauptet – eine ausgezeichnete Stellung im All. Bei Übergang zur vektoriellen Betrachtungsweise läßt sich der scheinbare Eindruck eines nur von uns wegflutenden Galaxienfeldes leicht ausräumen. Ein solcher Eindruck entsteht vielmehr für einen fiktiven Beobachter an jedem beliebigen Ort im Weltall.

Sei $\vec{v}_r$ der Geschwindigkeitsvektor in r-Richtung, z. B. die Radialgeschwindigkeit einer Galaxie mit dem Abstand r, so gilt nach dem Hubble-Effekt:

$$\vec{v}_r = H \cdot \vec{r}.$$

Entsprechend ergibt sich von einer beliebigen Galaxie aus betrachtet, die bei r_b liegt und sich mit v_b relativ zu uns bewegt, ein analoges Hubble-Strömungsfeld, nämlich:

$$(\vec{v}_r - \vec{v}_b) = H(\vec{r} - \vec{r}_b).$$

Es liegt offenbar eine allgemeine Expansion des Raumes über große Entfernungen vor. Die Galaxien stellen, sieht man von Pekuliarbewegungen einmal ab, gewissermaßen die Markierungspunkte für ein mitexpandierendes Koordinatensystem dar.

Explorer [ɪksˈplɔːrə; engl. = Kundschafter]: Bez. für unbemannte amerikanische Forschungssatelliten, die zur Erforschung des interplanetaren Mediums sowie der Exosphäre der Erde eingesetzt wurden. E. 1 war der erste amerikanische Satellit, der erfolgreich gestartet wurde (1. Februar 1958). Seine Masse betrug nur 14 kg. Die Höhe seiner Umlaufbahn um die Erde schwankte zwischen 359 und 2549 km. Mit seiner Hilfe wurde der ↑Van-Allen-Gürtel nachgewiesen.

Extinktion [aus lat. extinctio = das Auslöschen]: die frequenzabhängige Schwächung der Helligkeit eines Gestirns durch Absorption, Streuung und Beugung des Strahlungsstroms auf dem Weg vom Stern zum Beobachter. Die E. ist zeitlich sehr veränderlich, wobei v. a. die kurzwelligen Schwankungen die Beobachtung stören.

Die E. für einen festen Spektralbereich

ist abhängig von der Weglänge des Strahlungsstroms durch die Erdatmosphäre und durch die interstellare Materie. Die Weglänge innerhalb der Erdatmosphäre für den visuellen Spektralbereich korreliert mit der Höhe des Gestirns über dem Horizont bzw. mit der Zenitdistanz. Die folgende Tab. zeigt mittlere E.swerte in Abhängigkeit von der Zenitdistanz z des Gestirns:

z	Δm_{vis}	z	Δm_{vis}	z	Δm_{vis}
0°	0,00	40	0,06	75	0,65
10	0,00	50	0,12	80	0,99
20	0,01	60	0,23	85	1,77
30	0,03	70	0,45	87	2,61

Die Lichtschwächung durch interstellare Materie ist begleitet von einer rötlichen Verfärbung. Form und Zusammensetzung der interstellaren Materie sind aber bisher nicht eindeutig bestimmbar. Daher muß derzeit mit Staubmodellen gearbeitet werden. Danach beträgt die Lichtschwächung durch den interstellaren Staub im Mittel 0^{m}3/kpc, in der galaktischen Ebene sogar bis 2^{m}0/kpc.
Die interstellare E. verfälscht das ↑Abstandsgesetz der Helligkeit und ist daher das schwierigste Problem bei der ↑Entfernungsbestimmung.

extragalaktische Systeme [lat. extra = außerhalb]: Bez. für Sternsysteme außerhalb unseres Milchstraßensystems (Galaxis).

extraterrestrische Astronomie [zu lat. extra = außerhalb und lat. terra = Erde]: Sammelbez. für diejenigen astronomischen Forschungsbereiche, die ihre Beobachtungen und Messungen außerhalb der Erdatmosphäre vornehmen.
Die e. A. ist vorerst noch mit einem hohen technischen und finanziellen Aufwand verbunden. Ungeachtet großartiger Erfolge werden extraterrestrische Erkundungen daher auch in absehbarer Zukunft nur in Ergänzung zu der erdbetriebenen Astronomie durchgeführt.

Exzentrizität [zu nlat. excentricus, das für lat. eccentricus steht; zu griech. ékkentros = exzentrisch (im geometrischen Sinne)]: ein ↑Bahnelement. Dabei versteht man in der Mathematik bei einem Kegelschnitt unter **linearer E.** e den Abstand eines Brennpunktes vom Mittelpunkt. Für die lineare E. ergibt sich

$$e = \sqrt{a^2 - b^2},$$

wobei a die große und b die kleine Halbachse der Ellipse ist.
Unter **numerischer E.** ε versteht man das Verhältnis der linearen E. zur halben großen Achse a, also

$$\varepsilon = \frac{e}{a}$$

oder

$$\varepsilon = \frac{\sqrt{a^2 - b^2}}{a}.$$

EZ: Abk. für ↑Ephemeridenzeit.

F

Fackel (Sonnenfackel): größeres Gebiet in Photosphäre und Chromosphäre der Sonne, das durchschnittlich rund 10% heller ist als die ungestörte Photosphäre und einen Durchmesser bis zu 50 000 km haben kann. F.n sind typische Erscheinungen von Aktivitätszentren der Sonne. Während sich Sonnenflecken stets in F.gebieten befinden, werden F.gebiete schon wegen ihrer längeren Lebensdauer bis zu mehreren Monaten nicht immer von Sonnenflecken begleitet. Die Statistik der F.positionen auf der Sonnenoberfläche gleicht der der Sonnenflecken. In den Jahren vor oder während des Minimums erscheinen zusätzlich sehr kleine F.n in hohen Breiten der Sonne.
Auf gewöhnlichen Sonnenaufnahmen, die die Photosphäre abbilden, sieht man F.n nur am Sonnenrand. In F.gebieten sind die höheren Schichten der Sonnen-

atmosphäre um einige 100 K heißer als die Umgebung, die tieferen hingegen kühler als die Umgebung, so daß sich auf der Sonnenmitte Strahlungsüberschuß der zu heißen und Strahlungsdefizit der zu kühlen Schichten kompensieren. Auf H_α- und CaII-Spektroheliogrammen sind F.n auf der ganzen Sonnenscheibe gut sichtbar.

Falschfarbenfilm: andere Bez. für ↑Infrarotfarbfilm.

Ein Infrarotfarbfilm registriert verschiedene Helligkeitsstufen als unterschiedliche Farben, die nicht dem natürlichen Farbeindruck entsprechen. Folgerichtig spricht man von Pseudofarbcodierung oder Falschfarbendarstellung.

Farbe: In der *Astronomie* wird der Begriff „F." mehrdeutig verwendet. Unter „F." versteht man: 1. einen je nach Art der Wellenlängenzusammensetzung des ins Auge gelangenden Lichts ausgelösten Sinneseindruck; 2. Spektralbänder, wie z. B. U, B, V, die durch den Meßbereich des jeweiligen Empfängers definiert sind (↑Helligkeitssysteme); 3. die quantitative Eigenschaft eines astronomischen Objekts (↑Farbindex).

Farben-Helligkeits-Diagramm (Abk.: FHD): ein ↑Zustandsdiagramm, bei dem nicht wie beim ↑Hertzsprung-Russell-Diagramm die Spektralklasse, sondern wegen deren schwieriger Bestimmung bei lichtschwachen Sternen die ↑Farbe als Ersatz für die Spektralklasse aufgetragen wird.

Das zunächst als Notbehelf erscheinende FHD hat sich aber wegen seiner Bedeutung insbes. bei Sternhaufen als wichtiges Zustandsdiagramm erwiesen.

Als Abszisse trägt man anstelle der Spektralklasse den temperaturspezifischen ↑Farbindex (B−V) auf. Als Ordinate genügt es bei Sternhaufen (alle Mitglieder haben in etwa die gleiche Entfernung) sogar, die scheinbare Helligkeit zu benutzen, da diese sich von der absoluten Helligkeit in diesem speziellen Fall nur um eine Konstante unterscheidet. Die Eichung der Ordinate kann dann durch Vergleich der Hauptreihen, d. h. Aufschieben auf ein FHD von Sternen bekannter Entfernung, etwa der sonnennahen Sterne, erfolgen.

Schwieriger dagegen ist die Eliminierung der durch interstellare Verfärbung (↑Farbexzeß) hervorgerufenen Verfälschungen.

Farbexzeß (Farbenexzeß; Abk.: E): Die durch selektiv absorbierende Materie im interstellaren Raum hervorgerufene „Verfärbung" der Sternstrahlung bezeichnet man als Farbexzeß. Laut Definition gilt für Farbe im Sinne von Farbindex: F. = gemessene Farbe minus Eigenfarbe.

Beispiel: $E_{BV} = (B-V) - (B-V)_0$, wobei der Index 0 die Eigenfarbe, also den sterneigenen ↑Farbindex markiert.

Eigenfarben eines Sterns sind nicht ohne weiteres bekannt, so daß eine Trennung von Eigenfarbe und verfälschtem Farbindex besonders bei sehr weit entfernten Sternen problematisch und bestenfalls nur schrittweise möglich ist.

Farbindex (Farbenindex; Abk.: FI): Differenz zweier in Größenklassen ausgedrückter Helligkeiten bei verschiedenen Wellenlängen, wobei stets

$$FI = m_{kurzwellig} - m_{langwellig}$$

vereinbart ist. Beispiel:

$$CI \text{ (Color index)} = m_{phot} - m_{vis};$$

oder im UBV-System (↑Helligkeitssysteme):

$$B - V = m_{blau} - m_{vis}.$$

Die Nullpunkte der verschiedenen Helligkeitssysteme werden so festgelegt, daß alle Farbindizes für A0V-Sterne (↑Spektralklasse) gleich null sind. Ein positiver F. bedeutet daher, daß das Maximum der Sternstrahlung bei größerer Wellenlänge liegt. In diesem Fall ist der Stern im roten Spektralbereich heller als ein A0V-Stern. Entsprechend bedeutet ein negativer F., daß das Maximum der Sternstrahlung bei kleineren Wellenlängen liegt, der Stern also im blauen Spektralbereich heller als ein A0V-Stern ist.

Farbtemperatur: eine Temperatur, die auf der Messung der Energieverteilungskurve in einem Spektralbereich beruht. Die F. ist die Temperatur eines ↑Hohlraumstrahlers, der im betrachteten Spektralbereich eine möglichst ähnliche Energieverteilung aufweist.

Feldnebel: ein Sternsystem, das keinem Galaxienhaufen zugeordnet werden kann.

Feldpopulation: mitunter benutzte Bez. für die Population I. Die Bez. ist historisch bedingt. Da alle Feldsterne der Sonnenumgebung der Population I angehören, gab man der Population I den Namen Feldpopulation. Im Unterschied dazu nannte man die Population II „Kernpopulation", da die Sterne des Kerns unseres Milchstraßensystems ausnahmslos der Population II angehören.

Feldstern: ein dem allg. Sternfeld angehörender Stern, der im Gegensatz zum ↑ Haufenstern keinem Sternhaufen angehört.

Fernrohr (Telescopium; Abk.: Tel): ein kleines lichtschwaches Sternbild des südlichen Himmels.

tet daher bei flächenhaften Objekten Einzelheiten zu erkennen; andererseits verdichtet es den einfallenden Energiestrom, so daß das Objekt heller erscheint bzw. lichtschwache Objekte überhaupt erst sichtbar werden.

Die wichtigsten Kenngrößen eines F.s sind Objektivdurchmesser bzw. ↑ Öffnungsverhältnis, ↑ Auflösungsvermögen, ↑ Lichtstärke und ↑ Vergrößerung.

Man unterscheidet bei den optischen F.en das ↑ Linsenteleskop, wegen der in den Linsen erfolgten Lichtbrechung (Refraktion) auch Refraktor genannt, und das ↑ Spiegelteleskop, wegen der an den Spiegeloberflächen stattfindenden Lichtreflexion auch Reflektor genannt.

Bei beiden F.typen fällt das vom Objekt kommende Licht auf eine lichtsammelnde Optik, das Objektiv. Beim Linsentele-

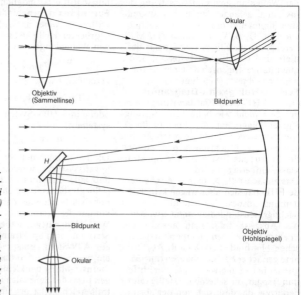

Fernrohr. Strahlenverlauf bei Linsen- (oben) und Spiegelteleskop. H ist ein Hilfsspiegel, der den Strahlengang aus dem Fernrohr lenkt

Fernrohr (Teleskop):
◊ optisches Gerät, mit dessen Hilfe es möglich ist, weit entfernte Gegenstände zu sehen. Ein F. vergrößert einerseits den Sehwinkel, unter dem das Objekt dem Auge ohne F. erscheint, und gestat-

skop ist das Objektiv eine Sammellinse oder ein als Sammellinse wirkendes Linsensystem, beim Spiegelteleskop dagegen ein lichtsammelnder Spiegel. In der jeweiligen Brennebene erzeugt das Objektiv ein reales Bild des betrachteten

kosmischen Objekts, das mit einem Okular visuell betrachtet werden kann.
Wählt man dagegen eine photographische Beobachtung, so entfällt das Okular, und die Photoplatte wird in der Brennebene des Instruments angebracht. Durch entsprechende Hilfsspiegel oder -linsen läßt sich auch bei den meisten Spiegelteleskopen eine Beobachtung außerhalb des Hauptstrahlengangs durchführen.
Ebenso wichtig wie eine gute optische Ausstattung des F.s ist die mechanische. Zur mechanischen Ausstattung eines F.s zählt v. a. die sog. ↑ Montierung mit dem Achsensystem und dem Bewegungsmechanismus. So sind alle größeren F.e auf ortsfeste Montierungen mit drehbaren Achsen aufgestellt und gegen Umwelteinflüsse von abfahrbaren Schutzbauten umgeben.
Objektiv und Okular sind in einem Rohr, dem Tubus, derart montiert, daß durch Veränderung des Abstands von Objektiv und Okular die Bildschärfe erhöht werden kann. Auf der Außenseite des Tubus befindet sich meist ein Sucher. Das ist ein kleines, schwach vergrößerndes F. mit großem Gesichtsfeld, das das Aufsuchen von kosmischen Objekten erleichtert. Beim photographischen Einsatz von F.en empfiehlt sich außerdem der Einsatz eines Leit-F.s auf dem Tubus. Hierbei handelt es sich um ein F. mit großer Brennweite, das zum Zweck der exakten Nachführung auf ein helles Nachbarobjekt eingestellt wird und diesem automatisch folgt, wodurch auch das Haupt-F. der scheinbaren Bewegung der Gestirne exakt folgt.
Bei allen optischen Systemen, somit auch bei F.en, treten ↑ Bildfehler auf, die durch geeignete Wahl und Konstruktion der optischen Systeme möglichst klein gehalten werden.
Entsprechend der Aufgabenstellung erfolgt die Auswertung der ankommenden Strahlung unter Verwendung spezifischer F.typen und entsprechender Zusatzgeräte. Grob betrachtet ergibt sich folgendes Geräteflußbild:
Teleskope: Linsen-, Spiegelteleskope;
Analysatoren: Filter, Spektralapparate, Polarisatoren u. ä.;

Empfänger: Auge, Photoplatte, Photozelle;
Auswertegeräte: Mikrometer, Photometer, Koordinatenmeßgeräte u. ä.
◊ mitunter auch Bez. für ↑ Infrarotteleskop, ↑ Radioteleskop oder ↑ Röntgenteleskop.
Feuerball (Strahlungskosmos): anschauliche Bez. für die vermutete Phase des frühen Kosmos, in der die Energiedichte der Strahlung gegenüber derjenigen der Materie dominierte. – ↑ auch Big-bang-Theorie.
Feuerkugel: historisch bedingte Bez. für lichtstarke ↑ Meteore; im Gegensatz zu Sternschnuppen.
FHD: Abk. für ↑ Farben-Helligkeits-Diagramm.
FI: Abk. für ↑ Farbindex.
Filament [aus lat. filamentum = Fadenwerk]: Bez. für ein langgestrecktes, schmales Gebilde. Auch eine auf der Sonnenscheibe im Kontrast dunkel erscheinende Protuberanz wird F. genannt.
Filter: technisch hochwertige Gläser oder optische Systeme zur Auswahl bestimmter Spektralbereiche oder Spektrallinien aus der ankommenden Strahlung. Je nach Aufgabenstellung werden spezielle F. (normale Farb- und Neutralgläser, Geffken-F., Lyot-F. usw.) benutzt, die weite Spektralbereiche, z. B. den Blaubereich, schmale Bandbreiten (Bandbreite 3 bis 15 nm) oder gar nur einzelne Spektrallinien (Bandbreite kleiner als 0,1 nm) durchlassen.
Finsternis: ein rein geometrisch-optisches Phänomen, das entweder während der Bedeckung eines selbstleuchtenden Himmelskörpers durch einen anderen entsteht (z. B. Sonnenfinsternis) oder dadurch, daß ein nicht selbstleuchtender Körper in den Schattenraum eines anderen tritt (z. B. Mondfinsternis).
Der Grad der Verfinsterung eines Gestirns kann teilweise (partiell) oder vollständig (total) sein. Bei partiellen F.sen können dabei Sonderfälle auftreten, z. B. eine ringförmige Finsternis.
Neben den bekannten F.sen wie Mond- und Sonnen-F. sind noch die Verfinsterungen der Jupitermonde sowie die Sternbedeckungen durch den Mond, die

Vorübergänge der inneren Planeten an der Sonnenscheibe und die Helligkeitsabnahme von ↑Bedeckungsveränderlichen zu nennen.
Als echte F.se bezeichnet man nur solche, bei denen eine reale Verdunklung der Oberfläche des verfinsterten Körpers auftritt (z. B. Mondfinsternis). Eine Sonnen-F. ist demnach keine echte F., sondern lediglich eine Sonnenbedeckung.

FIRST [Abk. für engl. far infra-red and submillimeter space telescope]: ein von der europäischen Raumfahrtbehörde ESA geplantes Raumobservatorium zu Beobachtungen im Wellenlängenbereich zwischen 0,1 und 1 Millimeter. Der 8-m-Spiegel wird bei 0,1 mm eine Auflösung von 3,5 Bogensekunden gestatten.

Fische (Pisces, Abk.: Psc): ein zum Tierkreis zählendes, aus nicht sehr hellen Sternen bestehendes Sternbild der Äquatorzone, das von mittleren nördlichen Breiten aus im Herbst am Abendhimmel sichtbar ist.
Die Sonne durchläuft bei ihrer scheinbaren jährlichen Bewegung dieses Sternbild in der Zeit von etwa Mitte März bis Mitte April. Dabei überschreitet sie zu Frühlingsanfang (um den 21. März) von S nach N den Himmelsäquator im Frühlingspunkt.

Fixsterne [lat. fixus = angeheftet, fest]: Bez. für die von den Astronomen des Altertums als an der Himmelskugel befestigt (als fixiert) angenommenen Sterne im Gegensatz zu den Wandelsternen (Planeten).

Flächenhelligkeit (Formelzeichen F): die ↑bolometrische Helligkeit einer ausgedehnten, d.h. nicht punktförmigen Lichtquelle; anders ausgedrückt: der gesamte, über alle Frequenzen integrierte Strahlungsstrom einer ausgedehnten Lichtquelle.
Für einen Stern läßt sich die F. theoretisch berechnen nach der Formel:

$$F = \frac{L}{4\pi R^2}.$$

Nun sind aber in der Regel Leuchtkraft L und Sternradius R nicht bekannt. Daher muß man nach einem anderen Weg suchen. Nach dem Stefan-Boltzmann-Gesetz ist bei einem Hohlraumstrahler die F. der Oberfläche allein von der Temperatur abhängig (↑Strahlungsgesetze), und zwar gilt:

$$F = \sigma T^4,$$

wobei

$$\sigma = 5,67 \cdot 10^{-8} \, \text{kWm}^{-2} \text{K}^{-4}$$

die Stefan-Boltzmann-Konstante ist. Man definiert für Sterne eine **Effektivtemperatur** T_{eff}. Darunter versteht man diejenige Temperatur, die ein Hohlraumstrahler haben würde, der die gleiche F. wie der Stern hat. Aufgrund der obigen Überlegungen ergibt sich folgende Beziehung zwischen Leuchtkraft, Sternradius und Effektivtemperatur:

$$L = 4\pi R^2 \sigma T_{\text{eff}}^4.$$

Physikalisch gesehen kann man eigentlich keine einheitliche Temperatur für die Oberflächenschichten eines Sterns angeben, da diese sicher nicht im thermischen Gleichgewicht sind. Trotzdem ist es sinnvoll, von einer Effektivtemperatur zu sprechen, die so etwas wie eine „mittlere Temperatur" der Außenschichten repräsentiert und ein Maß für die ausgestrahlte Gesamtenergie ist.
Wie aber erhält man nun diese nicht direkt meßbare Effektivtemperatur? Sind Leuchtkraft und Sternradius meßbar wie bei der Sonne, so liefert die dritte Formel direkt die Effektivtemperatur, im Fall der Sonne ist diese $T_{\text{eff}} = 5780$ K. Sind Leuchtkraft und Sternradius nicht bekannt, so kann aus der ↑Spektralklasse auf die Effektivtemperatur geschlossen werden, da Sternspektren und Effektivtemperatur miteinander korreliert sind. Die so bestimmten Effektivtemperaturen liegen zwischen 3000 K und 50000 K. Mit Kenntnis der Effektivtemperatur ist nun ein Weg gefunden, über die zweite Formel die F. zu berechnen.

Flächensatz: Satz, wonach der Ortsvektor einer drehmomentfreien Teilchenbewegung in gleichen Zeitspannen flächengleiche Bahnsektoren überstreicht. Speziell in der Himmelsmechanik das zweite ↑Kepler-Gesetz.

flaches Weltall: ein ↑Friedmann-Weltmodell, bei dem der Raum nicht gekrümmt, also euklidisch ist. Das bedeutet in Analogie zur zweidimensionalen Ebene: ein Raum mit „flacher Geometrie".

Flachheitsproblem: die Schwierigkeit zu erklären, warum die Welt exakt oder nahezu exakt dem Grenzfall entspricht, topologisch nicht gekrümmt zu sein, d. h. in Analogie zur zweidimensionalen Ebene, einem Raum mit flacher (euklidischer) Geometrie gehorcht.
Bei ↑Friedmann-Weltmodellen gibt die heutige Materiedichte darüber Auskunft, welcher Weltalltyp vorliegt. Sie liegt aufgrund der beobachtbaren Materie bei

$$\varrho(t_0) = \varrho_0 = 10^{-30} \text{ bis } 10^{-31} \text{g/cm}^3,$$

also nur um etwa eine Zehnerpotenz unter der ↑kritischen Dichte

$$\varrho_{kr} = 5 \cdot 10^{-30} \text{g/cm}^3.$$

Mittels der Erhaltungsbeziehung für Massen

$$\varrho(t_0) R^3(t_0) = \varrho(t) R^3(t)$$

läßt sich nun zurückrechnen, daß die beiden Dichtewerte zu Beginn der Expansion auf über 50 Dezimalstellen übereingestimmt haben dürften. Die klassische Urknalltheorie, ↑Big-bang-Theorie genannt, kann die Einstellung der Welt auf diesen Grenzwert nicht erklären. Dagegen vermag eine modifizierte Urknalltheorie, das ↑inflationäre Szenario, eine Erklärung für dieses F. zu geben.

Flackersterne: andere Bez. für ↑UV-Ceti-Sterne, die sich durch plötzliche, mitunter starke Lichtausbrüche auszeichnen.

Flare [flɛə; engl. = Flackern]: gleichbed. mit ↑Sonneneruption.
Mitunter wird zwischen „F.s" als Strahlungsausbrüchen ohne Materieauswurf und „Sonneneruptionen" als Ausbrüchen mit Materieauswurf unterschieden.

Flare-Sterne ['flɛə...]: Bez. für Flackersterne, in der wiss. Nomenklatur ↑UV-Ceti-Sterne genannt.

Flash-Spektrum ['flæʃ...; engl. flash = Blitz]: das Emissionsspektrum (mehr als 3000 Linien) der ↑Chromosphäre unserer Sonne. Viele Einzelheiten des schwierig zu erforschenden Spektrums sind nur in den wenigen Sekunden am Anfang und am Ende einer totalen Sonnenfinsternis beobachtbar.

Fleckenprotuberanz: eine pilzförmige ↑Protuberanz, die in der Nachbarschaft von ↑Sonnenflecken beobachtbar ist. Bei einer F. fließt Materie aus der Korona in die Chromosphäre.

Fliege (Musca; Abk.: Mus): ein südlich vom Kreuz des Südens gelegenes Sternbild des südlichen Himmels.

Fliegender Fisch (Volans; Abk.: Vol): ein kleines Sternbild des südlichen Himmels.

Fluchtgeschwindigkeit: svw. ↑Entweichgeschwindigkeit.

Fluß Eridanus: ein Sternbild; ↑Eridanus.

Fokus [aus lat. focus = Herd]: svw. ↑Brennpunkt.

Fomalhaut [aus arab. fam al-ḥūt = Maul des Fisches]: Hauptstern im Sternbild ↑Südlicher Fisch mit einer scheinbaren visuellen Helligkeit von 1ṃ16. – ↑auch Sternverzeichnis.

For: Abk. für Fornax (↑Chemischer Ofen).

Fornax [lat. = Ofen]: wiss. Name für das Sternbild ↑Chemischer Ofen.

Fraunhofer-Linien [nach J. von Fraunhofer]: die Absorptionslinien im ↑Sonnenspektrum.

Friedmann-Weltmodelle [nach A. A. Friedmann]: besonders einfache Weltmodelle, die gegenwärtig die Grundlage für die meisten relativistischen Kosmologien bilden.
Aufgrund der 1912 von A. Einstein veröffentlichten allgemeinen Relativitätstheorie gibt es keinen von den physikalischen Gesetzen losgelösten absoluten Raum. Die im All enthaltene Materie und Energie bestimmen vielmehr die Geometrie des Raumes. Rein formal wird die Verknüpfung von Raumstruktur und Materieinhalt durch ein System von 10 nichtlinearen Differentialgleichungen, die Einstein-Feldgleichungen, beschrieben. Diese Feldgleichungen (ohne kosmologischen Lambda-Term) reduzieren sich – die Gültigkeit des ↑kosmologischen Prinzips vorausgesetzt – außerordentlich für den Skalen-

Friedmann-Weltmodelle

faktor $R(t)$, der die zeitliche Veränderung des Raumes beschreibt und in erster Linie auch als ↑Weltradius aufgefaßt werden darf. Die verbleibenden zwei Differentialgleichungen für $R(t)$, die ihrer Struktur nach auch durch Überlegungen im Rahmen der Newton-Gravitationstheorie abgeleitet werden können, liefern im einfachsten Fall – je nach Art der Expansion – drei Lösungstypen:

$$\frac{8\pi}{3} G\varrho_0 \gtreqless H_0^2 \Leftrightarrow k = \begin{matrix}+1\\0\\-1\end{matrix}.$$

Dabei ist G die Gravitationskonstante, ϱ_0 die Materiedichte, H_0 die ↑Hubble-Konstante zum jetzigen Zeitpunkt und k das ↑Krümmungsvorzeichen.

Es zeigt sich, daß Raumkrümmung und Expansion zusammenhängen. Grob vereinfacht läßt sich die kosmische Materie durch das Modell einer „Galaxienflüssigkeit" beschreiben, welche bei F.-W.n druckfrei ist. Wegen der Gültigkeitsannahme des kosmologischen Prinzips können wir der Einfachheit halber unsere Betrachtung auf eine beliebige Elementarkugel beschränken, die gleichförmig mit Materie der Dichte ϱ gefüllt ist.

Der Energieinhalt dieses Elementarvolumens setzt sich aus der Gravitationsenergie mit negativem Vorzeichen und der positiven kinetischen Energie der Expansion zusammen. Je nach Energieinhalt ergeben sich unterschiedliche Lösungstypen.

Im einzelnen gilt: Die Masse der Elementarkugel mit dem Radius R beträgt

$$M = \frac{4\pi}{3} R^3 \cdot \varrho.$$

Die gravitative Energie einer Galaxie der Masse m an der Oberfläche der Elementarkugel beträgt

$$E = -G\frac{m \cdot M}{R} = -Gm\frac{4\pi}{3}\varrho R^2.$$

Für die kinetische Energie gilt entsprechend

$$E = \frac{1}{2} mv^2,$$

wobei

$$v = \frac{R}{t} = R \cdot H$$

ist (H Hubble-Konstante). Damit ergibt sich für die Gesamtenergie:

$$E = \frac{1}{2} mR^2H^2 - \frac{4\pi}{3} G\varrho mR^2.$$

Die für die Elementarkugel angestellten

Gravitations-energie/kinetische Energie Ω	q_0 Abbremsparameter	k Krümmungsvorzeichen	Typ des Weltalls	Ausdehnung $R(t)$	Analogie
>1	>0,5	1	elliptisch; geschlossen; unbegrenzt, jedoch endliches Volumen		
1	=0,5	0	euklidisch; offen; unbegrenzt, unendlich		
<1	$0 \leq q_0 < 0,5$	-1	hyperbolisch; offen; unbegrenzt, unendlich		

Friedmann-Weltmodelle (Abb. 1). Wichtige Parameter für Standardweltmodelle

Friedmann-Weltmodelle

Überlegungen gelten aber auch für ein kugelförmiges Weltall. Bezogen auf unsere Jetztzeit sind dabei R der Weltradius und ϱ_0 bzw. H_0 die momentanen Werte für die Materiedichte bzw. die Hubble-Konstante. Eine Aussage über die Gesamtenergie des Weltalls reduziert sich aufgrund obiger Überlegungen somit auf die Fallunterscheidung:

Ist
$$\frac{8\pi}{3} G\varrho_0 \gtreqless H_0^2.$$

$$H_0^2 > \frac{8\pi}{3} G\varrho_0,$$

so überwiegt die kinetische Energie. Mithin kommt die Expansion durch die Massenanziehung zu keinem Zeitpunkt zum Stillstand. Für sie gilt $k = -1$. Entsprechend der Kopplung zwischen Krümmungsvorzeichen und topologischen Eigenschaften der Weltgeometrie liegt eine offene Welt mit **hyperbolischer** Raumstruktur vor. Ist

$$H_0^2 < \frac{8\pi}{3} G \varrho_0,$$

so überwiegt die gravitative Energie und die Massenanziehung vermag zu irgendeinem späteren Zeitpunkt die Expansion gänzlich zu stoppen und die Bewegungsrichtung in eine Kontraktion umzukehren. Aufgrund anderer physikalischer Überlegungen kann es nach Durchlaufen eines singulären Zustands zu einem erneuten Urknall mit anschließender Expansion kommen. Ein Weltall, bei dem der Bewegungswechsel zwischen Expansion und Kontraktion nicht ein einmaliger, sondern ein periodischer Vorgang ist, bezeichnet man als **pulsierendes Weltall**.

Eine Lösung, bei der die Expansion in eine Kontraktion überwechselt, wird als **elliptisch** bezeichnet. Das Krümmungsvorzeichen ist hier $k = +1$, die Topologie der Welt somit positiv gekrümmt und geschlossen.

Im Grenzfall, wenn sich Gravitationsenergie und kinetische Energie der Expansion gerade aufheben, kommt die Expansion erst nach unendlich langer Zeit zum Erliegen. Für diesen Fall ist $k = 0$. Topologisch bedeutet dies einen gewöhnlichen **euklidischen** Raum mit (in Analogie zur zweidimensionalen Ebene) „flacher" Geometrie. Die Abb. 1 zeigt eine Zusammenstellung der drei möglichen Lösungstypen.

Von den Größen, die zwischen den Weltmodellen diskriminieren können,

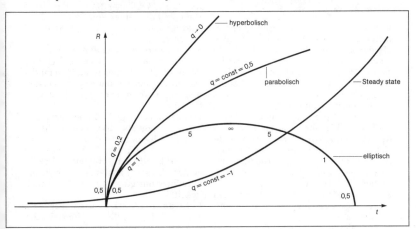

Friedmann-Weltmodelle (Abb. 2) in Abhängigkeit vom Abbremsparameter q (im Vergleich zum Steady-state-Modell)

Friedmann-Zeit

ist die heutige Materiedichte die physikalisch anschaulichste. Aus dem Wert der Hubble-Konstanten H_0 ergibt sich die **kritische Dichte**

$$\varrho_{kr} = \frac{3}{8\pi G} H_0^2,$$

die dem Fall $k = 0$ entspricht. Unter der Annahme $H_0 = 50$ (km/s)/Mpc errechnet sich die kritische Dichte zu

$$\varrho_{kr} = 5 \cdot 10^{-30} \text{g/cm}^3.$$

Dabei ist die Genauigkeit von ϱ_{kr} sehr stark von der Exaktheit der Hubble-Konstanten abhängig. Für $\varrho_0 > \varrho_{kr}$ liegt dann gerade der Fall $k = +1$ vor, für $\varrho_0 < \varrho_{kr}$ entsprechend der Fall $k = -1$. Als großräumigen Mittelwert findet man derzeit für die gesamte beobachtbare Materie im All

$$\varrho_0 = 10^{-30} \text{ bis } 10^{-31} \text{g/cm}^3,$$

mithin einen Wert, der kleiner als die kritische Dichte ist und somit für ein offenes Weltall spricht, das hyperbolisch expandiert. Allerdings gibt es hier noch das Problem der ↑ Missing mass.
Es gibt noch eine weitere unabhängige Methode für die Bestimmung des Krümmungsvorzeichens k:

$$q_0 \begin{matrix}>\\=\\<\end{matrix} \frac{1}{2} \Leftrightarrow k = \begin{matrix}+1\\0\\-1\end{matrix}$$

mit dem momentanen ↑ Abbremsparameter q_0. Der Wert 1/2 erweist sich dabei als der kritische Wert. Die Abb. 2 gibt eine Übersicht über die drei einfachsten F.-W. im Vergleich zur nichtrelativistischen ↑ Steady-state-Theorie, bei der eine exponentielle Expansion in einem euklidischen Raum vorliegt.
Die besprochenen F.-W. haben alle ein endliches ↑ Weltalter. Das bedeutet, daß der Skalenfaktor $R(t)$ eine reelle Nullstelle besitzt. Im Rahmen der Urknalltheorien (z. B. ↑ Big-bang-Theorie, ↑ inflationäres Szenario) wird dies so interpretiert, daß das Universum, also Raum, Zeit und Materie, in einem einzigen Augenblick aus einer Singularität entstanden ist.
Neben diesen einfachen Lösungen liefern die Einstein-Feldgleichungen weitere Lösungen, bei denen z. B.

1. $R(t)$ aus dem Unendlichen kommend bis auf einen endlichen Wert abnimmt, um dann wieder ins Unendliche zu wachsen,
2. $R(t)$ sich in der Vergangenheit einem endlichen Wert asymptotisch nähert, um dann in Zukunft mit wachsender Geschwindigkeit ins Unendliche zu steigen.

Friedmann-Zeit [nach A. A. Friedmann]: im Gegensatz zur ↑ Hubble-Zeit das sich bei nichtlinearer, d. h. verzögerter Expansion des Weltalls ergebende Weltalter. Gegenwärtig plausibelster Wert: $t_0 = 19 \cdot 10^9$ Jahre.
Frühlingsäquinoktium: das ↑ Äquinoktium zu Frühlingsanfang.
Frühlingsdreieck: ein Sterndreieck am Frühlingshimmel, gebildet aus den Sternen **Arcturus** im Sternbild Bootes, **Regulus** im Sternbild Löwe und **Spica** im Sternbild Jungfrau.
Frühlingspunkt: einer der ↑ Äquinoktialpunkte.
F-Schicht: ionisierte Schicht in der Atmosphäre der Erde; Teil der ↑ Ionosphäre. Man unterscheidet zwischen der F_1-Schicht bei etwa 140 bis 200 km und der F_2-Schicht um 400 km Höhe.
F-Sterne: eine ↑ Spektralklasse von Sternen, bei denen neben H- und K-Linien Metallinien von ionisierten und neutralen Metallen auftreten. Besonders stark sind die Linien von CaII.
Fuchs: andere Bez. für das Sternbild ↑ Füchschen.
Füchschen (Vulpecula; Abk.: Vul): ein in der Milchstraße gelegenes Sternbild des nördlichen Himmels, das von mittleren nördlichen Breiten aus im Sommer und Herbst am Abendhimmel beobachtbar ist.
Das zuweilen auch **Fuchs** genannte Sternbild liegt etwa zwischen den Sternbildern Schwan und Adler.
Mit lichtstarkem Feldstecher kann man im Sternbild F. den ↑ Hantelnebel beobachten. Dieser planetarische Nebel hat allerdings nur eine geringe Flächenhelligkeit.
Fuhrmann (Auriga; Abk.: Aur): ein Sternbild des nördlichen Himmels, das von mittleren nördlichen Breiten aus im Winter gut, teilweise aber sogar das ganze Jahr über sichtbar ist. Es liegt in

Fundamentalsterne

einem weniger auffälligen Teil der Milchstraße.

Zu den hellsten Sternen des Himmels zählt der Hauptstern im F., ↑Capella, der im Winter für uns in der Nähe des Zenits steht. Zusammen mit fünf weiteren hellen Sternen bildet Capella das ↑Wintersechseck.

Im Sternbild F. liegen mehrere Sternhaufen: M 36, M 37, M 38.

Füllen (Equuleus; Abk.: Equ): ein kleines Sternbild zwischen Pegasus und Adler, das von mittleren nördlichen Breiten aus im Spätsommer und Herbst sichtbar ist.

Gelegentlich auch **Pferdlein** oder **Pferdchen** genannt.

Fundamentalkatalog: ein Katalog, der die Positionen der ↑Fundamentalsterne in bezug auf eine bestimmte ↑Epoche (z. B. 2 000.0, dem astronomischen Beginn des Jahres 2000) angibt. Als Grundlage für relative ↑Anschluß-beobachtungen, aber auch für Zeit- und Ortsbestimmungen ist derzeit noch der rund 1 500 Sternörter höchster Präzision, bezogen auf die Epochen 1 950.0 und 1 975.0, enthaltende vierte F. (Abk. FK 4) in Gebrauch, der in Kürze durch den fünften F. (FK 5) ersetzt wird. Weitere F.e sind der General Catalogue (GC) und der Catalogue of Standard Stars (N 30).

Fundamentalsterne [zu lat. fundamentum = Grund, Grundlage]: eine Anzahl von Sternen, deren Koordinaten mit höchstmöglicher Genauigkeit und unabhängig von anderen Sternen bestimmt sind. Die Ermittlung der absoluten Sternörter in ↑Rektaszension und ↑Deklination erfolgt in der Regel mit einem ↑Meridiankreis. Für die genaue Messung sind neben den Instrumentenfehlern auch der Einfluß der Erdatmosphäre (↑atmosphärische Refraktion), der Einfluß der Erdbewegung (↑Aberra-

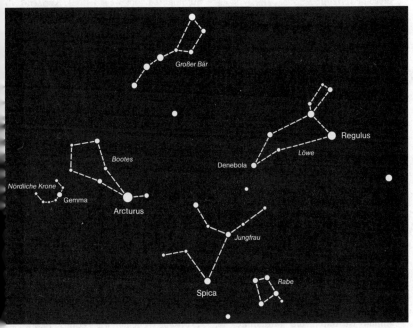

Frühlingsdreieck

Fundamentalsystem

tion) und der wechselnde Standort des Beobachters (↑ Parallaxe) zu berücksichtigen.
F. dienen zur Festlegung der astronomischen ↑ Koordinatsysteme und als ↑ Anschlußsterne bei der Bestimmung der Örter der übrigen Sterne.

Fundamentalsystem: ein System von über den ganzen Himmel verteilten ↑ Fundamentalsternen in einem Inertialsystem, d. h. in einem Koordinatensystem, das von allen Einflüssen der Rotation und der Bahnbewegung der Erde sowie der Sternbewegungen an der Sphäre möglichst frei ist und in dem die Newton-Gesetze für die Bewegung von Massenpunkten gelten.
Die Erstellung eines F.s ist die wichtigste und schwierigste Aufgabe der ↑ Astrometrie. Die bestimmten absoluten Sternörter sind in einem ↑ Fundamentalkatalog aufgelistet.

Fusion [aus lat. fusio = das Gießen, Schmelzen]: andere Bez. für Kernverschmelzung.

Fußpunkt: svw. ↑ Nadir.

G

GA: Abk. für ↑ Göttinger Aktinometrie.
galaktisch [zu griech. galaxías = Milchstraße]: zur Galaxis gehörend, diese betreffend.
galaktische Konstanten: Als g. K. bezeichnet man den Abstand Sonne–galaktisches Zentrum ($R_\odot$) und die Kreisbahngeschwindigkeit der Sonne ($\Theta_\odot$).
Seit 1963 sind die Werte $R_\odot = 10$ kpc und $\Theta_\odot = 250$ km/s gebräuchlich. Untersuchungen von ↑ RR-Lyrae-Sternen in der Nähe des galaktischen Zentrums verdichten aber den Verdacht, daß die obigen Werte zu hoch angenommen wurden. Die Internationale Astronomische Union empfiehlt seit 1985 folgende Werte: $R_\odot = 8,5$ kpc (geschätzter Fehler ± 1 kpc) und $\Theta_\odot = 220$ km/s (geschätzter Fehler ± 20 km/s).
galaktische Koordinaten: Koordinaten, die sich auf die Ebene des Milchstraßensystems (Galaxis) als Äquatorebene beziehen (↑ Koordinatensysteme).
galaktische Nebel: Sammelbez. für ↑ leuchtende Gasnebel und Staubwolken (↑ Dunkelwolke).
galaktisches Rauschen: veraltete Bez. für die Radiostrahlung unserer ↑ Galaxis.
galaktisches System: ein astronomisches ↑ Koordinatensystem, das bestimmt ist durch die Mittellinie der Milchstraße als Grundkreis und die galaktischen Nord- und Südpole als Himmelspole.
galaktische Sternhaufen: ↑ offene Sternhaufen, die wegen ihrer Konzentration zur galaktischen Ebene so genannt werden.
galaktisches Zentrum: der Kernbereich unseres ↑ Milchstraßensystems. Optisch ist dieser Bereich aufgrund der Absorption durch interstellare Materie „verbaut", im Radio-, Röntgen- und Infrarotbereich jedoch erforschbar.
Markantes Zeichen des galaktischen Zentrums ist die Radioquelle ↑ Sagittarius A in etwa 8,5 kpc Entfernung.
Galaxie [von griech. galaxías = Milchstraße]: Bez. für extragalaktische ↑ Sternsysteme.
Galaxiencluster [...klʌstə]: svw. ↑ Galaxienhaufen.
Galaxienentstehung: Über die räumliche Verteilung und Form der ↑ Galaxienhaufen versucht man derzeit, Aufschluß über den Entstehungsprozeß von Galaxien zu erhalten. Als entscheidende Parameter für die Größe der Galaxienstrukturen sieht man derzeit das im frühen Universum existierende Fluktuationsspektrum der Materiedichte, seine zeitliche Entwicklung sowie die Art der Materie, d. h. ob „hot dark matter" (z. B. Neutrinos) oder „cold dark matter" (exotische Teilchen wie Axions, Photinos u. a.) vorherrschte.

Galaxienhaufen

Gegenwärtig werden zwei Modellvorstellungen diskutiert: das isotherme und das adiabatische Modell.
Ausgangspunkt für beide Modelle ist die Annahme eines ursprünglich homogen im Weltall verteilten Gases. Beim **isothermen Modell** geht man darüber hinaus von einer überall einheitlichen Temperatur der Materie aus. Simulationsrechnungen bezüglich der „cold dark matter" zeigen, daß es unter gewissen Randbedingungen infolge von Störungen zu überdichteten Bereichen mit Massen größer als 10^{12} $M_\odot$ kommen kann, die bereits zur „Ausklumpung" kleinerer Wolken neigen. Die Wolken ihrerseits vermögen sich zu Galaxien zusammenzufinden. Nach diesem Modell entstanden aus dem ursprünglich vorhandenen Gas Einzelgalaxien, die sich durch gegenseitige Massenanziehung oder durch Wechselwirkungen benachbarter Haufen rein zufällig zu Galaxienhaufen zusammenballten. Daher sind großräumige Regelmäßigkeiten nicht zu erwarten.
Anders dagegen das **adiabatische Modell**. Hier geht man von einer sich mit der fluktuierenden Gasdichte ändernden Temperatur aus. Simulationsrechnungen bezüglich der „hot dark matter" zeigen, daß bei adiabatischen Störungen nur Störbereiche oberhalb einer wesentlich größeren Masse ($\geqslant 10^{15}$ $M_\odot$) ausklumpen können. Nach diesem Modell könnte sich das Gas zunächst zu dünnen Scheiben zusammengezogen haben, so daß sich in erheblichen Teilen des übrigen Weltalls materiefreie Bereiche entwickelten. In den dünnen Gasscheiben bildeten sich dann erst die Galaxienhaufen, wobei sie die scheibenförmige, abgeflachte Struktur der Gasscheibe erbten. Nach dieser Theorie sind die Galaxien nicht durch Zufälligkeiten entstanden, sondern schon zum Zeitpunkt ihrer Entstehung in Haufen konzentriert gewesen. Die heute beobachtbare räumliche Verteilung und Form der Galaxienhaufen sollte daher noch Spuren der zuerst entstandenen Gasschichten aufweisen.
Galaxiengruppe: ein System von 10 bis 100 Galaxien (↑Galaxienverteilung).

Bekannter Vertreter einer solchen Ansammlung von Galaxien ist die ↑lokale Gruppe, zu deren Mitgliedern auch unsere Milchstraße zählt.
Galaxienhaufen (Galaxiencluster): ein System von 100 bis 1 000 und mehr Galaxien (↑Galaxienverteilung).
G. lassen sich in verschiedene Typen einteilen. Neben der Möglichkeit der *Klassifikation von G.* nach der Morphologie (Form, Gestalt) der Haufen, ist auch eine Aufteilung nach der Anzahl oder nach der durchschnittlichen gegenseitigen Entfernung denkbar. Tab. 1 unterscheidet zwischen irregulären und regulären Galaxienhaufen.
Die **irregulären G.** sind in ihren Eigenschaften wegen der sehr ähnlichen Anzahl (10 bis 100 Mitglieder) den **Galaxiengruppen** sehr verwandt, so daß ein fließender Übergang zwischen beiden besteht.
In **regulären G.** sind Spiralsysteme unterrepräsentiert. Dagegen überwiegen sehr stark linsenförmige Galaxien ohne Spiralstruktur vom Typ S0 (↑Hubble-Typ). Dies führt man zurück auf relativ häufige Kollisionen von Galaxien (etwa 1 Zusammenstoß pro 1 Mill. Jahre) in den dichteren zentralen Regionen des Haufens (Anzahldichte etwa 9 000mal größer als bei **Feldgalaxien**). Dabei kommt es wegen der immer noch geringen Raumausfüllung weniger zu direkten Stern-Stern-Stößen als vielmehr neben strukturellen Deformationen und Sternverlusten zum Verlust der für die Bildung von Spiralarmen notwendigen interstellaren Materie, v. a. durch das Auftreten extrem starker Gezeitenkräfte. D. h., massereiche E-Galaxien (elliptische Galaxien mit keinem oder nur wenig Gas und ohne innere Strukturen) haben nicht nur die besten Überlebenschancen, sondern vermögen obendrein noch zu wachsen, indem sie Sterne, die bei Kollisionen aus anderen Galaxien herausgerissen wurden, einfangen. Dieses Wachsen der massereichen Galaxien auf Kosten der masseärmeren Artgenossen wird anschaulich als „Kannibalismus" der Galaxien bezeichnet.
G. sind überaus zahlreich. Auf den Platten des ↑Palomar-Sky-Atlas konnten

Galaxienhaufen

Galaxienhaufen (Tab. 1)

	irreguläre Galaxienhaufen	reguläre Galaxienhaufen
Symmetrieeigenschaften	keine ausgeprägte Symmetrie	sphärische Symmetrie
Konzentration zum Zentrum	keine	stark
Zahl der Mitglieder (im Intervall von 7 Größenklassen der hellsten Galaxie an gezählt)	10...1 000	mehr als 1 000
Typ der hellsten Galaxien	keine Beschränkung des Typs	fast alle hellen Galaxien sind vom Typ E oder S0; keine Spiraltypen
Gesamtmasse [$M_\odot$]	$10^{12}...10^{14}$	$\approx 10^{15}$
Ausdehnung [Mpc]	1...10	1...10

Zehntausende von Galaxienhaufen und -gruppen identifiziert werden. Bekannte G. liegen im Sternbild Jungfrau (Virgohaufen) sowie im Sternbild Haar der Berenike (Comahaufen).
Unsere Milchstraße dagegen ist Mitglied einer Galaxiengruppe, der bekannten ↑lokalen Gruppe. Zusammen mit weiteren Haufen im Sternbild Großer Bär gehört die lokale Gruppe zu einem ↑Galaxiensuperhaufen, in dessen Zentrum der Virgohaufen liegt. In Tab. 2 sind einige bekannte G. mit ihren Merkmalen aufgelistet.

Kenntnisse über räumliche Verteilung und Form der G. können zur Klärung der ↑Galaxienentstehung wesentlich beitragen.
Die Positionen etlicher G. stimmen häufig mit denen von ↑Röntgenquellen überein. Die Röntgenleuchtkräfte (im Bereich der Photonenenergien von 2 bis 7 keV) liegen zwischen 10^{37} bis 10^{39} W. Der unterschiedliche Grad der Konzentration der Röntgenleuchtkraft zur Haufenmitte hin und das Anwachsen mit der vierten Potenz der mittleren Geschwindigkeit der Galaxien im Haufen sowie

Galaxienhaufen (Tab. 2)

Bezeichnung	Zahl der Galaxien [N]	Entfernung [Mpc]	Radialgeschwindigkeit [km/s]	Helligkeit der zehnthellsten Galaxie [m_v]
Virgo	2 500	5,5	+ 1 150	9,4
Pegasus I	100	20	+ 3 800	12,5
Perseus	500	29	+ 5 400	13,6
Coma	1 000	39	+ 6 700	13,5
Herkules		52	+10 300	14,5
Corona Borealis	400	95	+21 600	16,3

Gallium-Sonnenneutrino-Experiment

die Art des Energiespektrums legen die Annahme nahe, als Röntgenquelle das zwischen den Galaxien befindliche Gas anzusehen. Das intergalaktische Gas (Teilchendichte 1000 Atome pro m³) wird als Folge der Bewegung der Haufengalaxien – etwa 1000 km/s im Schwerefeld des Haufens – durch ständige Übertragung eines Teils dieser Bewegungsenergie extrem aufgeheizt ($T \sim 10^8$K), womit die Abstrahlung im Bereich der Röntgenwellen erklärbar ist.

Galaxiensuperhaufen (Kurzbez.: Superhaufen): eine strukturierte, physikalisch zusammenhängende Gruppe von ↑Galaxienhaufen.
Ein G. zweiter Ordnung ist der lokale Superhaufen, in dessen Zentrum der Virgohaufen liegt. Neben weiteren Galaxienhaufen im Sternbild Großer Bär gehört die ↑lokale Gruppe als unbedeutendes Mitglied diesem lokalen Superhaufen an.
Ob es über die G. hinaus noch weitere Stufen im hierarchischen Aufbau der Welt gibt, muß vorerst offen bleiben.

Galaxienverteilung: Ungleichmäßig wie die räumliche Verteilung der Sterne in unserem Milchstraßensystem ist auch die Verteilung von Galaxien im Raum. Abgesehen von einzelstehenden Sternsystemen als Ausnahme bilden die Galaxien **Doppel-** und **Mehrfachsysteme** (bis zu 10 Galaxien), **Galaxiengruppen** (10 bis 100 Mitglieder) und **Galaxienhaufen** (mehr als 100 Objekte).
Jüngste Durchmusterungen des Himmels bestätigen die Existenz von **Galaxiensuperhaufen,** Strukturen, die sich aus einer Vielzahl von Galaxienhaufen zusammensetzen. Desgleichen existieren aber auch nicht minder große Riesenlücken, in denen sehr wenige Galaxien zu finden sind.
Die Superhaufen erlauben den Astronomen einen einzigartigen Blick in die Entstehungsgeschichte des Weltalls. Wegen der riesigen Ausmaße dürften sich die einzelnen Galaxien seit ihrer Entstehung vor Milliarden Jahren infolge zufälliger, durch wechselseitige Gravitation hervorgerufener Bewegungen nur um einen Bruchteil des Haufendurchmessers von ihrem Ursprungsort entfernt haben, so daß sich im Innern der Galaxiensuperhaufen die ursprüngliche, vor der Galaxienbildung schon vorhandene Massenverteilung weitgehend widerspiegelt. Aus der beobachteten Struktur kann daher auf eine nicht völlig chaotische Struktur im frühen Weltall geschlossen werden, womit auch Folgerungen für die Weltentstehungsmodelle verbunden sind. – ↑auch Zellenstruktur des Weltalls.

Galaxis [von griech. galaxías = Milchstraße]: Bez. für die Milchstraße, heute erweitert auf das ↑Milchstraßensystem.

Galilei-Fernrohr (holländisches Fernrohr): ein von G. Galilei gebautes Linsenfernrohr. Mit diesem Fernrohr entdeckte Galilei als erster die Mondgebirge, die vier hellsten Jupitermonde (↑Galilei-Monde), den Phasenwechsel der Venus, die Saturnringe sowie gleichzeitig mit anderen Beobachtern die Sonnenflecken.

Galilei-Monde: Bez. für die bereits von G. Galilei um 1600 entdeckten größeren Satelliten des Jupiters: Io, Europa, Ganymed und Callisto.

Gallex: Abk. für ↑Gallium-Sonnenneutrino-Experiment.

Gallium-Sonnenneutrino-Experiment (Abk.: Gallex): von einer internat. Kollaboration von Instituten aus der BR Deutschland, Frankreich, Italien und Israel für die späten 80er und frühen 90er Jahre geplantes Experiment zur Lösung des solaren ↑Neutrinoproblems.
Ort des Gallex wird das zu bauende Gran-Sasso-Untergrundlabor in den Abruzzen, 150 km östlich von Rom, sein. Als Neutrinodetektor für den solaren Neutrinofluß dient die mit 100 Tonnen $GaCl_3$-Lösung – das entspricht 30 Tonnen Gallium – gefüllter Tank, der in das Untergrundlabor eingelassen wird. Dieses befindet sich in der Mitte eines Straßentunnels durch das Gran-Sasso-Massiv und ist durch eine 1,3 km dicke Gesteinsschicht vor kosmischer Strahlung abgeschirmt.
Der Galliumdetektor ist wie der Chlordetektor (↑Chlor-Sonnenneutrino-Experiment) ein radiochemischer Neutrinodetektor. Radiochemische Detektoren beruhen auf dem Einfang von Neutrinos

in einzelne Atomkerne eines dafür geeigneten Elements, wobei radioaktive Kerne eines anderen Elements gebildet werden. Das Detektormaterial (Probe) wird eine zeitlang dem solaren Neutrinofluß ausgesetzt. Die durch Neutrinoeinfang erzeugten Atomkerne müssen sodann aus dem Detektormaterial herausgenommen und über ihren radioaktiven Zerfall nachgewiesen werden. Radiochemische Detektoren arbeiten dabei im Prinzip wie eine photographische Platte. Sie können nur diejenigen Neutrinos aus dem solaren Neutrinospektrum nachweisen, deren Energie oberhalb einer für die entsprechende Einfangreaktion charakteristischen Energieschwelle liegt. Das solare Neutrinosignal wird dabei über die gesamte Zeit, die die Probe dem Neutrinofluß ausgesetzt ist (Exponierungszeit), aufsummiert.

Der Galliumdetektor basiert auf dem Einfang von Neutrinos in den Atomkern des ^{71}Ga, das als Isotop zu rund 40% in natürlichem Gallium enthalten ist. Dabei geht das ^{71}Ga in das ^{71}Ge über. Die Energieschwelle für den Neutrinoeinfang in ^{71}Ga liegt bei 0,23 MeV. Das Germanium-71-Isotop ist radioaktiv und zerfällt mit einer Halbwertzeit von 11,4 Tagen in das Gallium-71-Isotop zurück. Wegen der extrem schwachen Wechselwirkung der Neutrinos mit Materie sind riesige Mengen Gallium erforderlich. So verursacht nur etwa 1 Neutrino von den $66 \cdot 10^9$ Sonnenneutrinos, die pro Sekunde und Quadratzentimeter auf der Erde ankommen, in 30 Tonnen Gallium pro Tag eine Reaktion. Mit folgendem Trick gelingt es jedoch, die wenigen ^{71}Ge-Isotope, die im Laufe von einigen Wochen Exponierungszeit in 30 Tonnen Gallium erzeugt werden, nachzuweisen. Man verwendet dazu nicht Gallium in metallischer Form, sondern in Form einer konzentrierten Galliumchloridlösung ($GaCl_3$). In dieser Lösung bildet das neutrinoproduzierte ^{71}Ge nämlich die leicht flüchtige Verbindung $GeCl_4$ (Germaniumtetrachlorid), die mit Hilfe eines Gasstroms aus der $GaCl_3$-Lösung herausgespült werden kann. Das extrahierte Germaniumtetrachlorid wird chemisch in das Gas GeH_4 umgewandelt und dem Zählgas eines Proportionalzählrohrs beigegeben, mit dem der radioaktive Zerfall des Germanium-71-Isotops beobachtet werden kann.

Alle Störungen, die Neutrinoeinfänge durch direktes oder indirektes Auslösen von Pulsen im Zählrohr vortäuschen, müssen beim Experiment eliminiert werden. Das Beseitigen bzw. die Erfassung der Hauptstörquelle gelingt wie folgt:

1. Die kosmische Strahlung kann ebenfalls eine Umwandlung von ^{71}Ga in ^{71}Ge hervorrufen. Durch die über einen km dicke Gesteinsschicht beträgt der Anteil dieses Störsignals weniger als 2% des solaren Neutrinosignals.

2. Durch eine Bleiabschirmung des Zählrohrs wird ionisierende Strahlung von radioaktiven Elementen der Umgebung oder von Resten der kosmischen Strahlung, die im Zählrohr Pulse auslösen können, weitgehend abgeschirmt. Die dennoch hindurchtretenden Strahlen werden durch rings um das eigentliche Zählrohr angebrachte Nebenzähler registriert.

3. Störprozesse, die durch die Zählrohrwand selbst verursacht werden, lassen sich aufgrund ihres Energiespektrums durch eine raffinierte Elektronik ermitteln.

Sollte nun mit dem Galliumdetektor eine Produktionsrate gemessen werden, die größer oder gleich der Neutrinorate ist, die aus der ↑pp-Reaktion in der Sonne zu erwarten ist, so ist experimentell bewiesen, daß die Sonne ihre Energie aus der Wasserstoffusion deckt. Um in Einklang mit der reduzierten ^8B-Rate des Chlor-Sonnenneutrino-Experiments zu kommen, muß gegebenenfalls das Standardsonnenmodell verändert oder eine Neutrinooszillation angenommen werden. Mißt man dagegen im Gallex erneut eine niedrige Neutrinorate, so bietet sich als Erklärung derzeit hierfür – sieht man einmal von exotischen Sonnenmodellen ab – eigentlich nur die ↑Neutrinooszillation an.

Gammaastronomie: der ↑Röntgenastronomie eng verwandtes Teilgebiet der Astronomie, das sich mit der aus dem Weltall kommenden ↑Gammastrahlung befaßt. Da die Atmosphäre

Gammastrahlung

der Erde kosmische Gammaquanten vollständig absorbiert, ist eine Untersuchung des Himmels in diesem Spektralbereich mit Raketen, Satelliten und Raumsonden sinnvoll. Ergänzend zu extraterrestrischen Messungen können auch die Erdoberfläche erreichende Sekundärteilchen beobachtet werden.
Die Teleskope der G. basieren unterhalb von 10 MeV auf dem ↑ Photoeffekt bzw. auf dem ↑ Compton-Effekt. Moderne Doppel-Compton-Teleskope bestimmen sogar die Einfallsrichtung mit einer Genauigkeit von etwa 15° Winkelauflösung. Dies gelingt, indem man in etwa 1 m Abstand zwei parallele Lagen von Detektoren anordnet. Werden nun in beiden Lagen der schachbrettartig plazierten und optisch getrennten Detektoren durch ein Gammaquant Ereignisse gleichzeitig ausgelöst, so lassen sich Rückschlüsse auf die Einfallsrichtung mit der oben angegebenen Fehlerbreite ziehen.
Für größere Energien ($\geq$ 20 MeV) verwendet man Funkenkammern. Dabei erzeugt das Gammaquant zunächst in einer Wolframplatte durch Paarbildung ein Elektron und ein Positron, deren Bahnen in der Funkenkammer durch Ionisation sichtbar bzw. lokalisiert werden. Durch Hintereinanderanordnung mehrerer Wolframplatten und Funkenkammern ist auch hier eine Richtungsbestimmung bis auf einige Grad möglich.
Durch geeignete Maßnahmen muß bei allen Gammateleskopen Vorsorge getroffen werden, daß nicht energiereiche Teilchen der kosmischen Strahlung registriert werden.
Bisherige Untersuchungen des Himmels zeigen im Hochenergiebereich (> 50 MeV) die Scheibe und das Zentrum unseres Milchstraßensystems sehr hell. Die Ursache hierfür könnten Wechselwirkungen der kosmischen Strahlung mit interstellaren Wolken sein oder Überlagerungseffekte zahlreicher bisher unaufgelöster galaktischer Punktquellen im Gammabereich. Derartige Punktquellen sind im Röntgenbereich häufig. Aber auch im Gammabereich konnten bei Quantenenergien über 100 MeV einige

Pulsare (Crab-, Velapulsar) als Punktquellen identifiziert werden.
Von besonderem kosmologischen Interesse ist die diffuse extragalaktische Gammastrahlung. Diese, so vermutet man, dürfte kaum durch Überlagerungseffekte von nichtauflösbaren Punktquellen stammen, vielmehr könnte sie aus Zerfällen von Mesonen im frühen Universum herrühren und daher Aufschluß über die Anfangsphase unseres Universums liefern.
Die G. verspricht für die Zukunft, entsprechend den Entstehungsmöglichkeiten von Gammastrahlung, Entdeckungen und Enträtselungen hochinteressanter Prozesse unter extremen Bedingungen im Weltall. – Abb. S. 134.

Gammaburst [...bɔ:st] (γ-Burst): selten erfaßbarer, plötzlich auftretender energiereicher Ausbruch im Bereich elektromagnetischer γ-Strahlung mit Zeitdauern von Millisekunden bis zu 100 Sekunden. Nachgewiesen werden die G.s durch Satellitenexperimente im Energiebereich von 0,1 bis einige MeV. Nur bei gleichzeitiger Registrierung von mehreren Satelliten aus ist eine Richtungsbestimmung durch Triangulation (Dreiecksmethode; ↑ Entfernungsbestimmung) möglich.
Mögliche Quellen für G.s sind rotierende Neutronensterne mit starken Magnetfeldern (z. B. Supernovaüberreste). Eine Unterteilung der G.s in schnelle und langsame Ereignisse gibt Anlaß zu Spekulationen über unterschiedliche Entstehungsorte und -mechanismen.

Gammastrahlung (γ-Strahlung): hochenergetische elektromagnetische Strahlung mit Wellenlängen kleiner als 1 pm. Entsprechend der Planck-Beziehung

$$E = h\nu = h\frac{c}{\lambda}$$

(wobei h des Planck-Wirkungsquantum, ν die Frequenz, λ die Wellenlänge und c die Lichtgeschwindigkeit im Vakuum ist) ergibt sich für die Gammaquanten eine Energie von > 1 MeV. Da G. in Magnetfeldern nicht abgelenkt und im interstellaren Raum praktisch nicht geschwächt wird, vermögen energiereiche

Ganymed

Gammaquanten unter Umständen Auskunft aus bisher noch nicht erreichten Entfernungen und über die Frühzeit des Universums zu geben. Aber auch die „exotischen" Entstehungsmechanismen von G. im All dürften von hohem Interesse für die astronomische Forschung (↑Gammaastronomie) sein.

Als mögliche Prozesse für kosmische Gammaquanten kommen die folgenden in Frage:
1. Magneto-Bremsstrahlung hochenergetischer Elektronen, die sich auf schraubenförmigen Bahnen längs der Feldlinien interstellarer magnetischer Felder beschleunigt bewegen (↑Synchrotronstrahlung).
2. Inelastische Stöße von energiereichen Elektronen mit energiearmen Photonen der Sternstrahlung oder der Drei-Kelvin-Strahlung (inverser Compton-Effekt).
3. Wechselwirkungen von hochenergetischen Protonen oder Alphateilchen der kosmischen Strahlung mit Atomkernen des interplanetaren Gases.
4. Spallation (Kernzersplitterung) schwerer Atomkerne in Lithium, Beryllium und Bor.
5. Zerfälle von π^0-Mesonen (π^0-Mesonen fallen bei hochenergetischen Kernwechselwirkungen oder beim Aufeinandertreffen von Materie und Antimaterie an).

Ganymed [nach dem gleichnamigen Mundschenk des Zeus in der griech. Mythologie]: einer der vier Hauptmonde des ↑Jupiters. Mit 5 276 km Durchmesser ist G. der größte Satellit des Planeten. Seine Oberfläche erinnert an die des Erdmondes. G. besteht wahrscheinlich zu 50% aus flüssigem Wasser und Eis. – Abb. S. 129.

gebundene Rotation: die Eigendrehung eines Himmelskörpers, der einen anderen Himmelskörper umläuft, wobei zwischen Rotationsdauer und Umlaufzeit ein einfaches Zahlenverhältnis besteht. Das bekannteste Beispiel für eine g. R. ist unser Mond, bei dem Umlaufzeit und Rotationsdauer übereinstimmen, das Verhältnis also 1:1 ist.

gefrorener Stern: von sowjetischen Astronomen geprägte Bez. für ↑schwarzes Loch.

Gegenschein:
◊ Bez. für das äußerst schwache sekundäre Helligkeitsmaximum des ↑Zodiakallichts, das an der der Sonne genau gegenüberliegenden Himmelsstelle liegt und sehr schwierig zu beobachten ist.
◊ svw. ↑Opposition.

Gem: Abk. für Gemini (↑Zwillinge).

Gemini [lat. = Zwillinge]: wiss. Name für das Sternbild ↑Zwillinge.

Geminiden: ein ekliptikaler Meteorstrom mit dem Radianten im Sternbild Zwillinge (Gemini), der zwischen dem 5. und 19. Dezember auftritt. Die G. zählen zu den auffälligeren Sternschnuppenfällen. Im Maximum, etwa um den 12. Dezember, sind bis zu 55 Meteore pro Stunde beobachtbar. Dabei handelt es sich um schnelle, kurze Lichtspuren mit einer mittleren Geschwindigkeit von 40 km/s.

Gemma [lat. = Edelstein]: Hauptstern im Sternbild ↑Nördliche Krone mit einer scheinbaren visuellen Helligkeit von 2^m23. – ↑auch Sternverzeichnis.

Geodäsie [aus griech. geōdaisía = Erd-, Landverteilung]: Wissenschaftsdisziplin zur Erforschung der Erdgröße und Erdgestalt.

geodätische Astronomie: Teilgebiet der Astronomie, das insbes. die Aufgabe der Festlegung eines Koordinatensystems auf der Erde zu erfüllen hat. Die ↑geographische Ortsbestimmung basiert auf astronomischen Messungen, da sie sich allein mit geodätischen Verfahren weitaus schwieriger gestalten würde.

geodätische Präzession: eine kleine, aus der allgemeinen Relativitätstheorie erklärbare Verschiebung des Frühlingspunktes auf der Ekliptik. Sie beträgt etwa 0,02″ pro Jahrhundert.

geographische Ortsbestimmung: die Bestimmung der geographischen Breite und Länge eines Beobachtungsortes auf der Erde.
Die Methoden der Ortsbestimmung auf der Erde basieren auf astronomischen Messungen und sind, mit Präzisionsinstrumenten durchgeführt, von beachtlicher Genauigkeit. So läßt sich die geographische Breite φ eines Ortes auf ± 0,02″ (Bogensekunden), entsprechend ± 60 cm, genau angeben, die geographische Länge auf ± 0,008 s (Zeit-

geographische Ortsbestimmung

sekunden), entsprechend ± 3,7 m am Äquator oder in mittlerer Breite ($\varphi \approx 50°$) etwa ± 2,4 m. Sind aufgrund astronomischer Messungen eine Reihe von Punkten auf der Erde festgelegt, so lassen sich weitere Orte in dieses System einmessen. Die Durchführung relativer Ortsbestimmungen ist Aufgabe der Geodäsie. Die bei derartigen Koordinatendifferenzmessungen erzielte Genauigkeit übertrifft zwar die astronomische Ortsbestimmung bei weitem, ist aber naturgemäß mit den astronomisch bedingten Fehlern des Anschlußkoordinatensystems behaftet.

Zur astronomischen Bestimmung der geographischen Koordinaten werden Präzisionsinstrumente herangezogen, wie ↑ Universalinstrument, ↑ Zenitteleskop, ↑ Sextant oder ↑ Meridiankreis, Instrumente, die entsprechend ihrer Funktion und ihrem Einsatzort konstruiert sind. Die mit diesen Geräten gemessenen Himmelskoordinaten bedürfen noch der Reduktion. So sind z. B. bei der gemessenen Gestirnshöhe h Refraktion und Kimmtiefe, bei der Beobachtung von Sonne, Planeten und namentlich des Mondes auch noch die tägliche Parallaxe als Korrekturgrößen einzubeziehen.

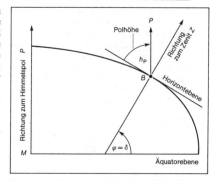

Geographische Ortsbestimmung (Abb. 1).
Geographische Breite φ, Polhöhe h_p und Deklination δ des Zenits

Bestimmung der geographischen Breite

Die geographische Breite ist gleich dem Winkel zwischen der Richtung des Lots am Beobachtungsort und der Äquatorebene (↑ auch Koordinatensysteme). Sie ist daher, wie aus der Abb. 1 leicht ablesbar, 1. gleich der Polhöhe h_p ($h_p = \varphi$) und 2. gleich der Deklination des Zenits. Eine verhältnismäßig einfache Methode zur Bestimmung der geographischen Breite nutzt die Erkenntnis, daß der Abstand eines Sterns vom Himmelspol stets konstant ist. Damit kann man die Polhöhe h_p aus der Höhe h_1 eines polnahen Zirkumpolarsterns zur Zeit seiner unteren und der Höhe h_2 zur Zeit seiner oberen ↑ Kulmination als arithmetisches Mittel berechnen, also $h_p = \frac{1}{2}(h_1 + h_2)$.

Bei dieser Methode (Abb. 2) brauchen noch nicht einmal die Koordinaten des Zirkumpolarsterns bekannt zu sein; allerdings liegen zwischen den beiden

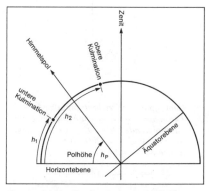

Geographische Ortsbestimmung (Abb. 2).
Bestimmung der Polhöhe h_p aus den Kulminationshöhen eines polnahen Zirkumpolarsterns

Messungen zwölf Sternzeitstunden (↑ Sternzeit).

Da die geographische Breite gleich der Höhe des Himmelspols ist, basiert eine weitere einfache Methode zur Bestimmung der geographischen Breite auf der Höhenbestimmung eines dem Himmelspol benachbarten Sterns, dessen Poldistanz z also gering ist. Mit der Kenntnis der Höhe hat man gleichzeitig einen relativ genauen Näherungswert der geographischen Breite. Auf der nördlichen

geographische Ortsbestimmung

Halbkugel eignet sich für dieses Verfahren hervorragend der Polarstern, dessen Höhenabweichung von der Polhöhe gegenwärtig höchstens ± 1° beträgt. Will man sich nicht mit einer relativ genauen Schätzbestimmung begnügen, so sind zur exakten Breitenbestimmung an den Höhenwert des Polarsterns Korrektionsglieder anzubringen, die in astronomischen und nautischen Jahrbüchern verzeichnet sind.

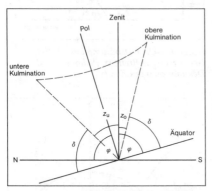

Geographische Ortsbestimmung (Abb. 3). Für in der unmittelbaren Nähe des Zenits kulminierende Sterne gilt: $\varphi = \delta + z_0$ für die obere und $\varphi = 180 - (\delta + z_u)$ für die untere Kulmination

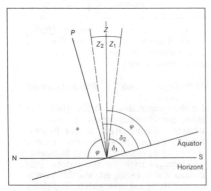

Geographische Ortsbestimmung (Abb. 4). Methode von Horrebow und Talcott

Nun ist aber die geographische Breite auch gleich der Deklination des Zenits. Diese Erkenntnis kann man sich bei der Messung von Sternen, die in unmittelbarer Nachbarschaft des Zenits kulminieren, zu Nutze machen. Ist die Deklination δ eines Gestirns bekannt und seine Zenitdistanz z (z. B. mit einem Zenitteleskop bestimmbar), so ergibt sich die geographische Breite φ bei der oberen Kulmination aus der Summe $\delta + z_0$, bei der unteren Kulmination aus dem Komplement der Summe zu 180° ($\varphi = 180 - (\delta + z_u)$), wie aus Abb. 3 ersichtlich.

Die weitaus genaueste Methode zur geographischen Breitenbestimmung beruht ebenfalls auf der Beobachtung zenitnaher Sterne. Sternwarten wenden dabei die Methode von P. Horrebow und A. Talcott an. Seien S_1 und S_2 zwei kurz hintereinander mit etwa gleicher Zenitdistanz z kulminierende Sterne, wobei S_1 nördlich und S_2 südlich des Zenits passieren mögen. Dann gilt, wenn δ_1 und δ_2 die entsprechenden Gestirnsdeklinationen sind (Abb. 4):

$$\delta_1 = \varphi - z_1,$$
$$\delta_2 = \varphi + z_2.$$

Daraus folgt nun

$$\varphi = \frac{\delta_1 + \delta_2}{2} + \frac{z_1 - z_2}{2}.$$

Für diese Methode verwendet man häufig Fundamentalsterne, d. h. Sterne, deren Koordinaten sehr genau bekannt sind. Die Genauigkeit dieser Methode hängt ferner davon ab, daß die Zenitdistanzen recht exakt vermessen werden. Diese Messungen erfolgen in der Regel mit einem Fadenmikrometer im Zenitteleskop.

Aber auch mit Hilfe des ↑astronomischen Dreiecks kann über einen Stern außerhalb des Meridians (Stundenwinkel $t \neq 0$) die geographische Breite φ bestimmt werden. Allerdings ist dann neben der Deklination δ auch noch die Kenntnis des Stundenwinkels t zur Beobachtungszeit erforderlich. Entsprechend einem Satz aus der sphärischen Trigonometrie folgt aus dem astronomischen Dreieck für die geographische

Breite φ und die Höhe h eines Gestirns die Beziehung

$$\sin h = \sin \varphi \sin \delta + \cos \varphi \cos \delta \cos t.$$

Da $t = \Theta - \alpha$ ist, erhält man t bei Kenntnis der Sternzeit Θ und der Rektaszension α, sofern t nicht direkt bestimmt wird.

Bestimmung der geographischen Länge

Die geographische Länge ist der Winkel zwischen dem Meridian des Beobachters und dem Meridian von Greenwich. Alle Punkte auf der Erde mit gleicher geographischer Länge liegen auf demselben Meridian und haben folglich die gleiche Ortszeit. Somit lassen sich Längenunterschiede durch Ortszeitunterschiede (Sternzeit oder mittlere Sonnenzeit) bestimmen.

Die Ortszeit erhält man über die obige trigonometrische Beziehung

$$\sin h = \sin \varphi \sin \delta + \cos \varphi \cos \delta \cos t.$$

Ist nun die geographische Breite des Beobachtungsortes bekannt und mißt man die Höhe h eines Gestirns mit bekannter Deklination δ und Rektaszension α, so kann man den Stundenwinkel t des Gestirns und damit auch die Sternzeit $\Theta = t + \alpha$ berechnen. Diese Art der Bestimmung der Sternzeit ist am genauesten, wenn sich das Gestirn im ersten Vertikal befindet. Dagegen wird die Zeitbestimmung umso unsicherer, je mehr sich der Stern dem Meridian nähert, da sich in Meridiannähe die Höhe nur noch langsam mit der Zeit ändert. Im Meridian selbst ist eine Zeitbestimmung durch Höhenmessung sogar ausgeschlossen. Für ein den Meridian überquerendes Gestirn gilt jedoch Rektaszension α gleich Sternzeit Θ. Mit Hilfe eines Meridiankreises kann daher die Sternzeit sogar ohne Kenntnis der geographischen Breite ermittelt werden.

Sind, was in der Praxis häufig der Fall ist, sowohl die geographische Breite φ als auch die Sternzeit Θ unbekannt, so ist φ z. B. zunächst aus Meridianhöhen – wobei die Kenntnis der Ortszeit nicht erforderlich ist – bestimmbar. Sodann kann mit dem nun bekannten φ die Ortssternzeit aus Gestirnshöhen im Osten oder Westen ermittelt werden. Aus der gemessenen Ortssternzeit folgt durch einen Vergleich mit der Weltsternzeit – jene für den Nullmeridian von Greenwich geltende Ortssternzeit, die leicht aus der Weltzeit berechenbar oder aus Tabellen ablesbar ist – die Längendifferenz zu Greenwich

$$\lambda = \Theta_{\text{Greenwich}} - \Theta.$$

Durch den Rundfunk ist heute die Weltzeit stets bekannt. Früher jedoch zählte die Längenbestimmung zu den schwierigsten Aufgaben. Sie wurde meist durch Messung von Monddistanzen gelöst, d. h. von Winkelabständen des beleuchteten Mondrandes von hellen Sternen in der Nähe seiner Bahn. In den nautischen Jahrbüchern ist der Ort des sich schnell unter den Sternen bewegenden Mondes – in etwa 50 Minuten wandert der Mond um seinen eigenen Durchmesser – nach Weltzeit von Stunde zu Stunde angegeben. Im Prinzip läßt sich nun aus den beobachteten Distanzen die Weltsternzeit des Beobachtungszeitpunktes erschließen. In der Praxis muß jedoch noch die tägliche ↑ Parallaxe des Mondes Berücksichtigung finden, da in Jahrbüchern nur geozentrische Ortsangaben niedergelegt sind. Zur Berechnung der täglichen Parallaxe bräuchte man eigentlich die geographischen Koordinaten des Beobachtungsortes. Es zeigt sich aber, daß man auch mit genäherten Standortkoordinaten recht brauchbare Ergebnisse erzielt.

Zum Schluß sei noch auf die in der Nautik beliebte ↑ Standlinienmethode zur Ortsbestimmung auf See verwiesen, die zur Bestimmung von geographischer Breite φ und Länge λ die Zenitdistanzen bei bekannter Weltzeit nutzt.

Geoid [zu griech. gē = Erde und griech. eidés = gestaltet, ähnlich]: Bez. für den von der wahren Erdgestalt abweichenden theoretischen Körper, dessen Oberfläche die Feldlinien (Lotlinien) der Schwerkraft überall im rechten Winkel schneidet, d. h. eine Niveaufläche (Äquipotentialfläche) des Schwerefeldes ist, die auf den Ozeanen mit der mittleren, ungestörten Meeresoberfläche zusammenfällt. Die Abweichungen des G.s

GEOS

von der Form des Erdellipsoids werden als **G.undulationen** bezeichnet. Die von der Internat. Union für Geodäsie und Geophysik 1924 festgelegten Werte für den internat. Ellipsoid sind:

Äquatorradius $a = 6378388$ m
Polradius $b = 6356911{,}946128$ m
Abplattung $(a-b)/a = 1:297$
$a - b = 21476{,}053872$ m
mittlerer Radius
$(a+a+b)/3 = 6371229{,}315$ m
Radius der oberflächengleichen Kugel $= 6371227{,}709$ m
Radius der volumengleichen Kugel $= 6371221{,}266$ m
Äquatorquadrant $= 10019148{,}441$ m
Meridianquadrant $= 10002288{,}299$ m
Äquatorgrad $= 111323872$ m
mittlerer Meridiangrad $= 111136{,}537$ m
Oberfläche $= 510100933{,}5$ km^2
Volumen $= 1083319780000$ km^3

GEOS [Kurzw. aus engl. **geo**stationary **s**atellite = geostationärer Satellit]: Name zweier im Auftrag der ESA entwickelter europäischer Forschungssatelliten, die v. a. zur Erforschung des Erdmagnetfeldes gestartet wurden: **G. 1** am 20. April 1977 (erreichte die vorgesehene Bahn nicht, lieferte jedoch eine Vielzahl aufschlußreicher Meßdaten), **G. 2** am 14. Juli 1978 (erreichte die geplante Bahn in 35800 km Höhe).

GEOS [Kurzw. aus engl. **geo**detical **s**atellite = geodätischer Satellit]: Name amerikanischer Forschungssatelliten, die zu geodätischen Messungen verwendet werden. **G. 1** (= Explorer 29) wurde am 6. November 1965 gestartet, **G. 2** (= Explorer 36) am 11. Januar 1968. Am 9. April 1975 wurde **G. 3** („geodynamics experimental ocean satellite") in eine Erdumlaufbahn gebracht; er dient u.a. der Erforschung der Oberflächenstruktur der Weltmeere (Abweichungen von der mittleren Seehöhe, Höhe der Meereswellen u. ä.).

geostationäre Bahn [zu griech. gē = Erde] (Synchronorbit): Umlaufbahn eines Erdsatelliten, bei der die Umlaufzeit mit der Rotationsperiode der Erde übereinstimmt, so daß der Satellit ständig die gleiche Position über einem bestimmten Punkt (des Äquators) beibehält.

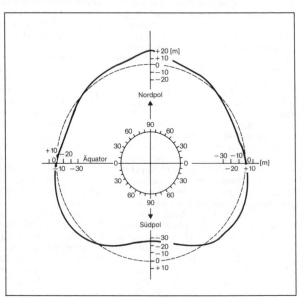

Geoid. Ein über verschiedene Längenkreise gemittelter Schnitt durch den Erdkörper. Die durchgehende Linie entspricht dem Geoid nach Auswertung von 27 künstlichen Erdsatelliten. Die gestrichelte Kurve gibt ein Sphäroid mit der Abplattung 1/298,25 wieder. Die Abweichungen sind stark gedehnt (etwa 80000fach)

geozentrische Breite [zu griech. gē = Erde] ↑ Breite.
geozentrischer Ort ↑ Ort.
geozentrisches Weltbild: ein Weltbild, bei dem die Erde im räumlichen Mittelpunkt steht. Bekannte Beispiele sind das ↑ Ptolemäische Weltbild und das ↑ Tychonische Weltbild.
Gesichtsfeld (Sichtfeld):
◊ bei einem astronomischen Fernrohr der Durchmesser des sichtbaren Teilausschnitts der Himmelssphäre **(wahres G.).** Allgemein gilt, je stärker die Vergrößerung, umso kleiner das G. (vgl. Teleobjektiv beim Photoapparat). Selbst bei kleinen Geräten ist der Durchmesser des G.es meist nicht größer als 0,5° bis 1°. Bei Ferngläsern wird der Durchmesser des G.es häufig in Metern – bezogen auf eine Entfernung von 1000 m – angegeben. Bei größeren Fernrohren mit entsprechend höherer Vergrößerung schrumpft der Durchmesser in der Regel auf einige Bogenminuten.
◊ der Winkel, unter dem der Durchmesser der G.blende (äußere Begrenzung des G.es) von der Mitte der Austrittspupille erscheint **(scheinbares G.).** Dieser Durchmesser ist v. a. abhängig von der Bauart des Okulars. Bei den meisten Okularen beträgt er 25° bis 40°. Weitwinkelokulare bringen es auf 60° bis 90°.
Gesichtskreis: svw. ↑ Horizont.
Gesichtslinie (Sichtlinie, Visionsradius): die gedachte Verbindungslinie vom Beobachter zum beobachteten Gestirn.
Gezeiten: periodische Massenbewegungen der Atmosphäre, des Erdkörpers und, besonders auffällig, des Meeres. Die **G. der Atmosphäre** äußern sich in periodischen Schwankungen des Luftdrucks (maximal 0,1 hPa); diese haben jedoch keine Bedeutung für das Wettergeschehen. Die **G. des Erdkörpers** äußern sich in geringen Hebungen und Senkungen der Erdkruste (bis zu etwa 50 cm) innerhalb von 12 Stunden. Die **G. des Meeres (Tiden)** äußern sich besonders an den Küsten, zumeist als zweimal tägliches (im Abstand von 12h 25m) Ansteigen **(Flut)** und Absinken **(Ebbe)** des Meeresspiegels. Diese Zeitspanne entspricht gerade der halben Umlaufzeit des Mondes um die Erde.

Bei den G. handelt es sich um erzwungene Schwingungen der Wasser- bzw. Luftmassen sowie der Erdkruste, bei denen naturgemäß auch Reibungen auftreten (↑ Gezeitenreibung).
Die physikalische Deutung der G. ergibt sich aus der durch Mond und Sonne hervorgerufenen Störung des Schwerefeldes. Im Gegensatz zu Gravitationskräften, die umgekehrt proportional zum Quadrat des gegenseitigen Abstands sind, geht bei den die G. verursachenden Störungskräften der gegenseitige reziproke Abstand mit der dritten Potenz ein. Hieraus erklärt sich, daß das von der Sonne im Erdmittelpunkt erzeugte Gravitationsfeld rund 170mal größer ist als das vom Mond erzeugte, während das Verhältnis der von Sonne und Mond an der Erdoberfläche bewirkten G.beschleunigungen aber nur knapp 1:2 beträgt.
Die unterschiedliche Entfernung, insbes. des Mondes von der Erde, ist verantwortlich für die parallaktische oder monatliche Ungleichheit. Der Tidenhub, d. h. der Höhenunterschied zwischen Hoch- und Niedrigwasser, wird groß, wenn der Mond in Erdnähe, d. h. im Perigäum steht.
Aus dem Zusammenwirken der gezeitenerzeugenden Kräfte von Mond und Sonne erklärt sich die halbmonatliche Ungleichheit der Gezeiten. Aufgrund der verschiedenen Umlaufzeiten durchlaufen Mond- und Sonnenflut in 14 1/4 Tagen alle Phasenlagen gegeneinander. Bei Voll- und Neumond kommt es zur Verstärkung der beiden Fluten **(Springflut).** Bei den Mondvierteln dagegen schwächen sich die beiden Fluten **(Nippflut).** Die tägliche Ungleichheit der beiden Flutberge erklärt sich daraus, daß die Gestirne sich nicht nur in der Äquatorebene bewegen. Bei nördlichem oder südlichem Stand des fluterzeugenden Gestirns ergeben sich unterschiedliche Höhen bei der täglichen Flut.
Neben den erwähnten Ungleichheiten sind die Meeres-G. äußerst kompliziert. So gibt es z. B. Meeresteile, die im eintägigen Rhythmus schwingen, also G. mit einer mittleren primitiven Periode von 24h 50m. Darüber hinaus treten

Gezeitendeformation

gemischte G., d.h. Kombinationen von halb- und eintägigen G., auf.
Die verschiedenartige Ausbildung der G. hängt entscheidend von der Bodentopographie der Ozeane, von Rand- und Nebenmeeren, von der Küstenform und vom Wind ab. Der Tidenhub ist im offenen Ozean gering, in Buchten können jedoch Werte von mehr als 20 m erreicht werden. In Meerengen und Fjorden erreichen die G.ströme durch Einengung des Wasserprofils Geschwindigkeiten bis zu 15 km/h. Bei Flüssen wirken sich die G. von der Mündung landeinwärts ebenfalls aus, beim Amazonas z.B. auf einer Länge von 800 km. Beim Eindringen der Flut, v.a. der Springflut, kann sich bei einigen Flüssen eine Sprungwelle bilden, die, bis einige Meter hoch, flußaufwärts braust. In Wasser- oder Gezeitenkraftwerken kann die Energie des strömenden Wassers oder des Tidenhubs (wirtschaftlich sinnvoll mindestens 5 m) genutzt werden.

Gezeitendeformation: die Verformung eng beieinanderstehender Doppelsternkomponenten oder Doppelgalaxien durch periodisch auftretende Gravitationskräfte (Gezeitenkräfte).

Gezeitenreibung: Reibungseffekte, die durch die bei ↑Gezeiten auftretenden erzwungenen Schwingungen des festen Körpermantels, und falls vorhanden, auch der Wassermassen sowie der Atmosphäre verursacht werden können. Als Haupteffekt tritt eine allmähliche Verlangsamung der Rotationsgeschwindigkeit der beteiligten Körper auf.
Am auffälligsten ist diese Erscheinung bei unserem Mond, der aufgrund der G. seine Rotationsgeschwindigkeit soweit abgebremst hat, daß seine Rotationszeit gleich der Umlaufzeit um die Erde ist. Aus diesem Grund wendet der Mond der Erde stets dieselbe Seite zu. Denselben Effekt findet man auch bei einigen engen ↑Doppelsternen. Auch bei der Erde hat die G. Einfluß auf die Rotation, was einerseits eine fortschreitende Änderung der Tageslänge bewirkt, andererseits aber auch Veränderungen in der Mondbahnbewegung (aufgrund des Drehimpulserhaltungssatzes) nach sich zieht. Mit präzisen Zeitmessern läßt sich eine Zunahme der Tageslänge von ungefähr 0,0016 s pro Jahrhundert feststellen. Im Falle des Systems Erde–Mond bewirkt die Abnahme der Rotationsenergie eine Verlangsamung der Erdrotation sowie aufgrund des Drehimpulserhaltungssatzes eine Abstandsvergrößerung Mond–Erde und damit eine Verlangsamung der Bahngeschwindigkeit des Mondes.
Paläontologische Entdeckungen an Korallen liefern interessanterweise eine von astronomischen Überlegungen unabhängige Bestätigung der Änderung von Erdrotation und Mondbahnbewegung. Die täglichen Wachstumsringe von Korallen variieren von synodischem Monat zu Monat und von Jahr zu Jahr. Aus dem Vergleich heutiger und fossiler Korallen läßt sich folgendes ableiten: Im Devon (vor $370 \cdot 10^6$ Jahren) fielen auf einen Jahresrhythmus noch 400 Tagesringe, im Gegensatz zu 365 heute. Unter Annahme einer im wesentlichen konstanten Jahreslänge bedeutet dies, daß in früheren Zeiten die Tage kürzer waren. Im Devon betrug die Tageslänge demnach 22 Stunden. Der hieraus resultierende Änderungsbetrag der Tageslänge – 0,002 s pro Jahrhundert – stimmt hervorragend mit dem aus astronomischen Methoden bestimmten Betrag überein. Die an den Korallen ablesbare Änderung des synodischen Monats – im Devon 13,0, heute 12,4 Monatsringe pro Jahr – kann darüber hinaus als Bestätigung der Verlangsamung der Mondbewegung angesehen werden.
Vergleiche zwischen der Zeit von Sterndurchgängen und der durch die Gesamtheit hochpräziser Quarzuhren gegebenen Zeit lassen ferner erkennen, daß zusätzlich zu der gleichmäßig durch G. bewirkten Zunahme der Tageslänge noch weitere kleine Schwankungen der Erdrotation auftreten. Über hypothetische Annahmen möglicher Ursachen dieser unregelmäßigen kleinen Schwankungen, wie Änderungen der Massenverteilung im Erdinnern, wechselnde Verteilung der Luftmassen und des Schnees auf der Erdoberfläche, Variationen des Erdmagnetfeldes, Erzeugung von Korpuskularströmen infolge aktiver Sonnen-

Mondlandung von Apollo 15. Astronaut James B. Irwin salutiert vor der US-Flagge. Im Hintergrund die Mondlandefähre, rechts das Mondauto

Erdaufgang über dem Mondhorizont (Aufnahme Sond 7, 1969)

Mond. Krater IAU 308 auf der Mondrückseite (Durchmesser etwa 80 km)

Mitte: Mondgestein. Links gelbe Glaskugel (Durchmesser etwa 0,4 mm) als Einschluß in einer Breccie, rechts Glaskugel mit etwa 1 mm Durchmesser

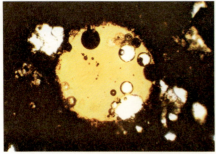

Mars. Farbaufnahme der Marsoberfläche (Viking 1, 1976). Das rötliche Oberflächenmaterial besteht vor allem aus Brauneisenstein

Oben: Jupiter (Aufnahme Voyager 1) mit den Monden Io (links über dem Großen Roten Fleck) und Europa

Mitte: Jupitermond Callisto (Aufnahme Voyager 1, 1979, aus rund 350 000 km Entfernung)

Unten: Jupitermonde Ganymed (links) und Io

Saturn (Aufnahme Voyager 2, Juli 1981)

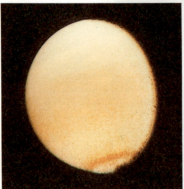

Saturnmond Titan aus 2,3 Mill. km Entfernung (Aufnahme Voyager 2, 1981)

Saturnmond Hyperion aus 500 000 km Entfernung (Aufnahme Voyager 2, 1981)

Ringsystem des Saturn aus 8,9 Mill. km Entfernung (Aufnahme Voyager 2, 1981). Die Farbkontraste sind künstlich erzeugt

*Links: Venus (Aufnahme vom Pioneer-Venus-Orbiter, 1979).
Rechts: West-Komet*

Halley-Komet. Der Kern des Kometen, aufgenommen mit der Halley Multicolour Camera von der ESA-Raumsonde Giotto (1986)

Die Sonne mit einer Protuberanz (Aufnahme Skylab)

Sonnenkorona. Aufnahme bei totaler Sonnenfinsternis

Magnetogramme der Sonne. Links: Sonne mit starken Magnetfeldern (Aufnahme 1976). Rechts: Sonne mit schwachen Magnetfeldern (Aufnahme 1978)

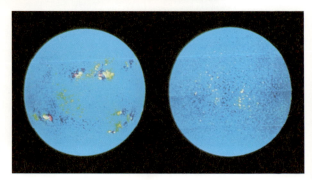

H$_\alpha$-Aufnahme der Sonne

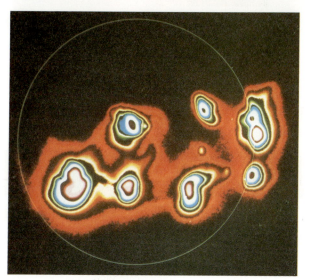

Röntgenaufnahme der Sonne. Regionen mit Temperaturen über 1 Mill. K sind als helle Flecken sichtbar

Milchstraßensystem. Blick zum Zentrum der Galaxis (Aufnahme Südsternwarte)

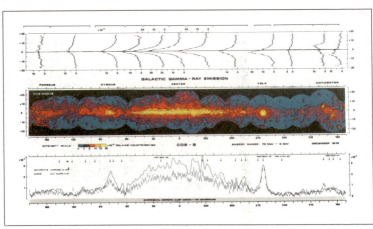

Milchstraßensystem. Gammaaufnahme vom Zentrum der Galaxis

Gravitation

eruptionen, ist man bis heute noch nicht hinausgekommen.

Giotto [italien. 'dʒotto]: Bez. für eine europäische Sonde zur Erforschung des ↑ Halley-Kometen. Die Sonde hatte ein Gesamtgewicht von 960 kg (bei einer Nutzlast von 53 kg) und wurde am 2. Juli 1985 mit einer Ariane-1-Rakete von Kourou in Französisch-Guayana gestartet. Sie drang in die Koma des Kometen ein und näherte sich in der Nacht vom 13. auf den 14. März 1987 dem Kern bis auf 600 km. Es wurden Photographien vom Kern geliefert, die Zusammensetzung der Kometenmaterie erforscht und die Wechselwirkungen des Kometen mit dem Sonnenwind untersucht.

Giraffe [Camelopardalis; Abk.: Cam): ein lichtschwaches Sternbild des nördlichen Himmels, das nahe dem Himmelspol liegt. Von mittleren nördlichen Breiten aus beobachtet, bleibt es stets über dem Horizont und zählt daher zu den ↑ Zirkumpolarsternbildern.

GIRL [gə:l] (Abk. für: German infra-red laboratory): ein deutscher Infrarotsatellit, der vom Batelle-Institut und von Max-Planck-Instituten entwickelt wurde. Der Satellit soll in den nächsten Jahren mit einem Raumtransporter für 14 Tage in eine Umlaufbahn um die Erde geschickt werden, wobei er unter der wiss. Betreuung des Max-Planck-Instituts für Astronomie, Heidelberg-Königstuhl, stehen wird.

Gleichschein: svw. ↑ Konjunktion.

Globule [aus lat. globulus = Kügelchen]: kleine, scharf begrenzte ↑ Dunkelwolke, die vor hellen Nebeln steht und eine besonders hohe Dichte aufweist. Ihr Durchmesser ist in der Größenordnung von 0,005 bis 1 pc und die mittlere Masse beträgt etwa 30 Sonnenmassen. G.n werden als Vorstadien der Sternentstehung angesehen.

Gluonen [zu engl. glue = Klebstoff]: elektrisch neutrale Austauschteilchen, die im Rahmen der Quantenchromodynamik die Wechselwirkung zwischen den ↑ Quarks verursachen.

Göttinger Aktinometrie (Abk.: GA): ein Helligkeitskatalog für den Deklinationsbereich 0° bis 20°. Der 1910 erschienene Katalog enthält die photographischen Helligkeiten für 3 500 Sterne. – ↑ auch Aktinometrie.

Gould-Gürtel ['guːld...]: Bez. für eine nach B. A. Gould benannte, um etwa 20° gegen die Milchstraßenebene geneigte ringförmige Zone, die durch die hellen Sterne der Sonnenumgebung repräsentiert wird.

Grabstichel (Caelum; Abk.: Cae): ein kleines Sternbild des südlichen Himmels.

Granatstern: ein tiefroter Stern im Sternbild ↑ Cepheus.

Granulation [zu lat. granulum = Körnchen]: die körnig erscheinende Struktur der ↑ Photosphäre.

Gravimetrie [zu ↑ Gravitation]: Gesamtheit der Verfahren zur Messung der durch die Erdmassen, die Erdrotation und die Massen benachbarter Himmelskörper erzeugten Schwerebeschleunigung bzw. Schwerkraft an der Erdoberfläche. Zur *absoluten Schweremessung* wird das Pendel verwendet, aus dessen Schwingungsdauer die Schwerebeschleunigung ermittelt werden kann. *Relative Schweremessungen* werden mit dem auf dem Prinzip der Federwaage beruhenden **Gravimeter** durchgeführt.

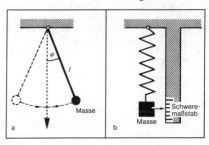

Gravimetrie. a Pendel; b Gravimeter

Praktische Anwendung findet die G. v. a. in der Geodäsie (Bestimmung der Figur der Erde) und in der Geophysik (Exploration nutzbarer Lagerstätten).

Gravitation [zu lat. gravis = schwer] (Massenanziehung, Schwerkraft): phänomenologisch die zwischen jeglicher Materie wirkende Anziehungskraft, speziell die zwischen der Erde und den in ihrer Nähe befindlichen Körpern. Die

Gravitationsaberration

für die G. maßgebliche Eigenschaft von Materie ist deren Masse, genauer die schwere Masse. Dabei ist die schwere Masse (im Gegensatz zur trägen Masse, die ein Maß für den Widerstand eines Körpers gegen eine Geschwindigkeitsänderung [Beschleunigung] ist) verantwortlich für das Gewicht eines Körpers in einem Gravitationsfeld.

Bei sehr präzisen Experimenten wurde gefunden, daß die träge Masse der schweren Masse streng proportional ist. Dieses Resultat hat A. Einstein als Grundlage für seine allg. Relativitätstheorie verwendet, indem er die grundsätzliche Nichtunterscheidbarkeit von träger und schwerer Masse für alle lokalen, d. h. von äußeren Einwirkungen abgeschirmten physikalischen Vorgänge, postulierte. Mit der Idee, die gesuchte Einheit von Trägheits- und Gravitationsfeld durch eine Metrik darzustellen, gelang ein weiterer Schritt in Richtung auf die Einheit der Physik. Dieselbe Struktur, die Längen und Zeiten bestimmt, bestimmt auch Trägheit und Schwere. Mit der Aufstellung von Feldgleichungen, die das metrische Feld mit der Materie verknüpften, war das Fundament für eine moderne Gravitationstheorie, die ↑ Einstein-Gravitationstheorie, gelegt. Diese Theorie ist gleichzeitig eine Verbesserung der speziellen Relativitätstheorie wie der ↑ Newton-Gravitationstheorie.

Das scheinbar einfache Phänomen der G. ist heute immer noch nicht restlos verstanden und daher weiterhin Gegenstand intensiver Forschungsarbeiten. Das Auftreten von extrem großen Dichten und Temperaturen in kosmischen Singularitäten (↑ Big-bang-Theorie, ↑ Gravitationskollaps) ist mit der Einstein-Gravitationstheorie nicht beschreibbar. Daher gibt es Bemühungen, diese Theorie möglichst zu verallgemeinern. Die derzeit wichtigste und zugleich auch spekulativste Idee in dieser Richtung ist die Supergravitationstheorie, bei der die Vereinheitlichung aller Wechselwirkungen zu einer Supergravitationskraft gefordert wird (↑ vereinheitlichte Theorien).

Gravitationsaberration (relativistische Lichtablenkung): die von der allg. Relativitätstheorie vorausgesagte Lichtablenkung in einem Gravitationsfeld. Die G., die nach der allg. Relativitätstheorie auf der gravitativen Wechselwirkung mit einer großen Masse bzw. auf der Krümmung des Raums in ihrem Schwerefeld beruht, wurde erstmals bei Sonnenfinsternissen als Ablenkung von Sternenlicht durch die Sonne beobachtet. Auch die Wirkung kosmischer ↑ Gravitationslinsen wird auf diesen Effekt zurückgeführt.

Gravitationskollaps: zu Beginn der ↑ Sternentwicklung eintretender Zusammenfall einer Gas- und Staubwolke bzw.

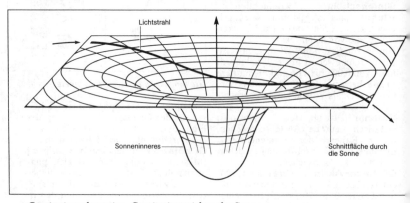

Gravitationsaberration. Gravitationstrichter der Sonne

Gravitationslinse

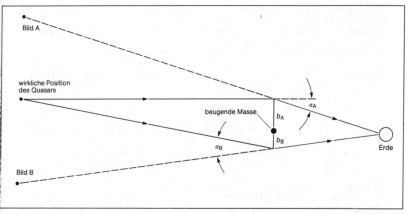

Gravitationslinse. Strahlengang eines weit entfernten Quasars unter dem Einfluß einer lichtbeugenden Punktmasse

am Ende der Sternentwicklung eintretender Zuammenfall der Restmasse eines alternden Sterns. Dieser Kollaps kann nur auftreten, wenn die nuklearen Energiereservoirs noch nicht genutzt werden bzw. schon erschöpft sind. Dann nämlich kann es passieren, daß der Gas- und Strahlungsdruck der Gravitation nicht mehr standhält und Teile der Wolke zu Protosternen bzw. Reststernmassen zu Neutronensternen oder schwarzen Löchern kollabieren.

Gravitationskonstante: in der klassischen Physik eine universelle, materie-, raum- und zeitunabhängige Naturkonstante, die als Proportionalitätsfaktor G in das Newton-Gravitationsgesetz

$$F = G \frac{M_1 \cdot M_2}{r^2}$$

mit dem Zahlenwert

$$G = 6{,}672 \cdot 10^{-11} \, m^3 \, kg^{-1} \, s^{-2}$$

eingeht.

Gravitationslinse: ein Objekt, das unter bestimmten Bedingungen Lichtstrahlen entfernter Lichtquellen wie eine Linse fokussieren kann.

Die gravitative Beeinflussung von Lichtstrahlen wird durch die allgemeine Relativitätstheorie beschrieben, die Aussagen über die wechselseitige Abhängigkeit von Raum, Zeit und Gravitation macht. Danach wird der Raum in der Umgebung eines massiven Objekts durch dessen Anwesenheit gekrümmt, so daß ein Lichtstrahl, der an diesem Objekt vorbeigeht, abgelenkt wird.

Die Schemazeichnung verdeutlicht den Einfluß einer lichtbeugenden Punktmasse auf den Strahlengang eines weitentfernten Quasars. Strahlen, die im Abstand b_A bzw. b_B an dem Objekt vorbeikommen, werden von der G. zum Beobachter hin fokussiert. Bei Nichtkenntnis der G. vermutet der Beobachter daher in der rückwärtigen Verlängerung der ankommenden Strahlen zwei unabhängige Quellen statt der wahren Position des Quasars. Daß nur bestimmte Strahlen zur Erde gebeugt werden, liegt daran, daß der Beugungswinkel α entsprechend der Einstein-Formel

$$\alpha = \frac{4GM}{c^2 b}$$

vom Abstand b zwischen Lichtstrahl und Punktmasse M abhängig ist. Als weitere Größen sind mit G die Gravitationskonstante und mit c die Lichtgeschwindigkeit bezeichnet. Strahlen mit größerer Abstandsweite werden zwar auch gebeugt, gehen aber an der Erde vorbei.

Gravitationsrotverschiebung

Als mögliche G.n für erkennbare Aufspaltungen kommen nur Galaxien oder schwarze Löcher in Betracht; einzelne Sterne haben eine zu geringe Masse, um das Bild eines Quasars aufspalten zu können. Bei konservativen Astronomen gilt die Existenz von G.n als äußerst spekulativ. Umso mehr überraschte es, als eine G. in Gestalt einer Galaxie gefunden wurde. Die 1979 entdeckten Quasarzwillinge (offizielle Bez. 0957 + 561 A, B), zwei scheinbar völlig gleiche Quasare, wurden zunächst in Analogie zu den Doppelsternen als Doppelquasar gedeutet. Doch schon nach 8 Monaten erwiesen sie sich als optische Täuschung in kosmischer Größenordnung. Denn in der Tat dürfte es sich um ein einziges Objekt handeln, dessen zwei Bilder durch eine G. vorgetäuscht werden. Als G. konnte eine elliptische Galaxie zwischen Erde und Quasar ausfindig gemacht werden.

Mit Hilfe der obigen Einstein-Formel verfügt man beim Vorhandensein von G.n über eine einfache und genaue Massenbestimmungsmethode. Zu hoffen bleibt nur, daß es künftig gelingt, eine Reihe von Galaxien und (indirekt auch) schwarzer Löcher als G.n ausfindig zu machen.

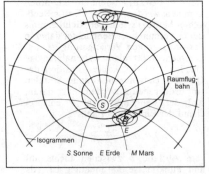

Gravitationstrichterdiagramm (Schema)

Gravitationsrotverschiebung (relativistische Rotverschiebung): von der allg. Relativitätstheorie vorausgesagte Frequenzerniedrigung bei Strahlung aus Gebieten mit starken Gravitationsfeldstärken.

Nach der Einstein-Gleichung $E = mc^2$ ist die Energie von Strahlungsquanten einer Masse äquivalent. Die z. B. einen Stern verlassenden Strahlungsquanten müssen daher quasi gegen das Gravitationsfeld des Sterns Arbeit verrichten, um in Gebiete mit geringerer Feldstärke gelangen zu können. Die dabei aufgewandte Energie macht sich dann wegen $E = h\nu$ (h Planck-Wirkungsquantum, ν Frequenz) in einer Frequenzerniedrigung der Strahlung bemerkbar. Diese von der allg. Relativitätstheorie vorausgesagte G. ist wegen der Schwierigkeit ihrer Messung (z. T. überlappen noch Blauverschiebungseffekte aufgrund radialer Auswärtsströmung sehr heißer Massenteilchen vom Stern) bisher nur bei einem Begleiter des Sirius (Sirius B) und bei der Sonne qualitativ beobachtet worden.

Gravitationstrichterdiagramm: Bez. für die graphische Darstellung des Gravitationsfeldes eines Planeten oder der Sonne bzw. des ganzen Planetensystems in einem zwei- oder dreidimensionalen Koordinatensystem durch Isogammen.

Gravitationswellen: Störungen im Gravitationsfeld, die sich wellenartig mit Lichtgeschwindigkeit im Raum ausbreiten. Nach der allg. Relativitätstheorie entstehen G. immer dann, wenn eine Masse bewegt wird. Allerdings erst bei großen Massen (z. B. Sonnenmasse) und hohen Geschwindigkeiten sind die G. von Bedeutung.

Experimentell konnten G. bisher nicht nachgewiesen werden. Ihre Existenz kann jedoch aus den Einstein-Feldgleichungen gefolgert werden. Es handelt sich um transversale Wellen, die Quanten vom Spin 2, sog. **Gravitonen,** entsprechen. Auch jüngste astronomische Beobachtungen (kontinuierliche Energie- und Drehimpulsabnahme eines Doppelsternsystems) werden als Bestätigung der Existenz von G. gewertet.

Gravitonen [zu † Gravitation gebildet]: vermutete Quanten des Gravitationsfeldes, die als Träger der gravitativen Wechselwirkung fungieren.

Green-Bank-Formel

Green-Bank-Formel ['griːn'bæŋk...]: nach dem Radioobservatorium Green Bank in West Virginia, USA, benannte und unter maßgeblicher Mitarbeit von F. D. Drake entwickelte Gleichung. Mit Hilfe dieser Gleichung wird eine Abschätzung über die Anzahl der gegenwärtig höherentwickelten technischen Zivilisationen in unserem Milchstraßensystem versucht. Die G.-B.-F. stellt eine Produktgleichung dar, wobei jeder Faktor eine Art „Filter" darstellt. Der Vorteil dieser Gleichung liegt in der Einbeziehung vielfältiger Faktoren aus den verschiedensten Bereichen wie Astronomie, organische Chemie, Evolutionsbiologie, Geschichte, Politik, Psychopathologie und Soziologie. Dieser Vorteil kehrt sich aber auch zugleich in einen Nachteil um. So lassen sich günstigenfalls nur die aus Astronomie, organischer Chemie und Entwicklungsbiologie betreffenden Faktoren einigermaßen zuverlässig abschätzen. Eine Abschätzung der übrigen in die G.-B.-F. eingehenden Größen ist sehr gewagt und von der individuellen Betrachtungsweise des Einschätzenden abhängig. Der Aussagewert der G.-B.-F. geht trotz des mathematischen Formalismus nicht über eine persönliche Absichtserklärung hinaus. Über den Wert derselben hat der Einzelne selbst zu befinden.
Die G.-B.-F. lautet:

$$N = R \cdot f_p \cdot n_ö \cdot f_l \cdot f_i \cdot f_k \cdot n_D$$

Darin bedeutet:
N: die Anzahl der gegenwärtig existierenden technisch entwickelten Zivilisationen in unserem Milchstraßensystem. Mit Hilfe der Radioastronomie wäre nach unseren gegenwärtigen Kenntnissen eine erfolgversprechende Kontaktaufnahme zwischen Bewohnern fremder Planeten denkbar (↑Leben im All). Daher wird von diesen Zivilisationen zumindest verlangt, daß sie radioastronomische Messungen und Experimente durchführen können und auch tatsächlich durchführen.
R: Entstehungsrate neuer sonnenähnlicher Sterne in unserem Milchstraßensystem pro Jahr. Nur massearme Sterne wie unsere Sonne ermöglichen eine relativ konstante Strahlungsemission über Milliarden von Jahren, die für die Entwicklung von Leben im All zu höheren Stufen eine notwendige Voraussetzung bildet.
f_p: Anteil der Sterne mit Planetensystemen.
$n_ö$: Anzahl der Planeten in einem gegebenen System, die die ökologischen Voraussetzungen für die Entwicklung von Leben bieten.
f_l: Verhältnis der tatsächlich Leben beherbergenden Planeten zu allen theoretisch Leben ermöglichenden Planeten.
f_i: Anteil der mit intellektbegabten Wesen bewohnten Planeten an allen belebten Planeten.
f_k: Anteil der zur planetenüberschreitenden Kommunikation technisch fähigen Zivilisationen an allen Zivilisationen.
n_D: mittlere Lebensdauer einer Zivilisation mit planetenüberschreitender Kommunikationstechnik in Jahren.
Erst seit wenigen Jahrzehnten existiert auf unserer mehrere Milliarden Jahre alten Erde die Möglichkeit, mit radioastronomischen Methoden Signale aus dem Weltall zu empfangen und ins Weltall zu senden. Wie lange diese Möglichkeit weiter besteht, hängt nicht unwesentlich vom menschlichen Verantwortungsbewußtsein ab, sich selbst und seinen Lebensraum Erde zu bewahren und nicht zu zerstören. Selbst bei Annahme einer Selbstzerstörung – atomar oder genetisch – muß noch zwischen völliger Zerstörung und teilweiser Zerstörung mit günstigenfalls gereiften Überlebenden differenziert werden. Je nach persönlicher Einschätzung der einzelnen Faktoren, insbes. des wohl unsichersten Faktors n_D, kommt man zu mehr oder minder spekulativen Abschätzungen. Eine gegegenwärtig diskutierte Zahl für N ist 10^7 (Amerika). Diese Zahl besagt, daß allein in unserer, aus etwa $200 \cdot 10^9$ Sternen bestehenden Milchstraße mehrere $10 \cdot 10^6$ Planeten mit Zivilisationen bewohnt sind, die in der Lage sind, planetenüberschreitende Kommunikationssysteme einzusetzen. Selbst bei Annahme einer so gewaltigen Anzahl technisch hochentwickelter Zivilisationen in unserem Milchstraßensystem würde bei stati-

Gregorianischer Kalender

stischer Verteilung dieser bevölkerten Planeten die uns am nächsten benachbarte technisch hochentwickelte Zivilisation immer noch rund 200 Lichtjahre entfernt sein. Mithin würde eine Radiobotschaft von ihr zu uns oder umgekehrt für einen Weg rund 200 Jahre brauchen, mehr als ein menschliches Lebensalter auf der Erde. Da unsere Radioastronomie erst runde 50 Jahre alt ist, erscheint unter der obigen Prämisse ein möglicher Empfang außerirdischer Signale technisch erfolgversprechender als das Senden eigener Botschaften ins All.

Als ausgesprochen wiss. Humbug muß das Aussenden von Informationsplatten mit Raumsonden eingestuft werden. Derartige Raumtransporter, wie z. B. die beiden Voyager-Raumsonden, brauchen vorerst noch zehntausende von Jahren, um – wenn überhaupt – die Entfernung zum nächsten Stern zu überbrücken.

Gregorianischer Kalender ↑ Kalender.

Gregory-Teleskop ['grɛgərı...]: erstmals von J. Gregory entwickelter Typ eines ↑ Spiegelteleskops.

GRF: Abk. für Großer Roter Fleck (↑ Jupiter).

Größe: Kurzbez. für ↑ Größenklasse.

Große Magellan-Wolke (Abk.: LMC, für gleichbed. engl. large Magellanic cloud): eine der beiden ↑ Magellan-Wolken, die nur bei optischen Beobachtungen als die größere erscheint.

Größenklasse (Einheitenzeichen m): spezielle, nur in der Astronomie übliche Maßeinheit für die ↑ scheinbare Helligkeit.

Der Begriff G. geht bereits auf die Antike zurück, wo man die Sterne nach Helligkeitseindruck in sechs Klassen einordnete. Die hellsten Sterne waren Sterne der 1. Größe, die schwächsten, gerade noch mit dem bloßen Auge unter günstigen Sichtverhältnissen ausmachbaren Sterne waren solche der 6. Größe. Bei dieser Einteilung der scheinbaren Sternhelligkeiten entsprechen also kleinere Zahlenwerte der G.n große Helligkeiten und umgekehrt.

Als Maßeinheit wird das m hinter der Zahlenangabe oder bei Angabe von Dezimalstellen hinter dem Punkt hochge- stellt. So schreibt man z. B. für die visuelle Helligkeit von Beteigeuze im Sternbild Orion

$$m_v = 0\overset{m}{.}8.$$

In möglichst guter Anpassung an die historisch bedingte Skala, die auf dem äußeren Sinneseindruck beruht, für den nach dem psycho-physischen Grundsetz von G. Th. Fechner und E. H. Weber gilt, daß die Empfindung proportional dem Logarithmus des Reizes ist, wurde durch N. R. Pogson 1850 definiert:

$$m_1 - m_2 = -2{,}5 \log S_1/S_2.$$

Mit dieser Definitionsgleichung ist somit eine Verbindung zwischen den in G.n angegebenen Helligkeiten m_1 und m_2 sowie den ihnen entsprechenden Strahlungsströmen (= Strahlungsflußdichten) S_1 und S_2 gegeben.

Bei Kenntnis der Helligkeitsdifferenz in G.n läßt sich der Strahlungsflußdichtequotient mittels der Umkehrformel

$$\frac{S_1}{S_2} = \left(\frac{1}{2{,}512}\right)^{m_1 - m_2} = 10^{-0{,}4(m_1 - m_2)}$$

berechnen. Die Strahlungsströme zweier aufeinanderfolgender Größen verhalten sich also wie 1:2,512 oder, was leichter zu merken ist, eine Größendifferenz von 5 entspricht genau einem Verhältnis der Strahlungsströme von 1:100.

Der Nullpunkt der Skala wurde durch die oft vermessene ↑ Polsequenz festgelegt. Dabei ordnete man dem schwach variablen Polarstern eine scheinbare visuelle Helligkeit $m_v = 2\overset{m}{.}12$ zu. Die physikalische Festlegung der G.nskala hatte zur Folge, daß man für besonders helle Sterne das G.nsystem in den negativen Bereich erweitern mußte. So ist Wega im Sternbild Leier ein Stern nullter Größe, der hellste Stern am Nachthimmel, Sirius, besitzt die Helligkeit $m_v = -1\overset{m}{.}4$, Venus zur Zeit ihres größten Glanzes $m_v = -4\overset{m}{.}4$, der Vollmond $m_v = -12\overset{m}{.}55$ und das hellste Objekt, die Sonne, kommt sogar auf $m_v = -27\overset{m}{.}74$. Auf der anderen Seite sind die schwächsten, heute mit leistungsstarken Instrumenten gerade noch erfaßbaren Objekte 23. bis 24. Größe, das entspricht etwa der Helligkeit einer Kerze in rund 30 000 km Entfernung.

Insgesamt überziehen die astronomischen Objekte einen Bereich von rund 50 Größenklassen; das entspricht einem Verhältnis der Strahlungsströme von 1:10^{20}. Um einen Vergleich mit bekannten Leuchtkörpern heranzuziehen, sei erwähnt, daß eine 100-Watt-Birne in 10 km Entfernung als „Stern" erster Größe erscheinen würde.

Vom modernen physikalischen Standpunkt aus mag die Beibehaltung dieser historisch bedingten G.nzählung auf den ersten Blick anachronistisch anmuten. Wenn man jedoch bedenkt, daß viele Meßangaben in gewachsenen Katalogen allein in diesem System vorliegen, dann erscheint die Beibehaltung dieser Meßeinheit durchaus zweckmäßig.

Großer Bär (Ursa Maior; Abk.: UMa): das wohl bekannteste Sternbild des nördlichen Himmels, das, von mittleren nördlichen Breiten aus beobachtet, zum größten Teil stets über dem Horizont bleibt und daher zu den ↑Zirkumpolarsternbildern zählt.

Die sieben hellsten Sterne des Großen Bären – Dubhe, Merak, Phecda, Megrez, Alioth, Mizar und Benetnasch – bilden den **Großen Wagen**, auch **Großer Himmelswagen** genannt. Die Bez. „Großer Wagen" wird im Volksmund häufig gleichbed. mit der Bez. „G. B." gebraucht. Tatsächlich ist aber, wie die Abb. zeigt, der Große Wagen nur ein Teil des Großen Bären.

Mit seinen abgehenden Deichselsternen, auch „Schwanz des Großen Bären" genannt, ist diese charakteristische und große Figur leicht am Himmel zu finden. Aber auch andere Sternbilder lassen sich mit Hilfe des Großen Bären leicht auffinden. So gelangt man z. B. durch fünffache Verlängerung des Abstandes der hinteren Wagenkastensterne zum ↑Polarstern, dem hellsten Stern des Kleinen Wagens im Sternbild ↑Kleiner Bär (Abb. 2, S. 142).

Im Sternbild G. B. befindet sich nahe dem Stern φ Ursae Maioris der 1903 in Potsdam von G. Müller und P. Kempf entdeckte typische Vertreter einer Klasse von ↑Bedeckungsveränderlichen, nämlich **W Ursae Maioris**. Die Klasse der Bedeckungsveränderlichen vom Typ W Ursae Maioris zeichnet sich durch kleine Durchmesser, kleine Massen und sehr kurze Perioden aus. Die Perioden liegen unter einem Tag. Bei W Ursae Maioris beträgt die Periode 8 Stunden und einige Sekunden.

Großer Himmelswagen: svw. Großer Wagen (↑Großer Bär).

Großer Hund (Canis Maior; Abk.: CMa): ein Sternbild des südlichen Himmels, das von mittleren nördlichen Breiten aus im Winter über dem Südhorizont sichtbar ist. Durch das Sternbild zieht sich das Band der Milchstraße.

Der Hauptstern ↑Sirius ist der hellste Stern des Himmels. Zusammen mit fünf weiteren hellen Sternen bildet er das ↑Wintersechseck.

Im Großen Hund befinden sich einige offene Sternhaufen.

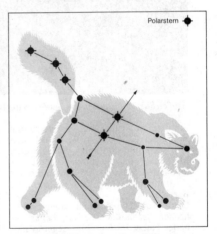

Großer Bär (Abb. 1). Das Sternbild und der Große Wagen als Teil desselben

Großer Roter Fleck (Abk.: GRF): ausgedehnter rötlicher Bereich auf der Südhalbkugel des ↑Jupiters.

Großer Wagen: eine von den sieben hellsten Sternen des ↑Großen Bären gebildete Figur, die leicht auffindbar ist.

Gru: Abk. für **Grus** (↑Kranich).

Grus [lat. = Kranich]: wiss. Name für das Sternbild ↑Kranich.

G-Sterne: eine ↑Spektralklasse von

141

Gum-Nebel

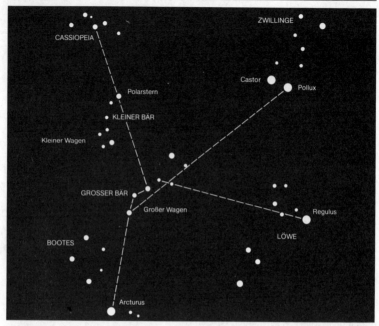

Großer Bär (Abb. 2). Der Große Wagen als Wegweiser am Sternenhimmel

Sternen, zu denen auch unsere Sonne zählt. Bei G-St.n sind die Ca-II-Linien sehr stark und die Linien der neutralen Metalle (Fe I u. a.) stärker als die der ionisierten Metalle. Das Maximum der Kontinuumstrahlung liegt im sichtbaren Bereich.

Gum-Nebel ['gʌm...]: nach dem australischen Astronomen C. Gum benannter heller Nebel im Sternbild Segel (Vela). Der 1952 entdeckte Nebel des südlichen Himmels hat einen scheinbaren Durchmesser von 30° bis 40°. Offenbar handelt es sich um den Überrest einer vor ungefähr 11 000 Jahren explodierten ↑ Supernova. Inmitten des G.-N.s hat man nämlich einen ↑ Pulsar, einen gasförmigen Nebel sowie die Radio- und Röntgenquelle **Vela X** entdeckt.

GUTs ↑ vereinheitlichte Theorien.

H

Haar der Berenike (Coma Berenices; Abk.: Com): ein nur aus schwächeren Sternen bestehendes Sternbild des nördlichen Himmels, das von mittleren nördlichen Breiten aus am besten im Frühjahr zu sehen ist. Einige Sterne bilden einen offenen Sternhaufen. Eine Anzahl gut beobachtbarer extragalaktischer Sternsysteme liegt in Richtung dieses Sternbildes, ebenso der galaktische Nordpol (↑ Koordinatensysteme).

Haarsterne: andere Bez. für ↑Kometen.

Hadronen [zu griech. hadrós = stark]: Elementarteilchen, die aus ↑Quarks aufgebaut sind und an der starken Wechselwirkung teilnehmen (↑Standardmodell der Elementarteilchen). Quarks konnten in der Natur bisher nur in Zweier- oder Dreieranordnungen nachgewiesen werden. Man unterteilt daher die Hadronen in zwei Untergruppen, die **Mesonen** und die **Baryonen.** Die Struktur der Mesonen setzt sich aus zwei Quarks zusammen, genau aus einem Quark und einem Antiquark. Die Baryonen dagegen bestehen aus drei Quarks. Die Abb. zeigt die Spinarrangements der Quarks für die einfachsten Meson- und Baryonzustände. Wie man daraus ersieht, haben die Mesonen einen ganzzahligen Spin, die Baryonen einen halbzahligen.

Hadronenära: in der ↑Big-bang-Theorie die Phase bis zu einem ↑Weltalter von 10^{-4} s. Bei Temperaturen oberhalb von etwa 10^{12} K existierte ein unvorstellbar dichtes Gasgemenge von Photonen, Materie und Antimaterie.

Hajaschi-Linie (Hayashi-Linie): eine nach dem japanischen Astronomen C. Hajaschi (Hayashi) benannte kritische Kurve im ↑Hertzsprung-Russell-Diagramm, die relativ steil verläuft.
Für einen Stern mit gegebener Masse und Leuchtkraft existiert ein maximaler Radius oder eine minimale ↑Effektivtemperatur, die einem Stern mit voll konvektiver Struktur entspricht. Die H.-L. markiert gerade diese zu jeder Masse gehörende kritische Kurve. Rechts von dieser Kurve können nur dynamisch kontrahierende, d. h. im freien Fall kollabierende Objekte existieren. Links von dieser Kurve existieren Lösungen im hydrostatischen Gleichgewicht. Man nimmt an, daß im Rahmen der frühen Sternentwicklung der durch einen ↑Gravitationskollaps entstehende ↑Protostern zunächst auf der H.-L. landet und nach einsetzender Kontraktion im hydrostatischen Gleichgewicht sich längs der H.-L. bewegt, um dann den seiner Masse entsprechenden Platz auf der Hauptreihe einzunehmen.

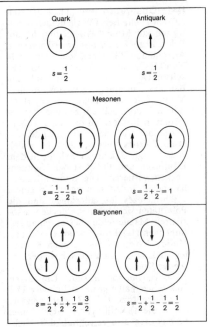

Hadronen. Spinarrangements der Quarks für einfachste Zustände

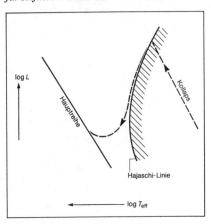

Hajaschi-Linie. Vermuteter Weg einer Sternentwicklung im Hertzsprung-Russell-Diagramm

Hale-Observatorien

Hale-Observatorien ['hɛɪl...]: seit 1970 offizielle Bez. für die beiden Sternwarten auf Mount Wilson und Mount Palomar zu Ehren des amerikanischen Astronomen G. Hale, der von 1904 bis 1923 Gründungsdirektor des Mount-Wilson-Observatoriums war und den Bau des 5-m-Spiegelteleskops auf dem Mount Palomar anregte. Zu den H.-O. zählen heute auch ein Sonnenobservatorium in Kalifornien und eine Außenstation auf Las Campanas in Chile.

Hale-Zyklus ['hɛɪl...; nach G. Hale]: vollständiger 22jähriger Zyklus, in dem Häufigkeit und Polarität der ↑Sonnenflecken variieren. Die Sonnenfleckenhäufigkeit ändert sich bereits in einem 11jährigen Zyklus, allerdings sind die Polaritäten der mit den Flecken assoziierten Magnetfelder bei aufeinanderfolgenden 11-Jahres-Zyklen vertauscht.

Halley-Komet ['hælɪ...; nach E. Halley]: bekanntester periodisch wiederkehrender Komet.

Wichtige *Bahndaten* sind: Umlaufzeit 76,2 Jahre; halbe große Bahnachse 17,8 AE; Exzentrizität 0,967; Bahnneigung gegen die Ekliptik 162,3° (der Komet bewegt sich also retrograd, d. h. rückläufig). Im Perihel ist der H.-K. 0,587 AE oder $88 \cdot 10^6$ km von der Sonne entfernt. Der letzte Periheldurchgang fand 1986 statt.

Die Bahn des Kometen wurde unter Berücksichtigung der Störung durch die 9 bekannten Planeten bis auf das Jahr 1404 v. Chr. zurückgerechnet. Es ließen sich bis zum Jahre 240 v. Chr. alle Erscheinungen bis auf die des Jahres 164 v. Chr. in alten Aufzeichnungen zurückverfolgen. Die Erscheinungen des H.-K.en waren oft sehr auffällig.

E. Halley, der den Kometen 1682 beobachten konnte, fiel die Ähnlichkeit dieser Erscheinung mit denen der Jahre 1607 und 1531 auf. Er erkannte die Periodizität des Kometen und sagte seine Wiederkehr für 1758 voraus.

1910 konnte der Komet gut beobachtet werden. Bei seiner letzten Annäherung an die Sonne 1985/86 war er nicht gut zu beobachten. Allerdings wurden 6 Sonden, Giotto (Europa), Vega 1 und 2 (UdSSR), Suisei und Sakigake (Japan) sowie ICE (USA), erfolgreich zu seiner Erforschung entsandt. Sie passierten den Kometen im März 1986; Giotto kam dem Kern mit 600 km am nächsten.

Die Ergebnisse waren teilweise sehr überraschend. Der Kern, der mit einer

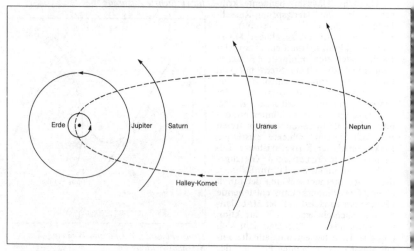

Halley-Komet. Die Bahn des Kometen

Periode von 54 h um die Achse des größten Trägheitsmomentes rotiert, ist mit $8 \cdot 8 \cdot 16 \text{ km}^3$ viel größer als erwartet. Bei einer Masse von rund 10^{14} kg beträgt seine Dichte nur etwa 0,2 g/cm³. Somit hat der Kern eine recht locker aufgebaute Struktur. Ein Großteil des Volumens muß aus Hohlräumen bestehen. Die wahrscheinlich sehr poröse Oberfläche ist mit einer Albedo von 0,04 sehr dunkel. Sie zeigt Strukturen in der Größenordnung von 0,5 bis 1 km, die vermutlich eine innere Strukturierung widerspiegeln. Man konnte auf der der Sonne zugewandten Seite größere Aktivitätsgebiete entdecken, von denen aus die Materie den Kern jetförmig mit etwa 1 km/s verläßt. Der größte Teil der Oberfläche scheint von einer Staubkruste überzogen zu sein, die das darunter liegende Gas am Verdampfen hindert. Der Kern besteht wohl im wesentlichen aus Wassereis mit beigemengten Staubkörnern. Das Verhältnis von Staub- zu Eismasse liegt bei 0,2 bis 2. Die Analyse der Gaskomponente in der Koma ergab folgendes Bild über die Anteile der Originalmoleküle:

Wasser (H_2O):	80%;
Kohlenmonoxid (CO):	10%;
Kohlendioxid (CO_2):	3%;
Methan (CH_4):	2,5%;
Ammoniak (NH_3):	1,5%;

ferner Blausäure (HCN), molekularer Stickstoff (N_2), Kohlenstoffdisulfid (CS_2) sowie andere Kohlenstoff-, Stickstoff- und Schwefelverbindungen.
Bei den Staubteilchen wurde eine Häufung von Teilchen mit Durchmessern bei 0,8 µm gefunden. Sie lassen sich grob in zwei Klassen, nämlich vornehmlich silikatische und organische Teilchen einteilen. Es existieren jedoch Mischtypen und solche, die in keine dieser Klassen fallen (z. B. Eisensulfide). Möglicherweise besteht das typische Staubteilchen aus einem mineralischen Kern mit einer Hülle aus organischem Material, wobei die Hülle dünn sein oder auch ganz fehlen kann.
Das organische Material hat mit $1/3$ der Gesamtmasse einen hohen Anteil. Die organische Komponente wird nach ihren Hauptbestandteilen C, H, O und N auch CHON-Fraktion genannt.
Trotz des hohen Anteils an organischem Material stützen die Befunde keine ↑Panspermie-Hypothese, da keine Hinweise auf Zellen, ja nicht einmal Aminosäuren gefunden wurden.
Im großen und ganzen ähnelt die durchschnittliche chemische Zusammensetzung des Kometen derjenigen der Sonne. Das weist darauf hin, daß das Kometenmaterial in seiner ursprünglichen Zusammensetzung erhalten geblieben ist. – ↑auch Abb. S. 131.

Halo [lat. (von griech. hálōs) = Hof um Sonne oder Mond, eigtl. = runde Tenne]:
◊ weiße oder farbige Lichterscheinung um Sonne oder Mond, die durch Brechung oder Spiegelung des Sonnen- oder Mondlichts an hochschwebenden feinen Eiskristallen entsteht.
◊ ein sphärisch geformtes System aus Kugelsternhaufen um unsere scheibenförmige Galaxis und um andere spiralförmige Sternsysteme. Die in diesem Bereich auffindbaren Objekte gehören zur Halopopulation II (↑Population).
◊ gelegentlich benutzte Bez. für eine ring- oder scheibenförmige Erhellung um einen Kometen.

Halopopulation: die extreme Population II, die das Milchstraßensystem in Form eines sphärischen Systems (Halo) umgibt.

Hantelnebel (M 27, NGC 6853, Dumbbellnebel): ↑planetarischer Nebel geringer Flächenhelligkeit im Sternbild Füchschen. Die hantelförmige oder eieruhrähnliche Gestalt, die diesem Nebel seinen Namen gab, steht im Gegensatz zu der sonst verbreiteten Ringform planetarischer Nebel.
Die vor weniger als 50 000 Jahren vom Zentralstern herausgeschleuderte „Gasblase" dehnt sich mit einer Geschwindigkeit von 25 km/s aus und hat mittlerweile einen Durchmesser von über 0,6 pc erreicht.

Harkins-Regel: die auf W. D. Harkins zurückgehende Aussage, daß Elemente mit gerader Ordnungszahl häufiger als benachbarte Elemente mit ungerader Ordnungszahl in der Natur vorkommen.

Harvard-Klassifikation

Harvard-Klassifikation ['hɑːvəd...]: eine eindimensionale Sequenz von ↑Spektralklassen, die an der Harvard-Sternwarte (USA) von E. Ch. Pickering und A. J. Cannon entwickelt wurde. Diese Klassifikation ist im ↑Henry-Draper-Katalog festgelegt.
Um Ordnung in die Vielfalt der Sternspektren zu bringen, haben Astronomen der Harvard-Sternwarte die Sternspektren nach Spektralklassen unterteilt. Diesen Spektralklassen ordneten sie große Buchstaben des Alphabets zu: A, B, C usw.
Im Nachhinein erwies es sich als sinnvoll, einige Klassen auszuschließen und die verbleibenden in eine folgerichtige Sequenz zu bringen. So entstand eine Reihenfolge von Spektralklassen mit einem stetigen Übergang der spektralen Merkmale des Linienspektrums, aber auch der Energieverteilung im Kontinuum.
Die heute international anerkannte und gebräuchliche H.-K. ist im wesentlichen eine Sequenz nach abnehmender Oberflächentemperatur. Die volle Reihe lautet:

```
        P           S
        |           |
W———O———B———A———F———G———K———M
   /
  Q
           (R-N) = C
```

Eine Verfeinerung dieser Klassifikation erhält man durch dezimale Unterteilung einzelner Klassen, ausgedrückt durch Anfügen der Ziffern 0,1...,9 an den Buchstaben. Besonderheiten werden zudem noch durch Suffixe (angehängte Symbole), unterschiedliche Leuchtkräfte bei Sternen gleichen Typs durch den nachgestellten Parameter „Leuchtkraftklasse" (z. B. A3V) gekennzeichnet (früher durch Präfixe).

Hase (Lepus; Abk.: Lep): ein Sternbild des südlichen Himmels, das von mittleren nördlichen Breiten aus im Winter südlich des Orion am Abendhimmel sichtbar ist.

Haufenstern: zu einem ↑Sternhaufen gehörender Stern (im Gegensatz zu einem ↑Feldstern).

Haufenveränderliche: andere Bez. für ↑RR-Lyrae-Sterne.

Hauptreihe: ein von links oben nach rechts unten verlaufendes Band im ↑Hertzsprung-Russell-Diagramm, auf dem etwa 95% aller Sterne liegen.

Hauptreihensterne: Sterne der ↑Leuchtkraftklasse V, die in Hertzsprung-Russell-Diagrammen auf der Hauptreihe liegen.

HD: Abk. für ↑Henry-Draper-Katalog.

HEAO [Abk. für engl. high energy astronomy observatory = Hochenergie-Astronomie-Observatorium]: Bez. für amerikanische Forschungssatelliten, die zu Untersuchungen im Bereich der Röntgenstrahlung eingesetzt wurden. Von Bedeutung war v. a. der am 13. November 1978 gestartete **HEAO 2 (Einstein-Observatorium).**

Hecuba-Lücke [nach dem Planetoiden Hecuba]: in der Häufigkeitsverteilung der Planetoiden eine Lücke nahe dem Planetoiden Hecuba. Diese Lücke läßt sich als Folge der ↑Kommensurabilität deuten.

Hektor [nach dem gleichnamigen trojanischen Helden der griech. Mythologie]: ein Planetoid, der mit etwa 100 km Durchmesser der größte unter den ↑Trojanern ist.

Heliobiologie [griech. hēlios = Sonne]: Disziplin, die sich mit den Einflüssen solarterrestrischer Beziehungen auf das menschliche Leben beschäftigt.

Heliometer [griech. hēlios = Sonne]: heute nicht mehr gebräuchliches Instrument zur Messung von Winkelabständen zwischen zwei Sternen und zur Bestimmung von Positionswinkeln.
Mit einem H. wurde durch F. W. Bessel 1838 die erste Fixsternparallaxe gemessen, da es für die damalige Zeit außerordentlich genau arbeitete. Das historisch interessante Gerät ist ein Refraktor, der aus zwei zerschnittenen Objektivhälften besteht, die gegeneinander meßbar verschiebbar sind. Durch die Verschiebung der Objektivhälften können die Bilder der beiden Sterne zur Deckung gebracht werden. Nach Eichung kann sodann aus der Verschiebung der Objektivhälften die Winkeldifferenz der Sterne ermittelt werden.

Heliumbrennen

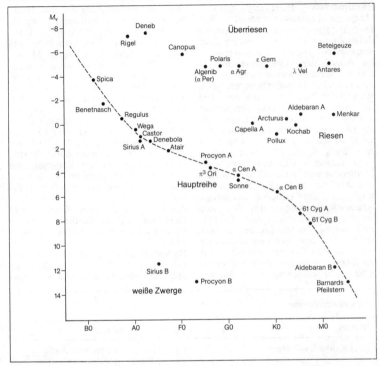

Hauptreihensterne und andere bekannte Sterne im Hertzsprung-Russell-Diagramm

Heliopause [aus griech. hḗlios = Sonne und griech. paũsis = das Aufhörenmachen]: Bez. für die Grenze zwischen der ↑ Heliosphäre und dem interstellaren Raum. Die H. ist zwischen 40 und 100 AE von der Sonne entfernt.

Heliosphäre [griech. hḗlios = Sonne]: birnenförmiger Bereich um die Sonne, in dem der Sonnenwind mit seinen Magnetfeldern wirksam ist. Die birnenförmige Gestalt der H. wird durch die Bewegung der Sonne relativ zum umgebenden interstellaren Gas bedingt.

Heliostat [zu griech. hḗlios = Sonne und griech. statós = stehend]: eine Spiegelanordnung zur bequemen Sonnenbeobachtung. Im Gegensatz zum ↑ Zölostaten hat der H. nur einen Spiegel, so daß sich das Sonnenbild um seinen eigenen Mittelpunkt dreht, wenn der Spiegel im Laufe der Beobachtung der scheinbaren täglichen Sonnenbewegung nachgeführt werden muß.

heliozentrischer Ort [zu griech. hḗlios = Sonne] ↑ Ort.

heliozentrisches Weltbild: Weltbild, bei dem die Sonne im Mittelpunkt steht. Das erste bekannte heliozentrische System geht auf Aristarchos von Samos (* um 310, † um 230) zurück. Aber erst mit Kopernikus konnte sich die heliozentrische Betrachtungsweise für das Planetensystem (↑ Kopernikanisches Weltbild) durchsetzen.

Heliumbrennen: historisch bedingte, aber physikalisch unsaubere Bez. für die Fusion von Helium in Sternen durch den ↑ Drei-Alpha-Prozeß.

147

Heliumflash

Heliumflash [...flæʃ; engl. flash = Blitz]: ein theoretisch vermuteter Vorgang in ↑Riesensternen mit entarteten Heliumkernen, bei denen enorme Energien kurzfristig umgewandelt werden. Im Prozeß der ↑Energieumwandlung arbeiten normale Sterne quasi als vollautomatische Fusionsreaktoren. Eine Störung der Produktionsrate, etwa eine Überproduktion, hat eine Temperaturerhöhung zur Folge. Bei nicht entarteter Materie bewirkt diese eine Druckerhöhung, die wiederum zu einer Expansion des Sterns führt. Die zwangsläufige Folge hiervon ist eine Verringerung der Temperatur und damit schließlich auch eine Absenkung der Energieumwandlung. Ein empfindlicher Selbstregulierungsmechanismus sorgt also stets für eine „normal ablaufende" Energieumwandlung. Finden dagegen die temperaturabhängigen Fusionsprozesse in einem entarteten Gas statt, wie wir es z. B. bei Riesensternen mit Massen etwa unterhalb 2,25 Sonnenmassen im Rahmen der ↑Sternentwicklung in der Nachhauptreihenphase vorfinden, so erfolgt auf die Temperaturerhöhung bei Überproduktion keine Druckerhöhung und folglich auch keine Expansion. Mit anderen Worten: Der Selbstregulierungsprozeß funktioniert hier nicht; im Gegenteil, mit wachsender Temperatur steigt auch die Energieproduktion. Die Folge dieser Instabilität ist der sog. Heliumflash. Dabei wird kurzfristig durch den ↑Drei-Alpha-Prozeß eine 10^{14}fache Energieumwandlung im Vergleich zur Sonne erreicht. Erst wenn durch die steigende Temperatur die Entartung der Heliumkerne aufgehoben worden ist, arbeitet der Stern wieder selbstregulierend. Ein H. ist mit heutigen Mitteln (noch) nicht beobachtbar, da die umgesetzte Energie im Innern des Sterns absorbiert wird.

Heliumsterne: Sterne mit anormaler Häufigkeit des Elements Helium. Im Spektrum zeigen sie extrem schwache

---

Helligkeitssysteme

System	effektive Wellenlänge		
internationales System	IPg	430 nm	(photographisch)
	IPv	540 nm	(photovisuell)
Standardsystem Becker (RGU-System)	U	370 nm	(Ultraviolett)
	G	481 nm	(Grün)
	R	638 nm	(Rot)
Standardsystem Johnson (UBV-System)	U	350 nm	(Ultraviolett)
	B	435 nm	(Blau)
	V	555 nm	(visuell)
Sechsfarbenphotometrie (Stebbins-Whitford)	U	355 nm	(Ultraviolett)
	V	408 nm	(Violett)
	B	480 nm	(Blau)
	G	575 nm	(Grün)
	R	676 nm	(Rot)
	I	918 nm	(Infrarot)
IR-Bereich (H. L. Johnson)	R	0,7 µm	L 3,6 µm
	I	0,9 µm	M 5,0 µm
	J	1,25 µm	N 10,8 µm
	K	2,2 µm	Q 20 µm

Zur Bezeichnung: Die Farbe $m_{blau} - m_{vis}$ wird im UBV-System kurz mit (B−V) bezeichnet.

Helligkeitssysteme

oder keine Wasserstofflinien. Man vermutet, daß Helium, das durch die ↑pp-Reaktion im Sterninnern erzeugt wurde, in irgendeiner Weise an die Sternoberfläche gelangt ist.

Helligkeit: in der Astronomie übliches Maß für die Strahlung eines Himmelskörpers. Man unterscheidet verschiedene H.en, v. a. ↑scheinbare Helligkeit und ↑absolute Helligkeit.

Helligkeitskatalog: Verzeichnis, in dem die ↑scheinbaren Helligkeiten zahlreicher Sterne erfaßt sind.

Bekannte ältere Kataloge sind: Göttinger Aktinometrie (GA; m_{pg}; rund 3 500 Sterne; 1910); Potsdamer Durchmusterung (PD; m_v; rund 16 000 Sterne; 1907/16); Harvard Photographic Photometry (HPP; rund 6 000 Sterne; 1935/37); Harvard Photovisual Photometry (HPP$_v$; rund 42 000 Sterne; 1938); Yerkes-Aktinometrie (YA; m_{pg}; rund 2 000 Sterne; 1931).

Neuere Helligkeitsangaben finden sich u. a. im Tabellenwerk Landolt-Börnstein, Neue Serie, Bd. VI/1 Astronomie.

Helligkeitssysteme: photometrische Systeme, denen gleichzeitige Helligkeitsmessungen in verschiedenen Bändern zugrunde liegen, wobei die Angabe der effektiven Wellenlänge das Maximum der Empfängerfunktion der Meßapparatur kennzeichnet.

Jede Meßapparatur mißt nur Strahlung in einem begrenzten Wellenlängenbereich, beschreibbar durch die Empfängerfunktion. Um mehr Information über die Energieverteilung in den Spektren zu erhalten, hat man verschiedene photometrische Systeme entwickelt. Die gebräuchlichsten sind in der Übersicht aufgeführt. Die Helligkeitsdifferenzen zwischen verschiedenen Bändern eines Systems sind ein Maß für die ↑Farbe. Daher kann die Energieverteilung in den Spektren statt in Abhängigkeit von der Wellenlänge unmittelbar in Abhängigkeit von den Helligkeitsdifferenzen untersucht und aufgetragen werden. Besonders das **UBV-System** hat weltweite Verbreitung gefunden. Es ist zwar dem **RGU-System**, das einen großen Spektralbereich überdeckt, physikalisch unterlegen, ließ sich aber technisch historisch früher durch eine Kombination von Filtern mit entsprechend sensibilisierter Photoplatte gut realisieren.

Als Standardspektrum zur Festlegung eines gemeinsamen Nullpunktes wurde die ↑Spektralklasse A0V gewählt, für die per Definition alle ↑scheinbaren Hellig-

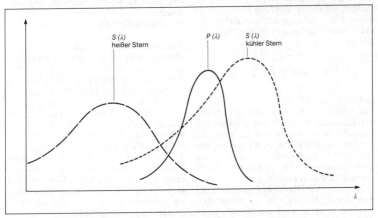

Helligkeitssysteme. Spektrale Empfindlichkeit P(λ) eines Empfängers im Zusammenhang mit der spektralen Energieverteilung S(λ) zweier unterschiedlich heißer Sterne

Henry-Draper-Katalog

keiten in verschiedenen Farben (Bändern) gleich sind, also

$$m_v = m_{phot} = m_B = ...$$

Eine Sonderstellung nehmen die auf der Erde nicht meßbaren ↑ scheinbaren bolometrischen Helligkeiten ein, für die bei Sternen vom Sonnentyp (Spektralklasse G2V) gerade $m_{bol} = m_{vis}$ gesetzt wurde. Der Grund für die Unterschiede der H. liegt darin, daß einerseits die spektrale Energieverteilung bei den von verschiedenen Sternen kommenden Strahlungsströmen $S(\lambda)d\lambda$ variiert, andererseits die spektrale Empfindlichkeit nicht gleich ist. Die spektrale Empfindlichkeit wird durch die **Empfängerfunktion** $P(\lambda)$ der verwendeten Meßapparatur beschrieben. Technisch bedingt ändert sich diese von Empfänger zu Empfänger, da alle zur Apparatur gehörenden Komponenten, einschließlich abbildender Optik, Filter und Registriergerät, in die Messung eingehen. Die Abb. demonstriert, auch ohne die mathematische Beziehung

$$m = -2{,}5 \log\left[\int_0^\infty S(\lambda)P(\lambda)\,d\lambda\right] + k$$

(k = const.) heranzuziehen, sehr schön, wie stark die gemessenen scheinbaren Helligkeiten vom Sterntyp und von der benutzten Meßapparatur abhängen, auch wenn die Gesamtstrahlungsströme der beiden Sterne

$$\int_0^\infty S_1(\lambda)\,d\lambda = \int_0^\infty S_2(\lambda)\,d\lambda$$

gleich sind.
Bei unseren Überlegungen haben wir der Einfachheit halber den Einfluß der Erdatmosphäre außer acht gelassen. In der Praxis gelingt die Eliminierung des atmosphärischen Einflusses mittels Vergleichsmessungen an Eichsternen, deren reduzierte Helligkeit (d. h. ohne atmosphärische Verfälschung) bekannt ist. Aus der Differenz der so ermittelten Helligkeitswerte wird auf die Gesamtwirkung der Atmosphäre geschlossen. Da der Einfluß der Atmosphäre zeitlich variiert, hat somit, genaugenommen, jede Beobachtungsserie ihr eigenes Farbsystem. Durch Beobachtung von Anschlußsternen kann eine Transformation in eines der offiziellen Systeme erfolgen.

Henry-Draper-Katalog [ˈhɛnrɪˈdreɪpə...; nach H. Draper] (Abk. HD): ein Durchmusterungskatalog, der 225 300 Sterne heller als $9^m\!.5$ mit Angabe der Spektralklasse am ganzen Himmel enthält. Dem in den Jahren 1918 bis 1924 an der Harvard-Sternwarte erstellten Katalog liegt die ↑ Harvard-Klassifikation zugrunde.

Her: Abk. für Hercules (↑ Herkules).

Herbig-Haro-Objekte: nach ihren Entdeckern (G. H. Herbig und G. Haro) benannte ↑ Infrarotquellen. Es handelt sich um kleine nebelartige, knotenförmige Objekte, deren Ausdehnung kaum 10mal größer ist als unser Planetensystem.

Herbstäquinoktium: das ↑ Äquinoktium zu Herbstanfang.

Herbst-Fünfsternreihe: eine Sternkette, die von fünf etwa gleich hellen Sternen gebildet wird. Die Mitte der Sternkette bilden die Sterne **Alpheratz**, **Mirach** und **Almak** des Sternbildes Andromeda, die beiden 'Endglieder' der Sternkette **Mirfak** (Algenib), der Hauptstern des Sternbildes Perseus, und **Markab**, der rechte obere Stern des Pegasusquadrats.

Herbstpunkt: einer der ↑ Äquinoktialpunkte.

Hercules: ein Sternbild (↑ Herkules).

Herkules [nach der gleichnamigen Gestalt der griech. Mythologie] (Hercules; Abk.: Her): ein Sternbild des nördlichen Himmels, das von mittleren nördlichen Breiten aus im Sommer gut sichtbar ist. Wenn man die Strecke Arcturus (Sternbild Bootes) – Gemma (Sternbild Nördliche Krone) verdoppelt, so stößt man auf das H.viereck, dessen rechte untere Seite etwas kürzer ist als die gleichlaufende Seite links oben. Eine Verlängerung der Linie Arcturus–Gemma über H. führt zu dem sehr hellen Stern Wega im Sternbild Leier und noch weiter zu Deneb im Sternbild Schwan.
Hauptstern im Sternbild H. ist ↑ Ras Algethi, der in der Nähe von ↑ Ras Alhague steht.

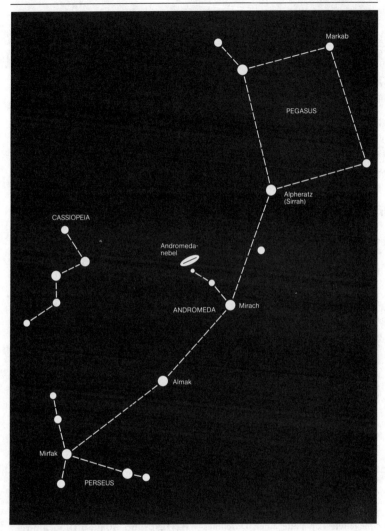

Herbst-Fünfsternreihe

Im Sternbild H. befinden sich die beiden Kugelsternhaufen M 13 und M 92. – Abb. S. 152.

Herkules X-1: Prototyp eines Röntgendoppelsternsystems, das auch im Gammabereich oberhalb von 1 000 GeV gepulste Strahlung aussendet. H. X-1 ist der erste Röntgenpulsar, der auch im sog. VHE (= very high energy)-Gammabereich nachgewiesen wurde.

Hermes

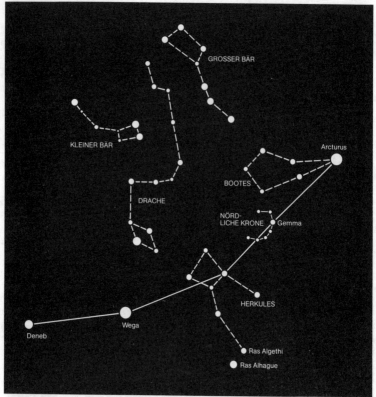

Herkules. Weghilfen zur Auffindung des Sternbildes Herkules

Hermes [nach dem gleichnamigen griech. Gott]: ein Planetoid, dessen Durchmesser etwa 1 km beträgt.

Herschel-Teleskop: ein zu Ehren von Sir W. Herschel so benannter Typ eines ↑Spiegelteleskops, bei dem die Beobachtung im Primärfokus erfolgt.
Das größte, von Herschel selbst erbaute Spiegelteleskop hatte einen Durchmesser von 1,22 m.

Hertzsprung-Lücke: eine im ↑Hertzsprung-Russell-Diagramm zwischen dem oberen „Knie" der Hauptreihe und den roten Riesen liegende Sternlücke.
Der Grund, warum hier seltener Sterne anzutreffen sind, dürfte darin zu suchen sein, daß die dazwischenliegende Phase der Sternentwicklung (Kernkontraktion und Hüllenexpansion) relativ schnell durchlaufen wird.
Besonders gut erkennbar ist die H. im ↑Horizontalast des Farben-Helligkeits-Diagramms des Kugelsternhaufens M3.

Hertzsprung-Russell-Diagramm [...'rʌsl...] (Abk.: HRD): Das wichtigste ↑Zustandsdiagramm der Stellarastronomie trägt den Namen der beiden Gelehrten, deren Forschungsarbeit es seine Existenz verdankt: E. Hertzsprung und H. N. Russell. Das HRD gibt Auskunft über die ↑Zustandsgrößen von Sternen und ermöglicht auch Einblicke in die Sternentwicklung.

Im HRD wird die Beziehung zwischen ↑Spektralklasse (Abszisse der Darstellung) und ↑absoluter Helligkeit (Ordinate) untersucht. Traditionell werden die Koordinaten so angeordnet, daß die hellsten Sterne oben und die frühesten Spektralklassen links liegen.

Bei derartigen Diagrammen (z. B. HRD der hellen Sterne, der sonnennahen Sterne oder der Sterne in einem beliebig herausgegriffenen Volumen) zeigt sich, daß nicht alle möglichen Kombinationen der Zustandsgrößen vorkommen. Vielmehr ordnen sich die Bildpunkte der Sterne auf Ästen innerhalb des Diagramms an, wie die Abb. S. 154 zeigt. Die relative Besetzung der verschiedenen Äste ist von der Auswahl der eingetragenen Sterne abhängig; sie kann daher sehr stark variieren.

Die Mehrzahl der Sterne liegt auf der sich diagonal durch die Darstellung ziehenden **Hauptreihe** oder **Hauptsequenz** (main sequence). Hierbei handelt es sich um normale ↑Zwergsterne der ↑Leuchtkraftklasse V mit einer Leuchtkraft von 1000 $L_\odot$ bei der Spektralklasse B0 bis 1/1000 $L_\odot$ bei der Spektralklasse M. Auch unsere Sonne gehört zu diesen **Hauptreihensternen**.

Neben der Hauptreihe findet man ab der Spektralklasse G0 einen weniger scharfen und eher horizontal verlaufenden Ast, den Bereich der normalen Riesensterne (Leuchtkraftklasse III). Auf diesem Riesenast ist die Leuchtkraft bei gleicher Spektralklasse und damit bei etwa gleicher Temperatur etwa um den Faktor 100 größer als im Fall der Zwergsterne; der Grund ist eine größere Oberfläche der Sternphotosphären.

Im gesamten oberen Bereich findet man vereinzelt helle und sehr helle Sterne gleichmäßig verteilt. Hier handelt es sich um helle ↑Riesen und ↑Überriesen der Leuchtkraftklassen II und I.

Unmittelbar oberhalb bzw. unterhalb der Hauptreihe findet man noch vereinzelt ↑Unterriesen der Leuchtkraftklasse IV bzw. ↑Unterzwerge der Leuchtkraftklasse VI.

Eine besondere Klasse bilden die ↑weißen Zwerge links unten im Diagramm. Ihre geringe Leuchtkraft läßt sich trotz hoher Oberflächenhelligkeit auf ihre kleine Oberfläche ($R \approx 0{,}01\,R_\odot$) zurückführen.

Anstelle der Spektralklasse kann als Abszissenskala ebensogut die ↑Eigenfarbe verwendet werden, da Spektralklasse und Farbe eines Sterns sich weitgehend entsprechen. Beide sind in erster Linie durch die Effektivtemperatur festgelegt. Die so gewonnenen ↑Farben-Helligkeits-Diagramme sind theoretisch (praktisch erst nach Eliminierung der Rötung) den H.-R.-D.en äquivalent.

Wie aus dem ↑Masse-Leuchtkraft-Diagramm ersichtlich, liegen auf der Hauptreihe des HRD die massereichen Sterne oben (hohe Leuchtkraft) und die massearmen unten.

Hestia-Lücke: in der Häufigkeitsver-

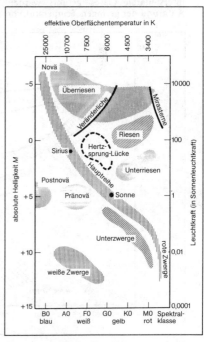

Hertzsprung-Lücke. Lage im Hertzsprung-Russell-Diagramm

H-I-Gebiete

teilung der Planetoiden eine Lücke nahe dem Planetoiden Hestia. Diese Lücke läßt sich als Folge der ↑ Kommensurabilität deuten.

H-I-Gebiete [ha:"aıns...]: die weitaus größten Bereiche interstellaren Gases, in denen der Wasserstoff vorwiegend neutral, und nicht wie in den ↑ H-II-Gebieten, ionisiert vorkommt. Diese Gebiete sind im optischen Spektralbereich nur sehr begrenzt der Beobachtung zugänglich. Unter Ausnutzung der Kenntnis, daß interstellare Absorptionslinien im Gegensatz zu stellaren im allg. durch die Eigenschaft „ruhend" (geringe Doppler-Verbreiterung) gekennzeichnet sind, lassen sich derartige Linien in Spektren heißer, hinter H-I-G.n liegender Sterne, deren Spektren selbst nur wenige Absorptionslinien aufweisen, aufspüren. Damit kann der Nachweis der Existenz interstellaren Gases geführt werden. Aufgrund der geringen Temperatur von 100 K ist der Anregungsgrad so gering, daß sich nahezu alle Wasserstoffatome im Grundzustand befinden. Daher absorbieren die Wasserstoffatome nur die Linien der Lyman-Serie. Mit Wellenlängen $\lambda < 122$ nm liegen diese im Ultravioletten und sind daher von der Erde aus nicht beobachtbar. Lediglich einige seltene Elemente des interstellaren Gasgemisches, wie Natrium und Calcium, liefern meßbare Absorptionslinien im sichtbaren Bereich und damit indirekt Hinweise auf die Existenz neutraler Wasserstoffwolken, in denen sie vorkommen.

Mit der im Radiobereich liegenden 21-cm-Linie (↑ Einundzwanzig-Zentimeter-Linie) kann jedoch der Hauptbestandteil des interstellaren Gases, der neutrale Wasserstoff, direkt beobachtet werden. Aus der Stärke, dem genauen Profil und der Frequenzverschiebung dieser Linie lassen sich Aussagen über Radialge-

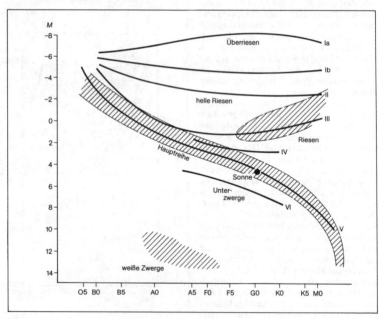

Hertzsprung-Russell-Diagramm. Zusammenhang zwischen Spektralklasse, absoluter Helligkeit und Leuchtkraftklasse

schwindigkeit, Temperatur und Dichte der emittierenden Wolke gewinnen.

Heiße und helle Sterne der Population I, welche als Spiralarmindikatoren gelten, kommen in Verbindung mit dem interstellaren Wasserstoff vor. Aus der Verteilung des interstellaren neutralen Wasserstoffs, wie sie aus der Beobachtung der 21-cm-Linie abgeleitet wird, glaubt man daher, auf die Spiralarme unserer Galaxis schließen zu dürfen.

H-II-Gebiete [ha:'tsvaɪ...] (Emissionsgebiete): Bereiche interstellaren Gases, in denen sich der atomare Wasserstoff vorwiegend im ionisierten Zustand befindet. H-II-G. kommen gewöhnlich in der Umgebung eines oder mehrerer heißer Sterne der Spektralklassen O oder B vor, die mit ihrer starken Strahlung im UV-Bereich den Gasanteil im Nebel zum eigenen Leuchten anregen.

H-II-G. mit höherer Teilchendichte als in der Umgebung zählen bei der Klassifikation nach der Leuchtursache zu den ↑Emissionsnebeln. Entsprechend emittieren sie das ausgesandte Licht fast ausschließlich in wenigen starken Emissionslinien und in einem mehr oder minder intensiven Kontinuum.

H-II-G. sind auch im radioastronomischen Bereich beobachtbar, da die Radiostrahlung durch den interstellaren Staub nicht beeinträchtigt wird.

Ihre oft bizarre Gestalt erhalten die H-II-G. durch die meist unregelmäßige Form der Gaswolke sowie durch vorgelagerte Dunkelwolken. Sie werden daher bei der Klassifikation nach ihrem Aussehen zu den ↑diffusen Nebeln gezählt, im Gegensatz zu den hüllenförmigen Nebeln, deren Materie jeweils eindeutig einem einzigen Zentralstern zuordenbar ist.

Das interstellare Gas hat einen Druck p von

$$p = n \cdot k \cdot T,$$

wobei $k = 1,38 \cdot 10^{-23}$ JK^{-1} die Boltzmann-Konstante, T die kinetische Temperatur des Gases und n die Anzahl der Teilchen pro Volumeneinheit ist. Ein Vergleich der Druckverhältnisse von H-II- und ↑H-I-Gebieten führt zu folgendem Ergebnis:

In H-II-G.n beträgt die Temperatur durch den Strahlungsstrom des heißen Zentralsterns nicht, wie bei H-I-Gebieten, nur 10^2 K, sondern 10^4 K. Zusätzlich ist durch die Ionisation des Wasserstoffs die Teilchenzahl um das Doppelte gesteigert. Somit ergibt sich für das H-II-Gebiet – im Vergleich zum umgebenden H-I-Gebiet – ein um $2 \cdot 10^2$facher Überdruck. Die Folge ist, daß sich das H-II-Gebiet in das umgebende H-I-Gebiet hinein ausdehnt. Die Ausbreitungsgeschwindigkeit beträgt dabei rund 15 km/s. Mit zunehmender Ausdehnung sinkt die Dichte im H-II-Gebiet, was schließlich auch zum Absinken der ↑Flächenhelligkeit unter die Beobachtungsgrenzen führt. H-II-G. haben daher nur eine begrenzte Sichtbarkeitsdauer, die im allg. weniger als 10^4 Jahre beträgt.

Higgs-Boson: von P. W. Higgs 1964 eingeführtes schweres Teilchen (Boson), das eine ↑Symmetriebrechung bewirkt, wodurch die Austauschteilchen (Eichbosonen) der verschiedenen fundamentalen Wechselwirkungen – ausgenommen das für die elektromagnetische Wechselwirkung verantwortliche Photon – eine Masse erhalten.

Hilda-Gruppe [nach dem Planetoiden Hilda]: Gruppe von etwa 20 Planetoiden, deren Umlaufzeit ungefähr $2/3$ der Umlaufzeit des Jupiters beträgt. Die Umlaufzeiten der H.-G. und des Jupiters stehen somit in einem ganzzahligen Verhältnis, d. h. in ↑Kommensurabilität. Nach der Störungstheorie sind massearme Körper, deren Umlaufzeit in Kommensurabilität zur Umlaufzeit eines massereichen Körpers steht, zunehmenden Störungen ausgesetzt. Es ist bisher ungeklärt, warum die H.-G. bisher nicht vom massereicheren Jupiter aus ihrer Umlaufbahn vertrieben worden ist.

Himalia [nach einer gleichnamigen Nymphe der griech. Mythologie]: ein Satellit des ↑Jupiters.

Himmelsachse: die Verlängerung der Erdachse, die die Himmelskugel im Himmelsnordpol und -südpol durchstößt.

Himmelsäquator: der Schnittkreis, den eine durch den Erdmittelpunkt und senkrecht zur Erdachse gelegene Ebene mit der Himmelskugel bildet.

Himmelsblau

Himmelsblau ↑ Himmelslicht.
Himmelskarten: anderer Name für ↑ Sternkarten.
Himmelskunde: svw. ↑ Astronomie.
Himmelslicht: sichtbarer Teil der ↑ Himmelsstrahlung (außer direkter Sonnenstrahlung), verursacht durch das an Luftmolekülen und Aerosolpartikeln (Fremdpartikel der Atmosphäre) gestreute Sonnenlicht.

Die Farbe des Himmels sowie die Helligkeitsverteilung hängen von der Art der Streuzentren ab und sind daher aus den Streutheorien ableitbar.

Die **Rayleigh-Streuung** gilt für die Streuung des Sonnenlichts an Luftmolekülen, deren Radien im Vergleich zu den Wellenlängen des Sonnenlichts klein sind. Danach ist das senkrecht zur Strahlrichtung gestreute Licht linear polarisiert. In oder entgegen der Einfallsrichtung ist das Licht unpolarisiert. Bemerkenswert ist die selektive Streuung mit der vierten Potenz der Wellenlänge des Lichts im Nenner. Es gilt:

$$I = \text{const} \cdot \frac{1}{\lambda^4},$$

wobei I die Streuintensität und λ die

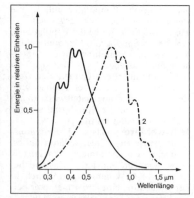

Himmelslicht (Abb. 1). Spektrum des Himmelslichts bei wolkenlosem (1) und bedecktem Himmel (2)

Wellenlänge des eingestrahlten bzw. gestreuten Lichts ist. Ferner ist die durch die Streuung verursachte Lichtschwächung zur Teilchenzahldichte proportional.

Mit der Rayleigh-Streuung läßt sich das **Himmelsblau** bei reiner Atmosphäre erklären, da bei gestreutem Licht der Blauanteil mit $\lambda = 0{,}42$ μm etwa 10mal so groß ist wie für rotes Licht mit $\lambda = 0{,}72$ μm und dieses wiederum 10mal so groß ist wie das für das nahe Infrarot mit $\lambda = 1{,}2$ μm.

Abend- und **Morgenrot** beruhen darauf, daß das geringer gestreute und absorbierte längerwellige rote Licht der Sonne besonders bei tiefem Sonnenstand in stärkerem Maße zum Beobachter gelangt als der kurzwellige blaue Lichtanteil.

Die **Mie-Streuung** gilt für die Streuung an Aerosolpartikeln (Wasser, Ruß, Staub oder andere Fremdpartikel in der Atmosphäre), deren Radien gleich oder größer als die Wellenlängen des Sonnenlichts sind. Im Gegensatz zur Rayleigh-Streuung wird hier die Vorwärtsstreuung bevorzugt; die Abhängigkeit von der Wellenlänge ist weit geringer. Es gilt:

$$I = \text{const} \cdot \frac{1}{\lambda^b}, \text{ mit } b < 4.$$

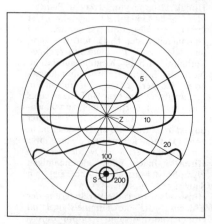

Himmelslicht (Abb. 2). Helligkeitsverteilung des Himmelslichts am wolkenlosen Himmel bei einem bestimmten Dunstgehalt (Leuchtdichteangaben in 10^3 cd/m²; S Sonne, Z Zenit)

Ist die Atmosphäre mit vielen Aerosolpartikeln belastet, erscheint der Himmel mehr oder weniger weiß. Ebenfalls auf die Mie-Streuung ist das strahlende Weiß der Wolken, die aus Wassertropfen oder Kristallen bestehen, zurückzuführen. Dagegen erscheinen die im Schatten des Sonnenlichts befindlichen Wolkenteile dunkelgrau. Die schwefelgelbe Farbe der Gewitterwolken entsteht dagegen durch Absorption im gelbroten und roten Spektralbereich. Am hellsten ist der Himmel wegen des Mie-Effekts in Sonnennähe, am dunkelsten im −90°-Winkelabstand zur Sonne.

Himmelslichtpolarisation: Das ↑Himmelslicht ist wie alle Streustrahlung teilweise polarisiert und zwar überwiegend linear (elliptische Polarisation findet man nur in stark getrübter Atmosphäre).

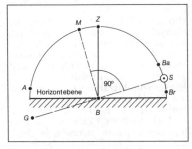

Himmelslichtpolarisation. Die Lage neutraler Punkte (A Arago-, Ba Babinet-, Br Brewster-Punkt) sowie des Himmelspunktes M mit maximalem Polarisationsgrad. S Sonne, G Sonnengegenpunkt, Z Zenit

Maximale Polarisation beobachtet man in einem nahezu 90°-Winkelabstand von der Sonne, minimale Polarisation als Folge von Streuung an Dunstteilchen oder Mehrfachstreuung an atmosphärischen Gasen in den drei nach ihren Entdeckern genannten *neutralen Punkten:* **Arago-Punkt** (ungefähr 20° oberhalb des Gegenpunkts der Sonne), **Babinet-Punkt** (ungefähr 15° oberhalb der Sonne) und **Brewster-Punkt** (ungefähr 15° unterhalb der Sonne). Durch entsprechende Reflexion an Wasserflächen können weitere neutrale Punkte auftreten.

Die ungefähre Lage der neutralen Punkte und des Himmelspunktes M mit maximalem Polarisationsgrad im Sonnenvertikalkreis zeigt die Abbildung. Im Sonnenvertikalkreis stimmt die Polarisationsebene gerade mit der Visionsebene, d. h. den jeweils durch den Zenit gehenden Vertikalkreisen, überein.

Himmelsmechanik: wichtiges Teilgebiet der Astronomie; die Lehre von der Bewegung der Himmelskörper unter dem Einfluß ihrer gegenseitigen Massenanziehung (↑Gravitation). Gegenstand der H. ist u. a. die **Bahnbestimmung,** z. B. von Planetenbahnen, aber auch von Raumsonden und Erdsatelliten, unter Beachtung aller Störungen, die Bewegung von Doppelsternen und Sternsystemen, die Präzession und Nutation der Erdachse und die damit verbundene Änderung der astronomischen Koordinatensysteme, ferner die **Ephemeridenrechnung,** mit der die scheinbaren Positionen von Mond und Planeten zu jedem gewünschten Zeitpunkt bestimmt werden sollen.

Bei vielen Fragestellungen der H. genügt es in der Praxis, wenn in der mathematischen Berechnung die Anziehung von nur zwei Himmelskörpern berücksichtigt wird. Dieses sog. **Zweikörperproblem** ist im Rahmen der Newton-Mechanik mathematisch exakt lösbar und führt u. a. auf die Kepler-Gesetze. Bei Beteiligung von drei oder mehr Himmelskörpern (**Dreikörperproblem, Mehrkörperproblem**) gibt es nur in Ausnahmefällen mathematisch exakte Lösungen. Die Suche nach Näherungslösungen hat früher eine ganze Reihe mathematischer Fragestellungen aufgeworfen, an der Entwicklung der H. waren deshalb viele Mathematiker beteiligt; v. a. haben L. Euler, P. S. de Laplace, J. L. de Lagrange, C. F. Gauß und H. Poincaré entscheidende Beiträge geleistet.

Der Einsatz der elektronischen Datenverarbeitung ermöglicht die praktische Lösung vieler Probleme durch schrittweise Annäherung und Störungsrechnung. Zur genauen Bestimmung von Satellitenbahnen ist zu berücksichtigen, daß die Erde nicht exakt kugelförmig ist; umgekehrt werden im Rahmen der **Satellitengeodäsie** Rückschlüsse auf die Gestalt des Erdkörpers gezogen. Die Bahnbestimmung erreicht eine so hohe Genauigkeit, daß in manchen Fällen (z. B. Raumsonden in Sonnennähe) auch Effekte der allg. Relativitätstheorie berücksichtigt werden müssen.

Himmelspole: diejenigen Punkte an der Himmelskugel, die von jedem Punkt ihres zugehörigen Grundkreises den Winkelabstand 90° haben. So haben Nord- und Südpol im Äquatorsystem von den Punkten des Himmelsäquators jeweils 90° Abstand. Entsprechendes gilt auch für die H. des ekliptikalen Systems in bezug auf die Ekliptik bzw. des galaktischen Systems in bezug auf die Mittellinie der Milchstraße (↑ Koordinatensysteme).

Der nördliche Himmelspol des Äquatorsystems – auch als Schnittpunkt der verlängerten Erdachse mit der Himmelskugel interpretierbar – liegt gegenwärtig nahe dem Polarstern. Infolge der Präzession ändert sich jedoch die Lage der Erdachse und damit diejenige der Himmelspole. Nach einer Zeit der Abstandsverringerung zwischen Himmelspol und Polarstern wird der Abstand wieder wachsen. In rund 5 300 Jahren wird etwa der Stern Alderamin im Sternbild Cepheus, in 12 000 Jahren der Stern Wega im Sternbild Leier den nördlichen Himmelspol markieren.

Himmelsrichtungen: die Richtungen vom Beobachter zu verschiedenen Punkten des Horizonts.

Die Haupthimmelsrichtungen, Norden, Osten, Süden und Westen, werden durch die Schnittpunkte des Meridians (N, S) und des ersten Vertikals (O, W) mit dem Horizont markiert. Zu diesen vier Hauptrichtungen kommen noch Nebenhimmelsrichtungen, wie z. B. Nordosten (NO), Südosten (SO), und Zwischenrichtungen wie Nordnordost (NNO), Ostnordost (ONO). International wird dabei die Himmelsrichtung Osten durch E (für engl. east) abgekürzt.

Genauere Richtungsangaben erhält man durch zusätzliche Angabe des Azimuts. Dabei ist jedoch zu beachten, daß in der Astronomie von Süden über Westen, in der Astronautik und in der Geodäsie dagegen von Norden über Osten jeweils von 0° bis 360° gezählt wird.

Himmelsstrahlung (diffuse Himmelsstrahlung): die vom Himmel kommende elektromagnetische Strahlung ohne die direkte Sonneneinstrahlung. Die **kurzwellige** H. mit Wellenlängen $\lambda < 3\,\mu m$ besteht am Tage aus der in der Atmosphäre gestreuten Sonnenstrahlung (ihr sichtbarer Anteil ist das ↑ Himmelslicht), in der Nacht aus dem gesamten Sternenlicht, dem Polar- und Zodiakallicht sowie von terrestrischen Lichtquellen stammendem Streulicht. Die **langwellige** H. mit $\lambda > 3\mu m$ ist im wesentlichen die Wärmestrahlung der absorbierenden Bestandteile der Atmosphäre.

Himmels-W: andere Bez. für das Sternbild ↑ Cassiopeia, dessen fünf hellste Sterne ein W bilden.

Hinterdeck (Puppis; Abk.: Pup): ein Sternbild des südlichen Himmels, durch das sich das Band der Milchstraße zieht. Zusammen mit den Sternbildern ↑ Schiffskiel und ↑ Segel bildet es die ausgedehnte Sternfigur **Schiff**.

Hintergrundstrahlung: gleichbed. mit ↑ Drei-Kelvin-Strahlung.

Höhe (selten: Elevation; Formelzeichen *h*): der Winkel zwischen Horizont und einem Gestirn, gemessen in Gradmaß.

Bezüglich der Zenitdistanz *z* gilt:

$$z = 90° - h$$

(↑ Koordinatensysteme).

Höhenkreis (Vertikalkreis, Vertikal): Großkreis, der senkrecht den Horizont schneidet und damit durch Zenit und Nadir verläuft.

Derjenige H., der den Horizont im Ost- und Westpunkt schneidet, heißt **erster Vertikal.**

Höhenstrahlung: svw. ↑ kosmische Strahlung.

Hohlraumstrahler: ein idealer schwarzer Körper, der einfallende Strahlung in allen Wellenlängenbereichen vollständig absorbiert. Ein solcher schwarzer Körper läßt sich durch einen Hohlraum mit metallisch spiegelnden

Homogenitätsproblem

Wänden und einer kleinen Öffnung realisieren. Bringt man einen solchen Körper auf die Temperatur T, so gehorchen im Strahlungsgleichgewicht das Strahlungsfeld im Hohlraum und die aus der Öffnung austretende Strahlung dem Planck-Strahlungsgesetz (↑Strahlungsgesetze). Eine derartige Strahlung nennt man auch **Hohlraumstrahlung**.
Reale Körper sind jedoch nur in bestimmten Spektralbereichen „schwarz".

Hohlspiegel (Konkavspiegel): im weitesten Sinne alle gekrümmten, auf der Innenseite verspiegelten Flächen (entsprechend bezeichnet man außenverspiegelte gekrümmte Flächen als **Wölbspiegel**). Neben ↑Parabolspiegel und ↑sphärischem Hohlspiegel finden auch elliptische und hyperbolische H.typen bei den verschiedenen Spiegelteleskopen Anwendung.

Hohmann-Bahn [nach W. Hohmann]: In der Raumfahrt zwischen zwei Planeten bringt man ein Raumfahrzeug praktischerweise auf eine solche Geschwindigkeit, daß es eine beide Planetenbahnen schneidende Ellipsenbahn um die Sonne beschreibt (Abb. a). Als besonders energiesparend erweist sich dabei die sog. Hohmann-Bahn (Abb. b). Diese Ellipsenbahn tangiert die Bahnen von Start- und Zielplanet gerade in ihrem Perihel bzw. Aphel. Als Nachteil erweist sich die längere Reisezeit.

holländisches Fernrohr: von G. Galilei nachgebauter Typ eines Linsenfernrohrs. Zu Ehren des Fernrohrerfinders, des Holländers H. Lipperhey, nennt man es holländisches Fernrohr. Es wird jedoch auch als ↑Galilei-Fernrohr bezeichnet, da Galilei mit einem eigenen Nachbau dieses Fernrohrtyps erstmals den Himmel beobachtete und dabei aufsehenerregende Entdeckungen und Indizien für das seinerzeit umstrittene ↑Kopernikanische Weltbild fand.

Homogenität [zu griech. homós = gemeinsam, gleich und griech. -genés = hervorbringend, hervorgebracht]: Gleichartigkeit oder gleichartige Beschaffenheit. In der *Kosmologie* heißt dies: Kein Punkt des Weltraums ist im Hinblick auf das Dichtefeld ausgezeichnet. Daher kann es auch keinen Mittelpunkt des Weltalls geben.

Homogenitätsproblem: die Schwierigkeit, die heute beobachtete großräumig inhomogene Struktur des Weltalls aus einer zu Beginn des expandierenden Weltalls homogen angenommenen Massenverteilung zu erklären.
Alle ↑Friedmann-Weltmodelle basieren auf dem ↑kosmologischen Prinzip. Sie gehen damit von der Annahme eines ho-

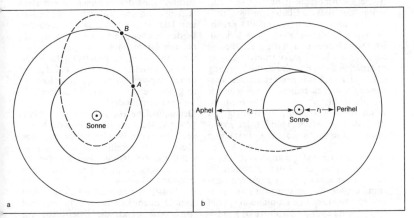

Hohmann-Bahn. Gegenüberstellung zweier Raumflugbahnen: interplanetarer Flug (a) von A nach B bei im Vergleich zur Hohmann-Bahn (b) kürzerer Reisezeit

mogenen und isotropen Weltalls aus. Im Gegensatz zur isotropen ↑ Drei-Kelvin-Strahlung ist die Homogenität der uns bekannten Materieverteilung heute für große Räume nicht nachgewiesen.

Schon der Augenschein zeigt, daß die Materie im Sonnensystem nicht homogen verteilt ist. Dasselbe erweist sich auch für unser Milchstraßensystem und die übrigen Galaxien. Nachdem man eine Zeitlang geglaubt hatte, daß wenigstens die Galaxienhaufen im All homogen verteilt wären, ergaben jüngste Durchmusterungen großräumige Inhomogenitäten. Löcher (Leeren oder voids genannt) von mehr als 50 Mpc Ausdehnung wurden entdeckt, die von Galaxiensuperhaufen umrahmt sind und durch Stege von Galaxien (auch haufenverbindende Ketten genannt) miteinander verbunden sind. Nach den ersten spärlichen Erkenntnissen scheint die Welt im Großen weniger einer homogenen Materieanordnung zu entsprechen als vielmehr einer Bienenwabe zu gleichen, deren Wände aus Galaxien bzw. Galaxienhaufen bestehen, deren Zellen aber leer sind.

Theoretiker sprechen von Blasenstruktur, Zellstruktur oder Schwammstruktur des Universums und suchen nach möglichen Entstehungsprozessen. Die „chaotische" Kosmologie geht von der Annahme aus, daß die filamentartige Großstruktur unseres Universums das Ergebnis einer Evolution nach dem Urknall ist. Danach könnte sich die großräumige Struktur als Folge gravitationsbedingter natürlicher Selektion durch die Wirkung glättender und wärmeerzeugender Vorgänge entwickelt haben. Es spräche für die Einmaligkeit unseres Universums, wenn die Großstruktur, unabhängig von den Anfangsbedingungen in der Frühphase, eine notwendige Entwicklung wäre.

Im Gegensatz zur „chaotischen" Kosmologie basiert die „stille" Kosmologie auf der Annahme, daß der Anfangszustand unseres Universums für seine spätere Entwicklung und damit auch für die heute beobachtbare Großstruktur maßgebend war. Der gravitationsbedingte Entwicklungsprozeß spielt im Rahmen dieser Überlegungen lediglich eine Rolle bei der Bildung von Teilstrukturen wie Galaxien, Sternen und Planeten. Die klassische Urknalltheorie, ↑ Big-bang-Theorie, vermag die Entstehung großräumiger inhomogener Strukturen aus einer homogen angenommenen Massenverteilung zu Beginn unseres Universums nicht zu erklären. Eine Lösung dieses Problems streben dagegen modifizierte Urknalltheorien wie das ↑ inflationäre Szenario und die ↑ Big-bounce-Theorie an.

Hor: Abk. für **Hor**ologium (↑ Pendeluhr).

Horizọnt [aus lat. horizon, horizontis, von griech. horízōn (kýklos) = begrenzend(er Kreis)] (Gesichtskreis): die Schnittlinie einer Ebene senkrecht zur Lotrichtung am Beobachtungsort mit der Himmelskugel. Die so festgelegte Ebene heißt Horizontebene.

Man unterscheidet zwischen scheinbarem, wahrem, natürlichem und künstlichem Horizont.

Beim **scheinbaren H.** handelt es sich um die Schnittlinie einer H.ebene, die durch den Beobachtungspunkt geht, während die H.ebene beim **wahren H.** durch den Erdmittelpunkt festgelegt ist. Bei der Beobachtung von Objekten des Sonnensystems, z. B. bei der Bestimmung der Gestirnshöhe, ist der Unterschied zwischen scheinbarem und wahrem H. zu beachten. Die Winkeldifferenz zwischen den beiden H.ebenen ist als Korrekturgröße bei der Umrechnung der beobachteten topozentrischen in geozentrische Koordinaten zu berücksichtigen. Bei der Beobachtung von Sternen ist diese Korrekturgröße belanglos, da die Sterne sehr weit entfernt sind.

Der **natürliche H.**, auf See auch **Kimm** genannt, stellt die durch örtliche Gegebenheiten (wie Wasseroberfläche, Bergrücken, Häuserreihen, Wälder u. s. w.) sichtbare Grenzlinie dar, an der die Himmelskugel und die Erde zusammenzustoßen scheinen.

Als **künstlicher H.** wird eine exakt horizontale Ebene bezeichnet, die man beispielsweise durch die Oberfläche von Quecksilber in einer weiten Schale realisiert. Dieser künstliche H. ist in der In-

Horizontproblem

strumententechnik von Bedeutung. Mit Hilfe des künstlichen H.s gelingt die genaue Ermittlung des Zenits oder Nadirs.

Horizontalast: ein von heißen Sternen der Population II im Rahmen der späten Sternentwicklung gebildeter horizontaler Bereich in Zustandsdiagrammen. Die Abb. zeigt ein typisches Farben-Helligkeits-Diagramm für Sterne der Population II, demonstriert am Beispiel des Kugelsternhaufens M 3. Im H. ist die sog. ↑ Hertzsprung-Lücke gut erkennbar.

Horizontproblem: die Schwierigkeit, eine plausible Erklärung für die beobachtete Isotropie der ↑ Drei-Kelvin-Strahlung, die als Relikt des Urknalls angesehen wird, zu finden.

Geht man von einer höchst wahrscheinlich nach dem Urknall bestandenen chaotischen Unordnung aus, so widerspricht der Empfang eines isotropen Strahlungsstroms als unmittelbares Signal des Urknalls, also ohne irgendeine spätere Veränderung, jeglicher Erwartung. Nach der klassischen Urknalltheorie ist nämlich der ↑ Welthorizont, d. h. die Strecke, die ein Lichtstrahl nach dem Urknall zurücklegen konnte, kleiner als der entsprechende ↑ Weltradius.

Signale können sich maximal mit Lichtgeschwindigkeit fortpflanzen. Ein heutiger Beobachter weiß daher nur von Ereignissen, die innerhalb des Welthorizonts liegen. Auf ↑ Friedmann-Weltmodelle bezogen bedeutet dies, der Beobachter erhält nur Kenntnis von solchen Ereignissen, deren Entfernung seit dem Urknall vom Signal überbrückt werden konnte. Punkte des Raums, aus denen uns heute Drei-Kelvin-Strahlung erreicht, waren in der Zeit $t \approx 300\,000$ Jahre bis zu etwa 100 Mill. Lichtjahre voneinander entfernt. Entsprechend der beobachteten Isotropie haben z. B. die Punkte A und B (vgl. Abb.) die gleiche effektive Temperatur, an beiden Orten expandiert das Universum mit der gleichen Geschwindigkeit. Ein Kausalzusammenhang ist zwischen diesen beiden Punkten auszuschließen, da sich die Welthorizonte dieser beiden Punkte nicht überlappen.

Damit scheidet die naheliegendste Erklärungsmöglichkeit, nämlich die Existenz einer wie auch immer gearteten Kausalkette zwischen allen Punkten des Raums als Mechanismus für eine Umwandlung in kosmische Ordnung (Voraussetzung für einen isotropen Strahlungsstrom) aus.

Um die Existenz der isotropen Drei-Kelvin-Strahlung zu erklären, muß die klas-

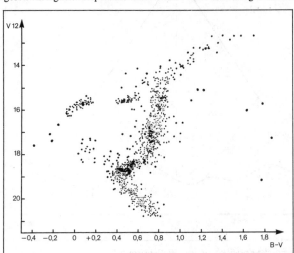

Horizontalast. Farben-Helligkeits-Diagramm des Kugelsternhaufens M 3

Horizontsystem

sische Urknalltheorie (↑ Big-bang-Theorie) eine im Frühstadium geordnete Welt postulieren.
Einen diesbezüglich eleganteren Lösungsansatz liefern modifizierte Urknalltheorien, wie z. B. das ↑ inflationäre Szenario oder die ↑ Big-bounce-Theorie. Sie erdachten einen Mechanismus, der einen chaotischen Anfangszustand in unser heutiges isotropes und einigermaßen homogenes Universum mit hinreichend naher euklidischer Raumstruktur überführt.

Horizontsystem: ein ↑ Koordinatensystem, das bestimmt ist durch den Horizont als Grundkreis und durch Zenit und Nadir als Himmelspole.

Hornantenne: in der Radioastronomie benutzte Form einer Antenne, die im Prinzip eine trichterförmige Erweiterung eines Hohlleiters darstellt. Die H. ermöglicht es, die in einem Hohlleiter laufenden Wellentypen ohne besondere Vorkehrungen gerichtet in Raumwellen überzuleiten.

Hörnerspitzen: die Spitzen der hellen Sichel eines Planeten oder Mondes, speziell von Venus und Merkur oder von unserem Mond.

Horologium [griech.-lat. = Uhr, Pendeluhr]: wiss. Name für das Sternbild ↑ Pendeluhr.

Horoskop [von griech. hōroskopeīon, eigtl. = Stundenseher] ↑ Astrologie.

HRD: Abk. für ↑ **H**ertzsprung-**R**ussell-**D**iagramm.

HST: Abk. für ↑ **H**ubble-**S**pace-**T**eleskop.

Hubble-Effekt ['hʌbl...]: die Deutung der Spektrallinienverschiebung extragalaktischer Objekte durch E. P. Hubble im Jahre 1929 als ↑ Doppler-Effekt.
Bei den Galaxien unserer näheren Umgebung beobachtet man ebensoviele mit positiven wie negativen ↑ Radialgeschwindigkeiten, gemessen durch die Doppler-Verschiebung

$$z = \frac{\Delta \lambda}{\lambda_0}.$$

Dagegen ist bei Galaxien außerhalb der ↑ lokalen Gruppe, also bei Objekten in

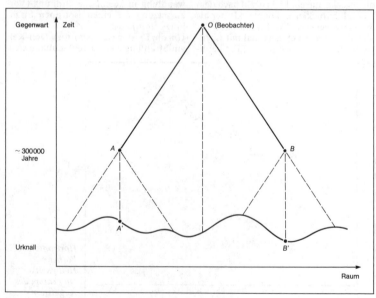

Horizontproblem. Zeitliche Entwicklung des „Welthorizonts"

kosmologisch relevanten Entfernungen von mehr als einigen Mpc, die relative Verschiebung z stets größer als null. Soweit bis heute bekannt ist, nimmt die systematische Verschiebung der Spektrallinien zum roten Spektralbereich mit der Entfernung der Objekte zu. Da bei kleinen Werten von z ($z < 1$) die Rotverschiebung als die Radialgeschwindigkeit v_r im Verhältnis zur Lichtgeschwindigkeit c interpretiert wird, folgt bei Annahme einer linearen Beziehung zwischen Verschiebung und Entfernung r die Hubble-Gleichung:

$$v_r = H_0 \cdot r,$$

wobei H_0 die ↑ Hubble-Konstante ist.
Der Gültigkeitsbereich der Hubble-Gleichung ist nicht unbegrenzt. Innerhalb unserer unmittelbaren Nachbarschaft, etwa der lokalen Gruppe, gilt die Hubble-Gleichung nicht, da hier die statistisch verteilten Pekuliargeschwindigkeiten der einzelnen Objekte die systematische Expansionsgeschwindigkeit übertreffen können. Ebenso gilt die einfache Proportionalitätsgleichung nicht mehr bei extremen Entfernungen, wobei z vergleichbar mit oder gar größer als eins wird. Hier ist die Näherungsformel

$$z = \frac{v_r}{c}$$

formal durch die relativistische Beziehung zu ersetzen; im Falle $z > 0$ durch

$$z = \sqrt{\frac{1 + v_r/c}{1 - v_r/c}} - 1.$$

Der H.-E. hat weitere Konsequenzen:
1. Energieeffekt. Drückt man die z-Verschiebung statt in Wellenlängen durch Frequenzen aus, so ergibt sich, da $\lambda = c/\nu$,

$$z = \frac{\nu_0 - \nu}{\nu} = \frac{\nu_0}{\nu} - 1.$$

Damit ist das Verhältnis von beobachteter zu ausgestrahlter Quantenenergie

$$\frac{E}{E_0} = \frac{\nu}{\nu_0} = \frac{1}{1+z}.$$

Als **Energieeffekt** bezeichnet man die um den Faktor $(1+z)^{-1}$ erniedrigte Energie aller ankommenden Quanten.

2. Zahleffekt. Bezeichnet man mit n_0 die Anzahl der pro Zeiteinheit ausgesandten Photonen, entsprechend mit n die Anzahl der pro Zeiteinheit ankommenden Photonen des Strahlungsstroms, so ergibt sich für das Verhältnis $\frac{n}{n_0}$ eine Reduzierung um denselben Faktor. Dies nennt man den **Zahleffekt**.

Da die scheinbare Helligkeit m durch das Produkt $E \cdot n$ gegeben ist, liefert das Produkt von Energie- und Zahleffekt bereits eine um den Faktor $(1 + z)^{-2}$ herabgesetzte scheinbare Helligkeit.

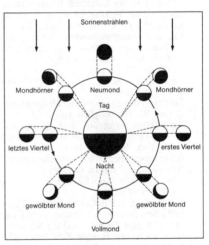

Hörnerspitzen. Entstehung der Mondphasen und -hörner

Hubble-Konstante [ˈhʌbl...] (Formelzeichen H): von E. P. Hubble 1929 eingeführter Proportionalitätsfaktor, der den Zusammenhang zwischen der Expansionsgeschwindigkeit v_r kosmischer Objekte und der Entfernung r dieser Objekte charakterisiert (↑ auch Hubble-Effekt):

$$v_r = H \cdot r.$$

Bei Kenntnis der Expansionsgeschwindigkeit und der H.-K.n hat man somit eine exzellente Methode zur Entfernungsbestimmung von Galaxien. Eine einfache Dimensionsbetrachtung dieser

Hubble-Space-Teleskop

Gleichung ergibt, daß die H.-K. H die Dimension einer reziproken Zeit hat:

$$[H] = [t^{-1}].$$

Der Kehrwert von H hat somit die Dimension Zeit:

$$[H^{-1}] = [t].$$

Dieser Kehrwert H^{-1} heißt daher auch ↑Hubble-Zeit. Mit Hilfe der Hubble-Zeit können Aussagen über das Weltalter gemacht werden.

Die Eichung von H durch Entfernungsmessungen an nahen Galaxien gehört zu den wichtigsten Aufgaben der modernen Astronomie. Bislang ist es noch nicht gelungen, diese fundamentale Größe mit der wünschenswerten Genauigkeit zu bestimmen. Aufgrund unentdeckter systematischer Fehler werden Werte im Intervall 50 (km/s)/Mpc bis zu 100 (km/s)/Mpc von unterschiedlichen Gruppen favorisiert.

Solange keine schärfere Eingrenzung dieses Wertes möglich ist, wird häufig notgedrungen mit dem Mittelwert $H = 75$ (km/s)/Mpc gerechnet. Es empfiehlt sich, bei allen kosmischen Entfernungsangaben und kosmologischen Aussagen, bei denen der Wert H eingeht, auf die Angabe des benutzten H-Wertes zu achten.

Die H.-K. ist mit hoher Wahrscheinlichkeit keine Naturkonstante, sondern eine zeitabhängige Größe, weshalb sie vielfach auch als Hubble-Zahl oder als Hubble-Parameter bezeichnet wird. Es ist nicht auszuschließen, daß die zwischen den kosmischen Objekten vorhandene Gravitationswechselwirkung eine zeitliche Veränderung der Expansion bewirkt. Daher soll eine H.-K., die mit dem Index 0 markiert ist, darauf hinweisen, daß sich die Messungen auf das gegenwärtige Alter t_0 des Kosmos beziehen:

$$H_0 = H(t_0).$$

Vielfach gilt dieses H_0 als die eigentliche Hubble-Konstante.

Hubble-Space-Teleskop ['hʌbl...; nach E. P. Hubble] (Abk.: HST): ein Weltraumteleskop, das zu den ehrgeizigsten Projekten der gegenwärtigen Astronomie zählt. Das Observatorium wird auf einer Erdumlaufbahn in 500 km Höhe kreisen und in seiner Sicht nicht durch die nachteiligen Eigenschaften der Erdatmosphäre, wie Luftunruhe, Extinktion und Nachthimmelslicht, beeinträchtigt werden. Es wird daher eine auf der Erde unerreichbare einzigartige Leistungsfähigkeit erzielen. Mit seinem 2,4-m-Hauptspiegel wird eine Winkelauflösung von 0,007 Bogensekunden erzielt, mit einer Empfindlichkeit, die die Beobachtung von Objekten ermöglicht, die 50mal schwächer sind als die Objekte, die mit dem 5-m-Spiegelteleskop der Hale-Observatorien beobachtbar haben, und in einem Wellenlängenbereich, der vom fernen Ultraviolett ($\lambda \approx 110$ nm) bis hin zum fernen Infrarot ($\lambda \approx 1000$ nm) reicht. Damit eröffnet das HST unvergleichliche Möglichkeiten zur Untersuchung von Galaxien, Pulsaren und Quasaren, Novä und Supernovä.

Die US-amerikanische Weltraumbehörde NASA wollte ursprünglich das HST Ende 1988 starten. Durch das Challenger-Unglück am 28. Januar 1986 kam jedoch das amerikanische Weltraumprogramm zu einem jähen und länger andauernden Stillstand.

Das für eine Lebensdauer von 15 Jahren ausgelegte wissenschaftliche Experiment ist so konzipiert, daß alle wissenschaftlichen Instrumente gegebenenfalls von Astronauten im Weltraum repariert oder ersetzt werden können.

Hubble-Typ ['hʌbl...]: Beschreibungssymbol für äußere Erscheinungsmerkmale von Galaxien nach dem 1936 von E. P. Hubble vorgeschlagenen Klassifikationsschema. Ganz grob lassen sich die Galaxien zunächst in reguläre, rotationssymmetrische und in irreguläre, nicht rotationssymmetrische Systeme aufgliedern. Nach Hubble lassen sich die verschiedenen regulären Typen in ein stimmgabelförmiges Diagramm einordnen, wie die Abb. demonstriert (↑auch Abb. S. 310).

Klassifikationsbeschreibung:

Typ E (elliptische Galaxien): Die ↑Flächenhelligkeit fällt vom Zentrum zum Rand ab, innere Strukturen sind nicht

Hubble-Typ

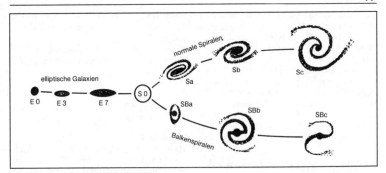

Hubble-Typ. Diagramm der Klassifikation regulärer Galaxien

erkennbar. Als Unterklassen sind E0 (völlig rund) und E1 bis E7 im Gebrauch, wobei letztere nach zunehmender Abplattung geordnet sind. Die Unterklassenziffern erhält man als aufgerundete ganze Zahlen nach dem mit 10 multiplizierten Maß für die Abplattung eines Himmelskörpers

$$z = \frac{a-b}{a},$$

wobei a und b die Halbachsen der Ellipse bedeuten.

Typ S (Spiralgalaxien): normale Spiralsysteme, die einen hellen, nur schwach abgeplatteten Kern, ähnlich dem von elliptischen Galaxien, aufweisen. Beim Anblick der Spiralgalaxien „pol on", d. h. von oben, erblickt man charakteristische Spiralsysteme (im Idealfall zwei symmetrische Hauptarme), beim Blick gegen die Kante Spindeln mit dunklen Streifen. Die Spiralarme setzen meist an gegenüberliegenden Punkten des Kerns tangential an. Die Untergruppen a, b und c sind durch fortschreitendes Zurücktreten des Kerngebiets und Öffnen der Arme charakterisiert.

Typ SB (Balkenspiralen, Balkengalaxien): Diese Systeme zeichnen sich durch einen nahezu geraden Balken als Kern aus, der in der Mitte hell und dick ist und an dessen dünnen und lichtschwachen Enden die Spiralarme ansetzen. Die Untergruppen werden wie bei den Spiralgalaxien durch fortschreitendes Zurücktreten des Kerngebiets und Öffnen der Arme beschrieben.

Typ S0 (linsenförmige Galaxien): später eingeführte Übergangsgruppe zwischen den E- und S-Typen, deren äußere Form einem Spiralsystem ohne Spiralarme ähnelt.

Typ Ir (unregelmäßige Galaxien bzw. **irreguläre Galaxien):** Ihren Namen verdanken diese Systeme dem Umstand, daß bei ihnen keine Rotationssymmetrie feststellbar ist. Statt eines Kerns besitzen

Hubble-Typ. Klassifikation nach Leuchtkraftkriterien

Leuchtkraft-klasse	Hubble-Typ	absolute Helligkeit [M_{ph}]
I	Sb Sc	$-20,5 < M < -19,5$
II	Sb Sc	$-19,5 < M < -18,5$
III	E – Sa – Sb – Sc – Ir	$-18,5 < M < -17,5$
IV	S Ir	$-17,5 < M < -16,5$
V	S Ir	$-16,5 < M < -15,5$

Hubble-Zahl

sie viele unregelmäßig verteilte kleine Verdichtungen. Die nicht homogene Klasse vom Typ Ir wird neuerdings in zwei Untergruppen gegliedert: Typ Ir I, der als Fortsetzung der Sequenz der Spiral- bzw. Balkengalaxien angesehen werden kann, und Typ Ir II (Typenbez. auch Amorph), dem „besondere" Objekte der regulären Systeme zugeordnet sind.

In der Literatur findet man als Ergänzung zur klassischen Hubble-Einteilung beispielsweise die weiteren Untergruppen:

Sd, SBd:	sehr kleine Kerne mit knotigen irregulären Armen;
I (m), Sm:	irreguläre Systeme vom Typ der Magellan-Wolken;
DE:	elliptische Zwerggalaxien.

Da nicht alle äußeren Erscheinungsformen in dieser eindimensionalen Unterteilung Berücksichtigung finden, hat es an mehrdimensionalen Unterteilungsvorschlägen nicht gefehlt.

In Analogie zur Klassifikation von Sternen werden auch Galaxien nach der Spektralklasse oder nach Leuchtkraftkriterien geordnet. Die Tab. zeigt das Hubble-Schema mit Leuchtkraftkriterien.

Die *relative Häufigkeit* von Galaxien ist schwer feststellbar. So ist z. B. eine Unterscheidung zwischen Galaxien vom Typ S oder SB nicht möglich, wenn die Kante der Galaxie – Hauptebene der Scheibenpopulation – direkt in Blickrichtung liegt. Bei entfernteren Galaxien ist dagegen eine Unterscheidung zwischen E und S0, mitunter sogar auch zwischen S0 und S schwierig. Daher ist es nicht verwunderlich, wenn die einzelnen Angaben über die scheinbare Häufigkeit variieren. Ganz grob kann man sagen, daß etwa 60 bis 70% der beobachteten Galaxien Spiralsysteme sind, rund 20% vom Typ E und S0, 3% vom Typ Ir. Der Rest ist sonstigen Galaxienformen zuordenbar.

Die wahre Häufigkeit dürfte jedoch anders aussehen, da, sieht man einmal von den Riesenellipsengalaxien in Haufenzentren ab, Spiralsysteme wesentlich heller und größer als E-Systeme und daher in großer Entfernung besser auffindbar sind.

Eine Verteilung der einzelnen H.-T.en für die ↑lokale Gruppe ergibt folgendes Bild:

Typ E	56%
Typ S	19%
Typ SB	0%
Typ Ir	25%

Hubble-Zahl ['hʌbl...; nach E. P. Hubble] (Formelzeichen H): eine fachdidaktisch sinnvolle Bez. für die nicht auf den gegenwärtigen Zeitpunkt bezogene ↑Hubble-Konstante, da sich der Zahlenwert der Hubble-Konstanten im Laufe der Jahrmilliarden durchaus geändert haben dürfte.

Hubble-Zeit ['hʌbl...; nach E. P. Hubble]: die seit Beginn der Expansion des Weltalls verstrichene Zeit (↑Weltalter), wenn man eine lineare Expansion (v = const) zugrunde legt.

Hüllensterne: andere Bez. für ↑Emissionsliniensterne, deren Emissionslinien man auf die Existenz von ausgedehnten Gashüllen um die Sterne zurückführt.

Hundsstern: deutscher Name für den hellsten Stern an der Himmelssphäre, nämlich ↑Sirius im Sternbild Großer Hund.

Hundstage:

◊ in Europa volkstümliche Bez. für die Kalendertage vom 23. Juli bis 23. August. In dieser Zeit steht die Sonne in der Nähe des Sirius (Hundstern), dessen Frühaufgang den Beginn dieser Zeitspanne in früherer Zeit bestimmte. Infolge der ↑Präzession hat sich aber heute der Frühaufgang von Sirius auf den August verschoben.

Die alten Griechen schrieben der gemeinsamen Wanderung von Sonne und Hundsstern entlang der Himmelssphäre die um diese Zeit eintretende sommerliche Hitze zu. In die H. fallen auch in Mitteleuropa oft die heißesten Tage des Jahres, insbes. in die erste Hälfte dieser Zeitspanne.

◊ allg. Bez. für die Zeit einer besonders intensiven hochsommerlichen Hitzewelle.

Hya: Abk. für **Hydra** (↑Weibliche Wasserschlange).

Hyaden [griech.]: Sternhaufen um Aldebaran im Sternbild Stier. Die hellsten Mitglieder sind mit bloßem Auge sichtbar. Der Sternhaufen zählt zu den sog. ↑Bewegungssternhaufen.

Hydra [griech.]: wiss. Name für das Sternbild ↑Weibliche Wasserschlange.

Hydrahaufen: eine Ansammlung von Galaxien im Sternbild Weibliche Wasserschlange (Hydra), in einer Entfernung von $2,5 \cdot 10^9$ Lichtjahren.

Hydraiden: ein unbedeutender Meteorstrom mit Radiant im Sternbild Weibliche Wasserschlange (Hydra). Die H. treten in der Zeit vom 12. März bis 5. April auf. Im Maximum, um den 25. März, sind bis zu 15 Meteore pro Stunde zählbar.

Hydrus [griech.-lat.]: wiss. Name für das Sternbild ↑Männliche Wasserschlange.

Hyi: Abk. für Hydrus (das i stammt von der lat. Genitivform hydri in Fügungen wie α Hyi = ... im Sternbild Hydrus); ↑Männliche Wasserschlange.

Hyperion [hy'pe:riɔn, auch: hype'ri:ɔn; nach dem gleichnamigen Titanen der griech. Mythologie]: ein Satellit des ↑Saturn.

I

Iapetus [nach Iapetos, einem Titanen der griech. Mythologie] (Japetus): ein Satellit des ↑Saturn.

IAU: Abk. für ↑Internationale Astronomische Union.

IC: Abk. für ↑Index Catalogue.

Icarus [nach der griech. Sagengestalt Ikarus] (Ikarus): ein ↑Planetoid, der sich im Perihel der Sonne auf 28 Mill. km nähert. Er steht in diesem Bereich daher näher zur Sonne als Merkur.

ICE [aɪs; Abk. für engl. international cometary explorer = Internationaler Kometenerforscher]: Name einer amerikanischen Sonde, die im März 1986 am ↑Halley-Kometen vorbeiflog und Daten über den Himmelskörper zur Erde funkte.

Impakttheorie [engl. impact = Aufschlag, Einschlag]: Theorie, wonach Krater, Wallebenen und Maria (Meere) auf dem Mond durch den Einschlag von Meteoriten entstanden sind.

Ind: Abk. für Indus (↑Indianer).

Inder: anderer Name für das Sternbild ↑Indianer.

Index Catalogue ['ɪndɛks 'kætəlɔg; engl. = Indexkatalog] (Abk.: IC I und IC II): Ergänzungskatalog zum ↑New General Catalogue of Nebulae and Clusters of Stars.

Indianer (Indus; Abk.: Ind): ein aus wenigen lichtschwachen Sternen gebildetes Sternbild des südlichen Himmels, das mitunter auch **Inder** genannt wird.

Indus: wiss. Name für das Sternbild ↑Indianer.

inflationäres Szenario (inflationäres Universum): die Idee, daß die Welt aus einem als „Bubble" (Blase) bezeichneten kräftesymmetrischen Anfangszustand eine Zeitlang exponentiell (inflationäre Phase) expandierte.

Der Versuch, die Kosmologie mit den neuen Entwicklungen in der Elementarteilchenphysik, den ↑vereinheitlichten Theorien, in Einklang zu bringen, führte zu Beginn der achtziger Jahre zu einer Hypothese über die physikalischen Vorgänge im sehr frühen Kosmos (10^{-6} s $> t > 10^{-43}$ s), die als „i.S." bekannt geworden ist. Das i. S. bietet möglicherweise die Lösung für einige fundamentale kosmologische Probleme der klassischen Urknalltheorie (↑Big-bang-Theorie), nämlich für das ↑Homogenitätsproblem, das ↑Horizontproblem, das ↑Monopolproblem und das ↑Flachheitsproblem.

Das i.S. ist eine Modifizierung der klassischen Big-bang-Theorie. Wie diese geht das i.S. von einem anfänglichen

inflationäres Szenario

Zustand unendlich großer Dichte und Temperatur aus. Im Gegensatz zur Bigbang-Theorie sollte die Ausdehnung des Universums zur Planck-Zeit $t_{Pl} = 10^{-43}$ s aber nicht das 10^{30}fache der Planck-Länge $l_{Pl} = 1,6 \cdot 10^{-33}$ cm (↑ Planck-Werte) betragen, was sich aus der Zurückrechnung der Weltlinie unseres gegenwärtigen Quasarhorizonts (Rotverschiebung $z = 4$) ergibt, sondern lediglich die Größe einer Planck-Blase mit dem Durchmesser der Planck-Länge $l_{Pl} = 1,6 \cdot 10^{-33}$ cm.

Aus einer beliebig gekrümmten Blase des zur Planck-Zeit $t_{Pl} = 10^{-43}$ s vorliegenden „Raum-Zeit-Schaums" bildete sich nach der Theorie des inflationären Szenarios unser gegenwärtiges Universum. Über Vorgänge vor der Planck-Zeit macht die Theorie keine Aussagen. Sie startet mit der Separation der Supergravititionskraft in Gravitation und hypothetische X-Kraft, wobei die Austauschteilchen der Gravitation Gravitonen sind und die der X-Kraft X-Teilchen, auch X-Bosonen genannt. Bei hohen Energien – entsprechend der Massenenergie der X-Bosonen – ist während der ersten 10^{-39} s nach dem Urknall die Symmetrie der vereinheitlichten Theorien voll realisiert. Unter der Dominanz von noch unbekannten Quanteneffekten gibt es keinen Unterschied zwischen den Teilchen, insbes. nicht zwischen den wechselwirkenden X-Bosonen. In dieser Phase sollten nach den vereinheitlichten Theorien eine extrem große Anzahl superschwerer magnetischer Monopole bei Dichten von 10^{81} g/cm³ – entsprechend Teilchenenergien von 10^{16} GeV – entstanden sein. Bei einer mittleren Teilchenenergie von 10^{16} GeV beginnt aber auch die Entstehungsrate der X-Bosonen unter die Zerfallsrate abzusinken. Mit anderen Worten, die X-Bosonen sterben langsam aus. Damit verbunden ist eine Verringerung der X-Austausch-Prozesse. In Bruchteilen von Attosekunden nehmen Dichte und Temperatur sehr schnell ab. Nach etwa 10^{-36} s und bei Temperaturen unter 10^{28} K kommt es zu einer weiteren Symmetriebrechung, d. h. die X-Kraft spaltet sich infolge fortschreitender Expansion in starke und elektroschwache Kraft auf. Als Folge dieser spontanen Symmetriebrechung beginnen Quarks und Leptonen auszufrieren.

Derartige Symmetriebrechungen lassen sich als Phasenumwandlungen behandeln. Dabei geht eine höhersymmetrische Phase durch Abkühlung in eine weniger symmetrische Phase über, ähnlich wie sich Wasser in flüssigem Zustand bei Abkühlung in das kristalline und damit räumlich weniger symmetrische Eis umwandelt. Bei der vorliegenden spontanen Symmetriebrechung ist allerdings der Phasenübergang verzögert. Es kommt zu einer starken Unterkühlung, wobei die Temperatur etwa auf ein zehntausendstel des Wertes, der sich aus der Extrapolation des Temperaturverlaufs bei $t < 10^{-36}$ s ergeben würde, absinkt. Zunächst entsteht dadurch ein Nachhinken des Ausfrierens der Quarks und Leptonen. Dann aber tritt explosionsartig der Phasenübergang bei $t = 10^{-35}$ s ein. Dabei wird die bei der Unterkühlung der symmetrischen Phase als latente Wärme gespeicherte riesige potentielle Energie urplötzlich frei. Das Universum heizt sich dabei auf, und es kommt zu einem exponentiellen Aufblähen mit einem steilen Anwachsen des Weltlinienabstandes und damit auch des Weltradius $R(t)$. Die durch die Freisetzung der im Nichtgleichgewicht gespeicherten Energie bewirkte Wiederaufheizung muß allerdings derart angenommen werden, daß bei $t = 10^{-33}$ s der inflationäre Vorgang beendet ist und ein rechtzeitiges Einmünden in die Friedmann-Welt erfolgen kann. Diese inflationäre Expansionsphase wird auch als **kosmische Inflation** bezeichnet.

Das i. S. gestattet die Lösung einer Reihe kosmischer Probleme.

Zunächst einmal bedeutet die Inflation eine Volumenänderung auf etwa das 10^{90}fache. Dadurch verdünnt sich die primordiale (vom Urknall herrührende) Materie auf eine verschwindend kleine Dichte. Damit wäre bereits auf einfache Art erklärbar, warum man keine magnetischen Monopole im Weltall findet. Deutet man magnetische Monopole als punktförmige Fehlstellen bei Phasen-

inflationäres Szenario

übergängen im frühen Universum (↑ auch kosmische Strings), so sind sie per se der Beobachtung nicht zugänglich (↑ auch Monopolproblem).

Das i. S. löst auch in einfacher Weise das Flachheitsproblem. Die relative Flachheit der heutigen Welt beruht nach dem i. S. nicht mehr auf einer drastisch flachen anfänglichen Welt, deren Erklärung Schwierigkeiten bereiten würde, sondern ergibt sich durch „Einebnung" eines ursprünglich beliebig stark gekrümmten Raums als Folge einer enormen Aufblähung.

Im Zeitbereich bis 10^{-35} s liegt die kosmische Ausdehnung weit innerhalb des Welthorizonts. Damit läßt sich auch das Horizontproblem lösen. In dem damals winzigen All könnten Kausalkontakte leicht eine Homogenisierung bewirkt haben. Allerdings muß man fordern, daß bei Phasenübergängen diese zuvor erzielte Homogenität nicht restlos durch räumliche und zeitliche Fluktuationen zerstört wurde. Das heißt nicht, daß das Auftreten von Fluktuationen generell verboten ist. Im Gegenteil, das Auftreten geringfügiger Fluktuationen würde die Entstehung von Dichtefluktuationen begünstigen, die als Keime für die viel später einsetzende Galaxienbildung angesehen werden könnten. Geringfügige Dichtefluktuationen könnten so als Ursache für die großräumige Struktur unseres Weltalls interpretiert werden (↑ auch Galaxienentstehung).

In der als Quarkära bezeichneten Zeitspanne, etwa zwischen 10^{-23} s und 10^{-10} s, existiert ein Plasmagemisch aus Quarks, Leptonen sowie den Austauschteilchen der starken Wechselwirkung, den Gluonen. Durch Abkühlung dieses Plasmagemischs kommt es zu einer weiteren Separation, nämlich zur Aufspaltung der elektroschwachen Kraft in die elektromagnetische (Austauschteilchen Photon) und in die schwache Kraft mit den Weakonen (W^+, W^- und Z^0 als Austauschteilchen). Die damit verbundene Phasenumwandlung führt schließlich zum „Ausfrieren" der Unterschiede innerhalb der Quarks und Leptonen, so daß es bei weiterer Raumexpansion schließlich zur „Auskristallisation" von Quarks zu Zweier- und Dreiergruppen, den Mesonen und Hadronen (z. B. Protonen und Neutronen), kommt (Hadronenära). Um das Vorherrschen der normalen Materie gegenüber Antimaterie in unserer Welt zu erklären, nimmt man an, daß die X-Bosonen bei ihrem Zerfall eine geringe Asymmetrie zugunsten der normalen Materie aufwiesen. Auf 10^9 Quark-Antiquark-Paare soll etwa als Folge des asymmetrischen X-Bosonenzerfalls ein Quarkteilchen als Überschuß anfallen. Entsprechendes soll auch für die Leptonenzerfälle gelten. Nach der Zerstrahlungsphase von Teilchen und Antiteilchen bildet sich aus den überschüssigen Quarks und Leptonen ein mit den Photonen im Gleichgewicht befindliches Nukleon-Elektron-Plasma. Durch Fusionen dieser Nukleonen kommt es – mit Ausnahme der schon existierenden ^{1}H-Kerne – zur Entstehung der leichtesten Atomkerne, wie des Wasserstoffisotops ^{2}H sowie der Heliumisotope ^{3}He und ^{4}He.

Gleichzeitig legen sie die gesamte Materieverteilung fest, wie wir sie auch heute noch in den Galaxien finden (im Mittel über das ganze Weltall 1 Nukleon/cm^3). Nach etwa 100 000 Jahren schließlich hat sich das mit dem Weltall expandierende Plasma auf Temperaturen von 3 000 K abgekühlt, so daß die Photonen von der Materie abkoppeln, das Weltall durchsichtig wird und sich Atome und Moleküle bilden.

Als alternative Erklärung zu dem oben angeführten Denkansatz über Galaxienbildung durch das Auftreten geringfügiger Fluktuationen bei Phasenübergängen wäre auch folgendes akzeptabel: Nach Bildung der Atome und Moleküle wurde der Strahlungsdruck derart dezimiert, daß aus der bislang homogen verteilten Materie infolge der nun überwiegenden Gravitation voneinander getrennte Materieanhäufungen entstanden, aus denen sich dann Galaxien und in diesen Sterne entwickelten. In letzteren wiederum wurden im Laufe unterschiedlichster Sternentwicklungen die schwereren Elemente gebildet. Diese schwereren Elemente sind nicht zuletzt auch für die Entwicklung von Leben

inflationäres Weltmodell

(↑Leben im All) eine notwendige Voraussetzung.
Eine ausführliche Darstellung der späteren Entwicklungsphasen des Universums findet man bei der Beschreibung der ↑Big-bang-Theorie.
Leider ist zur Zeit nicht abzusehen, wie das i.S. durch Beobachtungen oder durch belegbare physikalische Einsichten direkt überprüft werden kann. Darüberhinaus löst das i.S., wie die Bigbang-Theorie, nicht das in den ↑Friedmann-Weltmodellen auftretende Problem der Singularität, d.h. eines Zustands unendlich großer Dichte und Temperatur. Eine Lösung dieses Problems verspricht die ↑Big-bounce-Theorie, die eine mögliche Alternative zur Big-bang-Theorie darstellt.

inflationäres Weltmodell: ein evolutionäres Weltmodell, bei dem sich das Weltall in seiner Frühphase kurzzeitig beschleunigt (inflationär) ausdehnt (↑inflationäres Szenario).

Infrarotastronomie: vergleichsweise junge Disziplin der Astronomie, die ihre Informationen aus dem Spektralbereich zwischen dem sichtbaren Licht ($\lambda \sim 0{,}4$ bis $0{,}8$ µm) und dem Radiobereich ($\lambda > 1000$ µm) schöpft. Hauptsächlich technisch bedingt erfolgt eine Unterteilung in den nahen ($0{,}8$ µm $< \lambda \leq 5$ µm), den mittleren (5 µm $< \lambda \leq 30$ µm) und den fernen (30 µm $< \lambda < 300$ µm) Infrarotbereich. Die Lücke zum Radiobereich schließt die noch in den Anfängen steckende **Submillimeterastronomie**. In jedem der obengenannten Gebiete kommen unterschiedliche Empfänger oder Beobachtungstechniken zum Einsatz.
Ein großes Handicap für die I. ist die Erdatmosphäre, da Absorptionsbanden vornehmlich des Wasserdampfs und des Kohlendioxids bis auf wenige Durchlaßbereiche (Fenster) den Transmissionsgrad auf null absenken und in den Fenstern selbst noch den Transmissionsgrad stark schwanken lassen. Da die Schwankung des Transmissionsgrades hpts. durch den wechselnden Wasserdampfgehalt der Atmosphäre bedingt ist, versucht man diese Störung zu umgehen, indem man bevorzugt Beobachtungen an hochgelegenen Observatorien in trockenen Klimazonen durchführt. Spezielle Filter bei $I = 1{,}25$, $H = 1{,}65$, $K = 2{,}2$, $L = 3{,}7$, $M = 4{,}8$, $N = 10{,}2$ und $Q = 20$ µm gestatten die Spektralphotometrie in geeigneten Bändern. Die Bandbreite dieser Filter beträgt im nahen Infrarot $0{,}2$ bis $0{,}8$ µm, im mittleren Bereich etwa $0{,}6$ µm. Um optimalen Empfang zu erreichen, sind spezielle, für den jeweiligen Infrarotbereich sensibilisierte Detektoren erforderlich. Das bedeutet, daß eine gleichzeitige Aufnahme des Gesamtspektrums im infraroten Bereich nicht sinnvoll ist. Parallel montierte Empfänger für nahes und mittleres Infrarot machen heute die bislang für Beobachtungen beider Spektralbereiche notwendigen Umrüstungen am Teleskop überflüssig. Erschwerend für die optimale Ausnutzung der Detektorempfindlichkeit erweist sich aber nach wie vor die starke Hintergrundstrahlung. Denn der Hauptteil der thermischen Emission von Teleskop und Erdatmosphäre, die der Infrarotdetektor neben der kosmischen Infrarotquelle registriert, liegt gerade bei Zimmertemperaturen im Infrarotbereich. I., so heißt es treffend, gleicht dem „Erkunden einer schwach leuchtenden Kerze in einem glühenden Ofen". Durch den Trick einer zehn- bis fünfzigmal pro Sekunde wechselnden Beobachtung von kosmischem Objekt und benachbartem Himmelshintergrund – dieser Richtungswechsel ist z.B. mittels rotierender Spiegel vor dem Empfänger realisierbar – erhält man das Signal der Quelle als Differenzsignal.
Trotz der Aufzeichnungsschwierigkeiten und der Beschränkung auf wenige atmosphärische Fenster im Wellenlängenbereich von $0{,}7$ bis 25 µm konnten mit erdgebundenen Infrarotbeobachtungen seit 1967 bis zum ersten Start eines Infrarotsatelliten (IRAS) im Jahre 1983 etwa 500 000 ↑Infrarotquellen katalogisiert werden. Die so gewonnenen Erkenntnisse trugen nicht unerheblich zur Erweiterung unseres Weltbildes bei.
Der gesamte Informationsgehalt des Infrarotbereichs ($0{,}8$ bis 1000 µm) läßt sich jedoch nur außerhalb der störenden Erdatmosphäre nutzen. Dabei genügt es nicht, mit Teleskopen auf Ballongon-

Infrarotquellen

deln, Raketen oder Flugzeugen in 42 km Höhe (wo bereits 99,5% der Lufthülle überwunden sind und im gesamten Infrarotbereich eine Durchlässigkeit von über 95% erzielt wird) zu messen, da hier die dünne Restatmosphäre mit einer Temperatur von 280 K jeden Infrarotdetektor noch so stark „blendet", d. h., mit Infrarothintergrundstrahlung belastet, daß keine besseren Empfindlichkeitswerte als auf der Erde selbst erzielt werden. Erst Infrarotteleskope auf einer Satellitenbahn unter Ausschaltung der atmosphärischen Infrarothintergrundstrahlung und der Infrarotstrahlung des Teleskops durch eine mit Flüssighelium gekühlte Apparatur ermöglichen detaillierte Panoramabilder des Himmels und weisen auf die Existenz und Verteilung kalter Materie im Sonnensystem, in unserem Milchstraßensystem und im gesamten Universum hin.

Der erste erfolgreich arbeitende Infrarotsatellit war ↑IRAS. Die Auswertung und Interpretation der in digitaler Form auf Magnetbänder gespeicherten Daten wird noch Jahre in Anspruch nehmen. Im Rahmen der mit IRAS vorgenommenen Infrarotdurchmusterung des Himmels erhofft man sich vor allem nähere Aufschlüsse über die „Geburt" von Sternen sowie über die Entstehung von Planetensystemen. Für die neunziger Jahre sind zwei weitere Infrarotsatelliten geplant: ↑ISO der europäischen Weltraumbehörde ESA sowie ↑SIRTF.

Infrarotdetektoren: Strahlungsempfänger für den infraroten Frequenz- bzw. Wellenlängenbereich, die in Infrarotgeräten oder bei der Infrarotübertragung die einfallende Infrarotstrahlung in elektrische Signale umwandeln oder auch sichtbar machen (↑Falschfarbenfilm).
In der Astronomie werden vorwiegend I. genutzt, die auf dem Photoeffekt beruhen. Es handelt sich daher um geeignete Photozellen (z. B. Cäsiumzellen) und Halbleiterphotokathoden (in Bildwandlerröhren und Sekundärelektronenvervielfachern) bzw. Photodioden, Photoleiter aus Cadmiumquecksilbertellurid, Phototransistoren und Photowiderstände (z. B. Bleisulfidzellen). Diese Quantenempfänger messen die Strahlungsenergie und werden zur Erhöhung des Wirkungsgrades gekühlt. Neuartige I. bestehen aus Ladungsverschiebeelementen (↑CCD-Detektor).

Infrarotfarbfilm (Falschfarbenfilm): speziell für infrarote Strahlung sowie für Grün und Rot sensibilisierter Dreischichtenfarbfilm (Umkehrfilm), der Infrarot reflektierende Gegenstände in tiefroter Farbe, rote und orangefarbene Gegenstände in grüner, gelbe in weißer und grüne in bläulicher Farbe wiedergibt. Wegen seiner Blauempfindlichkeit muß bei der Aufnahme ein mittleres Gelbfilter verwendet werden.

Infrarotfenster: Bez. für bestimmte Spektralbereiche, in denen die Atmosphäre der Erde unter günstigen Bedingungen langwellige Infrarotstrahlung fast ungehindert zur Erdoberfläche bzw. in den Weltraum passieren läßt.
In der irdischen Atmosphäre wird infrarote Strahlung (0,8 µm $< \lambda <$ 1 000 µm) hpts. durch Wasserdampf und Kohlendioxid absorbiert. Diese absorbierenden Elemente sind unter günstigen Bedingungen, d. h. auf hohen Bergen bzw. bei klarer und trockener Luft, nur in geringem Maße vorhanden. Damit sind die Voraussetzungen auch für eine von der Erde aus arbeitende ↑Infrarotastronomie gegeben. Neben dem großen Wasserdampffenster im Wellenlängenbereich zwischen 8 und 13 µm sind noch zwei weitere kleine Fenster zwischen 3,4 und 4,1 µm bzw. bei 18 µm vorhanden. Das Wasserdampffenster, v. a. im Bereich zwischen 10,5 und 12,5 µm, gestattet auch die Bestimmung der Oberflächentemperatur von Erde und Wolken. Dies gelingt durch Messung der infraroten Ausstrahlung mittels Satellit oder Flugzeug auf der Grundlage des Planck-Strahlungsgesetzes (↑Strahlungsgesetze).

Infrarotquellen (IR-Quellen): Quellen, die mit einer im infraroten Spektralbereich (0,8 µm $< \lambda <$ 1 000 µm) empfindlichen Meßapparatur registriert werden und mehr als etwa 90% ihrer Strahlung im infraroten Bereich abstrahlen. Diese von der ↑Infrarotastronomie erforschten Quellen sind sehr unterschied-

Infrarotstrahlung

licher physikalischer Natur. So identifizierte man als Infrarotquellen:
Hauptreihensterne vom unteren Ende, also sehr masseärme und kühle Sterne;
Protosterne, also Sterne, die sich noch in der Kontraktionsphase befinden und noch nicht die Hauptreihe erreicht haben;
Mirasterne im Minimum ihres Lichtwechsels sowie **RV-Tauri-Sterne;**
zirkumstellare Staubhüllen, in denen ein Teil der Sternstrahlung absorbiert und im infraroten Spektralbereich wieder emittiert wird;
normale Sterne mit starker Verfärbung, hervorgerufen durch extrem hohe interstellare oder zirkumstellare Extinktion;
aktive Galaxien mit leuchtkräftiger Infrarotemission.
Auch im Zentrum unseres Milchstraßensystems befindet sich eine Infrarotquelle, deren Durchmesser etwa 10 pc beträgt.

Infrarotstrahlung (IR-Strahlung, Ultrarotstrahlung): vom menschlichen Auge nicht wahrnehmbare elektromagnetische Strahlung, die an die langwellige Grenze (Rot) des sichtbaren Lichts bei 760 nm Wellenlänge anschließt und sich bis ins Mikrowellengebiet bei 1 mm Wellenlänge erstreckt (Wellenlängen- bzw. Frequenzbereich **Infrarot**). I. erkennt man u. a. an ihrer Wärmewirkung, da sie ein wesentlicher Bestandteil der Wärmestrahlung ist; sie wird von allen Temperaturstrahlern und insbes. von künstlichen Infrarotstrahlern ausgesendet. Die für den Wärmehaushalt der Erde bzw. der Lufthülle wichtige I. der Sonne wird wie auch die infrarote terrestrische Strahlung der Erdoberfläche z. T. in der Atmosphäre durch die Absorptionsbanden von Wasserdampf, Kohlendioxid und Ozon sowie durch Wolken absorbiert, außerdem durch Schnee und Eis reflektiert.

Infrarotteleskope: Beobachtungsinstrumente zur Registrierung der von kosmischen Objekten ausgesandten Infrarotstrahlung, also von Strahlung mit Wellenlängen zwischen 0,001 mm und 1 mm (↑ Infrarotastronomie).
Da die Erdatmosphäre nur selektiv für Infrarotstrahlung durchlässig ist, sind I. auf sehr hohen Bergen, in Flugzeugen, in Stratosphärenballons oder auf Erdsatelliten installiert. Um die Empfindlichkeit der Detektoren zu erhöhen und um Störungen durch Wärmebewegung der Ladungsträger in den Empfängerteilen weitgehend auszuschalten, werden ↑ Infrarotdetektoren bis auf Temperaturen von einigen K gekühlt.
Der im Jahre 1983 gestartete Infrarotsatellit ↑ IRAS war das erste erfolgreich arbeitende Infrarotteleskop außerhalb der Erdatmosphäre.

Inklination [aus lat. inclinatio = Neigung] (Formelzeichen i): ein ↑ Bahnelement, und zwar der Neigungswinkel der Bahnebene eines Himmelskörpers zur Bezugsebene, im engeren Sinne der Neigungswinkel der Bahnebene eines Planeten oder Satelliten zur Ekliptik oder Äquatorebene.

Intensitätsinterferometer [zu lat. intensus = gespannt, aufmerksam; heftig]: ein ↑ Interferometer zur Bestimmung extrem kleiner Winkelabstände. Das nur begrenzt anwendbare I. nutzt die an verschiedenen Orten gemessenen Photonenstromfluktuationen als Informationsquelle.

Interferenz [zu lat. inter = zwischen und lat. ferre = tragen, bringen]: Bez. für die Überlagerungserscheinungen, die beim Zusammentreffen zweier oder mehrerer Wellenzüge am gleichen Raumpunkt beobachtbar sind. Unter bestimmten Umständen kann es dabei zur Verstärkung oder gar zur Auslöschung der beteiligten Wellen kommen.
In der Astronomie werden v. a. I.erscheinungen des Lichts und der Radiostrahlung genutzt (↑ Interferometer, ↑ Intensitätsinterferometer, ↑ Speckle-Interferometrie, ↑ Radiointerferometrie, ↑ VLB-Interferometrie).

Interferometer [zu Interferenz gebildet]: in der optischen Astronomie Geräte zur Bestimmung extrem kleiner Winkeldurchmesser von Sternen, des Winkelabstandes enger Doppelsterne oder sogar von Oberflächenstrukturen. Auch in der Radioastronomie kommen zur Steigerung des Auflösungsvermögens spezielle Radiointerferometersysteme zum Einsatz (↑ Radiointerferometrie).

Interferometer

Die I. arbeiten auf der Basis, Interferenzen des von verschiedenen Orten der Sternscheibe kommenden Lichts zu nutzen. Dazu läßt man das Sternenlicht in das Fernrohr nur durch zwei Spalte mit veränderbarem Abstand D, die vor dem

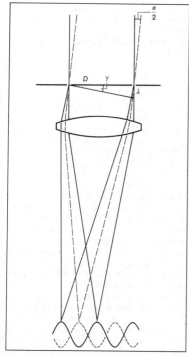

Interferometer (Prinzip)

Fernrohrobjektiv angebracht sind, einfallen. Das z. B. vom rechten Sternrand kommende Licht wird durch die beiden Spalte in zwei getrennte Wellenzüge aufgespalten und interferiert in der Brennebene des Fernrohrs. So ergibt sich eine hell-dunkel gestreifte Beugungsfigur, wobei der Streifenabstand mit zunehmendem Spaltenabstand D abnimmt. Das andererseits vom linken Sternrand kommende Licht ergibt ebenfalls eine Streifenfigur, die aber umso mehr gegenüber der ersten Figur verschoben ist, je größer der Winkelabstand der beiden angenommenen Lichtpunkte, mithin der Winkeldurchmesser des Sterns, ist. Wenn es durch Variation von D gelingt, die hellen Streifen der einen Beugungsfigur mit den dunklen Streifen der anderen Beugungsfigur gerade zusammenfallenzulassen, wenn also das Interferenzmuster verschwindet, dann läßt sich aus dem Spaltenabstand D der scheinbare Winkeldurchmesser α des Sterns bestimmen. Derartige, auf Phasenvergleich der Lichtwellen basierende I. heißen **Michelson-Interferometer**.

Die theoretische Grundlage dieser Methode ergibt sich wie folgt: Die allgemeine Bedingung für die Entstehung von Beugungsmaxima am Doppelspalt einer ebenen Welle, die von einer punktförmigen Lichtquelle ausgeht, ergibt sich aus der Abbildung:

$$\sin \gamma = n \frac{\lambda}{D}.$$

Da γ sehr klein ist, darf man schreiben:

$$\gamma = n \frac{\lambda}{D},$$

wobei $n = 0, 1, 2, 3, \ldots$ und λ die Lichtwellenlänge ist.

Eine um den Winkel $\alpha/2$ zur ersten Welle gedrehte Wellenfront verstärkt die Beugungsmaxima für

$$\frac{\alpha}{2} = n \frac{\lambda}{D}$$

und liefert Auslöschung beider Systeme für

$$\frac{\alpha}{2} = \left(n + \frac{1}{2}\right) \frac{\lambda}{D}.$$

Zum einfacheren Verständnis des Prinzips interferometrischer Methoden stelle man sich vor, die Sternscheibe sei durch zwei Punktquellen in der Mitte jeder Scheibenhälfte mit dem gegenseitigen Abstand von $\alpha/2$ ersetzt. Solange der scheinbare Winkeldurchmesser $\alpha \ll \gamma$ ist, bleibt der Stern auch für das I. nur punktförmig. Durch Vergrößerung von D kann man jedoch γ drücken. Die Trennung der beiden fiktiven Quellen gelingt gerade, wenn die Minima des einen Systems in die Maxima des anderen

intergalaktische Materie

Systems fallen, das Interferenzmuster also verschwindet. Das ist der Fall, wenn

$$\gamma = \alpha = \frac{\lambda}{D}$$

ist, denn für die Maxima des ersten Systems gilt

$$\gamma = n\frac{\lambda}{D},$$

entsprechend für die Minima des zweiten Systems

$$\gamma + \frac{\alpha}{2} = \left(n + \frac{1}{2}\right)\frac{\lambda}{D}.$$

Für

$$\alpha = \frac{\lambda}{D}$$

fällt das n-te Maximum des ersten Systems in das n-te Minimum des zweiten Systems. Da λ und D bekannt sind, folgt hieraus der scheinbare Winkeldurchmesser α.

Die Meßgrenze von Michelson-I.n liegt bei $\alpha = 0,01''$. Noch kleinere Winkeldurchmesser lassen sich mit **Intensitätsinterferometern** messen. Sie bedienen sich der Korrelation zweier von verschiedenen Beobachtungsorten gemessenen Photonenstromfluktuationen als Informationsquelle. Die Genauigkeit dieser Geräte liegt bei etwa 10^{-4} Bogensekunden, ihre Anwendungsmöglichkeit ist aber derzeit auf sehr helle Sterne begrenzt.

Eine wesentliche Verbesserung erzielt man mit der ↑**Speckle-Interferometrie**, die durch einen „Trick" das Auflösungsvermögen großer Teleskope auszunutzen weiß.

intergalaktische Materie [zu lat. inter = zwischen und ↑Galaxie]: Gas- und Staubpartikel, die in sehr geringer Dichte zwischen den Galaxien verteilt sind.

intermediäre Population [zu lat. intermedius = dazwischen befindlich] (Zwischenpopulation): ↑Population, der vorwiegend Schnelläufer und langperiodische Veränderliche angehören.

Internationale Astronomische Union (engl. International Astronomical Union; Abk.: IAU): internat. Organisation der Astronomen, der astronomische Gesellschaften und nationale Akademien von 48 Staaten sowie rund 3 800 Einzelmitglieder angehören; Sitz Paris. Die IAU, gegründet 1919, ist Mitglied des International Council of Scientific Unions. In Kommissionen für die verschiedenen Zweige der Astronomie werden Forschungsvorhaben auf übernationaler Ebene geplant und gefördert.

internationale Atomzeit (Abk.: TAI, für gleichbed. frz. temps atomique international): Mit der am 1. Januar 1972 international als Zeitmaß eingeführten TAI wurde die astronomisch mit Meßunsicherheiten behaftete und nur rückwirkend nach umfangreichen Berechnungen ermittelte Ephemeridensekunde durch die SI- oder Atomsekunde abgelöst. Damit konnte die Meßgenauigkeit gleich um mehrere Größenordnungen auf etwa 10^{-13} gesteigert werden; dies entspricht einer Abweichung von 1 s in etwa 300 Jahren.

Als Zeitnormal dient fortan aufgrund internat. Vereinbarung der Übergang zwischen zwei Hyperfeinstrukturniveaus eines Cäsium-133-Atoms im Grundzustand. Die Frequenz dieser Linie wurde zu 9 196 631 770 Hz festgelegt. Damit wurde eine möglichst gute Übereinstimmung zwischen der Atomsekunde und der Ephemeridensekunde (der 31 556 925,9 747ste Teil des tropischen Jahres für den 0. Januar 1900 12 Uhr Ephemeridenzeit) hergestellt. Um Kontinuität mit der ↑ Ephemeridenzeit ET zu wahren, wurde der Nullpunkt so festgelegt, daß die Differenz zwischen der terrestrischen dynamischen Zeit TDT und der TAI gleich dem geschätzten Differenzbetrag zwischen ET und TAI ist.

$$TDT = TAI + 31,184 \text{ s}.$$

Zur Realisierung der Atomzeitskala werden als Sekundärnormale auch Cäsium- und Rubidiumgaszellenresonatoren sowie Wasserstoffmaser eingesetzt.

Internationales Einheitensystem (frz. Système International d'Unités; Abk.: SI): das von der X. Generalkonferenz für Maße und Gewichte 1954 unter der Bez. **Praktisches Einheitensystem** eingeführte vollständige System von Ba-

interstellare Absorptionslinien

siseinheiten und abgeleiteten Einheiten (jetziger Name und die Abk. SI seit 1960), das in der BR Deutschland durch das „Gesetz über Einheiten im Meßwesen" vom 2. Juli 1969 für den amtlichen und geschäftlichen Verkehr als verbindlich erklärt wurde.

Es enthält die sieben *Basiseinheiten* Meter (Einheitenzeichen m), Kilogramm (kg), Sekunde (s), Ampere (A), Kelvin (K), Candela (cd) und Mol (mol) für die Grundgrößenarten Länge, Masse, Zeit, elektrische Stromstärke, thermodynamische Temperatur, Lichtstärke und (seit 1971) Stoffmenge. Seine kohärenten Einheiten, unter denen einige einen eigenen Namen und ein eigenes Einheitenzeichen haben, werden als **SI-Einheiten** bezeichnet. Internat. wird die ausschließliche Anwendung der SI-Einheiten angestrebt.

interplanetare Materie [zu lat. inter = zwischen und ↑ Planet]: die in unserem Sonnensystem zwischen den Planeten befindliche Materie. Im Gegensatz zu früher zählt man heute Planetoiden, Kometen und Meteoriten nicht mehr zu Bestandteilen der i.n M., vielmehr beschränkt man sich auf Partikel des Sonnenwindes, auf fein verteilten Meteoritenstaub sowie auf wegdiffundierte Gaspartikel aus Planetenatmosphären und Kometenschweifen.

Die i. M. ist hpts. in Form einer großen abgeflachten Staubwolke in der Planetenebene um die Sonne ausgebreitet. Die Teilchengröße liegt im wesentlichen zwischen 0,001 und 0,1 mm. Die Dichte der Staubwolke beträgt in der Nähe unserer Erde etwa 10^{-21} g/cm³. Die Gesamtmasse des **interplanetaren Staubes** schätzt man auf $5 \cdot 10^{16}$ kg, das ist das 10^{-8}fache der Erdmasse.

Das **interplanetare Gas,** die Gaskomponente der i.n M., besteht hpts. aus der von der Sonne wegströmenden Materie (↑ Sonnenwind) und nur zum geringen Teil aus Partikeln, die aus Planetenatmosphären und Kometenschweifen wegdiffundieren. Es handelt sich im wesentlichen um Protonen (Wasserstoffionen) und Elektronen, in kleineren Beimengen auch Ionen von Helium (Alphateilchen). Die Dichte schwankt zwischen 5 und 10 Teilchen pro cm³, kann aber auch um den Faktor 100 ansteigen. Über die Existenz der i.n M. weiß man durch Beobachtungen des ↑ Zodiakallichts und der ↑ Sonnenkorona Bescheid. Neuerdings geben auch Raumsonden-Sammelexperimente Aufschluß über die interplanetare Materie. Diesbezügliche Experimente sind nicht nur von wiss. Nutzen, sondern ermöglichen auch Aussagen über das Risiko der Kollision von Raumflugkörpern oder Raumstationen mit Staubteilchen. Überschlägige Abschätzungen besagen, daß im statistischen Mittel etwa 30 Mill. Jahre vergehen, bis ein Teilchen der Masse 1 g eine 1 m² große Fläche trifft.

interplanetarer Staub ↑ interplanetare Materie.

interplanetares Gas ↑ interplanetare Materie.

interstellare Absorptionslinien [zu lat. inter = zwischen und lat. stella = Stern]: dunkle Linien im Spektrum von Sternen. Die überwiegende Mehrzahl dieser Linien entsteht dadurch, daß die interstellare Materie Sternstrahlung bestimmter schmaler Wellenlängenbereiche absorbiert und bei genau gleicher Wellenlänge in alle Richtungen wieder emittiert. Makroskopisch betrachtet, handelt es sich (trotz der mikroskopischen Absorptions- und Emissionsvorgänge) um einen Streuvorgang.

Im Gegensatz zu stellaren Linien, die aufgrund der Bahnbewegung periodische Doppler-Verschiebungen aufweisen, sind i. A. im allg. „ruhend" oder sie weisen nur eine zur Laborwellenlänge relative Doppler-Verschiebung in der Größenordnung von 10 km/s auf.

Aus der Existenz der erstmals 1904 entdeckten i.n A. lassen sich folgende Schlüsse ziehen:

1. Die Stärke der Linien wächst mit der Entfernung der beobachteten Sterne, was mit der Annahme einer etwa gleichmäßigen Verteilung interstellarer Materie konform geht. Ein mit der Entfernung ansteigender Absorptionsbetrag verfälscht das ↑ Abstandsgesetz und ist daher eines der schwierigsten Probleme bei der ↑ Entfernungsbestimmung.

interstellare Emissionslinien

2. Aus der in der Regel beobachteten Schärfe der i.n A. kann der Schluß gezogen werden, daß die interstellare Materie kalt und sehr dünn ist.
3. Aus der häufig beobachteten geringfügigen Aufspaltung der Linien in mehrere Komponenten wird auf eine wolkige Struktur der interstellaren Materie geschlossen, wobei geringe innere Strömungen in der Größenordnung bis zu 10 km/s auftreten. Neben diesen geringfügigen Linienverschiebungen als Folge der Gaskonzentration in einzelnen Wolken mit unterschiedlichen Radialgeschwindigkeiten macht sich die galaktische Rotation des Gases im allg. durch eine größere, allerdings eliminierbare Linienverschiebung bemerkbar.
4. Vereinzelt beobachtete i.A. im UV-Bereich deuten darauf hin, daß es im interstellaren Raum auch vereinzelt Gebiete sehr hoher Temperatur gibt.

interstellare Emissionslinien: beobachtbare Emissionslinien im Radio-, allenfalls im Infrarotbereich. Die Existenz niedriger Frequenzen erklärt sich aus dem Umstand, daß wegen der im allg. in interstellaren Wolken vorherrschenden niedrigen Temperaturen (~100 K) nur sehr tiefliegende Energiezustände von Atomen und Molekülen angeregt werden können.

interstellare Materie: die den Raum zwischen den Sternen ausfüllenden Gas- und Staubpartikel. Zwar ist die mittlere Dichte der i.n M. extrem niedrig (etwa ein Gaspartikel pro cm^3 bzw. ein Staubkorn von weniger als 0,001 mm Durchmesser pro 50 m^3), dennoch ist ihre Existenz, ihr physikalischer Zustand und ihre chemische Zusammensetzung, ihre Wechselwirkung mit Sternen sowie ihre Rolle bei der ↑Sternentwicklung von großer Bedeutung.
Je nach den Erscheinungsformen etwaiger Ansammlungen erfolgt eine Unterteilung in ↑leuchtende Gasnebel, ↑H-I-Gebiete und ↑H-II-Gebiete, in ↑Reflexionsnebel, ↑Dunkelwolken und ↑Molekülwolken.

Io [nach der gleichnamigen Geliebten des Zeus in der griech. Mythologie]: einer der vier Hauptmonde des ↑Jupiters. Io ist einer der aktivsten Körper unseres Sonnensystems. Mächtige Vulkane schleudern als Folge der Gezeitenkräfte des Jupiters riesige Mengen Materie, darunter auch Schwefel, in die Ioatmosphäre. Dies erklärt das rötlich-gelbe Aussehen dieses Mondes. – Abb. S. 129.

Ion [engl., von griech. ión = Gehendes, Wanderndes, also eigtl. = wanderndes Teilchen]: elektrisch geladenes Teilchen, das durch Anlagerung (oder Abtrennung) eines oder mehrerer Elektronen an ein nach außen hin elektrisch neutrales Atom, Molekül oder einen Molekülrest entsteht (Ionisation).
In der Astronomie, bei der wir es vorwiegend mit positiven I.en zu tun haben, ist es üblich, neutrale Atome durch Hinzufügen der römischen Zahl I, z. B. HI (= neutraler Wasserstoff), einfach ionisierte Atome durch Hinzufügen der römischen II, z. B. HII (= einfach ionisierter Wasserstoff), usw. zu kennzeichnen. Die Symbole Ca^{3+} und CaIV sind also äquivalente Bezeichnungen für ein dreifach positiv ionisiertes Calciumatom.
Den Ionisationsgrad, d. h. den relativen Anteil ionisierter Teilchen eines sich im thermischen Gleichgewicht befindlichen Gases liefert die ↑Saha-Gleichung. Danach steigt der Ionisationsgrad mit zunehmender Temperatur, sinkt aber, je mehr freie Elektronen pro Raumeinheit vorhanden sind, da mehr freie Elektronen pro Raumeinheit die Wahrscheinlichkeit für ↑Rekombinationen erhöhen.

Ionisationstemperatur: ein aus dem Ionisationsgrad bestimmter Elemente in der Sternatmosphäre definierter Temperaturwert (↑auch Saha-Gleichung).

Ionosphäre [Kurzbildung aus ↑Ion und ↑Atmosphäre]: elektrisch leitende Schicht in der Hochatmosphäre der Erde. In Atmosphärenschichten zwischen etwa 60 und 250 km Höhe werden durch Absorption energiereicher Quanten der Sonnenstrahlung (Ultraviolett- und Röntgenstrahlung) Elektronen von neutralen Atomen, z. B. von Sauerstoffatomen, abgetrennt. Die dadurch entstehenden positiven Ionen (z. B. O$^+$) und negativen Elektronen machen trotz ihres zahlenmäßig unbedeutenden Anteils ($< 10^{-6}$ der insgesamt vorhandenen

Teilchen) die Atmosphärenschicht leitend. Ihrem elektrisch unterschiedlichen Verhalten nach unterscheidet man in der I. folgende Schichten:
D-Schicht (Höhenbereich h etwa 80–100 km, Elektronendichte $\varrho_e \approx 10^3$ cm^{-3});
E-Schicht ($h = 85$–140 km, $\varrho_e \approx 10^5$ cm^{-3});
F$_1$-Schicht ($h = 140$–200 km, $\varrho_e \approx 3 \cdot 10^5$ cm^{-3});
F$_2$-Schicht (h um 400 km, $\varrho_e \approx 10^6$ cm^{-3}).
IRAS [Abk. für: Infra-red Astronomical Satellite]: der erste, am 25. Januar 1983 von Kalifornien aus in eine 900 km hohe Umlaufbahn gestartete Satellit für Infrarotastronomie. Seine Betriebszeit betrug knapp ein Jahr.
IRAS war ein Gemeinschaftsprojekt der USA, der Niederlande und Großbritanniens. Der Satellit besaß einen 60-cm-Berylliumspiegel. Um eine hohe Empfindlichkeit zu gewährleisten, wurde dieser wie auch das gesamte Teleskop mit flüssigem Helium auf etwa 10 K abgekühlt. Das Ritchey-Chrétien-Teleskop lieferte ein 64 Bogenminuten großes Gesichtsfeld, entsprechend 102 mm Durchmesser. Vor dem Teleskop befand sich ein Blendensystem, welches die von der Erde und von der Sonne emittierte Infrarotstrahlung herausfilterte. Die Innenseite des Blendensystems war nicht, wie bei optischen Teleskopen, geschwärzt, sondern mit Gold verspiegelt, um die thermische Emission zu verringern. Die Infrarotkamera nahm Bilder bei den Wellenlängen 12, 24, 59 und 101 µm auf. Aus diesen vier Infrarotfarben wurde in einem weiteren Schritt das Bild zusammengesetzt. Mit einer Nachweisempfindlichkeit von 10^{-19} W/cm^2 vermochte IRAS selbst die schwache Wärmestrahlung Mill. von Lichtjahren entfernter Objekte aufzuzeichnen.
Die erfolgreiche IRAS-Expedition hat dreimal den Himmel durchmustert. Beim ersten und zweiten Mal wurden je etwa 96%, beim dritten Mal 72% des gesamten Himmels überdeckt. Vergleiche der Meßdaten ergaben in vielen Fällen Hinweise auf die Variabilität der untersuchten Objekte. IRAS steigerte damit die Anzahl der registrierten Infrarotquellen von 200 Mill. auf über 250 Millionen. Die vollständige Auswertung des gewonnenen Datenmaterials – zusammengefaßt etwa ein Computerausdruck von 10 km Länge – dürfte noch viele Jahre in Anspruch nehmen. Stichwortartig seien die wichtigsten, bereits jetzt schon ausgewerteten Informationen aufgezählt. IRAS entdeckte:
1. Der Planetoidengürtel enthält Mengen von Staub;
2. fünf neue Kometen;
3. einen neuen Planetoiden sowie einen Gesteinsklumpen mit einem Durchmesser von weniger als 1 km, der eine Zwischenstufe zwischen Komet und Planetoid darstellt;
4. ausgedehnte Molekülwolken von warmem Staub und in deren Zentren mögliche Entstehungsorte von Sternen;
5. Infrarotstrahlung aus dem Zentrum unseres Milchstraßensystems;
6. Wega als besonders starke Infrarotquelle, was möglicherweise als ein Hinweis auf die Existenz von Planeten um Wega interpretiert werden darf;
7. Infrarotstrahlung von Galaxien, und zwar aus Bereichen, in denen üblicherweise Sterne entstehen;
8. Galaxien, die im Infrarotbereich bis zu hundertmal stärker strahlen als im sichtbaren Bereich;
9. unbekannte lichtschwache Quellen mit Infrarotstrahlung.
IR-Quellen: Kurzbez. für ↑Infrarotquellen.
irreguläre Galaxien: Galaxien, die nach ihrem Aussehen dem ↑Hubble-Typ Ir zuordenbar sind.
IR-Strahlung: Kurzbez. für ↑Infrarotstrahlung.
IRTF [Abk. für: infra-red telescope facility]: ein von der NASA auf dem Mauna Kea (auf der Insel Hawaii) erstelltes 3-m-Infrarotteleskop, mit dem u.a. die thermische Infrarotstrahlung von Planeten und ihren Satelliten untersucht wird.
ISO [Abk. für: infra-red space observatory]: von der europäischen Weltraumbehörde ESA entwickeltes Infrarotobservatorium, das 1992 mit einer Ariane-4-Rakete in eine hochexzentrische Erdumlaufbahn gebracht werden soll. Der Beobachtungsbereich soll zwischen 3 und 200 µm liegen. ISO wird mit einem

Isotope

60-Zentimeter-Teleskop ausgerüstet sein, das mit 2000 Liter flüssigem Helium auf Temperaturen zwischen 3 und 13 K gehalten werden wird. Die Nachweisempfindlichkeit soll um den Faktor 100 bis 1000 größer sein als bei heutigen Infrarotteleskopen auf Ballons oder Flugzeugen.

Isotope [engl., zu griech. ísos = gleich und griech. tópos = Platz, Stelle (mit Bezug auf die gleiche Stelle im Periodensystem der chem. Elemente]: Bez. für atomare Kerne mit gleicher Protonenzahl, aber unterschiedlicher Neutronenzahl. I. haben also die gleiche Ordnungszahl, aber verschiedene Massenzahlen. Die meisten Elemente kommen als natürliches Gemisch von I.n vor.
Da das chemische Verhalten eines Elements durch die Ordnungszahl bestimmt wird, verhalten sich I. chemisch gleich. Eine I.ntrennung ist daher nur mit physikalischen Methoden, z. B. mit Hilfe eines ↑ Massenspektrographen, möglich. Die Kennzeichnung von I.n erfolgt u. a. durch Voranschreiben von Ordnungs- und Massenzahlen an das chemische Symbol. Dabei steht die Massenzahl (falls überhaupt geschrieben) oben und die Ordnungszahl unten. So kennzeichnet $^{16}_{16}O$ das Sauerstoff-16-Isotop, ^{17}O das Sauerstoff-17-Isotop und ^{18}O das Sauerstoff-18-Isotop.

Isotropie [zu griech. ísos = gleich und griech. tropé = Wendung, Wende]: Richtungsunabhängigkeit. In der *Kosmologie* heißt dies: Keine Richtung ist ausgezeichnet. Somit ist in jeder Richtung der Anblick der Welt im Großen der gleiche.

IUE [Abk. für engl. international ultraviolet-explorer = internat. Ultravioletterforscher]: am 26. Januar 1978 von Cap Canaveral gestarteter internationaler Satellit für Beobachtungen im Ultraviolettbereich.

J

Jagdhunde (Canes Venatici; Abk.: CVn): ein kleines Sternbild des nördlichen Himmels, das von mittleren nördlichen Breiten aus das ganze Jahr über beobachtbar ist. Abgesehen vom Hauptstern besteht es jedoch nur aus lichtschwachen Sternen.
Im Sternbild J. ist die schöne Spiralgalaxie M 51 mit lichtstarkem Feldstecher als schwacher, ausgedehnter Nebelfleck ausfindig zu machen. Eindrucksvoll ist auch der Kugelsternhaufen M 3.

Jahr: Zur Überdeckung größerer Zeitintervalle ist das Zeitmaß J. gebräuchlich. Unter einem J. versteht man die Dauer eines Umlaufs der Erde um die Sonne. Da dieser Erdumlauf sich in der scheinbaren Bewegung der Sonne an der Himmelskugel widerspiegelt, ist er im Hinblick auf den scheinbaren Lauf der Sonne festlegbar. Je nach Wahl des Bezugspunktes und der angenommenen Sonnenbewegung ergeben sich unterschiedliche J.eslängen:

Definition	Jahreslänge (in Ephemeridentagen)
tropisches Jahr: Zeitintervall zwischen zwei Durchgängen der mittleren fiktiven Sonne durch den Frühlingspunkt	365,24219 9
siderisches Jahr: Zeitintervall zwischen zwei Vorübergängen der mittleren Sonne an ein und demselben Fixstern	365,25636 6
anomalistisches Jahr: Zeitintervall zwischen zwei Durchgängen der Erde durch ihr Perihel	365,25962 6
Finsternisjahr: Zeitintervall zwischen zwei Durchgängen der Sonne durch ein und denselben Mondknoten	346,62003 2

Jahreszeiten: die Einteilung des tropischen Jahres in vier durch die scheinbare Sonnenbahn an der Himmelskugel gegebene Zeitabschnitte, die durch die Äquinoktien und die Solstitien festgelegt werden. Die unterschiedliche Länge der J. ist bedingt durch die unterschiedlich schnelle Bewegung der Erde in ihrer Bahn um die Sonne (zweites ↑Kepler-Gesetz). Frühling und Sommer haben auf der Nordhalbkugel der Erde eine Länge von zusammen 186 d 10 h, Herbst und Winter hingegen eine Länge von zusammen 178 d 20 h. Die Dauer der einzelnen J. ist infolge der Apsidendrehung und der Präzession, die eine Verschiebung der Äquinoktialpunkte gegen die Solstitialpunkte verursachen, leicht veränderlich.

Die klimatischen Unterschiede der J. beruhen auf der Neigung der Erdbahnebene gegen den Äquator (Schiefe der Ekliptik); die Sonne erreicht deshalb in ihren Solstitialpunkten eine Deklination von +23° 27' (zur Sommersonnenwende) bzw. von −23° 27' (Wintersonnenwende). Da die Lage des Himmelsäquators über dem Horizont von der geographischen Breite des Beobachtungsortes abhängig und für ein und denselben Ort immer gleich ist, erreicht die Sonne zu verschiedenen J. unterschiedliche Höhen über dem Horizont. Dieser Unterschied der Höhe, der zwischen den beiden Extremwerten, der Sommer- und Wintersonnenwende, rund 47° ausmacht, bedingt einen unterschiedlich schrägen Einfall der Sonnenstrahlen auf der Erde. Dazu kommt ein weiterer Effekt: Die Tages- bzw. Nachtlänge eines Tages ist mit der Höhe der Sonne über dem Horizont, d. h. mit der jeweiligen Deklination der Sonne, verbunden. Nur bei einem Durchgang der Sonne durch die Äquinoktialpunkte, die Punkte der Frühlings- und Herbst-Tagundnachtgleiche, sind Tag und Nacht gleich lang (abgesehen von einer Beobachtung vom Erdäquator aus, auf dem alle Tage gleiche Tages- und Nachtlängen haben). Im Sommerhalbjahr ist, abhängig von der geographischen Breite, der Tag länger als die Nacht und die Dauer der Sonneneinstrahlung deshalb größer. Die unterschiedliche Sonneneinstrahlung und der unterschiedlich steile Einfall der Sonnenstrahlen bedingen die klimatischen Unterschiede der Jahreszeiten.

Jakobsstab [nach der Ähnlichkeit mit dem Pilgerstab der Jakobspilger]:
◊ ein im Mittelalter benutztes einfaches Winkelmeßgerät, insbes. zur Höhenmessung.
◊ die drei nahezu gleich hellen Gürtelsterne im Sternbild ↑Orion.

Janus [nach dem gleichnamigen röm. Gott]: ein Satellit des ↑Saturn.

Japetus: svw. ↑Iapetus.

JD: Abk. für Julianisches Datum.

Jetgalaxie ['dʒet...; engl. jet = Strahl]: eine Galaxie mit einem vom Zentrum ausgehenden Materiestrahl, der optisch und radioastronomisch feststellbar ist. Als Prototyp einer J. gilt die Galaxie M 87 in ↑Virgohaufen.

Jodrell Bank ['dʒɔdrəl 'bæŋk]: bekanntes engl. Radioobservatorium, das von der Universität Manchester betrieben wird. Es liegt in der Nähe von Macclesfield in der Grafschaft Cheshire.

Julianischer Kalender ↑Kalender.

Julianisches Datum (Abk.: JD) ↑Kalender.

Jungfrau (Virgo; Abk.: Vir): ein zum Tierkreis zählendes Sternbild der Äquatorzone, das von mittleren nördlichen Breiten aus im Frühjahr am Abendhimmel sichtbar ist.
Die Sonne durchläuft bei ihrer scheinbaren jährlichen Bewegung die J. in der Zeit von etwa Mitte September bis Ende Oktober. Dabei überschreitet sie zu Herbstanfang (um den 23. September) von Nord nach Süd den Himmelsäquator im Herbstpunkt.
Hauptstern im Sternbild J. ist ↑Spica. Zusammen mit Regulus im Löwen und Arcturus im Bootes bildet Spica das ↑Frühlingsdreieck. Bekannt ist auch γ Vir (↑Sternnamen), der bereits mit kleinem Feldstecher als Doppelstern auflösbar ist. Auch einige Spiralgalaxien, z. B. der bekannte ↑Sombreronebel M 104, können als Nebelflecken mit kleinen Instrumenten ausfindig gemacht werden.

Juno [nach der gleichnamigen röm. Göttin]: ein Planetoid, dessen Durchmesser etwa 250 km beträgt. Im Perihel

Jupiter

ist J. nur etwa 300 Mill. km entfernt, im Aphel jedoch rund 500 Mill. km.
Jupiter [nach dem gleichnamigen römischen Gott]: fünfter und größter Planet des Sonnensystems. Sein Durchmesser beträgt am Äquator rund 142 800 km, zwischen den Polen jedoch nur 133 800 km. J. ist also stark abgeplattet, und zwar aufgrund seiner schnellen siderischen Rotationsperiode von 9 h 55 min. J. hat eine Masse von $1{,}90 \cdot 10^{27}$ kg oder 317,8 Erdmassen. Seine mittlere Dichte beträgt $1{,}33\,\text{g cm}^{-3}$. Die Entfernung zur Sonne schwankt zwischen $740{,}9 \cdot 10^6$ und $815{,}7 \cdot 10^6$ km; im Mittel liegt sie bei $778{,}3 \cdot 10^6$ km. Die Bahnexzentrizität hat den Wert 0,048. Die Bahn ist gegen die Ekliptik um rund 1° 18' geneigt. Die siderische Umlaufzeit beträgt 11,86 Jahre. Der Planet mit seinen auffälligen dunklen Bändern und hellen Zonen sowie dem Großen Roten Fleck läßt sich schon mit kleinen Teleskopen gut beobachten. Günstige Beobachtungszeiten sind seine sich etwa alle 13 Monate wiederholenden Oppositionen.
Die *J.atmosphäre* besteht hpts. aus Wasserstoff und Helium. Der Heliumanteil in der oberen Atmosphäre liegt bei 11%. Die Farben der sichtbaren Wolkenschichten deuten auf weitere Verbindungen hin, v. a. Ammoniak, Methan, Wasserdampf, Acetylen, Äthan und bestimmte Phosphorverbindungen. Der **Große Rote Fleck** auf der Südhalbkugel des J.s ist vermutlich eine gewaltige Konvektionsströmung, durch die Wärme aus einer Quelle in großer Tiefe nach oben transportiert wird. Obwohl schon in den letzten Jahrhunderten deutliche Veränderungen an ihm festgestellt werden konnten, nimmt man an, daß er seit mindestens 100 000 Jahren existiert.
Man vermutet, gestützt auf Modellrechnungen, daß die J.atmosphäre in etwa 16 000 km Tiefe einem Gürtel flüssigen Wasserstoffs weicht, der schließlich in metallischen Wasserstoff übergeht. Im Zentrum dürfte sich ein wenige 1 000 km dicker Kern aus Eisen und Siliciumverbindungen befinden. Den Wärmeüberschuß des Planeten – er strahlt weit mehr Energie ab, als er von der Sonne erhält – erklärt man mit einem langsamen Schrumpfen, wobei Gravitationsenergie frei wird. J. besitzt ein 20- bis 30mal stärkeres Magnetfeld als die Erde. Durch sich darin bewegende Elektronen wird ↑Synchrotronstrahlung erzeugt. J. ist deshalb eine starke Radioquelle.

Jupiter. Satelliten

Satelliten	Entdeckungsjahr	mittlerer Abstand vom Planeten [km]	siderische Umlaufperiode [Tage]	Durchmesser [km]
Metis	1980	127 600	0,295	~40
Adrasteia	1979	~128 400	0,297	~35
Amalthea	1892	181 300	0,498	155 × 270
Thebe	1980	225 000	0,678	~75
Io	1610	421 600	1,769	3 632
Europa	1610	670 900	3,551	3 126
Ganymed	1610	1 070 000	7,155	5 276
Callisto	1610	1 883 000	16,69	4 820
Leda	1974	11 100 000	238,7	8
Himalia	1904	11 470 000	250,6	170
Lysithea	1938	11 710 000	259,2	19
Elara	1905	11 743 000	259,7	80
Ananke	1951	20 700 000	631	17
Carme	1938	22 350 000	692	24
Pasiphae	1908	23 300 000	744	27
Sinope	1914	23 700 000	758	21

Kalender

Viele Kenntnisse über J. stammen von den Pioneer- und Voyager-Missionen (1973/74 bzw. 1979 Vorbeiflüge am J.). Bei den Voyager-Missionen wurde auch das schwache Ringsystem des J.s entdeckt. Von J. sind 16 Satelliten bekannt. Die vier größten, Io, Europa, Ganymed und Callisto, sind leicht mit Amateurteleskopen zu beobachten; sie wurden bereits 1610 von G. Galilei entdeckt. – Abb. S. 129.

jupiterartige Planeten: die Planeten Jupiter, Saturn, Uranus und Neptun. Diese Planeten haben im Vergleich zu den ↑erdartigen Planeten relativ große Massen (14,5 bis 317,8 Erdmassen), relativ große Radien (24 300 bis 71 400 km), aber relativ kleine mittlere Dichten (0,7 bis 1,71 g/cm^3) und relativ viele Satelliten.

Jupiterfamilie: eine ↑Kometenfamilie, die zum Planeten Jupiter gehört. Vermutlich entstand die J. aufgrund von Bahnstörungen, die Jupiter an nahe vorbeiziehenden Kometen verursachte. Die Aphelia der über 70 Kometen liegen alle in der Nähe der Jupiterbahn. Ihre Umlaufzeiten liegen bei 5 bis 8 Jahren.

K

Kalender [mlat., zu lat. calendae = erster Tag des Monats, (übertragen:) Monat]: die Einteilung großer Zeitabschnitte mit Hilfe astronomisch definierter Zeiteinheiten. Natürliche astronomische Zeiteinheiten sind: Tag, Monat, Jahr. Da der Monat und das Jahr keine ganzzahligen Vielfachen der Grundeinheit Tag sind, ergeben sich in der allgemeinen Zeitrechnung verschiedene Einteilungsmöglichkeiten, die zu unterschiedlichen K.n führten.

Der **synodische Monat** ist die Zeit zwischen zwei aufeinanderfolgenden gleichen Mondphasen; seine Länge beträgt 29,5306 Tage. Um auf eine ganze Zahl von Tagen im Monat zu kommen, wechselt man z. B. im jüdischen und im islamischen K. zwischen Monaten zu 29 und 30 Tagen. Zwölf solche Monate von 29 bzw. 30 Tagen ergeben 354 Tage; ein **Mondjahr** aus zwölf synodischen Monaten hat dagegen eine Länge von 354,367 Tagen. Da ein Mondjahr nicht eine ganze Zahl von Tagen enthält, müssen Mondjahre verschiedener Länge aufeinander folgen, d. h., es müssen Jahre mit zusätzlichen Tagen, sog. Schalttagen, eingeführt werden. Das Mondjahr weicht in seiner Länge um etwa elf Tage von dem anderen natürlichen astronomischen Zeitabschnitt, dem **tropischen Jahr,** ab, das eine Länge von 365,2422 mittleren Sonnentagen hat. Bei einer Zeitrechnung nach dem Mondjahr wandert also der Jahresanfang im Laufe der Zeit durch das mit den Jahreszeiten gegebene natürliche Jahr.

Durch die rückläufige Bewegung des Frühlingspunktes in der Ekliptik ist das tropische Jahr kürzer als das **siderische Jahr** (365,2564 mittlere Sonnentage). Da auch dieses durch den Sonnenlauf festgelegte Jahr keine ganze Anzahl von Tagen hat, müssen auch in einem festen **Sonnenjahr,** d. h., wenn der Jahresanfang gegenüber dem Jahreszeiten fest bleiben soll, für die Tagesbruchteile gelegentlich Schalttage eingeführt werden.

In einem **Lunisolarjahr,** d. h. in einer Jahreseinteilung, die sowohl den Wechsel der Mondphasen als auch den natürlichen Ablauf der Jahreszeiten berücksichtigt, muß zum Ausgleich der um etwa elf Tage sich unterscheidenden Jahreslängen in periodischer Folge ein 13. Monat (Schaltmonat) eingeführt werden.

Der heute allgemein übliche K. geht auf den von Gajus Julius Caesar eingeführten **Julianischen K.** zurück. Er beseitigte die im alten **römischen K.** (der ursprünglich ein reines Mondjahr zugrunde legte, dann das Lunisolarjahr der Griechen) recht willkürlich gehandhabten Schaltregeln. Durch diese **Julianische K.reform**

Kalender

ging man von dem allgemein gebräuchlichen Lunisolarjahr zum reinen, festen Sonnenjahr über und führte die Monatslängen von 30 und 31 Tagen ein. Lediglich der Februar, in dem alle vier Jahre ein Schalttag eingeführt wurde, hatte 28 bzw. 29 Tage. Durch diese Schaltregel hatte das Julianische Jahr eine Länge von 365,25 mittleren Sonnentagen. In ihm wurde gezählt „ab urbe condita", d. h. von der Gründung der Stadt Rom ab, nach unserer Zeitrechnung das Jahr 753 v. Chr.

Der **Gregorianische K.**, von Papst Gregor XIII. eingeführt, beseitigte den bis zum Ende des 16. Jh. angewachsenen Fehler von zehn Tagen im Jahresbeginn, der dadurch entstanden war, daß das tropische Jahr um 0,0076 Tagesbruchteile kürzer ist als das Julianische Jahr. Man korrigierte dadurch, daß man auf den 4. Oktober 1582 den 15. Oktober 1582 folgen ließ. Die Schaltregel bestimmte, daß Schaltjahre alle die Jahre sind, deren zwei letzte Zahlen durch 4 teilbar sind (wie im Julianischen Kalender). Die Korrektur gegenüber dem tropischen Jahr wird dadurch erreicht, daß alle 400 Jahre 3 Schaltjahre auszufallen haben, und zwar die Schalttage der Säkularjahre, deren Zahlenwert nicht durch 400 teilbar ist; 1700, 1800 und 1900 sind also keine Schaltjahre gewesen, das Jahr 2000 hingegen wird ein Schaltjahr sein. Auch mit dieser Schaltregel sind noch nicht alle Abweichungen beseitigt, aber die verbleibenden Fehlerreste wachsen erst in 3 333 Jahren auf einen Tag an. Der neue K. wurde bis 1585 von den meisten katholischen Ländern eingeführt; das evangelische Deutschland und die skandinavischen Staaten folgten 1700, Großbritannien 1752; die orthodoxen Länder Ost- und Südosteuropas behielten den alten K. bis in die zwanziger Jahre unseres Jahrhunderts bei (Rußland bis 1918, Griechenland bis 1923, Rumänien bis 1924).

Ausgangspunkt der Jahreszählung ist Christi Geburt (vermutlich liegt dieser Anfangspunkt um 4–7 Jahre später als das wirkliche Geburtsjahr); man zählt 1 n. Chr., 2 n. Chr. usw. sowie 1 v. Chr., 2 v. Chr. usw. (ein Jahr 0 gibt es nicht). In der *Astronomie* ist außer der Zeiteinteilung in Jahre ein System durchgehender Tageszählung in Gebrauch, die sog. **Julianische Periode**. Diese Zählung beruht auf einem Vorschlag von J. Scaliger (1581). Der Anfangspunkt der Tageszählung ist der mittlere Mittag am 1. Januar 4713 v. Chr. Als **Julianisches Datum** (Abk.: **JD**) bezeichnet man die Anzahl der seit diesem Zeitpunkt verflossenen mittleren Sonnentage. Stunden, Minuten und Sekunden werden in dieser Zählung in Dezimalteilen des Tages ausgedrückt, wobei der Beginn des Tages, abweichend von der sonstigen Praxis, auf den mittleren Mittag von Greenwich gelegt wird. Von der Smithsonian Institution wurde im Internationalen Geophysikalischen Jahr (1957/58) das **Modifizierte Julianische Datum** (Abk.: **M. J. D.**) eingeführt, das sich besonders in der Raumfahrt schnell durchsetzte. Zum Nullpunkt der Zählung wurde der 17. November 1858 $0^h 0^m 0^s$ Weltzeit gewählt. Dieser Zeitpunkt ist identisch mit 2 400 000.5 JD.

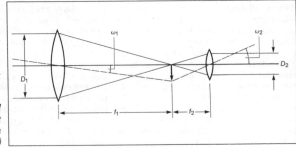

Kepler-Fernrohr. (D_1 Durchmesser des Objektivs, D_2 Bündelbreite am Okular, ω_1 und ω_2 Blickwinkel ohne und mit Fernrohr zum Objektiv)

Kallisto: ein Jupitermond (↑ Callisto).
Kalypso: ein Satellit des Saturn (↑ Calypso).
Kapteyn-Felder [kap'tɛin...]: in der Stellarstatistik die klassischen ↑ Eichfelder.
Karl-Schwarzschild-Observatorium: eine 1960 zu Ehren von K. Schwarzschild im Tautenburger Forst bei Jena (DDR) eingeweihte Sternwarte, deren Aufgabenschwerpunkte Photometrie, Spektroskopie und Erforschung extragalaktischer Objekte sind.
Das K.-Sch.-O. besitzt derzeit das größte Schmidt-Teleskop der Welt (Spiegeldurchmesser 2 m, Korrektionsplattendurchmesser 1,34 m).
kataklysmische Doppelsterne [zu griech. kataklysmós = Überschwemmung]: Doppelsterne, in denen vermutlich durch Materieüberfluß von der größeren zur kleineren Komponente Inhomogenitäten in der Oberflächenschicht der kleineren Komponente hervorgerufen werden, die eine Eruption zur Folge haben.
Zu den k.n D.n zählt man ↑ Veränderliche, ↑ Novä und ↑ Zwergnovä.
Kepheus: svw. ↑ Cepheus.
Kepler-Bahnen [nach J. Kepler]: Kegelschnitte, also Hyperbeln, Parabeln, Ellipsen und Kreise, die sich je nach den Anfangsbedingungen bei der Lösung des ↑ Zweikörperproblems ergeben. Die Bahnkurven der Planeten unseres Sonnensystems sind Ellipsen, die durch die ↑ Kepler-Gesetze beschrieben werden.
Kepler-Fernrohr [nach J. Kepler] (astronomisches Fernrohr): ein Fernrohr mit Sammellinsen als Objektiv und Okular. Im gemeinsamen Brennpunkt entsteht ein reales Zwischenbild. Am Ort des Zwischenbildes können Mikrometer, Zielmarken o. ä. angebracht werden.
Das K.-F. liefert ein kopfstehendes und seitenverkehrtes Bild (für astronomische Beobachtungen in der Regel ohne Belang). Seine Baulänge ist gleich der Summe der beiden Brennweiten f_1 und f_2.
Kepler-Gesetze: die von J. Kepler aus dem von T. Brahe stammenden Beobachtungsmaterial hergeleiteten drei Gesetze der Planetenbewegung im Sonnensystem. Die von Kepler empirisch aufgestellten Gesetze lassen sich theoretisch auch aus dem später von Sir I. Newton gefundenen Gravitationsgesetz ableiten.
1. Kepler-Gesetz: Gesetz von der Gestalt der Bahn.
Die Planeten bewegen sich auf Ellipsen **(Kepler-Ellipsen),** in deren einem Brennpunkt sich die Sonne befindet.
Kepler modifizierte durch dieses Gesetz das Kopernikanische System, indem er das noch von Kopernikus beibehaltene Aristotelische Dogma von der gleichförmigen Kreisbewegung verwarf und den

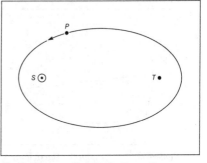

Kepler-Gesetze. Graphische Darstellung des ersten Kepler-Gesetzes (P Planet, S Sonne, T zweiter Brennpunkt der Ellipse)

Planeten eine ellipsenförmige Bahn zuordnete. Damit waren die Schwierigkeiten des ursprünglichen Kopernikanischen Systems, das der Einführung immer neuer Epizykel bedurfte, um die Beobachtung mit dem Modell in Einklang zu bringen, behoben. Entscheidender aber war die Tatsache, daß mit der Einführung nichtkreisförmiger Bahnen für die Planetenbewegung erstmals der von den Aristotelikern formulierte Unterschied zwischen himmlischer und irdischer Materie negiert wurde und sich damit der Weg zum Postulat von der Universalität der Naturgesetze öffnete.
In der Auffindung einer Ellipse als Planetenbahn liegt eine nicht zu unterschätzende Leistung. Man bedenke, daß die Abweichung zwischen Kreis- und Ellipsenbahn bei den Planeten minimal ist. Der Unterschied zwischen größtem und

Kepler-Gesetze

kleinstem Bahndurchmesser beträgt bei den visuell beobachtbaren Planeten maximal 2% (Merkur), bei allen anderen sogar weniger als 0,5%. Da Merkur nie lange gut zu beobachten ist, hatte Kepler Glück, daß er mit den vorzüglichen Messungen von Marspositionen arbeiten konnte (größter Durchmesser zu kleinstem Bahndurchmesser = 1 000:996). Bei Venus, Jupiter oder Saturn hätte Kepler die Kreisbahnabweichungen nicht feststellen können.
Das 1. Kepler-Gesetz ist elementar nicht ableitbar.

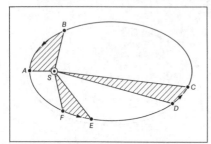

Kepler-Gesetze. Graphische Darstellung des zweiten Kepler-Gesetzes

2. Kepler-Gesetz: Gesetz der Flächen.
Der Fahrstrahl (Radiusvektor) des Planeten (Verbindungslinie Planet–Sonne) überstreicht in gleichen Zeiträumen gleiche Flächen. Die schraffierten Ellipsenausschnitte haben gleiche Flächeninhalte. Die verschieden langen Bahnbogen werden in gleicher Zeit durchlaufen. Aus der Skizze ist zu ersehen, daß die Bahngeschwindigkeit des Planeten von der Länge des Fahrstrahls, also vom Abstand zur Sonne abhängt. Im Perihel (Sonnennähe) bewegt sich der Planet am schnellsten, im Aphel (Sonnenferne) am langsamsten.

3. Kepler-Gesetz: Gesetz der Umlaufzeiten.
Die Quadrate der Umlaufzeiten zweier Planeten verhalten sich wie die dritten Potenzen der großen Halbachsen ihrer Bahnellipsen.
Seien mit U_1 und U_2 die Umlaufzeiten zweier Planeten, mit a_1 und a_2 die großen Halbachsen ihrer Bahnen (mittlere Entfernung von der Sonne) bezeichnet, dann gilt:
$$\frac{U_1^2}{U_2^2} = \frac{a_1^3}{a_2^3},$$
oder für mehr als zwei Planeten:
$$\frac{U_1^2}{a_1^3} = \frac{U_2^2}{a_2^3} = \frac{U_3^2}{a_3^3} = c.$$
Das heißt allgemein
$$U_i^2 \sim a_i^3 \text{ oder } U_i^2 = c \cdot a_i^3.$$
Die Konstante c ist für alle Planeten, die dasselbe Zentralgestirn umlaufen, gleich.
Die K.-G. liefern eine kinematische Beschreibung der ungestörten Planetenbewegung im Gravitationsfeld der Sonne. Aus dem Newton-Gravitationsgesetz heraus ist die Planetenbewegung dynamisch als Wirkung einer Kraft zu verstehen. Als physikalische Ursache für die Bewegung der Planeten nahm Kepler eine allgemeine Anziehungskraft an, die ihren Sitz in der Sonne haben sollte. An die Stelle der bewegenden Weltseele (anima motrix) setzt Kepler eine die Planeten bewegende Kraft (vis). Der damit vollzogene Übergang von der formalgeometrischen zur kausaldynamischen Denkweise ist das eigentliche entscheidende bei Kepler. Kepler selbst gelang nicht die physikalische Begründung der Planetenbewegung, obwohl er mit der Aufstellung des 3. Gesetzes die Voraussetzungen für das Auffinden eines zugrundeliegenden Gesetzes schuf. Dieser Erfolg war Newton vorbehalten.
Die allgemeinen Bewegungsgesetze zweier punktartiger Körper werden im Rahmen des ↑Zweikörperproblems untersucht. Dabei zeigt sich, daß die K.-G. nicht in aller Strenge gelten, sondern nur Näherungen an die wirklichen Verhältnisse darstellen. So bewegt sich ein Planet nicht um den Sonnenschwerpunkt, sondern um den gemeinsamen Schwerpunkt des Systems Sonne–Planet, der allerdings wegen der großen Masse der Sonne noch im Sonneninnern liegt. Die unter Gesetz 1 und 3 genannten Ellipsenbahnen sind Spezialfälle. Es kommen je nach Anfangsbedingungen auch

Hyperbeln, z. B. bei Kometen, in speziellen Fällen auch Parabeln und Kreise, also allgemein Kegelschnitte als Bahnen vor. Das allen Kepler-Bahnen Gemeinsame ist, daß es einen Zentralkörper gibt, den man als Massenpunkt behandeln darf, und daß der Massenpunkt, der sich auf der Kepler-Bahn bewegt, in jedem Zeitpunkt eine Beschleunigung erfährt, die erstens die Richtung der Verbindungslinie Zentralkörper–umlaufender Körper hat und zweitens dem Betrag nach $1/r^2$ ist, wobei r der gegenseitige Abstand der betrachteten Körper ist.

Das 2. Kepler-Gesetz, der Flächensatz, ergibt sich aus dem Satz von der Konstanz des Drehimpulses in abgeschlossenen Systemen. Er gilt daher nicht nur für alle Zentralbewegungen, sondern besagt obendrein, daß die Bewegung in einer Ebene verläuft.

Die obige Schreibweise des 3. Kepler-Gesetzes bedarf einer kleinen Korrektur, weil sie unter Vernachlässigung der Wechselwirkung der einzelnen Planeten untereinander nur die Wechselwirkung der einzelnen Planeten mit dem Zentralgestirn berücksichtigt. Vollständigerweise beinhaltet die Konstante c neben dem Summanden Sonnenmasse noch den der Planetenmasse. Somit unterscheidet sich c von Planet zu Planet geringfügig. Exakt lautet das 3. Kepler-Gesetz daher:

$$\frac{a_1^3}{a_2^3} = \frac{U_1^2(M_\odot + m_1)}{U_2^2(M_\odot + m_2)},$$

wobei $M_\odot$ die Sonnenmasse und m_1, m_2 die entsprechenden Planetenmassen bezeichnen. Da aber die Planetenmassen gegen die Masse des Zentralkörpers Sonne ($m_i : M_\odot < 1:1\,000$) vernachlässigbar klein sind, ist das ursprünglich formulierte 3. Kepler-Gesetz eine sehr gute Näherung für die exakte Form.

Das 3. Kepler-Gesetz läßt sich elementar aus der Newton-Gravitationstheorie ableiten, wenn man anstelle von Ellipsenbahnen Kreisbahnen annimmt. Für einen einzelnen Planeten mit der Masse m ergibt sich die Beziehung:

$$\frac{a^3}{U^2} = \frac{G}{4\pi^2}(M_\odot + m)$$

mit G als universeller Gravitationskonstante. Da die Planetenmasse m viel kleiner als die Sonnenmasse $M_\odot$ ist, wird die Planetenmasse häufig vernachlässigt.

Kepler-Gleichung [nach J. Kepler]: eine formelmäßige Verknüpfung der ↑Exzentrizität E mit der mittleren ↑Anomalie M, die im wesentlichen eine Umformung des Flächensatzes darstellt:

$$E - \varepsilon \sin E = M.$$

Dabei ist die numerische Exzentrizität

$$\varepsilon = \frac{\sqrt{a^2 - b^2}}{a}$$

mit den Halbachsen a und b der Bahnellipse.

Kepler-Problem ↑Zweikörperproblem.

Kernpopulation: mitunter benutzte

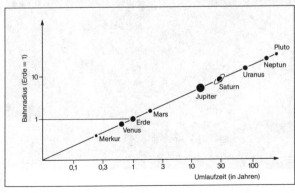

Kepler-Gesetze. Das dritte Kepler-Gesetz und seine experimentelle Bestätigung im Sonnensystem

Kimm

andere Bez. für die Population II. Die historisch bedingte Bez. rührt daher, daß im Gegensatz zur Feldpopulation (Population I) die Sterne im Kern unseres Milchstraßensystems der Population II angehören.

Kimm: in der Seefahrt gebräuchliche Bez. für den natürlichen ↑ Horizont, also die sichtbare Grenzlinie zwischen Himmelskugel und Meer.

Kimmabstand: die ↑ Höhe eines Gestirns über der ↑ Kimm.

kinetische Temperatur [zu griech. kineīn = bewegen]: eine aus der mittleren Bewegungsenergie der atomaren bzw. molekularen Teilchen abgeleitete Temperatur. Die k. T. wird u. a. zur Beschreibung von Gasen herangezogen.

Kirch-Komet: der erste mit einem Fernrohr am 14. November 1680 entdeckte Komet. Der von G. Kirch entdeckte und nach ihm benannte Komet war mit einer maximalen Schweiflänge von rund 80° eine sehr auffällige Erscheinung. Die reale Schweiflänge lag bei 300 Mill. km (etwa 2 AE).

Kitt Peak National Observatory [ˈkɪt piːk næʃənəl əbsəːrvətəri]: 90 km sw. von Tucson, Arizona, gelegenes Observatorium in 2 064 m Höhe. Diese Sternwarte besitzt u. a. ein 4-m-Spiegelteleskop sowie das derzeit größte Sonnenteleskop der Welt (Hauptspiegeldaten: 150 cm Durchmesser, 91,4 m Brennweite).

Kleine Magellan-Wolke (Abk.: SMC, für gleichbed. engl. small Magellanic cloud): eine der beiden ↑ Magellan-Wolken, die nur bei optischen Beobachtungen als die kleinere erscheint.

kleine Planeten: gleichbed. mit ↑ Planetoiden.

Kleiner Bär (Ursa Minor; Abk.: UMi): ein Sternbild des nördlichen Himmels, das, von mittleren nördlichen Breiten aus beobachtet, stets über dem Horizont bleibt und daher zu den ↑ Zirkumpolarsternbildern zählt.

Die Sterne, die den Kleinen Bären bilden, sind bei den üblichen Sichtverhältnissen wegen ihrer Lichtschwäche nur schwer auszumachen. Sieben der hellsten, aber auch nicht sehr lichtstarken Sterne bilden den **Kleinen Wagen,** auch **Kleiner Himmelswagen** genannt. Über den äußersten Deichselstern (Polarstern), den man durch fünffache Verlängerung des Abstandes der beiden hinte-

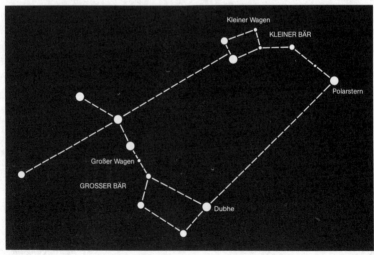

Kleiner Bär

ren Wagenkastensterne des Großen Wagens findet, gelangt man zum Kleinen Wagen. Die relative Lage des Kleinen Wagens zum Großen Wagen ist dergestalt, daß man meinen könnte, der Inhalt des Kleinen Wagens würde gerade in den Großen Wagen umgekippt.
Kleiner Himmelswagen ↑ Kleiner Bär.
Kleiner Hund (Canis Minor; Abk.: CMi): ein Sternbild der Äquatorzone, das von mittleren nördlichen Breiten aus im Winter am Abendhimmel sichtbar ist. Hauptstern ist ↑ Procyon, der zu den hellsten Sternen des Himmels zählt und zusammen mit fünf weiteren hellen Sternen das ↑ Wintersechseck bildet.
Kleiner Löwe (Leo Minor; Abk.: LMi): ein lichtschwaches Sternbild des nördlichen Himmels, das nördlich des ↑ Löwen zu suchen ist.
Kleiner Wagen: eine von den hellsten, allerdings nicht lichtstarken Sternen des ↑ Kleinen Bären gebildete Figur, deren äußerster Deichselstern der ↑ Polarstern ist.
Knoten: der Schnittpunkt der Bahn eines Himmelskörpers mit einer Grundebene, z. B. der Ebene der Ekliptik oder der Bahn eines anderen Himmelskörpers. Den K., in dem der Himmelskörper die Grundebene in nördlicher Richtung durchstößt, bezeichnet man als **aufsteigenden K.**, denjenigen, in dem die Grundebene in südlicher Richtung durchstoßen wird, als **absteigenden Knoten.** Die Länge des aufsteigenden K.s ist ein ↑ Bahnelement.
Kochab [aus arab. Kawkab = Stern]: Stern im Sternbild ↑ Kleiner Bär mit einer scheinbaren visuellen Helligkeit von 2^m08. – ↑ auch Sternverzeichnis.
Kohlensack: Bez. für die im Sternbild Kreuz des Südens bereits mit bloßem Auge erkennbare auffällige ↑ Dunkelwolke. Im Gegensatz zum **Nördlichen Kohlensack**, eine im Sternbild Schwan befindliche Dunkelwolke, auch **Südlicher Kohlensack** genannt.
Kohlenstoffbrennen: gebräuchliche, aber unwiss. Bez. für den ↑ C-Prozeß.
Kohlenstoffsterne: svw. ↑ C-Sterne.
Kohlenstoff-Stickstoff-Sauerstoff-Zyklus: svw. ↑ CNO-Zyklus.

Kometen

Kohoutek-Komet ['kɔhoutɛk]: von L. Kohoutek am 7. März 1973 entdeckter langperiodischer Komet mit einer Umlaufzeit von 75 000 Jahren. Er war der erste von einer Raumstation (Skylab) aus beobachtete Komet.
Koma [griech.-lat. = Haar]:
◊ ein ↑ Bildfehler.
◊ sichtbarer Teil vom Kopf eines ↑ Kometen.
Kometen [von griech. komḗtēs = Haarstern] (Haarsterne, Schweifsterne): Himmelskörper, die sich gewöhnlich auf langgestreckten elliptischen Bahnen um die Sonne bewegen und während ihres Aufenthalts im inneren Bereich des Sonnensystems mehr oder weniger auffällige Schweife ausbilden.
Den Ursprung der K. sieht man heute allgemein in einer das Sonnensystem umgebenden, vermutlich bis etwa 50 000 AE (rund 0,8 Lichtjahre) reichenden kugelschalenförmigen K.wolke. Das Modell dieser Wolke wurde 1950 von dem niederländischen Astronomen J. Oort konzipiert, weshalb man sie **Oort-Wolke** nennt.
Diese Wolke soll einige 100 Mrd. K.kerne mit einer Gesamtmasse von $^1/_{10}$ bis $^1/_{100}$ Erdmassen enthalten. Kommt ein anderer Stern unserem Sonnensystem genügend nahe, was in Abständen von mehreren Mill. Jahren geschehen dürfte, so werden die Bahnen der K. durch seine Gravitationswirkung teilweise stark gestört. Einige K. können dabei aus dem Sonnensystem entweichen, andere erreichen Bahnen, auf denen sie im Perihel bis weit ins Sonnensystem hineingelangen können. Dort werden die Bahnen von den Gravitationsfeldern v. a. der großen Planeten Jupiter und Saturn weiter beeinflußt. Etwa die Hälfte der K. verläßt das Sonnensystem nach dem ersten Periheldurchgang.
Junge K. zeigen zunächst langgestreckte Ellipsen*bahnen* mit *Umlaufzeiten* bis zu mehreren Mill. Jahren. Ihre Bahnen sind oft stark gegen die Ekliptik geneigt und der Umlaufsinn ist häufig retrograd (rückläufig). Durch den Einfluß der großen Planeten werden ihre Bahnen mit der Zeit kleiner, die Umlaufzeiten kürzer und die Neigung gegen die Ekliptik

Kometen

nimmt ab. Der in den 70er Jahren bekannt gewordene Komet Kohoutek dürfte eine Umlaufzeit von rund 75 000 Jahren haben. Die kürzeste bekannte Umlaufzeit hat der ↑Encke-Komet mit 3,3 Jahren.

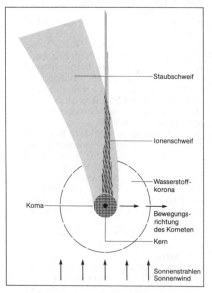

Kometen (Abb. 1). Die Hauptteile eines Kometen: Kern, Koma und Schweif

Die großen Planeten können K. geradezu einfangen. Es bilden sich sog. ↑Kometenfamilien heraus, deren Aphelia sämtlich im Bereich der betreffenden Planetenbahn liegen. Ältere K. bewegen sich meistens rechtsläufig um die Sonne. K. mit Umlaufzeiten von weniger als 200 Jahren werden auch als periodische K. bezeichnet. Pro Umlauf verliert ein Komet üblicherweise etwa $1/_{100}$ bis $1/_{1000}$ seiner Masse. Nach maximal mehreren tausend Umläufen ist er zerstört oder ausgebrannt. Einige K. zerbrechen schon vorher in Teile und bilden dann Kometengruppen. So konnte 1976 beim ↑West-Kometen das Zerbrechen des Kerns beobachtet werden. Bereits 1845 sah man, wie sich der ↑Biela-Komet in zwei Teile spaltete. Viele K. enden als ↑Meteorströme, wobei sich die von ihnen abströmende Materie schon vor der völligen Zerstörung auf die K.bahn verteilt. Beispielsweise gehen die ↑Orioniden und die Mai-Aquariden (↑Aquariden) auf den ↑Halley-Kometen zurück. Einer anderen Theorie zufolge werden K. aus dem interstellaren Raum eingefangen. Junge K. müßten dann eindeutig hyperbolische Bahnen aufweisen, was aber den Beobachtungen nicht entspricht. Es ist ferner unwahrscheinlich, daß K. aus zerplatzten größeren Körpern hervorgegangen sind, da sie nie auf Temperaturen über 100 K erwärmt worden sind. Wenngleich also ihre Herkunft aus der Oort-Wolke kaum bestritten wird, ist der genaue Entstehungsort – im Bereich der äußeren Planeten jenseits Saturn oder in wesentlich größerer Sonnenentfernung – noch umstritten. Ziemlich sicher dürfte dagegen sein, daß ihre Entstehungszeit vor etwa $4,6 \cdot 10^9$ Jahren mit der des Sonnensystems zusammenfiel. Für die ↑Kosmogonie sind K. deshalb so bedeutend, weil sie Materie in der ursprünglichen Zusammensetzung enthalten dürften, die bei der Entstehung des Sonnensystems vorlag.

K. bestehen aus den drei *Hauptteilen* Kern, Koma und Schweif. Kern und Koma werden auch **Kopf** genannt.

Die **Kerne** haben vermutlich Durchmesser von normalerweise einem bis einigen Kilometern mit durchschnittlichen Massen von 10^{12} bis 10^{15} kg. Mit Hilfe der Sonden, die sich im März 1986 dem Halley-K. näherten, konnte dessen Masse zu rund 10^{14} kg bestimmt werden. Sein größter gemessener Durchmesser beträgt 16 km. Die Dichte dieses K.kerns ist mit rund 0,2 g/cm³ deutlich geringer als der zuvor angenommene Wert von 1 g/cm³. Dies deutet auf zahlreiche Hohlräume und eine locker aufgebaute Struktur hin. Aufgrund der geringen Albedo von 0,04 beim Halley-K. schließt man auf eine Oberfläche, die weitgehend mit einer Staubkruste überzogen sein könnte.

Wie schon um 1950 von F. Whipple im Modell des „schmutzigen Schneeballs" vermutet wurde, besteht der Kern aus

Kometen

Wassereis, anderem Eis (z. B. Kohlendioxideis, Methaneis usw.) und Staub. Der Staub besteht etwa zu einem Drittel aus organischen Bestandteilen. Die beim Halley-K. vorgefundenen Verhältnisse dürften mit denen anderer K. vergleichbar sein.

Nähert sich der Komet der Sonne, so beginnt das Eis auf der sonnenbeschienenen Seite zu sublimieren, wobei ein Gasgemisch freigesetzt wird, das sich radial mit Geschwindigkeiten von rund 1 km/s ausbreitet und dabei Staubteilchen mitreißt. Beobachtungen am Halley-K. zeigen, daß die Oberfläche des Kerns nicht gleichmäßig aktiv ist. Vielmehr sind weite Teile inaktiv, während andere, aktive Bereiche, jetförmige Materieausstöße erkennen lassen. Durch diesen Materieausstoß entsteht die **Koma** (Gashülle) des K. mit einem Durchmesser von weniger als 1 000 bis zu mehreren Millionen Kilometern, meist von 50 000 bis 150 000 km. Die Moleküle in der Koma werden von der Strahlung der Sonne teilweise dissoziiert und ionisiert. Die UV-Strahlung regt Moleküle und Ionen des Gases zu Fluoreszenzleuchten an. Der Staubteil wird durch die Streuung von Sonnenlicht sichtbar. Der beim Dissoziieren von Wassermolekülen entstehende neutrale Wasserstoff enthält große kinetische Energien und bildet eine ausgedehnte Wasserstoffhülle von bis zu einigen Millionen km Durchmesser.

Die vom K.kern entweichende Materie geht Wechselwirkungen mit dem Sonnenwind ein. Zum einen bildet sich in einigen 10 000 km Abstand vor dem Kern eine Stoßfront aus, zum anderen werden durch das Abbremsen des Sonnenwindes die Feldlinien der von ihm mitgeführten Magnetfelder komprimiert und um den K. herumgebogen. Diese bilden hinter dem K. zwei langgestreckte Bereiche entgegengesetzter Polarität aus. Dieser magnetische Schweif zwingt die Bahnen fluoreszierender kometarer Ionen in seine Richtung, wodurch sein Umriß sichtbar wird.

Das von der Koma in den **Schweif** abströmende Gas erreicht maximale Geschwindigkeiten von mehreren 100 km/s. Diese Gasschweife – man bezeichnet sie oft als Typ-I-Schweife – weisen ziemlich genau von der Sonne weg. Schwillt der Sonnenwind bei erhöhter Sonnenaktivität an, so können die Gasschweife Knicke, Bruchstellen, Verwirbelungen und andere Unregelmäßigkeiten zeigen. Die kürzeren, breiten und unstrukturierten Schweife bestehen aus Staubteilchen (Größenordnung 1 µm), auf die v. a. der Lichtdruck der Sonnenstrahlung wirkt. Da dieser jedoch deutlich schwächer ist als die auf die Ionen wirkende Kraft des

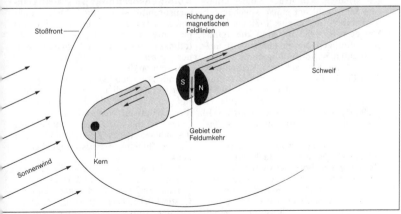

Kometen (Abb. 2). Der Verlauf magnetischer Feldlinien im Kometenschweif

Kometenfamilie

Sonnenwindes, sind diese Staub- oder Typ-II-Schweife in der Regel stärker gekrümmt und bleiben in Bahnrichtung hinter den K. zurück.
Manchmal ist ein scheinbar direkt auf die Sonne gerichteter Gegenschweif erkennbar. Er ist auf Staubteilchen zurückzuführen, die sich in der K.bahnebene verteilt haben, und kann gesehen werden, wenn die Erde diese Ebene durchläuft. K.schweife erreichen Längen von mehreren 10^6 km, teilweise sogar über 1 AE.
Die Gasdichte in der Koma eines K. beträgt etwa 10^4 bis 10^6 Teilchen/cm^3, im Schweif sind rund 10 bis 100 Teilchen/cm^3 enthalten. Letzteres ist deutlich weniger als im Hochvakuum in einem irdischen Labor.
Die absolute Helligkeit eines K. definiert man als die scheinbare Helligkeit, die er bei einer Entfernung von 1 AE von der Sonne und damit von der Erde hat. Bei einigen K. ist eine Helligkeitsabnahme mit der Zeit deutlich ausgeprägt. Sie betrug innerhalb von 50 Jahren z. B. beim Encke-Komet $0\overset{m}{.}5$ und beim K. Kooff sogar $5\overset{m}{.}0$.
K. werden im allg. nach ihrem Entdecker, manchmal nach dem Wissenschaftler, der ihre Bahn berechnet hat, benannt. Bei gleichzeitiger Entdeckung können sie auch Mehrfachbezeichnungen erhalten. Ein neuer Komet erhält eine Jahreszahl mit einem angehängten Buchstaben (der zweite, 1980 entdeckte Komet z. B. 1980 b). Sind die Bahnbestimmungen der in einem Jahr aufgetauchten K. vollständig durchgeführt, werden die K. nach der Reihenfolge ihres Periheldurchgangs mit der Jahreszahl und einer angehängten lateinischen Ziffer gekennzeichnet (1980 I, 1980 II, 1980 III usw.). Heute sind mehr als 10 neu entdeckte K. pro Jahr keine Seltenheit.
K. gaben in früheren Zeiten allerlei Anlaß zu Aberglauben. Vielfach wurden sie als Schreckensboten etwa für Seuchen oder Kriege gehalten. Auch ihre astronomische Natur war lange Zeit umstritten. In früheren Zeiten wurden sie oft für atmosphärische Ausdünstungen gehalten, bis T. Brahe aufgrund von Beobachtungen und Berechnungen am K. des Jahres 1577 beweisen konnte, daß dessen Entfernung zur Erde die des Mondes weit übertraf. Bei der Erscheinung des Halley-K. 1910 wurde stellenweise völlig unbegründet Furcht vor der Berührung der Erde mit dem K.schweif geweckt. Eine wirkliche Katastrophe ereignete sich allerdings am 30. Juni 1908, als vermutlich der Kern eines kleineren K. mit der Erde zusammentraf und große Verwüstung anrichtete (Steinige Tunguska; ↑ Meteoriten). – ↑ auch Abb. S. 131.

Kometenfamilie: Bez. für eine Gruppe kurzperiodischer Kometen, die im Aphel ihrer Bahn ähnliche Entfernungen zur Sonne haben wie ein benachbarter und daher namensgebender Planet. Solche K.n entstehen aufgrund von Bahnstörungen durch die großen Planeten, nach denen sie auch benannt werden. Zur **Jupiterfamilie** gehören über 70 Kometen mit Aphelia in der Nähe der Jupiterbahn und mit Umlaufzeiten von 5 bis 8 Jahren. Zur **Saturnfamilie** zählt man 5 bis 6, zur **Uranusfamilie** 3 und zur **Neptunfamilie** 9 Kometen. Letzterer gehört auch der ↑ Halley-Komet an.

Kometengruppe: eine Schar von Kometen mit fast den gleichen Bahnelementen. Vermutlich entstehen solche K.n durch den Zerfall eines größeren Kometen.

Kommensurabilität [zu spätlat. commensurabilis = meßbar]: Man spricht von K., wenn die Umlaufzeiten von Körpern, die sich um eine gemeinsame Zentralmasse bewegen, im Verhältnis kleiner ganzer Zahlen, also etwa 2:1, 2:3, 1:3, zueinander stehen. Die K. führt zu periodisch wiederkehrenden gleichen relativen Konstellationen. Nach der Störungstheorie summieren sich dadurch die gravitativen Wechselwirkungen. Als Folge hiervon wäre eine Bahnänderung des masseärmeren Körpers und damit eine Aufhebung der ursprünglichen K. denkbar.
Tatsächlich treten bei den Planetoiden an mehreren K.sstellen Lücken auf. Auffallend sind v. a. die **Hecuba-** und die **Hestia-Lücke.** Dagegen ist die Umlaufzeit der Gruppe der Trojaner kommensurabel mit der Umlaufzeit von Jupiter

(Verhältnis 1:1), ebenso die Umlaufzeit der **Hilda-Gruppe**, die im kommensurablen Verhältnis 2:3 zur Umlaufzeit von Jupiter steht. Während die Existenz der Trojaner durch das eingeschränkte ↑Dreikörperproblem erklärbar ist, ist das Bestehen der Hilda-Gruppe bis heute noch unverständlich.

Kompaktgalaxien [zu lat. compactus = gedrungen]: morphologisch inhomogene Gruppe von Galaxien hoher Flächenhelligkeit, die mit dem Schmidt-Spiegel auf dem Mount Palomar gerade noch photographisch von Sternen zu unterscheiden sind. Die Breite der Emissionslinien sowie die in einigen Fällen beobachtete Helligkeit lassen vermuten, daß es sich um ↑aktive Galaxien handeln könnte.

Komparator [zu lat. comparare = vergleichen]: ein Auswertungsgerät, mit dem zwei zeitlich nacheinander gemachte und weitgehend gleich entwickelte Aufnahmen des gleichen Sternfeldes in bezug auf Positions- oder Helligkeitsveränderungen verglichen werden können.

Beim **Blink-K.** werden die beiden Aufnahmen durch ein Okular in schnell wechselnder Folge betrachtet. Dabei erscheinen die auf beiden Aufnahmen unveränderlichen Objekte als ruhend. Positionsveränderungen machen sich dagegen durch ein Hin- und Herspringen („Blinken") bemerkbar, während Helligkeitsveränderliche unterschiedlich große Bilder auf beiden Aufnahmen bewirken und daher durch Pulsation auffallen.

Im **Stereo-K.** werden im beidäugigen Sehen beide Aufnahmen gleichzeitig durch je ein Okular betrachtet. Bei dieser stereoskopischen Betrachtung der photographischen Platten scheinen Veränderungen räumlich hervorzutreten.

Kompaß [italien]:
◊ ein Gerät zur Ermittlung der Himmelsrichtungen.
◊ mitunter benutzte Kurzbez. für das Sternbild ↑Schiffskompaß.

Konjunktion [aus lat. coniunctio = Verbindung] (Gleichschein): eine ↑Konstellation, bei der ein weiterer Himmelskörper in der Verbindungslinie Erde–Planet steht.

Steht ein Planet oder der Mond in K. zur Sonne, so ist er, da er mit der Sonne über den hellen Taghimmel läuft, unsichtbar. Die K. beim Mond entspricht daher der Neumondstellung. Bei den inneren Planeten Merkur und Venus unterscheidet man noch zwischen unterer und oberer Konjunktion.

Konkavspiegel [aus lat. concavus = gewölbt]: svw. ↑Hohlspiegel.

Konstellation [aus spätlat. constellatio = (auf das Schicksal der Menschen einwirkende) Stellung der Gestirne]: die von der Erde aus beobachtbaren Winkel zwischen zwei Himmelskörpern. Man unterscheidet **Opposition** (180°), **Konjunktion** (0°), **Trigonalschein** (120°), **Quadratur** oder **Geviertschein** (90°) und **Sextil** (60°).

Ein äußerer Planet befindet sich z. B. dann in Opposition zur Sonne, wenn er auf der Verbindungslinie Sonne–Erde steht und die Erde sich zwischen der Sonne und dem Planeten befindet. Während der Oppositionszeit sind die Planeten in günstiger Beobachtungsposition,

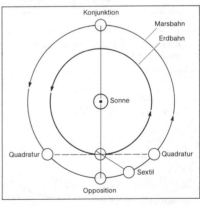

Konstellationen eines äußeren Planeten

da sie um Mitternacht kulminieren und somit während der ganzen Nacht zu sehen sind. Beim Mond entspricht der Opposition gerade die Vollmondphase; daher können auch nur in Opposition Mondfinsternisse auftreten.

Die inneren Planeten Merkur und Venus

kontinuierliches Spektrum

können nicht in Opposition stehen, sie erreichen nur eine größte westliche oder östliche Elongation. Dagegen wird bei ihnen zwischen **oberer Konjunktion** (Planet hinter der Sonne) und **unterer Konjunktion** (Planet zwischen Sonne und Erde) unterschieden.

In der *Astrologie* haben die **Aspekte**, so bezeichnet man auch die K.en, eine große Bedeutung. Sie werden für das Zusammentreffen von günstigen oder ungünstigen Einflüssen auf das persönliche Schicksal verantwortlich gemacht.

kontinuierliches Spektrum [zu lat. continuus = zusammenhängend]: eine kontinuierliche Wellenlängenfolge elektromagnetischer Strahlung. Ein k. Sp., das durch ↑ Emissionsprozesse erzeugt wird, senden z. B. Sterne aus. – ↑ auch Spektrum.

Kontraktionsphase [lat. contractio = Zusammenziehung]: Zeitabschnitte in der ↑ Sternentwicklung, in denen ein Stern infolge überhandnehmender Gravitation schrumpft.

Konvektion [aus spätlat. convectio = das Zusammenbringen]: Strömungsprozesse in Gasen oder Flüssigkeiten, die z. B. durch Temperaturdifferenzen verursacht werden. K. spielt beim Energietransport in den Kernen von Sternen großer Masse und in den äußeren Zonen von Sternen kleiner Masse in bestimmten Phasen der Sternentwicklung sowie in den Sternatmosphären eine Rolle.

Konvergenzpunkt [zu lat. convergere = sich hinneigen] (Vertex): der Punkt an der Himmelssphäre, auf den ein ↑ Bewegungssternhaufen zuzuströmen scheint.

Koordinatensysteme [zu lat. con- = zusammen, mit und lat. ordinare = ordnen (die Koordinaten sind also eigtl. die „einander Zugeordneten")]: Die Festlegung der Sternörter an der scheinbaren Himmelskugel geschieht in Analogie zu den geographischen Koordinaten durch zwei sphärische Koordinaten. Die Angabe der dritten Koordinate unterbleibt, da die Entfernung der Gestirne häufig nicht bekannt oder für bestimmte Aufgaben nicht relevant ist.

Je nach Aufgabenstellung sind in der Astronomie verschiedene K. gebräuchlich. Entsprechend der Festlegung von geographischer Länge und Breite auf der Erdoberfläche wählt man eine Grundebene, die die Himmelskugel in einem Großkreis, dem Grundkreis schneidet. Auf diesem wird von einem zweckmäßig festgelegten Nullpunkt aus die eine Koordinate gemessen. Alle senkrecht auf dem Grundkreis stehen-

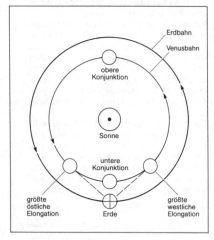

Konstellationen eines inneren Planeten relativ zur Sonne

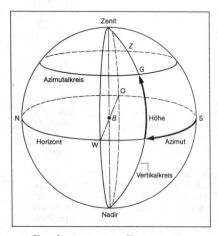

Koordinatensysteme. Horizontsystem

Koordinatensysteme

Grundkreis und Pol	Name der Koordinaten und Abkürzung		Ausgangspunkt und Richtung der Zählung	Zählung zwischen Grundkreis und Pol	wichtigster Anwendungsbereich
Horizontsystem:					
Horizont	Azimut	A	Südpunkt über Westen im Bogenmaß	Horizont zum Zenit 0° bis +90° oder umgekehrt 90° − h = z	anschauliche Positionsfestlegung
Zenit	Höhe oder	h			
Nadir	Zenitdistanz	z			
festes Äquatorsystem (Stundenwinkelsystem):					
Himmelsäquator	Stundenwinkel	t	Meridian über Westen im Zeitmaß	Äquator zu den Polen 0° bis ±90°	Beobachtung mit parallaktisch montierten Fernrohren
Nord- und Südpol	Deklination	δ			
bewegtes Äquatorsystem (Rektaszensionssystem):					
Himmelsäquator	Rektaszension (AR)	α	Frühlingspunkt entgegen der täglichen Bewegung im Zeitmaß	Äquator zu den Polen 0° bis ±90°	Katalogisierung von Sternörtern, da orts- und zeitunabhängig
Nord- und Südpol	Deklination	δ			
ekliptikales System:					
Ekliptik	ekliptikale Länge	λ	Frühlingspunkt in wachsender Rektaszension im Bogenmaß	Ekliptik zu den Polen 0° bis ±90°	Positionsfestlegung im Planetensystem
ihr Nord- und Südpol	ekliptikale Breite	β			
altes galaktisches System:					
Mittellinie der Milchstraße	galaktische Länge	l^I	Schnittpunkt des Grundkreises mit dem Himmelsäquator in wachsender Rektaszension im Bogenmaß	Milchstraßenebene zu den Polen 0° bis ±90°	
ihr Nord- und Südpol	galaktische Breite	b^I			
neues galaktisches System:					
Mittellinie der Milchstraße	galaktische Länge	l^{II}	galaktisches Zentrum in wachsender Rektaszension im Bogenmaß	Milchstraßenebene zu den Polen 0° bis ±90°	Positionsfestlegung relativ zur Milchstraße
ihr Nord- und Südpol	galaktische Breite	b^{II}			

Koordinierte Weltzeit

den Großkreise schneiden sich in den Polen des Systems. Die andere Koordinate wird nun auf demjenigen Großkreis gemessen, der sowohl durch die Pole als auch durch das Objekt geht. Je nach Festlegung erfolgt die Messung vom Grundkreis oder von den Polen aus. Zusammenfassend ist also jedes System durch einen Grundkreis und die Pole sowie durch eine Meßvorschrift bestimmt (↑Übersicht).

Mittels trigonometrischer Beziehungen lassen sich die Koordinaten des einen Systems in Koordinaten des anderen Systems umrechnen. Zur Umrechnung des Horizontsystems in das feste Äquatorsystem und umgekehrt gilt:

$z, A \rightarrow \delta, t$:
$\cos\delta \sin t = \sin z \sin A$
$\sin\delta = \sin\varphi \cos z - \cos\varphi \sin z \cos A$
$\cos\delta \cos t = \cos\varphi \cos z + \sin\varphi \sin z \cos A$

$\delta, t \rightarrow z, A$:
$\sin z \sin A = \cos\delta \sin t$
$\cos z = \sin\varphi \sin\delta + \cos\varphi \cos\delta \cos t$
$-\sin z \cos A = \cos\varphi \sin\delta - \sin\varphi \cos\delta \cos t$

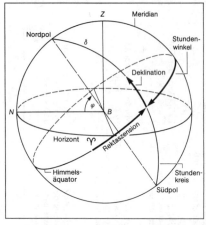

Koordinatensysteme. Äquatorsystem

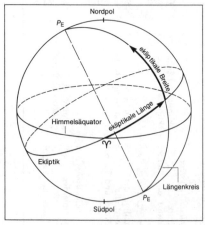

Koordinatensysteme. Ekliptikales System (P_E Pole des Systems)

Koordinierte Weltzeit (Abk.: UTC, für gleichbed. engl. Universal time coordinated): eine dem Lauf der Sonne angepaßte und für das öffentliche Leben gültige Zeitskala, die von Zeitzeichensendern, Rundfunk und Fernsehen ausgestrahlt wird. Die K. W. ist eine spezielle ↑Weltzeit, die zwar an astronomische Gegebenheiten angepaßt ist, aber nicht mehr auf astronomischen Messungen beruht. Vielmehr basiert die UTC auf der Atomsekunde als Zeiteinheit.

Die Angleichung an die an den Lauf der ↑mittleren Sonne ausgerichtete Weltzeit UT1 wurde durch internat. Übereinkunft wie folgt erreicht. Falls die Differenz zwischen den beiden Weltzeiten (UT1 − UTC) größer als 0,7 s ist, wobei UT1 die um die Polbewegung korrigierte Weltzeit bedeutet, wird am Jahreswechsel und, falls erforderlich, auch am 30. Juni eine positive oder negative „Schaltsekunde" eingeschaltet, so daß die Abweichung zwischen UTC und UT1 nie mehr als 0,7 Sekunden beträgt. Dabei ist die eingefügte „Schaltsekunde" gegebenenfalls die letzte Sekunde des 31. Dezembers oder/und des 30. Juni im UTC-System.

Kopernikanisches Weltbild: Die entscheidende Wende von der antiken Astronomie zur Astronomie der Neuzeit setzte mit dem bahnbrechenden Werk von N. Kopernikus 1543 ein. Der grundlegende Unterschied zu Ptolemäus gipfelte in der Behauptung, die Erde kreise ebenso wie die übrigen Planeten um die

Kopernikanisches Weltbild

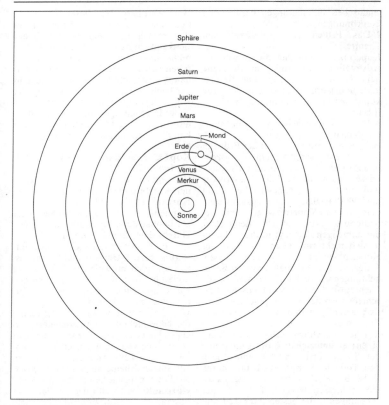

Kopernikanisches Weltbild

Sonne (heliozentrisches Weltbild), wobei sie täglich sogar noch eine Bewegung um ihre eigene Achse ausführe.

Bemerkenswert ist die Leistung von Kopernikus v. a. deshalb, weil es ihm gelang, sich von der bis dahin als selbstverständlich geltenden Auffassung, die Erde sei der ruhende Mittelpunkt des Alls, frei zu machen und mit seiner neuen Auffassung eine recht einsichtige Erklärung für den so kompliziert erscheinenden Planetenlauf zu geben. Die Errungenschaften von Kopernikus beruhen, da das Fernrohr zur damaligen Zeit noch nicht erfunden war, auf der sorgfältigen Verwertung (möglicherweise sogar fremder) astronomischer Beobachtungen, die mit bloßem Auge, allenfalls unter Zuhilfenahme von Visiereinrichtungen, angestellt worden waren. Bevor die neuen Ideen des Kopernikus Allgemeingut wurden, mußten noch schwere Geisteskämpfe ausgefochten werden.

Nachfolgend einige Gründe, die gegen die Akzeptanz der Kopernikanischen Theorie zu sprechen schienen:

1. Sie bot keine genauere Vorausberechnung als die Ptolemäische Theorie.

Kopernikus gelang weder eine Verbesserung der Genauigkeit noch eine Vereinfachung der Vorausberechnung von Planetenpositionen gegenüber den auf Pto-

Kopf der Schlange

lemäischen Betrachtungen beruhenden Berechnungen.
2. Das Fehlen einer physikalischen Theorie.
Kopernikus vermochte die verworfene Aristotelische Erklärung durch keine neue Theorie zu ersetzen. Für die tägliche und jährliche Bewegung der Erde konnte er nur Plausibilitätsgründe anführen.
3. Die Nichtnachweisbarkeit von Sternparallaxen.
Beim angenommenen Lauf der Erde um die Sonne müssen die Sterne jahreszeitlich Positionsverschiebungen aufweisen. Diese waren zur Zeit des Kopernikus und unmittelbar danach aber nicht nachweisbar. Selbst der drei Jahre nach dem Tod von Kopernikus geborene, bedeutendste astronomische Beobachter der damaligen Zeit, Tycho Brahe, konnte sich nicht zur vollen Annahme der Kopernikanischen Lehre entschließen. Aufgrund seiner damals genauen Beobachtungen war er der irrigen Ansicht, die Nichtauffindbarkeit parallaktischer Verschiebungen der Sterne spräche eindeutig gegen die Vorstellung einer bewegten Erde. Was er nicht ahnte, war die Kleinheit der tatsächlich vorhandenen Parallaxen; er unterschätzte die Entfernung der Sterne. Erst rund 300 Jahre nach dem Tode des Kopernikus konnte durch F. W. Bessel 1838 die erste Sternparallaxe gemessen werden. Tycho Brahes Messungen – die besten ihrer Zeit und mit bestmöglichen Instrumenten durchgeführt – hätten ein solches Ergebnis nicht hervorbringen können.
4. Die Nichtnachweisbarkeit einer Westabweichung.
Aufgrund der Unkenntnis des Trägheitsverhaltens bei Körpern nahm man irrtümlich an, daß alle frei fallenden Körper bei einer Erdrotation eine Westabweichung aufweisen müßten. Diese konnte naturgemäß nicht nachgewiesen werden.
5. Sie entsprach nicht dem, was mit den Augen wahrnehmbar war.
Für Kopernikus waren die an der Himmelssphäre sichtbaren Planetenschleifen nicht die wahren Planetenbahnen, sondern lediglich ihre Projektion an die Himmelssphäre. Mit dieser Interpretation, daß es sich bei den beobachteten Planetenschleifen nur um scheinbare Bewegungen handle, setzte sich Kopernikus in Widerspruch zur Aristotelischen Lehre, wonach alles mit den Sinnen Wahrnehmbare Realität ist. Auch in der beobachteten Sonnenbewegung sah Kopernikus nur eine scheinbare Bewegung: Die Sonne geht nicht auf, sondern die Erde, und mit ihr drehen wir uns in komplizierter Weise an der Sonne vorbei.

Kopf der Schlange: westlicher Teil des Sternbildes ↑ Schlange.

Korona [aus lat. corona = Kranz, Krone]: Kurzbez. für ↑ Sonnenkorona.

Koronograph [zu ↑ Korona und griech. gráphein = schreiben]: optisches Gerät zur Beobachtung der Korona der Sonne. Durch eine Blende im Strahlengang wird im K. en eine künstliche Sonnenfinsternis erzeugt. Um Streulicht möglichst zu vermeiden, muß die Objektivlinse gut poliert und staubfrei sein. Ferner enthält ein K. optische Systeme zum Ausschalten des am Objektivrand gebeugten Lichts. Durch diese Eigenschaften kann das helle Licht der Sonnenscheibe weitgehend ausgeblendet werden. Bei sehr guten Sichtverhältnissen, etwa auf hohen Bergen, kann dann die im Vergleich zur Sonnenscheibe nur sehr lichtschwache Sonnenkorona beobachtet werden.

Korpuskularstrahlung [zu lat. corpusculum = Körperchen] (Teilchenstrahlung, Partikelstrahlung): materielle Teilchen, die sich im Raum ausbreiten. Beispiele sind der ↑ Sonnenwind oder allgemein die ↑ kosmische Strahlung.

kosmische Geschwindigkeit [zu griech. kósmos = Weltall]: häufig verwendete Bez. für die Anfangsgeschwindigkeit, die ein Körper ohne spätere Nachbeschleunigung mindestens zum Erreichen einer bestimmten Bahnart im Weltraum benötigt.
Die **erste k. G. (Kreisbahngeschwindigkeit, Zirkulargeschwindigkeit)** gibt an, welche Mindestgeschwindigkeit ein Satellit haben muß, um sich auf einer geschlossenen Bahn um einen Himmelskörper bewegen zu können. Allg. gilt für ein beliebiges System von Massenpunk-

kosmische Geschwindigkeit

ten, das durch Gravitationskräfte zusammengehalten wird, daß im Zeitmittel betragsmäßig die kinetische Energie gleich der halben potentiellen Energie ist (Virialsatz). Für ein System mit den Massen M und m gilt also

$$\frac{mv^2}{2} = \frac{1}{2} G \frac{Mm}{r},$$

wobei G die Gravitationskonstante, M die Masse des zu verlassenden Himmelskörpers und r der Abstand der Massenschwerpunkte der Körper ist.

Durch Auflösung der Energiebeziehung folgt für die Bahngeschwindigkeit

$$v_1 = \sqrt{G \frac{M}{r}}.$$

Die kleinste, überhaupt denkbare geschlossene Bahn ist die an der Oberfläche des Himmelskörpers gelegene Kreisbahn als Sonderfall einer Ellipse. Für diesen idealisierten Grenzfall ($r =$ Radius des Himmelskörpers) liefert die obige Formel im Fall der Erde den Wert $v_1 = 7{,}9$ km/s.

Die **zweite k. G.** (**Entweichgeschwindigkeit, Fluchtgeschwindigkeit, parabolische Geschwindigkeit**) gibt an, welche Geschwindigkeit einem Körper gegeben werden muß, damit er das Gravitationsfeld eines Himmelskörpers verlassen kann. Die energetisch kleinstmögliche offene Bahnkurve ist die Parabel als Grenzfall zwischen Ellipse und Hyperbel. Für das Erreichen einer parabolischen Bahnkurve muß die kinetische Energie $\frac{1}{2} mv^2$ des Flugkörpers der Masse m mindestens gleich der potentiellen Energie

$$G \cdot \frac{mM}{r}$$

im Startpunkt mit dem Abstand r vom Massenschwerpunkt des Himmelskörpers mit der Masse M sein. Durch Gleichsetzen beider Energien erhält man die Grenzgeschwindigkeit

$$v_2 = \sqrt{2} \cdot \sqrt{G \cdot \frac{M}{r}} = \sqrt{2} \cdot v_1.$$

Für die Erde ist $v_2 = 11{,}2$ km/s.

Die **dritte k. G.** (**solare Geschwindigkeit, hyperbolische Geschwindigkeit**) gibt an, von welcher Geschwindigkeit an ein Körper auf einer hyperbolischen Bahn das Sonnensystem verläßt. Im Falle der Erde ist unter Ausnutzung der Erdbahngeschwindigkeit (bei Abschuß des Körpers in Richtung der Bahnbewegung) eine zusätzliche Mindestgeschwindigkeit von 16,7 km/s erforderlich.

Die **vierte k. G.** gibt an, ab welcher Geschwindigkeit ein Körper auf einer offenen Bahn das Milchstraßensystem verläßt. Unter Ausnutzung der Umlaufgeschwindigkeit der Sonne um das Milchstraßensystem ergibt sich eine

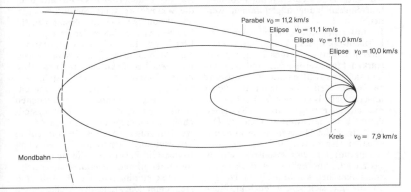

Kosmische Geschwindigkeit. Kegelschnittbahnen um die Erde und die zugehörigen Startgeschwindigkeiten

kosmische Hintergrundstrahlung

Mindestgeschwindigkeit von 129 km/s. Für den Start von anderen Himmelskörpern aus lassen sich entsprechende Werte berechnen. So ergeben sich z. B. beim Mars die ersten drei k.n G.en zu 3,6 km/s, 5,05 km/s und 11,1 km/s, beim Mond die erste zu 1,68 km/s und die zweite zu 2,37 km/s.

kosmische Hintergrundstrahlung: svw. ↑Drei-Kelvin-Strahlung.

kosmische Maser: Maser (Abk. für engl. microwave amplification by stimulated emission of radiation) sind extrem nichtthermische Radiostrahler, die im Bereich der cm-Wellen in Spektrallinien des OH-Radikals (OH-Maser) oder des H_2O-Moleküls (H_2O-Maser) ausgestrahlt werden.

Die Entstehung der sehr intensiven und teilweise kohärenten Mikrowellenstrahlung im mm- und cm-Bereich läßt sich durch stimulierte Emission erklären. Hierbei werden – wie beim optischen Laser – höhere Energieniveaus durch einen Pumpmechanismus gegenüber ihrer temperaturbedingten Besetzungshäufigkeit extrem überbevölkert und die Übergänge zwischen den niedrigeren Niveaus werden synchron durch Strahlung der gleichen Frequenz wie die emittierte ausgelöst (stimuliert). Als spezielle Pumpmechanismen zur Erzeugung der für die stimulierte Emission erforderlichen Besetzungsinversion können beim k.n M. optischen Pumpen mit Photonen und Stoßanregung angenommen werden.

In unserem Milchstraßensystem sind k. M. sowohl in Staubhüllen junger massereicher Sterne als auch in den durch starken Masseverlust entstandenen zirkumstellaren Hüllen entwickelter Sterne zu finden. Neben den mehr als 200 in unserer Galaxis gefundenen k.n M.n hat man auch in extragalaktischen Systemen einige k. M. nachweisen können. Dabei beträgt die Maseremission in Sternentstehungsgebieten 10^{-3} $L_\odot$ (Sonnenleuchtkräfte), in zirkumstellaren Hüllen bis zu 1 $L_\odot$ und bei den entdeckten extragalaktischen k.n M.n bis zu 420 $L_\odot$. Inwieweit es sich bei den leuchtkräftigen extragalaktischen Quellen tatsächlich um Einzelquellen oder um eine Gruppe von räumlich eng beieinanderstehenden Punktquellen handelt, ist mit dem derzeit erreichbaren Auflösungsvermögen nicht zu entscheiden. Auffallend ist, daß extrem leuchtkräftige extragalaktische Maser in ↑aktiven Galaxien zu finden sind, die eine hohe Infrarotleuchtkraft besitzen.

kosmische Strahlung (Höhenstrahlung): äußerst energiereiche Korpuskularstrahlung, die aus dem Weltall in die Erdatmosphäre eindringt. Die Teilchen bewegen sich nahezu mit Lichtgeschwindigkeit und besitzen Energien von 10^7 bis 10^{20} eV, wobei die höheren Energien z. Z. nicht einmal in Teilchenbeschleunigern erzielt werden können. Diese sog. **Primärstrahlung** ist nur in großen Höhen, z. B. von Ballons und Erdsatelliten aus beobachtbar. Sie ist aufgrund ihrer kosmischen Entstehung von astronomischem Interesse. Die Primärstrahlung unterscheidet sich in ihrer Zusammensetzung von der Materie junger Sterne: Bei etwa gleichem Verhältnis Wasserstoff/Helium sind schwere Elemente in der k.n St. relativ häufiger, was vermutlich auf Kernprozesse als Folge von Wechselwirkungen mit anderen Atomkernen im interstellaren Raum zurückzuführen ist. Lithium, Beryllium und Bor, die bei der Spaltung schwererer Kerne entstehen, sind um etwa das 10fache häufiger.

Auf der Erdoberfläche beobachtet man die **Sekundärstrahlung**. Sie besteht hpts. aus Produkten, die aus Zusammenstößen zwischen Teilchen der Primärstrahlung und Luftmolekülen entstanden sind. Man unterscheidet zwischen harter und weicher Sekundärstrahlung. Die harte Sekundärstrahlung besteht aus ↑Mesonen. Die weiche Sekundärstrahlung entsteht, wenn beim plötzlichen Abbremsen von Primärstrahlungsteilchen energiereiche Lichtquanten erzeugt werden. Aus diesen entstehen in einem „Paarbildung" genannten Prozeß Elektronen und Positronen, die sich wiederum unter Bildung energiereicher Lichtquanten eliminieren. Der Prozeß setzt sich unter Zunahme der Lichtquanten und Abnahme ihrer Energien fort, bis die Energien nicht mehr zur Paarbildung

kosmische Strings

ausreichen. Solche Schauer von Lichtquanten gelangen selten bis zur Erdoberfläche.
Da die geladenen Teilchen durch das Erdmagnetfeld abgelenkt werden, beobachtet man auf der Erdoberfläche die größten Strahlungsströme der k.n St. an den Polen, die geringsten am Äquator. Quellen k.r St. sind Überreste von Supernovä, Flare-Sterne sowie Radiogalaxien und Quasare. Der von der Sonne stammende Anteil ist nur gering, erhöht sich aber deutlich bei starken Eruptionen.

kosmische Strings: ausgedehnte fadenförmige Energiestrukturen, Relikte aus den ersten Bruchsekunden unseres Universums. Diese hypothetischen „Saiten" erklären möglicherweise die inhomogene Materieverteilung in unserem Weltall (↑ Homogenitätsproblem).

Durch die Kombination astronomischer Beobachtungen mit gesicherten Gesetzen und Theorien der Elementarteilchenphysik versucht man die Entwicklung des Universums bis auf Sekundenbruchteile nach dem Urknall nachzuvollziehen (↑ Big-bounce-Theorie).

Den Elementarteilchen und deren Wechselwirkungen liegt das Vakuum zugrunde. Nach den Prinzipien der Quantenfeldtheorie werden Elementarteilchen als Anregungszustände von Feldern, die den Raum erfüllen, angesehen. In den ersten Sekundenbruchteilen des Universums sollte das Vakuum sich durch eine enorm hohe Energiedichte und einen ausgeprägten Grad von Symmetrie auszeichnen, mit anderen Worten, es gab keinen Unterschied zwischen den verschiedenen Wechselwirkungen, da sie vereinheitlicht waren. Erst durch Phasenübergänge (spontane ↑ Symmetriebrechungen), bei denen sich die innere Energie des Vakuums auf den heutigen Wert von Null oder nahe Null abkühlte, froren die verschiedenen Wechselwirkungen aus. Ähnlich wie bei Phasenübergängen in Metallen können auch bei kosmischen Phasenübergängen Fehlstellen entstehen. Innerhalb dieser Fehlstellen bleibt der ursprüngliche, höhere Symmetriegrad erhalten.

Nach dem gegenwärtigen Theoriestand könnten bei den kosmologischen Phasenübergängen unterschiedliche Arten von Fehlstellen aufgetreten sein: Flächen, Linien, Punkte. Diese unterschiedlichen Defekte werden als Domänengrenzflächen, Strings oder ↑ magnetische Monopole bezeichnet.

K. St. sind demnach mikroskopisch dünne Röhren aus einem symmetrischen Hochenergievakuum („falsches Vakuum"). Sie bilden entweder geschlossene Schleifen oder erstrecken sich bis ins Unendliche. Dabei bilden Strings ein das gesamte Universum überziehendes verschlungenes Netz. Als Folge ihrer ständigen Schwingungen, ähnlich wie Violinsaiten, überschneiden sie sich häufig selbst oder gegenseitig. An den Kreuzungsstellen spalten sie sich oder fügen sich zu neuen Konfigurationen zusammen. Da die Schleifen beim Schwingen Gravitationsenergie abstrahlen, verschwinden im Laufe der Zeit einzelne Strings. Größere Schleifen vermögen infolge ihrer gravitativen Wirkung (nach der Einstein-Gleichung $E = mc^2$ entspricht eine hohe Energie auch einer hohen Masse) kleinere Schleifen mitsamt der zugehörigen Masse an sich heranzuziehen. Auf diese Weise wäre die Bildung von Galaxienhaufen denkbar.

Neuerdings schreiben einige Elementarteilchenphysiker den k.n St. supraleitende Fähigkeiten zu. Diese Supraleitung wird darauf zurückgeführt, daß alle Fermionen und damit auch die Elektronen innerhalb der Strings eine verschwindende Ruhemasse haben. Deshalb können schon bei geringen Energien Elektron-Positron-Paare entstehen. Diese Teilchen-Antiteilchen werden innerhalb der Strings festgehalten, da sie bei Übergängen ins normale Vakuum mit Ruhemasse versehen werden müßten. Somit rasen die geladenen Teilchen innerhalb der Strings, ohne auf elektrischen Widerstand zu stoßen.

Supraleitende Strings wirken allerdings nicht als Zentren für die Kondensation von Materie, sondern als die Mittelpunkte ausgedehnter expandierender Leerräume, an deren Rand sich die Materieverdichtungen bilden und somit die Entstehung von Galaxien auslösen. Die

Kosmobiologie

Existenz von kosmischen Leerräumen (engl. voids) wird durch die astronomische Beobachtung belegt.

Kosmobiologie [zu griech. kósmos = Weltall]:
◊ die Wissenschaft von möglichen Lebensformen auf anderen Planeten im Weltall (↑Leben im Weltall).
◊ Bez. für eine umstrittene Astrologie, deren heutige Vertreter die Beeinflussung menschlichen Lebens durch kosmische Einflüsse betonen.

Kosmogonie [griech. = Weltentstehung]: die Lehre von der Entstehung und der Entwicklung des Weltalls sowie der kosmischen Objekte.

K. des Weltalls: In der K. des Weltalls wird seit Entdeckung der allg. Expansionsbewegung durch E. P. Hubble (1929) davon ausgegangen, daß das Weltall als Ganzes einer Entwicklung unterliegt. Die heute gängigen ↑Friedmann-Weltmodelle tragen dem – auch aufgrund der allgemeinen ↑Relativitätstheorie – nichtstatischen Charakter der Welt Rechnung. Eine Zeitrückrechnung der allg. Expansionsbewegung ergibt, daß sich die Materie, je nach zugrundeliegendem Weltmodell, vor mehr als 10^9 Jahren (↑Weltalter) in einem Zustand mit extrem hoher Dichte (singulärer Zustand) befand bzw. (als Materie) im landläufigen Sinne noch gar nicht existierte. Nähere Angaben über den frühen Kosmos und seine spätere Entwicklung machen die klassische ↑Big-bang-Theorie, das ↑inflationäre Szenario oder die ↑Big-bounce-Theorie, wobei letztere von einer Vakuumphase ausgeht.

K. des Sonnensystems: Die K.n des ↑Sonnensystems, von denen jede die verschiedenen bekannten Beobachtungstatsachen erklären muß, lassen sich grob in zwei Gruppen unterteilen:
1. K.n, in denen angenommen wird, daß Sonne und Planeten aus ein und derselben Grundmaterie, dem solaren Nebel, im wesentlichen gleichzeitig entstanden sind (Sonnen-Planeten-Theorie) oder daß die bereits entwickelte Sonne eine Materiewolke durchläuft und es dabei durch „Sammeln und Klumpung" von Materie zur Bildung von Urplaneten kommt (Akkretionstheorie).

2. K.n, in denen angenommen wird, daß sich die Planeten erst im nachhinein aus einer bereits bestehenden Ursonne abgelöst haben oder als Folge einer starken, katastrophenartigen Wechselwirkung mit einem anderen Himmelskörper herausgerissen wurden (Katastrophentheorie).

K. der Sterne: In der K. der Sterne (↑Sternentwicklung) wird angenommen, daß sich neue Sterne nicht als Einzelsterne, sondern in Haufen aus sehr dichten Wolken interstellarer Materie bilden, die gravitationsmäßig instabil werden und kontrahieren. Die Kontraktion einer derartigen instabilen, als Protostern bezeichneten Wolke dauert so lange, bis die Temperaturen in ihr hoch genug sind, damit hinreichend viele Kernverschmelzungsprozesse zur Energiefreisetzung stattfinden und der Strahlungsdruck mit der Gravitationsanziehung im Gleichgewicht ist.

K. der Galaxien und Galaxienhaufen: Die K. der Galaxien und Galaxienhaufen (↑Galaxienentstehung) steckt noch in den Anfängen. Erst seit kurzem hat man aufsehenerregende Entdeckungen über die Verteilung und Anordnung der Galaxien gemacht (↑Homogenitätsproblem).

Nach der Theorie des inflationären Szenarios könnten bei Phasenübergängen geringfügige Fluktuationen auftreten, die die Entstehung von Dichtefluktuationen begünstigen. Derartige geringfügige Dichtefluktuationen ließen sich dann als Ursache für die großräumige Galaxienverteilung interpretieren.

Allgemein nimmt man an, daß die Galaxienentstehung aus dem im Universum verteilten Gas heraus stattfand bzw. stattfindet. Ob nun aber zuerst Einzelgalaxien entstanden, die sich zufällig zu Galaxienhaufen als Folge gravitative Wechselwirkungen zusammenballten, oder ob irgendwelche Zustände im frühen Kosmos bereits für die großräumige Struktur der Galaxienhaufen und die materiefreien Leeren zwischen ihnen verantwortlich sind, ist derzeit eine noch offene Frage (↑kosmische Strings).

Kosmologie [zu griech. kósmos = Weltall und griech. lógos = Wort]: die

Kosmologie

Lehre vom Weltall (Kosmos, Universum) als einem einheitlichen Ganzen. Ausgehend von den empirischen Daten über die Struktur des durch astronomische und astrophysikalische Beobachtungen erfaßten Teils des Weltalls und der in ihm enthaltenen kosmischen Objekte bzw. Materie, versucht die K. aus bekannten physikalischen Theorien und Vorstellungen eine geschlossene Theorie über die Eigenschaften des Weltalls zu entwickeln, die Aussagen über Entstehung, Entwicklung (↑ Kosmogonie), Alter, Ausdehnung und Struktur des Weltalls macht.

Kosmologische Fragen sind für den Menschen von großer Bedeutung, zugleich aber ist deren Beantwortung sehr schwierig. Von großer Bedeutung deshalb, weil der denkende Mensch aufgrund des ihm innewohnenden „faustischen Prinzips" Auskunft über die Welt als Ort seines Lebens und Daseins verlangt, schwierig zu beantworten deshalb, weil eine Entscheidung über die Akzeptanz eines Weltmodells zur Beschreibung der Welt nur dann gefällt werden kann, wenn hinreichende Fakten über die Welt bekannt sind.

Bis ins Mittelalter hinein beruhten astronomische Weltmodelle (egozentrisches, topozentrisches Weltbild, das Ptolemäische, das ursprüngliche Kopernikanische sowie das Tychonische Weltmodell) auf Beobachtungstatsachen und Dogmen.

Erst mit dem Postulat von der ↑ Universalität der Naturgesetze wurden die in der ↑ Aristotelischen Bewegungslehre enthaltenen Dogmen über die Zweiteilung der Welt und die daraus folgenden Bewegungsarten aufgegeben und verworfen. Mit dem Einbeziehen der Himmelsobjekte in die „diesseitige" Welt löste man sich von magischen Vorstellungen, und physikalisches Gedankengut bestimmte zunehmend die Grundlagen des Weltbildes.

Das neuzeitliche Weltbild Newtons beschreibt die Welt als ein unendlich ausgedehntes, reibungsfrei strömendes Substrat aus kontinuierlich verteilten Massen, die nach der Newton-Gravitationstheorie miteinander in Wechselwirkung stehen. In räumlicher und zeitlicher Sicht war dieses mechanistische Weltbild ein ruhendes All ohne Anfang und Ende.

Die Relativitätstheorie verwarf die Newtonsche Idee einer absoluten Welt, indem sie nämlich die konstanten Rahmenbedingungen des Newtonschen Weltbildes, Raum und Zeit, als vom Beobachter abhängige Größen erklärte.

Die moderne K. gründet sich auf die Entdeckung von E. P. Hubble, daß es außerhalb unseres Milchstraßensystems viele ähnliche Sternsysteme (Galaxien) gibt (1924) und daß die in den Spektren von kosmischen Objekten feststellbare Rotverschiebung als kosmische Expansion gedeutet werden kann (1929; ↑ Hubble-Effekt). Somit unterliegt auch die Welt als Ganzes einem Entwicklungsprozeß.

Die im Weltall wesentlichen kosmischen Objekte sind neben der interstellaren und intergalaktischen Materie die Sterne, deren maximales Alter zwischen 10^6 und etwa $17 \cdot 10^9$ Jahren liegt, die Sternhaufen (insbes. die Kugelhaufen), die Galaxien oder Sternsysteme (mit 10^8 bis 10^{12} Sternen und Ausdehnungen von 1 bis 50 kpc), die Galaxiengruppen (aus 10 bis 100 Galaxien) und Galaxienhaufen (aus etwa 10^4 bis 10^5 Galaxien in Bereichen von 0,1 bis 10 Mpc Ausdehnung) sowie die Galaxiensuperhaufen.

Das Weltall besteht neben galaktischer und intergalaktischer Materie, die bei kontinuierlicher Verteilung eine Massendichte von 10^{-30} bis 10^{-31} g/cm³ hätte, v. a. noch aus ↑ Drei-Kelvin-Strahlung ($6 \cdot 10^{-20}$ J/cm³) und sonstiger Strahlungsenergie (Energiedichte $3,5 \cdot 10^{-23}$ J/cm³), außerdem aus einer nicht bekannten Anzahl von Neutrinos.

Den heute mehrheitlich anerkannten Weltmodellen liegen folgende Annahmen zugrunde:

1. Die ↑ Einstein-Gravitationstheorie ist die derzeit am besten geeignete Gravitationstheorie zur Beschreibung des Weltalls.

2. Alle auf der Erde gefundenen physikalischen Gesetzmäßigkeiten gelten in jedem Punkt des Raum-Zeit-Kontinuums (Universalität der Naturgesetze).

kosmologisches Prinzip

3. Die Geometrie und die Materieverteilung im Weltall sind homogen und isotrop (↑ kosmologisches Prinzip).
4. Das Weltall dehnt sich aus (Hubble-Effekt).

Nach der Einstein-Gravitationstheorie wird die Struktur des Raums von den darin enthaltenen Körpern bestimmt. Das kosmologische Prinzip reduziert die Frage nach der Struktur des Weltraums auf die Entscheidung, ob der Raum eben (Krümmungsvorzeichen $k = 0$), sphärisch ($k = 1$) oder hyperbolisch ($k = -1$) gekrümmt ist. Vom Krümmungstyp k hängt bei diesen relativistischen Modellen die Zukunft unserer Welt ab: ständige Expansion bei $k = -1; 0$ bzw. pulsierende Bewegung bei $k = 1$ (↑ Friedmann Weltmodelle). Trotz der die optische Astronomie seit der 2. Hälfte dieses Jahrhunderts ergänzenden Forschungsbereiche, wie Radio-, Gamma-, Röntgen- und Infrarotastronomie (wobei nicht nur der astronomische Meßbereich auf das gesamte elektromagnetische Spektrum ausgedehnt werden konnte, sondern auch die Untersuchung von kosmischen Teilchen verschiedener Energien, Meteoriten und Gesteinsproben von Planeten sowie stellare und interstellare Magnetfelder mit einbezogen wurde) ist es bis heute nicht gelungen, eine Entscheidung über den Krümmungstyp zu erhalten. Die Beantwortung dieser Frage hängt im wesentlichen vom Verhältnis der tatsächlichen zur ↑ kritischen Dichte des Weltalls ab.

Wenn man die gegenwärtige Expansion der Galaxien zurückverfolgt, so muß es vor etwa 17 Mrd. Jahren einen Zustand extrem hoher Dichte gegeben haben, der einen „Urknall" ausgelöst haben könnte. Aus einer „Ursuppe" („Urfeuerball") bildeten sich binnen weniger Sekunden die Elementarteilchen. Nach wenigen hunderttausend Jahren hörte die Wechselwirkung zwischen Strahlung und Materie weitgehend auf. Danach kondensierte ein Teil der Materie zu den bekannten kosmischen Objekten, während die Strahlung unbeeinflußt fortbestand. Aufgrund der Expansion des Universums nahm jedoch die Energiedichte der Strahlung und damit die Strahlungstemperatur ab. Heute ist sie als Drei-Kelvin-Strahlung beobachtbar; diese Beobachtung gilt als wichtiger Beweis für das Urknallmodell des Kosmos.

Der Versuch, die K. mit den Entwicklungen in der Elementarteilchenphysik – den ↑ vereinheitlichten Theorien – in Einklang zu bringen, führte zu Beginn der achtziger Jahre zu neuen Spekulationen über die Vorgänge im frühen Kosmos. Das ↑ inflationäre Szenario sowie die ↑ Big-bounce-Theorie vermeiden die fundamentalen Erklärungsschwierigkeiten der klassischen Urknalltheorie (↑ Big-bang-Theorie) und bieten mögliche Alternativen.

Historisch bedeutsam ist das stationäre, nichtrelativistische Weltmodell (↑ Steady-state-Theorie) von F. Hoyle, H. Bondi und T. Gold (1948/49), das ohne Urknall auskommt. Die Verdünnung der Materie durch die fortwährende Expansion wird dabei durch spontane Erzeugung von Materie ausgeglichen, so daß sich das Weltall „lokal" nicht ändert. Seit der Entdeckung der Drei-Kelvin-Strahlung gilt dieses Modell bei der Mehrzahl der Astrophysiker als widerlegt.

kosmologisches Prinzip [zu ↑ Kosmologie]: die Forderung nach ↑ Homogenität und ↑ Isotropie für das gesamte Weltall, d.h., kein Punkt und keine Richtung des Raumes sind ausgezeichnet.

Die Annahme des kosmologischen Prinzips erzielt eine beträchtliche Vereinfachung bezüglich der möglichen Geometrien des Raumes. Mittels eines einzigen Zahlenwertes, des ↑ Krümmungsvorzeichens k, läßt sich die Krümmung des Raums beschreiben.

Das kosmologische Prinzip liegt den neuzeitlichen Weltmodellen zugrunde. Die ↑ Steady-state-Theorie fordert darüber hinaus noch die Gültigkeit des kosmologischen Prinzips für alle Zeiten, mit anderen Worten, die Welt soll nicht nur von jedem Ort aus, sondern auch zu allen Zeiten im Großen den gleichen Anblick bieten (**vollkommenes kosmologisches Prinzip**).

Die Isotropieannahme für die Strahlungskomponente des Kosmos scheint durch die ↑ Drei-Kelvin-Strahlung hervorragend bestätigt. Die Annahme einer Gleichverteilung von Materie scheint trotz der offensichtlichen Materiekonzentrationen, wie wir sie z. B. in Sternen, Galaxien und Galaxienhaufen antreffen, gerechtfertigt, da diese Materieanhäufungen als statistische Ungleichförmigkeiten in lokalen, gegenüber der Größe des Weltalls kleinen Bereichen interpretiert werden können. Seitdem jedoch riesige Löcher in der Größenordnung von 50 Mpc zwischen Galaxienhaufen entdeckt wurden, stellt sich verstärkt die Frage nach der globalen Gültigkeit der Homogenitätsannahme (↑ Homogenitätsproblem).

Kosmonautik: andere Bez. für ↑ Astronautik.

Kosmos [griech.]: allg. die Welt als Ganzes; gleichbed. mit Weltall, Universum.

Die aus dem Altgriechischen stammende Bez. bedeutet Schmuck und Ordnung zugleich. Ursprünglich mag dieser Begriff nur auf den Schmuck der Himmelskugel mit ihren prächtig angeordneten Gestirnen bezogen worden sein. Mit der Überzeugung der Griechen, daß die Welt der Gestirne eine allgemeinverbindliche Ordnung darstellt – erst viel später wird man von Naturgesetzen sprechen –, wurde eine Basis naturwissenschaftlicher Erkenntnis gelegt. Das Gesetz (Nomos) der Natur, die ihr innewohnende Ordnung, aufzudecken, ist fortan ein vorrangiges Ziel der Menschheit. So erwächst aus dem ästhetischen Empfinden an den Sternbildern die Astronomie als die Lehre von der Ordnung des gestirnten Himmels, die durch mathematische und nach der Postulierung der Universalität der Naturgesetze auch durch physikalische Gesetze beschreibbar ist.

Kosmos [griech.-russ.]: Bez. für eine Serie unbemannter künstlicher Erdsatelliten der UdSSR, die seit März 1962 gestartet wurden. Sie dienen der physikalischen und astrophysikalischen Grundlagenforschung, raumfahrttechnologischen Experimenten, biologischen Forschungen und auch z. T. militärischen Zwecken.

Kranich (Grus; Abk.: Gru): ein Sternbild des südlichen Himmels, das von mittleren nördlichen Breiten aus nicht sichtbar ist.

Krebs (Cancer; Abk.: Cnc): ein zum Tierkreis zählendes lichtschwaches Sternbild des nördlichen Himmels, das von mittleren nördlichen Breiten aus v. a. im Winter beobachtbar ist.
Die Sonne durchläuft bei ihrer scheinbaren jährlichen Bewegung den K. in der Zeit von etwa Ende Juli bis Anfang August.
Im K. liegt der bereits mit bloßem Auge sichtbare Sternhaufen ↑ Praesepe.

Krebsnebel: andere Bez. für den ↑ Crabnebel.

Kreuz des Nordens: gelegentlich benutzter Name für das Sternbild ↑ Schwan.

Kreuz des Südens (Südliches Kreuz, Crux; Abk.: Cru): das bekannteste Sternbild des südlichen Himmels, das von mittleren nördlichen Breiten aus nicht sichtbar ist.
Mit Hilfe dieses kleinen Sternbildes kann man den im Gegensatz zum nördlichen Himmelspol nicht durch einen hellen Stern markierten südlichen Himmelspol leicht finden. Durch 4,5fache Verlängerung der Längsachse (γ Cru – α Cru) über α Cru (↑ Sternnamen) hinaus gelangt man zum südlichen Himmelspol.
Im K. d. S. kann man eine auffällige Dunkelwolke, ↑ Kohlensack genannt, schon mit bloßem Auge beobachten.

Krimobservatorium: eine große Sternwarte in Simeis auf der Halbinsel Krim (UdSSR). Das Hauptinstrument ist ein Spiegelteleskop (Hauptspiegeldurchmesser 2,64 m). Dem K. ist auch eine radioastronomische Abteilung angeschlossen.

Krippe: andere Bez. für ↑ Praesepe.

kritische Dichte (Formelzeichen ϱ_{kr}): ◊ markiert bei ↑ Friedmann-Weltmodellen die Grenze zwischen hyperbolischer und elliptischer Expansion. Die k. D. errechnet sich nach der Formel

$$\varrho_{kr} = \frac{3 H_0^2}{8 \pi G},$$

wobei G die ↑ Gravitationskonstante ist

Krone

und H_0 den momentanen Wert für die ↑Hubble-Konstante darstellt. Für $H_0 = 50$ (km/s)/Mpc ergibt sich die k. D. zu

$$\varrho_{kr} = 5 \cdot 10^{-30} \text{ g/cm}^3.$$

Das entspricht gerade der Dichte eines hypothetischen Würfels mit der Kantenlänge von 800 000 km, in dem die Masse eines normalen Ziegelsteins „verschmiert" ist.

Der auf Beobachtungen basierende Dichtewert weicht momentan nur um etwa zwei Zehnerpotenzen von der k.n D. ab. Da beobachteter und tatsächlicher Dichtewert wegen derzeit möglicherweise nicht nachweisbarer Materie erheblich differieren können, ist die Beantwortung der Frage, welcher Typ von Friedmann-Weltmodellen vorliegt, schwierig. Schließlich ist ja zu entscheiden, ob die tatsächliche Dichte des Weltalls größer, gleich oder kleiner als die k. D. ist.

◊ markiert bei Gaswolken jenen Dichtewert, oberhalb dessen sich eine Gasmasse allein durch ihre eigene Gravitation zusammenziehen kann (↑Sternentwicklung). Unterhalb der k.n D. überwiegen die Druckkräfte, die einen ↑Gravitationskollaps und damit die Bildung von Protosternen verhindern.

Krone: Kurzbez. für die beiden Sternbilder ↑Nördliche Krone und ↑Südliche Krone.

Krümmungsvorzeichen (Formelzeichen k): Das Vorzeichen k der Krümmung kennzeichnet die Art der Krümmung. Der Betrag der Krümmung dagegen wird durch das Verhalten des Skalenfaktors $R(t)$, auch ↑Weltradius genannt, beschrieben.

Bis zum Beginn des 19. Jahrhunderts kannte man nur die Geometrie des Euklid. Im Laufe des 19. Jahrhunderts wurden verschiedene Geometrien entwickelt, sog. nichteuklidische Geometrien, die auf anderen Axiomensystemen fußten, wie z. B. die Geometrie der Kugeloberfläche.

Zur Konstruktion eines Modells für die Welt machen wir Grundannahmen, die aus Beobachtungen in der „näheren" Umgebung gefolgert werden und universell gelten sollen. Neben der ↑Universalität der Naturgesetze wird für ↑Friedmann-Weltmodelle das ↑kosmologische Prinzip zugrunde gelegt. Nach der allgemeinen Relativitätstheorie wird die Metrik des Raums durch deren materiellen Inhalt bestimmt. Daher überträgt sich auch die Forderung des kosmologischen Prinzips auf die Geometrie des Raums. Die einzigen Räume, deren Krümmung in jedem Augenblick bezüglich ihrer Ortsabhängigkeit homogen und isotrop ist, sind Räume konstanter Krümmung. Als solche kommen nur Räume mit elliptischer, euklidischer und hyperbolischer Geometrie in Frage, deren zugehörige Metrik in den Abbildungen veranschaulicht und durch das K. gekennzeichnet wird.

$k = +1$: elliptische Geometrie. Alle Räume sind geschlossen, das Volumen ist endlich. Einfachstes Beispiel für die mögliche Topologie ist das dreidimensionale Analogon zur zweidimensionalen Kugeloberfläche. Letztere ist eine in den dreidimensionalen Raum gekrümmte zweidimensionale Fläche. Mithin ist das dreidimensionale Analogon eine dreidimensionale Kugelfläche im vierdimensionalen Raum.

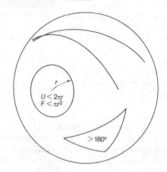

$k = 0$: euklidische oder „flache" Geometrie. Alle Räume sind offen und ha-

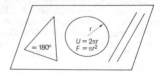

Kugelsternhaufen

ben kein endliches Volumen. Einfachstes Beispiel für die mögliche Topologie ist das dreidimensionale Analogon zur zweidimensionalen Ebene.

$k = -1$: hyperbolische Geometrie. Alle Räume sind offen und haben kein endliches Volumen. Einfachstes Beispiel für die mögliche Topologie ist das dreidimensionale Analogon zur zweidimensionalen Sattelfläche.

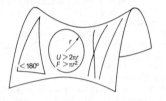

Entsprechend der ↑Expansion des Weltalls kann die durch die Materieverteilung bestimmte Geometrie nicht zeitlich unveränderlich sein. Das führt dazu, daß zwar jede Momentaufnahme der Weltgeometrie durch einen Raum bestimmter räumlich konstanter Krümmung gegeben ist, daß der Krümmungsbetrag sich aber entsprechend der Expansionsbewegung zeitlich ändert. Geometrisch wird der zeitlich veränderliche Betrag der Krümmung durch das Verhalten des Weltradius $R(t)$ beschrieben.

K-Sterne: eine ↑Spektralklasse von Sternen, bei denen starke Metallinien auftreten. Bei den späten K-St.n treten darüber hinaus auch Molekülbanden auf.

3-K-Strahlung: svw. ↑Drei-Kelvin-Strahlung.

Kugelspiegel: svw. ↑sphärischer Hohlspiegel.

Kugelsternhaufen: kugelsymmetrische ↑Sternhaufen mit einigen 10^4 bis 10^7 Sternen. Die Durchmesser liegen zwischen 15 und 150 pc. Die Konzentration

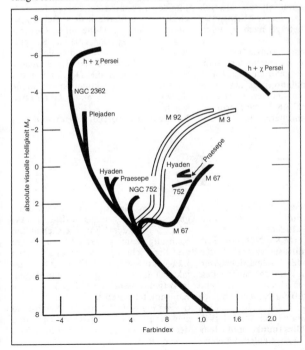

Kugelsternhaufen. Vergleich der Kugelsternhaufen M 3 und M 92 mit einigen offenen Sternhaufen im Hertzsprung-Russell-Diagramm

Kuiper-Airborne Observatory

auf das Haufenzentrum ist so groß (etwa 10^3- bis 10^4mal größer als in der Sonnenumgebung), daß in der Regel erst mit einem ↑Space-Teleskop eine optische Auflösung in Einzelsterne erwartet werden kann. K. sind sehr stabile Gebilde und haben daher eine lange Lebensdauer. Sie sind nicht auf die galaktische Ebene konzentriert, sondern eher kugelsymmetrisch verteilt. Sie gehören somit zum galaktischen ↑Halo.
Im ↑Hertzsprung-Russell-Diagramm von Kugelsternhaufen bzw. im äquivalenten ↑Farben-Helligkeits-Diagramm ist die Hauptreihe nur noch bis zur absoluten Helligkeit $M = +3^m5$ mit Sternen besetzt. Alle helleren Sterne, d. h. Sterne mit mehr als 1,3 Sonnenmassen, haben die Hauptreihe bereits verlassen. Die Abb. zeigt einige offene Sternhaufen im Vergleich zu den Kugelsternhaufen M 3 und M 92.
Die Hertzsprung-Russell-Diagramme weisen die K. somit als die ältesten bekannten Objekte unserer Milchstraße aus. Ihr Alter beträgt nach neueren Schätzungen über 10 Mrd. Jahre. Sie dürften in einem Frühstadium des Milchstraßensystems entstanden sein. Die Haufensterne gehören der Halopopulation (↑Population) an. Die überwiegende Mehrheit der veränderlichen Haufensterne sind ↑RR-Lyrae-Sterne.
Die hellsten K. sind bereits mit bloßem Auge als neblig-helle Flecke beobachtbar. Ein Beispiel ist M 13 im Sternbild Herkules. – ↑auch Abb. S. 309.

Kuiper-Airborne-Observatory ['kœypər'ɛəbɔːn...]: eine nach G. P. Kuiper benannte Beobachtungsstation in einem Flugzeug. Das mit besonderen Stabilisatoren ausgerüstete Flugzeug untersteht der US-Raumfahrtbehörde NASA und trägt ein Spiegelteleskop von 91 cm Öffnung. Mit diesem fliegenden Observatorium wurden 1977 die Ringe des Planeten Uranus entdeckt.

Kulmination [zu lat. culmen, culminis = Höhepunkt, Gipfel]: der Durchgang eines Gestirns durch den ↑Meridian. Man unterscheidet zwischen **oberer K.** (das Gestirn erreicht hierbei seine größte Höhe über dem Horizont) und **unterer K.** (das Gestirn erreicht hierbei seinen tiefsten Stand). Die untere K. ist nur bei ↑Zirkumpolarsternen zwischen Himmelspol und Horizont beobachtbar.
Für den Zeitpunkt der oberen K. eines Gestirns gilt: Sternzeit Θ = Rektaszension α. Für die Höhe eines Gestirns zum Zeitpunkt der oberen K. gilt: $h = 90° - \varphi + \delta$, wobei φ die geographische Breite bzw. Polhöhe des Beobachtungsortes und δ die Deklination des Gestirns ist. Die Deklination der Sonne schwankt im Laufe eines Jahres zwischen $+23°4'$ und $-23°4'$.

künstlicher Horizont ↑Horizont.

L

Lac: Abk. für **Lac**erta (↑Eidechse).
Lacerta [lat. = Eidechse]: wiss. Name für das Sternbild ↑Eidechse.
Lagunennebel (M 8, NGC 6523): ein leuchtender diffuser Gasnebel, der wie sein leuchtender Nachbarnebel, der ↑Trifidnebel, zum Arm des Sternbildes Schütze in unserem Milchstraßensystem gehört. – ↑auch diffuse Nebel (Tab.).
Länge:
◊ in der *Astronomie*: 1. der Winkel zwischen dem Frühlingspunkt und dem Schnittpunkt des ekliptikalen Längenkreises des Gestirns mit der Ekliptik, gemessen in Bogenmaß (**ekliptikale L.**; Abk.: λ); 2. der Winkel zwischen der Richtung zum galaktischen Zentrum und dem Schnittpunkt des galaktischen Längenkreises des Gestirns mit dem galaktischen Äquator, gemessen in Bogenmaß (**galaktische L.**; Abk.: l). – ↑auch Koordinatensysteme.
◊ *geographische L.:* der Winkelabstand zwischen dem Ortsmeridian und dem Nullmeridian (Ortsmeridian von Greenwich).

Längenkontraktion (Lorentz-Kontraktion): Verkürzung eines mit der Geschwindigkeit u in Längsrichtung bewegten Stabes um den Faktor

$$\sqrt{1-\left(\frac{u}{c}\right)^2}$$

(von einem ruhenden Bezugssystem aus beobachtet; c Lichtgeschwindigkeit). Die L. ergibt sich als Folgerung aus der speziellen Relativitätstheorie: Sie folgt unmittelbar aus einer Lorentz-Transformation († Relativitätstheorie). Die L. wird beispielsweise bei Myonen, die in etwa 20 km Höhe in der Erdatmosphäre ständig durch kosmische Strahlung erzeugt werden, wirksam. Diese Teilchen bewegen sich fast mit Lichtgeschwindigkeit: Aufgrund ihrer geringen Halbwertzeit – nach jeweils 1,5 µs ist durchschnittlich die Hälfte der Teilchen zerfallen – dürften sie aber nicht mehr auf der Erdoberfläche nachgewiesen werden können. Nach 1,5 µs dürften sie maximal den Weg

$$\Delta s = c \cdot \Delta t = 3 \cdot 10^8 \,\frac{m}{s} \cdot 1{,}5\,\mu s = 450\,m$$

zurückgelegt haben (c = Vakuumlichtgeschwindigkeit). Nach 6 µs, wenn nur noch $\frac{1}{16}$ der Ausgangsteilchen nicht zerfallen ist, haben die schnellsten Teilchen gerade 1 800 m zurückgelegt. Vom Ruhesystem der Myonen aus betrachtet, bewegt sich die Erde mit annähernd Lichtgeschwindigkeit auf sie zu. Dadurch werden die zu überwindenden 20 km bis zur Erdoberfläche auf weniger als 300 m kontrahiert, so daß in den dort befindlichen Laboratorien noch ein beträchtlicher Teil der Teilchen nachgewiesen werden kann.

Längenkreise:
◊ auf der *Erdoberfläche* alle den Erdäquator senkrecht schneidenden Großkreise (geographische Länge).
◊ an der *Himmelskugel* alle die Ekliptik rechtwinklig schneidenden Großkreise (ekliptikale Länge) bzw. alle den galaktischen Äquator senkrecht schneidenden Großkreise (galaktische Länge). – † auch Koordinatensysteme.

Laurentiusschwarm: svw. † Perseiden.

Laurentiustränen: svw. † Perseiden.

Leben im All

Leben im All: Viele Jahrhunderte hindurch war die Frage nach der Entstehung des Lebens auf unserer Erde für weite Kreise der Menschheit unproblematisch. Es herrschte die Idee der altgriechischen Philosophie des Aristoteles von der spontanen Zeugung lebender Wesen, wie Fröschen, Mäusen, anderer kleiner Tiere und Pflanzen, aus dem Unbelebten vor.
Der englische Philosoph Francis Bacon (1561–1626) wandte sich in seiner bedeutenden Schrift „Novum Organum" mit scharfer Kritik gegen die altgriechische Philosophie des Aristoteles und seiner Schule wegen der abstrakten und lebensfeindlichen Denkweise. Das hielt ihn selbst jedoch keineswegs davon ab, gleichzeitig von der Urzeugung kleiner Lebewesen aus fauligen Nährböden zu schreiben. Für ihn war die Fäulnis der Keim alles neu Entstehenden. Die Idee der spontanen Zeugung des Lebens aus dem Unbelebten stieß selbst bei so hervorragenden Denkern wie René Descartes (1596–1650) und G. Galilei auf Gegenargumente. Ein Umbruch in den Anschauungen zeichnete sich erst in der zweiten Hälfte des 17. Jahrhunderts ab, als der italienische Arzt Francesco Redi (1626–1698) im Jahre 1668 nachweisen konnte, daß die weißen Würmer in verwesendem Fleisch nichts anderes als Fliegenmaden waren.
Doch bis zum endgültigen Bruch mit der Aristotelischen Lehre von der „generatio spontanea" sollten noch weitere 200 Jahre vergehen. So brachte erst 1862 der französische Gelehrte Louis Pasteur (1822–1895) das Lehrgebäude der spontanen Zeugung endgültig zum Einsturz und formulierte den Satz: „Alles Leben kommt vom Leben!"
Mit der Verwerfung einer „generatio spontanea" einfachster Lebewesen aus dem Unbelebten wurde die Frage nach der Entstehung und Fortentwicklung des Lebens nun als Folge eines Schöpfungsaktes, eines plötzlichen, zufälligen Prozesses oder einer materiellen Evolution angesehen.
Bereits 1859 legte Charles Robert Darwin (1809–1882) in seinem berühmten Werk „Über den Ursprung der Arten

Leben im All

durch natürliche Zuchtwahl" dar, daß die Evolution auf der Basis von erblichen Variationen und einer Auslese der bestangepaßten Organismen (Selektion) stattfindet. Als weiteren wichtigen Evolutionsfaktor erkannte er die Isolation, die es verschiedenen Populationen einer Art erlaubt, sich getrennt weiterzuentwickeln, so daß schließlich verschiedene Arten aus ihnen entstehen können.

Mit dieser Theorie, die heute als Darwinismus bezeichnet wird, verhalf Darwin der **Deszendenztheorie** (Abstammungslehre) zu weltweiter Anerkennung. Die Deszendenztheorie, die heute durch unzählige Befunde aus verschiedenen Wissenschaftsbereichen gesichert erscheint, besagt, daß alle heutigen Lebewesen aus früheren Lebewesen hervorgegangen sind. Dabei ist es auch zu Weiter- und Höherentwicklungen gekommen. Alle heutigen Lebewesen entwickelten sich also letztlich im Verlaufe der Stammesgeschichte aus primitiven, einfach organisierten Vorfahren. Als Begründer der Deszendenstheorie gilt J.-B. de Lamarck (1744–1829). Der nach ihm benannte Larmarckismus ging jedoch fälschlicherweise davon aus, daß sich die Organe der Lebewesen aufgrund eines inneren Vervollkommnungsdranges durch häufigen Gebrauch weiterentwickelten. So sollte der Hals der Giraffe durch ständiges Strecken von Generation zu Generation länger geworden sein.

Die Deszendenztheorie steht im Widerspruch zur Vorstellung der Konstanz der Arten, die von einem einmaligen oder mehrmaligen Schöpfungsakt ausgeht. Nach der **Katastrophentheorie** beispielsweise werden die Lebewesen periodisch durch globale Katastrophen vernichtet und anschließend neue Lebensformen erschaffen. Daß es in der Erdgeschichte möglicherweise tatsächlich zu Katastrophen mit gewaltigem Artensterben und einer anschließenden, aufgrund der vielen freien ökologischen Nischen beschleunigten Evolution gekommen ist, spricht aber in keiner Weise gegen die Deszendenztheorie oder den Darwinismus.

Der ursprüngliche Darwinismus wurde im Laufe der Zeit zum heutigen Neodarwinismus ausgebaut. V. a. kamen detaillierte Kenntnisse über die stoffliche Grundlage der Vererbung hinzu, die in die Theorie eingearbeitet wurden. So können die erblichen Variationen von Lebewesen heute auf Veränderungen des Erbgutes durch ungerichtete Mutationen und Rekombinationen der Gene zurückgeführt werden. In der modernen Systemtheorie der Evolution schließlich wird die Evolution als Resultat eines Wechselspiels von äußerer Selektion (Außenweltselektion) und inneren Regulationsmechanismen der Lebewesen (Binnenselektion) angesehen. Trotz des geradezu erdrückenden Beweismaterials ist die Vorstellung einer natürlichen Evolution bis heute heftigen, teilweise von starken Emotionen begleiteten Kontroversen unterworfen (z. B. Kreationismus). In der ungeheuren Vielfalt der belebten Natur lassen sich immer wieder Erscheinungen finden, deren Anpassungswert nicht gleich erkannt wird, oder von denen man sich zunächst nicht vorstellen kann, wie sie auf der Basis von Mutation und Selektion entstanden sind, etwa weil man den Anpassungswert von Übergangsstufen nicht erkennt. Leider wird eine solche Nichtkenntnis dann oft mit Nichtvorhandensein gleichgesetzt. In anderen antineodarwinistischen Darstellungen, v.a. in solchen, die mit Zahlenspielereien operieren, findet man üblicherweise eine allzu simple Sicht von den Evolutionsvorgängen oder grobe Fehler in den wesentlichen biologischen Grundannahmen. So wird beispielsweise behauptet, es sei verwunderlich, daß keine Fossilien von Übergangsstadien zwischen großen Tiergruppen wie Fischen, Amphibien, Säugetieren und Vögeln gefunden worden wären. Einerseits sind durchaus Fossilien bekannt, die in den Übergangsbereichen oder wenigstens in deren Nähe gelegen haben könnten. Andererseits sind die bisher gemachten Fossilienfunde keineswegs so reichhaltig, wie oft suggeriert wird. Da aber gerade bei wichtigen Neuerungen während der Evolution davon ausgegangen werden kann, daß sie sich schnell weiterentwickelten, vermutlich zunächst nur in einem

Leben im All

kleineren Gebiet, ist eine lückenlose fossile Dokumentation der Vorgänge gerade bei wichtigen Übergängen in der belebten Natur alles andere als wahrscheinlich.

Die Synergetik entkräftet auch den Einwand, eine Evolution stünde im Widerspruch zum 2. Hauptsatz der Wärmelehre, wonach ein beständiger Abbau von Diversität in Richtung immer wahrscheinlicherer Zustände bis hin zum thermodynamischen Gleichgewicht auftreten müßte, wohingegen die Evolution durch Mutation und Selektion die Entwicklung immer ausdifferenzierterer Strukturen bedingt. Die Synergetik beschreibt die Möglichkeit, daß unter gleichgewichtsfernen Bedingungen offene Systeme durch Energie- und Materialaustausch mit ihrer Umgebung, den sie ständig selbst in Gang halten, über längere Zeit stabile Strukturen bilden können. Da zu deren Aufrechterhaltung zuerst Energie zerstreut (dissipiert) wird, spricht man hierbei von dissipativen Strukturen.

Von zentraler Bedeutung für das irdische Leben ist die DNS (Desoxyribonukleinsäure; engl. desoxyribonucleic acid; Abk.: DNA). Sie ist der in allen Organismen vorhandene Träger der Erbinformation mit der Fähigkeit zur identischen Verdopplung (DNS-Replikation).

Die DNS besteht aus zwei parallelen, schraubenartig gewundenen Molekülketten, in denen sich Phosphorsäurereste mit Molekülresten der Desoxyribose abwechseln. Jedes der letzteren trägt einen Rest einer der vier organischen Basen Adenin, Thymin, Guanin oder Cytosin, die beide Stränge über Wasserstoffbrücken nur in der Kopplung Adenin-Thymin oder Guanin-Cytosin strickleiterartig verbinden. Jeweils ein Basenrest bildet zusammen mit einem Desoxyriboserest und einem Phosphorsäurerest ein Nukleotid als Grundeinheit der DNS-Stränge. Die beiden Stränge der DNS sind durch die Basenpaarungen komplementär aufgebaut. Die Reihenfolge der Basenpaare ist dabei recht verschieden; sie enthält die genetische Information. Bestimmte kurze Abschnitte der langen DNS-Kette werden Gene genannt. Kombinationen von jeweils drei der vier möglichen Nukleotiden bilden dabei ein molekulares Codewort des genetischen Codes. Bei einer Teilung spaltet sich die DNS wie ein Reißverschluß und die nun getrennten Ketten bauen durch Anlagerung von Komplementärnukleotiden neue DNS-Fäden auf. So entstehen aus einem DNS-Molekül durch DNS-Replikation zwei völlig identische neue, die sich auf die zwei Tochterzellen verteilen und damit ihre identische Reproduktion gewährleisten.

Was die Entstehung des Lebens auf der Erde betrifft, so ist zunächst einmal die Frage nach dem Entstehungsort von Interesse. Nur wenige Naturwissenschaftler bevorzugen heute die Meinung, daß außerirdisches Leben auf die Erde kam und sich hier fortentwickelte. Einer dieser Befürworter ist der brit. Astrophysiker Sir F. Hoyle, der in Anlehnung an die alte ↑ Panspermiehypothese die Entstehung des Lebens in Kometen vermutet. Die durch Niedergang von Kometen zur Erde transportierten Bakterien und deren Fortentwicklungen sollen für das Leben auf der Erde verantwortlich sein. Die Mehrzahl der Naturwissenschaftler dagegen sieht die Erde als Entstehungsort unseres Lebens an.

Man geht dabei heute zumeist von einer chemischen Selbstorganisation des Lebens, von einer biologischen Evolution vorgelagerten chemischen Evolution aus.

In den zwanziger Jahren legten der sowjetrussische Biochemiker Alexandr Iwanowitsch Oparin (1894–1980) und der britische Genetiker John Burdon Sanderson Haldane (1892–1964) unabhängig voneinander detaillierte Modelle vor, wie sich in der Frühzeit der Erde aus miteinander reagierenden unbelebten chemischen Molekülen Leben entwickelt haben könnte. Beide nahmen als Entstehungsort der ersten Biomoleküle warme, mit organischen Molekülen angereicherte Urozeane (Ursuppe) an. Nach Oparin sollten die für das Leben erforderlichen Urstoffe Wasser, Ammoniak und Kohlensäure sein. Durch kosmische Strahlung oder durch Blitzein-

Leben im All

wirkung hätten sich diese Moleküle teilweise in Radikale aufgespaltet, die ihrerseits dank ihrer Reaktionsfreudigkeit schnell zu organischen Molekülen reagiert haben sollen. Diese kühnen Spekulationen wurden jahrzehntelang mit Skepsis betrachtet. In den 50er Jahren aber wurden sie mit raffinierten Experimenten auf ihre Stichhaltigkeit überprüft.

Die amerikanischen Biochemiker Melvin Calvin (*1911) und Stanley Lloyd Miller (*1930) stellten künstlich ein wäßriges Gemisch her, das dem Urozean der präbiotischen Epoche (etwa vor 4 Mrd. Jahren) entsprechen sollte. Das freie Volumen über dem Flüssigkeitsspiegel füllten sie mit Methan, Ammoniak, Kohlendioxid und Stickstoff an, Stoffe, von denen sie annahmen, daß sie in der Uratmosphäre vorhanden waren. Unter der Annahme, daß auch zur damaligen Zeit reichlich elektrische Entladungen (Gewitter) stattfanden, setzten sie das Gasgemisch elektrischen Funkenladungen, die Blitze simulieren sollten, aus. Nach einer Woche „Kocherei" bildete sich an der Innenseite des Glaskolbens ein Belag aus Aminosäuren, die Bausteine der Proteine. Die Demonstration der Entstehung dieser Grundbausteine aus anorganischen Stoffen mit Hilfe von Blitzen und Sonneneinstrahlung wurde in der ersten Euphorie als Entdeckung der Lebensentstehung gefeiert. Doch ungelöst ist weiterhin die Frage, wie aus solchen und anderen kleinen organischen Molekülen Proteine und Gene entstanden sind. Dabei ist ungeklärt, wie Aminosäuren so konzentriert wurden, daß es zu vielfältigen Reaktionen kam. Wasser scheint hierfür ungeeignet. Also sollte das Wasser der Ursuppe irgendwie verdunstet sein. Bei normaler Verdunstung aber verflüchtigen sich wichtige chemische Verbindungen genauso rasch wie das Wasser. Neuere Versuche israelischer Wissenschaftler bestätigen die Idee des britischen Wissenschaftlers John Desmond Bernal (1901–1971), daß mineralische Tonstätten bei Verdunstung des in ihnen enthaltenen Wassers quasi als Katalysatoren für den Zusammenbau kurzer Aminosäureketten fungieren. Damit scheint ein erster erfolgreicher Schritt zur Herstellung langer Aminosäureketten, die wir Proteine nennen, getan. DNS-Moleküle andererseits sind Nukleinsäuren, also Ketten von Nukleotiden. Nach Meinung des amerikanischen Wissenschaftlers Leslie Eleazer Orgel (*1927) sollten Nukleinsäuren vor den Proteinen entstanden sein, weil Proteine sich nur nach Anweisung von Genen, also von Nukleinsäuren, formieren können. Orgel ist es gelungen, mehr als 40 Nukleotide miteinander zu verknüpfen, ohne dazu ein einziges der Proteine zu benötigen, wie sie die Natur zur Herstellung derartiger Strukturen heranzieht. Diese künstlich gewonnenen Ketten sind zwar im Vergleich mit den üblicherweise viele tausend Glieder umfassenden Gensätzen von Viren oder den Milliarden Nukleotiden bei den menschlichen Gensätzen bescheiden, könnten aber zeigen, wie sich die Evolution des Lebens vollzogen hat.

Der deutsche Nobelpreisträger Manfred Eigen (*1927) glaubt, daß nicht die DNS, sondern RNS-Moleküle am Beginn des Lebens standen. Möglicherweise waren sie den heutigen Transfer-RNS-Molekülen, die in allen lebenden Organismen vorkommen, ähnlich. Unter gewissen Voraussetzungen könnte dann RNS durch DNS ersetzt worden sein. Versuche amerikanischer Wissenschaftler deuten dies an. So funktioniert die Selbstreproduktion von Viren-RNS-Abschnitten auch dann, wenn ihnen statt der bevorzugten Ribose (Zucker mit 5 Sauerstoffatomen) verstärkt Desoxyribose (Zucker mit 4 Sauerstoffatomen) zugeführt wird. Beide Zucker werden eingebaut und es entsteht ein Mittelding zwischen DNS und RNS.

Mit zunehmender Weiterentwicklung der Lebewesen nahm die Anzahl der Gene und damit auch die DNS-Kettenlänge zu. Betrachtet man ein Lebewesen, dessen DNS die Information für Proteine aus insgesamt 10^6 Aminosäuren enthält, so ist – bei 20 verschiedenen Aminosäuren, wie sie üblicherweise in Lebewesen vorkommen – die Wahrscheinlichkeit für das zufällige und

gleichzeitige Zustandekommen dieser Information $1:(10^6)^{20} = 1:10^{120}$.
10^{120} ist eine ganz und gar unvorstellbare Zahl. Das Alter der Erde in Sekunden ausgedrückt liegt unter 10^{18}! Das zeigt, wie unwahrscheinlich es unter der obigen Prämisse einer durch Zufall maßgeblich geprägten Entwicklung ist, daß sich das Leben genauso entwickelt hat, wie wir es kennen. Daraus kann man aber nicht folgern, daß das Leben ein extremer Ausnahmefall ist, der im ganzen Weltall nur ein einziges Mal, nämlich auf der Erde, eingetreten ist. Ein Vergleich mag das veranschaulichen: Fällt ein Dachziegel vom Dach, so zerbricht er in viele Teile. Geschieht es nun, daß der neue, mit dem ursprünglichen völlig identischen Ziegel, der zur Reparatur verwendet wurde, ebenfalls herunterfällt, so wird sein Scherbenmuster anders aussehen. Aufgrund der unzähligen Möglichkeiten für solche Scherbenmuster ist die Wahrscheinlichkeit, zweimal das gleiche Muster vorzufinden, praktisch gleich null; d. h. ähnlich unwahrscheinlich wie eine identische Wiederholung derselben Lebensentwicklung. Genauso, wie es unsinnig wäre, aus der Unwahrscheinlichkeit eines speziellen Musters zu schließen, der Ziegel sei nicht vom Dach gefallen, kann man aus der Unwahrscheinlichkeit unserer Lebensentwicklung nicht folgern, daß das Leben ein einmaliges, nicht wiederholbares Ereignis ist. Wenn es noch andere Lebensformen im Universum gibt, so werden sie sich allerdings wohl deutlich von den irdischen unterscheiden.
Die Frage nach der Existenz außerirdischen Lebens hat derzeit nur spekulativen Charakter. Darüber können auch noch so ausgeklügelte mathematische Formalismen, wie z. B. die ↑Green-Bank-Formel, nicht hinwegtäuschen. Trotz des wissenschaftlich anmutenden Formalismus kann das Ergebnis dieser Rechnung stets nur eine persönliche Ansicht darstellen, solange der Wert bestimmter Faktoren weitgehend von der persönlichen Einschätzung des Einzelnen abhängt.
Die Chemie des irdischen Lebens basiert auf Kohlenstoff. Kohlenstoff ist vierwertig und kann riesige Ketten- oder Ringstrukturen bilden. Es fällt uns schwer, sich Leben auf irgendeine andere Art zu denken. Aber Silicium, das ebenfalls vierwertig ist und auch Ketten von erheblicher Länge bilden kann, könnte bei hohen Umgebungstemperaturen den Platz des Kohlenstoffs in einer anderen Art von Leben einnehmen. Es wäre auch denkbar, daß Ammoniak anstelle von Wasser als Lösungsmittel agieren könnte, wenn die Umgebungstemperaturen sehr niedrig sind. Ob eine dieser Denkmöglichkeiten tatsächlich in der Weite des Alls verwirklicht ist, entzieht sich bislang unserer Kenntnis.

Leda [nach der gleichnamigen weiblichen Sagengestalt der griech. Mythologie]: ein Satellit des ↑Jupiters.

Leier (Lyra; Abk.: Lyr): ein verhältnismäßig kleines Sternbild des nördlichen Himmels, das von mittleren Breiten aus im Sommer am Abendhimmel sichtbar ist. Über den Hauptstern ↑Wega, der zusammen mit Atair (Sternbild Adler) und Deneb (Sternbild Schwan) das ↑Sommerdreieck bildet, kann die L. leicht gefunden werden.
Im Sternbild L. befinden sich zahlreiche Doppelsterne und veränderliche Sterne. Für besondere Gruppen von ↑Veränderlichen sind ↑RR-Lyrae-Sterne und ↑Beta-Lyrae-Sterne Prototypen. Ein bekannter Mehrfachstern ist ε Lyrae (↑Sternnamen), der mit sehr guten Augen bereits als Doppelstern auflösbar ist. Weiter bemerkenswert in diesem Sternbild ist der bekannte ↑Ringnebel M 57.

Leitstern: ein Stern, auf den während einer langandauernden Himmelsaufnahme das Leitrohr der Kamera eingestellt wird, um eine synchrone automatische Nachführung mit der scheinbaren täglichen Sternbewegung zu erreichen.

Leo [lat. = Löwe]: wiss. Name für das Sternbild ↑Löwe.

Leo Minor [lat. = kleinerer Löwe]: wiss. Name für das Sternbild ↑Kleiner Löwe.

Leoniden [zu lat. leo, leonis = Löwe]: ein periodischer, zwischen dem 14. und 20. November auftretender Meteorstrom, dessen Radiant (Ausstrahlungspunkt) im Sternbild Löwe (Leo) liegt.

Lep: Abk. für **Lep**us (↑ Hase).

Leptonen [zu griech. leptós = dünn, fein, zart]: Elementarteilchen, die den Spin $\frac{1}{2}$ haben und im Gegensatz zu den ↑ Hadronen nicht an der starken ↑ Wechselwirkung teilnehmen.
Bislang haben sich keine Hinweise auf eine innere Struktur der L. ergeben, im Gegensatz zu den ↑ Baryonen, deren Konstituenten ↑ Quarks sind.
Insgesamt gibt es 6 L.: das Elektron und das zugehörige Elektronneutrino, das Myon mitsamt dem Myonneutrino sowie das Tau mit dem Tauneutrino.
Im ↑ Standardmodell der Elementarteilchen werden Quarks und L. als die unteilbaren Bausteine der Materie angesehen.

Leptonenära: nach der ↑ Big-bang-Theorie die Entwicklungsphase bei einem ↑ Weltalter von 10^{-4} s bis 1 s. Die der ↑ Hadronenära folgende L. zeichnet sich durch Zerfallsprozesse der Hadronen aus, d.h. Teilchen und Antiteilchen wandeln sich in Strahlung um. Die dabei entstandenen Quanten werden heute als ↑ Drei-Kelvin-Strahlung beobachtet.

Lepus [lat. = Hase]: wiss. Name für das Sternbild ↑ Hase.

LEST [Abk. für engl.: large earth-based solar telescope = großes erdstationiertes Sonnenteleskop]: ein für die neunziger Jahre geplantes internat. Großteleskop zur Erforschung der Sonnenmagnetfelder. Das Teleskop wird eine Öffnung von 2,4 m besitzen und soll eine Auflösung von 0,1 Bogensekunden erreichen. Diese hohe Auflösung wird durch die sog. ↑ adaptive Optik ermöglicht, bei der aufgrund von Turbulenzen in der Erdatmosphäre erzeugte Bildverzerrungen durch in einigen Millisekunden erfolgende Steuerungen des deformierbaren Spiegels korrigiert werden.
Der Standort des LEST wird auf Hawaii oder auf den Kanarischen Inseln liegen.

leuchtende Gasnebel: zu dichten Wolken geballte interstellare Materie, die im optischen Spektralbereich strahlt. Nach der Ursache des Leuchtens unterscheidet man bei l.n G.n zwischen ↑ Reflexionsnebeln und ↑ Emissionsnebeln. Bei ersteren reflektiert der dem Gas beigemischte Staubanteil des Nebels das Licht eines oder mehrerer benachbarter Sterne, bei Emissionsnebeln wird das Gas des Nebels durch benachbarte Sterne zum eigenen Leuchten angeregt.
Nach ihrer äußeren Gestalt unterteilt man die l.n G. in ↑ diffuse Nebel und ↑ planetarische Nebel.

Leuchtkraft (Formelzeichen L): ein Maß für die Gesamtenergieabgabe eines Sterns bzw. einer Galaxie pro Zeiteinheit, also der über alle Frequenzen integrierte Strahlungsfluß.
Als Einheit verwendet man vorwiegend die Sonnenleuchtkraft $L_\odot$, die man im Prinzip über die Solarkonstante $s_\odot$ wie folgt bestimmt: Mit Hilfe von Strahlungsmeßgeräten wie Aktinometer oder Pyrheliometer wird die über alle Frequenzen integrierte Strahlungsflußdichte der Sonne auf der Erde gemessen. Bezogen auf die mittlere Erdentfernung von $r = 1$ AE und unter gleichzeitiger Wegkorrektur des atmosphärischen Einflusses ergibt sich die Solarkonstante mit einer Unsicherheit von 1% zu:

$$s_\odot = 1{,}374 \text{ kW m}^{-2}.$$

Durch Multiplikation mit der Kugelfläche $A = 4\pi r^2$ ergibt sich aus der Strahlungsflußdichte „Solarkonstante" der Strahlungsfluß „L.", bezogen auf die Einheitsentfernung $r = 1\,\text{AE} = 1{,}496 \cdot 10^{11}$ m:

$$L_\odot = 4\pi r^2 \cdot s_\odot = 3{,}86 \cdot 10^{23}\,\text{kW}.$$

Analog versucht man die L. von Sternen über ihre Strahlungsflußdichten auf der Erde zu bestimmen. Die Bestimmung dieser über alle Frequenzen integrierten Strahlungsflußdichten ist mit den gleichen Schwierigkeiten wie die der scheinbaren ↑ bolometrischen Helligkeit behaftet. Zudem gehen auch noch die Sternentfernung und bei entfernten Sternen die interstellare Absorption, die mitunter sehr merklich sein kann, in die Berechnung ein. Damit wird klar, daß wirklich genaue L.angaben nur für relativ wenige Sterne vorliegen. Mit Hilfe dieser Daten versucht man über indirekte Verfahren, wie Strukturvergleich von Sternspektren (↑ Leuchtkraftklasse), ungefähre L-Werte für eine größere Anzahl von Sternen zu bekommen.

Die vorkommenden Leuchtkräfte variieren sehr stark. Das Verhältnis $L/L_\odot$ schwankt für das Gros der Sterne zwischen 10^{-3} und etwa 10^4.
Statt der L. wird häufig auch die ihr äquivalente ↑absolute bolometrische Helligkeit herangezogen, die im System der Größenklassen angegeben wird. Bezogen auf die Sonne $M_{bol\odot} = 4{,}72$ gilt dann:

$$M_{bol} - 4{,}72 = -2{,}5 \log \frac{L}{L_\odot}.$$

Leuchtkraftklasse: eine Größe, die in Verbindung mit der Spektralklasse für die Leuchtkraft eines Sterns bzw. einer Galaxie eine grobe Einteilung liefert.
Auf dem Weg zur vollständigen Klassifikation aller Sternspektren führten W. W. Morgan und Ph. Ch. Keenan (↑MK-System) zusätzlich zum ersten Parameter „Spektralklasse" die L. als zweiten Parameter ein. Innerhalb einer Spektralklasse ist die ↑Effektivtemperatur annähernd konstant. Leuchtkraftunterschiede sind daher wegen

$$L = 4\pi R^2 \sigma T_{eff}^4$$

(↑Flächenhelligkeit) auf Unterschiede der Sternradien zurückzuführen. Die Zuordnung von Sterntypen zur L. erfolgt daher nach dem Sternradius. Im einzelnen unterscheidet man folgende L.n:

Ia-0 Überüberriesen
I   Überriesen
II   helle Riesen
III   normale Riesen
IV   Unterriesen
V   Zwergsterne
      (= Hauptreihensterne)
VI   Unterzwerge

Innerhalb einer Spektralklasse kann die Leuchtkraft um den Faktor 10 variieren. Die relativ wenigen L.n liefern daher nur eine grobe Einteilung. Speziell im Bereich der Überriesen und Riesen ist es üblich, durch Suffixe a, ab oder b Unterklassen einzuführen. Eine Sonderklasse bilden die weißen Zwerge im Bereich von 10^{-1} bis 10^{-2} $L_\odot$.
Einen Zusammenhang zwischen L., Spektralklasse und Leuchtkraft zeigt das Zustandsdiagramm.

Das Linienspektrum eines Sterns ist praktisch durch den Ionisationsgrad bestimmt, d. h., bei gegebener chemischer Zusammensetzung durch die zwei Parameter Temperatur und Elektronendruck. Während die Spektralklasse im wesentlichen nach der Temperatur (der Außenhülle) ordnet, liefert die L. einen Hinweis auf die Schwerebeschleunigung und damit auf die Gasdichte in der Sternatmosphäre. Die Bestimmung der L., die über die Schärfe und Stärke gewisser Spektrallinien (z. B. Balmer-Linien) möglich ist, ist im Gegensatz zur Spektralklassenbestimmung praktisch sehr schwierig.
L. und Spektralklasse erlauben für die Mehrzahl der Sterne eine ausreichende Charakterisierung (↑Sternverzeichnis).

Lexell-Komet: am 14. Juni 1770 von Ch. Messier entdeckter Komet, der sich der Erde bis auf nur etwas über $2 \cdot 10^6$ km näherte. A. J. Lexell berechnete seine Bahn und bestimmte die Umlaufzeit zu 5,585 Jahren. 1767 war der Komet von Jupiter aus einer Bahn mit 11,4jähriger Umlaufzeit eingefangen worden. 1776 waren die Beobachtungsverhältnisse ungünstig, auch 1781/82 und später wurde der Komet nicht mehr gesehen. Nach

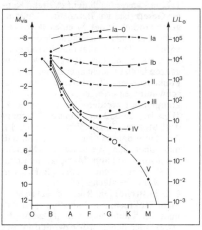

Leuchtkraftklasse. Zustandsdiagramm, das den Zusammenhang zwischen Spektral- und Leuchtkraftklasse zeigt

Lexells Berechnungen passierte der Komet bereits 1779 wieder Jupiter. Bei dieser Begegnung mit Jupiter, dem er sich vermutlich bis auf 230 000 km näherte, änderten sich aufgrund gravitativer Störungen seine Bahnparameter. Er wurde beschleunigt und geriet auf eine größere Bahn, die ihn wohl bis jenseits von Pluto führte. Seine jetzige Umlaufzeit soll 260 Jahre betragen.

Lib: Abk. für **Libra** (↑ Waage).

Libra [lat. = Waage]: wiss. Name für das Sternbild ↑ Waage.

Libration [aus lat. libratio = das Wägen]: scheinbare Schwankung des Mondes beim Anblick von der Erde aus, so daß mehr als die Hälfte der Mondoberfläche zu sehen ist.

Der Mond führt als Folge der ↑ Gezeitenreibung eine **gebundene Rotation** aus, d. h. seine Rotationsperiode ist gleich seiner Umlaufzeit um die Erde. Dadurch kehrt der Mond jedem Punkt auf der Erde prinzipiell immer dieselbe Seite zu. Die Summe der nachfolgend aufgezählten verschiedenen L.en bewirkt, daß darüber hinaus noch rund 10% der erdabgewandten Seite der Mondoberfläche von der Erde aus nach und nach zu sehen sind.

1. **L. in Länge:** Nach dem zweiten ↑ Kepler-Gesetz ist der Betrag der Umlaufgeschwindigkeit des Mondes W_u wegen der elliptischen Form der Mondbahn variabel. Die Umlaufgeschwindigkeit kann daher nur im Mittel über einen ganzen Umlauf, nicht aber zu jedem Zeitpunkt von der mit konstanter Winkelgeschwindigkeit erfolgenden Rotation W_{rot} kompensiert werden. Im Perigäum ist $W_u > W_{rot}$, so daß man über den Ostrand des Mondes hinausblicken kann. Im Apogäum dagegen ist $W_u < W_{rot}$, so daß man über den Westrand des Mondes hinausblicken kann. Maximal sieht man 7° 53' mehr „rechts" oder „links" von der Mondoberfläche.

2. **L. in Breite:** Die Rotationsachse steht nicht senkrecht zur Bahnebene, so daß man im Laufe des Monats zeitweilig etwas über den Nord- bzw. Südpol des Mondes hinübersehen kann. Maximal sieht man 6° 40' über den oberen bzw. unteren Rand der Mondscheibe.

3. **Parallaktische L.:** Visiert man den Mond von verschiedenen Punkten der Erde aus an oder von einem Ort zu verschiedenen Zeiten, so sieht man den Mond unter verschiedenen Blickwinkeln. Dies bewirkt allerdings im Maximum nur einen geringen Betrag, und zwar von etwa 1°.

Librationspunkte: fünf ausgezeichnete Punkte beim eingeschränkten ↑ Dreikörperproblem.

lichtelektrische Photometrie: andere Bez. für ↑ photoelektrische Photometrie.

lichtelektrischer Effekt: svw. ↑ Photoeffekt.

Lichtgeschwindigkeit (Formelzeichen c): Ausbreitungsgeschwindigkeit des Lichts, d. h. diejenige Geschwindigkeit, mit der sich ein bestimmter Phasenzustand einer Lichtwelle ausbreitet. Man spricht deshalb in diesem Zusammenhang auch von Phasengeschwindigkeit des Lichts. Von ihr zu unterscheiden ist die Gruppengeschwindigkeit, d. h. die Geschwindigkeit, mit der sich eine Wellengruppe als Ganzes fortbewegt. Phasengeschwindigkeit und Gruppengeschwindigkeit stimmen nur im Vakuum überein.

Die L. hängt einerseits vom Ausbreitungsmedium, andererseits von der Frequenz des Lichts ab. Nur im Vakuum, wo sie ihren höchsten Wert annimmt, ist die L. frequenzunabhängig. Die Geschwindigkeit des Lichts im Vakuum **(Vakuum-L.)** ist eine grundlegende physikalische Konstante (Naturkonstante). Sie stellt nach der Relativitätstheorie die obere Grenzgeschwindigkeit für eine Energie- bzw. Signalübertragung dar. Als derzeit genauester Wert der Vakuum-L. c_0 gilt:

$$c_0 = 299\,792{,}458 \frac{\text{km}}{\text{s}} \pm 0{,}012 \frac{\text{km}}{\text{s}}.$$

Die L. in Luft liegt nur um etwa 0,03% unter der Vakuumlichtgeschwindigkeit. In beiden Fällen genügt es zumeist, mit dem gerundeten Wert von

$$c \approx 300\,000 \frac{\text{km}}{\text{s}}$$

zu arbeiten.

Lichtjahr (Einheitenzeichen: Lj): astronomische Entfernungseinheit. Unter der Entfernungsangabe 1 Lj (keine Zeiteinheit!) versteht man die Entfernung, die das Licht in einem Jahr zurücklegt, das sind rund 10 Billionen km.

1 Lj = 9,4605 · 10^{15} m = 0,3066 pc = 63 240 AE.

Lichtkurve: graphische Darstellung der scheinbaren Helligkeit von kosmischen Objekten in Abhängigkeit von der Zeit, z. B. bei ↑ Veränderlichen.

Lichtstärke:

◊ (Formelzeichen *I*), *photometrische Größe* (SI-Basiseinheit: Candela [cd]). Der auf den Raumwinkel bezogene Strahlungsfluß einer Lichtquelle. Laut Definition hat ein Hohlraumstrahler bei der Temperatur des schmelzenden Platins $T = 2042,5$ K senkrecht zu einem Loch mit 1 cm^2 Fläche die Lichtstärke 60 Candela.

◊ bei *Fernrohren* ein Beurteilungskriterium für die Leistungsfähigkeit (zeitgemäß wäre die Bez. Bestrahlungsstärke). Astronomische Fernrohre haben u. a. die Aufgabe, möglichst viel Lichtenergie zu vereinigen, um Objekte geringer Helligkeit der Beobachtung zugänglich zu machen. Es ist daher wichtig, daß ein Fernrohr auf dem jeweils benutzten Strahlungsempfänger (Photoplatte, Auge usw.) eine möglichst große Bestrahlungsstärke hervorruft. Die L. eines Fernrohrs ergibt sich daraus, wieviel Strahlungsenergie durch das Objektiv gesammelt und auf welche Empfängerfläche diese Energie bei der Abbildung verteilt wird. Bei photographischer Beobachtung geschieht die Abbildung des Gegenstandes in der Brennebene auf der hier als Empfänger angebrachten Photoplatte. Bei Außerachtlassung atmosphärischer Einflüsse und eventueller Lichtverluste im Fernrohr wächst die vom Objektiv gesammelte Strahlungsenergie mit der Objektivfläche, also proportional zum Quadrat der Öffnung *D* des Objektivs. Für flächenhafte Objekte (Kometen, Nebel) wächst die Bildgröße mit der Brennweite *f*. Die Fläche des Bildes, auf dem die gesammelte Strahlungsenergie verteilt wird, wächst also mit dem Quadrat der Brennweite. Folglich ist die L.

$$E \sim \left(\frac{D}{f}\right)^2,$$

d. h., sie ist nur abhängig vom Öffnungsverhältnis. Bei fest vorgegebenem Öffnungsverhältnis ergeben also Fernrohre mit größerem Objektivdurchmesser keine helleren, sondern nur größere Bilder von flächenhaften Objekten. Bei Linsenteleskopen liegen die Öffnungsverhältnisse im Bereich von 1:20, 1:10, bei Spiegelteleskopen zwischen 1:8 und 1:3, in Extremfällen auch schon bei 1:0,6. Bei der Beobachtung von Sternen und anderen punktförmigen Objekten ist die L. nur vom Quadrat des Objektivdurchmessers abhängig, also

$$E \sim D^2.$$

Bei der visuellen Beobachtung geht auch die Vergrößerung des Fernrohrs mit in die Überlegungen ein. Die vom Objektiv gesammelte Strahlungsenergie ist wiederum proportional zum Quadrat des Objektivdurchmessers. Diese Strahlungsenergie gelangt aber nur dann vollständig ins Auge, wenn das aus dem Okular austretende Lichtbündel kleiner oder gleich der Öffnung der Pupille des ans Dunkel angepaßten Auges ist. Der Pupillendurchmesser eines solcherart adaptierten Auges beträgt etwa 8 mm. Im Grenzfall (Durchmesser des Strahlenbündels = Pupillendurchmesser) liegt somit gerade eine ↑ Normalvergrößerung vor, welche definitionsgemäß *D*/8 ist, wobei der Objektivdurchmesser in mm-Einheiten eingeht. Bei Beobachtung flächenhafter Objekte erzielt man daher bei Normalvergrößerung die größtmögliche Lichtstärke. Die mit einem Fernrohr visuell erreichbare L. ist höchstens - sieht man von Lichtverlusten im Fernrohr sogar noch ab - genau so groß wie bei der Beobachtung mit bloßem Auge. Damit wird es verständlich, warum man flächenhafte Objekte im Fernrohr zwar größer, aber keineswegs heller sieht. Bei stärkerer, übernormaler Vergrößerung gelangt zwar auch die gesamte Strahlungsenergie ins Auge. Da sie aber auf eine größere Fläche der

Lick-Observatorium

Netzhaut verteilt wird, sieht man weniger helle Bilder.
Bei visueller Beobachtung von Punktquellen steigt mit wachsender Vergrößerung die L., da das aus dem Okular austretende Lichtbündel kleiner ist und mehr Strahlungsenergie in das Auge gelangt. Bei Normalvergrößerung gelangt wiederum alle vom Objektiv gesammelte Energie ins Auge. Bei wachsender Vergrößerung (bis etwa zur 5fachen Normalvergrößerung) ergibt sich eine Kontrastwirkung – die L. der punktförmigen Lichtquellen bleibt gleich, jedoch erscheint der flächenhafte Himmelshintergrund immer dunkler –, so daß die Sterne sich stärker vom Himmelshintergrund abheben. Das ist der Grund, warum man Sterne in einem Fernrohr auch bei Tage sehen kann. Bei darüberhinausgehender Vergrößerung wächst das ↑Beugungsscheibchen. Als Folge davon wird nicht mehr ein einzelnes Netzhautelement belichtet, sondern mehrere. Das wiederum hat zur Folge, daß die L. sinkt und somit kein Gewinn an Helligkeit erzielt wird.

Lick-Observatorium: eine auf die Stiftung des Millionärs James Lick (1796–1876) zurückgehende traditionsreiche Sternwarte auf dem 1 283 m hohen Mount Hamilton östlich von San Jose, Kalifornien. Hauptinstrumente sind ein 90-cm-Linsenteleskop und ein 3-m-Spiegelteleskop.

Lineal [zu lat. linea = Strich, Richtschnur]: mitunter benutzte Bez. für das Sternbild ↑Winkelmaß.

linsenförmige Galaxien: Galaxien, die nach ihrem Aussehen dem ↑Hubble-Typ S0 zuordenbar sind.

Linsenteleskop (Refraktor): ein Fernrohr, bei dem die lichtsammelnde Optik, das Objektiv, eine Sammellinse bzw. ein als Sammellinse wirkendes Linsensystem ist. Das Objektiv entwirft in seiner Brennebene ein reelles, umgekehrtes Bild, das durch ein Okular vergrößert betrachtet oder auf einer Photoplatte dokumentiert wird.
Das visuelle Bild ist ein virtuelles, auf dem Kopf stehendes Bild. Diese Tatsache ist aber bei der astronomischen Beobachtung im allg. ohne Belang. Eine technisch mögliche Aufrichtung des Bildes durch weitere Linsen- oder Prismensysteme hätte eine starke Verschlechterung der Bildschärfe und der Lichtstärke zur Folge.
Wichtigstes Kennzeichen der Leistungsfähigkeit von L.en ist der Objektivdurchmesser, der aus historischen Gründen mitunter in englischen Zoll oder amerikanischen Inches angegeben wird. Dabei entspricht ein englischer Zoll oder ein US-Inch 25,4 mm.
L.e werden insbes. für Sonnenbeobachtungen gebaut (↑Turmteleskop). Weitere Verwendungsgebiete sind Positionsastronomie, Winkelabstandsmessung, Auflösung von Doppelsternen sowie die Beobachtung von Planeten mitsamt ihren Satelliten. Eine Sonderform der L.e sind die ↑Astrographen, die im Gegensatz zu normalen L.en ein großes Bildfeld (Durchmesser 5° und mehr) besitzen. Astrographen werden daher hpts. zur Beobachtung von Sternhaufen und für Durchmusterungszwecke eingesetzt.
L.e zeichnen sich in erster Linie durch ihre geringe Justierungsempfindlichkeit aus. Außerdem sind sie gegenüber Luftturbulenzen weit weniger anfällig als ein Spiegelteleskop und eignen sich somit als Fernrohre besonders für Schul- und Volkssternwarten mit Publikumsbeobachtungen.
Alle L.e zeigen ↑Bildfehler, die man durch geeignete Wahl und Konstruktion der optischen Systeme zu minimalisieren versucht.
Das größte derzeitige visuelle L. hat eine Öffnung von 102 cm, eine Brennweite von 19,4 m und ein Öffnungsverhältnis von 1:19. Es befindet sich im Yerkes-Observatorium (USA). Das größte photographisch betriebene L. mit einer Öffnung von 80 cm, einer Brennweite von 12 m und dem Öffnungsverhältnis 1:15 steht in Potsdam. Das Lick-Observatorium (USA) besitzt einen Doppelastrographen mit einer Öffnung von 51 cm, der Brennweite 375 cm und dem Bildfelddurchmesser 6°.
Eine in der Astronomie wenig verwendete Sonderform ist das **Galilei-** oder **holländische Fernrohr.** Bei diesem L. besteht das Okular aus einer Streulinse, die

ein aufrechtes Bild liefert. Das mit großer Lichtstärke, aber mit kleinem Gesichtsfeld arbeitende Fernrohr findet als Opernglas Anwendung.

LMC ↑ Große Magellan-Wolke.

LMi: Abk. für Leo Minor (↑ Kleiner Löwe).

lokale Gruppe [aus lat. localis = örtlich]: Bez. für die Galaxiengruppe, zu der unser Milchstraßensystem gehört. Die l. G. umfaßt mehr als 20 Sternsysteme in einer Entfernung bis zu 1 300 kpc. Bekannteste Mitglieder sind die beiden Magellan-Wolken, der Andromedanebel (M 31) und der Dreiecksnebel (M 33). In einem Abstand von 100 bis 200 kpc befindet sich eine Reihe schwer erkennbarer Zwerggalaxien. Unter anderem erschwert der hohe Anteil dieser Zwerggalaxien, die Gesamtzahl der Galaxien in der l.n G. zu übersehen.

lokaler Arm: andere Bez. für den ↑ Orionarm.

Lorentz-Kontraktion [nach H. A. Lorentz]: andere Bez. für ↑ Längenkontraktion.

Löwe (Leo; Abk.: Leo): ein zum Tierkreis zählendes Sternbild des nördlichen Himmels, das von mittleren nördlichen Breiten aus v. a. im Spätwinter und Frühling sichtbar ist.

Die Sonne durchläuft bei ihrer scheinbaren jährlichen Bewegung den L.n in der Zeit von etwa Mitte August bis Mitte September.

Hauptstern ist ↑ Regulus. Zusammen mit Arcturus (Sternbild Bootes) und Spica (Sternbild Jungfrau) bildet er das ↑ Frühlingsdreieck.

Mit einem kleinen Instrument können die Galaxien M 65 und M 66 beobachtet werden.

Luchs (Lynx; Abk.: Lyn): ein lichtschwaches Sternbild des nördlichen Himmels, das, von mittleren nördlichen Breiten aus beobachtet, stets über dem Horizont bleibt und daher zu den ↑ Zirkumpolarsternbildern zählt.

Luftpumpe (Antlia; Abk.: Ant): ein lichtschwaches Sternbild des südlichen Himmels.

Luftunruhe: ungeordnete Schwingungen um die mittlere Sollrichtung eines Sternbildchens. Der Effekt wird durch Turbulenzelemente (Luftschlieren) und die damit verbundenen örtlichen und zeitlichen Veränderungen der Brechzahl der Luft hervorgerufen. Besonders ausgeprägt ist der Effekt bei der Beobachtung mit Fernrohren ab 10 cm Öffnung; hier beträgt die Amplitude der Schwankungen bis zu 5″. L. und ↑ Szintillation sind besonders stark ausgeprägt, wenn die Sterne so „schön funkeln", wie z. B. in klaren Winternächten.

Bei Beobachtungen von Sonne, Mond oder Planeten mit bloßem Auge ist dieser Effekt, da es sich um Lichtquellen mit merklicher Winkelausdehnung handelt, kaum zu bemerken. Bei Fernrohrbeobachtungen dieser Gestirne macht sich aber die L. durch wechselnde Schärfe des Bildes und Verschwimmen der Bildränder bemerkbar. Sie setzt dem Auflösungsvermögen von Fernrohren eine natürliche Grenze. Man kann deshalb z. B. mit noch so großen Fernrohren auf dem Mond keine Einzelheiten getrennt erkennen, die viel weniger als 1″ voneinander entfernt sind. Die Anwendung allzu hoher Vergrößerungen wird durch die L. somit sinnlos.

Luna [lat. = Mond]: Bez. für unbemannte sowjetische Mondsonden. Die ersten Sonden dieser Gruppe wurden **Lunik** genannt. **Lunik 1** wurde am 1. Januar 1959 gestartet und näherte sich dem Mond auf weniger als 6 000 km. Wenn Lunik 1 auch keine Bilder lieferte, so doch andere nützliche Informationen, u. a. die Bestätigung, daß ein meßbares allg. magnetisches Dipolfeld fehlt. **Lunik 2** wurde am 12. September 1959 gestartet und war die erste Sonde, die die Mondoberfläche erreichte. Sie wurde allerdings beim harten Aufschlag zerstört und konnte keine Daten zur Erde senden. **Lunik 3** (Start 4. Oktober 1959) lieferte die ersten Bilder von der Mondrückseite.

Die folgenden Missionen mißglückten, bis schließlich mit L. 9 (Start 31. Januar 1966) erstmals eine weiche Landung auf dem Mond erfolgreich gelang. L. 10 bis L. 12 umflogen 1966 den Mond, wobei sie Daten und Bilder lieferten.

Es folgten zahlreiche weitere Missionen, von denen nur einige herausgehoben

Lunar Orbiter

werden sollen. **L. 13** (Start 21. Dezember 1966) landete weich und führte u. a. Bodenanalysen durch. **L. 16** und **L. 20** (Start 12. September 1970 bzw. 14. Februar 1972) brachten Bodenproben zur Erde zurück. **L. 17** (Start 10. November 1970) brachte mit Lunochod 1 erstmals ein fernsteuerbares Fahrzeug auf den Mond.

Lunar Orbiter ['lu:nə 'ɔ:bɪtə; engl. = Mondumkreiser]: Bez. für fünf unbemannte amerikanische Mondsonden, die vom 10. August 1966 (L. O. 1) bis zum 1. August 1967 gestartet wurden. Bevor sie auf dem Mond aufschlugen, lieferten diese Sonden aus Umlaufbahnen heraus zahlreiche Photos der Mondoberfläche. Aus Analysen der Umlaufbahnen wurden ferner die sog. ↑ Mascons entdeckt.

Lunation [zu lat. luna = Mond]: der Zeitraum zwischen zwei aufeinanderfolgenden Neumonden. Die L. entspricht also einem synodischen ↑ Monat.

Lunisolarpräzession [zu lat. luna = Mond und lat. sol = Sonne] ↑ Präzession.

Lunochod [russ. = Mondgänger]: Bez. für fernsteuerbare sowjetische Mondfahrzeuge. L. 1 wurde mit Luna 17 zum Mond transportiert, wo es am 17. November 1970 im Mare Imbrium landete. Es war bis zum 4. Oktober 1971 einsatzbereit und legte in dieser Zeit eine Strecke von insgesamt 10,5 km zurück. **L. 2** erreichte den Mond mit Hilfe von Luna 21 am 15. Januar 1973 und legte bis zum 4. Juni 1973 37 km innerhalb des Kraters Le Monnier (Mare Serenitatis) zurück.

Lup: Abk. für **Lupus** (↑ Wolf).

Lupus [lat. = Wolf]: wiss. Name für das Sternbild ↑ Wolf.

Lyn: Abk. für **Lynx** (↑ Luchs).

Lynx [griech. = Luchs]: wiss. Name für das Sternbild ↑ Luchs.

Lyr: Abk. für **Lyra** (↑ Leier).

Lyra [griech. = Leier]: wiss. Name für das Sternbild ↑ Leier.

Lyriden [zu ↑ Lyra]: ein Meteorstrom, der alljährlich zwischen dem 12. und 24. April auftaucht. Im Maximum, etwa um den 22. April, sind bis zu 40 Meteore pro Stunde zählbar. Der scheinbare Radiant liegt im Sternbild Leier (Lyra), 8° südwestlich von Wega. Bei den L. handelt es sich um Auflösungsprodukte des Kometen Thatcher (1861 I).

Lysithea [griech.]: ein Satellit des ↑ Jupiters.

M

M: Abk. für ↑ Messier-Katalog.

Magellan-Wolken: zwei bereits mit bloßem Auge sichtbare Galaxien in der Nähe des südlichen Himmelspols, von denen jede etwa 50 kpc von uns entfernt ist. Ihre Bez. geht auf den portugiesischen Seefahrer F. de Magelhães (1480–1521) zurück, der diese beiden Wolken während seiner Weltumsegelung 1521 beschrieb.

Die beiden Begleiter unseres Milchstraßensystems lassen sich wegen ihrer geringen Entfernung in viele Sternhaufen, Veränderliche sowie in Bereiche interstellarer Materie usw. auflösen. Aufgrund des ersten Eindrucks können die beiden Wolken dem ↑ Hubble-Typ Ir zugeordnet werden. Genauere Untersuchungen bei der **Großen Magellan-Wolke** (LMC) weisen aber auf eine Balkenspiralstruktur hin; dies wird durch Sternzählungen untermauert. Offensichtlich wird die Struktur durch Gezeitenkräfte der Galaxis gestört. Es gibt Indizien, daß eine Materiebrücke nicht nur zu unserer Galaxis, sondern auch zwischen beiden Wolken besteht.

Die **Kleine Magellan-Wolke** (SMC) ist weniger stark durch interstellare Materie strukturiert. Im Vergleich zur LMC beträgt ihr Winkeldurchmesser im optischen Bereich statt rund 8° nur 2,5°. Bei Radiobeobachtungen sind dagegen beide Wolken etwa gleich groß.

Die M.-W. zählen wegen ihrer Auflösbarkeit in Einzelobjekte zu den Hauptobjekten extragalaktischer Forschung. So wurde an den ↑Cepheiden der SMC die ↑Perioden-Leuchtkraft-Beziehung für diese Veränderlichen gefunden. Bekannt ist auch der ↑Tarantelnebel in der LMC.

Magnetfeld: eine ↑Zustandsgröße von Sternen. Schwache M.er, die zudem noch variabel sein dürften, sind vermutlich bei allen Sternen vorhanden. Die gemessenen Stärken der stellaren M.er reichen in der Regel bis zu einigen Zehntel Tesla. Als Extremwert wurde im Fall des Sterns HD 215441 (↑Sternnamen) sogar eine Feldstärke von 3,4 Tesla ermittelt. Das schwache M. von 10^{-4} bis 10^{-3} Tesla unserer Sonne – nicht zu verwechseln mit den lokalen starken Feldern in Fleckengruppen – würde in der Entfernung der Sterne unbeobachtet bleiben.

Bei etwa 100 Sternen hat man M.er gefunden. Diese magnetischen Sterne werden als Ap-Sterne bezeichnet, da sie überwiegend zur Spektralklasse A gehören und durch ein angehängtes p (= pekuliär) gekennzeichnet werden. Alle magnetischen Sterne sind variabel bezüglich Spektrum, Feldstärke, Polarität und z. T. auch Helligkeit. Bei einem Teil dieser Sterne sind die Variationen sogar periodisch. Während die irregulären Variationen bis heute unverstanden sind, glaubt man in dem Modell „schiefer Rotor" eine plausible Erklärung für die periodischen Veränderungen gefunden zu haben. Nimmt man rotierende Sterne mit gegen die Rotationsachse geneigtem magnetischem Dipol an, so ist es möglich, daß der Stern bei seiner Rotation der Erde abwechselnd seine beiden magnetischen Pole zukehrt.

Prinzipiell lassen sich die stellaren M.er durch den **Zeeman-Effekt** [nach P. Zeeman] messen. Unter diesem Effekt versteht man eine Aufspaltung der Spektrallinien in mehrere Komponenten in Abhängigkeit von der Stärke des M.es, in dem sich das emittierende oder absorbierende Atom befindet. Die Zeeman-Komponenten sind verschieden polarisiert und daher mit geeigneten Polarisationsoptiken einzeln bestimmbar. Da die Messung des Zeeman-Effekts äußerst schwierig ist, gelingt sie praktisch nur bei Sternen mit relativ scharfen Linien und sehr starken Feldern.

magnetische Monopole: hypothetische Teilchen, die eine magnetische Ladung tragen. P.A.M. Dirac führte 1931 diese magnetische Ladung ein, um die Asymmetrie der Maxwell-Gleichungen bezüglich elektrischer und magnetischer Ladungen, für die bislang kein Symmetrieprinzip gefunden werden konnte, zu beheben. Danach sollen die elektrische Elementarladung e und die magnetische Einheitsladung m der Quantisierungsvorschrift $e \cdot m = n \cdot h$ genügen, wobei h das Planck-Wirkungsquantum und $n = \pm 1, \pm 2, \pm 3, \ldots$ ist.

Nach der Theorie sollte die Größe der ↑Wechselwirkung m.r M. beträchtlich über der starken Wechselwirkung liegen, die ihrerseits wiederum etwa 2000mal stärker als die elektromagnetische Wechselwirkung ist.

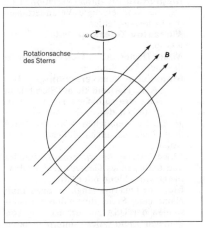

Magnetfeld. Modell eines „schiefen" magnetischen Rotors (ω Winkel- bzw. Rotationsgeschwindigkeit, B Feldstärke)

magnetische Sterne: Sterne mit einem variablen ↑Magnetfeld.

Magnetopause [griech. paũsis = Beendigung]: die äußere Grenze der ↑Magnetosphäre.

Magnetosphäre [Analogiebildung zu Atmosphäre]: das Raumgebiet um die

Magnetsturm

Erde, in dem das Erdmagnetfeld beherrschenden Einfluß hat. Die M. enthält hpts. elektrisch geladene Teilchen, die sich unter Magnetfeldeinfluß bewegen. Die M. beginnt bei etwa 1000 km Höhe und wird auf der sonnenzugewandten Seite durch den ↑Sonnenwind auf eine Höhe von 8 bis 10 Erdradien begrenzt. Auf der sonnenabgewandten Seite reichen Feldlinien schweifförmig bis über die Mondbahn hinaus; sie konnten noch in 1000 Erdradien Entfernung von der Erde nachgewiesen werden. Die äußere Grenze der M., die **Magnetopause,** kann vom Sonnenwind nicht überschritten werden. Einige Erdradien jenseits der Magnetopause entsteht auf der sonnenzugewandten Seite durch das Aufeinandertreffen von Sonnenwind und M. eine „Bugschock" genannte Stoßfront.
Die M. enthält auch die ↑Van-Allen-Gürtel.

Magnetsturm: durch Variationen im ↑Sonnenwind erzeugte Veränderungen des Erdmagnetfeldes.

Maksutov-Teleskop ↑Maxutow-Teleskop.

Maler (Pictor; Abk.: Pic): ein Sternbild des südlichen Himmels.

Männliche Wasserschlange (Hydrus; Abk.: Hyi): ein kleines Sternbild in der Nähe des südlichen Himmelspols. Da es südlich der in der Äquatorzone gelegenen Weiblichen Wasserschlange liegt, heißt es auch **Südliche Wasserschlange.**

Mare [lat. = Meer]: großes, dunkles und tiefliegendes Gebiet auf der Oberfläche von ↑Mond oder ↑Mars.

Mariner ['mærınə; engl. = Seemann]: Name einer Serie unbemannter Raumsonden der USA zur Erforschung von Planeten und des interplanetaren Raums.
M. 1 wurde am 22. Juli 1962 gestartet und mußte bereits in 161 km Höhe gesprengt werden. **M. 2** (Start am 26. August 1962) passierte Venus am 14. Dezember 1962 in etwa 34800 km Abstand. **M. 4** (Start 28. November 1964) näherte sich Mars im Juli 1965 bis auf etwa 9800 km und lieferte die ersten Nahaufnahmen der Marsoberfläche. **M. 5** (Start am 14. Juni 1967) näherte sich Venus im Oktober 1967 bis auf rund 4000 km und übertrug einige Daten beim Vorbeiflug. **M. 6** (Start am 24. Februar 1969) und **M. 7** (Start am 27. März 1969) näherten sich dem Mars bis auf rund 3400 km bzw. 3500 km und lieferten im Vorbeiflug weitere Bilder vom Mars. **M. 9** (Start 30. Mai 1971), die in eine elliptische Marsumlaufbahn einschwenkte, lieferte vom 13. November 1971 bis zum 27. Oktober 1972 insgesamt 7329 Bilder vom Mars. **M. 10** (Start 3. November 1973) passierte Venus am 5. Februar 1974 in 5770 km Entfernung und näherte sich Merkur am 29. März 1974 bis auf 694 km. Die Sonde flog noch zweimal an Merkur vorbei. Sie lieferte von beiden Planeten Nahaufnahmen. Bei M. 10 wurde erstmals das Gravitationsfeld eines anderen Planeten (Venus) ausgenutzt, um die richtige Bahn zu erreichen (↑Swing-by-Effekt).

Markab [arab.]: Hauptstern im Sternbild ↑Pegasus mit einer scheinbaren visuellen Helligkeit von 2^{m}49. - ↑auch Sternverzeichnis.

Markarian-Galaxien: Galaxien mit anormal starker Kontinuumstrahlung im UV-Bereich und einem nahezu sternförmig erscheinenden hellen Kern. Die absolut leuchtkräftigste Galaxie in dem von dem sowjetischen Astronomen B. E. Markarian aufgestellten Verzeichnis derartiger Galaxien ist das Objekt Markarian 231.

Mars [nach dem gleichnamigen röm. Kriegsgott]: vierter Planet des Sonnensystems. Der Durchmesser beträgt am Äquator 6794 km und zwischen den Polen 6755 km. Seine Masse beläuft sich auf $6{,}42 \cdot 10^{23}$ kg oder 0,1074 Erdmassen bei einer mittleren Dichte von 3,93 g/cm^{-3}. Die Entfernung zur Sonne schwankt zwischen 206,7 und $249{,}2 \cdot 10^6$ km; sie liegt im Mittel bei $227{,}9 \cdot 10^6$ km. Die Bahnexzentrizität ist mit 0,0934 recht groß. Die Bahnneigung gegen die Ekliptik beträgt etwa 1°51'. M. hat eine siderische Rotationsperiode von rund 24 Stunden und 37 Minuten sowie eine siderische Umlaufzeit von 779,9 Erdtagen. M. ist von der Erde aus gut zu beobachten. Bei M.oppositionen (Erde steht zwischen Sonne und Mars) kann der Ab-

Masse

stand Erde-M. minimal $55{,}5 \cdot 10^6$ km betragen. An den Polen sind weiße Kappen aus gefrorenem Wasser und Kohlendioxid erkennbar, deren Größe mit den Jahreszeiten schwankt. Die früher oft für Kanäle gehaltenen linienförmigen und netzartig verbundenen Gebilde auf der M.oberfläche, die mit kleineren Teleskopen erkennbar sind, erwiesen sich als optische Täuschungen. M. erscheint aufgrund eisenhaltiger Verbindungen rötlich. Seine scheinbare Helligkeit schwankt zwischen 2^m und -3^m. Sein Magnetfeld beträgt höchstens $1/1000$ des Erdmagnetfeldes.

Wesentliche Kenntnisse vom M. wurden v. a. von amerikanischen Raumsonden der Serie Mariner und Viking, in geringerem Umfang auch von den sowjetischen M.sonden gewonnen. Bei den Viking-Projekten landeten 1976 zwei Sonden weich auf der M.oberfläche.

Die *M.oberfläche* zeigt wie diejenige des Mondes zahlreiche Einschlagkrater, die aber stärker verwittert sind. Die größeren ähneln den Maria des Mondes. Ein anderes Strukturelement stellen die gewaltigen Schildvulkane dar, darunter Nix Olympica (Olympus mons) mit etwa 600 km Basisdurchmesser und einer Höhe von fast 27 km über dem mittleren M.niveau. Er ist der höchste und größte im Sonnensystem bekannte Vulkan überhaupt. Ferner findet man Becken und Gräben. Das als Valles Marineris bekannte gewaltige canyonartige Grabensystem südlich des M.äquators erstreckt sich über 4 000 km in Ost-West-Richtung und ist stellenweise 700 km breit und 6 km tief. Ausgetrocknete Flußläufe weisen auf zeitweiliges Auftreten von Wasser in wärmeren Perioden der M.geschichte hin. So könnte auch durch Vulkanismus Eis in den M.böden aufgetaut worden sein. Die südliche M.hemisphäre entspricht etwa der alten Marskruste (Hochebene), während die nördliche eine jüngere, glattere Oberfläche aufweist.

Die *Atmosphäre* ist dünn. Der Druck an der Oberfläche beträgt etwa 6 hPa. Hauptbestandteile sind mit rund 95% Kohlendioxid, Stickstoff (3%) und Argon (1,5%). Wetterschwankungen, z. B. Druckschwankungen, Sandstürme und Wolkenbildungen, sind zu beobachten. Die *Oberflächentemperaturen* liegen zwischen etwa 148 K und 310 K.

Es sind zwei kleinere, unregelmäßig gestaltete Monde, **Phobos** (1877 entdeckt, mittlerer Abstand vom M. 9 270 km; siderische Umlaufperiode 0,319 Tage; Größe $20 \times 23 \times 28$ km) und **Deimos** (1877 entdeckt; mittlerer Abstand vom M. 23 400 km; siderische Umlaufperiode 1,262 Tage; Größe $10 \times 12 \times 16$ km) bekannt, die möglicherweise aus dem Planetoidengürtel eingefangen wurden.

Mit den Viking-Landern wurde vergeblich nach Leben auf dem Mars gesucht. – Abb. S. 128.

Mars: Name einer Serie unbemannter sowjetischer Raumsonden zur Erforschung des Planeten Mars. **M. 1** wurde am 1. November 1962 gestartet, der Kontakt zur Erde riß jedoch frühzeitig ab. Bis August 1973 wurden insgesamt 7 Sonden gestartet. Das M.-Programm war von Fehlschlägen gekennzeichnet. Zwar gelangten 1971 die Sonden **M. 2** und **M. 3** in eine Umlaufbahn, der Versuch, eine Landekapsel abzusetzen, scheiterte aber bei M. 2, während bei M. 3 der Kontakt mit dem Lander kurz nach dem Aufsetzen verloren ging, ohne daß Daten erhalten werden konnten. Ebenso erfolglos war der Landeversuch bei **M. 6**. **M. 4** und **M. 7** verfehlten gar die Umlaufbahn. Aus M.umlaufbahnen und Vorbeiflügen, die bis zu 1 280 km an den Planeten heranführten, konnten noch Photographien der Planetenoberfläche gewonnen werden.

Mascon [Kurzwort aus engl. **mass concentration** = Massenkonzentration]: Bez. für Gebiete auf der Mondoberfläche mit erhöhtem Gravitationsfeld, als dessen Ursache eine Anhäufung dichterer Gesteine unterhalb gewisser Bereiche der Oberfläche angenommen wird.

Masse (Formelzeichen M): eine ↑Zustandsgröße von Sternen. Die M.n der meisten uns bekannten Sterne variieren in einem relativ engen Bereich von

$$\frac{1}{2} \leq \frac{M}{M_\odot} \leq 10,$$

wobei $M_\odot = 1{,}98 \cdot 10^{30}$ kg die Sonnen-

Masse-Leuchtkraft-Diagramm

masse ist. Es sei aber erwähnt, daß nach der Theorie des Sternaufbaus auch Extremwerte von $1/10\ M_\odot$ bis $100\ M_\odot$ möglich sind.

Bestimmungen von Stern-M.n sind über die Messung ihrer Gravitationswechselwirkungen möglich. Hierzu eignen sich v. a. die Doppelsterne. Nach dem dritten ↑Kepler-Gesetz gilt für die M.nsumme der beiden Komponenten

$$M_1 + M_2 = \frac{a^3}{U^2},$$

wenn man die M.n in Einheiten der Sonnen-M. $M_\odot$, die große Halbachse a der relativen Bahn des Begleiters um den Hauptstern in Astronomischen Einheiten (AE) und die Umlaufzeit U in Jahren ansetzt. Bei Kenntnis der Umlaufzeit und der großen Halbachse läßt sich die M.nsumme bestimmen. Bei ↑visuellen Doppelsternen ist aber zunächst die große Halbachse nur im Winkelmaß, etwa in Bogensekunden, meßbar. Um a im linearen Maß zu erhalten, ist z. B. die Kenntnis der Entfernung nützlich. Da a mit der 3. Potenz in die obige Gleichung eingeht, wirken sich aber bereits kleine Ungenauigkeiten in der Entfernungsbestimmung merklich auf die M.nbestimmung aus. Daher sind genaue M.nangaben nur für Sterne in der näheren Sonnenumgebung möglich, denn hier halten sich die Fehler der Entfernungsbestimmung noch in engen Grenzen.

Ein anderer Weg, um die im Winkelmaß gemessene Halbachse im linearen Maß zu erhalten, gelingt bei visuellen Doppelsternen auch über die Messung der Bahngeschwindigkeit des Begleiters mit Hilfe spektroskopischer Untersuchungen. Aus der Bahngeschwindigkeit und der Umlaufdauer ergibt sich die Länge der Bahn und damit die große Halbachse im linearen Maß.

Die M. jeder einzelnen Komponente eines Doppelsterns erhält man, wenn man das M.nverhältnis oder die Lage des gemeinsamen Schwerpunktes kennt, um den beide Komponenten Bahnen von gleicher Form, aber unterschiedlicher Größe beschreiben. Er liegt daher auf der Verbindungslinie der beiden Sterne; ihre Abstände vom Schwerpunkt stehen im umgekehrten Verhältnis der Massen. Aus M.nsumme und M.nverhältnis ergeben sich dann die Einzelmassen. Eine solche Bestimmung der M.n von visuellen Doppelsternen gelang bisher bei nur rund 40 Systemen.

Noch schwieriger ist die Ermittlung der großen Halbachse bei ↑spektroskopischen Doppelsternen, deren Bahnneigung i unbekannt ist. Unter günstigen Verhältnissen, z. B. wenn es sich um spektroskopische Bedeckungsveränderliche handelt, ist auch hier die Bestimmung der beiden M.n möglich. Auf diese Weise konnten die M.n von rund 20 Hauptreihensternen bestimmt werden.

Zu erwähnen sei noch, daß zwischen M. und Leuchtkraft von Hauptreihensternen die Masse-Leuchtkraft-Beziehung besteht (↑Masse-Leuchtkraft-Diagramm).

Masse-Leuchtkraft-Diagramm: ein wichtiges Zustandsdiagramm für ↑Hauptreihensterne. Trägt man die ↑Leuchtkraft bzw. die ↑absolute bolometrische Helligkeit solcher Hauptreihensterne, die als Komponenten von Doppelsternen genau vermessen werden konnten, als Funktion ihrer Masse auf, so ergibt sich eine Korrelation der Art, daß massereichere Sterne auch größere Leuchtkraft besitzen. Der Grund liegt darin, daß Hauptreihensterne nach dem gleichen Schema aufgebaut sind. Zu gegebener Masse gehören daher Energiequellen bestimmter Größe und damit auch bestimmter Leuchtkraft.

Für Hauptreihensterne läßt sich als Näherung die pauschale Beziehung

$$L \sim M^\alpha$$

angeben. Die mittlere Steigung einer ausgleichenden Kurve liefert für α etwa 3,5, so daß die **Masse-Leuchtkraft-Beziehung** in erster Näherung

$$L \sim M^{3,5}$$

gesetzt werden darf. Für Sterne außerhalb der Hauptreihe gilt diese Beziehung wegen des andersartigen inneren Aufbaus nicht.

Für Hauptreihensterne besteht ebenso eine **Masse-Radius-Beziehung.** Mit wachsender Masse M steigt auch der

Massenspektrograph

Radius R. Die Abb. 2 zeigt die entsprechende Masse-Radius-Beziehung für Hauptreihensterne. Für $M > M_\odot$ ist die Steigung der ausgleichenden Kurve etwa 0,6, so daß für Hauptreihensterne mit Massen größer als die Sonnenmasse $M_\odot$ gilt:

$$R \sim M^{0,6}.$$

Massenanziehung: svw. ↑Gravitation.

Massendefekt: die Differenz zwischen der Summe der Ruhemassen sämtlicher Nukleonen eines Kerns und der tatsächlichen Kernmasse M.

Besteht ein Kern aus Z Protonen und aus N Neutronen, so gilt für den M.

$$\Delta M = Z \cdot m_p + N \cdot m_n - M,$$

wobei m_p die Ruhemasse eines freien (ungebundenen) Protons, m_n die Ruhemasse eines freien Neutrons und M die Ruhemasse des Kerns bedeuten.

Der M. beruht darauf, daß beim Entstehen eines Kerns aus freien Protonen und Neutronen Energie frei wird. Der dabei freiwerdende Energiebetrag E entspricht dem Massenverlust. Nach der Einstein-Äquivalenzbeziehung zwischen Masse und Energie gilt

$$E = \Delta M \cdot c^2$$

(c Vakuumlichtgeschwindigkeit).

Will man umgekehrt einen Atomkern in seine Bestandteile (Nukleonen) zerlegen, so muß man hierzu dieselbe Energie aufbringen, die bei der Bildung des Kerns aus diesen Bestandteilen frei wurde. Man bezeichnet diese Energie als Kernbindungsenergie (E_B). Entsprechend der obigen Beziehung gilt:

$$E_B = -\Delta M \cdot c^2$$

oder

$$\Delta M = -\frac{E_B}{c^2}.$$

Dabei besagt das Minuszeichen, daß die Kernbindungsenergie aufgebracht werden muß, um einen Atomkern in seine Einzelnukleonen zu zerlegen.

Genaue Messungen ergeben z. B. für den aus 2 Protonen und 2 Neutronen bestehenden Heliumkern $^4_2$He einen M. von

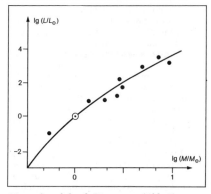

Masse-Leuchtkraft-Diagramm (Abb. 1) von Hauptreihensternen

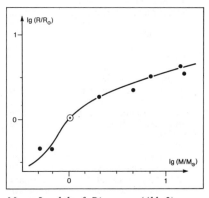

Masse-Leuchtkraft-Diagramm (Abb. 2). Masse-Radius-Diagramm von Hauptreihensternen

$\Delta M = 0{,}0518 \cdot 10^{-27}$ kg (das sind etwa 3% der Ruhemasse eines Protons), was einer Bindungsenergie E_B von ungefähr 29 MeV entspricht.

Bei gleichmäßiger Verteilung der Bindungsenergie auf die 4 Nukleonen des Heliumkerns ergibt sich pro Nukleon eine mittlere Bindungsenergie von etwa 7,2 MeV. Im Mittel beträgt die Bindungsenergie für beliebige Kerne je Nukleon zwischen 7 MeV und 9 MeV.

Massenspektrograph: Gerät zur Präzisionsbestimmung der einzelnen

Massenspektrometer

Massen in einem Isotopengemisch. Seine Funktionsweise beruht auf der Ablenkung von Ionenstrahlen in elektrischen und magnetischen Feldern.

Massenspektrometer: Gerät zur Bestimmung der Häufigkeit der in einem Isotopengemisch vorhandenen einzelnen Massen. Im einfachsten Fall genügt ein geeignetes magnetisches Feld, in dem die Ionen eines ausgeblendeten Ionenstrahls mit verschiedener spezifischer Ladung bei gleicher Geschwindigkeit Halbkreise mit verschiedenen Radien durchlaufen. Die Änderung der Magnetfeldstärke oder der Beschleunigungsspannung der Ionen läßt die Fokussierungspunkte der einzelnen Massen über einen Auffängerspalt wandern. Die Ionenströme lassen sich in der Regel elektrisch messen.

Massenspektroskopie: Bestimmung der Massenwerte in einem Isotopengemisch mit einem ↑ Massenspektrographen oder der Massenhäufigkeiten mit einem ↑ Massenspektrometer. Dazu wird ein Ionenstrahl räumlich nach der spezifischen Ladung der einzelnen Ionensorten in elektrischen bzw. magnetischen Feldern zerlegt oder aus dem Ionenstrahl wird eine bestimmte Masse in bestimmter Richtung fokussiert oder beschleunigt.

Materieära: nach der ↑ Big-bang-Theorie die Phase nach der ↑ Leptonenära. Bei Temperaturen unter etwa $3 \cdot 10^3$ K kommt es allmählich zur Kondensation von Materie und zur Bildung von leichten Atomen, schließlich auch zur Ausbildung von Strukturen wie Galaxien und Galaxienhaufen sowie von Sternen und Planeten, wobei die zeitliche Reihenfolge dieser Bildungsprozesse noch unklar ist.

Mauna-Kea-Observatorium ['mauna 'ke:a, engl. 'mauna: 'kεıa:]: höchstgelegene Sternwarte der Erde. Sie liegt auf einem erloschenen Vulkan der Insel Hawaii in einer Höhe von 4205 m. Das 1970 eröffnete Observatorium besitzt als Hauptinstrumente zwei Spiegelteleskope von 3,23 m und 2,24 m Durchmesser der Universität Hawaii (USA). Neben dem von Großbritannien errichteten 3,86-m-Spiegelteleskop haben dort Frankreich und Kanada in Kooperation einen 3,66-m-Spiegel. In dieser Höhenlage herrschen nicht nur ausgezeichnete optische Beobachtungsbedingungen, auch Infrarotbeobachtungen sind erfolgreich.

Max-Planck-Institute: zu Ehren des Physikers M. Planck benannte Forschungsinstitute, Forschungsstellen und Projektgruppen in der BR Deutschland. Unter der mehr als 50 Einrichtungen befinden sich auch vier Institute, die v. a. Grundlagenforschung in der Astronomie betreiben. Im einzelnen sind dies:

1. **Max-Planck-Institut für Astronomie** mit Sitz in Heidelberg-Königstuhl und der Außenstation Observatorium Calar Alto in Südspanien, das u. a. über Teleskope von 1,23 m, 2,2 m und 3,5 m Durchmesser verfügt. Neben instrumentellen Entwicklungen auf den Gebieten Spektroskopie, CCD-Kameras, Bildverstärker, der Infrarotastronomie (z. B. Infrarotsatellit ↑ GIRL) sowie der Fortentwicklung von Rechenanlagen und Meßmaschinen zur Datenreduktion werden folgende astronomische Programme schwerpunktmäßig verfolgt: Massenausfluß von Sternen (Sternentstehungsgebiete, Herbig-Haro-Objekte, Jets von jungen Sternen); ausgedehnte H-II-Gebiete, planetarische Nebel, symbiotische Sterne, Supernovaüberreste, interstellare Absorptionslinien, Quasare, Lacertaobjekte, Seyfert-Galaxien.

2. **Max-Planck-Institut für Kernphysik,** Abteilung Kosmophysik, mit Sitz in Heidelberg. In der Abteilung Kosmophysik werden experimentelle und theoretische Arbeiten u. a. zur Erforschung der Kosmogonie des Planetensystems (↑ Sonnensystem), der interstellaren Materie, der kosmischen Strahlung, der extraterrestrischen festen Materie, der solaren Neutrinos sowie der planetaren Atmosphären durchgeführt.

3. **Max-Planck-Institut für Physik und Astrophysik** mit Sitz in München, aufgegliedert in die Unterabteilungen Institut für Astrophysik und Institut für extraterrestrische Physik. Im Institut für Astrophysik werden an wissenschaftlichen Arbeiten folgende Themenkomplexe schwerpunktmäßig angegangen:

mechanistisches Weltbild

Sonne; interplanetare Materie; magnetische Sterne; Sternaufbau und -entwicklung; interstellare Materie und extragalaktische Objekte; Gravitationstheorie, Quantenmechanik der Atome und Moleküle; Astrochemie in Theorie und Praxis.

Im Institut für extraterrestrische Physik befaßt man sich im wesentlichen mit experimentellen Fragestellungen des erdnahen Raums (Ionosphäre und Nordlicht, Magnetosphäre und Sonnenwind, energetische Ionen und Elektronen in der Magnetosphäre und im interplanetaren Raum) sowie mit Himmelsdurchmusterungen in verschiedenen Spektralbereichen (Infrarot-, Röntgen- und Gammaastronomie).

4. **Max-Planck-Institut für Radioastronomie** mit Sitz in Bonn. Das Institut in Effelsberg/Eifel verfügt über ein vollbewegliches 100-m-Radioteleskop, das bis zu einer minimalen Wellenlänge von 7 mm nutzbar ist, über ein Rechenzentrum mit einem speziellen Auswertezentrum für Interferometriebeobachtungen und den 25-m-Radiospiegel auf dem Stokkert bei Bad Münstereifel. Ferner stehen dem Institut ein 30-m-Radioteleskop für den mm-Wellenlängenbereich in Südspanien sowie in Kürze ein 10-m-Teleskop für die Submillimeterastronomie zur Verfügung.

Zu den Arbeitsgebieten zählen im wesentlichen: Entwicklung von Radiometern im Millimeter- und Submillimeterbereich für den Einbau an auswärtigen, speziellen Radioteleskopen und optischen Teleskopen; Untersuchungen über frühe Entwicklungsphasen des Weltalls, über Kerne von Radiogalaxien und Quasaren unter Anwendung hochauflösender Interferometrie mit großen Basislängen (↑ VLB-Interferometrie); Beobachtung der Kontinuum- und Linienstrahlung extragalaktischer Systeme sowie unseres Milchstraßensystems mit dem Ziel, die Struktur und den physikalischen Zustand sowie die Entwicklung von Galaxien, der interstellaren Materie und der Sterne zu erforschen.

Maxutow-Teleskop (Maksutov-Teleskop, Meniskusteleskop): von dem sowjetischen Physiker D. D. Maxutow entwickelte Abwandlung eines Schmidt-Spiegels. Bei diesem Spiegelteleskop fällt das Licht auf einen sphärisch geschliffenen Hauptspiegel, nachdem es, um die sphärische Aberration zu kompensieren, eine dicke Meniskuslinse durchlaufen hat. M.-T.e haben also anstelle der schwierig zu konstruierenden Korrektionsplatte (wie beim Schmidt-Spiegel) eine Konkavlinse.

mechanistisches Weltbild: Neuzeitliche Weltbilder basieren auf dem Postulat der ↑ Universalität der Naturgesetze. Während Sir I. Newton Gott als Hypothese verstand, die er zur Erklärung der Weltwirklichkeit noch benötigte, kam zu Beginn des 19. Jahrhunderts P. S. Marquis de Laplace ohne diese Hypothese aus. Er interpretierte die Welt als ein, wenn auch sehr großes, physikalisches System, dessen Verhalten durch die Gesetze der klassischen Physik bestimmt wird.

Mechanische Systeme, die sich durch die Newton-Gesetze beschreiben lassen, gestatten eine eindeutige Voraussage ihres dynamischen Verhaltens. Ein eindrucksvolles Beispiel hierfür war im 18. Jahrhundert die exakte Vorausberechnung der Sichtbarkeitszeit des Halley-Kometen. Im Prinzip, so schloß daher Laplace, könne man die Zukunft eindeutig vorhersagen, vorausgesetzt, man kennt genau den Zustand des Universums zu irgendeinem Zeitpunkt in der Vergangenheit. Das mechanistische Weltbild gleicht nach Laplace einem gigantischen Uhrwerk, das – einmal aufgezogen – sich berechenbar, unaufhaltsam und ewig bewegen sollte. Grundsätzlich sollte nichts der naturwiss. Erkenntnis verborgen bleiben: „Was man nicht weiß, weiß man noch nicht." Mit dem Laplaceschen Determinismus war der Schritt von der Allmacht Gottes zur Allmacht der Physik vollzogen. Danach war es nur konsequent, daß auch der Mensch in diesem Zusammenhang von Zeitgenossen wie La Mettrie zum Rädchen im Wechselspiel der großen Weltmaschinerie degradiert wurde.

Bis ins 20. Jahrhundert wurde das Universum im wesentlichen mit unserem Milchstraßensystem gleichgesetzt, das

225

einsam als Welteninsel im unendlichen All schwebt. Erst 1920 konnte E. P. Hubble nachweisen, daß noch weitere Galaxien im All existieren.

Bis zum 20. Jahrhundert wurde auch allgemein angenommen, daß das Universum auf natürliche Weise statisch sei. Die Annahme einer statischen Ordnung rührte noch von der ↑ Aristotelischen Bewegungslehre her. Dieser Glaube wurde auch nicht durch die Gravitationstheorie Newtons in Zweifel gezogen. Vielmehr verstärkte die Gravitationstheorie die neue Ansicht, daß das Universum mittelpunktslos und randlos sei. Das führte zu der Vorstellung eines unendlichen Universums; andernfalls hätte es einen Gravitationsmittelpunkt geben müssen. Das ↑ kosmologische Prinzip bekräftigt vordergründig die Vorstellung eines unendlich ausgedehnten, homogen und statisch mit Sternen erfüllten Universums. Diese Vorstellung führt aber zu Widersprüchen, wie das ↑ Olbers-Paradoxon oder Energie- bzw. Stabilitätsbetrachtungen lehren. Mit der Entdeckung der Rotverschiebung von Spektrallinien entfernter Galaxien durch Hubble im Jahre 1929 und deren Interpretation als Doppler-Effekt wurde der Nachweis für die ↑ Expansion des Weltalls erbracht. Alle modernen Weltmodelle gehen daher von einem nichtstatischen Weltall aus.

Mit dem Aufkommen der Relativitäts- und der Quantentheorie zu Beginn unseres Jahrhunderts wurde der Laplacesche Determinismus endgültig ad acta gelegt. Mit der Heisenberg-Unschärferelation wurde eine prinzipielle Grenze der Naturwissenschaft offenbar. So ist z. B. die Wechselwirkung zwischen Meßobjekt und Meßapparatur prinzipiell nicht genau kontrollierbar. An dem Satz „wenn wir die Gegenwart genau kennen, können wir die Zukunft berechnen" ist allein schon die Voraussetzung nicht erfüllbar und damit ein solcher Schluß unzulässig. Damit entpuppt sich der Laplacesche Determinismus als eine nicht gerechtfertigte Extrapolation der klassischen Physik auf die gesamte Welt. Wir müssen heute akzeptieren, daß die Physik Newtons eine Näherung ist, deren Anwendung nur dann erlaubt ist, wenn Quantenphänomene und relativistische Effekte vernachlässigbar sind.

Megrez [...rεs; arab.]: Stern im Sternbild ↑ Großer Bär mit einer scheinbaren visuellen Helligkeit von 3ᵐ31. – ↑ auch Sternverzeichnis.

Mehrfachsystem (Mehrfachsterne): ein System von mehr als zwei Sternen, die analog wie ↑ Doppelsterne durch gravitative Wechselwirkung zusammengehalten werden und periodische Bewegungen um den gemeinsamen Schwerpunkt beschreiben.

Mehrfarbenphotometrie: die gleichzeitige bzw. unmittelbar aufeinanderfolgende Messung der Helligkeit von Sternen in mehreren Farb- und Spektralbereichen. Bekannte Systeme sind das UBV-System, das RGU-System oder die Sechsfarbenphotometrie (↑ Helligkeitssysteme).

Mehrkörperproblem: die Schwierigkeit, eine dynamische Beschreibung der Bewegung von mehreren Massenpunkten, die einer gravitativen Wechselwirkung unterliegen, zu finden. Eine allgemeine analytische Lösung, wie das ↑ Zweikörperproblem, existiert nicht. Man muß daher mit Näherungsmethoden arbeiten oder mit Spezialfällen vorliebnehmen.

Men: Abk. für Mensa (↑ Tafelberg).

Meniskusteleskop [griech. mēnískos = mondförmiger Körper]: andere Bez. für ↑ Maxutow-Teleskop, da das Licht, bevor es den Hauptspiegel erreicht, eine dicke Meniskuslinse durchlaufen muß.

Menkar [aus arab. minhar = Nasenloch]: Hauptstern im Sternbild ↑ Walfisch mit einer scheinbaren visuellen Helligkeit von 2ᵐ52. – ↑ auch Sternverzeichnis.

Mensa [lat. = Tisch, Tafel]: wiss. Name für das Sternbild ↑ Tafelberg.

Merak [arab.]: Stern im Sternbild ↑ Großer Bär mit einer scheinbaren visuellen Helligkeit von 2ᵐ36. – ↑ auch Sternverzeichnis.

Meridian [aus lat. (circulus) meridianus = Äquator, eigtl. = Mittagslinie]:
◊ *Astronomie:* Die gedankliche Verbindung Nordpunkt, Himmelsnordpol, Ze-

nit, Südpunkt, Himmelssüdpol, Nadir und Nordpunkt ergibt einen Großkreis, den man M., **Mittags-** oder auch **Südlinie** nennt. Im M. erreichen alle Gestirne bei ihrer täglichen Bewegung ihre größte Höhe (obere Kulmination) bzw. ihre niedrigste Höhe oder größte Tiefe (untere Kulmination).
◊ In der *Geographie* bezeichnet man als M.e Großkreise, die durch die beiden Erdpole verlaufen, also Längenkreise. Der **Nullmeridian**, der dadurch ausgezeichnet ist, daß er zusätzlich durch die Greenwich-Sternwarte verläuft, dient als Ausgangs-M. für die Zählung der geographischen Länge.
Meridiankreis: ein astronomisches Fernrohr, das nur in der Meridianebene frei drehbar ist und mit dem der Meridiandurchgang eines Gestirns hinsichtlich seiner Höhe bestimmbar ist.
In der Brennebene des Fernrohrs ist ein System von senkrechten Fäden angebracht, deren mittlerer genau in der Meridianebene ausgerichtet ist. Beim Durchgang des Beugungsscheibchens eines Sterns werden elektrische Kontakte ausgelöst und zum Zwecke der Genauigkeitssteigerung aus der Mittelung der einzelnen Kontaktzeiten der genaue Zeitpunkt des Meridiandurchgangs berechnet. Dieser Zeitpunkt – in Sternzeit gemessen – ist gleich der ↑Rektaszension des Sterns, da gilt: Sternzeit = Rektaszension + Stundenwinkel (↑Koordinatensysteme), wobei der Stundenwinkel beim Meridiandurchgang bekanntlich null ist.
Der M. hat weiterhin sehr genaue Teilkreise, an denen die Höhe über dem Horizont beim Meridiandurchgang abgelesen werden kann. Diese erlaubt dann die Berechnung der ↑Deklination.
Moderne photoelektrische M.e wie das PMC 190 von Zeiss arbeiten vollautomatisch und haben ein Auto-Checking-System, wodurch eigene instrumentelle Fehler, wie z. B. Durchbiegung oder Achsenschwankungen, mit Hilfe sinnvoller Einrichtungen und Meßmethoden selbständig ermittelt werden und Eingang in die Rechnung finden. Bei einer Öffnung von 190 mm erlauben derartige photoelektrische M.e die Bestimmungen von Fundamentalorten (Rektaszension und Deklination) bei Sternen bis zur 11. Größenklasse mit einer Genauigkeit von 0,05 Bogensekunden. Aber auch genaue Ortsbestimmungen von Sonne, Mond und Planeten sind mit diesen Geräten durchführbar.
Merkur [nach dem röm. Gott Mercurius]: sonnennächster Planet. Der Durchmesser beträgt 4878 km, eine Abplattung ist nicht erkennbar. Er hat eine Masse von $3,302 \cdot 10^{23}$ kg oder 0,0553 Erdmassen. Seine mittlere Dichte ergibt sich zu 5,43 g/cm^{-3}, liegt also nahe beim Dichtewert der Erde. Die Entfernung von der Sonne schwankt zwischen $45,9 \cdot 10^6$ km und $69,7 \cdot 10^6$ km; im Mittel liegt sie bei $57,9 \cdot 10^6$ km. Die Bahnexzentrizität ist mit 0,206 sehr groß. Die Bahnneigung gegen die Ekliptik beträgt etwa 7°0′. Der M. hat eine siderische Rotationsperiode von 58,65 Tagen; das entspricht ziemlich genau 2/3 der siderischen Umlaufzeit von 87,97 Tagen. Damit dauert ein Tag-Nacht-Zyklus des M.s zwei M.jahre.
Aufgrund seiner Sonnennähe ist M. nur schwer zu beobachten. Der Winkelabstand zur Sonne beträgt maximal 27°45′. Günstige Beobachtungszeiten von der Nordhalbkugel der Erde aus liegen in den Abendstunden des Frühjahrs und in den Morgenstunden des Herbstes. M. zeigt einen deutlichen Phasenwechsel. Gute Beobachtungsmöglichkeiten ergeben sich bei M.durchgängen, wenn der Planet vor der Sonnenscheibe entlangzieht. Die nächsten M.durchgänge sind am 6. November 1993 und am 15. November 1999.
1974 gelangten von der amerikanischen Sonde Mariner 10 die ersten genaueren Bilder von der M.oberfläche zur Erde. Sie ähnelt in vielem der des Erdmondes. So finden sich Krater, Becken und Zwischenkraterebenen. Auf letzteren hinterließen die Auswürfe großer Krater Sekundärkrater. Daher nimmt man an, daß die Zwischenkraterebenen vor den Kratern entstanden sind. In dieser Phase der Zwischenkraterebenenbildung mag starker Vulkanismus die Krater früherer Planetesimal- oder Meteoriteneinschläge ausgelöscht haben. Mit 1300 km

Durchmesser ist das höchstwahrscheinlich bei einem gewaltigen Einschlagereignis entstandene Calorisbecken das größte Becken. Die Krater sind wie auf dem Mond Einschlagkrater. Junge Krater weisen auf beiden Himmelskörpern charakteristische helle Strahlensysteme auf. Die Oberflächengesteine sind vermutlich mondähnlich. Die Albedo beträgt nur 0,06. Wie der Mond dürfte auch M. eine Geröll- und Schuttschicht (Regolith) aufweisen. Die große Dichte des Planeten weist auf einen Eisen-Nikkel-Kern hin. Der M. besitzt ein Magnetfeld, das etwa 1/100 der Stärke des Erdmagnetfeldes beträgt. Eine Atmosphäre ist praktisch nicht vorhanden. Die Oberflächentemperaturen variieren von maximal 570–700 K bei Tage bis 90–100 K bei Nacht.

Hpts. aufgrund von Störungen durch andere Planeten dreht sich die ↑ Apsidenlinie des Merkurs. Diese Drehung läßt sich durch die allgemeine Relativitätstheorie genauer erklären als mit dem Newtonschen Ansatz.

Mesonen [zu griech. mésos = Mitte]: stark wechselwirkende Elementarteilchen mit ganzzahligem Spin aus der Klasse der ↑ Hadronen.

Mesosphäre [griech. mésos = Mitte; Analogiebildung nach Atmosphäre]: eine Atmosphärenschicht der ↑ Erde.

Messier-Katalog [mɛˈsje...] (Abk.: M): der 1784 von dem frz. Astronomen Ch. Messier aufgestellte Nebelkatalog, in dem alle Objekte aufgeführt sind, die mit den damaligen Instrumenten als verschwommene, nebelartige Gebilde erschienen. Später wurden diese Objekte als Galaxien, Sternhaufen und galaktische Nebel identifiziert. Es zeigte sich jedoch auch, daß bei M 91 offenbar eine Verwechslung mit einem Kometen stattgefunden haben mußte. Ferner entpuppte sich M 40 als ein Paar dicht benachbarter Sterne. M 102 schließlich ist identisch mit dem bekannten Spiralnebel M 101 im Großen Bären.

Etwa hundert Jahre später erschien von J. L. E. Dreyer der New General Catalogue of Nebulae and Clusters (NGC) und etwas später als Nachtrag der Index-Catalogue (IC). – ↑ auch Tabelle.

Metallinien-A-Sterne: svw. ↑ Am-Sterne.

Metalliniensterne: Sterne mit anormaler Häufung einzelner „Metalle". Als „Metalle" werden dabei von Sternspektroskopikern alle Elemente schwerer als Helium bezeichnet.

Meteor [aus griech. metéōron = Himmels-, Lufterscheinung]: Bis ins vorige Jahrhundert hinein verstand man unter diesem Begriff noch alle vom Himmel fallenden festen und flüssigen Körper. Dementsprechend wurde in der Vergangenheit zwischen Feuer- und Wasser-M.en unterschieden.

Heute versteht man unter M. primär die Lichterscheinung beim Eindringen einzelner Körper in die Erdatmosphäre.

In der englischsprachigen Literatur wird der feste Körper, der die Leuchterscheinung verursacht, als Meteorid, der die Erdoberfläche als fester Körper erreichende Rest als Meteorit bezeichnet. Im Deutschen verzichtet man auf diese Unterscheidung und nennt beide Körper Meteorit.

Über die Art des Leuchtvorgangs gibt es verschiedene, noch miteinander konkurrierende Theorien. Eins jedoch ist sicher, auf keinen Fall kann das Leuchten auf die Reibung des Meteorits an Luftmolekülen zurückgeführt werden, da die Luftdichte in den Höhen des Aufleuchtens viel zu gering ist. Als mögliche Ursachen werden Kompression der Luft vor den Meteoriten oder Stoßwellenanregung diskutiert. Der sich bildende lange, zylindrische ionisierte Luftschlauch ist auch bei Tag mittels Radarechos beobachtbar, da er elektrische Wellen reflektiert.

Für kleine M.e hat sich der Name **Sternschnuppe,** für große der Name **Feuerkugel** eingebürgert.

M.e treten sowohl als Einzelerscheinungen als auch als ausgeprägte **M.ströme** auf, die mit mehr oder weniger großer Regelmäßigkeit wiederkehren und von einem Punkt der Sphäre, dem scheinbaren Ausstrahlungspunkt (↑ Radiant), auszugehen scheinen. Die Abb. S. 231 zeigt einen solchen M.strom, den bekannten Leonidenschwarm.

Die Regelmäßigkeit wiederkehrender

Messier-Nebelliste

M	NGC Nr.	Koordinaten (Äquinoktium 1950)		Art des Objekts
1	1952	$5^h 31^m$	$+22°0$	Supernovaüberrest (Crabnebel)
2	7089	$21^h 31^m$	$-01°1$	Kugelhaufen
3	5272	$13^h 40^m$	$+28°6$	Kugelhaufen
4	6121	$16^h 21^m$	$-26°4$	Kugelhaufen
5	5904	$15^h 16^m$	$+02°3$	Kugelhaufen
6	6405	$17^h 37^m$	$-32°2$	offener Haufen
7	6475	$17^h 51^m$	$-34°8$	offener Haufen
8	6523	$18^h 01^m$	$-24°4$	diffuser Nebel
9	6333	$17^h 16^m$	$-18°5$	Kugelhaufen
10	6254	$16^h 55^m$	$-04°0$	Kugelhaufen
11	6705	$18^h 48^m$	$-06°3$	offener Haufen
12	6218	$16^h 45^m$	$-01°8$	Kugelhaufen
13	6205	$16^h 40^m$	$+36°6$	Kugelhaufen
14	6402	$17^h 35^m$	$-03°2$	Kugelhaufen
15	7078	$21^h 27^m$	$+11°9$	Kugelhaufen
16	6611	$18^h 16^m$	$-13°8$	offener Haufen
17	6618	$18^h 18^m$	$-16°2$	diffuser Nebel (Omeganebel)
18	6613	$18^h 17^m$	$-17°1$	offener Haufen
19	6273	$17^h 00^m$	$-26°2$	Kugelhaufen
20	6514	$17^h 59^m$	$-23°0$	diffuser Nebel (Trifidnebel)
21	6531	$18^h 02^m$	$-22°5$	offener Haufen
22	6656	$18^h 33^m$	$-23°9$	Kugelhaufen
23	6494	$17^h 54^m$	$-19°0$	offener Haufen
24	6603	$18^h 16^m$	$-18°4$	offener Haufen
25	IC 4725	$18^h 29^m$	$-19°3$	offener Haufen
26	6694	$18^h 43^m$	$-09°4$	offener Haufen
27	6853	$19^h 58^m$	$+22°6$	planetarischer Nebel (Dumbbellnebel)
28	6626	$18^h 22^m$	$-24°9$	Kugelhaufen
29	6913	$20^h 22^m$	$+38°4$	offener Haufen
30	7099	$21^h 38^m$	$-23°4$	Kugelhaufen
31	224	$0^h 40^m$	$+41°0$	Galaxie (Andromedanebel)
32	221	$0^h 40^m$	$+40°6$	Galaxie
33	598	$1^h 31^m$	$+30°4$	Galaxie
34	1039	$2^h 39^m$	$+42°6$	offener Haufen
35	2168	$6^h 06^m$	$+24°3$	offener Haufen
36	1960	$5^h 33^m$	$+34°1$	offener Haufen
37	2099	$5^h 49^m$	$+32°5$	offener Haufen
38	1912	$5^h 25^m$	$+35°8$	offener Haufen
39	7092	$21^h 30^m$	$+48°2$	offener Haufen
41	2287	$6^h 45^m$	$-20°7$	offener Haufen
42	1976	$5^h 33^m$	$-05°4$	diffuser Nebel (Orionnebel)
43	1982	$5^h 33^m$	$-05°3$	diffuser Nebel
44	2632	$8^h 37^m$	$+20°2$	offener Haufen (Praesepe)
45	–	$3^h 45^m$	$+24°0$	offener Haufen (Plejaden)
46	2437	$7^h 40^m$	$-14°7$	offener Haufen

Messier-Nebelliste (Forts.)

M	NGC Nr.	Koordinaten (Äquinoktium 1950)		Art des Objekts
49	4472	$12^h 28^m$	$+08°3$	Galaxie
50	2323	$7^h 01^m$	$-08°3$	offener Haufen
51	5194	$13^h 28^m$	$+47°4$	Galaxie
52	7654	$23^h 22^m$	$+61°3$	Sternhaufen
53	5024	$13^h 11^m$	$+18°4$	Kugelhaufen
54	6715	$18^h 52^m$	$-30°6$	Kugelhaufen
55	6809	$19^h 37^m$	$-31°1$	Kugelhaufen
56	6779	$19^h 15^m$	$+30°1$	Kugelhaufen
57	6720	$18^h 52^m$	$+32°9$	planetarischer Nebel (Ringnebel in der Leier)
58	4579	$12^h 35^m$	$+12°1$	Galaxie
59	4621	$12^h 39^m$	$+11°9$	Galaxie
60	4649	$12^h 41^m$	$+11°8$	Galaxie
61	4303	$12^h 19^m$	$+04°8$	Galaxie
62	6266	$16^h 58^m$	$-30°1$	Kugelhaufen
63	5055	$13^h 14^m$	$+42°3$	Galaxie
64	4826	$12^h 54^m$	$+21°8$	Galaxie
65	3623	$11^h 16^m$	$+13°4$	Galaxie
66	3627	$11^h 18^m$	$+13°3$	Galaxie
67	2682	$8^h 48^m$	$+12°0$	offener Haufen
68	4590	$12^h 37^m$	$-26°5$	Kugelhaufen
69	6637	$18^h 28^m$	$-32°4$	Kugelhaufen
70	6681	$18^h 40^m$	$-32°3$	Kugelhaufen
71	6838	$19^h 52^m$	$+18°6$	offener Haufen
72	6981	$20^h 51^m$	$-12°7$	Kugelhaufen
73	6994	$20^h 56^m$	$-12°8$	offener Haufen
74	628	$1^h 34^m$	$+15°5$	Galaxie
75	6864	$20^h 03^m$	$-22°1$	Kugelhaufen
76	650	$1^h 39^m$	$+51°3$	planetarischer Nebel
77	1068	$2^h 40^m$	$-00°2$	Galaxie
78	2068	$5^h 44^m$	$00°0$	diffuser Nebel
79	1904	$5^h 22^m$	$-24°6$	Kugelhaufen
80	6093	$16^h 14^m$	$-22°9$	Kugelhaufen
81	3031	$9^h 51^m$	$+69°3$	Galaxie
82	3034	$9^h 51^m$	$+69°9$	Galaxie
83	5236	$13^h 34^m$	$-29°6$	Galaxie
84	4374	$12^h 23^m$	$+13°2$	Galaxie
85	4382	$12^h 23^m$	$+18°5$	Galaxie
86	4406	$12^h 24^m$	$+13°2$	Galaxie
87	4486	$12^h 28^m$	$+12°7$	Galaxie
88	4501	$12^h 29^m$	$+14°7$	Galaxie
89	4552	$12^h 33^m$	$+12°8$	Galaxie
90	4569	$12^h 34^m$	$+13°5$	Galaxie
92	6341	$17^h 16^m$	$+43°2$	Kugelhaufen
93	2447	$7^h 43^m$	$-23°8$	offener Haufen
94	4736	$12^h 49^m$	$+41°4$	Galaxie
95	3351	$10^h 41^m$	$+12°0$	Galaxie

Messier-Nebelliste (Forts.)

M	NGC Nr.	Koordinaten (Äquinoktium 1950)		Art des Objekts
96	3368	$10^h 44^m$	$+12°1$	Galaxie
97	3587	$11^h 12^m$	$+55°3$	planetarischer Nebel (Eulennebel)
98	4192	$12^h 11^m$	$+15°2$	Galaxie
99	4254	$12^h 16^m$	$+14°7$	Galaxie
100	4321	$12^h 20^m$	$+16°1$	Galaxie
101	5457	$14^h 01^m$	$+54°6$	Galaxie
103	581	$1^h 30^m$	$+60°5$	offener Haufen

M.ströme oder -schwärme deutet daraufhin, daß ausgedehnte Ströme von kleinen Körpern unterschiedlicher Herkunft den interplanetaren Raum durchziehen. In Betracht kommen planetarische Meteoriten (vermutlich Fragmente größerer Elternkörper aus dem Planetoidengürtel sowie Kleinkörper unbekannter Herkunft in unserem Sonnensystem) oder kometarische Meteoriten (Kleinkörper zerfallender Kometen). Die kometarischen Ströme treten bei der Kreuzung von Erd- und ursprünglicher Kometenbahn auf. Diese Ströme sind aufgrund der Störungen durch Planeten relativ breit. Man kennt rund 50 teils stabile, teils labile Ströme, deren Benennung in Anlehnung an das Sternbild, in dem der Radiant liegt, erfolgt (↑Meteorstrom).

Meteoriten [zu Meteor gebildet]: feste, von Planetoiden und/oder Kometen stammende Körper sowie Körper unbekannter Herkunft, die in die Erdatmosphäre eindringen und die Leuchterscheinung ↑Meteor auslösen. Untersuchungen von Tiefseeschlamm und Abschätzungen der interplanetaren Staubdichte ergeben unabhängig voneinander, daß pro Tag mehrere tausend Tonnen dieses meteoritischen Materials allein auf die Erde fallen.

M. bieten neben den von extraterrestrischen Unternehmungen zur Erde mitgebrachten Materialproben die einzige Möglichkeit, direkt Informationen über die stoffliche Zusammensetzung und das Alter außerirdischer Stoffe zu erhalten. Bei M.untersuchungen ist es wichtig, daß das M.material rechtzeitig vor der Kontamination mit irdischen Gasen oder deren Verbindungen gefunden und gesichert wird.

Bezüglich der stofflichen Zusammensetzung unterscheidet man i. allg. zwei Hauptgruppen: **Stein-M. (Aerolithen)** und **Eisen-M. (Siderithen)**. Als dritte Gruppe werden bei manchen Autoren ↑Tektite, deren Herkunft und Entstehung aber nach wie vor umstritten sind, aufgeführt. Wegen der starken Verwitterung und ihres unauffälligeren Aussehens werden Stein-M. weniger häufig als Eisen-M. gefunden. Dagegen liefert eine Auswertung der im Zusammenhang

Meteor. Leonidenschwarm

Meteoriten

mit einer Lichterscheinung unmittelbar identifizierten Funde, daß fast 95 % aller M. Stein-M. sind.
Eisen-M. bestehen fast ausschließlich aus Eisen und Nickel, Stein-M. dagegen, wie unser Erdmantel, überwiegend aus Silikatgestein (SiO_2, MgO, FeO u. a.). Radiogene Altersbestimmungen und Bestimmungen des Bestrahlungsalters liefern folgende Mittelwerte. Dabei weisen die einzelnen Bestrahlungsalter eine breite Streuung zwischen 10^4 und 10^9 Jahren auf:

	radiogenes Alter	Bestrahlungsalter
Eisenmeteoriten	$4,6 \cdot 10^9$ Jahre	$5 \cdot 10^8$ Jahre
Steinmeteoriten	$4,6 \cdot 10^9$ Jahre	$2 \cdot 10^7$ Jahre

Beide Altersbestimmungen weisen die M. zumindest dem Alter nach als mögliche Körper unseres Sonnensystems aus. Das radiogene Alter ist identisch mit dem von Erde und Mond. Da die kosmische Strahlung seit Bildung eines M. nur 1 bis 2 m tief in das M.material eindringen kann, findet man durch Altersbestimmungen in der Außenzone die Zeit, aus der der Meteorit aus einem größeren Körper abgetrennt oder herausgehauen wurde (Bestrahlungsalter). Die so ermittelten Alterswerte lehren, daß die M. ihre jetzige Gestalt, vom Staubteilchen bis zum großen Brocken, erst in jüngerer Zeit erhalten haben, also möglicherweise erst spät durch Zerfall eines größeren Körpers entstanden sind.
Bekannte M.funde sind in der Tab. aufgelistet.
Für den bekannten M.krater Cañon Diablo in Arizona, USA, sind folgende Daten geschätzt worden:

Geschwindigkeit des Meteorits	15 km/s
Durchmesser des Meteorits	30 m
Gewicht des Meteorits	150 000 t
Einschlagenergie	4,5 Megatonnen TNT-Äquivalent
mittlerer Durchmesser des Kraters	1 186 m
Tiefe des Kraters	167 m
Mächtigkeit der Kraterfüllung	40 m
Mächtigkeit der Rückfallbrekzie	10 m
mittlere Höhe des Ringwalls	47 m
maximale Verbreitung von Auswurfmasse von der Kratermitte	1 750 m
Volumen der ausgesprengten Gesteine	7,6 Mill. m³
Masse der ausgesprengten Gesteine	17,5 Mill. t
Verhältnis Tiefe/Durchmesser	1:6,6

Die gefundenen Eisen-M. sind meist größer als die Steinmeteoriten. Der bisher größte und schwerste Meteorit wurde 1920 auf der Farm Hoba West in der Nähe von Grootfontein in Namibia gefunden. Es sind mehrere kraterähnliche Gebilde bekannt, die ihre Entstehung aller Wahrscheinlichkeit nach einem M. verdanken. Das Nichtauffinden des zugehörigen M. – sieht man von geringen Mengen meteoritischen Materials ab – läßt sich plausibel durch die beim Aufschlag eines Riesen-M. freiwerdende kinetische Energie erklären, die bei M. von 100 t und mehr zur vollkommenen Verdampfung derselben führt.
Große M.krater in Mitteleuropa sind das Nördlinger Ries mit einem Durchmesser von rund 23 km und einer Tiefe von 200 m sowie das Steinheimer Becken im Osten der Schwäbischen Alb (Durchmesser 3,5 km, Tiefe 100 m).
Einfache Abschätzungen (bei plausibler

Bekannte Meteoritenfunde	
Fall- oder Fundort	Gewicht in Tonnen
Steinmeteoriten	
Kirin, China	1,770
Furnas Co, Nebraska	1,073
Long Island, Kansas	0,564
Paragould, Arkansas	0,408
Eisenmeteoriten	
Hoba West, Namibia	60
Ahnighito, Grönland	30,4
Bacuberito, Mexiko	27
Mbosi, Tansania	26
Agpalik, Grönland	20,1
Armunty, Mongol. Volksrep.	20
Willamette, Oregon (USA)	14
Chupaderos, Mexiko	14
Campo del Cielo, Argentinien	13
Mundrabilla, Westaustralien	12
Morito, Mexiko	11

Meteoriten

Annahme einer Geschwindigkeit von etwa 15 km/s und einer M.dichte von etwa 10 g/cm^3) zeigen, daß der Einfall eines M. von 10 m Durchmesser bereits die Wirkung der Hiroschima-Atombombe (20 000 t TNT-Sprengkraft) hat. Mithin dürfte der Einschlag im Nördlinger Ries und sein „Absprengsel" im Steinheimer Becken vor 14,6 Mill. Jahren auch im heutigen Sinne ein ungeheures Naturereignis gewesen sein, da ihm eine Explosionskraft von etwa 1 000 Wasserstoffbomben zuzuordnen ist.

M.einfänge der Erde beruhen nicht auf der gravitativen Wechselwirkung beider Objekte, sondern sind Folge eines Zusammenstoßes zwischen Erde und Meteorit. Hier liegt, himmelsmechanisch gesehen, also kein Einfang, sondern eine Kollision vor. Normalerweise bedeuten derartige Kollisionen für die Erde keine nennenswerte Gefahr. Die Zusammenstöße der Erde mit Riesen-M. scheinen alle in vorgeschichtlicher Zeit erfolgt zu sein. Der einzige bekannte Fall in historischer Zeit ist der Niedergang eines kosmischen Körpers im Becken der Steinigen Tunguska in Sibirien (1908), der Zerstörungen im Umkreis von 65 km und eine Luftdruckwelle bis Südengland bewirkte. Ob es sich hierbei um eine Kollision unserer Erde mit einem M., mit einem Kometenkern oder gar mit einem Planetoiden gehandelt hat, ist noch unklar.

Auch für Raumflugkörper scheint die Gefahr einer schädlichen Kollision geringer als befürchtet. Einschläge von M., die in der Regel eine Größe unter 1 mm haben, können durch Doppelwandkonstruktionen abgefangen werden.

Ein durch die Art seiner Auffindung berühmt gewordener Eisenmeteorit ist der Meteorit von Treysa (Hessen), der 65 kg schwer ist und heute in Marburg aufbewahrt wird. Aus den Beobachtungs-

Bekannte Meteorströme

Bezeichnung	scheinbarer Radiant Rekt. Dekl.	Dauer	Datum des Maximums	Anzahl pro Stunde	Beschreibung
kometarische Ströme					
Lyriden (Komet 1861 I)	273° +35°	12.–24. April	22. April	40	spitzes Max.
Maiaquariden (Komet Halley)	338° −1°	29. April–21. Mai	5. Mai	120	spitzes Max.
Perseiden (Komet 1862 III)	43° +56°	20. Juli–19. Aug.	11. Aug.	300	spitzes Max.
Orioniden (Komet Halley)	94° +16°	11. Okt.–30. Okt.	19. Okt.	50	mäßig spitzes Max.
Leoniden (Komet 1866 I)	151° +21°	14. Nov.–20. Nov.	16. Nov.	variabel	instabil; Max. z. Z. wenig ausgeprägt
ekliptikale Ströme					
Virginiden	200° −6°	1. März–10. Mai	3. April	20	Max. kaum angedeutet
Scorpiussagittariden	270° −30°	20. April–30. Juli	14. Juni	20	Max. mäßig hervorgehoben, Radiant stark streuend
Juliaquariden	343° −17°	25. Juli–10. Aug.	3. Aug.	40	Max. spitz
Pisciden	0° +4°	16. Aug.–8. Okt.	12. Sept.	15	Max. sehr flach
Tauriden	58° +21°	24. Sept.–10. Dez.	13. Nov.	25	Max. mäßig hervorgehoben
Geminiden	113° +30°	5. Dez.–19. Dez.	12. Dez.	50	Max. spitz

angaben der am Nachmittag des 3. April 1916 auftretenden Feuerkugel gelang es dem Geophysiker A. Wegener, die Bahn in der Atmosphäre und den Ort des Auftreffens so genau zu bestimmen, daß der Meteorit anschließend gefunden wurde.

Meteorstrom: eine Häufung von ↑Meteoren innerhalb eines kurzen Zeitraums, wobei die Meteore von einem Radianten (Ausstrahlungspunkt) wegzuströmen scheinen. Die Benennung der einzelnen Meteorströme richtet sich nach dem Sternbild, in dem der scheinbare Radiant liegt (Tab. S. 233).

Metis [nach der gleichnamigen Göttin der griech. Mythologie]: ein Satellit des ↑Jupiters.

Metrik [aus griech. metrikḗ (téchnē) = Kunst des Messens]: in Mathematik und Astronomie diejenigen Struktureigenschaften eines Raums (Raumgeometrie), durch die in ihm die Entfernung (Abstand) zweier Punkte definiert ist. Es ist offen, welche M. der Welt insgesamt zugrunde liegt (↑Metrikproblem).

Metrikproblem: die bislang ungelöste Frage, welche Raumgeometrie dem Weltall zugrunde liegt.

H. P. Robertson und A. G. Walker haben gezeigt, daß bei Gültigkeit des ↑kosmologischen Prinzips die Metrik des Weltalls durch eine einfache Gleichung (Robertson-Walker-Linienelement) vom Typ:

$$\mathrm{d}s^2 = c\,\mathrm{d}t^2 - \frac{R^2(t)\,\mathrm{d}u^2}{(1+\frac{1}{4}ku^2)^2}$$

beschrieben werden kann. Dabei ist ds der vierdimensionale Abstand zweier benachbarter Ereignisse, dt ihr zeitlicher Abstand und du ihr räumlicher Abstand, gemessen in einem Koordinatensystem U, das an die Materie gebunden ist und die Expansion des Weltalls mitmacht. Letztlich besagt die Gleichung, daß das ↑Krümmungsvorzeichen k und der Krümmungsradius $R(t)$, auch ↑Weltradius genannt, die charakteristischen Parameter des Weltalls sind. Der Nenner

$$\left(1+\frac{1}{4}ku^2\right)^2,$$

in welchem das Krümmungsvorzeichen nur die Werte ±1 oder 0 annehmen kann, legt den Typ der Raumgeometrie fest. Für $u \ll 1$ folgt, daß der Nenner in erster Näherung gleich eins wird. Mithin gilt für die Geometrie kleiner Raumbereiche ohne Massen, daß sie euklidisch ist. Ebenso ist der Raum für $k = 0$ euklidisch. Dagegen ist er für $k = -1$ hyperbolisch und für $k = +1$ elliptisch gekrümmt.

Aufgabe der theoretischen Astronomie ist es, den Zusammenhang zwischen diesen Parametern und dem physikalischen Zustand des Weltalls herzustellen. Aufgabe der praktischen Astronomie ist es, aus den theoretischen Weltmodellen dasjenige herauszufinden, welches am besten mit den Beobachtungsresultaten übereinstimmt.

Die derzeit beste Gravitationstheorie, die ↑Einstein-Gravitationstheorie, beschreibt die Verknüpfung von Raumstruktur und Materieinhalt durch ein System von 10 nichtlinearen Differentialgleichungen, die sog. Einstein-Feldgleichungen. A. A. Friedmann und A. G. Lemaître waren die ersten, die Lösungen der Einstein-Feldgleichungen mit zeitabhängigem $R(t)$ fanden und somit Weltmodelle, die im Einklang mit der beobachteten Expansion der Welt stehen. Unter der Annahme, daß die Galaxien den Raum völlig gleichförmig als Galaxiengas erfüllen und der Druck dieses Gases verschwindend gering ist, reduzieren sich die Feldgleichungen auf zwei Differentialgleichungen, die nur den Krümmungsradius $R(t)$, seine beiden ersten Ableitungen nach der Zeit $\dot{R}(t)$ bzw. $\ddot{R}(t)$, das Krümmungsvorzeichen k und die mittlere Materiedichte ϱ enthalten.

$$\frac{\dot{R}^2(t)}{R^2(t)} + 2\frac{\ddot{R}(t)}{R(t)} = \frac{kc^2}{R^2(t)},$$

$$\frac{\dot{R}^2(t)}{R^2(t)} - 8\frac{\pi G\varrho}{3} = \frac{kc^2}{R^2(t)},$$

wobei G die Gravitationskonstante, c die Vakuumlichtgeschwindigkeit und

$$\frac{\dot{R}(t)}{R(t)} = H(t)$$

die zeitabhängige ↑Hubble-Zahl ist.

Milchstraße

Mit den obigen Gleichungen kann man erstens die zeitliche Abhängigkeit des Weltradius $R(t)$ und der Massendichte $\varrho(t)$ bestimmen, zweitens aus Beobachtungsdaten abzuleiten versuchen, welche Metrik ($k = +1; -1; 0$) für das Weltall vorliegt und wie groß $R(t)$ zur Zeit ist. Die Lösung dieser Gleichung liefert besonders einfache Typen von Weltmodellen, die sog. ↑Friedmann-Weltmodelle. Der praktischen Astronomie ist es bislang nicht gelungen, eindeutige Indizien für eines der obigen, aus der Theorie folgenden Weltmodelle zu liefern.

MEZ: Abk. für ↑mitteleuropäische Zeit.

Mic: Abk. für Microscopium (↑Mikroskop).

Michelson-Interferometer ['maɪkəlsn...; nach A. A. Michelson]: ↑Interferometer zur Bestimmung extrem kleiner Winkelabstände, dessen Funktion auf dem Phasenvergleich von Lichtwellen beruht.

Michelson-Versuch ['maɪkəlsn...]: von A. A. Michelson im Jahre 1881 erstmals durchgeführter Versuch, mit dem die Annahme der Existenz eines „Lichtäthers" dadurch widerlegt wurde, daß sich keine Abhängigkeit der Lichtgeschwindigkeit von der relativen Bewegung zwischen Lichtquelle und Beobachter nachweisen ließ. Es zeigte sich vielmehr, daß die Lichtgeschwindigkeit in einem ruhenden und einem gleichförmig bewegten Bezugssystem nach allen Richtungen gleich ist. Diese als *Gesetz von der Konstanz der Lichtgeschwindigkeit* bezeichnete Erfahrungstatsache ist Ausgangspunkt und Grundlage der von A. Einstein entwickelten ↑Relativitätstheorie.

Microscopium: wiss. Name für das Sternbild ↑Mikroskop.

Mie-Streuung [nach G. Mie]: Lichtstreuung an Teilchen, deren Radius r von der Größenordnung der Wellenlänge λ der Lichtstrahlung oder größer ist (↑Himmelslicht).

Mikrometer [zu griech. mikrós = klein und griech. métron = Maß]: Meßvorrichtung zur Bestimmung kleiner Winkeldistanzen an der Himmelssphäre, zumeist am Okularende eines Fernrohrs montiert. Je nach Aufgabenstellung existieren verschiedene Gerätetypen.

Im **Faden-M.** lassen sich die Winkeldistanzen durch Verschieben beweglicher Fäden an einer geeichten Fadenkreuzskala ablesen. Beim **Positionsfaden-M.** ist das Fadenkreuz um die optische Achse des Fernrohrs drehbar, so daß neben der Messung des Winkelabstandes auch bei Doppelsternen der Positionswinkel des Begleiters gegenüber dem Hauptstern bestimmbar ist. Beim **Ring-M.** schließlich ist in der Brennebene des feststehenden Fernrohrs ein Kreisring angebracht. Durch Bestimmung der Ein- und Austritte zweier benachbarter Sterne kann der Winkelabstand dieser beiden Sterne ermittelt werden.

Mikroskop [zu griech. mikrós = klein und griech. skopeīn = betrachten] (Microscopium; Abk.: Mic): ein kleines, lichtschwaches Sternbild des südlichen Himmels.

Milchstraße: das mit bloßem Auge in den Spätsommer- und Herbstmonaten am Abendhimmel zu beobachtende milchig verwaschene Band von etwa 20° Breite. Das unregelmäßig begrenzte Band, das sich am Nordhimmel vom Sternbild Adler über die Sternbilder Schwan, Cepheus, Cassiopeia, Perseus zu Fuhrmann und weiter am Südhimmel von Einhorn über Hinterdeck, Segel, Lineal, Skorpion zu Schütze zieht, scheint die Himmelssphäre gleich einem Gürtel zu umspannen. Dieses relativ lichtschwache Band nannten die Griechen „Galaxias" (von griech. gála = Milch), da ihre Mythologie die Entstehung der M. auf die an den Himmel verspritzte Muttermilch durch den bei der Göttergattin Hera säugenden Knaben Herakles zurückführte.

In Altertum und Mittelalter schenkte man der M. kaum mehr Beachtung als irgendeinem Sternbild. Die ersten wiss. Erkenntnisse über die wahre Natur der M. lieferten Beobachtungen des Himmels zu Beginn des 17. Jahrhunderts. Die bereits von dem griechischen Philosophen Demokrit um 460 v. Chr. in genialer Intuition erkannte und vertretene Kenntnis, das schwach leuchtende Band bestehe aus einer Vielzahl von Sternen

Milchstraßensystem

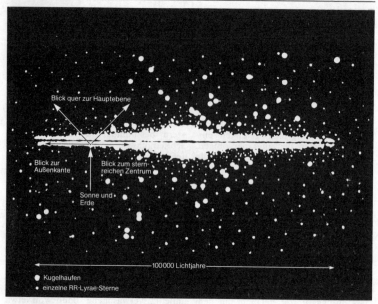

Milchstraßensystem. Schnitt durch die Galaxis

gleich unserer Sonne, konnte sich zunächst nicht durchsetzen. Eine Entscheidung über die Richtigkeit dieser Vermutung bedurfte des Einsatzes optischer Instrumente, da das bloße Auge das M.nband nicht aufzulösen vermag. Mit einem Fernrohr gelang es wohl als erstem G. Galilei, eine Auflösung von Teilen des sich für das Auge allein als Gesamtlicht bemerkbar machenden M.nbandes zu erreichen. Mehr als zwei Jahrtausende später bestätigte somit die teleskopische Untersuchung der M. die von Demokrit ausgesprochene These, wonach der wolkige Eindruck durch die wechselnde Dichteverteilung zahlreicher Sterne hervorgerufen wird.

Wie wir heute wissen, befinden wir uns nämlich nahezu in der Symmetrieebene eines flachen, seitlich weit ausgedehnten Sternsystems, das wir ↑Milchstraßensystem nennen. Die „milchige Struktur" erscheint, wenn wir in Richtung der Symmetrieebene des Sternsystems schauen. Je tiefer die Schicht von Sternen ist, in die unsere Blickrichtung geht, umso mehr Sterne sehen wir und umso „milchiger", d. h. flächenheller ist das Band der Milchstraße. Die größte Sternkonzentration innerhalb der M. finden wir am Südhimmel, und zwar in Richtung des Sternbildes Schütze. Das ist gerade die Richtung zum Zentrum des Milchstraßensystems.

Milchstraßensystem (Galaxis): ein Sternsystem, in welchem unsere Sonne steht und das wir von innen betrachten. Vom Altertum bis zum Mittelalter galt das Interesse der Astronomie fast ausschließlich unserem ↑Sonnensystem. Erst mit dem Einsatz optischer Instrumente zu Beginn des 17. Jahrhunderts rückte das M. in den Interessenbereich astronomischer Forschung. Die teleskopische Untersuchung der Milchstraße bestätigte die rund zwei Jahrtausende früher von Demokrit ausgesprochene These, wonach der milchig-wolkige Eindruck der ↑Milchstraße durch die wechselnde Dichteverteilung zahlreicher

Sterne hervorgerufen wird. Erst 1924 gelang E. P. Hubble, am Andromedanebel unter Einbezug der photographischen Technik in Verbindung mit dem lichtstarken Mount-Wilson-Teleskop (2,5-m-Spiegel) exemplarisch der Existenzbeweis für extragalaktische Systeme im Unterschied zu Gasnebeln in unserer Galaxis und damit auch der Nachweis, daß unser M. ein Sternsystem unter vielen ist.

Die Erkundung des Aufbaus unseres M.s ist mit besonderen Schwierigkeiten verbunden. Als Beobachter stehen wir im Innern des Systems und können dessen sichtbaren Teil als zweidimensionale Projektion an der Sphäre erblicken. Aufgabe der Milchstraßenforschung ist es, das an der Himmelssphäre projiziert erscheinende, zweidimensionale Bild getrennt von den extragalaktischen Objekten vollständig zu bestimmen und zu einer detaillierten, dreidimensionalen Vollstruktur zu ergänzen.

Die Bewältigung dieser Aufgabe erfordert genaue Kenntnisse über die Verteilung und Anordnung der das M. bildenden Materie in Raum und Zeit.

Das Problem des räumlichen Aufbaus und der Bewegungen im M. wäre gelöst, wenn man für jedes Milchstraßenobjekt drei Lage- und Geschwindigkeitskoordinaten bestimmen könnte. Da dies wegen der immensen Zahl der Objekte und der prinzipiellen Schwierigkeiten der Datenbeschaffung unmöglich ist, läßt sich die Anwendung statistischer Methoden mit all ihrer Problematik nicht umgehen.

Nachdem sich herausgestellt hatte, daß ferne Sternsysteme überwiegend Spiralstruktur aufweisen, stellte sich ein zentrales Forschungsproblem: die Frage einer Spiralstruktur der eigenen Galaxis und gegebenenfalls der genauen Bestimmung der Lage der Spiralarme. Dies scheint v. a. aus folgendem Grunde wichtig: Wenn wir die Lage der Spiralarme in der Galaxis kennen, ist es möglich, das kinematische Bild mit der Spiralstruktur in Verbindung zu bringen und damit eine Grundlage für die Dynamik und Genetik der Spiralstruktur zu gewinnen.

Die vielschichtigen Probleme führten zur Arbeitsteilung und Kooperation auf dem Gebiete der Milchstraßenforschung. Aufschlüsse über die Struktur im Großen werden angestrebt, mit z. T. grundverschiedenen Arbeitsmethoden wie

1. Gerüstmethode, d. h. Richtungs- und Entfernungsbestimmung von individuellen Objekten;
2. stellarstatistische Methoden;
3. Flächenhelligkeitsmethode, d. h. Aufdeckung des Zusammenhangs zwischen Flächenhelligkeit und Volumenemission v. a. in den Spiralarmen;
4. dynamische Methode, d. h. Bewegungsbestimmung der Sterne und des neutralen Wasserstoffs (H I).

Eine Übersicht wichtiger Erkenntnisdaten liefert die folgende tabellarische Übersicht:

Hubble-Typ	Sb
Durchmesser in der Ebene	34 kpc
Dicke, senkrecht zur Ebene	
des Kerns	5 kpc
der Scheibe	1 kpc
Durchmesser des Halos	50 kpc
Abstand der Sonne	
vom Zentrum	8,5 kpc
von der Ebene	14 pc nördlich
Rotation am Ort der Sonne	
Richtung	$l = 90°$
Geschwindigkeit	220 km/s
Dauer eines Umlaufes	200 Mill. Jahre
Gesamtmasse	$1,4 \cdot 10^{12} \, M_\odot$
Masse der Scheibe	$2 \cdot 10^{11} \, M_\odot$
Gesamthelligkeit, absolut (im B-[Blau-]Bereich; $\lambda = 0,44 \, \mu m)$	$M_B = -20.27$
bzw. (mit $M_{B,\odot} = +5.48)$	$L_B = 2 \cdot 10^{10} \, L_{B,\odot}$
$(M/L_B)/M_\odot/L_{B,\odot})$	
gesamtes System	70 ± 20
Sonnenumgebung	$2,8 \pm 0,5$
Massenanteile in der Scheibe	
Sterne heller als $M = +3$	10 %
Sterne schwächer als $M = +3$	80 %
interstellares Gas	10 %
interstellarer Staub	0,1 %
geschätzte Gesamtzahl von	
Kugelhaufen	300
offenen Haufen	15 000
Assoziationen	700

Abstand vom Zentrum des Milchstraßensystems
weitester Kugelhaufen 69 kpc
Große Magellan-Wolke 64 kpc
Kleine Magellan-Wolke 72 kpc
Andromedanebel (M 31) 830 kpc
M 33 790 kpc

Aus der Synthese aller Beiträge resultiert das sukzessiv wachsende Bild des Milchstraßensystems. Danach ist unsere Milchstraße eine flache Scheibe mit einem zentralen Kern, umgeben von einem abgeplatteten Sphäroid, dem ↑Halo. Innerhalb der Scheibe sind junge Objekte in ↑Spiralarmen angeordnet, während die Objekte des Halos, v. a. Kugelhaufen, sich konzentrisch um das Zentrum des M.s verteilen, und zwar mit starker Konzentration zu diesem hin. – ↑auch Abb. S. 134.

Mimas [nach einem gleichnamigen Giganten der griech. Mythologie]: ein Satellit des ↑Saturn.

Mira [zu lat. mirus = wunderbar]: Stern im Sternbild ↑Walfisch mit einer scheinbaren visuellen Helligkeit von $2^{\text{m}}_{\cdot}0$. – ↑auch Sternverzeichnis.

Mirach [zu arab. mi'zar = Lendengürtel]: Stern im Sternbild ↑Andromeda mit einer scheinbaren visuellen Helligkeit von $2^{\text{m}}_{\cdot}03$. – ↑auch Sternverzeichnis.

Miranda [zu lat. mirandus = bewundernswert]: ein Satellit des ↑Uranus.

Mirasterne [zu ↑Mira]: ↑Veränderliche mit großen Helligkeitsschwankungen und langen Perioden von 80 bis 1 000 Tagen. Ihre Lage im ↑Hertzsprung-Russell-Diagramm für Veränderliche weist sie als ↑Riesensterne späten Spektraltyps (↑Spektralklasse) aus.

Mirfak [arab. = Ellbogen]: Hauptstern im Sternbild ↑Perseus. Der auch **Algenib** genannte Stern besitzt eine scheinbare visuelle Helligkeit von $1^{\text{m}}_{\cdot}79$. – ↑auch Sternverzeichnis.

Missing mass ['mɪsɪŋ 'mæs; engl. = fehlende Masse]: möglicherweise merkliche Materiemengen, die sich den heutigen Beobachtungsmethoden entziehen. Die Annahme, daß es eventuell große, noch nicht registrierte Massenanteile gibt, resultiert aus der Diskrepanz zwischen dynamisch bestimmten und beobachteten Massen. Insbesondere könnte die Welt auf den Wert der ↑kritischen Dichte eingestellt sein. Anlaß zu dieser Annahme gibt die geringe Differenz zwischen beobachteter und kritischer Dichte. Erstere weicht nur etwa um den Faktor 10 bis 100 von der kritischen Dichte ϱ_{kr} ab.

In ↑Friedmann-Weltmodellen diskriminiert die heutige Materiedichte ϱ_0 zwischen den einzelnen Typen. Ist $\varrho_0 > \varrho_{\text{kr}}$, so liegt elliptische Expansion vor, bei $\varrho_0 < \varrho_{\text{kr}}$ dagegen hyperbolische Expansion. Der Grenzfall zwischen offenem und geschlossenem Weltall liegt gerade bei $\varrho_0 = \varrho_{\text{kr}}$. Die kritische Dichte entspricht heute dem Wert

$$\varrho_{\text{kr}} = \frac{3 H_0^2}{8 \pi G} = 5 \cdot 10^{-30} \text{ g/cm}^3$$

bei Ansetzung eines Wertes für die derzeitige Hubble-Konstante $H_0 = 50$ (km/s)/Mpc. Als großräumigen Mittelwert dagegen findet man

$$\varrho_0 = 10^{-30} \text{ bis } 10^{-31} \text{ g/cm}^3.$$

Gegenwärtig ergibt sich also $\varrho_0 < \varrho_{\text{kr}}$. Dieses Resultat bedeutet, daß wir in einem offenen Weltall leben. Viele Astronomen stehen diesem Schluß angesichts des geringen Dichteunterschieds skeptisch gegenüber. Sie sehen in diesem geringen Unterschied vielmehr zwei Probleme aufgeworfen: 1. Ist die Welt etwa auf den Grenzwert zwischen offenem und geschlossenem All eingestellt? Wenn ja, wo ist die dann fehlende Masse versteckt? 2. Es ist natürlich nicht ausgeschlossen, daß im Weltraum bedeutende Materiemengen existieren, die sich unseren bisherigen Beobachtungsmethoden entziehen, wie z. B. intergalaktisches Gas oder schwarze Löcher. Entscheidende Massenanteile sind durch derartige Objekte mit größter Wahrscheinlichkeit jedoch nicht zu erwarten. Anders dagegen sieht es aus, wenn die im Zusammenhang mit ↑Neutrinooszillationen aufgeworfene These einer endlichen Ruhemasse für die zahlreich im Weltall vorhandenen Neutrinos zutrifft. Dann könnte sogar die Gesamtdichte bis zum Wert der kritischen Dichte oder darüber hinaus ansteigen.

Mittagshöhe: die Kulminationshöhe der Sonne, also die Höhe der Sonne zur Zeit des Meridiandurchgangs bzw. der oberen Kulmination.

Die M. der Sonne an einem Ort der geographischen Breite φ schwankt im Laufe eines Jahres zwischen

$$h_{max} = 90° - \varphi + \delta_{max} \approx 90° - \varphi + 23\overset{\circ}{.}5$$
$$= 113\overset{\circ}{.}5 - \varphi$$

und

$$h_{min} = 90° - \varphi - \delta_{min} \approx 90° - \varphi - 23\overset{\circ}{.}5$$
$$= 66\overset{\circ}{.}5 - \varphi,$$

wobei δ die von der Jahreszeit abhängende Deklination der Sonne ist. Der Grund für die jahreszeitlich unterschiedlichen M.n liegt darin, daß die Rotationsachse der Erde nicht senkrecht auf der Bahn der Erde (Ekliptik) steht, sondern gegen diese um etwa 23°5 geneigt ist. Da diese Achsenrichtung aber im Laufe des Jahres unveränderlich ist, schwankt die Deklination der Sonne jahreszeitlich. Zur Zeit des Frühlings- und Herbstanfangs hat die Sonne die Deklination 0°. Zu dieser Zeit geht die Äquatorebene der Erde gerade durch den Sonnenmittelpunkt, oder anders ausgedrückt, hier steht die Sonne von der Erde aus gesehen im Schnittpunkt von Himmelsäquator und Ekliptik. Vom Frühlingspunkt aus entfernt sich die Sonne immer weiter vom Äquator, d.h. in der Ekliptik erreicht sie größere Deklinationswerte. Zur Zeit der Sonnenwende erreicht sie schließlich ihre maximale M. (entspricht einer Deklination von etwa $+23\overset{\circ}{.}5$) und nähert sich anschließend wieder dem Äquator, sinkt unter ihn und erreicht zur Wintersonnenwende ihre minimale M. (entspricht auf der Ekliptik einer Deklination von $-23\overset{\circ}{.}5$).

Die obige Formel beschreibt auch die Ortsabhängigkeit der ↑Tageslänge, insbes., warum es Orte höherer Breite gibt, an denen die Sonne zu manchen Zeitpunkten unterhalb des Horizonts bleibt (↑Tagbogen). Sie macht ferner die jahreszeitlichen Schwankungen der Sonneneinstrahlung plausibel. So empfängt ein Land mittlerer Breite (50°) zur Sommersonnenwende etwa dreimal soviel Sonnenenergie wie zur Zeit der Wintersonnenwende. Zur Zeit der maximalen M. verteilt sich ein Strahlenbündel mit der Querschnittsfläche A nämlich auf die Fläche

$$A' = \frac{A}{\sin h_{max}} = \frac{A}{\sin 63\overset{\circ}{.}5} = 1,12\,A,$$

zur Zeit der minimalen M. auf die Fläche

$$A'' = \frac{A}{\sin h_{min}} = \frac{A}{\sin 16\overset{\circ}{.}5} = 3,52\,A.$$

Mittagslinie: svw. ↑Meridian.

mitteleuropäische Zeit (Abk.: MEZ): die ↑Zonenzeit, die für 15° östliche Länge von Greenwich gilt und eine Stunde vor der ↑Weltzeit anzeigt.

Mitternachtssonne: die zwischen den Polarkreisen und den Erdpolen wegen der Achsenneigung der Erde zur Ekliptik im Sommer stets sichtbare Sonne. – ↑auch Tagbogen.

mittlerer Ort ↑Ort.

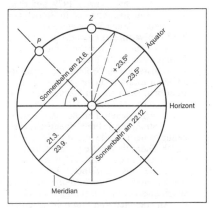

Mittagshöhe. Scheinbare Sonnenbahn zur Zeit der Sonnenwenden

mittlere Sonne: eine fiktive Sonne, die sich gleichmäßig auf dem ↑Himmelsäquator bewegt und damit ein gleichmäßiges Zeitmaß gewährleistet. Den Unterschied zwischen wahrer und mittlerer ↑Sonnenzeit liefert die Zeitgleichung.

mittlere Sonnenzeit ↑Sonnenzeit.

Mizar [arab.]: Stern im Sternbild ↑Großer Bär mit einer scheinbaren visuellen Helligkeit von 2ᵐ4. – ↑auch Sternverzeichnis.

MK-System (Yerkes-System): das nach den Anfangsbuchstaben der Namen seiner Autoren, der Astronomen W. W. Morgan und Ph. Ch. Keenan, benannte zweidimensionale phänomenologische Klassifikationsschema von Sternen nach ↑Spektralklasse und ↑Leuchtkraftklasse. Dieses System ist eine Weiterentwicklung der Leuchtkraftklassifikation.

MMT [Abk. für engl. multiple mirror telescope = vielfaches Spiegelteleskop]: moderner Teleskoptyp, bei dem mehrere Einzelspiegel gemeinsam in einer einzigen Montierung angeordnet und auf einen gemeinsamen Brennpunkt fokussiert werden. So könnten etwa 6 Spiegel mit Durchmessern von jeweils 6 m die Lichtstärke und das Auflösungsvermögen von einem Spiegel mit 15 m Durchmesser erbringen.

Das erste MMT wurde 1979 auf dem Mount Hopkins, Arizona, in Betrieb genommen. – ↑auch Spiegelteleskop.

Molekülwolken: gigantische Wolken, die nicht nur aus Atomen, sondern zum Großteil aus Molekülen bestehen.

Die Existenz von Molekülen im interstellaren Raum ist keineswegs selbstverständlich. Das von den Sternen erzeugte interstellare Strahlungsfeld sowie die hochenergetischen Partikel der kosmischen Strahlung sollten eigentlich stark genug sein, um die meisten Moleküle durch Photodissoziation schnell zu zersetzen. Die Entstehung der interstellaren Moleküle aus einzelnen Atomen ist derzeit noch unverstanden. Offenbar scheint bei der Bildung einiger Moleküle die Anwesenheit von Staub erforderlich zu sein. Vorstellbar ist, daß sich einzelne Atome an der Stauboberfläche anlagern und dann eine Verbindung eingehen.

Anhand charakteristischer Emissions- und Absorptionslinien lassen sich interstellare Moleküle spektroskopisch identifizieren. Wegen der geringen Temperaturen in diesen Wolken treten Übergänge nicht zwischen zwei verschiedenen Energieniveaus der Elektronen, sondern zwischen zwei Rotations- oder Schwingungsniveaus mit sehr geringen Energiedifferenzen auf, so daß sich Strahlung mit Wellenlängen bis in den Zentimeter- oder gar Dezimeterbereich ergibt.

Im optischen Bereich wurden Linien von CH und CN gefunden, im UV-Bereich solche von CO und H_2. Das Gros der Moleküle wurde im Radiobereich, vornehmlich im Wellenlängenbereich zwischen 2 mm und 6 cm, entdeckt.

Bis jetzt sind etwa 80 Moleküle im interstellaren Raum identifiziert worden.

Die Strahlung, die am meisten zum Verständnis der Grobstruktur von M. beigetragen hat, ist die 2,6-mm-Linie des Kohlenmonoxids.

Riesige M. haben einige gemeinsame charakteristische Eigenschaften:

1. Ihre Masse beträgt etwa das 10^5- bis $2 \cdot 10^6$fache der Sonnenmasse; damit kommt ihnen neben den Kugelsternhaufen der Rang der massereichsten Objekte im Milchstraßensystem zu.
2. Die Dichte in den Wolken liegt im Mittel um den Faktor 100 höher als die der interstellaren Materie.
3. Das Gas ballt sich an manchen Stellen der Wolken zu Klumpen.
4. M. besitzen eine längliche Gestalt, nicht mehr als 100 pc lang und im allg. ungefähr 45 pc dick.
5. In den meisten M. werden neue Sterne geboren.

In vielen extragalaktischen Systemen sind die hellen, in M. gebildeten Sterne deutlich spiralförmig verteilt. So liegt die Vermutung nahe, daß die M. in unserer Galaxis eine ähnliche Verteilung aufweisen.

Mon: Abk. für **Mon**oceros (↑Einhorn).

Monat: Bewegung und Phasenwechsel des Mondes haben zu einer Zeiteinteilung in Relation zur Mondveränderung geführt. Die danach benannten Zeitintervalle, die M.e, sind unterschiedlich definiert und daher auch unterschiedlich lang:

Definition	Monatslänge

tropischer Monat:
Zeitintervall, in dem die
ekliptikale Länge des Mondes
um 360° wächst $27^d\,7^h\,43^m\,4\overset{s}{.}7$

Mond

siderischer Monat:
Zeitintervall eines Bahnumlaufs des Mondes, gemessen an den Sternen $27^d\,7^h\,43^m\,11\overset{s}{.}5$

synodischer Monat:
Zeitintervall von Neumond zu Neumond $29^d\,12^h\,44^m\,2\overset{s}{.}8$

drakonitischer Monat:
Zeitintervall zwischen zwei aufeinanderfolgenden Durchgängen durch den aufsteigenden Knoten $27^d\,5^h\,5^m\,35\overset{s}{.}7$

anomalistischer Monat:
Zeitintervall zwischen zwei Durchgängen des Mondes durch sein Perigäum, d. h. den der Erde nächsten Punkt seiner Bahn $27^d\,13^h\,18^m\,33\overset{s}{.}1$

Mond:
◊ allg. Bez. für einen Himmelskörper, der einen Planeten umkreist; auch Satellit oder Trabant genannt.
◊ (Erdmond): der natürliche Satellit der Erde. Der Abstand des M.es von der Erde schwankt zwischen 356 410 km und 406 740 km. Im Mittel liegt er bei etwa 384 400 km. Die mittlere Bahnexzentrizität beträgt 0,0549, die Neigung der Bahn gegen die Ekliptik rund 5° 8′ 43″. Die siderische Umlaufzeit beträgt rund $27^d\,7^h\,43^m$, die synodische Umlaufzeit (Zeitintervall von Neumond zu Neumond) etwa $29^d\,12^h\,44^m$. Sein Äquator besitzt einen Durchmesser von 3 476 km. Mit rund $7{,}35 \cdot 10^{22}$ kg hat der M. eine im Verhältnis zur Erde beachtlich große Masse. Das Massenverhältnis M.:Erde ist 1:81,53 und damit ungewöhnlich hoch für unser Sonnensystem.

Der M. umkreist die Erde in gebundener Rotation, d. h., er wendet ihr stets die gleiche Seite zu. Durch die ↑ Libration können aber etwa 59% der Mondoberfläche von der Erde aus gesehen werden. Auffällig sind die unterschiedlichen **M.phasen.** Da der M. nicht selbst Licht erzeugt, sehen wir von ihm nur den von der Sonne beleuchteten Teil. Je nach der Stellung M.–Erde–Sonne erscheint der M. als Sichel oder Scheibe **(Vollmond)** bzw. er ist dunkel **(Neumond).**

Eine **M.finsternis** tritt auf, wenn der M. in den Halb- oder Kernschatten der Erde tritt. Wegen der Neigung der M.bahn

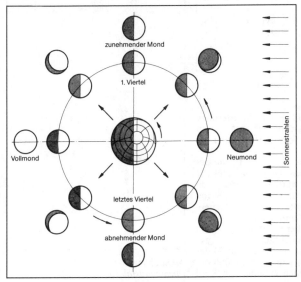

Mond. Zur Erklärung der Mondphasen: der Mondlauf im Anblick von Norden auf die Mondbahnebene. Im äußeren Ring die Mondphasen von der Erde aus gesehen

Mond

Wichtige Daten des Mondes

Entfernung von der Erde	
mittlere	384 400 km
größte (Apogäum)	406 740 km
kleinste (Perigäum)	356 410 km
Bahnexzentrizität	0,055
Bahnneigung gegen die Ekliptik	5° 9'
Umlaufzeit um die Erde	
siderische	$27,32^d$
synodische	$29,53^d$
mittlere Bahngeschwindigkeit	$1,02 \text{ km} \cdot \text{s}^{-1}$
Radius	
mittlerer scheinbarer	15' 33''
wahrer	1 738 km = 0,27 des Erdradius
Masse	$7,350 \cdot 10^{22} \text{ kg} = \frac{1}{81}$ der Erdmasse
Volumen	$2,192 \cdot 10^{25} \text{ cm}^3$
mittlere Dichte	$3,34 \text{ g} \cdot \text{cm}^{-3} = 0,60$ der mittleren Erddichte
Schwerebeschleunigung an der Oberfläche	$1,62 \text{ m} \cdot \text{s}^{-2} = 16,6\%$ des irdischen Wertes
Entweichgeschwindigkeit	$2,38 \text{ km} \cdot \text{s}^{-1}$
Helligkeit (Vollmond)	$-12^m{,}7$
mittlere Albedo	0,07
Oberflächentemperatur	
Tagseite	etwa 400 K
Nachtseite	etwa 130 K

von einigen hundert Kilometern Durchmesser besitzt, der für die Erzeugung dieses Magnetfeldes verantwortlich war. Die M.oberfläche ist von einer Schicht zertrümmerten Gesteins **(Regolith)** bedeckt. Ihre Dicke schwankt zwischen einigen Zentimetern und mehreren Metern.

Der M. besitzt keine Atmosphäre.

Wichtigste *Oberflächenelemente* des M.es sind die **Maria** (Einzahl **Mare**), dunkle, tiefliegende, relativ ebene Gebiete, die vermutlich in der Frühphase gegen die Ekliptik treten M.finsternisse immer in Abständen von etwa einem halben Jahr auf, wenn der M. nahe der Ekliptik steht.

Die Kenntnisse vom *inneren Aufbau* des M.es sind noch sehr unsicher. Aufgrund seiner geringen mittleren Dichte von 3,34 g/cm³ kann ein großer metallischer Kern ausgeschlossen werden. Neuere Untersuchungen zum lokalen Magnetismus gewisser M.bereiche deuten jedoch auf ein ehemals deutlich ausgeprägtes allgemeines magnetisches Dipolfeld des M.es hin. Daraus schließt man, daß der M. vermutlich einen metallischen Kern

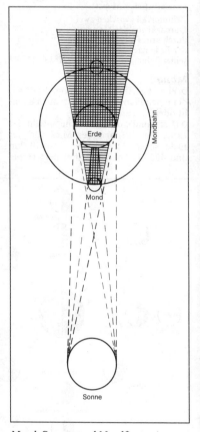

Mond. Sonnen- und Mondfinsternis (nicht maßstäblich)

der M.entwicklung mit Lava gefüllt wurden, ferner die alten Hochländer (**Terrae;** Einzahl **Terra**) mit auffälligem Relief – sie bilden den größten Teil der M.oberfläche – und die **Krater,** die wahrscheinlich größtenteils durch Einschläge, teils durch Vulkanismus entstanden sind. Großkrater werden von **Ringgebirgen** umgeben, die Maria werden häufig von **Kettengebirgen** gesäumt. Andere Strukturelemente sind beulenartige Erhebungen **(Dome), Rücken, Rillen, Spalten, Klüfte, Täler** und **Verwerfungen.**

Über die *Entstehung des M.es* existieren im wesentlichen drei Theorien. Nach der **Abspaltungstheorie** hat der M. sich von der Erde aufgrund der schnellen Rotation des gemeinsamen Mutterkörpers gelöst. Die **Einfangtheorie** geht davon aus, daß der M. ursprünglich ein unabhängiger Planet war, der von der Erde eingefangen wurde. Die dritte Theorie nimmt eine gemeinsame Entstehung von Mond und Erde an **(Doppelplanettheorie).** Der M. könnte z. B. aus einem Materiering um die entstehende Erde hervorgegangen sein. Aufgrund ähnlicher chemischer Zusammensetzung von M. und Erdkruste ist ein enger genetischer Zusammenhang sehr wahrscheinlich. Mitunter wird der M. sogar als „Stein von Rosette" des Sonnensystems bezeichnet, da sich hier möglicherweise alle Spuren der Entstehungsgeschichte erhalten haben.

Im Rahmen der Theorien zur Entstehung des ↑ Sonnensystems wird gegenwärtig folgende Idee favorisiert. In der Endphase der Erdentstehung könnte es beim Einsammeln von ↑ Planetesimalen zur Kollision mit einem Körper von etwa Marsgröße (etwa 10 % der Erdmasse) gekommen sein. Als Folge dieses Zusammenstoßes wurde ein Teil der Energie beim Auftreffen in Wärmeenergie umgewandelt, so daß der größte Teil des Erdmantels verdampfte. Dieser verflüchtigte sich jedoch nicht vollständig, sondern ein bestimmter Teil kondensierte nach Erkaltung zu einem Staubring, der die Erde umschloß. Aus diesem Staubring könnte sich dann der M. durch das Einfangen weiterer kleiner

Mond. Maria der Mondoberfläche

Sinus Aestuum	Bucht der Fluten
Mare Australe	Südliches Meer
Mare Cognitum	Bekanntes Meer
Mare Crisium	Meer der Gefahren
Palus Epidemiarum	Sumpf der Krankheiten
Mare Fecunditatis	Meer der Fruchtbarkeit
Mare Frigoris	Meer der Kälte
Mare Humboldtianum	Humboldt-Meer
Mare Humorum	Meer der Feuchtigkeit
Mare Ingenii	Meer der Begabung
Sinus Iridium	Regenbogenbucht
Mare Imbrium	Regenmeer
Mare Marginis	Randmeer
Mare Moscoviense	Moskau-Meer
Sinus Medii	Bucht der Mitte
Lacus Mortis	See des Todes
Mare Nectaris	Honigmeer
Mare Nubium	Wolkenmeer
Mare Orientale	Östliches Meer
Oceanus Procellarum	Ozean der Stürme
Palus Putredinis	Sumpf der Fäulnis
Sinus Roris	Taubucht
Mare Serenitatis	Meer der Heiterkeit
Mare Smythii	Smyth-Meer
Lacus Somniorum	See der Träume
Mare Spumans	Schäumendes Meer
Mare Tranquillitatis	Meer der Ruhe
Mare Undarum	Wellenmeer
Mare Vaporum	Meer der Dünste

Körper entwickelt haben. – ↑ auch Abb. S. 127/128.

Mondalter:
◊ die Zeit, die seit dem letzten Neumond vergangen ist.
◊ die Zeit, die seit der Entstehung des Mondes verflossen ist (↑ Altersbestimmung).

Mondbeben: Erschütterungen des Mondkörpers, die oft über eine Stunde andauern und gehäuft vorkommen, wenn der Mond sich im Perigäum befindet. Als Ursache für diese Beben werden hpts. tektonische Vorgänge, aber auch Meteoriteneinschläge angesehen.

Mondbewegung: Vom geozentrischen Standpunkt aus betrachtet, bewegt sich der Mond auf einer Ellipsenbahn um die Erde. Diese Mondbahn ist durch die Gravitationswirkung der Sonne stark gestört. Außerdem führt der Mond eine gebundene Rotation um seine Achse in bezug auf die Erde aus.

Mondfinsternis

Somit ist die Rotationsdauer gleich der mittleren siderischen Umlaufzeit. Aufgrund der ↑Libration können von der Erde aus dennoch mehr als 50% der Mondoberfläche eingesehen werden.
Vom heliozentrischen Standpunkt aus betrachtet, unterscheiden sich Mondbahn und Erdbahn nur geringfügig; beide beschreiben stets konkave Bahnen.
Mondfinsternis: die auf der Mondoberfläche eintretende Finsternis beim Durchgang durch den Kernschatten der Erde (↑Mond).
Mondphasen: die von der Erde aus beobachtbaren verschiedenen Lichtgestalten des ↑Mondes.
Monoceros [aus griech. monókerōs = Einhorn]: wiss. Name für das Sternbild ↑Einhorn.
Monochromator [zu griech. mónos = allein, einzig und griech. chrōma = Farbe]: Gerät zur Ausfilterung bestimmter enger optischer Wellenlängenbereiche. Im Aufbau entspricht der M. weitgehend einem Spektrographen. In seiner Funktion einem Filter vergleichbar, findet der M. vorwiegend Anwendung bei der monochromatischen (auf einzelne Spektrallinien beschränkten) Beobachtung verschiedener Sonnenphänomene, wie Protuberanzen, Filamente und Eruptionen.
Monopolproblem [griech. mónos = allein, einzeln und griech. pólos = Drehpunkt, Achse]: die Schwierigkeit, eine plausible Erklärung für die Nichtauffindbarkeit ↑magnetischer Monopole zu finden. Nach den von den Elementarteilchenphysikern konzipierten ↑vereinheitlichten Theorien sollen im Weltall eine extrem große Anzahl superschwerer magnetischer Monopole in der Frühphase des Universums bei Dichten von 10^{81} g/cm³, entsprechend Teilchenenergien von 10^{16} GeV entstanden sein. Die Masse eines magnetischen Monopols entspricht dabei etwa der Masse von 10^{15} Protonen.
Diese superschweren Monopole wären damit, sollten sie existieren, direkte Zeugen des Urknalls. Die Rate der Monopolproduktion ist ein Parameter, der für das Verständnis der Abläufe während des Urknalls von großer Bedeutung ist.

Theoretische Überlegungen bezüglich des frühen Universums (↑auch kosmische Strings) führen zu einer Anzahl magnetischer Monopole, die etwa um den Faktor 10 kleiner ist als die Menge der produzierten Protonen und Neutronen. Bei einer Monopolmasse, die etwa das 10^{15}fache der Protonenmasse beträgt, müßte die Gesamtmasse des Universums etwa das 10^{14}fache des beobachteten Wertes betragen. Gleiche Gesamtenergie vorausgesetzt, könnte ein Universum mit einer derart großen Masse, wenn überhaupt, nur kurz expandieren. Aufgrund seiner Gravitation würde es schließlich kontrahieren und in sich zusammenfallen. Die Bildung von Galaxien wäre somit ausgeschlossen. Selbst bei einer Verdünnung der Monopolhäufigkeit auf 1 Monopol pro 10^{15} Nukleonen (Protonen und Neutronen) würden die Monopole massemäßig noch gleich der übrigen Masse sein und den ↑Abbremsparameter entscheidend mitbestimmen.
Bei einer Interpretation des Universums durch die klassischen ↑Friedmann-Weltmodelle ist nicht zu verstehen, warum bisher günstigenfalls nur ein einziger Monopol entdeckt wurde und warum die Monopole mit ihren großen Massen nicht einen frühen Kollaps des Universums zur Folge hatten. Um u. a. das Fehlen magnetischer Monopole im Weltall zu erklären, wurde das ↑inflationäre Szenario geboren. Diese Idee führt das Nichtauffinden magnetischer Monopole auf Verdünnung der Teilchenzahldichte der Monopole durch eine kurzzeitige, aber sehr wirksame exponentielle Expansion in der Frühphase des Universums zurück. Darüber hinaus erklärt die These des inflationären Szenarios nicht nur die Unwirksamkeit des gravitativen Wechselwirkungseffekts der magnetischen Monopole, sondern liefert auch den Rahmen für die Lösung einer Reihe von Problemen, die mit den Friedmann-Weltmodellen nicht erklärbar sind.
Eine andere Erklärung für das M. wäre, daß magnetische Monopole erst gar nicht entstehen. Diese Annahme würde allerdings eine Alternative zu den vereinheitlichten Theorien erfordern.

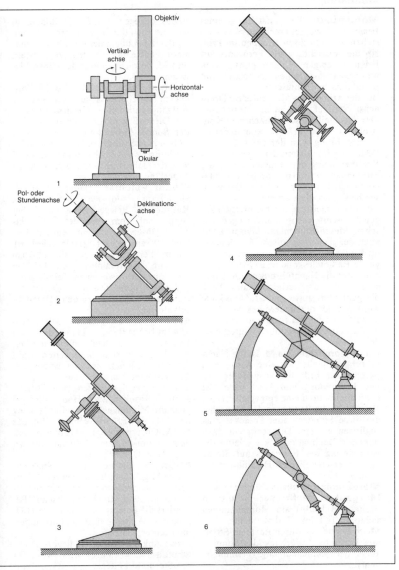

Montierung. 1 azimutale Montierung; 2–6 parallaktische Montierungen (2 Gabelmontierung, 3 Knicksäulenmontierung nach Zeiss, 4 deutsche Montierung, 5 englische Achsenmontierung, 6 englische Rahmenmontierung)

Montierung

Montierung: die Aufstellung eines Fernrohrs. Zwei senkrecht aufeinanderstehende Drehachsen erlauben im Prinzip die Ausrichtung des Fernrohrs auf jeden beliebigen Himmelspunkt. Man unterscheidet zwischen azimutaler und parallaktischer Montierung.
Bei der **azimutalen M.** steht eine Drehachse vertikal, die andere horizontal. Der Nachteil dieser einfacheren Konstruktion liegt in der komplizierten ↑Nachführung. Um der einen Sterntag (23 h 56 min) dauernden scheinbaren Kreisbewegung der Himmelskörper am Firmament zu folgen, muß bei azimutaler M. das Fernrohr um beide Drehachsen bewegt werden. Azimutale M. findet sich daher meistens nur bei preisgünstigen Amateurteleskopen und bei geodätischen Meßinstrumenten. Allerdings ist auch der große sowjetische 6-m-Spiegel im Kaukasus azimutal montiert, ebenso große Radioteleskope (z. B. Effelsberg), bei denen die Nachführung computergesteuert sehr genau erfolgen kann. Auch die geplanten optischen Großteleskope werden dank der neuerdings problemlosen Computersteuerung aus bautechnischen Gründen azimutal montiert werden.
Bei der **parallaktischen M.** ist die Nachführung einfacher, da eine Achse stets parallel zur Erdachse ausgerichtet ist. Die Erddrehung von West nach Ost kann allein durch eine entgegengesetzte, gleich schnelle Bewegung des Fernrohrs um diese Stunden- oder Polachse ausgeglichen werden. Die senkrecht dazu stehende Deklinationsachse erlaubt die Ausrichtung des Fernrohrs auf Sterne mit unterschiedlicher Deklination. – Abb. S. 245.
Morgendämmerung ↑Dämmerung.
Morgenhauptlicht: der in unseren Breiten im Herbst am Morgenhimmel sichtbare Teil des ↑Zodiakallichts.
Morgenrot: die durch Rayleigh-Streuung bewirkte Rotfärbung des Sonnenlichts bei Sonnenaufgang (↑Himmelslicht).
Morgenstern: volkstümliche Bez. für den vor der Sonne aufgehenden Planeten ↑Venus. Als M. erscheint Venus, wenn sie westlich der Sonne steht. Steht Venus dagegen östlich der Sonne, so geht sie nach der Sonne unter und kann in der Abenddämmerung als ↑Abendstern beobachtet werden. Abendstern und M. bezeichnen also denselben Planeten.
Morgenweite: Mit M. wird der Winkel am Horizont zwischen Ostpunkt und Aufgangspunkt eines Gestirns bezeichnet. Dieser Begriff findet im allg. nur bei der Sonne Anwendung. Morgen- und ↑Abendweite sind von der geographischen Breite des Beobachtungsortes und von der Jahreszeit abhängig. – ↑auch Tageslänge.
Mount Palomar ['maʊnt 'pæləmə:]: ein 80 km nordöstlich von San Diego, Kalifornien, gelegener 1871 m hoher Berg. Auf ihm befindet sich das **M.-P.-Observatorium** mit dem berühmten 508-cm-Spiegel (Hale-Teleskop), einem Schmidt-Spiegel mit 183 cm Öffnung (Korrektionsplatten 122 cm Durchmesser) sowie einem Teleskop mit 152 cm Öffnung. Das M.-P.-Observatorium gehört seit 1970 zu den ↑Hale-Observatorien.
Mount Wilson ['maʊnt 'wɪlsn]: 1740 m hoher Berg, 32 km nördlich von Los Angeles, auf dem sich eine der beiden bedeutendsten Sternwarten Kaliforniens befindet. Bekannt wurde das **M.-W.-Observatorium** durch seinen 254-cm-Spiegel, zu Ehren seines Stifters, John D. Hooker, auch Hooker-Spiegel genannt. Mit ihm gelang die Entdeckung des ↑Hubble-Effekts. Heute zählt das M.-W.-Observatorium zusammen mit dem Mount-Palomar-Observatorium zu den ↑Hale-Observatorien.
M-Sterne: Sterne, die zur ↑Spektralklasse M gehören. Bei diesen roten Sternen treten annähernd nur Linien neutraler Metalle und Molekülbanden auf. Besonders die Banden des Titanoxids (TiO) zeigen eine starke Entwicklung innerhalb dieser Klasse.
Mus: Abk. für Musca (↑Fliege).
Musca [lat. = Fliege]: wiss. Name für das Sternbild ↑Fliege.
mythologische Weltbilder: Weltbilder alter Kulturvölker, denen die jeweiligen Himmelsreligionen dieser Völker zugrunde liegen. Ausgesprochene Him-

melsreligionen findet man bei den Chinesen und Babyloniern. Bei ihnen wurden Götter durch Sterne symbolisiert. Dadurch gelang es diesen Völkern, ihre Götter nicht nur sichtbar, sondern auch vorausberechenbar zu machen.
Nach dem Weltbild der Babylonier beispielsweise war die Erde eine flache Scheibe und der Himmel eine feste Glocke aus Stein, die eine ständige Umdrehung ausführte. Sterne waren angeheftet (Fixsterne) oder teilweise umherirrende Götteraugen (Wandelsterne). Ein Wassermantel umgab die Erde und durch die Milchstraße sickerte Wasser, um die Wolken aufzufüllen.

N

Nachführung: Aufgrund der Erddrehung von West nach Ost – pro Sterntag (23 h 56 min) eine Umdrehung – bewegen sich alle Himmelskörper scheinbar in entgegengesetzter Richtung. Für genaue astronomische Beobachtungen, insbes. für photographische Aufnahmen, muß daher das Fernrohr der Bewegung der Gestirne folgen, was mit N. bezeichnet wird. Bei der üblichen parallaktischen ↑ Montierung wird dazu das Fernrohr um die parallel zur Erdachse ausgerichtete Stunden- oder Polachse gedreht. Als Antrieb dient gewöhnlich ein Elektromotor. Photographische Aufnahmen mit längeren Belichtungszeiten machen eine visuelle oder automatische Kontrolle erforderlich. Hierzu benutzt man ein parallel zum Hauptfernrohr angebrachtes sog. Leitrohr, in dessen Fadenkreuz ein ↑ Leitstern einjustiert ist. Um eine synchrone N. mit der scheinbaren täglichen Sternbewegung zu erreichen, sind eventuell auftretende Abweichungen des Leitsterns aus der Fadenkreuzjustierung durch eine Geschwindigkeitsänderung der N. oder durch Korrekturen an der eingestellten Deklination auszugleichen.
Bei der Beobachtung von Sonne und Mond ändert sich die Nachführgeschwindigkeit aufgrund der Bewegung der Erde um die Sonne bzw. der Eigenbewegung des Mondes nur geringfügig.
Nachtbogen: der unterhalb des Horizonts liegende Bahnbogen, den ein Gestirn bei seiner täglichen scheinbaren Bewegung beschreibt.
Nachthimmelslicht: die ständig vorhandene schwache Erhellung des nächtlichen Himmels, unabhängig vom Streulicht irdischer Einrichtungen oder des Mondes.
Das N. ist abhängig von Tages- und Jahreszeit, von der geographischen Breite sowie von der Sonnenaktivität. Es entspricht im Mittel pro Flächeneinheit etwa der Helligkeit eines Sterns von 22^m. Das N. verhindert daher prinzipiell die Beobachtung wesentlich schwächerer kosmischer Objekte als 22^m von der Erde aus.
Die Ursachen des N.s sind vielfältiger Natur. 20 bis 40% des Lichtanteils stammen aus außerirdischen Quellen, etwa aus der Summation sichtbarer und unsichtbarer kosmischer Lichtquellen unseres Milchstraßensystems sowie von Ausläufern des ↑ Zodiakallichts. Der Hauptanteil jedoch entstammt ↑ Rekombinationen in 70 bis 1 000 km Höhe, wobei v. a. Sauerstoff-, Neon- und OH-Teilchen die durch Stöße sowie durch Röntgen- und UV-Strahlung der Sonne gespeicherte Ionisations- und Dissoziationsenergie abstrahlen. Der Anteil dieser Leuchterscheinung – mitunter auch als **Airglow** bezeichnet – ist nicht konstant, da der ionisierende Strahlungsstrom der Sonne stark von der Sonnenaktivität abhängt.
Als dritte Ursache des N.s sei schließlich noch die diffuse Streuung des Lichts der zuvor erwähnten atmosphärischen und außeratmosphärischen Quellen in der Troposphäre erwähnt.
Nadir [arab. naẓīr = (dem Zenit) entgegengesetzt] (Fußpunkt): der Durchstoß-

punkt des nach unten verlängerten Lotes in einem Beobachtungsort durch die Himmelskugel. Der Gegenpunkt ist der ↑Zenit. – ↑auch Koordinatensysteme.

National Radio Astronomy Observatory ['næʃənəl 'reɪdɪoʊ əs'trɒnəmɪ əb'zɜːvətrɪ] (Abk.: NRAO): großes Radioobservatorium der USA in Green Bank, West Virginia. Die 1957 gegründete Einrichtung verfügt über eine nur in der Meridianebene bewegliche Parabolantenne von 90,4 m Durchmesser (Inbetriebnahme 1962). Von den kleineren Radioteleskopen hat der 11-m-Radiospiegel zur Entdeckung vieler interstellarer Moleküle beigetragen. Daneben verfügt das Radioinstitut in der Nähe von Socorro, New Mexico, über ein 1981 fertiggestelltes ↑Very large array. Mit Hilfe der ↑Apertursynthese hat die aus 27 beweglichen Antennen zu je 25 m Durchmesser in Form eines Y angeordnete Einrichtung ein Auflösungsvermögen, das dem eines einzelnen Radioteleskops von 27 km Durchmesser entspricht.

natürlicher Horizont ↑Horizont.

nautische Dämmerung [aus griech. nautikós = die Seefahrt betreffend]: ↑Dämmerung.

nautisches Dreieck [aus griech. nautikós = die Seefahrt betreffend]: svw. ↑astronomisches Dreieck.

Nebel: phänomenologisch gesehen diffuse helle oder dunkle bzw. schwachleuchtende Objekte an der Himmelssphäre. Physikalisch betrachtet, muß man zwischen galaktischen und extragalaktischen N.n unterscheiden. Erstere sind durchweg „echte" N., da sie aus interstellarer Materie bestehen und den ↑Emissionsnebeln, den ↑Reflexionsnebeln, den ↑planetarischen Nebeln sowie den ↑Dunkelwolken zuordenbar sind. Die extragalaktischen N. dagegen sind keine N. im eigentlichen Sinne, sondern außerhalb der Milchstraße befindliche Sternsysteme, also Galaxien. Ihre Bez. ist rein historisch bedingt.

nebelfreie Zone: unregelmäßig begrenzter Streifen beiderseits des galaktischen Äquators, in dem keine oder nur wenige Galaxien – früher auch als Nebel bezeichnet – zu beobachten sind. Die Ursache für dieses Phänomen ist die lichtschwächende Wirkung des interstellaren Staubs, dessen hoher Anteil in der Ebene unseres Milchstraßensystems die Sicht auf die dahinter liegenden Galaxien versperrt.

Nebelhaufen: historisch bedingte, mitunter noch gebräuchliche Bez. für ↑Galaxienhaufen.

Nebelkataloge: Auflistungen verschwommener, nebelartiger Gebilde in Abhängigkeit von der in historischer Zeit jeweils erreichten Leistungsfähigkeit der Instrumente. Im nachhinein erwiesen sich diese Objekte als Sternhaufen, galaktische Nebel oder Sternsysteme.

Zur Kennzeichnung dieser Objekte werden heute noch folgende Kataloge und deren Abkürzungen benutzt:

M = Messier-Katalog von Ch. Messier (1784);
GC = General Catalogue of Nebulae and Clusters of Stars von Sir J. Herschel (1864);
NGC = New General Catalogue of Nebulae and Clusters of Stars von J. L. E. Dreyer (1888);
IC = Index Catalogue von J. L. E. Dreyer (1895).

Nebularhypothese [zu lat. nebula = Dunst, Nebel]: eine Theorie über die Entstehung unseres ↑Sonnensystems, nach der sich Sonne und Planeten durch Verdichtung aus einer kosmischen Urwolke gebildet haben.

Neobrachyt: svw. ↑Schiefspiegler.

Neptun [nach dem gleichnamigen röm. Gott]: achter Planet des Sonnensystems. Er wurde 1846 von J. G. Galle aufgrund der Berechnungen von U. Le Verrier entdeckt. Den Berechnungen lagen Beobachtungen von Bahnstörungen des Planeten Uranus zugrunde.

Der Durchmesser von N. beträgt rund 48 600 km, das entspricht etwa dem Durchmesser von Uranus. N. dürfte Uranus auch im Aufbau grob ähneln. Er hat eine Masse von rund $1,03 \cdot 10^{26}$ kg oder 17,20 Erdmassen. Seine Dichte ergibt sich zu 1,71 gcm^{-3}. Sein Abstand zur Sonne schwankt zwischen $4456 \cdot 10^6$ km und $4537 \cdot 10^6$ km; er liegt im Mittel bei $4496,7 \cdot 10^6$ km. Die Bahnexzentrizität beträgt rund 0,0086. Die Bahnneigung gegen die Ekliptik liegt bei 1° 46'. Die siderische Umlaufzeit beträgt 164,8 Jahre. Seine Rotationsperiode ist nicht genau bekannt. Die Wolkendecke rotiert mit etwa 18 h 24 min. Bei Uranus rotiert die Wolkendecke etwas schneller als das Planeteninnere, was auch bei N. zutreffen könnte.

Die beiden bislang bekannten Monde (ein dritter wurde erst kürzlich entdeckt) sind **Triton** (1846 entdeckt; mittlerer Abstand von N. 353 000 km; siderische Umlaufperiode 5,877 Tage; Durchmesser 4 000[?] km) und **Nereid** (1949 entdeckt; mittlerer Abstand von N. 5 560 000 km; siderische Umlaufperiode 359,9 Tage; Durchmesser 500[?] km). Ferner wird ein Ringsystem vermutet.

Neptunfamilie: eine ↑ Kometenfamilie mit vermutlich neun Mitgliedern, darunter der ↑ Halley-Komet.

Nereid [nach den Nereiden, den Meerjungfrauen der griech. Mythologie, die zum Gefolge des Meergottes Poseidon (= Neptun) gehören]: ein Satellit des ↑ Neptun.

Netz (Reticulum; Abk.: Ret): ein kleines lichtschwaches Sternbild des südlichen Himmels.

Neumond: die „dunkle" Phase unseres ↑ Mondes.

neutraler Punkt: Gebiet am Himmel, in dem die ↑ Himmelslichtpolarisation ein Minimum erreicht.

Neutrino [italien., eigtl. = kleines Neutron] (physikalisches Zeichen ν): eines der merkwürdigsten Elementarteilchen. Trotz zahlreicher Arbeiten in der N.physik sind die Eigenschaften des N.s noch weitgehend rätselhaft. Die bekannten Eigenschaften sind:

1. es ist elektrisch neutral;
2. es trägt den Eigendrehimpuls (Spin) 1/2;
3. sofern es keine Ruhemasse hat, unterliegt es nur der schwachen ↑ Wechselwirkung;
4. es zählt zur Gruppe der ↑ Leptonen;
5. es besitzt eine kleine, wenn nicht gar verschwindende Ruhemasse;
6. es gibt drei Typen von N.s: Elektron-N. (ν_e), Myon-N. (ν_μ) und Tau-N. (ν_τ).

N.s entstehen u. a. im Innern von Sternen bei der Fusion von Wasserstoff zu Helium. Nach dem ↑ Standardsonnenmodell sind die bei den verschiedenen Reaktionen entstehenden Elektron-N.s sowohl unterschiedlich bezüglich ihrer Häufigkeit als auch bezüglich ihrer Energie. Die weitaus meisten, aber auch energieärmsten N.s ($< 0,42$ MeV) entstehen bei der ↑ pp-Reaktion. Auch ohne detailliertere Kenntnis vom Sonneninnern läßt sich die Zahl der auf die Erde eintreffenden N.s abschätzen.

Die Solarkonstante $s_\odot = 1,37$ kW/m^2 = $8,6 \cdot 10^{11}$ MeV/s cm^2 gibt an, wieviel Energie in Form von Photonen auf die Erde gelangt. Quelle dieser Strahlungsenergie sind Fusionsprozesse, bei denen sich vier Wasserstoffkerne zu einem Heliumkern vereinigen. Bei diesen Fusionsprozessen wird eine Energie von 26,73 MeV freigesetzt, die in Form von zwei N.s mit im Mittel 0,5 MeV und von Photonen abgestrahlt wird. Die durch die Photonen abgestrahlte Energie von rund 26 MeV spiegelt sich in der Solarkonstanten wider. Dividiert man diese durch den auf ein N. entfallenden Photonenenergieanteil von 13 MeV, so ergibt sich, daß auf jeden der Sonne zugewandten Quadratzentimeter der Erde rund 65 Mrd. N.s pro Sekunde einfallen sollten.

N.s nehmen nur an der schwachen Wechselwirkung teil. Dies impliziert eine geringe Wechselwirkung mit Materie und damit ein großes Durchdringungsvermögen. Zur Veranschaulichung möge als Beispiel eine Bleischicht von einem Lichtjahr ($\hat{=}$ $9,43 \cdot 10^{12}$ km) Dicke dienen. Ein 5-MeV-N.strahl würde in diesem „Bleiklotz" weniger als 1‰ abgeschwächt. N.s treten durch große Ansammlungen von Materie – wie z. B. die Erde oder die Sonne – weitgehend ungehindert hindurch. Man sagt auch, Materie sei für N.s weitgehend durchsichtig. Entsprechend schwierig ist daher auch der Nachweis von N.s mittels eines N.detektors. Als eigens eingeführte Einheit – die das Problem der weitgehend für N.s „durchsichtigen" Materie widerspiegelt – verwendet man 1 SNU (Solar Neutrino Unit). Darunter versteht man einen Einfang pro Sekunde, wenn man 10^{36} Kerne als Zielscheibe (Target) verwendet. Ein solches Target aus Eisen hätte bei einer Dicke von 1 cm einen Durchmesser von 40 km! Je nach Material liegt die Meßrate des solaren N.flusses bei einigen bis einigen hundert SNU. Eine große Herausforderung an die experimentelle und theoretische Physik, aber auch an die Astrophysik ist die Beantwortung der Frage, ob N.s eine von Null verschiedene Ruhemasse besitzen. Ein wichtiges Experiment hierzu ist die Suche nach ↑Neutrinooszillationen. In Experimenten mit terrestrischen N.quellen ist bisher vergeblich danach gesucht worden. Möglicherweise aber braucht man hierzu auch astronomische Distanzen. Aufschluß über mögliche N.oszillationen und damit auch über das solare ↑Neutrinoproblem erhofft man sich vom ↑Gallium-Sonnenneutrino-Experiment. Darüber hinaus gewinnen N.s in der Astrophysik zunehmend an Bedeutung. So könnten sie im frühen Universum maßgeblich an der Elementsynthese beteiligt gewesen sein. Ferner könnten Dichtefluktuationen in der Verteilung primordialer N.s mit endlicher Ruhemasse als Kondensationskeime für die Galaxienbildung gewirkt haben und letztendlich für die großräumige Struktur der Galaxienhaufen verantwortlich sein. Eine von Null verschiedene Ruhemasse der N.s hätte schließlich auch Einfluß auf die tatsächliche Dichte des Weltalls. Die Annahme einer Ruheenergie von bereits nur 10 eV – was nach der Einstein-Beziehung $E = mc^2$ einer Ruhemasse von $1{,}78 \cdot 10^{-35}$ kg entspricht – würde schon dazu führen, daß der Wert der tatsächlichen Dichte oberhalb der ↑kritischen Dichte des Weltalls zu liegen käme und damit die Frage nach dem Typ des ↑Friedmann-Weltmodells beantwortbar sein sollte.

Neutrinoastronomie: ein nach der Art der untersuchten Strahlung bzw. Teilchen bezeichnetes modernes Teilgebiet der Astronomie, das sich mit den von kosmischen Objekten abgestrahlten ↑Neutrinos beschäftigt, um über den Informationsträger „Neutrino" Aufschluß über seine Quellen zu erhalten. Vorrangiges Ziel dieser Untersuchungen ist es, Aufschluß über die ↑Energieumwandlung in Sternen, vornehmlich unserer Sonne, und über die ↑Sternentwicklung zu erhalten.

Neutrinos sind wegen ihrer außerordentlich geringen Wechselwirkung mit Materie sehr schwer nachzuweisen. Von den ausgetüftelten Experimenten der letzten Jahre hat v.a. das ↑Chlor-Sonnenneutrino-Experiment allgemeines Erstaunen ausgelöst. Statt der erwarteten Neutrinorate gemäß dem ↑Standardsonnenmodell wurde nur ein Drittel dieser Rate gemessen. Aufschluß über dieses ↑Neutrinoproblem erhofft man sich mit dem für die späten 80er und frühen 90er Jahren großangelegten ↑Gallium-Sonnenneutrino-Experiment.

Neutrinooszillation: vorerst noch theoretische Spekulation über mögliche Umwandlungen der verschiedenen Neutrinotypen ineinander.

Wir kennen heute drei verschiedene Neutrinotypen: das Elektronneutrino (v_e), das Myonneutrino (v_μ) sowie das Tauneutrino (v_τ). In Experimenten mit terrestrischen Neutrinoquellen ist bisher vergeblich nach N. gesucht worden. Andererseits würden N.en eine Erklärung für das solare ↑Neutrinoproblem liefern. Da man nur etwa ein Drittel des Neutrinoflusses mißt, der aufgrund des Standardsonnenmodells erwartet wird, wäre eine denkbare Erklärung für diese reduzierte Neutrinorate, daß die Sonne zwar Neutrinos gemäß dem Standardmodell produziert, daß aber etwa zwei Drittel dieser Neutrinos auf dem Weg vom Sonneninnern bis zur Erde ihren Typ durch N. verändern und damit meßtechnisch nicht registriert werden. Die ursprünglich in der Sonne als Elektronneutrinos gestarteten Neutrinos erreichen den Neutrinodetektor damit zum Teil auch als Myon- oder Tauneutrino und werden von dem radiochemischen Neutrinodetektor nicht erfaßt, da dieser nur Elektronneutrinos zählt.

Voraussetzung für N. wäre allerdings ein Unterschied in den Neutrinomassen. Nach den ↑vereinheitlichten Theorien sind Neutrinomassen durchaus möglich, aber nicht notwendig erforderlich. Der

Nachweis von Neutrinos mit nichtverschwindender Ruhemasse wäre nicht nur für Elementarteilchenphysiker von Interesse, sondern auch für Astrophysiker. Das Problem der ↑Missing mass könnte neu angegangen werden und damit auch die kosmologisch brisante Frage nach dem Typ des ↑Friedmann-Weltmodells möglicherweise Beantwortung finden.

Es ist prinzipiell denkbar, daß die Effekte der N. nur über astronomische Distanzen meßbar sind. Daher erhofft man sich, trotz der bisher negativen Messungen bei terrestrischen Experimenten, Aufschlüsse über die N. und damit auch über das solare Neutrinoproblem mit dem Ende der 80er, Anfang der 90er Jahre beginnenden ↑Gallium-Sonnenneutrino-Experiment.

Neutrinoproblem (Sonnenneutrinoproblem): eine in den frühen 70er Jahren durch Messungen des solaren Neutrinoflusses aufgeworfene und bisher ungelöste Frage, nämlich warum man nur etwa ein Drittel des nach dem ↑Standardsonnenmodell zu erwartenden Neutrinoflusses registriert.

Messungen am Brookhaven National Laboratory mit einem Neutrinodetektor, der $v_e + {}^{37}Cl \rightarrow {}^{37}Ar + e^-$ als Nachweisreaktion ausnützt, registrierten nur etwa ein Drittel des nach dem Standardsonnenmodell vorausberechneten Neutrinoflusses (↑Chlor-Sonnenneutrino-Experiment). Der auf Chlorbasis arbeitende Neutrinodetektor vermag allerdings nur Elektronneutrinos zu registrieren, und das auch nur oberhalb einer Energie von 0,81 MeV. Damit ist dieser Chlordetektor nicht in der Lage, Neutrinos aus der ↑pp-Reaktion (0 bis 0,42 MeV), der eigentlichen Basisreaktion, nachzuweisen. Vielmehr vermag er nur die hochenergetischen Neutrinos aus dem Betazerfall (0 bis 14 MeV) zu zählen, deren Fluß allerdings um den Faktor 10^{-4} kleiner ist als der Neutrinofluß aus der solaren pp-Reaktion.

Bis heute gibt es keine akzeptable Erklärung für diese reduzierte Meßrate. Versuche, durch Änderung am Sonnenmodell die Zentraltemperatur der Modellsonne und damit den stark temperaturabhängigen Neutrinofluß aus dem Betazerfall zu reduzieren, schlugen bisher fehl, da die dafür notwendigen Annahmen nicht in Einklang mit sonst bekannten Fakten gebracht werden konnten. Eine andere Erklärungsvariante sucht die Ursache für den reduzierten Neutrinofluß in den Eigenschaften der Neutrinos. So wäre denkbar, daß die Sonne zwar Neutrinos gemäß dem Standardsonnenmodell produziert, daß aber ein Teil dieser Neutrinos auf dem Weg vom Sonneninnern bis zur Erde seinen Typ verändert. Derartige ↑Neutrinooszillationen würden erklären, warum ein ausschließlich auf Elektronneutrinos ansprechender Neutrinodetektor nur etwa ein Drittel des zu erwartenden Neutrinoflusses registriert, da die beiden anderen Neutrinotypen, Myon- und Tauneutrino, nicht gezählt werden.

Aufschluß über diese noch offene Frage erhofft man sich mit dem Ende der 80er, Anfang der 90er Jahre vorgesehenen ↑Gallium-Sonnenneutrino-Experiment, dessen Neutrinodetektor unter Ausnutzung des Elektronneutrinoeinfangs in Gallium den niederenergetischen solaren Neutrinofluß unterhalb 0,42 MeV und damit die aus der solaren pp-Reaktion stammenden Elektronneutrinos zu registrieren vermag. Da der Fluß der pp-Neutrinos weitgehend unabhängig vom zugrundeliegenden Sonnenmodell ist (lediglich die Grundannahme, die Sonne setze ihre Energie durch Wasserstofffusion frei, muß gelten), sollte das Ergebnis dieser Messung, wenn nicht eine Lösung des N.s, so doch zumindest einen großen Schritt zur Lösung hin liefern.

Neutron [engl., zu lat. neutrum = keines von beiden; Analogiebildung zu Elektron]: elektrisch neutrales Elementarteilchen, das neben dem Proton zu den Bausteinen der Atomkerne zählt.

Neutronenstern: ein überdichter Sternzustand am Ende der ↑Sternentwicklung. Ein im wesentlichen aus Neutronengas bestehender Stern hat einen Durchmesser von 10 bis 20 km und eine Dichte von 10^{13} bis 10^{15} g/cm³.

Bis 1967 waren die erstmals von F. Zwicky postulierten N.e hypothetische

Objekte. Mit der Entdeckung des ersten ↑Pulsars gelang der Nachweis der Existenz von Neutronensternen.
N.e entstehen durch einen ↑Gravitationskollaps als sehr heiße Objekte. Ihre anfänglich sehr hohe Temperatur im Bereich von $3 \cdot 10^6$ K bis $1 \cdot 10^6$ K behalten sie relativ lange ($\approx 10^4$ Jahre) bei. Bei diesen Temperaturen liegt das Maximum der Strahlung im Bereich der weichen Röntgenstrahlung (Photonenenergie 0,1 bis 1 keV), genau in dem Spektralbereich, für den der Satellit ↑HEAO-B mit empfindlichen Meßgeräten ausgestattet ist. Auf diese Weise konnte die thermische Strahlung einer ganzen Reihe von N.en in Supernovaüberresten bzw. von Pulsaren gemessen werden. Über die Natur von N.en erfährt man aber auch etwas bei der Beobachtung von Röntgendoppelsternen – vom Überriesen fließt Materie zu einem N. mit starkem Magnetfeld über, wobei beim Auftreffen der Teilchen Röntgenstrahlung erzeugt wird – sowie aus irregulären Strahlungsausbrüchen (↑X-ray-burster) bei N.en mit schwachem Magnetfeld.

New General Catalogue of Nebulae and Clusters of Stars ['nju: 'dʒɛnərəl 'kætəlɔg əv 'nɛbjʊli: ənd 'klʌstəz əv 'stɑ:z; engl.] (Abk.: NGC): 1888 von J. L. E. Dreyer aufgestellter Nebelkatalog, in dem alle Objekte aufgeführt sind, die mit den damaligen Instrumenten als verschwommene, nebelartige Gebilde erschienen. Später wurden diese Objekte als Galaxien, Sternhaufen und galaktische Nebel identifiziert.

Newton-Gravitationstheorie ['nju:tn...; nach Sir I. Newton]: historisch gesehen der Versuch, die die Planetenbewegung beschreibenden ↑Kepler-Gesetze durch Überlegungen über die Kräfte, die sie verursachen, zu ergänzen. Newton fand, möglicherweise aufgrund der Kepler-Gesetze, das nach ihm benannte **Newton-Gravitationsgesetz**, das nicht nur für die Himmelsmechanik gültig ist, sondern universell die Anziehungskraft zwischen jeglichen Massen, insbes. die zwischen der Erde und den in ihrer Nähe befindlichen Körpern, beschreibt.

Für den Betrag der Gravitationskraft F zwischen den zwei punktförmigen Körpern mit den schweren Massen m_1 und m_2 im Abstand r gilt:

$$F = G \frac{m_1 m_2}{r^2},$$

wobei $G (= 6{,}670 \cdot 10^{-11}$ m^3 kg^{-1} s^{-2}) die Gravitationskonstante ist. Die aufeinander ausgeübte Anziehungskraft F wirkt dabei längs der Verbindungslinie der punktförmigen Körper. Bei realen Körpern kann bei homogener Massenverteilung der Ausdruck „punktförmig" durch „kugelsymmetrisch" ersetzt werden, wobei mit „Abstand" dann der Abstand der Mittelpunkte gemeint ist.

Zur Beschreibung der Gravitationskraft erweist sich der Feldbegriff als sehr nützlich. Nach der Feldtheorie erzeugt jeder materielle Körper um sich herum ein den Raum durchdringendes Gravitationsfeld, das auf jeden anderen Körper wirkt.

Der besondere Zustand des Raums – das Gravitationsfeld – wird allein vom felderzeugenden Körper bewirkt und bleibt daher bestehen, solange der Körper im Raum vorhanden ist. Ein geeignetes Maß für die Stärke des Gravitationsfeldes im Abstand r vom Mittelpunkt des felderzeugenden Körpers ist die Gravitationsfeldstärke

$$g(r) = \frac{F}{m_2} = G \frac{m_1}{r^2}.$$

Der Betrag der Gravitationsfeldstärke an der Erdoberfläche errechnet sich aus

$$g(r) = G \frac{M_E}{R_E^2},$$

wobei $M_E \approx 5{,}97 \cdot 10^{24}$ kg die Masse der Erde und $R_E \approx 6{,}37 \cdot 10^3$ km der Radius der Erde ist. Die Gravitationsfeldstärke an der Erdoberfläche ist gleich der Fallbeschleunigung g.

Im Falle mehrerer felderzeugender Massen läßt sich die Feldstärke in einem Punkt durch Addition der durch die einzelnen Massen gelieferten Feldstärken ermitteln. Wie bei der Addition der Kräfte gilt auch hier das Superpositionsprinzip, also $g = g_1 + g_2 + g_3 + \ldots$

Nach der N.-G. bewegen sich alle Körper bei identisch vorgegebenen Anfangsbedingungen unabhängig von ihren trägen Massen völlig gleich. Mit Hilfe dieses Gesetzes gelang es Newton, z. B. die Bewegung der Planeten im Schwerefeld der Sonne zu berechnen und damit eine dynamische Erklärung der Kepler-Gesetze abzugeben. Wegen ihrer galileiinvarianten Formulierung (Galilei-Transformation) steht die N.-G. jedoch im Widerspruch zur speziellen ↑ Relativitätstheorie.

Newton-Teleskop ['nju:tn...]: ein erstmals von Sir I. Newton vorgeschlagenes ↑ Spiegelteleskop, das wie das Cassegrain-Teleskop einen Fangspiegel vor dem Primärfokus hat. Die von einem parabolischen Hauptspiegel reflektierten Strahlen werden kurz vor der Vereinigung in ihrem Brennpunkt durch einen um 45° gegen die optische Achse geneigten Planspiegel im rechten Winkel aus dem Fernrohrtubus heraus abgelenkt.

N-Galaxien: eine Gruppe von ↑ aktiven Galaxien mit einem hellen, auf photographischen Aufnahmen sternförmig erscheinenden Kern, wobei der Kern, der von einem schwachen Nebel geringer Ausdehnung umgeben ist, den größten Teil der ↑ Flächenhelligkeit beisteuert. Ihren Namen verdanken die N-G. dem lat. Wort für Kern = nucleus. Bei den N-G. handelt es sich um extreme ↑ Seyfert-Galaxien. Es liegt daher nahe, ähnliche, aber extrem gesteigerte Vorgänge wie bei Seyfert-Galaxien als Mechanismus für die Aktivität des Kerns anzunehmen.

NGC: Abk. für ↑ New General Catalogue of Nebulae and Clusters of Stars.

nichtthermische Strahlung: im Gegensatz zur ↑ thermischen Strahlung eine Strahlung, deren Energieverteilung nicht einem thermischen Spektrum zuordenbar ist. In der Radioastronomie spielt n. St. eine dominante Rolle. Als Strahlungsmechanismen treten ↑ Synchrotronstrahlung, ↑ Plasmaschwingungen sowie ↑ Tscherenkow-Strahlung auf.

Nor: Abk. für Norma (↑ Winkelmaß).

Nordamerikanebel: ein im Sternbild Schwan liegender Emissionsnebel, dessen Umriß an den nordamerikanischen Kontinent erinnert.

Nördliche Krone (Corona Borealis; Abk.: CrB): ein kleines Sternbild des nördlichen Himmels, das von mittleren nördlichen Breiten aus im Frühling und Sommer sichtbar ist.

Nördlicher Kohlensack ↑ Kohlensack.

Nördliches Dreieck (Triangulum; Abk.: Tri): ein kleines Sternbild des nördlichen Himmels, das von mittleren nördlichen Breiten aus im Winter hoch am Abendhimmel sichtbar ist. Im Sternbild N. D., das südlich der Andromeda gelegen ist, befindet sich der ↑ Dreiecksnebel M 33, der mit lichtstarkem Feldstecher beobachtbar ist.

Nördliche Wasserschlange: andere Bez. für das Sternbild ↑ Weibliche Wasserschlange.

Nordpol: einer der beiden ↑ Himmelspole. Der N. des Himmels liegt dabei über dem N. der Erde.

Nordpunkt: einer der beiden Schnittpunkte des ↑ Meridians mit dem Horizont. Im Gegensatz zum ↑ Südpunkt hat der N. eine geringere ↑ Poldistanz. – ↑ auch Koordinatensysteme.

Nordstern: svw. ↑ Polarstern.

Norma [lat. = Winkelmaß]: wiss. Name für das Sternbild ↑ Winkelmaß.

Normalvergrößerung: eine ↑ Vergrößerung, bei der das austretende Lichtbündel gerade so groß ist wie die Pupille eines an Dunkelheit adaptierten (angepaßten) Auges, nämlich etwa 8 mm im Durchmesser. Bei einem Objektivdurchmesser D (ebenfalls in mm) ist die N.

$$V_n = \frac{D}{8}.$$

Nova [lat. = neuer (Stern)]: kein physikalisch neuer, d. h. gerade entstandener Stern, sondern der Helligkeitsausbruch eines bis dato unbeobachteten Sterns. Die ↑ Lichtkurve einer N. schnellt innerhalb eines Zeitraums von wenigen Stunden bis zu 100 Tagen mit einem Helligkeitsanstieg von 7 bis 15 ↑ Größenklassen hoch, das bedeutet eine 500- bis 10^6fache Vergrößerung des Strahlungsstroms. Nach einem kurzen Maximum kehrt sie dann im Verlauf von Jahren bis Jahrzehnten zum ursprünglichen Wert zurück.

Nova

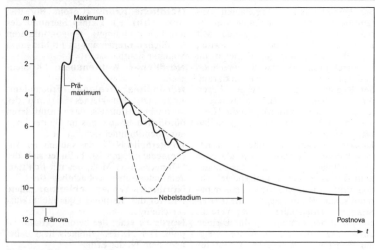

Nova. Lichtkurve einer Nova

Dem Spektrum nach sind die Prä- und Postnovä, d. h. die Sterne vor und nach dem Helligkeitsausbruch, heiße ↑ Unterzwerge. Im ↑ Hertzsprung-Russell-Diagramm liegen sie links unterhalb der Hauptreihe und laufen während des Ausbruchs nahezu senkrecht nach oben in das Überriesengebiet. Das läßt darauf schließen, daß die ↑ Effektivtemperatur konstant bleibt und der Helligkeitsausbruch im wesentlichen durch eine Vergrößerung der Oberfläche verursacht sein dürfte. Das Auftreten von Emissionslinien im Nebelstadium deutet darauf hin, daß sich eine heiße Hülle um den Stern gebildet hat, aus der die Emissionslinien stammen. Diese Nebellinien können zeitweise das ganze Spektrum dominieren. Erst im Postnovastadium tritt wieder eine normale Kontinuumstrahlung auf, die jedoch im Vergleich zur Kontinuumstrahlung des Pränovastadiums nach höheren Temperaturen verschoben ist.

Der zeitliche Verlauf der einzelnen Stadien in Verbindung mit den Spektren liefert Aufschlüsse über die abgelaufene Entwicklung. Die charakteristischen Formen und Merkmale der Lichtkurve lassen auf einen einheitlichen physikalischen Prozeß schließen. Offenbar werden bei einem N.ausbruch Teile der Außenschichten mit Geschwindigkeiten von 500 bis 3 000 km/s abgestoßen; dies folgt aus der Violettverschiebung der Spektren und ihrer zeitlichen Variation. Da die abgestoßene Masse bis zu 1 Promille der Sonnenmasse und die Gesamtenergie eines Ausbruchs bis zu 10^{38} J beträgt, kann es sich nur (im Vergleich zur stellaren Gesamtmasse oder -energie) um unbedeutende Werte handeln. Das festigt die Annahme, daß es sich bei einem N.ausbruch um Vorgänge in den äußeren Zonen von Sternen handelt.

N.ausbrüche sind relativ häufig. Man schätzt etwa 50 Novä pro Jahr und Galaxie. Da viele Novä in ↑ Doppelsternen identifiziert werden, vermutet man, daß alle N.ausbrüche in Doppelsternsystemen auftreten. Danach könnte es sich um enge, weitentwickelte Doppelsterne handeln, deren eine Komponente ein heißer blauer Unterzwerg und deren andere ein kühler roter Riese ist, wobei letzterer Masse an die erste Komponente abgibt. Die aufgenommene Masse verursacht ein Anwachsen von Temperatur und Dichte an der Oberfläche der blauen Komponente. Bei Überschreiten

254

einer kritischen Temperatur könnte es dann zum N.ausbruch kommen.
Die Novä, die man nach Art der Lichtkurven in Unterklassen aufteilt, zählen zu den ↑Veränderlichen und hier zur Untergruppe der Eruptivveränderlichen.
novaähnliche Veränderliche: uneinheitliche Gruppe von ↑Veränderlichen, die im Helligkeitsausbruch oder Spektrum Ähnlichkeiten mit ↑Novä zeigen.
Novemberschwarm ↑Bieliden.
NRAO: Abk. für ↑National Radio Astronomy Observatory.
N-Sterne: eine Untergruppe der ↑C-Sterne.
NTT [Abk. für engl. new technology telescope = Teleskop neuer Technologie]: Bez. der für die neunziger Jahre geplanten optischen Großteleskope mit Durchmessern bis zu 15 m. Solche Großteleskope erfordern die Anwendung ganz neuer moderner Techniken.
Nukleonen [zu lat. nucleus = Kern]: Sammelbez. für Protonen und Neutronen als Bestandteile des Atomkerns
Nutation [aus lat. nutatio = das Schwanken]: in der *Physik* die bei der ↑Präzession auftretenden Schwankungen der Achse eines Kreisels gegenüber einer raumfesten Achse.
In der *Astronomie* bezeichnet man mit N. kurzperiodische Schwankungen der Erdachse, die in erster Linie auf Störungen durch den Mond zurückzuführen sind und die zusammen mit der ↑Präzession dazu führen, daß der Himmelspol am Himmel eine Wellenlinie beschreibt. Die N. ändert die Lage des Frühlingspunktes und die Schiefe der Ekliptik.

O

OAO [Abk. für engl. orbiting astronomical observatory = erdumkreisendes astronomisches Observatorium]: Bez. für Erdsatelliten, die v. a. zur Untersuchung der kosmischen Röntgen- und Ultraviolettstrahlung vorgesehen waren. OAO 1 wurde am 8. April 1966 gestartet; OAO 3 trug die Bez. ↑Copernicus.
OB-Assoziation: lockere Ansammlung von ↑O-Sternen und ↑B-Sternen. – ↑auch Assoziation.
Oberon [frz.]: ein Satellit des ↑Uranus.
Objektiv [zu lat. obiectum = Objekt]: bei einem optischen Gerät die dem betrachteten Objekt zugewandten Linsen bzw. Linsensysteme (↑Fernrohr). Das O. erzeugt vom Objekt ein reelles Bild.
Objektivprisma: ein Glasprisma mit kleinem Brechungswinkel, das vor dem Objektiv eines Fernrohrs (bei Schmidt-Spiegeln noch vor der Korrektionsplatte) angebracht ist. Dadurch lassen sich in der Brennebene kurze Spektren hell leuchtender Objekte erzeugen, z. B. um Spektralklassen von Sternen bestimmen zu können.
Observatorium [zu lat. observare = beobachten]: eine astronomische, meteorologische oder geophysikalische Beobachtungsstation. Im dt. Sprachraum werden astronomische Observatorien auch als ↑Sternwarten bezeichnet.
Ochsentreiber: andere Bez. für ↑Bootes, der die Zugochsen des Großen Wagens vor sich her „treibt".
Oct: Abk. für Octans (↑Oktant).
Octans: wiss. Name für das Sternbild ↑Oktant.
Ofen: Kurzbez. für das Sternbild ↑Chemischer Ofen.
offene Sternhaufen (galaktische Sternhaufen): relativ lockere Ansammlungen von etwa 10 bis 1 000 Sternen, die sich zum Haufenzentrum hin mäßig konzentrieren. Bei Durchmessern von 1 bis 20 pc ergeben sich mittlere Dichten, die die normalen Dichten in Sternfeldern um das Zwei- bis Fünffache übersteigen. Nach etwa 10^8 bis maximal 10^9 Jahren hat sich diese Art von Sternhaufen aufgelöst und ihre Mitglieder sind in das allgemeine Sternfeld diffundiert.
Das Alter o.r St. läßt sich mit Hilfe eines ↑Hertzsprung-Russell-Diagramms der

Öffnungsverhältnis

Haufensterne ermitteln. Dabei erfolgt die Altersbestimmung im Zusammenhang mit Überlegungen zur Sternentwicklung. Die Haufensterne eines o.n St.s sind, von einigen Riesensternen abgesehen, ↑ Hauptreihensterne. Die Aufenthaltsdauer auf der Hauptreihe ist sehr stark von der Masse M abhängig. Wegen der Masse-Leuchtkraft-Beziehung

$$L \sim M^{3,5}$$

wird nämlich der Wasserstoff trotz größeren Vorrats in absolut helleren Sternen schneller verbraucht. Daher beginnt das Hertzsprung-Russell-Diagramm eines Sternhaufens (Sterne gleichen Alters und gleicher chemischer Zusammensetzung, aber unterschiedlicher Masse) mit zunehmendem Alter von oben her bei

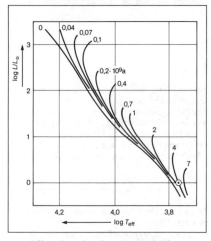

Offene Sternhaufen. Linien gleichen Alters in Einheiten von 10^9 Jahren

einem bestimmten Leuchtkraftwert nach rechts abzuknicken. Dieser für den jeweiligen Haufen charakteristische Abknickpunkt gibt, an Sternmodellen geeicht, das Alter des Sternhaufens an (Abb.). Das Alter o.r St. liegt, nach dieser Methode bestimmt, zwischen 10^6 und 10^9 Jahren.
Bekannte Repräsentanten der o.n St. sind die ↑ Plejaden, die für die Eichung der photometrischen Parallaxen wichtigen ↑ Hyaden, ↑ Praesepe sowie der Doppelsternhaufen ↑ Persei (h und χ). – ↑ auch Abb. S. 309.

Öffnungsverhältnis: das Verhältnis von Öffnung (Spiegel- oder Objektivdurchmesser) zur Brennweite eines Fernrohrs.

OGO [Abk. für engl. orbiting geophysical observatory = erdumkreisendes geophysikalisches Observatorium]: Bez. für eine Gruppe geophysikalischer Erdsatelliten. OGO 1 wurde am 4. September 1964 gestartet.

Oktant [aus lat. octans, octantis = Oktant (im Sinne von „achter Teil eines Kreises"), zu lat. octo = acht] (Octans; Abk.: Oct): ein lichtschwaches Sternbild um den südlichen Himmelspol, der im Gegensatz zum nördlichen Himmelspol (↑ Polarstern) nicht durch einen hellen Stern markiert wird.

Okular [zu lat. oculus = Auge]: bei einem optischen Gerät die dem Auge zugewandte Linse. Durch das O. wird das vom Objektiv erzeugte reelle Zwischenbild wie durch eine Lupe betrachtet.

Olbers-Paradoxon: W. Olbers, ein Bremer Amateurastronom, glaubte, die beobachtete Dunkelheit des Nachthimmels stünde in einem Widerspruch zur damals gültigen Annahme eines unendlich ausgedehnten Weltalls. Dabei wurden dem Weltall die Eigenschaften euklidisch (das war seinerzeit eine selbstverständliche unausgesprochene These) und homogen (das Weltall ist gleichmäßig mit Sternen angefüllt) zugewiesen. Zur Prüfung seiner These teilte Olbers das gesamte Weltall in eine Reihe dünner, konzentrischer Schalen mit der Erde im Mittelpunkt ein. Nach dem ↑ Abstandsgesetz nimmt der Strahlungsstrom eines Sterns mit dem Quadrat seiner Entfernung ab. Andererseits wächst die Anzahl der Sterne auf einer Schale wegen der angenommenen Homogenität mit dem Quadrat des Schalenabstands. Das bedeutet, daß der jeweilige Strahlungsstrom einer Schale unabhängig von der Entfernung der Schale zur Erde, also konstant ist. Bei der Summation über alle Schalen müßte sich bei Annahme

optische Astronomie

eines unendlich ausgedehnten Universums mit euklidischer Raumstruktur ein über alle Grenzen wachsender Gesamtstrahlungsstrom ergeben. Dieser Schluß berücksichtigt allerdings noch nicht die Lichtabdeckung fernerer Sterne oder gar Galaxien durch näher gelegene. Überschlagsrechnungen zeigen, auch bei Berücksichtigung dieses „Überlappungseffekts" sollte die Flächenhelligkeit des Nachthimmels etwa der der Sonne entsprechen. Das Dilemma zwischen Beobachtung und Theorie läßt sich auch nicht mit der lichtabsorbierenden Eigenschaft der interstellaren Materie beheben. In diesem Falle müßte es zu einer starken Aufheizung des interstellaren Gases kommen. Derart hohe Temperaturen sind aber nicht nachweisbar. Die Schlußfolgerung, daß das Universum daher notwendigerweise nicht unendlich ist, ist aber bei dieser Argumentationsweise nicht zwingend. Denn sowohl ein unendliches als auch ein endliches statisches Universum müßten sich im thermodynamischen Gleichgewicht befinden. Das würde bedeuten, alle Körper nähmen gleiche Temperatur an. Für unsere Erde ergäbe sich bei der derzeit geschätzten Größe unseres Universums eine Oberflächentemperatur von einigen tausend Grad, was aber nicht zutrifft. Ein korrekter Schluß aus dem O.-P.: Ein statisches Weltall kann nicht existieren. Stabilitätsbetrachtungen unterstützen diese Argumentation. Bei der kleinsten Störung würde eine derartige Welt expandieren oder implodieren. Die moderne Kosmologie bietet zwei Erklärungsmöglichkeiten für das O.-P. an:

1. Expandiert das All, dann existiert bei Annahme einer mit der Entfernung wachsenden Geschwindigkeit für jeden Beobachter ein Ereignishorizont, d. h., nicht das gesamte, von den Sternen ausgestrahlte Licht kann den Beobachter erreichen: daher ist der Nachthimmel nicht taghell.

2. Das Alter unserer Welt ist endlich. Aufgrund seiner endlichen Ausbreitungsgeschwindigkeit erreicht das Licht aus hinreichend großer Entfernung den Beobachter (noch) nicht.

Messungen der Resthelligkeit des Nachthimmels mit Hilfe von Satelliten (um die Absorption durch die irdische Atmosphäre auszuschalten) könnten im Prinzip zur Klärung moderner Weltmodelle herangezogen werden. Zur Zeit versucht man die kosmische Hintergrundstrahlung in verschiedene Komponenten aufzuschlüsseln, um Informationen über unterschiedliche Phasen des frühen Universums zu erhalten.

Omeganebel (M 17, NGC 6618): ein leuchtender diffuser Gasnebel im Sternbild Schütze (an der Grenze zu den Sternbildern Schild und Schlange), der gleichzeitig eine doppelte ↑Radioquelle darstellt. Mit einer Flächenhelligkeit von $F = 7^m\!.7$ ist er bereits mit kleinen Instrumenten beobachtbar.

Oort-Wolke [nach J. Oort]: hypothetische Ansammlung von ein bis einigen hundert Milliarden Kometen in einem kugelschalenförmigen Bereich jenseits der Planeten bis zu einer Entfernung von vermutlich etwa 50000 AE (0,8 Lichtjahre).

Oph: Abk. für **Oph**iuchus (↑Schlangenträger).

Ophiuchus [aus griech. ophioũchos = Schlangenträger]: wiss. Name für das Sternbild ↑Schlangenträger.

Opposition [aus lat. oppositio = das Entgegensetzen] (Gegenschein): eine ↑Konstellation, in der, von der Erde aus gesehen, der Längenunterschied (Elongation) zwischen Sonne und Gestirn 180° beträgt. Die O. beim Mond entspricht der Vollmondstellung.

O-Prozeß (Sauerstoffbrennen): ab etwa 10^9 K im Sterninnern einsetzender Prozeß, bei dem aus ^{16}O-Kernen schwere Kerne aufgebaut werden. Es bestehen folgende Möglichkeiten:

$$^{16}\text{O} + {}^{16}\text{O} \rightarrow \begin{array}{l} ^{28}\text{Si} + {}^4\text{He} \\ ^{24}\text{Mg} + 2\,{}^4\text{He} \\ ^{32}\text{S} + \gamma \\ ^{31}\text{S} + n \\ ^{31}\text{P} + p \end{array}$$

optische Astronomie: Teilgebiet der Astronomie, das die von den kosmischen Objekten empfangene Strahlung in dem nur knapp eine Zehnerpotenz in Wellenlängen bzw. Frequenzen umfassenden Spektralbereich von rund 300 bis

optische Großteleskope

1 000 nm bezüglich ihrer Richtung (Örter und Bewegung), Quantität (Helligkeit) und Qualität (Farbe, Spektrum, Polarisation) untersucht. Dieser Bereich ragt nach beiden Seiten etwas über den sichtbaren Bereich ~ 380 bis ~ 750 nm hinaus und wird allein durch das optische Fenster unserer Atmosphäre begrenzt.

Bis zur Mitte des 20. Jahrhunderts basierte die gesamte Astronomie praktisch nur auf den im optischen Bereich gewonnenen Meßresultaten und ihrer theoretischen Interpretation. Mit der zusätzlichen Erforschung des Alls auch im unsichtbaren Spektralbereich, nämlich der Radiowellen bis hin zur Gammastrahlung, mit Beobachtungen und Experimenten aus den erdnahen und entfernteren Zonen unseres Sonnensystems sowie mit dem Einsatz hochentwickelter Meßmethoden und Datenverarbeitungsanlagen wurde ein gewaltiger Sprung bezüglich der Ausnutzungsmöglichkeit kosmischer Informationen in der zweiten Hälfte des 20. Jahrhunderts getan († Radioastronomie, † Infrarotastronomie, † Röntgenastronomie, † Gammaastronomie).

optische Großteleskope: optische Teleskope mit Spiegeldurchmessern oberhalb von 6 m. Verschiedene Großteleskope sind für die Zeit ab 1992 geplant. Sie sollen ein höheres Auflösungsvermögen und v. a. eine höhere Lichtausbeute als heutige optische Teleskope erreichen. Eine höhere Lichtausbeute ermöglicht nicht nur die Beobachtung sehr lichtschwacher Objekte, sondern auch die schnellere Vermessung von Gestirnen, die schon jetzt erfaßt werden können.

Derartige Teleskope können keine massiven Spiegel auf Glasbasis, wie sie bisher verwendet werden, enthalten. Die Spiegel wären zu schwer und die Teleskope zu aufwendig und teuer. Eine Lösungsmöglichkeit besteht darin, einen dünnen Spiegel zu benutzen, der dann allerdings weniger steif ist. Ein solcher Spiegel kann von einer Vielzahl beweglicher Stützen getragen werden, die Form und Ausrichtung der reflektierenden Fläche ständig computergesteuert verändern, um eine optimale Abbildung zu erhalten. Dieses Prinzip der † adaptiven Optik wird bei den vier 8-m-Einzelteleskopen angewandt werden, die zusammen das † Very large telescope der Südsternwarte bilden werden. Das erste dieser Teleskope soll 1994/95 einsatzbereit sein. Die volle Anlage, die auch eine interferometrische Kopplung der Einzel-

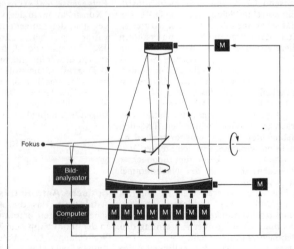

Optische Großteleskope. Prinzip der adaptiven Optik (M Steuerungsmotor)

optisches Fenster

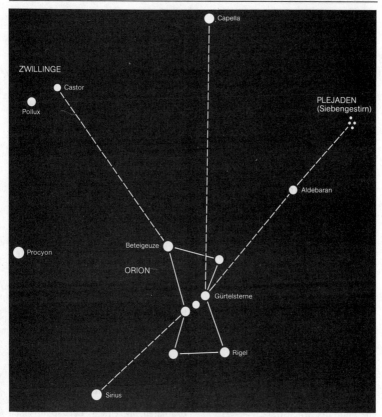

Orion. Das Sternbild als Wegweiser am Sternenhimmel

teleskope erlauben wird, soll noch vor dem Jahre 2000 fertiggestellt sein. Sie wird dann eine Gesamtauffangfläche besitzen, die der eines Teleskops mit 16 m Durchmesser entspricht.

Andere Großteleskope werden aus Segmenten zusammengesetzte Spiegel besitzen (Facettenspiegel oder segmentierte Spiegel) oder aber aus parallel ausrichtbaren Spiegeln bestehen (Syntheseteleskope bzw. ↑MMT). Kleinere Segmente bzw. Spiegel können zum Erreichen der notwendigen Formtreue dünner sein als große. Außerdem sollen sämtliche geplanten Großteleskope eine azimutale ↑Montierung aufweisen. Dadurch kann weitere Strukturmasse bei der Montierung eingespart werden. Parallaktische Montierung würde zudem wesentlich größere Kuppeln erfordern. Das Very large telescope soll nicht in einer Kuppel untergebracht werden. Stattdessen ist zum Schutz vor Witterungseinflüssen eine voll aufklappbare Kunststoffplane vorgesehen, die während der Beobachtungszeiten zusammengeklappt werden kann, so daß das Teleskop im Freien steht.

optisches Fenster: Bez. für den Spektralbereich von 300 bis 1 000 nm

optische Tiefe

Wellenlänge, für den die Lufthülle der Erde weitgehend durchsichtig ist.

optische Tiefe: ein Maß für die mehr oder minder große Undurchsichtigkeit einer Materieschicht. Eine Schicht der o.n T. $\tau = 1$ schwächt das senkrecht hindurchtretende Licht um etwa 30%. Schichten mit $\tau \gg 1$ sind praktisch undurchsichtig (optisch dick), Schichten mit $\tau \ll 1$ sind dagegen sehr durchsichtig oder durchlässig (optisch dünn).
Der Begriff „o.T." findet auch außerhalb der optischen Frequenzbereiche Anwendung. Es zeigt sich, daß die o.T. frequenzabhängig ist. So ist z. B. die Sonnenkorona für sichtbares Licht nahezu durchlässig, für langwellige Radiostrahlung jedoch praktisch undurchsichtig. Ein anderes Beispiel für selektive Durchlässigkeit ist die Erdatmosphäre mit dem ↑optischen Fenster, dem ↑Radiofenster sowie dem ↑Infrarotfenster.

Orbit ['ɔrbɪt, engl. 'ɔːbɪt; engl., von lat. orbita = Wagenspur, Bahn, Kreisbahn]: Umlaufbahn eines (künstlichen) Satelliten oder einer Raumstation um einen Himmelskörper (z. B. die Erde).

Ori: Abk. für ↑Orion.

Orion [nach dem gleichnamigen Jäger der griech. Mythologie] (Abk.: Ori): ein sehr auffälliges großes Sternbild, das sich teils nördlich, teils südlich des Himmelsäquators erstreckt. Von mittleren nördlichen Breiten aus ist es v. a. im Winter sichtbar. Durch das Sternbild verläuft das allerdings sehr lichtschwache Band der Milchstraße.
Hauptstern des O. ist der linke Schulterstern ↑Beteigeuze. Ein wenig heller ist sogar der rechte Fußstern ↑Rigel, der zusammen mit fünf weiteren hellen Sternen das ↑Wintersechseck bildet. Da O. eines der bekanntesten Sternbilder ist, lassen sich mit seiner Hilfe über das Wintersechseck weitere Sternbilder leicht finden.
Unter der Schulterlinie, die durch Beteigeuze und ↑Bellatrix gebildet wird, liegen die drei nahezu gleich hellen Gürtelsterne, auch **Jakobsstab** genannt.
Als **Schwertgehänge** bezeichnet man die schwächeren Sterne etwa in der Mitte zwischen Gürtel- und Fußsternen.
Im Sternbild O. sind helle Nebel und Dunkelwolken auffindbar. Bekannte Beispiele sind der ↑Orionnebel und der ↑Pferdekopfnebel. – Abb. S. 259.

Orionarm: ein Spiralarm unseres Milchstraßensystems, der auch **lokaler Arm** genannt wird, da er die Sonne enthält. Der O. liegt zwischen dem Sagittariusarm und dem Perseusarm.

Orionassoziation: lockere Ansammlung von ↑T-Tauri-Sternen im Sternbild Orion, speziell im Orionnebel.

Orioniden: ein Meteorstrom, der alljährlich zwischen dem 11. und 30. Oktober zu beobachten ist. Im Maximum, etwa am 19. Oktober, sind bis zu 50 Meteore pro Stunde zählbar. Der scheinbare Radiant liegt im Sternbild Orion (Name!). Bei den O. handelt es sich um Auflösungsmaterial des Halley-Kometen.

Orionnebel (M 42, NGC 1976): ein Emissionsnebel im sog. Schwertgehänge des Sternbildes ↑Orion. Unter günstigen Bedingungen ist der O. bereits mit bloßem Auge oder mit dem Feldstecher sichtbar.
Besonders auffällig ist das durch vier junge Sterne im Zentrum des Nebels gebildete **Trapez**, das mit dem feinen grünen Schimmer von ionisiertem Sauerstoff leuchtet. Der nur einige zehntausend Jahre alte O. gilt als Entstehungsobjekt für junge Sterne. In ihm findet man viele Sterne der Spektralklasse O sowie zahlreiche ↑T-Tauri-Sterne.
Weitere Daten ↑diffuse Nebel (Tab.).

Ort (Mehrz. Örter): ein Paar von Koordinaten in einem der sphärischen ↑Koordinatensysteme, das die Position eines Gestirns angibt. Dabei wird verabredungsgemäß bei nichtpunktförmigen Objekten, also bei flächenhaften Objekten wie z. B. Sonne, Mond, Planeten und Satelliten, der O. auf den Mittelpunkt der Objektflächen bezogen.
Generell unterscheidet man zunächst einmal zwischen dem **absoluten O.**, der direkt, d. h. bezogen auf Instrumentenstandards, gemessen wird, und dem **relativen O.**, der in bezug auf den O. eines anderen astronomischen Objekts bestimmt wird.
Des weiteren unterscheidet man bei den näheren Himmelskörpern, wie Mond, Satelliten und Planeten, je nach Bezugs-

punkt der Messung zwischen geozentrischem, topozentrischem und heliozentrischem O., bei den weiter entfernten Sternen je nach Korrektion zwischen scheinbarem, wahrem und mittlerem Ort. Im einzelnen versteht man unter dem **geozentrischen** O. diejenige Position eines Himmelsobjekts, die sich in bezug auf einen gedachten Beobachter im Erdmittelpunkt ergibt, unter dem **topozentrischen** O. diejenige Position eines Himmelsobjekts, die sich in bezug auf den tatsächlichen Beobachtungsort ergibt, und schließlich unter dem **heliozentrischen** O. diejenige Position eines Himmelsobjekts, die sich in bezug auf einen im Sonnenmittelpunkt angenommenen Beobachter ergibt.

Hinsichtlich der weiter entfernten Sterne versteht man unter dem **scheinbaren** O. eine auf den Erdmittelpunkt bezogene Koordinatenangabe, wobei die durch direkte Beobachtung gewonnenen Koordinaten – neben Berücksichtigung der Instrumentenfehler – bezüglich ↑atmosphärischer Refraktion und täglicher ↑Aberration korrigiert sind. Beim **wahren** O. handelt es sich um eine auf den Sonnenschwerpunkt bezogene Koordinatenangabe, d. h. die Koordinaten des scheinbaren O.es sind bezüglich jährlicher Aberration und ↑Parallaxe korrigiert. Beim **mittleren** O. schließlich handelt es sich um einen wahren O., bei dessen Koordinaten eine Elimination von ↑Nutation und ↑Präzession Berücksichtigung fand. Wegen der in den Koordinatenangaben berücksichtigten Präzession sind diese Koordinaten stets auf ein bestimmtes Datum (↑Epoche oder ↑Äquinoktium) bezogen. Da in Sternkatalogen mittlere Örter angegeben werden, ist bei Heranziehung mehrerer Kataloge daher stets auf die Angabe der Äquinoktien zu achten und bei verschiedenen Äquinoktien die entsprechende Umrechnung vorzunehmen. Ganz allgemein kann man sagen, daß die Umrechnung von Gestirnsörtern von einem gegebenen Äquinoktium auf ein anderes eine der häufigsten Rechenvorgänge in der Beobachtungspraxis ist.

orthochromatische Platte [zu griech. orthós = richtig, recht und griech. chrōma = Farbe]: eine photographische Platte mit Emulsion, deren Empfindlichkeitsmaximum im gelben Farbbereich liegt. In Kombination mit Gelbfiltern lassen sich diese sensibilisierten Farbplatten zur Bestimmung der photovisuellen Helligkeit (↑Helligkeitssysteme) nutzen.

Ortszeit: die auf den Meridian des Beobachtungsortes bezogene mittlere ↑Sonnenzeit.

OSO [Abk. für engl. orbiting solar observatory = erdumkreisendes Sonnenobservatorium]: Bez. für eine Gruppe von Erdsatelliten, die zur Untersuchung der Sonne, vornehmlich im Bereich der Gamma-, Röntgen- und Ultraviolettstrahlung, dienten. OSO 1 wurde am 7. März 1962 gestartet.

O-Sterne: eine ↑Spektralklasse von heißen Sternen mit Absorptionslinien des ionisierten Heliums (He II). Bei späten O-St.n werden diese von den Linien des neutralen Heliums (He I) abgelöst. Daneben treten Linien von N II, O II, Si II u. a. sowie relativ schwach die Balmer-Linien des H I auf. Das Maximum der Kontinuumstrahlung liegt im ultravioletten Spektralbereich.

Ostpunkt: einer der beiden Schnittpunkte des ↑Himmelsäquators mit dem ↑Horizont; Gegenpunkt ist der ↑Westpunkt.

oszillierendes Weltall [zu lat. oscillare = schaukeln]: ein ↑Friedmann-Weltmodell, das periodisch expandiert und kontrahiert.

Ozma [nach einem amerikan. Märchen]: ein 1960 durchgeführtes Suchprogramm nach intelligentem Leben im All. Das von dem amerikanischen Astronomen F. D. Drake mit einem Radioteleskop am National Radio Astronomy Observatory in Green Bank, West Virginia, inszenierte Programm war auf die Suche nach nicht natürlichen Radiosignalen aus den Gebieten um ε Eridani und τ Ceti (Walfisch) ausgerichtet. Im Rahmen des Suchprogramms konnten derartige Signale nicht registriert werden, jedoch löste der Versuch eine anhaltende Aktivität bezüglich der Suche nach Radiosignalen von möglichen außerirdischen Lebewesen aus.

Pallas [nach der griech. Göttin Pallas Athene]: ein ↑Planetoid, der in günstiger Opposition fast noch mit bloßem Auge beobachtbar ist. Sein angenommener Durchmesser beträgt 538 ± 50 km.

Palomar-Sky-Atlas ['pæləmɑː'skaɪ...] (Palomar-Sky-Survey; Abk.: PSS): ein photographischer Himmelsatlas, der mit der Hilfe des großen Schmidt-Spiegels auf dem Mount Palomar erstellt wurde. Die 1872 Platten der nördlichen und teilweise auch südlichen Himmelssphäre (Deklination $\delta \geq 33°$) enthalten Sterne bis zur 19. und 20. Größenklasse.
Noch bis Ende dieses Jahrhunderts wird der neue P.-S.-A. fertiggestellt sein. Längere Belichtungszeiten (bis zu 1 h), Dreifarbenphotometrie, extrem feinkörnige Photoplatten und eine verbesserte Schmidt-Spiegel-Korrektur versprechen eine lohnenswerte Erweiterung des bisherigen Himmelsatlasses.

Panspermiehypothese [zu griech. pān = alles, jedes und griech. spérma = Samen, Keim]: auf S. Arrhenius zurückgehende Hypothese, nach der sich Lebenskeime von belebten Planeten aus im Universum verbreiten und so das Leben auf unbelebte Planeten tragen können.

Parabolantenne: ein Parabolspiegel für Radiostrahlung. Im Brennpunkt befindet sich eine ↑Dipolantenne. Wegen der Analogie zu den optischen Spiegelteleskopen entstand der Name ↑Radioteleskop, der später dann auf alle Instrumente übertragen worden ist.

parabolische Geschwindigkeit [zu griech. parabolé = Parabel]: svw. ↑Entweichgeschwindigkeit.

Parabolspiegel [zu griech. parabolé = Parabel]: ein Hohlspiegel, der die Form eines Rotationsparaboloids hat (Rotationsparaboloide entstehen durch Drehung einer Parabel um ihre Achse). P. haben die Eigenschaft, alle parallel zur Achse einfallenden Strahlen durch einmalige Reflexion im Brennpunkt zu vereinigen. Für die meisten astronomischen Spiegelteleskope werden P. verwendet.

Paradiesvogel (Apus; Abk.: Aps): ein Sternbild des südlichen Himmels nahe dem südlichen Himmelspol.

parallaktische Montierung [zu ↑Parallaxe] ↑Montierung.

Parallaxe [aus griech. parállaxis = Vertauschung]:
◊ die Entfernung eines Gestirns (↑Entfernungsbestimmung).
◊ der Winkel zwischen den beiden Sehstrahlen von zwei Beobachtungsorten aus zum selben Objekt, also der Winkel, unter dem die Basis (Strecke zwischen den beiden Beobachtungsorten) vom Objekt aus erscheint. Wenn das Objekt von zwei verschiedenen Orten aus beobachtet wird, manifestiert sich die P. als scheinbare Verschiebung des Objekts vor dem Hintergrund.
Die Größe der P. hängt erstens vom Abstand der Beobachtungspunkte und zweitens von der Entfernung des beobachteten Objekts ab. Durch Messung

Parallaxe (Abb. 1). Tägliche Parallaxe

Parallaxe

von P.n lassen sich bei fest vorgegebener Basisstrecke daher Entfernungen von irdischen und kosmischen Objekten bestimmen. Damit ist auch verständlich, warum in der Astronomie die Begriffe P. und Entfernung oft synonym gebraucht werden.

Je nach gewählter Basis, speziell nach dem gewählten geo- oder heliozentrischen Bezugspunkt, unterscheidet man drei P.neffekte.

1. Tägliche P.: von einem kosmischen Körper aus gesehen der Winkel zwischen der Richtung zum Beobachter und der Richtung zum Erdmittelpunkt (Abb. 1). Die tägliche P. p ist gleich der Differenz Zenitdistanz z am Beobachtungsort und Zenitdistanz z_0 am Erdmittelpunkt.

Infolge der täglichen Bewegung des Beobachters aufgrund der Erdrotation schwankt p zwischen einem Maximum, wenn der Stern am Horizont steht, und einem Minimum, wenn sich der Stern im Meridian befindet. Für das Maximum, die Horizontal-P. π, gilt:

$$\sin \pi = \frac{a}{r},$$

wenn a der Erdradius und r die Entfernung des Himmelskörpers ist.

Für Sterne ist die tägliche P. unmerklich klein. Die P. der Sonne ist aus meßtechnischen Gründen (kein fester Fixierpunkt!) schwer direkt bestimmbar. Beispielsweise mittels P.nbestimmung von Planetoiden oder mit Hilfe der Laufzeitmessung von Radarsignalen von der Erde zur Venus und zurück ist über das dritte ↑Kepler-Gesetz die Entfernung der Sonne ermittelbar: π beträgt 8,79″.

Die Mond-P. dagegen ist einwandfrei bestimmbar. Als Fixierpunkt wählt man zweckmäßigerweise einen Krater oder den Mondrand. Allerdings ist hier – wegen der Nähe des Mondes zur Erde – der Abweichung der Erde von der Kugelgestalt Rechnung zu tragen. Das Maximum der Mond-P. wird daher präziser durch die Äquatorialhorizontal-P.

$$\sin \pi = \frac{a_{\text{Äqu}}}{r}$$

beschrieben. Für diese Mond-P. ergibt sich ein Mittelwert von 57′2,45″ (fast zwei Vollmondbreiten). Bereits 150 n. Chr. hatte Ptolemäus etwa diesen Wert, und zwar 58′3″, für die Mondentfernung gefunden.

2. Jährliche P.: von einem kosmischen Körper (im allg. einem Stern) aus gesehen der Winkel α zwischen der Richtung zum Beobachter und derjenigen zur Sonne (Abb. 2).

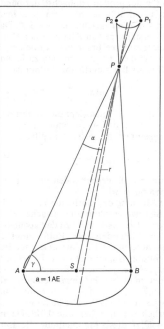

Parallaxe (Abb. 2). Jährliche Parallaxe

Infolge der jährlichen Bewegung der Erde um die Sonne ändert sich dieser Winkel periodisch. Für ihn gilt

$$\sin \alpha = \frac{a}{r} \sin \gamma,$$

wobei a der Erdbahnradius, r die Entfernung des Objekts zur Sonne bzw. zur Erde ist und der Winkel γ zwischen der ekliptikalen Breite β des Sterns und $180 - \beta$ im Laufe des Jahres variiert. Von der Erde aus betrachtet, bedeutet

Parsec

dies eine „Verschiebung" des Sterns, genauer eine elliptische Bahnkurve gewissermaßen als Projektion der Erdbahn um die Sonne. Als Entartungsfälle treten dabei eine Gerade, also ein Hin- und Herpendeln des Sterns auf, wenn der Stern in der Ekliptik steht, und ein Kreis, wenn der Stern sich im Pol der Ekliptik befindet. Als jährliche P. im engeren Sinne bezeichnet man nun das Winkelmaß π der großen Halbachse der parallaktischen Ellipse, die dem Maximalwert von α entspricht, also $\gamma = 90°$. Damit versteht man in Analogie zur Horizontalparallaxe unter der jährlichen P. den Winkel, unter dem der Erdbahnradius als Basis erscheint. Mithin ist

$$\sin \pi = \frac{a}{r}.$$

Der P. $\pi = 1''$ entspricht die Entfernung 1 pc, die in der Astronomie als Entfernungseinheit gilt. Allgemein gilt

$$\pi = \frac{1}{r},$$

wenn π in Bogensekunden und r in pc gerechnet wird.

Die Messung der jährlichen P. – zweckmäßigerweise relativ zu schwachen Hintergrundsternen – zählt zu den geometrischen Methoden der Entfernungsbestimmung und wird dort unter der Bezeichnung trigonometrische P. geführt. Die größte jährliche P. eines Sterns findet man bei Proxima Centauri mit $\pi = 0,762''$, was einer Entfernung von $r = 1,3$ pc entspricht. Die Meßgrenze der jährlichen P. liegt bei rund $0,01''$. Damit sind über diese Meßmethode die Entfernungen von einigen hundert Sternen erfaßbar.

Zur Unterscheidung der parallaktischen Ellipsen von den durch ↑Aberration bedingten Ellipsen sei folgendes angemerkt. Beide Bahnkurven sind um $90°$ gegeneinander phasenverschoben und die P.nellipsen im Gegensatz zu den Aberrationsellipsen von der Entfernung des Sterns abhängig.

3. **Säkulare P.**: scheinbare Verschiebung der Sterne infolge der Sonnenbewegung. Da die Sonne sich mit etwa 20 km/s in Richtung ihres ↑Apex im Sternbild Herkules bewegt, wird eine entgegengesetzte scheinbare Sternbewegung vorgetäuscht. Als säkulare P. bezeichnet man nun den Winkel, unter dem, vom Stern aus betrachtet, sich der Abstand b zwischen zwei Sonnenorten zu den Zeiten T_1 und T_2 präsentiert (Abb. 3). Im Laufe der Zeit ergibt sich so eine immer größere Basis.

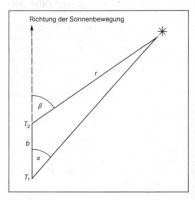

Parallaxe (Abb. 3). Säkulare Parallaxe

Durch Messung der Winkel α und β sowie der Basislänge b errechnet sich die Entfernung nach der Formel

$$r = \frac{b \sin \alpha}{\sin(\beta - \alpha)}.$$

Da die durch die Bewegung der Sonne relativ zum System der nahen Sterne bewirkte scheinbare Sternverschiebung nicht von der ↑Eigenbewegung eines Sterns zu trennen ist, hat diese Methode nur statistische Bedeutung. Sie findet daher Anwendung bei Gruppen von Sternen, bei denen man bezüglich der individuellen Eigenbewegung Regellosigkeit annehmen darf.

Parsec [Kurzwort aus Parallaxe und Sekunde] (Parsek; Einheitenzeichen pc): gebräuchliche astronomische Entfernungseinheit. Ein Stern hat die Entfernung 1 pc, wenn von ihm aus gesehen der mittlere Distanz Erde–Sonne (↑astronomische Einheit) unter dem Winkel (Parallaxe) von einer Bogensekunde erscheint.

Periheldrehung

Der Vergleich mit anderen Entfernungsangaben liefert:

$$1\,pc = 3,0856 \cdot 10^{16}\,m$$
$$= 206\,264,8\,AE$$
$$= 3,2615\,Lj$$

Partikelstrahlung [aus lat. particula = Teilchen]: svw. ↑ Korpuskularstrahlung.

Pasiphae [...fa-e; nach der gleichnamigen weiblichen Gestalt der griech. Mythologie]: ein Satellit des ↑ Jupiters.

Passageinstrument [pa'saːʒə...]: svw. ↑ Durchgangsinstrument.

Pav: Abk. für Pavo (↑ Pfau).

Pavo [lat. = Pfau]: wiss. Name für das Sternbild ↑ Pfau.

Peg: Abk. für ↑ Pegasus.

Pegasus [griech.] (Abk.: Peg): ein ausgedehntes Sternbild des nördlichen Himmels, das von mittleren nördlichen Breiten aus v. a. im Herbst sichtbar ist. Markantes Erkennungsmerkmal des P. ist ein aus vier etwa gleich hellen Sternen angedeutetes Quadrat, das sog. **P.quadrat**. Der linke obere Stern dieses Quadrats wird von ↑ Alpheratz, dem Hauptstern des Sternbildes Andromeda, gestellt.

Hauptstern des P. ist der rechte untere Stern, ↑ Markab. Der rechte obere Stern bildet zusammen mit 4 weiteren etwa gleich hellen Sternen eine Sternkette, die ↑ Herbst-Fünfsternreihe.

Im westlichen Teil des Sternbildes befindet sich der Kugelsternhaufen M 15, der bereits mit kleinem Fernrohr auffindbar ist.

Pekuliarbewegung [zu lat. peculiaris = eigen]:
◊ Relativbewegung eines kosmischen Objekts in bezug auf eine Referenzgruppe, z. B. die Individualbewegung eines Haufensterns, bezogen auf die mittlere Bewegung aller Haufensterne in einem Sternhaufen.
◊ die wahre Bewegung eines Sterns an der Himmelssphäre, also derjenige Teil seiner scheinbaren Bewegung, der nicht durch Veränderung des Blickwinkels (↑ Parallaxe) bewirkt wird.

Pekuliarsterne [zu lat. peculiaris = eigen]: Sterne mit speziellen spektralen Merkmalen. Die Spektren dieser speziellen Sterntypen lassen sich nicht oder nur schwer in das ↑ MK-System der Spektral- und Leuchtkraftklassen einordnen. Zu diesen besonderen Sterntypen zählen u. a. ↑ weiße Zwerge, ↑ Neutronensterne und Sterne mit Emissionslinien, wie z. B. ↑ Be-Sterne, ↑ T-Tauri-Sterne oder ↑ Wolf-Rayet-Sterne.

Pendeluhr (Horologium; Abk.: Hor): ein lichtschwaches Sternbild des südlichen Himmels.

Penumbra [lat. poene = fast und lat. umbra = Schatten]: das Randgebiet eines ↑ Sonnenflecks.

Periapsis [griech. perí = um – herum]: eine der beiden ↑ Apsiden auf der elliptischen Bahn eines Körpers mit einem anderen, und zwar jene mit dem kleinsten Abstand der beiden Körper.

Periastron [griech. perí = um – herum und griech. ástron = Stern] (Sternnähe): bei physischen Doppelsternen eine der beiden ↑ Apsiden auf der elliptischen Bahn des Begleiters um den Hauptstern, und zwar jene, für die die Entfernung zwischen den beiden Komponenten (Hauptstern – Begleiter) am kleinsten ist.

Perigalaktikum [zu griech. perí = um – herum und ↑ galaktisch]: der Punkt auf der Bahnkurve eines um das galaktische Zentrum rotierenden Sterns, in dem der Stern seine kleinste Entfernung vom galaktischen Zentrum hat.

Perigäum [zu griech. perígeios = die Erde umgebend]: erdnächster Punkt der Bahn eines Körpers (z. B. Mond, Satellit) um die Erde. Gegenpunkt ist das ↑ Apogäum.

Perihel [zu griech. perí = um – herum, nahe bei und griech. hélios = Sonne] (Sonnennähe): sonnennächster Punkt der Bahn eines Himmelskörpers um die Sonne. – ↑ auch Apsiden.

Periheldrehung: die Drehung der ↑ Apsidenlinien und damit die Bewegung des ↑ Perihels aller Planetenbahnen um die Sonne. Diese Bewegung verläuft im gleichen Sinne wie die Umlaufrichtung. Ursache für diese Bewegung sind Störungen durch die übrigen Planeten. Die Abb. verdeutlicht bei übertriebener Zeichnung von Exzentrizität und Drehbetrag das Phänomen bei Merkur.

Perioden-Dichte-Beziehung

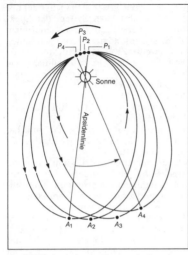

Periheldrehung einer Planetenbahn

Bei den inneren Planeten sind die mit Mitteln der klassischen Himmelsmechanik errechneten Werte geringer als die beobachteten.

Periheldrehung (pro Jahrhundert)

	beobachtet	theoretisch-relativistisch
Merkur	43,11″ ± 0,45″	43,03″
Venus	8,4″ ± 4,8″	8,6″
Erde	5,0″ ± 1,2″	3,8″

Die schnellere Drehung läßt sich durch die allg. Relativitätstheorie erklären, wonach zusätzlich zu den Planetenstörungen weitere Kräfte auftreten. Die von der Relativitätstheorie geforderten Werte stehen in guter Übereinstimmung mit den Beobachtungswerten für Merkur und Venus, qualitativ auch mit denjenigen für die Erde.

Perioden-Dichte-Beziehung: Für ↑Pulsationsveränderliche gilt näherungsweise folgende Beziehung:

$$P \cdot \sqrt{\bar{\varrho}} = \text{const},$$

wobei P die Pulsationsperiode und $\bar{\varrho}$ die mittlere Dichte bedeutet.

Die Bestimmung von P liefert die mittlere Dichte. Über eine Abschätzung der Masse M erhält man wegen

$$\bar{\varrho} = \frac{M}{\frac{4}{3}\pi R^3}$$

auch den Radius R des Pulsationsveränderlichen. Umgekehrt läßt sich aus einem angenommenen Radiuswert die Masse abschätzen.

Perioden-Leuchtkraft-Beziehung: Für ↑Cepheiden (Delta-Cephei-Sterne, W-Virginis-Sterne, Beta-Cephei-Sterne) sowie für die den Cepheiden verwandten ↑RR-Lyrae-Sterne und ↑Delta-Scuti-Sterne läßt sich eine P.-L.-B. aufstellen, da für diese Sterne die Periode P in bekannter Weise mit der ↑Leuchtkraft L wächst (vgl. Abb.).

Von großer Bedeutung sind die genannten Veränderlichen für die Entfernungsbestimmung. Mißt man P, woraus z. B. die absolute visuelle Helligkeit M_v ableitbar ist, und die scheinbare visuelle Helligkeit m_v, so erhält man den ↑Entfernungsmodul $m_v - M_v$ und damit die Entfernung.

Die genannten Veränderlichen weisen sehr große Leuchtkräfte auf. Daher kann man sie noch in sehr großen Entfernungen auffinden und auch zur Entfernungsbestimmung naher extragalaktischer Systeme benutzen.

Perlschnurphänomen: bei einer ringförmigen, nahezu totalen Sonnenfinsternis auftretende Erscheinung in Form einer Kette leuchtender Punkte. Ursache hierfür ist der ungleichmäßige Mondrand, der das Sonnenlicht teilweise verdeckt.

Persei [...ze-i]: Bez. für zwei benachbarte offene Sternhaufen (**h Persei** und χ **Persei**) im Sternbild Perseus, nahe der Grenze zum Sternbild Cassiopeia. Sie sind mit bloßem Auge als blasser Nebelfleck sichtbar. Mit einem Feldstecher gelingt sogar die Auflösung in Haufensterne. Der Doppelsternhaufen besitzt viele junge Sterne der Spektralklasse O und B sowie Überriesen der Spektralklasse M.

Perseiden (Laurentiusschwarm, Laurentiustränen): der wohl auffallendste Meteorstrom der Gegenwart. Er tritt alljährlich zwischen dem 20. Juli und dem

19. August auf. Im Maximum, um den 11. August, sind bis zu 70 Leuchterscheinungen pro Stunde beobachtbar. Die Meteore sind dabei gegen Morgen besser als in den Abendstunden zu beobachten, da der scheinbare Radiant der P. erst in der zweiten Nachthälfte hoch über dem Horizont aufsteigt.

Dieser scheinbare Radiant liegt im Sternbild Perseus (Name!), das sich allerdings infolge der Erdbewegung relativ zum Meteorstrom während der Aktivitätszeit merklich verschiebt.

Bei den P. handelt es sich um Auflösungsmaterial des Kometen 1862 III, der eine Umlaufzeit von 121 Jahren hat. Im Jahre 1983, als der Komet in Erdnähe stand, war eine Häufung der Meteore zu beobachten. Die mittlere Geschwindigkeit dieser Meteore beträgt etwa 60 km/s, wobei sie in einer durchschnittlichen Höhe von 130 km ü.d.M. aufleuchten und in etwa 90 km Höhe verlöschen. – Abb. S. 268.

Perseus [nach dem gleichnamigen Helden der griech. Mythologie] (Abk.: Per): ein in der Milchstraße gelegenes Sternbild des nördlichen Himmels, das, von mittleren nördlichen Breiten aus beobachtet, stets über dem Horizont bleibt und daher zu den ↑ Zirkumpolarsternbildern zählt. Gegen Ende des Jahres ist es besonders gut beobachtbar, da es dann hoch am Abendhimmel steht. Die helleren Sterne lassen sich auch als Buchstabe K interpretieren. Hauptstern ist Mir-

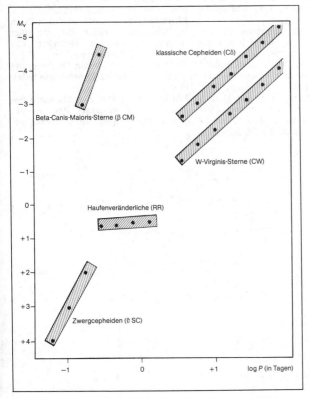

Perioden-Leuchtkraft-Beziehung der Cepheiden

Perseusarm

fak (auch Algenib genannt), der zusammen mit 4 weiteren etwa gleich hellen Sternen eine Sternkette bildet, die ↑Herbst-Fünfsternreihe.
Der Stern β Per, **Algol**, ist Prototyp einer Gruppe veränderlicher Sterne, der sog. ↑Algolsterne.
Im Sternbild P. liegen mehrere Sternhaufen. Mit bloßem Auge sind bereits als Doppelsternhaufen h und χ Per, die fast an der Grenze zum Sternbild Cassiopeia liegen, auffindbar. Die Auflösung dieser blassen Nebelflecke in einzelne Sterne gelingt bereits mit einem Feldstecher. Ebenfalls mit einem Feldstecher ist der Kugelsternhaufen M 34 im P. sichtbar. Mit **Perseus X-1** liegt die stärkste bekannte extragalaktische Röntgenstrahlenquelle in diesem Sternbild; **Perseus A** dagegen ist eine sehr starke Radioquelle.
Perseusarm: ein Spiralarm unseres Milchstraßensystems, der sich v. a. im Sternbild Perseus abzeichnet.
Pfau (Pavo; Abk.: Pav): ein Sternbild des südlichen Himmels, unweit des südlichen Himmelspols.
Pfeil (Sagitta; Abk.: Sge): ein kleines Sternbild des nördlichen Himmels, das von mittleren nördlichen Breiten aus im Sommer am Abendhimmel sichtbar ist. Das im Band der Milchstraße gelegene Sternbild P. liegt etwa zwischen den Sternbildern Schwan und Adler.
Pfeilstern: Kurzbez. für ↑Barnards Pfeilstern.
Pferdchen: anderer Name für das Sternbild ↑Füllen.
Pferdekopfnebel: eine südlich vom linken Gürtelstern des Orions gelegene Dunkelwolke in der Form eines Pferdekopfes. Sie trägt die Katalogbez. NGC 2 024 oder Barnard 33 (B 33). Der P. ist ein Wirbel, ein sich langsam drehender Gasball mit einer Geschwindigkeit von 22 km/s. Seine Entfernung beträgt etwa 300 pc. – Abb. S. 308.
Pferdlein: anderer Name für das Sternbild ↑Füllen.
Phe: Abk. für Phoenix (↑Phönix).
Phecda ['fɛkda; arab.] (Phekda): Stern im Sternbild ↑Großer Bär mit einer scheinbaren visuellen Helligkeit von $2^m_\cdot44$. – ↑auch Sternverzeichnis.
Phöbe [nach der Titanin Phoibe in der griech. Mythologie] (Phoebe): ein Satellit des ↑Saturn.
Phobos [nach dem gleichnamigen Begleiter des Kriegsgottes Ares in der griech. Mythologie]: unregelmäßig ge-

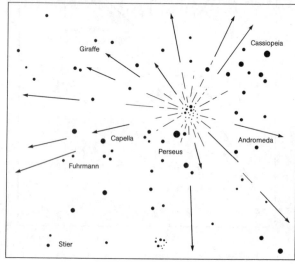

Perseiden.
Der Radiant des
Meteorstroms

268

formter innerer Satellit des Mars. Seine Maße sind etwa 20 × 23 × 28 km. Die Umlaufbahn hat einen mittleren Abstand von 9276 km vom Marsmittelpunkt. Die Umlaufperiode beträgt rund 7h 39min.

Phoenix: ein Sternbild († Phönix).

Phönix [nach dem gleichnamigen Fabelwesen der Antike] (Phoenix; Abk.: Phe): ein Sternbild des südlichen Himmels, etwa zwischen dem Stern † Achernar und dem Sternbild † Kranich gelegen; von mittleren nördlichen Breiten aus daher nicht sichtbar.

photo- [aus griech. phōs, phōtós = Licht]: in Zusammensetzungen und Ableitungen mit der Bedeutung „Licht"; z. B. Photometer.

Photodensitometer [zu lat. densitas = Dichte]: ein † Photometer, das mittels eines kleinen Lichtbündels eine Photoplatte rasterförmig abtastet und die Schwärzung jedes Bildpunktes z. B. in digitalisierter Form registriert.

Photoeffekt (lichtelektrischer Effekt, photoelektrischer Effekt): das Herauslösen von Elektronen aus gebundenen Zuständen in Festkörpern. Derart gebunden-freie † Übergänge werden hervorgerufen durch elektromagnetische Strahlung genügend hoher Frequenz v. Es gilt die photoelektrische Gleichung

$$E_{kin} = hv - W_A$$

bzw.

$$\frac{m_e v^2}{2} = hv - W_A$$

(E_{kin} kinetische Energie der Photoelektronen, h Planck-Wirkungsquantum, m_e Elektronenmasse, v Geschwindigkeit der Photoelektronen, W_A Austritts- oder Auslösearbeit).

Unterhalb der Grenzfrequenz $h \cdot v_{Grenz} = W_A$ können keine Photoelektronen ausgelöst werden.

photoelektrische Photometrie (lichtelektrische Ph.): Messung der † scheinbaren Helligkeit von Objekten durch lichtelektrische Empfänger z. B. direkt am Fernrohr.

Diese Empfänger sind im Prinzip Photozellen. Sie beruhen darauf, daß in einem Vakuumgefäß von einer besonders präparierten Metallschicht bei Strahlungseinfall Elektronen emittiert werden. Durch geeignete Materialwahl und -kombination, Schichtdicke und Kathodenunterlagen ist es möglich, Empfindlichkeitsbereiche vom nahen Ultraviolett bis zum nahen Infrarot zu schaffen. Der durch absorbierte Lichtquanten ausgelöste schwache Photostrom von 10^{-13} bis 10^{-15} A wird durch spezielle Vorrichtungen wie Photomultiplier oder Sekundärelektronenvervielfacher wenigstens bis zum 10^6fachen linear verstärkt und anschließend registriert.

Der Vorteil dieser ph.n Ph. liegt in der Empfindlichkeit und Exaktheit der Messung, sein Nachteil im fehlenden räumlichen Auflösungsvermögen, so daß stets nur ein Stern nach dem anderen meßbar ist. Dieser Nachteil kann durch Einsatz moderner † Bildverarbeitungssysteme aufgehoben werden.

photoelektrischer Effekt: svw. † Photoeffekt.

photographische Photometrie [zu griech. gráphein = schreiben]: Messung der † scheinbaren Helligkeit von Gestirnen unter Einsatz von † Photoplatten.

Das von den Gestirnen empfangene Licht wird zunächst auf einer speziellen, für die Astrophotographie geeigneten Photoplatte registriert, die sich in einem Teleskop- und Kamerasystem befindet. Dabei entstehen auf dem entwickelten Film an den Stellen der Lichteinwirkung geschwärzte Bildscheibchen. Die jeweilige Schwärzung, eine Kombination von Schwärzungsgrad und -durchmesser, ist dabei ein Maß für die entsprechende scheinbare Helligkeit. Die Schwärzung ermittelt man im Prinzip durch die Schwächung eines durch die Platte gehenden Meßlichtstrahls, der bildscheibchenweise über die Platte geführt wird. Den Zusammenhang zwischen scheinbarer Helligkeit und Schwärzung liefert die Schwärzungskurve.

Die Eichung der Schwärzungswerte erfolgt anhand ausgesuchter photoelektrisch genau bestimmter Standardsterne, die mit den zu vermessenden Sternen aufgenommen werden müssen. Da meteorologische, instrumentelle sowie platteneigene Bedingungen die Schwärzung

Photometer

in komplizierter Weise beeinträchtigen, ist für jede Photoplatte eine eigene Schwärzungskurve zu erstellen. Dieselben Ursachen schließen auch die Schaffung identischer Farbsysteme aus. Daher ist bei der Umwandlung der photographischen Schwärzungswerte in photoelektrische Größenklassen stets eine Farbkorrektur bedenkenswert.

Durch geeignete Farbsensibilisierung lassen sich heute Photoplatten für alle Helligkeitssysteme brauchbar herstellen.

Photometer [griech. métron = Maß]: Meßeinrichtung zur Bestimmung der ↑scheinbaren Helligkeit eines Gestirns.

Entsprechend der angewandten Methode der Helligkeitsmessung (visuelle, photographische, photoelektrische oder bolometrische Photometrie) kommen spezielle Ph. zum Einsatz.

Bei **visuellen Ph.n** dient die Netzhaut des Auges als Empfänger. Im Prinzip wird nur durch eine Lichtquelle ein „künstlicher Stern" erzeugt, dessen Helligkeit durch Vorschalten von Graufiltern in meßbarer Weise so stark abgeschwächt werden kann, bis er dem Auge genauso hell erscheint wie der Stern, dessen Helligkeit zu messen ist. Das erste visuelle Stern-Ph. wurde übrigens schon 1861 von K. F. Zöllner gebaut. Zur meßbaren Abschwächung des Lichts benutzte er zwei Nicol-Prismen. Bei diesem Instrument ließen sich übrigens sogar auch die Sternfarben mitmessen.

Schwierigkeiten bei der visuellen Photometrie liegen darin, daß ein solches Ph. die Vergleichsquelle nur annähernd so zeigen kann wie das Meßobjekt gesehen wird. Ein gestochen scharf abgebildeter Stern, dessen Bild einerseits nach Größe, Gestalt und Lichtverteilung von der Form und Güte des Objektivs oder des Spiegels bestimmt wird, unterscheidet sich auch aufgrund der ↑Szintillation durch seine Helligkeits- und Ortsschwankungen stets von einem künstlich erzeugten Stern. Durch praktisch punktförmige Abbildungen von flächenhaften Objekten, wie z. B. dem Mond, mit Hilfe eines Konvexspiegels können auch flächenhafte Objekte visuell eingestuft werden.

Photoelektrische (lichtelektrische) Ph. haben als Empfänger lichtempfindliche Zellen wie elektronische Verstärker, Registriergalvanometer oder Photomultiplier (Sekundärelektronenvervielfacher). Photoelektrische Ph. werden direkt am Fernrohr in der Brennebene angebracht, so daß durch eine kleine Blende nur das von dem zu vermessenden Stern einfallende Licht auf die Photozelle fällt. Die Stärke des ausgelösten bzw. des verstärkten Photostroms ist dann ein Maß für die lichtelektrische Helligkeit des Sterns. Der Vorteil dieses Instruments liegt in der Empfindlichkeit vom nahen Ultraviolett bis zum nahen Infrarot und in der Genauigkeit von wenigen Tausendstel Größenklassen; sein Nachteil besteht darin, daß jeweils nur ein Stern nach dem anderen vermessen werden kann.

Analog zu den lichtelektrischen Ph.n lassen sich auch ↑**Bolometer** direkt am Fernrohr anbringen. Durch Messung der durch das Sternlicht verursachten Widerstandsänderung im Bolometer läßt sich die ↑bolometrische Helligkeit bestimmen.

Besondere Bedeutung kommt in der optischen Astronomie aber den **photographischen Ph.n** zu. Als Strahlungsempfänger fungiert hier die Photoplatte. Bei der photographischen Aufnahme eines Sterns oder Sternfeldes stellen die durch das Sternlicht auf der Photoplatte hervorgerufenen Schwärzungen ein Maß für die scheinbare Helligkeit der Sterne dar.

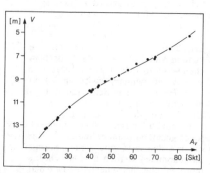

Photometer. Schwärzungskurve

Zur Bestimmung der Sternhelligkeiten ist neben der Schwärzungsmessung aber auch noch der Zusammenhang zwischen Schwärzung und auffallender Strahlungsenergie durch eine empirisch bestimmbare Schwärzungskurve zu ermitteln, da für die Photoplatte kein allgemeingültiges Schwärzungsgesetz existiert. Vielmehr ist die jeweilige Schwärzungskurve von der Plattensorte sowie von den Aufnahme- und Entwicklungsbedingungen abhängig. Aus diesem Grund hat es sich als empfehlenswert erwiesen, für jede Platte eine eigene Schwärzungskurve zu erstellen.

Die Bestimmung der scheinbaren Helligkeit durch Messung „effektiver Sterndurchmesser" auf photographischen Aufnahmen führt in der Regel zu mittleren äußeren Fehlern in der Größenordnung von $0^m\!.05$ bis $0^m\!.1$.

Schwärzungsmessungen werden heute in der Regel mit mikroprozessorgesteuerten Ph.n durchgeführt. Ein Lichtstrahl der Maschine tastet die Platten zuerst systematisch ab, um die Sterne zu finden und ihre Position auf etwa 10 μ genau zu bestimmen. Dies geschieht mit einer Geschwindigkeit von annähernd 10000 Messungen pro Stunde. In einer zweiten Stufe benutzt die Maschine nun die bereits bekannten groben Koordinaten, um durch Abtastung der Sternbilder Örter und Helligkeiten genau zu messen. Dabei wird eine Meßgeschwindigkeit von rund 900 Sternen pro Stunde erzielt, bei einer Positionsgenauigkeit von 0,2 μ und weniger. Die gewonnenen Meßdaten werden in der Regel on line verarbeitet bzw. auf Magnetband oder Magnetplatte gespeichert.

Photometrie: die Messung der scheinbaren Helligkeit mit Hilfe von ↑Photometern. Je nach Art der angewandten Methode der Helligkeitsmessung unterscheidet man ↑visuelle Photometrie, bei der das menschliche Auge für Gleichheitsschätzungen genutzt wird, ↑photographische Photometrie, bei der eine Photoplatte als Empfänger dient, sowie ↑photoelektrische Photometrie, bei der Photozellen oder Bildwandler als Empfänger fungieren. Erfolgt jedoch eine Unterteilung im Hinblick auf die spektrale Empfindlichkeit, so spricht man z. B. von ↑Dreifarbenphotometrie, ↑Sechsfarbenphotometrie, ↑Mehrfarbenphotometrie oder ↑Spektralphotometrie.

Alle von der Erde aus ermittelten Helligkeiten von Gestirnen bedürfen selbstverständlich einer Korrektur der insbes. durch Extinktion verursachten Verfälschungen.

photometrische Doppelsterne: eine Klasse von ↑Doppelsternen, deren Komponenten optisch nicht getrennt beobachtet werden, da ihr scheinbarer Abstand unterhalb des Auflösungsvermögens der Instrumente liegt. Fällt jedoch die Sichtlinie Beobachter – Gestirn zufällig nahezu in die Bahnebene der Doppelsternkomponente, bedecken sich die Sterne gegenseitig bei ihrem Umlauf, so daß ihre Doppelsternnatur aus dem Auftreten von Lichtminima gefolgert werden kann (↑Bedeckungsveränderliche).

Photomultiplier [...mʌltɪplaɪə; engl. multiplier = Vermehrer] (Photoelektronenvervielfacher, [Sekundär]elektronenvervielfacher): elektronisches Bauteil, mit dessen Hilfe der extrem schwache elektrische Strom, der durch äußeren Photoeffekt (an einer Photokathode) ausgelösten Elektronen (Primärelektronen) darstellen, verstärkt werden kann. Durch elektrische Felder beschleunigt werden die Primärelektronen auf eine Prallelektrode (Dynode) geleitet, wo jedes Elektron bis zu 20 Sekundärelektronen „herausschlägt"; diese werden auf eine weitere Dynode gelenkt usw., so daß der Elektronenstrom lawinenartig anschwillt. Verwendung v. a. zum Nachweis sehr geringer Lichtströme (bis zu einzelnen Photonen).

Photon [zu ↑photo-]: das masselose und elektrisch neutrale Energiequant des elektromagnetischen Feldes, also nicht nur des Lichts (Lichtquant), sondern z. B. auch der Röntgenstrahlen oder der Gammastrahlen.

Photonenära: die Zeitspanne zwischen Leptonen- und Materieära. Nach unseren heutigen Erkenntnissen entspricht dies etwa der Zeitspanne zwischen 10^2 s und 10^5 a nach dem Urknall. In dieser Entwicklungsphase überwie-

Photoplatte

gen bei Temperaturen zwischen 10^{10} und 10^3 K die Paarvernichtungsprozesse gegenüber den Paarbildungsprozessen, so daß das Weltall in dieser Phase strahlungsdominiert ist.

Photoplatte: in der ↑photographischen Photometrie eingesetztes und speziell für Astroaufnahmen geeignetes Filmmaterial. Derartige Astroplatten zeichnen sich durch folgende Eigenschaften aus:

1. Kumulative (lichtsummierende) Eigenschaft: Der Informationsgehalt einer optischen Einrichtung ist umso effizienter, je höher der Anteil der verarbeiteten Energiequanten im Verhältnis zu den auffallenden Quanten ist. Die Quantenausbeute der Ph. liegt bei 0,1 bis 0,5%, die in besonders günstigen Fällen bei geringer photographischer Dichte bis zu 1% ansteigen kann. Durch entsprechende Belichtungszeiten ist es aber möglich, auf speziellen, für die astronomische Forschung hergestellten Ph.n Sterne zu registrieren, deren scheinbare Helligkeit nur knapp über der des Himmelshintergrundes liegt.

2. Hinreichend hohe Genauigkeit und Farbempfindlichkeit: Durch Kombination von Ph.n und Farbfiltern oder für bestimmte Farbbereiche sensibilisierte Ph.n können Helligkeitsmessungen in engen Spektralbereichen vorgenommen werden und so spezielle Helligkeitssysteme realisiert werden. Gute photographische Photometrien erreichen etwa eine Genauigkeit von $0^{m}01$ bis $0^{m}02$. Eine zehnfache oder höhere Genauigkeit sowie eine 50fach gesteigerte Empfindlichkeit erreichen im Vergleich zur photographischen Photometrie die in weiten Teilen linear arbeitenden photoelektrischen Photometrien. Zu beachten ist aber, daß jede Aufnahmeapparatur (Fernrohr + Farbfilter + Ph.) sowie Art und Dauer der Entwicklung eine eigene spezielle Farbempfindlichkeit erzeugen.

3. Registrierfähigkeit und Dokumentcharakter: Das wichtigste Bildspeichermedium der letzten hundert Jahre war und ist zumindest für großflächige Himmelsdurchmusterungen immer noch die Photoplatte. Die weltweit auf Millionen Platten gespeicherte Information dürfte bei etwa 10^{15} Byte liegen. Durch die Trennung zwischen Beobachtung und nachträglicher Auswertung lassen sich die durch das Wetter bedingten Beobachtungsmöglichkeiten besser nutzen. Darüber hinaus bietet die Möglichkeit der gleichzeitigen Erfassung zahlreicher Sterne, im Gegensatz zur ↑photoelektrischen Photometrie, wo jedes Objekt einen eigenen Meßvorgang erfordert, eine weitere Steigerung der Ausnutzung von Beobachtungszeit.

Aufgabe der photographischen Photometrie ist es, die mittlerweile gespeicherte immense Informationsflut sinnvoll zu sichten und mittels leistungsfähiger Meßmethoden optimal auszuwerten.

Photosphäre [Analogiebildung nach Atmosphäre]: die Schicht der Sonne, aus der fast die gesamte sichtbare Sonnenstrahlung stammt. Aus tieferliegenden Schichten kann Licht die Sonne nicht mehr direkt verlassen. Die Ph. ist somit die eigentliche Oberfläche der Sonne. Ihre Dicke beträgt nur wenige 100 km. Daher erscheint uns die Sonne scharf begrenzt. Vom Zentrum der Sonnenscheibe gelangt Strahlung aus tieferen, heißeren Schichten zum Beobachter,

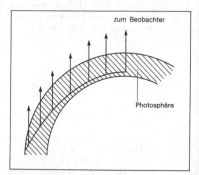

Photosphäre. Mitte-Rand-Variation der Sonne

vom Sonnenrand aus höheren, kühleren Schichten (schwächere Strahlung). Der Sonnenrand erscheint deshalb dunkler. Die von der Oberfläche der Sonne abgestrahlte Energie entspricht nach dem Stefan-Boltzmann-Gesetz (↑Strahlungsgesetze) einer effektiven Temperatur von etwa 5 800 K.

Bei der ungestörten Ph. zeigt die Oberfläche eine wabenartige Struktur, die **Granulation** genannt wird. Der mittlere Durchmesser der einzelnen Granulen liegt bei 1 400 km, ihre Lebensdauer bei 5–10 Minuten. Die Granulation wird durch die Konvektion in der tieferen Ph. und den darunter liegenden Schichten verursacht. In den Granulen, die um etwa 300 K heißer sind als das intergranule Gebiet, steigt das Gas mit Geschwindigkeiten von einigen km/s auf.

Der Granulation ist eine großräumige Struktur mit typischer Dimension von 30 000 km überlagert. Diese sog. **Supergranulation** hängt mit einem Netzwerk der ↑ Chromosphäre zusammen, das sich in H_α- und Ca-K-Spektroheliogrammen offenbart. Die Lebensdauer der Strukturen dieses Netzwerks beträgt etwa 36 Stunden. Man fand, daß die Granulen zum Rand eines Supergranulums wandern. Obendrein oszilliert die gesamte Sonnenoberfläche einschließlich der Chromosphäre mit einer Periode von etwa 5 min, wobei in Phase schwingende Gebiete Durchmesser von etwa 100 000 km haben.

physische Doppelsterne [zu griech. physis = Natur]: physikalisch zusammengehörige Sternsysteme, im Gegensatz zu optischen Systemen, die nur zufällig von der Erde betrachtet in annähernd gleicher Richtung erscheinen.

Pic: Abk. für Pictor (↑ Maler).

Pictor [lat. = Maler]: wiss. Name für das Sternbild ↑ Maler.

Pioneer [paɪəˈnɪə; engl. = Pionier]: Name einer Serie unbemannter amerikanischer Raumsonden. P. 1 startete am 11. Oktober 1958. Das Unternehmen stellte eine mißlungene Mondmission dar. Von besonderer Bedeutung wurden **P. 10 und P. 11**. Sie wurden am 2. März 1972 bzw. am 5. April 1973 gestartet. P. 10 passierte den Jupiter am 3. Dezember 1973 in einer Distanz von 130 000 km und übertrug verschiedene Daten und Bilder, wie auch P. 11, die am 1. Dezember 1974 in 43 000 km Abstand an Jupiter vorbeiflog. P. 11 erreichte den Saturn am 1. September 1979.

Die Venussonden ↑ Pioneer-Venus dienten zur Erforschung der Venus.

Pioneer-Venus [paɪəˈnɪə...]: Name unbemannter amerikanischer Venussonden. P.-V. 1 wurde am 20. Mai 1978 gestartet und schwenkte in eine Umlaufbahn um die Venus ein. Die Sonde diente zur Messung der Atmosphäreneigenschaften und des Gravitationsfeldes der Venus sowie zur Radarkartierung der Oberfläche.

Die aus fünf unabhängigen Teilen bestehende Mehrfachsonde **P.-V. 2** wurde am 8. August 1978 gestartet. Die Teile der Sonde trennten sich und tauchten in die Venusatmosphäre ein, von wo sie Daten zur Erde übermittelten. Eine Teilsonde sandte sogar noch nach dem Aufschlag Daten zur Erde.

Pisces [lat. = Fische]: wiss. Name für das Sternbild ↑ Fische.

Pisciden: ein Meteorstrom mit dem scheinbaren Radianten im Sternbild Fische (Pisces; Name!). Der Sternschnuppenfall tritt in der Zeit zwischen dem 16. August und dem 8. Oktober auf. Im Maximum, um den 12. September, sind etwa 15 Meteore pro Stunde zählbar.

Piscis Austrinus [lat. = südlicher Fisch]: wiss. Name für das Sternbild ↑ Südlicher Fisch.

Planck-Werte [nach M. Planck]: Grenzwerte für den Gültigkeitsbereich von Quantentheorie und allgemeiner Relativitätstheorie. Numerisch sind P.-W. gegeben durch:

Planck-Länge: $l_{Pl} = 4 \cdot 10^{-23}$ cm;

Planck-Zeit: $t_{Pl} = 10^{-43}$ s;

Planck-Temperatur: $T_{Pl} = 10^{32}$ K;

Planck-Dichte: $\varrho_{Pl} = 5 \cdot 10^{93}$ g cm^{-3};

Planck-Masse: $m_{Pl} = 1,2 \cdot 10^{19}$ GeV $= 2 \cdot 10^{-5}$ g.

Für Dichten und Temperaturen oberhalb der P.-W. wäre eine Quantentheorie der Gravitation erforderlich, die es (noch) nicht gibt. Für Abstände und Zeiten kürzer als die entsprechenden P.-W. sind unsere normalen Begriffe über Raum und Zeit unbrauchbar. Bei der ↑ Big-bang-Theorie werden Vorgänge im eigentlichen Urknall für Zeiten kürzer als 10^{-43} s ausgeklammert.

Planck-Wirkungsquantum (Formelzeichen h): die erstmals in der von M. Planck erstellten Quantentheorie auftauchende Konstante hat den Wert:

$$h = 6{,}626 \cdot 10^{-34} \text{ Js}.$$

Sie hat die Dimension einer Wirkung.

Planet [von griech. plánēs (astér) = Umherschweifender (Stern)]: ein Himmelskörper, der einen Stern umkreist und bei dem die Masse nicht ausreicht, um die für einen Stern charakteristischen Kernfusionsprozesse (z. B. ↑pp-Reaktion) in Gang zu setzen.
Kleinere P.en werden ↑Planetoiden genannt.

planetarische Nebel: mehr oder weniger regelmäßige, ringförmige, blaß leuchtende Nebelflecke um einen Zentralstern.
Die irreführende Bez. „planetarisch" ist historisch bedingt, da die oft schwach grünliche Scheibchenerscheinung der p.n N. stark an das Aussehen der Planeten Uranus und Neptun erinnert.
Bekannte Beispiele sind der ↑Ringnebel und der ↑Hantelnebel.
Insgesamt sind etwa 1 000 der auf 10 000 und mehr geschätzten p.n N. in unserer Galaxis entdeckt. Die räumliche Verteilung der bekannten p.n N. zeigt eine ausgeprägte Konzentration zum galaktischen Zentrum. Mithin dürften diese Objekte der Sternpopulation II zuzuordnen sein. Das Licht der p.n N. wird fast ausschließlich in Form von Emissionslinien ausgesandt, deren Anregung auf den hpts. im Ultraviolettbereich strahlenden Zentralstern zurückgeht. Die absolute Helligkeit M_v beträgt etwa 0^m und ist damit um den Faktor 10 bis 20 stärker als die des Zentralsterns.
Aus dem Radius (~0,7 pc) und der Expansionsgeschwindigkeit (~20 bis 50 km/s) läßt sich das Alter zu einigen zehntausend Jahren abschätzen. Bei Entwicklungszeiten von mehr als 50 000 Jahren wird die Hülle (Masse des Nebels ~0,2 $M_\odot$) so dünn, daß sie nicht mehr beobachtbar ist.
Man nimmt heute an, daß es sich bei den p.n N.n um ein normales Übergangsstadium vom roten Riesen zum weißen Zwerg handelt. Nach Verlassen der Hauptreihe (↑Hertzsprung-Russell-Diagramm) expandiert die Hülle des roten Riesen. Durch „thermische Pulse" werden dabei möglicherweise die äußeren Schichten in den Raum abgeblasen. Auf diese Weise könnten sich dann auch massereiche Riesensterne durch Kontraktion des „Reststerns" zum weißen Zwerg verändern.
Die abgeworfenen Sternhüllen andererseits sind offensichtlich Beispiele dafür, wie Sternmaterie wieder zu interstellarer Materie werden kann. Es wird vermutet, daß sich die beiden gegenläufigen Prozesse, Sternentstehung aus interstellarer Materie und Rückumwandlung von Sternmaterie in interstellare Materie, zumindest in unserer Galaxis im Gleichgewicht befinden. Das würde bedeuten, daß der Anteil interstellarer Materie in unserer Milchstraße konstant ist. – Abb. S. 308.

planetarische Zirkulation: die durch die Rotation eines Planeten bewirkten großräumigen atmosphärischen Strömungen. Als Beispiele für die Erde seien die Passate und die Westwinddrift in den höheren Mittelbreiten erwähnt. Aber auch auf anderen Planeten, besonders auf Venus und Jupiter, sind derartige großräumige atmosphärische Strömungen als Folge der Rotation ausgemacht worden.

Planetarium [zu ↑Planet gebildet]: ein „Multimediatheater", in dem dem Besucher eine Mischung aus visuellen, akustischen und sprachlichen Informationen zur Astronomie angeboten wird. Mit einem Projektionsgerät wird an der Innenseite einer Kuppel ein Sternenhimmel simuliert. Dieser Sternenhimmel kann für jede beliebige Tages- und Nachtzeit in Gegenwart, Vergangenheit und Zukunft eingestellt werden. Für den jeweils eingestellten Zeitpunkt können dann die entsprechenden Bewegungsabläufe von Planeten und anderen Himmelskörpern gezeigt werden. – ↑auch Übersicht.

Planetenentstehung ↑Sonnensystem.

Planetenphysik: Teilgebiet der Astrophysik, das mit der Entwicklung der Raumfahrttechnik vornehmlich For-

Planetenphysik

Planetarien und Sternwarten mit öffentlichen Führungen im deutschsprachigen Raum

Berlin
Archenhold-Sternwarte
Alt-Treptow 1,
DDR-1193 Berlin-Treptow

Wilhelm-Foerster-
Sternwarte
und Planetarium
Munsterdamm 90,
1000 Berlin 41

Bochum
Planetarium und Sternwarte
Castroper Straße 67,
4630 Bochum 1

Bremen
Planetarium und Sternwarte
der OLBERS-Gesellschaft
Hochschule für Nautik,
Werderstraße 73,
2800 Bremen

Freiburg
Richard-Fehrenbach-
Planetarium in der
Gewerbeschule II
Friedrichstraße 51,
7800 Freiburg i. Breisgau

Halle
Raumflugplanetarium
Peißnitz
DDR-4020 Halle

Hamburg
Planetarium
Stadtpark/Wasserturm,
2000 Hamburg 60

Heidelberg
Landessternwarte,
Königstuhl,
6900 Heidelberg 1

Jena
Planetarium
Am Planetarium 5,
DDR-6900 Jena

Kiel
Planetarium
Knooper Weg 62,
2300 Kiel 1

Klagenfurt
Raumflugplanetarium
Villacher Straße 239,
A-9020 Klagenfurt
Sternwarte Kreuzbergl

Luzern
Planetarium
im Verkehrshaus
der Schweiz, Lidostraße 5,
CH-6000 Luzern

Magdeburg
Astron. Zentrum
Oberschule Nordpark,
DDR-3000 Magdeburg

Mainz
Volkssternwarte
Karmeliterplatz 1,
6500 Mainz 1

Mannheim
Planetarium
W.-Varnholt-Platz 1
6800 Mannheim 1

München
Planetarium und Bayerische Volkssternwarte
Anzinger Straße 1,
8000 München 80
Planetarium im Deutschen Museum, Museumsinsel 1,
8000 München 26

Münster
Planetarium
im Naturkundemuseum,
Sentruper Straße 285,
4400 Münster

Nürnberg
Planetarium, Am Plärrer 41,
8500 Nürnberg
Sternwarte
Regiomontanusweg 1,
8500 Nürnberg

Osnabrück
Naturwissenschaftliches
Museum/Planetarium
Am Schölerberg 8,
4500 Osnabrück

Radebeul
Volkssternwarte
„Adolph Diesterweg"
Auf den Ebenbergen,
DDR-8122 Radebeul

Recklinghausen
Westf. Volkssternwarte
und Planetarium
Stadtgarten Cäcilienhöhe,
4350 Recklinghausen

Stuttgart
Planetarium
Neckarstraße 47,
7000 Stuttgart 1

Wien
Planetarium
Oswald-Thomas-Platz 1,
A-1020 Wien
URANIA-Sternwarte
Uraniastraße 1,
A-1010 Wien

schungsmethoden der Geophysik auch auf die anderen Körper des ↑Sonnensystems ausdehnt. Forschungsschwerpunkte sind die Atmosphären, die Oberflächenstrukturen und deren chemische Bestandteile sowie der innere Aufbau der Planeten. Aber auch der chemische Aufbau der Planetoiden, Kometen und Meteoriten wird in die Untersuchung mit einbezogen.

Planetenpräzession

Planetenpräzession ↑ Präzession.

Planetensystem: Bez. für die Gesamtheit der einen Stern umlaufenden Planeten. Im Falle unserer Sonne bildet das P. streng genommen ein Untersystem des ↑ Sonnensystems. Häufig werden aber die Begriffe P. und Sonnensystem synonym benutzt.

Planetesimale: Zusammenballungen fester Teilchen in der Frühzeit unseres ↑ Sonnensystems in der Größenordnung von Zentimetern bis zu einigen Metern. Man nimmt an, daß die festen Teilchen durch Kondensation aus dem Ursonnennebel hervorgingen und das Rohmaterial bei der Bildung der Planeten bildeten.

Planetoiden [zu ↑ Planet und griech. -eidés = gestaltet, ähnlich] (Asteroiden, kleine Planeten): kleine Himmelskörper des Sonnensystems. Es handelt sich um Körper mit im Vergleich zu den Planeten kleiner Masse und geringer Größe, die sich morphologisch jedoch sehr von den Planeten unterscheiden können.

Bereits J. Kepler hatte zwischen den Pla-

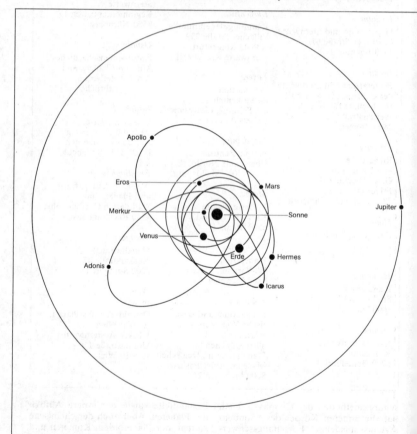

Planetoiden. Die Bahnen ausgewählter Planetoiden

neten Mars und Jupiter einen weiteren Himmelskörper vermutet, aber erst 1801 wurde mit ↑Ceres der erste Planetoid entdeckt. Heute kennt man viele tausend solcher Kleinkörper, wobei es „Familien" von bis zu 100 Mitgliedern gibt, die ähnliche Bahnen aufweisen.

Die Bahnen der P. sind im allg. Ellipsen mit geringer Exzentrizität um die Sonne. Der mittlere Abstand von der Sonne beträgt etwa 2,9 AE; die mittlere Umlaufzeit liegt zwischen 3,2 und 7 Jahren. Die meisten Bahnen der P. liegen zwischen Mars und Jupiter. Entsprechend der Entstehungstheorien nimmt man an, daß der massereiche Jupiter die Bildung von größeren Körpern infolge gravitativer Störung verhinderte und damit die Bildung von P. zwischen Mars und Jupiter begünstigte. Daneben existieren auch Bahnen von P., die die Bahn der Erde schneiden.

Die Durchmesser der beobachteten P. variieren zwischen etwa 1 000 km und 125 m, ihre Dichte beträgt etwa 3 g/cm³. Aus Störungsrechnungen ergibt sich eine untere Grenze von 0,001 Erdmassen und eine obere von 0,4 bis 0,6 Erdmassen für die Gesamtmasse aller Planetoiden.

Plasma [griech. = Geformtes, Gebildetes]: Bez. für ein hochionisiertes, als Ganzes gesehen aber neutrales Gas. Dieser Gaszustand ist im Weltall häufig anzutreffen.

Plasmaschwingungen: durch Störungen im Plasma hervorgerufene Schwingungen. Kommt es an einer Stelle durch äußere Einwirkungen zu Ladungsverschiebungen (Elektronen und Ionen haben unterschiedliche Massen), so kann eine durch das entstandene elektrische Feld hervorgerufene rücktreibende Kraft Schwingungen des Plasmas bewirken, die zu ↑nichtthermischer Strahlung im Radiobereich führen.

platonisches Jahr [nach dem griech. Philosophen Platon] ↑Jahr.

Plejaden [nach den gleichnamigen weiblichen Sagengestalten der griech. Mythologie]: einer der bekanntesten Sternhaufen; im Sternbild Stier gelegen. Obwohl mit bloßen Augen je nach Sichtverhältnissen und Augenschärfe bereits

Pol

6, 9 oder 10 Sterne beobachtet werden können, heißt er im Volksmund **Siebengestirn**.
Die P., mit der Bez. M 45 oder NGC 1 432, zählen zu den ↑Bewegungssternhaufen. Der Konvergenzpunkt der etwa 120 bis 500 Haufensterne liegt an der gemeinsamen Grenze der beiden Sternbilder Taube und Maler. – Abb. S. 309.

Pluto [nach Pluto, dem Beinamen des Unterweltgottes Hades in der griech. Mythologie]: der äußerste bekannte Planet unseres Sonnensystems. Sein Durchmesser ist noch nicht genau bekannt; er dürfte bei etwa 2 200 km liegen. Man schätzt seine Masse auf 10^{22} kg oder 0,0026 Erdmassen, seine Dichte liegt vermutlich im Bereich von $2 \, g cm^{-3}$. Der Abstand des Planeten zur Sonne schwankt zwischen $4 425 \cdot 10^6$ km und $7 375 \cdot 10^6$ km. Im Mittel liegt er bei $5 966 \cdot 10^6$ km. Zeitweilig kommt er der Sonne näher als Neptun. Die Bahnexzentrizität ist mit 0,25 ungewöhnlich groß, ebenso die Bahnneigung gegen die Ekliptik mit 17° 9'. Die siderische Rotationsperiode beträgt 6,39 Tage, die siderische Umlaufzeit 247,7 Jahre.

P. besitzt einen Mond, **Charon** (1978 entdeckt; mittlerer Abstand von P. ~17 000 km; siderische Umlaufperiode 6,39 Tage; Durchmesser 1 300 ± 150 km), der ihn wohl in gebundener Rotation umkreist.

PM ↑Eigenbewegung.

Pol [aus lat. polus, von griech. pólos = Drehpunkt, Achse, Erdpol]:
◊ in einem *Koordinatensystem* Bez. für die beiden Punkte auf einer Koordinateneinheitskugel, die von allen Punkten eines festgelegten Grundkreises denselben Winkelabstand von 90° haben. Die P.e werden im allg. mit Nord- und Süd-P. gekennzeichnet; im ↑Horizontsystem spricht man allerdings von ↑Zenit und ↑Nadir.

Bei rotierenden Körpern, z. B. Planeten, legt man die Grundkreise so fest, daß die Drehachsen durch beide P.e gehen. Entsprechend sind die **Himmels-P.e** gerade die Schnittpunkte der verlängerten Rotationsachse der Erde mit der fiktiven Himmelssphäre. Die Lage der Himmels-P.e verschiebt sich allerdings im Laufe

277

der Zeit als Folge der ↑ Präzession und der Verlagerung der Rotationsachse innerhalb des Erdkörpers. Als **Nord-P.** (Gegenpunkt: **Süd-P.**) bezeichnet man gerade jenen P., von dem aus gesehen die Rotation gegen den Uhrzeigersinn erfolgt.

◊ bei einem *Magneten* die Stelle(n) größter magnetischer Feldstärke. Bei der Erde, deren Feld dem eines Stabmagneten gleicht, fallen die Rotations-P.e (geographische P.e) nicht mit den geomagnetischen P.en zusammen. Dies ist bei der Orientierung mit einem Kompaß zu beachten.

polar [zu ↑ Pol]: die Erd- oder Himmelspole betreffend.

Polaris: svw. ↑ Polarstern.

polarisiertes Licht: durch eine bevorzugte Richtung des Lichtvektors ausgezeichnetes Licht. Als Lichtvektor bezeichnet man dabei den elektrischen Feldvektor der sichtbaren elektromagnetischen Wellen. Schwingt der Lichtvektor ständig in einer Ebene, dann spricht man von **linear polarisiertem Licht.** Die Ebene, in der der Lichtvektor schwingt, wird als **Schwingungsebene,** die dazu senkrechte Ebene als **Polarisationsebene** bezeichnet. Beschreibt die Spitze des Lichtvektors auf einer zur Ausbreitungsrichtung senkrechten Ebene einen Kreis, dann spricht man von **zirkular polarisiertem Licht,** beschreibt sie darauf eine Ellipse, dann spricht man von **elliptisch polarisiertem Licht.**

Geräte zur Herstellung polarisierten Lichts werden als **Polarisatoren,** Geräte zum Nachweis polarisierten Lichts werden als **Analysatoren** bezeichnet.

Polarlicht: vorwiegend über den Polgebieten der Nord- **(Nordlicht)** und Südhalbkugel **(Südlicht)** auftretende Leuchterscheinungen in der Hochatmosphäre (60–1 000 km Höhe) der Erde. In seltenen Fällen können P.er noch in Mitteleuropa, in Ausnahmefällen – bei starken solaren Ausbrüchen – sogar im Mittelmeerraum wahrgenommen werden.

P.er enthalten alle Spektralfarben und zeichnen sich durch Farbenpracht und Formenreichtum aus. Stärke, Häufigkeit und geographische Verteilung hängen mit der ↑ Sonnenaktivität zusammen.

Ursache der P.er sind energiereiche Korpuskularstrahlungen von der Sonne, wie sie bei Sonneneruptionen freigesetzt werden. Ionisierte Teilchen werden vom Erdmagnetfeld zu den Polen abgelenkt, wo sie in Höhen zwischen 60 und 1 000 km v. a. molekularen Stickstoff und atomaren Sauerstoff zum Leuchten anregen. Das Auftreten von P.ern ist mit erdmagnetischen Störungen verbunden.

Polarnacht: die Zeit, in der die Sonne länger als 24 Stunden unter dem Horizont bleibt; zutreffend für Orte zwischen den Polen und den Polarkreisen (geographische Breite $\varphi \geq 60°30'$). Die Dauer der P. wächst mit der geographischen Breite und beträgt im Bereich der Pole nahezu $1/2$ Jahr (↑ auch Tageslänge).

Während auf der Nordhalbkugel P. herrscht, ist auf der Südhalbkugel ↑ Polartag und umgekehrt. Wegen der atmosphärischen Refraktion, die eine scheinbare Anhebung der Sonnenscheibe verursacht, ist an den Polen die P. kürzer und der Polartag länger als $1/2$ Jahr.

Polarstern (Polaris, Nordstern): Hauptstern im Sternbild ↑ Kleiner Bär mit einer scheinbaren visuellen Helligkeit von $2\overset{m}{.}5$.

Seinen Namen verdankt der P. seiner geringen Entfernung vom nördlichen Himmelspol (Abstand etwa 55'). Er zeigt also recht genau die Nordrichtung an, was zu Orientierungszwecken genutzt wird.

Der nicht sehr helle Stern kann leicht gefunden werden, wenn man den Abstand der beiden hinteren Kastensterne des Großen Wagens um etwa das Fünffache verlängert.

Aufgrund der ↑ Präzession schwankt der Abstand des P.s vom nördlichen Himmelspol. Gegenwärtig wird der Abstand kleiner, ab dem Jahr 2100 aber wieder größer. Um das Jahr 5300 wird der Stern ↑ Alderamin und um das Jahr 12 000 der Stern ↑ Wega als Nordstern die Nachfolge antreten. – ↑ auch Sternverzeichnis.

Polartag: die Zeit, in der die Sonne länger als 24 Stunden über dem Horizont bleibt. Die Dauer des P.s wächst mit der geographischen Breite und beträgt im Bereich der Pole etwa $1/2$ Jahr (↑ auch Tageslänge). An den Polen ist der P. wegen der atmosphärischen Refrak-

Population

tion, die eine scheinbare Anhebung der Sonnenscheibe verursacht, länger als $\frac{1}{2}$ Jahr, die ↑ Polarnacht entsprechend kürzer.

Poldistanz (Formelzeichen z): der Winkelabstand eines Gestirns vom nächstgelegenen Himmelspol, gemessen im Gradmaß.

Polhöhe (Formelzeichen φ): der Winkelabstand des Himmelspols vom Horizont eines Beobachtungsortes. Die P. ist gleich der geographischen Breite des Beobachtungsortes.

Die P. zeigt infolge der Erdrotation gewisse Schwankungen, die einerseits auf gewissen meteorologischen Ursachen, wie wechselnde Schnee- und Eisbelastung an den Polen, andererseits darauf beruhen, daß die Erde kein vollkommen starrer Körper ist und daß Rotations- und Symmetrieachse nicht zusammenfallen. Die Abweichungen von der mittleren Lage dieser Achsen betragen nicht mehr als 20 m; sie sind also äußerst gering. – ↑ auch Polhöhenschwankung.

Polhöhenschwankung: bereits 1885 von F. Küstner entdeckte, mehr oder weniger periodische Verlagerung der Rotationsachse der Erde. Die Hauptursache ist darin zu suchen, daß die Rotationsachse der als Kreisel aufgefaßten Erde nicht mit ihrer Symmetrieachse zusammenfällt. Bei einem völlig starren Erdkörper würde sich theoretisch nach der Kreiseltheorie eine Periode von 304 Tagen (Chandler-Periode) ergeben. Tatsächlich bewirkt aber die unvollkommene Starrheit der Erde eine Verlängerung der Periode. Darüber hinaus führen Massenverlagerungen in der Erde sowie meteorologisch bedingte Veränderungen der Eisschichtstärke an den Polen zu Schwankungen der Periodenlänge.

Für die Beobachtung der P. wurde 1899 der Internationale Breitendienst gegründet. Heute werden die P.en laufend von mehr als 50 über die gesamte Erde verteilten Observatorien kontrolliert, die im internat. Polschwankungsdienst kooperieren.

Polkappen: helle Gebiete um die Pole des Mars, deren Ausdehnung mit der Jahreszeit wechselt. Die P. bestehen aus Wasser- und Kohlensäureschnee.

Pollux [nach der gleichnamigen Sagengestalt der griech. Mythologie]: einer der beiden Zwillingssterne im Sternbild ↑ Zwillinge. – ↑ auch Sternverzeichnis.

Polsequenz: eine fundamentale Helligkeitsskala von 329 Sternen in der Umgebung des Nordpols, deren scheinbare Helligkeiten nun sowohl photographisch (m_{ph}) als auch photovisuell (m_{pv}) vorliegen. Der hellste Stern dieser P. ist der ↑ Polarstern, der in seiner Helligkeit leicht veränderlich ist. Die schwächsten Sterne reichen bis etwa zur 20. Größe. Neben der P. gibt es eine Reihe weiterer guter ↑ Helligkeitskataloge, deren Objekte zum Einschätzen bzw. Einmessen von bestimmten Sternhelligkeiten in diese Standardhelligkeiten dienen.

Population [aus spätlat. populatio = Bevölkerung]: Gruppe von Sternen, die hinsichtlich ihres Alters, ihrer chemischen Zusammensetzung, ihrer räumlichen Verteilung in den Sternsystemen (speziell in unserem Milchstraßensystem) sowie ihrer Bewegungsverhältnisse einander ähnlich sind.

W. Baade kreierte 1944 das Konzept einer Sternbevölkerung und unterschied zwischen der P. I, welche den wesentlichen Teil der Sterne in der Scheibe unseres Milchstraßensystems umfaßt, und der P. II, welcher er die Sterne des galaktischen Halos zuordnete. Diese grobe Einteilung wurde seitdem erheblich verfeinert. Im Prinzip könnte man jedes Untersystem als eigene P. auffassen. Als gangbarer Mittelweg hat sich die Aufteilung in fünf P.sgruppen erwiesen, die in der Übersicht „Sternpopulationen" (S. 280) aufgelistet sind.

Der eigentliche Unterschied der verschiedenen P.en ist sicher das Alter. Die ältesten Sterne entstanden, als die *Galaxis* noch nicht zur Scheibe abgeflacht war. Das erklärt ihren großen Abstand von der galaktischen Ebene und die relativ große Neigung ihrer Bahnebenen gegen die galaktische Ebene. Andererseits ist bei den jüngeren Sternen der Gewichtsanteil der schweren Elemente relativ zu Wasserstoff größer. Sie bildeten sich zu einer Zeit aus interstellarer Materie, als diese bereits durch die Abgabe von in älteren Sternen durch

279

STERNPOPULATIONEN

	Halopopulation (extreme Population II)	intermediäre (Zwischen-) Population II	Scheibenpopulation		intermediäre (ältere) Population I	Spiralarmpopulation (extreme Population I)
Wichtigste Mitglieder	Unterzwerge, Kugelhaufen, RR-Lyrae-Sterne (Perioden > 0,4^d)	Schnelläufer mit Geschwindigkeitskomponenten > 30 km/s senkrecht zur galaktischen Ebene (Spektralklassen F bis M), langperiodische Veränderliche (Perioden < 250^d, Spektralklasse früher M 5)	planetarische Nebel, Novä, helle rote Riesen, Sterne des galaktischen Kerns	Sterne mit schwachen Metalllinien im Spektrum	Sterne mit starken Metalllinien, A-Sterne, Me-Zwerge, normale Riesen	interstellares Gas, OB-Sterne, Überriesen, Delta-Cephei-Sterne, T-Tauristerne, junge galaktische Sternhaufen
mittlerer Betrag der Abstände von der galaktischen Ebene (in pc)	2 000	700	450	300	160	120
Achsenverhältnis	2	5	~25	–	–	100
mittlerer Betrag der Geschwindigkeitskomponente senkrecht zur galaktischen Ebene (in km/s)	75	25	18	15	10	8
Konzentration zum Zentrum	stark	stark	stark	–	wenig	wenig
Verteilung	nicht wolkig	nicht wolkig	nicht wolkig	?	wolkig, Spiralarme	extrem wolkig, Spiralarme
Alter (in 10^9 Jahren)	12–15	10–15	10–12	2–10	0,1–2	0,1

Kernreaktionen gewonnenen schweren Elementen angereichert war.

In *extragalaktischen Systemen,* die wie unsere Milchstraße eine Spiralstruktur aufweisen, haben P.en weitgehend die gleiche Verteilung wie in unserem eigenen System. Die elliptischen Galaxien dagegen bestehen wahrscheinlich fast nur aus Vertretern der älteren P.en, während die unregelmäßigen Sternsysteme vorwiegend von Vertretern der jüngeren P. bestückt sind.

Position [aus lat. positio = Stellung, Lage]: ein Paar von sphärischen Koordinaten an der Himmelssphäre, das den ↑Ort eines Gestirns angibt. Bei nicht punktförmigen Objekten, wie z. B. Sonne, Mond, Planeten oder Satelliten, wird die P. auf den Mittelpunkt der Objektfläche bezogen.

Positionsastronomie: Bez. für das Teilgebiet der Astronomie, das sich mit der Bestimmung von Positionen und Eigenbewegungen von Himmelsobjekten befaßt (↑Astrometrie).

Positionswinkel (Formelzeichen p): der Winkel zwischen zwei Positionen bzw. Örtern; genauer: der Winkel zwischen zwei Richtungen, die vom ersten Ort zum Nordpol des Himmels bzw. zum zweiten Ort führen (Abb.). Der P. wird in Grad von Nord über Ost, Süd, West nach Nord gezählt. Dabei handelt es sich um eine Meßgröße, die v. a. zur Lagebestimmung von Begleitern oder zur Bestimmung des Ein- und Austritts bei Bedeckungen (z. B. eines Sterns durch den Mond) Verwendung findet. Die Abb. zeigt die relativen rechtwinkligen Koordinaten x und y, wie man sie auf einer photographischen Platte erhält.

Für die Umrechnung der kartesischen Koordinaten in Polarkoordinaten gelten folgende Formeln:

Deklinationsdifferenz

$$\Delta\delta = x = \varrho \cos p,$$

Rektaszensionsdifferenz

$$15 \cos \delta \, \Delta\alpha = y = \varrho \sin p,$$

wobei der Faktor $15 \cos \delta \, \Delta\alpha$ für die Umrechnung von Zeit- in Bogenmaß steht.

Entsprechend ergibt sich umgekehrt:

$$\tan p = \frac{y}{x} \quad \text{und} \quad \varrho = \sqrt{x^2 + y^2}.$$

Analog ist bei Bedeckungen der P. des Kontaktes, bezogen auf den Mittelpunkt des flächenhaften Objekts (z. B. Mond), der Bogen, der sich am Rand des scheibenförmigen Himmelskörpers von Nord über Ost, Süd, West nach Nord ergibt. Bei Nichtkenntnis der kartesischen Koordinaten kann man anstelle der einfachen Rechnung mit einem Mikrometer die Polarkoordinaten – Distanz ϱ und P. p – bestimmen.

Postnova [lat. post = nach]: Bez. für den Zustand einer ↑Nova nach Beendigung ihres Helligkeitsausbruchs.

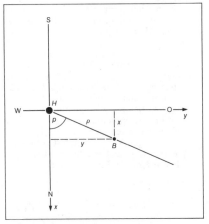

Positionswinkel. Relative Koordinaten eines Begleiters B in bezug auf seinen Hauptstern H

Postsupernova [lat. post = nach]: Bez. für den Zustand einer ↑Supernova nach Beendigung ihres Helligkeitsausbruchs. Die P. besteht dann aus Pulsar und Supernovaüberrest. Als Musterbeispiel einer P. gilt die Supernova 1054. Als Pulsar ist CM Tau und als Supernovaüberrest der Crabnebel bekannt.

pp-Reaktion (Proton-Proton-Reaktion): eine für die ↑Energieumwandlung im Sterninnern wesentliche Kette von

Kernreaktionen, die im Temperaturbereich von etwa 5 bis 15 · 10^6 K vorherrscht. Ihren Namen verdankt sie der ersten Reaktion, in der zwei Protonen miteinander reagieren und Deuterium ergeben:

$^1H + {}^1H \rightarrow {}^2D + e^+ + \nu + 1{,}44\,\text{MeV}$
$(14 \cdot 10^9\,\text{a})$.

Die dann anschließenden Reaktionen können in Abhängigkeit von den vorherrschenden Bedingungen verschieden sein. Am häufigsten dürfte die folgende Reaktion sein:

$^2D + {}^1H \rightarrow {}^3He + \gamma + 5{,}49\,\text{MeV}$ (6 s)
$^3He + {}^3He \rightarrow {}^4He + 2\,{}^1H + 12{,}85\,\text{MeV}$
$(10^6\,\text{a})$.

Die in Klammern ausgewiesenen Werte geben die mittlere Zeitdauer für das Eintreten der Reaktion an. Die freiwerdende Energie als Folge des Massendefekts manifestiert sich als kinetische Energie der entstehenden Teilchen und als Strahlungsenergie und wird in Wärme umgesetzt. Bedenkt man, daß das Neutrino mit der Energie 0,26 MeV den Stern in der Regel ungehindert verläßt und die ersten beiden Prozesse doppelt ablaufen müssen, damit die dritte Reaktion erfolgen kann, so liefert die Energiebilanzierung für die pp-R.: 26,2 MeV = $4{,}2 \cdot 10^{12}$ J pro Heliumkern.

Praesepe [prɛ...; lat. = Krippe] (Krippe): offener Sternhaufen im Sternbild Krebs, der mit bloßem Auge als kleiner rundlicher, verwaschener Nebelfleck auffindbar ist. Ein Feldstecher vermag bereits diesen Nebelfleck in einzelne Sterne aufzulösen.
Insgesamt enthält P. etwa 500 Sterne, die – wie auch die ↑ Hyaden – einen ↑ Bewegungssternhaufen bilden.

Pränova [lat. prae = vor]: Bez. für den Zustand einer ↑ Nova unmittelbar vor Beginn ihres Helligkeitsausbruchs.

Präsupernova [lat. prae = vor]: Bez. für den Zustand einer ↑ Supernova unmittelbar vor Beginn ihres Helligkeitsausbruchs.

Präzession [aus lat. praecessio = das Vorangehen]: in der *Physik* eine reguläre Kreiselbewegung, bei der die Figurenachse (Impulsachse) des Kreisels eine durch äußere Kräfte aufgezwungene Drehbewegung ausführt.
In der *Astronomie* versteht man darunter die säkulare (d. h. fortschreitende) Drehung der Polachse der Erde, die ihr durch die störenden Gravitationskräfte des Mondes und der Sonne (Lunisolar-P.), im geringeren Maße auch durch die störenden Kräfte der Planeten (Planeten-P.), insgesamt durch das Zusammenwirken von Sonne, Mond und Planeten (allgemeine P.) aufgezwungen wird.
Überlagert wird die Lunisolar-P. durch

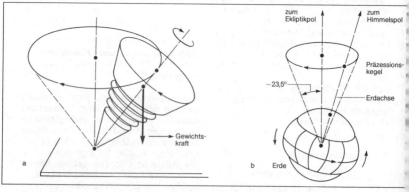

Präzession (Abb. 1). Gegenüberstellung der Präzession von Spielkreisel (a) und Erde (b)

Präzession

eine äußerlich ähnliche Bewegung kleiner Amplituden, die Nutation genannt wird. Durch P. und Nutation werden der Äquator und die Ekliptik und damit auch ihre Schnittpunkte an der Himmelskugel – von Bedeutung ist v. a. der Frühlingspunkt (↑Äquinoktialpunkte) – laufend verschoben. Der Änderung dieser wichtigen Bezugsgrößen astronomischer Koordinatensysteme trägt man dadurch Rechnung, daß man bei Angabe der Koordinaten stets die Epoche (Zeitpunkt der Beobachtung) mit angibt.

Die komplizierten Lageänderungen der Erdachse im Raum und im Erdkörper selbst lassen sich verstehen, wenn man die Erde als einen Kreisel auffaßt, auf den neben inneren (↑Polhöhenschwankung) auch äußere Kräfte (von Sonne, Mond, Planeten) wirken, die die Polachse der Erde (Kreiselachse) zu kippen versuchen.

Lunisolar-P.: Die rotierende Erde kann grob vereinfacht als Kreisel betrachtet werden, der durch die Zentrifugalkräfte abgeplattet ist, oder anders gesehen, als eine Kugel mit aufgesetztem Äquatorwulst von maximal 21,5 km Dicke. Die Anziehungskräfte von Sonne und Mond, dessen Bahnebene man zunächst vereinfacht in der Ekliptik annimmt, versuchen nun den ein wenig gegen die Eklip-

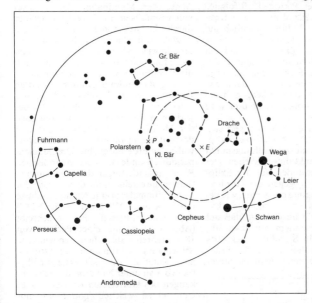

Präzession (Abb. 2). Wanderung des nördlichen Himmelspols P um den Ekliptikpol E im Laufe eines platonischen Jahres

tik geneigten Äquatorwulst und damit die Äquatorebene in die Ekliptik zu kippen (die Anziehung auf den kugelsymmetrisch gedachten Restkörper der Erde kann man außer acht lassen, da sich kein resultierendes Drehmoment ergibt). Da die Erde ein großer Kreisel ist, weicht die Erdachse wie die Achse eines schräg stehenden Kinderkreisels dem Kippmoment des Gewichts und dem Kippmoment von Sonne und Mond seitlich aus. Als Folge beschreibt die Erdachse langsam einen Kegel um den Pol der Ekliptik. Die Abb. 1 zeigt im Vergleich die P. von Spielkreisel und Erde.

Bei dieser durch die Gravitationskräfte von Mond und Sonne auf das Erdsphäroid verursachten kontinuierlichen Lageänderung der Erdachse im Raum bleibt in erster Näherung die Neigung

Präzession

der Erdachse gegen die Ekliptik konstant. Der halbe Öffnungswinkel des P.skegels ist damit gleich der Schiefe der Ekliptik, also rund 23,5°. Die Umlaufperiode beträgt etwa 26 000 Jahre (platonisches Jahr), d. h. etwa 1,4° in 100 Jahren. Mit derselben Periode läuft folglich auch der Himmelspol auf einem Kreis um den Pol der Ekliptik, nämlich auf dem Schnitt des P.skegels mit der Himmelssphäre. Dies führt dazu, daß der Nordpol des Himmels in rund 13 000 Jahren etwa zum Stern Wega ins Sternbild Leier gewandert ist, der dann den Deichselstern im Kleinen Wagen in seiner Funktion als Polarstern ablösen wird (Abb. 2).

Mit der gleichen Periode verlagert sich auch die Äquatorebene relativ zur Ekliptikebene und damit der Frühlingspunkt als ein Schnittpunkt dieser Ebenen. Der Frühlingspunkt wandert auf der Ekliptik rückwärts, d. h. gegen die jährliche scheinbare Bewegung der Sonne, wie bereits Hipparchos 130 v. Chr. entdeckte. Es läßt sich leicht abschätzen, daß der Frühlingspunkt seitdem um etwa 30°, d. h. um etwa ein Sternbild, rückwärts gewandert ist. Folglich liegt der Frühlingspunkt heute nicht mehr im Sternbild Widder, sondern im Sternbild Fische.

Nutation: Die Mondbahnebene liegt nicht, wie oben vereinfacht angenommen, in der Ekliptikebene, sondern ist um etwa 5° gegen diese geneigt. Die Achse der Mondbahn (Kreiselachse) wird ebenfalls in eine P. versetzt, bedingt durch ein Drehmoment, das durch die Anziehung der Sonne auf den Mond verursacht wird. Als Folge davon dreht sich die Mondbahnebene und damit auch die Schnittlinie mit der Erdbahnebene, die sog. Knotenlinie. Diese rückwärtige Drehung der Knotenlinie erfolgt mit einer Periode von 18,6 Jahren. Das bewirkt nun wiederum, daß sich die Lage der Mondbahn zur Äquatorebene und damit das vom Mond auf den Äquatorwulst der Erde ausgeübte Drehmoment periodisch ändern. Diese periodischen Richtungsänderungen der Mondstörung führen ihrerseits nun dazu, daß der wahre Himmelspol eine Nutationsellipse (große Achse 9,21″, kleine Achse 6,86″) um den mittleren Pol beschreibt (Abb. 3). Diese mit einer Periode von 18,6 Jahren zusätzlich erzwungene Schwingung nennt man in der Astronomie „Nutation" (im Gegensatz zur Physik, wo man unter Nutation die Schwankungen des kräftefreien Kreisels – z. B. Unterschied zwischen Figuren- und momentaner Drehachse – versteht). Lunisolar-P. und Nutation führen dazu, daß der wahre Pol am Himmel eine Wellenlinie beschreibt (Abb. 4).

Zusätzliche zum Haupteffekt der Nutation auftretende periodische Störungen in der Lage des Frühlingspunktes und der Schiefe der Ekliptik (z. B. bedingt durch die Stellung der Sonne in der Ekliptik) können in erster Näherung außer acht gelassen werden, da ihr Effekt um Zehnerpotenzen kleiner ist.

Planeten-P.: Die in etwas anderen Ebenen umlaufenden Planeten, vorwiegend die großen Planeten, üben ebenfalls ein Drehmoment auf den „Erdkreisel" aus. Diese Störungen bewirken zwar keine merklichen Änderungen von Äquator und Äquatorpol, jedoch eine fortschreitende Verlagerung der Ekliptikebene und eine sehr viel langsamere Wande-

Präzession (Abb. 3). Darstellung von Präzessions- und Nutationskegel (nicht maßstabsgerecht)

Präzession

rung des Ekliptikpols. Als Folge der Planeten-P. tritt eine zusätzliche Verschiebung des Frühlingspunktes um $p_{Pl} = 0{,}125''$ pro Jahr (Epoche 2000) längs des Äquators ein und gleichzeitig eine dadurch bedingte Änderung der Schiefe der Ekliptik zwischen $21{,}9°$ und $24{,}3°$ mit einer Periode von etwa 40 000 Jahren. Momentan nimmt sie etwa um $0{,}47''$ pro Jahr ab.

Allgemeine P.: Das Zusammenwirken

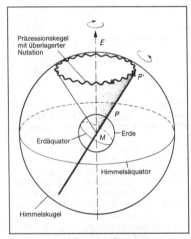

Präzession (Abb. 4). Präzessionskegel (mit überlagerter Nutation) der Erdachse P' um die Achse E der Ekliptik (M Mittelpunkt, P Pol der Erde)

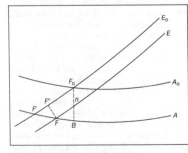

Präzession (Abb. 5). Allgemeine Präzession in Rektaszension und Deklination

von Lunisolar-P. und Planeten-P. bezeichnet man als allgemeine Präzession. Die allgemeine P. verschiebt laufend den Äquator und die Ekliptik, also auch den Frühlingspunkt, relativ zu den Sternen. Folglich ändern sich für das bewegliche Äquatorsystem Grundkreis und Ausgangspunkt der Zählung und damit die Koordinaten Rektaszension α und Deklination δ. In der Abb. 5 ist die Lage von Äquator A, Ekliptik E und Frühlingspunkt F am Ende eines Jahres gegenüber der Lage am Anfang eines Jahres (Index 0) skizziert.

Dann ist, wenn $\varepsilon = 23{,}5°$ der halbe Öffnungswinkel des P.skegels ist:

$p_0 = F_0 F'$ = Lunisolar-P. (Äquator wandert auf Ekliptik);

$p_{Pl} = F'F$ = P. durch die Planeten (Ekliptik wandert auf Äquator);

$p = F_0 F'' = p_0 - p_{Pl} \cos \varepsilon = 50{,}2910''/$ Jahr (für 2000) = allgemeine P. in Länge (entspricht etwa 20 min im Jahreslauf der Sonne).

Aus der Abb. ergibt sich ferner (alle Größen sind klein, daher können die Dreiecke als eben betrachtet werden):

$n = F_0 B = p_0 \sin \varepsilon = 20{,}047''/$Jahr
 = allgemeine P. in Deklination.

Geodätische P.: Eine weitere kleine P. (etwa $0{,}02''$ pro Jahrhundert) läßt sich aus der allgemeinen Relativitätstheorie folgern.

Säkularvariationen: Alle angegebenen P.sgrößen sind ihrerseits wieder zeitabhängig. So beträgt die jährliche allgemeine P. in Länge

$$p = 50{,}290\,966'' + 0{,}022\,223''\,T$$

mit T = Zeit in tropischen Jahrhunderten seit 2000. Für das Jahr 1980 ergibt sich beispielsweise bei $T = -0{,}2$ eine allgemeine P. von $p = 50{,}2865''$.

Durch P. und Nutation ändern sich die Koordinaten eines Gestirns. Diese Koordinatenänderungen, die nichts mit der eigentlichen Bewegung des Gestirns zu tun haben, sondern lediglich durch eine Verlagerung der Grundebene des Koordinatensystems bewirkt werden, müssen

285

> **Präzession. Zahlenwerte der Präzession und Nutation, bezogen auf 1900.0**
>
> | | pro Jahr |
> |---|---|
> | Lunisolarpräzession in Länge = durch Mond und Sonne verursachte Präzession | 50,37'' |
> | davon allein durch den Mond | ~30'' |
> | durch die Planeten verursachte Präzession in Rektaszension | 0,12'' |
> | aus der Relativitätstheorie abgeleitete geodätische Präzession | 0,02'' |
> | allgemeine Präzession in Länge = Lunisolar- minus Planetenpräzession · cos ε | 50,26'' |
> | Schiefe der Ekliptik (ε) | 23° 27' 8,26'' |
> | Änderung der Schiefe, gegenwärtig | 0,47'' |
> | mögliche Extremwerte für die Schiefe der Ekliptik | 21° 55' |
> | in einem Zeitraum von rund 40 000 Jahren | 24° 18' |
> | Präzessionskonstante (nach der Definition von Newcomb) Lunisolarpräzession/cos ε | 54,91'' |
> | Nutationskonstante = Koeffizient des Hauptglieds der Nutation in Schiefe | 9,21'' |

bei exakter Positionsbestimmung Berücksichtigung finden. Daher ist z. B. bei Koordinatenangaben in Rektaszension α und Deklination δ stets die Lage des zugrundeliegenden Frühlingspunktes, kurz gesagt, das „Äquinoktium", anzugeben.
Zum Schluß noch ein Wort zur Problematik der P.stheorie. Während die Planeten-P. durch die Ansätze der Himmelsmechanik hinlänglich berechnet werden kann, macht die Lunisolar-P. in dieser Hinsicht Schwierigkeiten, da die exakte Massenverteilung im Erdinnern noch nicht genau genug bekannt ist. Aufschluß hierüber dürften jedoch in naher Zukunft Messungen aus Bahnbestimmungen künstlicher Satelliten liefern.
Prismenastrolabium ↑ Astrolabium.
Procyon [griech.] (Prokyon): Hauptstern im Sternbild ↑ Kleiner Hund, der zusammen mit fünf weiteren hellen Sternen das ↑ Wintersechseck bildet. Mit einer scheinbaren visuellen Helligkeit von $0^m\!\!.34$ zählt er zu den hellsten Sternen des Himmels. – ↑ auch Sternverzeichnis.
Proton [zu griech. prōtos = erster] (physikalisches Zeichen p oder ^{1}H): positiv geladenes, schweres Elementarteilchen, identisch mit dem Kern des Wasserstoffatoms und zusammen mit dem Neutron Baustein aller zusammengesetzten Atomkerne. Die Ruhemasse beträgt $16724 \cdot 10^{-24}$ g; das entspricht einer Ruheenergie von 938,256 MeV.
Proton-Proton-Reaktion ↑ pp-Reaktion.
Protostern [griech. prōtos = erster]: räumlich isoliertes Objekt im frühen Stadium der ↑ Sternentwicklung, das sich ohne weitere Fragmentierung zum Stern entwickelt. P.e lassen sich mit Hilfe der Infrarotastronomie als ↑ Infrarotquellen aufspüren. Sie kommen häufig in Gruppen mit Dunkelwolken, Molekülwolken und leuchtenden Gaswolken vor.
Protuberanzen [zu spätlat. protuberare = anschwellen, hervortreten]: große Materiewolken in Chromosphäre und Korona der Sonne. P. können bei Sonnenfinsternissen als helle Erscheinungen am Sonnenrand beobachtet werden; auf der Sonnenscheibe sind sie als dunkle **Filamente** sichtbar. Sie bestehen aus ionisierter Materie, die durch ein Gerüst aus zeitlich recht stabilen Magnetfeldlinien strömt. Dabei strömt ständig Materie ab und wird durch neue Materie aus Chromosphäre oder Korona ersetzt, während das „magnetische Gerüst" lange Zeit stabil bleiben kann. Die Dichten in P. betragen etwa das 100fache der Dichte der umgebenden Materie, während die Temperaturen mit 10 000 – 30 000 K bei $^1\!/_{100}$ der Koronatemperatur liegen.
P. erscheinen häufig in Aktivitätsgebie-

ten zusammen mit Sonnenflecken, Flares und Fackeln. Ähnlich wie Sonnenflecken zeigen sie einen – allerdings weniger ausgeprägten – 11-jährigen Aktivitätszyklus. Sie treten dabei in Haupt- und Nebenzonen auf. Die Hauptzonen stimmen etwa mit den Sonnenfleckenzonen überein und wandern mit diesen im Verlauf eines Zyklus äquatorwärts. Die Nebenzonen, auch polare Zonen genannt, treten kurz vor dem Minimum bei ± 50° heliographischer Breite auf und wandern polwärts.

Man unterscheidet langlebige ruhende (stationäre) P. und kurzlebige aktive Protuberanzen. **Ruhende P.** haben Lebensdauern von Monaten bis zu einem Jahr. Aufgrund der differentiellen Rotation der Sonne werden sie immer paralleler zum Sonnenäquator ausgerichtet. Es handelt sich um lamellenartige, lange, hohe und dünne Gebilde, die oft an mehreren Stellen brückenpfeilerartig mit der Chromospäre in Verbindung stehen. Die Dicken liegen zwischen 4 000 km und 15 000 km, die Höhen zwischen 15 000 km und 120 000 km, die Längen im Mittel bei 200 000 km, maximal bei 1 000 000 km. P. entstehen meistens in Fleckengruppen, erreichen ihr Maximum aber erst nach Monaten, wenn die Flecken schon wieder verschwunden sind.

Aktive P. zeigen oft dramatische Formveränderungen in nur wenigen Minuten. Sie stehen gewöhnlich im Zusammenhang mit Fleckengruppen. Man unterscheidet verschiedene Phänomene: In **Loops** oder Bögen folgt Materie bogenförmig magnetischen Feldlinien. **Koronaler Regen** entsteht, wenn Materie nach einer Eruption regenartig aus der Korona auf die Sonnenoberfläche zurückströmt. **Surges** (Spritzer) sind Eruptionserscheinungen, die in aktiven Fleckengruppen ständig auftreten. Bei **Sprays** steigt Materie explosionsartig mit bis über 1 000 km/s auf und führt zu Erscheinungen, die bis in Höhen von weit über 1 000 000 km reichen. **Flecken-P.** sind helle knotenartige Gebilde aus verdichteter Materie, die direkt über Sonnenfleckengruppen entstehen, mit Lebenszeiten bis zu einigen Stunden.

Das Spektrum von P. ähnelt qualitativ dem Chromosphärenspektrum. Es zeigt v. a. Emissionslinien von Wasserstoff, Helium und Calcium.

Proxima Centauri [zu lat. proximus = der nächste]: im Sternbild ↑ Centaurus gelegener Stern, der unserer Erde nach der Sonne am nächsten steht; von Mitteleuropa aus jedoch nicht beobachtbar.

PsA: Abk. für Piscis Austrinus (↑ Südlicher Fisch).

Psc: Abk. für Pisces (↑ Fische).

Ptolemäisches Weltbild [nach C. Ptolemäus]: ein geozentrisches Weltbild. Mit der reinen Beobachtung der Bewegungen von Sonne, Mond, Planeten und Fixsternen gaben sich die Griechen bereits im Altertum nicht zufrieden. Vielmehr versuchten sie schon damals, das Zustandekommen der verschiedenen Bewegungsformen zu erklären. Es ist das Verdienst altgriechischer Astronomen, dies mit geometrischen Mitteln geschafft zu haben. Eine verhältnismäßig einfache geometrische Interpretation findet sich in dem von C. Ptolemäus verfaßten Standardwerk der griechischen Astronomie, das unter der Bez. ↑ Almagest bekannt ist.

Ptolemäus' Theorie fußt auf zwei wesentlichen Annahmen:
1. Die Erde ruht fest im Mittelpunkt der Welt.
2. Alle Himmelskörper vermögen sich nur auf kreisförmigen Bahnen zu bewegen.

Die erste Annahme folgte aus dem unmittelbaren Anblick der täglichen Bewegung der Gestirne. Die zweite Annahme entsprang jedoch nicht der unmittelbaren Anschauung, sondern hatte ihre Wurzel in einem philosophischen Dogma der Aristoteliker: Im Bereich des außerirdischen Geschehens konnte nach der ↑ Aristotelischen Bewegungslehre nur Vollkommenheit herrschen; vollkommen war aber nur eine gleichförmige Kreisbewegung. Ptolemäus mußte daher die Aufgabe lösen, den Wechsel von Recht- und Rückläufigkeit der Planeten auf eine Kreisbewegung zurückzuführen. Zur Erklärung griff Ptolemäus auf Epizykeln zurück. Durch die Kombination mehrerer Kreisbewegungen gelang

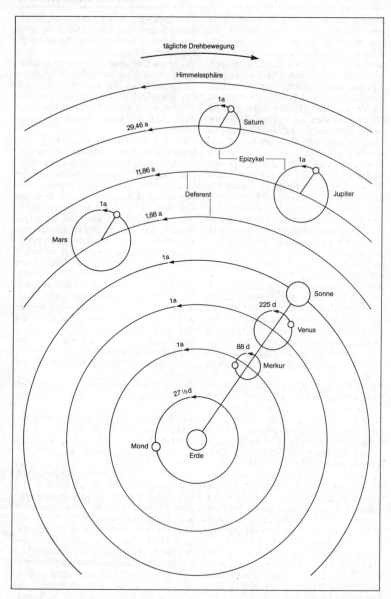

Ptolemäisches Weltbild (Abb. 1)

Pulkowo

es ihm, die Planetenbahnen recht gut darzustellen.
Aber es gab auch noch andere Sichtweisen. So behauptete Aristarchos von Samos, daß sich auch ein angemessenes Weltsystem ergeben würde, wenn man sich die Sonne als den Mittelpunkt der Welt dächte. Diese sonnenzentrierende Theorie erschien den meisten Griechen zu unphilosophisch und widersprach der unmittelbaren Beobachtung. Sie wurde daher zunächst nicht weiter verfolgt.

Bis zum Ende des Mittelalters blieb das Ptolemäische Weltbild, welches auch der Bibel zugrunde liegt, für unser Abendland gültig. Demgemäß bildeten Erde, Sonne, Mond und Sterne ein abgeschlossenes Ganzes. Die in räumlicher und zeitlicher Sicht endliche Welt hatte ihre Bestimmung und ihr vorgegebenes Ziel aufgrund kirchlicher Lehren.

Pulkowo (Pulkovo): im südlichen Leningrad gelegenes Observatorium. Das zu den bedeutendsten astronomischen Forschungsstätten der Sowjetunion zäh-

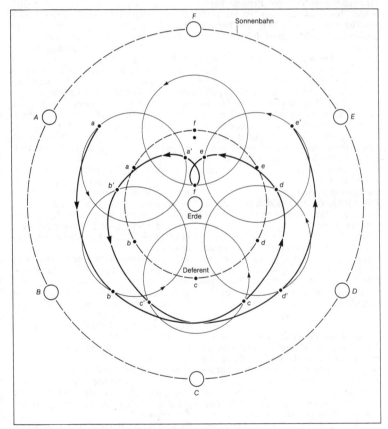

Ptolemäisches Weltbild (Abb. 2). Konstruktion einer Planetenschleife mit Hilfe von Deferent und Epizykel

Pulsar

lende Institut ist das Hauptobservatorium der Akademie der Wissenschaften der UdSSR.

Pulsar [engl., Kurzwort aus engl. pulse = Impuls und engl. quasar = Quasar]: punktförmige Radioquelle, die kurze Strahlungspulse in außerordentlich regelmäßiger Folge aussendet. Die bisher gemessenen Periodenlängen P überdekken das Intervall

$$0{,}001\,558\,\text{s} \leq P \leq 4{,}308\,\text{s}.$$

In zahlreichen Fällen wird eine extrem langsame Zunahme der Periode beobachtet. Bei Änderung von 10 bis 1 000 ns/a ist eine Verdopplung der Periode erst in einigen Millionen Jahren zu erwarten.

Die charakteristische Dauer des Strahlungspulses ist etwa $1/30$ der Periodenlänge. Der Puls ist oft aus Subpulsen zusammengesetzt, die nahezu 100 % polarisiert sind. Die Stärke der Pulse ist starken Schwankungen unterworfen. Die gepulste Strahlung ist vorwiegend im Meterwellengebiet beobachtbar. Neben Identifikationen im Radiobereich konnten auch P.e im optischen Bereich, im Röntgenbereich (1,5 bis 400 keV) und sogar im Gammabereich (< 50 MeV) nachgewiesen werden.

Die Strenge der Periodizität läßt als Ursache nur drei Mechanismen als wahrscheinlich zu: Pulsation eines Sterns (etwa von der Art einer Cepheidenpulsation); Bahnbewegungen eines engen Doppelsterns; Rotation eines Sterns. Für alle drei Denkmöglichkeiten gibt es eine gemeinsame, von der Dichte ϱ des Objekts abhängige minimale Grenzperiode P_{grenz} mit

$$P_{\text{grenz}} = 1/\sqrt{G\varrho},$$

wobei G die Gravitationskonstante ist. Angesichts der Kürze der registrierten Periode kommen als pulsierende Sterne nur ↑ Neutronensterne mit einer mittleren Dichte ϱ von 10^{13} bis 10^{15} g/cm³ in Betracht, deren Grenzperiode im Millisekundenbereich liegt. Die Tatsache, daß trotz Energieverlust durch Abstrahlung eine Zunahme der Periodenlänge registriert wird, spricht außerdem für die dritte Möglichkeit. Mithin läßt sich folgern, daß P.e nicht, wie zunächst vermutet, pulsierende, sondern schnell rotierende Neutronensterne sein dürften.

Über den Mechanismus der Aussendung gepulster Strahlung herrscht noch Uneinigkeit. Allgemein wird angenommen, daß der P. starke Magnetfelder in der Größenordnung von 10^8 Tesla besitzt. Denkt man sich den P. als magnetischen Dipol, so können die aus dem Zerfall der Neutronen an der Oberfläche gebildeten Elektronen nur längs der Feldlinien, d. h. an den magnetischen Polen, austreten. Wegen der hohen relativistischen Geschwindigkeiten geben sie ihre Energie in einem sehr engen Kegel als ↑ Synchrotronstrahlung ab. Differieren nun Rotationsachse und magnetische Achse bezüglich ihrer Lage, so streicht der Strahl wie bei einem Leuchtturm bei jeder Rotationsperiode über den Beobachter hinweg. Gespeist wird die gesamte Abstrahlung durch die bei der Verlangsamung frei werdende Rotationsenergie. Für junge P.e liegt die ↑ Leuchtkraft bei etwa 10^{31} W, also um 4 Zehnerpotenzen über der Leuchtkraft der Sonne.

Pulsation [zu lat. pulsare = schlagen, stoßen]: periodisches Oszillieren um einen Gleichgewichtszustand. Für einen pulsierenden Stern z. B. bedeutet dies, daß er relativ zu seinem Gleichgewichtszustand abwechselnd expandiert oder kontrahiert, d. h. sich ausdehnt oder zusammenzieht.

Pulsationsveränderliche: eine Untergruppe der regelmäßig ↑ Veränderlichen, deren regelmäßige Helligkeitsänderungen auf einem periodischen Oszillieren des Sterns um sein Gleichgewichtsvolumen beruhen.

pulsierendes Weltall [zu lat. pulsare = schlagen, stoßen]: ein geschlossenes ↑ Friedmann-Weltmodell mit dem Krümmungsvorzeichen $k = +1$, bei dem Expansions- und Kontraktionsphasen einander periodisch abwechseln. Als Folge der anwachsenden ↑ Entropie ist jeder Zyklus geringfügig größer als der vorhergehende.

Pup: Abk. für **Puppis** (↑ Hinterdeck).

Puppis [lat. = Hinterdeck]: wiss. Name für das Sternbild ↑ Hinterdeck.

Pyrheliometer [griech. pyr = Feuer, griech. hēlios = Sonne und griech. métron = Maß]: Absolutinstrument zur Bestimmung der ↑Solarkonstanten. Wie beim Aktinometer kann die Messung der auf eine Empfangsfläche auffallenden Sonnenenergie auf einer Bestimmung des Erwärmungsgrades beruhen. Dies geschieht, falls die Empfangsfläche als Teil eines Thermoelements fungiert, z. B. mit Hilfe des thermoelektrischen Effekts oder, falls die Wärmeenergie an eine vorbeiströmende, kühlende Wassermenge abgegeben wird, durch den Vergleich der Wassertemperaturen beim Eintritt in das Gefäß und nach Wiederaustritt.
Pyx: Abk. für Pyxis (↑Schiffskompaß).
Pyxis [griech. = Büchse aus Buchsbaumholz]: wiss. Name für das Sternbild ↑Schiffskompaß.

QCD: Abk. für ↑Quantenchromodynamik.
QED: Abk. für ↑Quantenelektrodynamik.
QSO ↑Quasare.
Quadrant [aus lat. quadrans, quadrantis = der vierte Teil]: historisches Winkelmeßinstrument zur Bestimmung der Höhe eines Gestirns.
Quadratur [aus spätlat. quadratura = Verwandlung in ein Viereck]: eine ↑Konstellation, bei der zwei Gestirne, z. B. Planet und Sonne, von der Erde aus gesehen einen Winkel von 90° bilden.
Quantenchromodynamik (Abk.: QCD): eine nach dem Vorbild der ↑Quantenelektrodynamik entwickelte „Schwestertheorie", die die ↑Wechselwirkung zwischen ↑Quarks beschreibt.
Quantenelektrodynamik [zu lat. quantum = wie groß, wie viel] (Abk.: QED): eine außerordentlich erfolgreiche Quantenfeldtheorie, die die Kräfte zwischen zwei elektrisch geladenen Teilchen auf den Austausch virtueller Photonen zurückführt. Man spricht von virtuellen Photonen, weil deren Austausch zwischen zwei Teilchen in so kurzer Zeit geschieht, daß sie prinzipiell unbeobachtbar sind.
Quarks [kwɑ:ks; engl., Phantasiebez. nach den Namen schemenhafter Wesen in dem Roman „Finnegan's wake" von J. Joyce]: Konstituenten von Nukleonen, den Bausteinen der Atome. Man nimmt an, daß es 6 verschiedene Typen gibt und daß es nicht möglich ist, einzelne Qu. zu isolieren. Qu. zeichnen sich durch ihre drittelzahlige elektrische Ladung und durch eine spezifische Eigenschaft, die man Farbe nennt, aus. Im Gegensatz zu den ↑Leptonen tragen die Qu. also neben ihrer elektrischen Ladung auch eine Farbladung. Qu. können in jeweils drei Farben vorkommen, die man mit Rot, Gelb und Blau bezeichnet. Diese Farbladungen haben nichts mit Farbe im alltäglichen Sinne zu tun, sondern drücken lediglich eine abstrakte Analogie zum Verhalten von Spektralfarben aus. Sie sind eine Art Ladung, die in vieler Hinsicht der elektrischen ähnelt. Während jedoch die elektromagnetische Kraft nur durch ein Austauschteilchen – das Photon – beschrieben wird, sind bei der Farbkraft acht solcher Teilchen, die **Gluonen**, erforderlich. Im Unterschied zu den ebenfalls masselosen Photonen sind die Gluonen nicht farblos, sondern tragen selbst Farbladungen und sind deshalb den gleichen Farbkräften ausgesetzt, die zwischen den Qu. vermitteln. Im ↑Standardmodell der Elementarteilchen werden Qu. und Leptonen als die unteilbaren Bausteine der Materie angesehen.
Quasare [amerikan., Kurzbildung aus engl. **quasi**stellar objects = sternähnliche Objekte; daher die Abk.: QSO]: vermutlich ↑aktive Galaxien. 1963 konnten, dank der Fortschritte in der Technik der ↑Radiointerferometrie, die ersten (im optischen Bereich als sternartig erscheinenden) Objekte mit starken Radioquel-

len identifiziert werden. Diese quasistellaren Radioquellen – von denen man gegenwärtig über 1 400 katalogisieren konnte – zeichnen sich durch folgende Eigenschaften aus:
1. Die optischen Bilder sind sternartig und von Sternen kaum unterscheidbar.
2. Die ↑Rotverschiebungen liegen im Bereich von $z = 0,1$ bis $z = 4,43$, wobei Werte um $z = 2$ besonders häufig auftreten.
3. Die Spektren werden von Emissionslinien dominiert. Gelegentlich zusätzlich auftretende Absorptionslinien zeigen andere, kleinere z-Werte.
4. Qu. sind starke Röntgenquellen mit UV- und IR-Exzessen.
5. Trotz der Bez. „quasistellare Radioquelle" ist die Radiostrahlung bei den meisten Qu.n unbedeutend. Nur die Hälfte der starken Radioquellen zeigt die für Radiogalaxien charakteristische Struktur zweier zum Zentrum symmetrisch angeordneter Quellen.
6. Viele Qu. zeigen eine Variabilität der Emission. Die nichtperiodischen Helligkeitsschwankungen können Zeiträume von Jahren oder Tagen einnehmen.

Bei Qu.n könnte es sich um extrem aktive Galaxien handeln, mit heute noch unbekannten Mechanismen für die Aktivität. Nach vielen Versuchen, die extrem hohen Rotverschiebungen zu deuten, akzeptiert man heute im allg. die kosmologische Deutung. Das heißt, man führt die Rotverschiebung auf die Expansion des Alls zurück. Damit sind Qu. diejenigen Einzelobjekte, für die die größten bisher überbrückbaren Entfernungen nachgewiesen werden konnten. Nachfolgend sind die am weitesten entfernten Qu., ihre Rotverschiebungen z sowie ihre scheinbaren Helligkeiten m_R im Roten aufgelistet.

Quasar	z	m_R [mag]	Suchmethode
0046−293	4,01	19	Vielfarbenphotometrie
0910+564	4,04	21	Spektroskopie
0101−304	4,07	19,5	Vielfarbenphotometrie
0000−263	4,11	~18	Spektroskopie
2203+292	4,40	21	zufällig
0051−279	4,43	20	Vielfarbenphotometrie

Aufgrund des ↑Hubble-Effekts ergeben sich Expansionsgeschwindigkeiten v_r, die über 90% der Lichtgeschwindigkeit c liegen. Eine Entfernungsbestimmung über die lineare Gleichung $v_r = H \cdot r$ dürfte hier nicht mehr gerechtfertigt sein, da bei solchen Distanzen fraglich ist, ob die Proportionalitätsbeziehung noch gilt. Darüber hinaus ist ungewiß, welche Werte die sicherlich zeitabhängige Hubble-Konstante annimmt. Nach unserem heutigen Wissensstand dürften diese Qu. eine Entfernung von 5 000 Mpc und mehr haben.

R

Rabe (Corvus; Abk.: Crv): ein kleines Sternbild südlich des Himmelsäquators und der Jungfrau, das von mittleren nördlichen Breiten aus im Frühjahr knapp über dem Horizont sichtbar ist.

Radarastronomie [ra'da:r..., 'ra:dar...]: ein kleines Spezialgebiet der Astronomie, das sich mit der Aussendung von Radarimpulsen zu nahegelegenen Himmelskörpern und der Untersuchung der reflektierten Signale befaßt.

Der Beginn der R. ist auf das Jahr 1946 zu datieren, wo erstmals der Empfang eines Radarechos vom Mond glückte. Laufzeitmessungen ermöglichen heute eine exaktere Entfernungsbestimmung einiger Himmelskörper, wie z. B. von Mond oder Venus, als mit Hilfe der trigonometrischen Methode. Über das dritte ↑Kepler-Gesetz kann so eine Bestimmung der astronomischen Einheit mit hoher Genauigkeit erreicht werden.

Unter Ausnutzung des ↑ Doppler-Effekts gelingt auch in einigen Fällen (Merkur, Venus) die Bestimmung der Rotationsgeschwindigkeit. Dank der Durchlässigkeit der Wolken für Radar konnten von Venus darüber hinaus Radarkarten zur Erkundung der Oberflächenstruktur erstellt werden.

Als letztes wichtiges Anwendungsgebiet sei das Aufspüren von Meteoriten und deren Bahnen genannt. Nicht zuletzt durch die Erfolge der R. konnte unser Wissen über Meteoriten erweitert werden.

Radialgeschwindigkeit [zu lat. radius = Stab, Speiche, Strahl]: die Geschwindigkeitskomponente eines Himmelskörpers in Richtung des Beobachtersehstrahls. Die räumliche Bewegung eines kosmischen Objekts zerlegt man zweckmäßigerweise in zwei Komponenten: die in Bogensekunden pro Jahr meßbare ↑Eigenbewegung und die Radialbewegung (Bewegung im Visionsradius), die man mit Hilfe des ↑Doppler-Effekts aus der Verschiebung des Spektrallinien im linearen Maß, z. B. in km/s, ablesen kann.

Bewegt sich eine Lichtquelle auf uns zu oder von uns weg, so tritt eine Verschiebung der Absorptions- oder Emissionslinien im Spektrum gegenüber der im irdischen Laboratorium festgestellten Nullage entsprechender Spektrallinien ein. Bezeichnet man mit $\Delta \lambda$ die Wellenlängenverschiebung, mit λ_0 die Wellenlänge der Nullage, so gilt für die relative Verschiebung:

$$z = \frac{\Delta \lambda}{\lambda_0}.$$

Die relative Verschiebung z ist positiv, wenn sich das Objekt von uns entfernt, negativ, wenn es sich uns nähert. Statt von einer positiven oder negativen Verschiebung zu sprechen, redet man auch von einer Rot- bzw. Blauverschiebung. Für nichtrelativistische Geschwindigkeiten gilt nach dem Doppler-Effekt für die R. näherungsweise:

$$v_r = z \cdot c$$

mit c als Lichtgeschwindigkeit.

Im Prinzip bedarf es zur Bestimmung der R. nur einer Beobachtung. Dazu benutzt man große, lichtstarke Instrumente mit Spektrographen großer linearer Dispersion. Bei Dispersionen von 10–5 nm/mm liegt der mittlere Fehler bei ±4 km/s. Durch Verwendung von Spektrographen größerer Dispersion (~1 nm/mm) und Auswertung mehrerer Aufnahmen kann man die Genauigkeit auf ±1,5 km/s steigern.

Wegen der benötigten großen Dispersion der Spektren läßt sich nur die R. heller Objekte so genau bestimmen. So sind heute etwa 25 000 R.en von Sternen vermessen, und zwar von Sternen bis zur 6. Größe vollständig, von Sternen 10. bis 11. Größe dagegen nur 0,06%. Einen großen Teil der vermessenen R.en findet man im Katalog von Wilson. Die Häufigkeitsverteilung der gemessenen einzelnen R.en ergibt folgendes Bild:

km/s	Anteil
0 bis ±10	32%
±10 bis ±20	27%
±20 bis ±30	19%
±30 bis ±40	10%
±40 bis ±50	6%
±50 bis ±60	2%
> ±60	4%

Für hohe Geschwindigkeiten v_r, wie sie bei extragalaktischen Objekten auftreten, ist die Näherungsformel $v_r = z \cdot c$ formal durch die relativistische Beziehung zu ersetzen:

$$z = \sqrt{\frac{1+v_r/c}{1-v_r/c}} - 1$$

für $z > 0$ (Rotverschiebung), und

$$z = \sqrt{\frac{1-v_r/c}{1+v_r/c}} - 1$$

für $z < 0$ (Blauverschiebung).

Die bei Quasaren gemessenen z-Werte von über 4 zeigen, daß die Geschwindigkeit dieser Objekte schon sehr dicht bei c liegt. – Abb. S. 294.

Radiant [zu lat. radiare = strahlen]: scheinbarer Ausstrahlungspunkt (Fluchtpunkt), von dem die Meteore eines ↑Meteorstroms an der Himmelssphäre ausgehen.

Radioastronomie

Mitunter wird unter diesem Begriff auch der ↑ Konvergenzpunkt eines Sternhaufens verstanden.

Radioastronomie: junges Teilgebiet der Astronomie, das sich mit der ↑ Radiostrahlung kosmischer Quellen befaßt. Nach der ersten, zufälligen Entdeckung einer kosmischen Radioquelle 1931/32 durch K. Jansky gewann die R. zunehmend an Bedeutung. Heute ist sie neben der klassischen optischen Astronomie der wichtigste Zweig der beobachtenden Astronomie. Man kann sagen, daß durch die R. unser Wissen über das All in den letzten Jahren gleichermaßen erweitert wurde wie in den Jahrtausenden optischer Forschung zuvor.

Aufgrund der guten Durchlässigkeit der Erdatmosphäre für Radiostrahlung mit Wellenlängen von knapp 1 mm bis 20 m (sog. **Radiofenster**) läßt sich R. von der Erdoberfläche aus betreiben. Die Absorption in der Erdatmosphäre ist deutlich geringer als bei sichtbarem Licht. Viele radioastronomische Beobachtungen können bei jedem Wetter Tag und Nacht durchgeführt werden. Da Radiowellen im Unterschied zu Lichtwellen auch Wolken interstellaren Staubs durchdringen, sind der R. viele Bereiche des Universums zugänglich, die mit optischen Methoden nicht erforscht werden können. So vermag die R. insbes. Informationen über die interstellare Materie und die Struktur des Milchstraßensystems zu liefern.

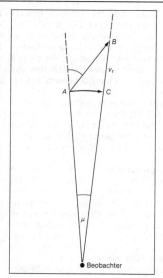

Radialgeschwindigkeit v_r als eine der Bewegungskomponenten eines Himmelskörpers

Radioburst ['reɪdɪoʊ,bɜːst; engl. = Strahlungsausbruch]: ein auffallender Strahlungsausbruch im Radio- und Röntgenbereich, kurz auch ↑ Burst genannt.

Radiofenster: Bez. für den Spektralbereich von knapp 1 mm bis etwa 20 m

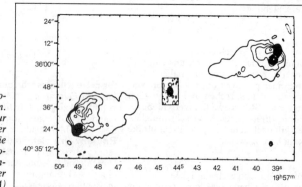

Radiogalaxien. Doppelstruktur einer Radiogalaxie (Radioisophotenkarte der Quelle Cyg A)

Radiointerferometrie

Wellenlänge, für den die Lufthülle der Erde durchlässig ist.
Radiofrequenzstrahlung: svw. ↑ Radiostrahlung.
Radiogalaxien: relativ unspezifische Gruppe ↑ aktiver Galaxien, deren Strahlungsleistung im Radiobereich zwischen 10^{33} und 10^{38} W liegt. Damit übertreffen R. gewöhnliche Galaxien (Radiostrahlung 10^{32} W) um mehrere Zehnerpotenzen. Bei der hochgradig polarisierten Strahlung handelt es sich um ↑ Synchrotronstrahlung.
Die beobachteten Strukturen der R. sind von großer Vielfalt. In nur etwa 30% aller beobachteten Objekte liegt der Hauptsitz der Emission in oder um den Kern, sonst meist weit außerhalb. Am häufigsten sind ausgedehnte Doppelquellen mit großen „Radioblasen" oder „Radioflügeln" an entgegengesetzten Seiten des Kerns (Abb.). Dabei können die Abstände bis zu mehreren Mpc betragen. Die Größe der Radioblasen schwankt zwischen 10 und 1 000 kpc.
Die Quelle der Aktivität dürfte im Kern der jeweiligen Galaxie zu suchen sein, was durch die herausschießenden Strahlen („Jets") nahegelegt wird. Der aus einzelnen Knoten bestehende Jet erklärt den vom optischen Bild der Galaxie getrennten Sitz der Radioemission.

Radiohelligkeit (Formelzeichen m_R): gelegentlich benutzte Einheit für den Strahlungsstrom S (Intensität) einer Radioquelle. Vereinbarungsgemäß ist die R.

$$m_R = -53{,}4 - 2{,}5 \log S,$$

wobei S der Strahlungsstrom in Wm^{-2} bei einer Frequenz $v = 158$ MHz und einer Bandbreite von 1 Hz ist.
Radiointerferometrie: Methode zur Steigerung des ↑ Auflösungsvermögens bei Radioteleskopen. Wie bei optischen Teleskopen ist nach der Beugungstheorie das Auflösungsvermögen von Radioteleskopen – das ist die Breite des Hauptmaximums, charakterisiert durch die Halbwertsbreite im Radiofrequenzbereich, „Keulenbreite" genannt (Abb.) – gegeben durch

$$A_{1/2} = 1{,}03 \frac{\lambda}{D},$$

wobei λ die Wellenlänge der Strahlung, D der Durchmesser des Teleskops und $A_{1/2}$ die Keulenbreite in rad ist.

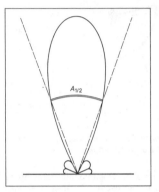

Radiointerferometrie (Abb. 1). Beugungsfigur in Polarkoordinaten („Radiokeule")

Da $\lambda_{Radio} \gg \lambda_{Optik}$, ist das Auflösungsvermögen normaler Parabolantennen sehr viel schlechter als bei gleich großen optischen Spiegeln. So wäre bei einer Radiostrahlung der Wellenlänge 5 cm für eine Auflösung von $1/10$ Bogensekunde ein Spiegel mit einem Durchmesser von 100 km notwendig. Im optischen Bereich würde bereits ein Spiegeldurchmesser von 1 m genügen, der jedoch, radioastronomisch gesehen, nur ein Auflösungsvermögen von etwa 3 Grad hat. Aus technischen und finanziellen Gründen kann man den Durchmesser eines Teleskops zur Steigerung des Auflösungsvermögens (bei gleicher Wellenlänge) nicht beliebig vergrößern. Einen Ausweg aus dieser Schwierigkeit bietet die Interferometrie, die, wie der Name schon sagt, von den Interferenzeigenschaften der elektromagnetischen Strahlung Ge-

Radiointerferometrie

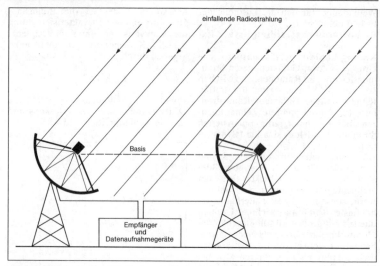

Radiointerferometrie (Abb. 2). Prinzip eines Interferenzsystems zweier Radioteleskope

brauch macht. Das maximal erreichbare radioastronomische Auflösungsvermögen wird bei konstanter Wellenlänge nur durch den Abstand der äußeren Antennensegmente bestimmt. Damit ist es möglich, einzelne, weit voneinander entfernte Teleskope als Segmente eines Großteleskops zu nutzen. Das Auflösungsvermögen steigt mit dem wachsenden Abstand der äußersten Antennen. Die Anzahl der dazwischenliegenden Einzelantennen ist dagegen für die Exaktheit und Verläßlichkeit der Information von Bedeutung. Unter Ausnutzung der Erddrehung wird das Beobachtungsbild eines Großteleskops, d.h. dessen Apertur, synthetisiert. Man spricht daher auch von Apertursynthese.

Zwei elektrisch gekoppelte Empfänger in großem Abstand (Basislängen von 50 km und mehr sind realisierbar) bilden ein Interferometer, ihre empfangenen Signale werden in dem Empfangssystem überlagert. Aufgrund unterschiedlicher Wegstrecken des Signals (Wellenfront) zu den Empfängern kommt es dabei zu Interferenzen. Wegen der Erddrehung ist eine ständige Änderung der relativen Wegdifferenzen gewährleistet, so daß alle möglichen Interferenzen auftreten. Aus den so gewonnenen Interferenzmustern sind Position und Struktur der beobachteten Radioquelle ableitbar. Abb. 3 zeigt ein Beispiel für eine Vorrichtung zur Apertursynthese: Zwei Te-

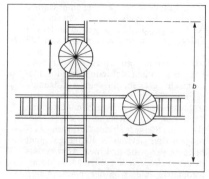

Radiointerferometrie (Abb. 3). Prinzip der Apertursynthese

Radioteleskope

leskope können auf zueinander senkrechten Schienen bewegt werden; dabei ist *b* die maximale Basislänge.
Eine Weiterentwicklung der Apertursynthese ist das ↑Very large arrey, bei dem einige Einzelantennen in Form eines Ypsilons angeordnet werden.
Während bei konventionellen Radiointerferometern eine elektrische Verbindung zwischen den beiden Empfängern und dem Korrelator besteht, werden bei der ↑VLB-Interferometrie die Radioteleskope nicht mehr direkt verbunden, sondern die einfallende Strahlung auf Magnetbändern registriert und die Meßdaten im Nachhinein mittels Rechner korreliert. Auf diese Weise ist es möglich, Teleskope auf verschiedenen Kontinenten zu einem Radiointerferometer zu koppeln und Basislängen von vielen tausend Kilometern zu realisieren. VLB-Interferometrie schafft ein Auflösungsvermögen von 0,001" oder besser.

Radioquelle: eine Quelle extraterrestrischer ↑Radiostrahlung, die man als physische Einheit vermutet.
Man teilt die R.n in die Klassen I (R.n unserer Galaxis) und II (extragalaktische R.n) ein. Bekannte Mitglieder der Klasse I sind beispielsweise neben der Sonne Jupiter, Supernovaüberreste (Cassiopeia A, Crabnebel) sowie H-II-Gebiete. Zur Klasse II zählen z. B. Radiogalaxien, Seyfert-Galaxien und Quasare.

Radiostrahlung [zu lat. radius = Strahl] (Radiofrequenzstrahlung): langwellige elektromagnetische Strahlung, die im Wellenlängenbereich von knapp 1 mm bis 20 m (sog. Radiofenster) von der Erdatmosphäre kaum absorbiert wird. Man unterscheidet nach der Ursache ihrer Entstehung zwei Arten von R.: thermische und nichtthermische.
Thermische R. wird von Objekten in Abhängigkeit von ihrer Temperatur emittiert. **Nichtthermische R.** entsteht z. B. bei der Beschleunigung von Elektronen in Magnetfeldern (↑Synchrotronstrahlung) oder bei Schwingungen ionisierter Gase (Plasmaschwingungen).
Neben dieser kontinuierlichen R. wird auch Linienstrahlung im Radiobereich beobachtet, wozu die wichtige und weit verbreitete 21-cm-Strahlung von atomarem Wasserstoff (↑Einundzwanzig-Zentimeter-Linie) zählt.
In ähnlicher Weise wie die 21-cm-Linie wird die **2,6-mm-Linie,** eine R., die von Kohlenmonoxidmolekülen ausgesandt wird, zur Erforschung der Milchstraße genutzt.

Radiosturm: meist plötzliche Verstärkung der aus der Sonnenkorona stammenden Radiostrahlung (Burst). Ihre Quellen stehen mit ↑Sonnenflecken in Verbindung.

Radioteleskope: Instrumente zur Messung von ↑Radiostrahlung aus dem Weltraum. Grundelemente der radioastronomischen Empfangsgeräte sind Antenne oder Antennensystem, Verstärker und Integrator mit Registriergerät. Die einfachste Antenne (Dipolantenne) ist ein gerader Draht, dessen Länge jeweils gleich der halben Wellenlänge der zu registrierenden Strahlung sein sollte. Bei Dipolzeilen und Dipolfeldern werden viele Dipole in Zeilen bzw. parallelen Zeilen angeordnet, um die Empfind-

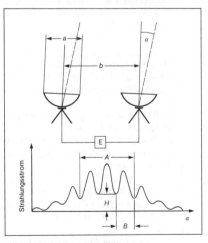

Radioteleskope. Skizze eines Radiointerferometers mit Interferenzkurve (a Spiegeldurchmesser, b Basislänge, E Empfänger, $A = \lambda/a$ Gesamtbreite der Interferenzkurve, $B = \lambda/b$ Abstand der Interferenzstreifen)

Radioteleskope

lichkeit zu erhöhen. Solche Anlagen sind kostengünstig, erlauben jedoch nur die Beobachtung bei einer festgelegten Wellenlänge und werden für kleine Wellenlängen unrentabel.

Gebräuchlich zur Steigerung der Richtwirkung sind Reflektoren, im einfachsten Fall die Yagiantenne (übliche Fernsehantenne). Diese sammeln und fokussieren die aus einer bestimmten Richtung einfallende Strahlung. Im Brennpunkt befindet sich eine Auffangvorrichtung **(Speisung)**, meistens ein Dipol. Die empfangenen Signale werden verstärkt und mit Hilfe von Computern ausgewertet. Bei den meisten Reflektoren handelt es sich um Parabolspiegel. Um große Spiegel frei in jede Richtung schwenken zu können, ohne daß Teile der Reflektoroberfläche im Wind oder unter einer Schneelast mehr als $1/10$ der zu empfangenden Wellenlänge schwanken oder durchhängen, ist ein hoher technischer Aufwand erforderlich. Als Teillösung für Teleskope, die für größere Radiowellenlängen bestimmt sind, findet „Maschendraht" als Material für die Reflektoroberfläche Verwendung.

Das größte allseitig schwenkbare Instrument mit einem Durchmesser von 100 m steht bei Effelsberg in der Eifel.

Viele Antennen lassen sich nur in Nord-Süd-Richtung schwenken. Solche Transitinstrumente gestatten nur, Radioquellen bei ihrem täglichen Durchgang durch den Meridian zu beobachten.

Sphärische Spiegel fokussieren nicht genau in einen Punkt, was durch besondere Speisungen ausgeglichen werden kann. Mit schwenkbaren Speisungen versehen, können solche Spiegel fest montiert werden. Der z. Z. größte sphärische Radiospiegel befindet sich in Arecibo, Puerto Rico. Er hat einen Durchmesser von 305 m.

Vollbewegliche Radioparabolspiegel findet man bei den in der Übersicht aufgeführten Observatorien.

Radioteleskope. Observatorien mit vollbeweglichen Radioparabolspiegeln

Observatorium	Durchmesser [m]	λ_{min} [cm]	max. Winkelauflösung
Max-Planck-Institut für Radioastronomie (Effelsberg), BR Deutschland	100 80	5 2	2′ 1
National Radio Astronomy Observatory (Green Bank), USA	91,5	10	4,5
Nuffield Radio Astronomie Observatory (Jodrell Bank), England	76,3	10	5,4
Jet Propulsion Laboratory (Goldstone), USA	64	3	2,0
National Institute of Aerospace Technology (INTA), Spanien	64	3	2,0
Commonwealth Scientific and Industrial Research Organization (Parkes), Australien	64	4	2,6
National Research Council of Canada (Algonquin Park), Kanada	45,7	1,4	1,5
Stanford, USA	45,7	–	–
Air Force Cambridge Research Laboratory (Massachusetts), USA	45,7	15	10
National Radio Astronomy Observatory (Green Bank), USA	42,7	2	1,9
Owens Valley, USA	39,6	1,2	1,3

Rauschen

Durch Kombination von zwei oder mehr R.n mit dem Ziel einer ↑Radiointerferometrie kann die Leistungsfähigkeit von R.n gesteigert werden. – ↑auch Abb. S. 307.

Radius [lat. = Stab, Speiche, Strahl] (Formelzeichen *R*): eine ↑Zustandsgröße von Sternen, die deren geometrische Ausdehnung beschreibt. Die Radien von Sternen sind sehr unterschiedlich. Neutronensterne haben Radien in der Größenordnung von 10 km, weiße Zwerge, mit etwa $^1/_{100}$ des Sonnen-R. ($R_\odot = 0,7 \cdot 10^6$ km), einige 10^3 km, Riesensterne 20 $R_\odot$, Überriesen 100 bis 1000 $R_\odot$. Bei den ↑Hauptreihensternen, den meisten bekannten Sternen, variiert *R* nur relativ wenig, etwa im Bereich

$$^1/_2 R_\odot \lesssim R \lesssim 10\ R_\odot.$$

Der Grund für die große Unterschiedlichkeit der Radien – im Gegensatz zur Masse der Sterne – liegt allein darin begründet, daß Sterne auch bei gleicher Masse verschiedene Stadien der Sternentwicklung durchlaufen, wobei sie sich aufblähen oder zusammenziehen können. Einen Stern-R. zu bestimmen erfordert neben der bekannten Entfernung des Sterns die Kenntnis seines scheinbaren Winkeldurchmessers α. Diese extrem kleine Größe ist äußerst schwierig zu bestimmen. Nur für die Sonne läßt sie sich geometrisch ermitteln.

Einen Schritt weiter kommt man mit interferometrischen Methoden (↑Interferometer, ↑Speckle-Interferometrie) sowie mit dem ↑Space-Teleskop. Beim Speckle-Interferometer wie beim Space-Teleskop gelingt es, durch Ausschaltung der ↑Luftunruhe (beim Speckle-Interferometer durch kurze Belichtungszeiten, beim Space-Teleskop durch die Messung außerhalb der Erdatmosphäre) das einzig durch die Güte und Größe der Optik bedingte Auflösungsvermögen voll auszuschöpfen. Damit kann man einige hundert Sternradien ermitteln.

Weitere Methoden zur R.bestimmung sind die ↑strahlungsenergetische Methode, die ↑Sternbedeckungsmethode sowie die R.bestimmung aus der ↑Perioden-Dichte-Beziehung für Pulsationsveränderliche.

Alle oben genannten Methoden führen, soweit sie sich überschneiden, praktisch zu den gleichen Ergebnissen.

Randverdunklung: Abnahme der ↑Flächenhelligkeit der Sonnenscheibe im optischen Spektralbereich von der Mitte zum Rand hin.

Ranger ['reɪndʒə; engl. = Aufseher]: Name einer Serie unbemannter amerikanischer Mondsonden. Die Sonden sollten kurz vor dem Aufschlag auf der Mondoberfläche Bilder zur Erde senden. Der erste Erfolg war R. 7. Diese Sonde wurde am 28. Juli 1964 gestartet und traf den Mond am 31. Juli 1964 im Mare Nubium. In den letzten 17 Minuten vor dem Aufschlag wurden über 4000 Aufnahmen zur Erde übermittelt. Auch von R. 8 und R. 9 wurden jeweils einige tausend Bilder empfangen. R. 8 wurde am 17. Februar 1965 gestartet und ging am 20. Februar 1965 im Mare Tranquillitatis nieder. R. 9 wurde am 21. März 1965 gestartet und schlug am 24. März 1965 im Krater Alphonsus auf.

Ras Algethi [arab. = Kopf des Niederknienden]: Hauptstern im Sternbild ↑Herkules mit einer scheinbaren visuellen Helligkeit von $3^m.1$. – ↑auch Sternverzeichnis.

Ras Alhague [al'ha:guə; arab. = Kopf des Schlangenträgers]: Hauptstern im Sternbild ↑Schlangenträger mit einer scheinbaren visuellen Helligkeit von $2^m.08$. – ↑auch Sternverzeichnis.

R-Assoziation ↑Assoziation.

Raumtransporter: gleichbed. mit ↑Space-shuttle.

Raum-Zeit-Kontinuum: der unanschauliche, aber physikalisch durch die Relativitätstheorie gut begründete Zusammenhang zwischen Raum- und Zeitereignissen, die man einheitlich durch das R.-Z.-K. beschreiben kann. Ein Punkt (Ereignis) des R.-Z.-K.s wird als **Weltpunkt**, ein vierdimensionaler Ortsvektor als **Weltvektor** und die Bahn eines Teilchens als **Weltlinie** bezeichnet.

Rauschen: eine Art unvermeidlicher Störung, die bei radioastronomischen Empfängern auftritt. In Metallen wie in Halbleitern werden durch thermisch bedingte Geschwindigkeitsschwankungen der beweglichen Ladungsträger schwa-

299

che hochfrequente elektrische Felder und Ströme erzeugt. Derartige Ströme bewirken in Verstärkern eine Rauschleistung, deren spektrale Energieverteilung einem Rauschton ähnelt. Beim Empfang kosmischer Radiostrahlung addiert auf dem Weg von der Antenne über den Wellenleiter bis zum Empfänger jedes Teil, entsprechend den jeweiligen Widerstandsverlusten, einen Rauschanteil zum ursprünglichen Signal. Dabei resultiert im allg. der größte Anteil vom Eigenrauschen des Empfängers. Das Gesamtsignal am Ausgangspunkt des Verstärkers ist also gleich der Summe der von der Antenne an den Verstärker abgegebenen Leistung plus Rauschleistung:

$$P_{Antenne} + P_{Rausch} = P_{gesamt}.$$

Durch komplizierte technische Tricks ist es heute möglich, zuverlässige Messungen kosmischer Radioobjekte durchzuführen, wenn die Antennenleistung $P_{Antenne}$ nur 0,1 % der Rauschleistung ausmacht. Ein Ziel der Radioastronomie ist es, eine optimale Reduzierung dieses störenden R.s zu erreichen, um auch sehr schwache kosmische Radioobjekte aufspüren zu können. Von den ursprünglich benutzten Röhrenverstärkern führte der Einsatz über transistorisierte und parametrische Verstärker zu den Masern, bei denen eine Mikrowellenverstärkung durch angeregte Strahlungsemission erzielt wird.

Rayleigh-Streuung ['rɛɪlɪ...; nach J. W. Strutt, Baron Rayleigh]: selektive Streuung von Licht an Partikeln, deren Radius r sehr klein im Vergleich zur Wellenlänge λ des Lichts ist (↑ Himmelslicht).

R-Coronae-Borealis-Sterne (Abk.: R-CrB-Sterne): ↑ Veränderliche, die der Untergruppe der Eruptivveränderlichen zuzurechnen sind. Man findet sie ausnahmslos in Gebieten dichter interstellarer Materie.

Reflektor [zu lat. reflectere = zurückbiegen]: andere Bez. für ↑ Spiegelteleskop.

Reflexion [von lat. reflexio = das Zurückbeugen]: das Zurückwerfen von Strahlung an der Grenzfläche zweier verschiedener Stoffe. Es gilt das **R.sgesetz**: Der Einfallswinkel ist gleich dem Reflexionswinkel. Einfallender Strahl (Wellennormale), Einfallslot und reflektierter Strahl liegen in einer Ebene. Das R.sgesetz gilt auch bei der R. an gekrümmten Flächen (z. B. Hohlspiegel). Das Einfallslot steht dabei senkrecht auf der Tangentialebene des Spiegels im Einfallspunkt des betrachteten Lichtstrahls.

Bei der R. an „undurchsichtigen" Körpern mit völlig glatter Oberfläche spricht man von **spiegelnder Reflexion**. Spiegelnde R. wird in der Astronomie zur Sammlung der von kosmischen Objekten kommenden Strahlung und zur Abbildung derselben benutzt (↑ Spiegelteleskop).

Bei R. an Körpern mit rauher Oberfläche dagegen spricht man von **diffuser Reflexion**. Sie tritt z. B. an den Oberflächen von Planeten und Satelliten auf (Albedo) sowie in ↑ Reflexionsnebeln.

Reflexionsnebel: schwacher, diffus leuchtender Nebel, dessen Spektrum mit dem eines benachbarten Sterns nahezu identisch ist. Offenbar handelt es sich bei dieser Erscheinung um Streuung des Lichts an Staubteilchen, die in der Nähe nicht sehr heißer Sterne vorkommen. Im Gegensatz zu den im UV-Bereich stark strahlenden Sternen in der Nachbarschaft von ↑ Emissionsnebeln ist der von kühlen Sternen in der Nachbarschaft von R.n ausgehende Strahlungsstrom zu energieschwach, um die ebenfalls vorhandenen Gaspartikel zum Selbstleuchten anzuregen. Andererseits aber ist der Strahlungsstrom stark genug, um durch Streuung an den dem Gas beigemischten Staubteilchen die Erscheinung eines hellen Nebels hervorzurufen. Aus dem Streuverhalten des an den Staubteilchen reflektierten Sternenlichts läßt sich auf die Größe der Partikel schließen (↑ Rayleigh-Streuung bzw. ↑ Mie-Streuung). Die geringe Polarisation und Verfärbung des Streulichts deuten daraufhin, daß es sich um Reflexion an relativ großen Teilchen handelt, deren Dimensionen mit 10^{-4} mm knapp unterhalb der Wellenlänge des sichtbaren Lichts liegen.

Relativitätstheorie

Prototypen von R.n sind die Nebel, die die Plejadensterne umgeben. Aber auch in einigen Gebieten des Orionnebels tritt Reflexion auf. Das deutet darauf hin, daß die Unterteilung in Emissionsnebel und R. nicht scharf ist.
Die einfachste Erklärung für die Existenz von R.n ist die Annahme, daß sie Überreste einer dichten Staubhülle sind, die bei der Sternentstehung aus einer Staubwolke „ungenutzt" blieben. Infolge des Strahlungsdrucks des entstehenden Sterns könnte diese Hülle dann weggeblasen worden sein. Die sich in Auflösung befindliche Staubhülle macht sich im R. bemerkbar. Daraus würde folgen, daß es sich um relativ junge Zentralsterne handelt und R. Indikatoren für Gebiete jüngster Sternentstehung sind.
Refraktion [zu lat. refringere, refractum = zerbrechen; (Strahlen) brechend zurückwerfen]:
◊ svw. ↑ Brechung.
◊ Kurzbez. für ↑ atmosphärische Refraktion.
Refraktor [zu ↑ Refraktion]: andere Bez. für ↑ Linsenteleskop.
regelmäßig Veränderliche: Gruppe der ↑ Veränderlichen, deren regelmäßige Helligkeitsänderungen durch eine Pulsation (abwechselndes Expandieren und Kontrahieren) oder durch eine Rotation des Sterns zustande kommen.
Regolith [griech. rhēgos = gefärbter Teppich, bunte Decke und griech. líthos = Stein]: das auf der Oberfläche eines Planeten oder Satelliten durch Einschläge von Meteoriten entstandene Trümmergestein.
Regulus [lat. = kleiner König]: Hauptstern im Sternbild ↑ Löwe mit einer scheinbaren visuellen Helligkeit von $1^m.36$. – ↑ auch Sternverzeichnis.
Reiterlein: andere Bez. für den Deichselstern ↑ Alkor im Großen Wagen.
Rekombination [lat. re = wieder und spätlat. combinatio = Vereinigung] (Wiedergewinnung): der inverse Prozeß einer durch Energiezufuhr bewirkten Ionisation, also der Einfang eines freien Elektrons durch ein positives Ion, oder Dissoziation, also die Wiederverbindung zweier getrennter Atome zu einem Molekül.

Die bei der R. freigesetzte Energie wird als Bewegungsenergie auf das gebildete neutrale Teilchen übertragen und/oder in Form von elektromagnetischer Strahlung emittiert.
Rektaszension [Umbildung aus lat. ascensio recta = gerade Aufsteigung; daher auch die Abk.: AR oder A.R.] (Formelzeichen α): der Winkel zwischen dem Frühlingspunkt (↑ Äquinoktialpunkte) und dem Schnittpunkt des ↑ Himmelsäquators mit dem ↑ Stundenkreis eines Gestirns, gemessen in Zeitmaß. – ↑ auch Koordinatensysteme.
relativer Ort [spätlat. relativus = bezüglich] ↑ Ort.
relativistische Lichtablenkung: svw. ↑ Gravitationsaberration.
relativistische Rotverschiebung: svw. ↑ Gravitationsrotverschiebung.
Relativitätstheorie: die von A. Einstein begründete physikalische Theorie der Struktur von Raum und Zeit. Die von Einstein in zwei Schritten erstellte R. – spezielle R. (1905) und allgemeine R. (1915) – führte zu einer grundlegenden Veränderung der Anschauungen von Raum und Zeit und ist neben der Quantentheorie die bedeutendste der im 20. Jahrhundert entwickelten Theorien.
1. Spezielle R.: Physikalische Ereignisse werden in einem Bezugssystem beobachtet, d. h. bezüglich einer materiellen Basis, die mit realen Uhren und Maßstäben ausgerüstet ist. Die mathematische Beschreibung aller Vorgänge erfolgt mit Hilfe der auf das Bezugssystem bezogenen kartesischen Ortskoordinaten x, y, z des als euklidisch angenommenen Raums und der Zeit (Koordinate t), wobei in der klassischen Mechanik die Zeit eine absolute Größe ist. Die Zeit ist also a priori vom Bezugssystem unabhängig, d. h., bei einem Wechsel des Bezugssystems bleibt sie unverändert.
Bewegt sich in einem solchen Bezugssystem ein kräftefreier Körper geradlinig und gleichförmig, d. h. mit konstanter Geschwindigkeit, so bezeichnet man ein solches System als **Inertialsystem**. Es gibt für jeden kräftefreien Körper ein Inertialsystem, in dem er als ruhend erscheint. Dieses System bezeichnet man auch als **Ruhesystem**. Stellt man sich nun

Relativitätstheorie

unendlich viele Beobachter in verschiedenen Inertialsystemen vor, so ergibt sich das Problem, eine mathematische Beschreibung eines physikalischen Ereignisses zu finden, die für alle Beobachter Gültigkeit besitzt. In der klassischen Mechanik gelingt dies mit der Galilei-Transformation.

Seien S und S' zwei gleichförmig gegeneinander bewegte Systeme mit den Koordinaten x, y, z, t und x', y', z', t'. Aus Einfachheitsgründen – ohne Beschränkung der Allgemeinheit – wird angenommen, daß die konstante Geschwindigkeit des Systems S' in bezug auf das Ruhesystem S sich durch einen Vektor mit verschwindenden Komponenten in y- und z-Richtung darstellen läßt, also $\vec{u} = (u, 0, 0)$. Dann liefert die **Galilei-Transformation** folgenden einfachen Zusammenhang:

$$x = x' + ut' \qquad x' = x - ut$$
$$y = y' \qquad y' = y$$
$$z = z' \qquad z' = z$$
$$t = t' \qquad t' = t$$

Bei der Galilei-Transformation addieren sich die Geschwindigkeiten. Es gilt das sog. Additionstheorem:

$$\vec{v} = \vec{v}' + \vec{u}.$$

Die Gesetze der klassischen Mechanik sind invariant gegenüber der Galilei-Transformation, so daß gilt:

$$m = m'$$
$$\vec{F} = \vec{F}'$$
$$\vec{F} = m \frac{d\vec{v}}{dt}$$
$$\vec{F}' = m' \frac{d\vec{v}'}{dt'}$$

A. Einstein brach mit diesen herkömmlichen Vorstellungen, indem er aus dem Ergebnis des ↑Michelson-Versuchs (die Lichtgeschwindigkeit ist unabhängig von der relativen Bewegung zwischen Lichtquelle und Beobachter) forderte:
1. Es gibt kein ausgezeichnetes Inertialsystem. Alle Inertialsysteme sind gleichwertig.
2. In allen Inertialsystemen breitet sich das Licht geradlinig aus; die Lichtgeschwindigkeit im Vakuum hat in allen Systemen denselben Wert c, unabhängig von der Bewegung der Inertialsysteme. Die als Erfahrungstatsache entdeckte Konstanz der Lichtgeschwindigkeit bedingt, daß elektromagnetische Vorgänge nicht mehr invariant gegenüber der Galilei-Transformation sind. Vielmehr bedarf es einer neuen Verknüpfungsrelation, in der auch die Zeit transformiert wird. Dies gelingt mit der sog. Lorentz-Transformation. Der Begriff der absoluten Zeit ist damit nicht mehr physikalisch realisierbar (es gibt keine starren Körper oder instantane [zeitlose] Signalübertragung). Der Begriff der absoluten Zeit muß vielmehr durch Einsteins Zeitbegriff (↑Zeit) ersetzt werden, der eine operative Definition der Gleichzeitigkeit zweier an verschiedenen Orten stattfindender Ereignisse und damit die Synchronisation räumlich getrennter Uhren in einem Inertialsystem erlaubt. Die in zwei Inertialsystemen S und S' gemessenen Zeitabstände t bzw. t' zweier Ereignisse sind dann gerade durch eine **Lorentz-Transformation** verknüpft.

Bewegt sich das Koordinatensystem x', y', z', t' gegenüber dem Koordinatensystem x, y, z, t mit der Geschwindigkeit $\vec{u} = (u, 0, 0)$, so lautet die Lorentz-Transformation:

$$x' = \frac{x - ut}{\sqrt{1 - \frac{u^2}{c^2}}} \qquad x = \frac{x' + ut'}{\sqrt{1 - \frac{u^2}{c^2}}}$$

$$y' = y \qquad y = y'$$
$$z' = z \qquad z = z'$$

$$t' = \frac{t - \frac{ux}{c^2}}{\sqrt{1 - \frac{u^2}{c^2}}} \qquad t = \frac{t' + \frac{ux'}{c^2}}{\sqrt{1 - \frac{u^2}{c^2}}}$$

Als wichtigste Folgerungen der speziellen R. ergeben sich:
1. *Addition von Geschwindigkeiten.*
Angenommen, ein Massenpunkt m bewege sich mit der Geschwindigkeit $\vec{v}' = (v', 0, 0)$ im Koordinatensystem x', y', z', t', welches sich gegenüber einem anderen Koordinatensystem

Aufnahme des Sternenhimmels mit auf den Himmelspol ausgerichteter Kamera (Belichtungszeit etwa eine Stunde)

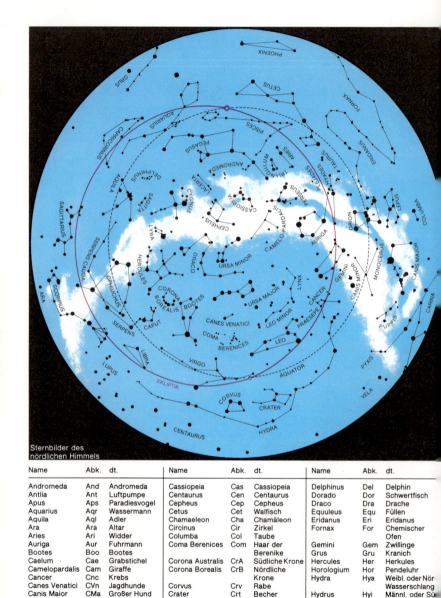

Sternbilder des nördlichen Himmels

Name	Abk.	dt.	Name	Abk.	dt.	Name	Abk.	dt.
Andromeda	And	Andromeda	Cassiopeia	Cas	Cassiopeia	Delphinus	Del	Delphin
Antlia	Ant	Luftpumpe	Centaurus	Cen	Centaurus	Dorado	Dor	Schwertfisch
Apus	Aps	Paradiesvogel	Cepheus	Cep	Cepheus	Draco	Dra	Drache
Aquarius	Aqr	Wassermann	Cetus	Cet	Walfisch	Equuleus	Equ	Füllen
Aquila	Aql	Adler	Chamaeleon	Cha	Chamäleon	Eridanus	Eri	Eridanus
Ara	Ara	Altar	Circinus	Cir	Zirkel	Fornax	For	Chemischer Ofen
Aries	Ari	Widder	Columba	Col	Taube			
Auriga	Aur	Fuhrmann	Coma Berenices	Com	Haar der Berenike	Gemini	Gem	Zwillinge
Bootes	Boo	Bootes				Grus	Gru	Kranich
Caelum	Cae	Grabstichel	Corona Australis	CrA	Südliche Krone	Hercules	Her	Herkules
Camelopardalis	Cam	Giraffe	Corona Borealis	CrB	Nördliche Krone	Horologium	Hor	Pendeluhr
Cancer	Cnc	Krebs				Hydra	Hya	Weibl. oder Nör. Wasserschlang
Canes Venatici	CVn	Jagdhunde	Corvus	Crv	Rabe			
Canis Maior	CMa	Großer Hund	Crater	Crt	Becher	Hydrus	Hyi	Männl. oder Sü. Wasserschlang
Canis Minor	CMi	Kleiner Hund	Crux	Cru	Kreuz des Südens			
Capricornus	Cap	Steinbock				Indus	Ind	Indianer
Carina	Car	Schiffskiel	Cygnus	Cyg	Schwan	Lacerta	Lac	Eidechse

304

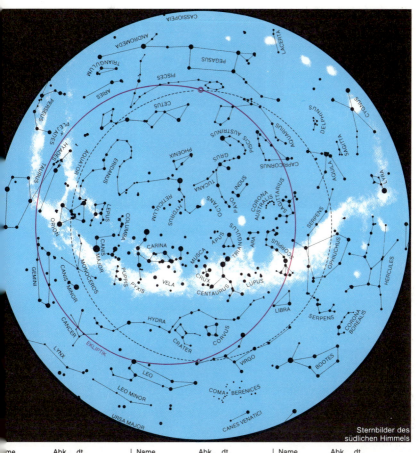

Sternbilder des südlichen Himmels

me	Abk.	dt.	Name	Abk.	dt.	Name	Abk.	dt.
	Leo	Löwe	Pegasus	Peg	Pegasus	Serpens	Ser	Schlangen-
Minor	LMi	Kleiner Löwe	Perseus	Per	Perseus	(Cauda)		schwanz
us	Lep	Hase	Phoenix	Phe	Phönix	Sextans	Sex	Sextant
ra	Lib	Waage	Pictor	Pic	Maler	Taurus	Tau	Stier
us	Lup	Wolf	Pisces	Psc	Fische	Telescopium	Tel	Fernrohr
x	Lyn	Luchs	Piscis Austrinus	PsA	Südl. Fisch	Triangulum	Tri	Nördliches
a	Lyr	Leier	Puppis	Pup	Hinterdeck			Dreieck
nsa	Men	Tafelberg	Pyxis	Pyx	Schiffs-	Triangulum	TrA	Südliches
roscopium	Mic	Mikroskop			kompaß	Australe		Dreieck
noceros	Mon	Einhorn	Reticulum	Ret	Netz	Tucana	Tuc	Tukan
sca	Mus	Fliege	Sagitta	Sge	Pfeil	Ursa Maior	UMa	Großer Bär
ma	Nor	Winkelmaß	Sagittarius	Sgr	Schütze	Ursa Minor	UMi	Kleiner Bär
ans	Oct	Oktant	Scorpius	Sco	Skorpion	Vela	Vel	Segel
iuchus	Oph	Schlangen-	Sculptor	Scl	Bildhauer	Virgo	Vir	Jungfrau
		träger	Scutum	Sct	Schild	Volans	Vol	Fliegender
n	Ori	Orion	Serpens	Ser	(Kopf der)			Fisch
o	Pav	Pfau	(Caput)		Schlange	Vulpecula	Vul	Füchschen

9*   305

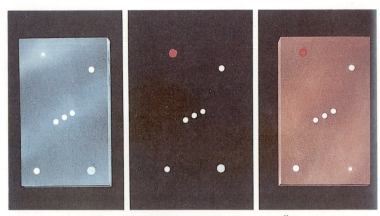

Dreifarbenphotometrie des Sternbildes Orion. Beim blauweißen Überriesen Rigel (unten rechts) überwiegt die Blauhelligkeit, entsprechend beim roten Überriesen Beteigeuze (oben links) die Rothelligkeit

Sternwarte. Das deutsch-spanische astronomische Zentrum Calar Alto

Links: Spiegelteleskop (Calar Alto). Rechts: Radioteleskop (Effelsberg)

*Synthesteleskope
der Radiosternwarte
Westerbork
(Niederlande)*

Crabnebel

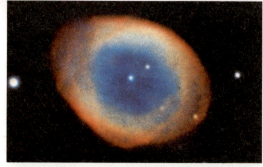

*Ringnebel NGC 6720
im Sternbild Leier*

Pferdekopfnebel

*Oben links:
Kugelsternhaufen
M 13 im Sternbild
Herkules.
Oben rechts:
Der offene
Sternhaufen
der Plejaden*

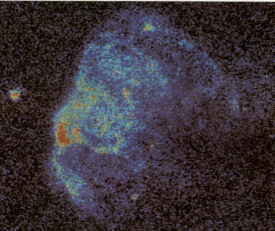

*Mitte:
Röntgenbild
des Supernova-
überrestes
Puppis A (Auf-
nahme Exosat)*

Andromedanebel (M 31)

Links oben: Galaxie NGC 4762, Hubble-Typ S0. Links unten: Galaxie NGC 1365, Hubble-Typ SB. Rechts oben: Galaxie NGC 3031 (M 81), Hubble-Typ Sb. Rechts Mitte: Galaxie NGC 6946, Hubble-Typ Sc. Rechts unten: Radioquasar PHL 909 (Rotverschiebung 17 %)

Relativitätstheorie

x, y, z, t mit der konstanten Geschwindigkeit $\vec{u} = \{u, 0, 0\}$) bewege, dann gilt für die Geschwindigkeit $\vec{v} = \{v, 0, 0\}$ die Beziehung:

$$v = \frac{u + v'}{1 + \frac{uv'}{c^2}}.$$

2. Längenkontraktion *(Lorentz-Kontraktion, Längenverkürzung).*

Werden die Positionen zweier fester Punkte in einem mit konstanter, geradliniger Geschwindigkeit $\vec{u} = \{u, 0, 0\}$ in bezug auf das Ruhesystem S bewegten Bezugssystem S' vom Ruhesystem S aus gleichzeitig gemessen (Definition des Abstands zweier mit der Geschwindigkeit u bewegter Punkte), so verkürzt sich die Länge l' ihres Abstands im bewegten System auf

$$l = l' \sqrt{1 - \frac{u^2}{c^2}},$$

gemessen im Ruhesystem.

Das Vorzeichen von u spielt wegen des quadratischen Eingangs in die obige Formel keine Rolle. Das bedeutet, daß auch bei einem Rollentausch der beiden Systeme (Ruhesystem S' und bewegtes System S) eine Längenkontraktion auftritt.

3. Zeitdilatation *(Zeitverlangsamung).*

Das System S' möge sich wieder gegenüber dem Ruhesystem S mit der konstanten Geschwindigkeit $\vec{u} = \{u, 0, 0\}$ bewegen. Finden nun im System S' zwei Ereignisse A' und B' statt, deren zeitlicher Abstand t' beträgt und mißt ein Beobachter aus dem Bezugssystem S die Zeit t zwischen den beiden Ereignissen, so stellt er eine größere Zeit t als t' fest:

$$t = \frac{t'}{\sqrt{1 - \frac{u^2}{c^2}}}.$$

Wie die Längenkontraktion hängt auch die Zeitdilatation nicht vom Vorzeichen von u ab, d. h. ein Vertauschen der beiden Bezugssysteme S und S' ist durchaus möglich.

4. *Relativität der Gleichzeitigkeit.*

Sei S' wieder das in bezug auf S mit konstanter Geschwindigkeit $\vec{u} = \{u, 0, 0\}$ sich bewegende System und seien A und B zwei im Bezugssystem S' an den Stellen $(x' = +0{,}5a, \ y' = 0, \ z' = 0)$ und $(x' = -0{,}5a, \ y' = 0, \ z' = 0)$ zu den Zeiten $t'_A = t'_B$, also gleichzeitig stattfindende Ereignisse, dann sind diese beiden Ereignisse für einen Beobachter in S nicht gleichzeitig. Es gilt vielmehr

$$\Delta t' = t'_B - t'_A = 0$$

$$\Delta t = t_B - t_A = \frac{ua}{c^2} \cdot \frac{1}{\sqrt{1 - \frac{u^2}{c^2}}}$$

In der klassischen Physik ist der Begriff „gleichzeitig" problemlos. In der speziellen R. aber ist er relativ zum Beobachter definiert.

5. *Kausalverknüpfungen.*

Kausalverbundene Ereignisse, die sich in den Zeitpunkten t_1 und t_2 an zwei verschiedenen Raumpunkten mit den Ortsvektoren r_1 und r_2 abspielen, können nur innerhalb des „Lichtkegels"

$$c^2(t_2 - t_1)^2 - (r_2 - r_1)^2 \geq 0$$

liegen. Ein Signal kann sich höchstens mit Lichtgeschwindigkeit ausbreiten.

6. *Masse-Energie-Äquivalenz.*

Jeder Energie E entspricht eine Masse m und umgekehrt. Beide physikalische Größen sind durch die Einstein-Beziehung $E = mc^2$ miteinander verknüpft. Somit sind Masse und Energie äquivalente Formen desselben Phänomens.

7. *Zunahme der Masse mit der Geschwindigkeit.*

Die Masse m eines Objekts hängt von der Geschwindigkeit $\vec{u} = \{u, 0, 0\}$ ab. Sei m_0 die sog. Ruhemasse, dann gilt:

$$m = \frac{m_0}{\sqrt{1 - \frac{u^2}{c^2}}}.$$

8. *Raum-Zeit-Kontinuum.*

Weil sich Raum- und Zeitmessungen gemeinsam ändern, wenn das Bezugssystem gewechselt wird, spricht man von einem vierdimensionalen Raum-Zeit-Kontinuum (Raum-Zeit-Welt), statt von einem dreidimensionalen Raum und einer eindimensionalen Zeit, wie man es in der klassischen Physik gewohnt ist.

2. **Allgemeine R.:** Die spezielle R. sagt aus, daß die Gesetze der Physik in allen Inertialsystemen, d. h. in allen nicht beschleunigten Bezugssystemen, gleich sind. Einsteins allgemeine R. ist der Versuch, das Prinzip „Die Gesetze der Physik sind gleich" auf alle Bezugssysteme, ob mit gleichförmiger oder beschleunigter Bewegung zueinander, auszudehnen. Die allgemeine R. stellt eine Theorie des Gravitationsfeldes dar, wobei das Äquivalenzprinzip (Äquivalenz von schwerer und träger Masse) zugrunde gelegt ist. An die Stelle von Inertialsystemen müssen daher beschleunigte Bezugssysteme treten. Die allgemeine R. relativiert also nicht nur die gleichförmige Bewegung, sondern auch die Beschleunigung. Sie zeigt, daß die Kraft, die ein Massepunkt in einem homogenen Gravitationsfeld erfährt, als Trägheitskraft in einem beschleunigten Bezugssystem angesehen werden darf. Durch Koordinatentransformationen kann deshalb erreicht werden, daß sich der Körper in diesem Bezugssystem geradlinig und gleichförmig bewegt. Daher stellte Einstein neben das Prinzip von der Äquivalenz von schwerer und träger Masse das sog. lokale Äquivalenzprinzip auf, wonach Trägheitskräfte lokal, d. h. in genügend kleinen Raum-Zeit-Gebieten, nicht von Gravitationskräften zu unterscheiden sind und stets ein lokal inertiales Bezugssystem angegeben werden kann, in dem sich ein nur der Gravitation unterworfener Massepunkt gleichförmig und geradlinig bewegt. Ein solches lokales inertiales Bezugsfeld wäre z. B. ein im Schwerefeld der Erde frei fallender Fahrstuhl.

Wegen des lokalen Äquivalenzprinzips kann die allgemeine R. die in beschleunigten Systemen auftretenden Kräfte als Gravitationskräfte behandeln und andererseits die Gravitationskräfte im gewissen Sinne als Trägheitskräfte (Scheinkräfte) beschreiben. Die hierauf fußende Gravitationstheorie heißt allgemeine oder ↑ Einstein-Gravitationstheorie, im Unterschied zur ↑ Newton-Gravitationstheorie.

Eine befriedigende Theorie der Einstein-Gravitation muß neben den oben angeführten Prinzipien auch die klassische Newton-Gravitationstheorie als nichtrelativistischen Grenzfall ($v \ll c$) bei schwachen Feldern enthalten. Die notwendige Verallgemeinerung der Newton-Theorie erreichte Einstein, indem er den Ursprung der Gravitation in einer durch vorhandene Materie bzw. Energie hervorgerufenen Krümmung des vierdimensionalen Raum-Zeit-Kontinuums sah. Struktur von Raum und Zeit sind nach der allgemeinen R. also nicht fest vorgegeben, sondern werden als ein den Naturgesetzen unterworfenes dynamisches Feld (ähnlich dem elektromagnetischen Feld) angenommen. Jeder Körper verzerrt in seiner Umgebung das raum-zeitliche Feld, das die Struktur des Raum-Zeit-Kontinuums beschreibt, und ist in dieses Feld eingebettet.

In der allgemeinen R. sind sowohl Raum als auch Raum-Zeit-Kontinuum gekrümmt. Rein formal wird die Verknüpfung von Raumstruktur und Materieinhalt durch ein System von 10 nichtlinearen Differentialgleichungen, den Einstein-Feldgleichungen, beschrieben. In Gebieten vernachlässigbar kleiner Krümmung und kleiner Gravitationsfelder gelten näherungsweise die Gesetze der klassischen Physik bzw. bei hohen Geschwindigkeiten ($v \rightarrow c$) die der speziellen Relativitätstheorie. Damit wird verständlich, warum die allgemeine R. eine außerordentliche Bedeutung für die Kosmologie gewonnen hat, in der die Struktur des Weltraums als Ganzes untersucht wird. Aber auch für andere Gebiete der Astrophysik, wie z. B. ↑ Gravitationslinsen, ↑ schwarze Löcher oder ↑ Gravitationswellen, ist die allgemeine R. von Bedeutung. Andererseits können auch nur weitgehend astronomische Experimente zur Untermauerung der allgemeinen R. herangezogen werden. Im einzelnen seien erwähnt: ↑ Gravitationsrotverschiebung, ↑ Periheldrehung des Merkur, Lichtablenkung im Schwerefeld der Sonne (↑ Gravitationsaberration) und ↑ Shapiro-Experiment.

Ret: Abk. für **Reticulum** (↑ Netz).

Reticulum [lat. = kleines Netz]: wiss. Name für das Sternbild ↑ Netz.

Revolution [aus spätlat. revolutio =

das Zurückwälzen]: historische Bez. für die Umlaufbewegung eines Planeten um die Sonne.

RGU-System: ein ↑Helligkeitssystem in den drei Spektralbereichen Ultraviolett (370 nm), Grün (481 nm) und Rot (638 nm).

Rhea [nach der gleichnamigen Titanin der griech. Mythologie]: ein Satellit des ↑Saturn.

Riesenast: der im oberen Teil des ↑Hertzsprung-Russell-Diagramms gelegene Ast, auf dem v. a. die normalen Riesensterne postiert sind.

Riesensterne (Riesen): Sterne mit großem Radius und großer Leuchtkraft. Man unterscheidet zwischen den normalen Riesen der Leuchtkraftklasse III, den hellen R. (Leuchtkraftklasse II), den Überriesen (Ia und Ib) sowie den Überüberriesen (Ia-0).
Der Zusammenhang zwischen Leuchtkraftklasse, Spektralklasse und Leuchtkraft wird aus dem ↑Hertzsprung-Russell-Diagramm ersichtlich.

Rigel [arab. = (rechter) Fuß (des Orion)]: Stern im Sternbild ↑Orion mit einer scheinbaren visuellen Helligkeit von $0^m\!.08$. – ↑auch Sternverzeichnis.

Ringnebel (M 57, NGC 6720): der ringförmig aussehende Nebel im Sternbild Leier, Musterbeispiel für einen ↑planetarischen Nebel. Bei einer ↑Flächenhelligkeit von etwa 9^m kann er bereits mit einem kleinen Fernrohr beobachtet werden.
Der R. hat eine Winkelausdehnung von $1' \times 1,4'$ und eine Entfernung von rund 1,7 kpc. Das Gas, das vor etwa 20 000 Jahren vom nur $14^m\!.7$ hellen Zentralstern ausgeworfen wurde, expandiert mit einer Geschwindigkeit von 38 km/s. – Abb. S. 308.

Ritchey-Chrétien-Teleskop [engl. 'rɪtʃɪ, frz. kre'tjɛ̃; nach G. W. Ritchey und H. J. Chrétien] ↑Spiegelteleskop.

Roche-Grenze ['rɔʃ...]: nach É. Roche benannte Grenze für den Abstand von einem Himmelskörper, innerhalb dessen ein zweiter Körper durch Gezeitenkräfte zerrissen werden kann.
Die mögliche Zerstörung eines der beiden Himmelskörper ist darauf zurückzuführen, daß Gezeitenkräfte zwar proportional zum Produkt der beiden Körpermassen sind, aber zur dritten Potenz des inversen gegenseitigen Abstands. Für einen großvolumigen Körper sind daher die Anziehungskräfte, z. B. auf dessen Vorder- und Rückseite, sehr unterschiedlich. Bei enger Nachbarschaft der Körper können somit sehr starke, unterschiedliche Kräfte auftreten, die unter Umständen einen der beiden Körper zerreißen. Kleinvolumige Körper, z. B. künstliche Erdsatelliten, können auch innerhalb der R.-G. existieren, da die Unterschiede der differentiellen Anziehungskräfte nur minimal sind und daher die Stabilität nicht beeinträchtigen.
Der kritische Abstand d_R oder die R.-G. läßt sich in der Praxis mittels der brauchbaren Abschätzung

$$d_R = 2,52\, R \sqrt[3]{\frac{\bar{\varrho}_{\text{Zentralkörper}}}{\bar{\varrho}_{\text{Begleiter}}}}$$

berechnen, wobei R der Radius des Zentralkörpers und $\bar{\varrho}$ die entsprechende mittlere Dichte ist.
Für Satelliten mit gleicher Dichte wie deren Planet liegt der kritische Abstand bei etwa 2,5 Planetenradien. Für unseren Mond, dessen mittlere Dichte kleiner ist als die der Erde, liegt der kritische Abstand bei 2,9 Erdradien. Sämtliche Satelliten unseres Sonnensystems liegen außerhalb der Roche-Grenze. Allerdings liegt der aus sehr vielen Einzelkörpern bestehende Ring des Saturns mit seiner äußeren Kante (A-Ring) lediglich bei 2,3 Saturnradien, mithin innerhalb der R.-G. für Körper mit gleicher mittlerer Dichte. Man vermutet daher, daß die Ringmaterie durch Zerstörung eines früheren Satelliten innerhalb der R.-G. entstanden ist. Gleiche Überlegungen lassen sich auch für die Ringe von Jupiter und Uranus anstellen.

Röntgenastronomie: mit der ↑Gammaastronomie eng verwandtes Teilgebiet der Astronomie, das sich mit der aus dem Weltall kommenden Röntgenstrahlung (elektromagnetische Wellen mit einer Wellenlänge von 1 mm bis 1 pm, Photonenenergie 1 keV bis 1 MeV) befaßt. Da die kosmische Röntgenstrahlung in den höheren Schichten der Erd-

Röntgendoppelsterne

atmosphäre absorbiert wird, ist eine Untersuchung des Himmels in diesem Spektralbereich nur mit Höhenballons, Raketen, Satelliten oder Raumsonden möglich. Zu den ersten, mit ↑Röntgenteleskopen ausgerüsteten Satelliten zählten ↑OSO, ↑Uhuru, ↑Copernicus, ↑HEAO 2 (Einstein-Observatorium).
Die stärkste Röntgenquelle am Himmel ist unsere Sonne. Als weitere wichtige Quellen sind Pulsare, vermutlich auch schwarze Löcher, Supernovaüberreste und Röntgendoppelsterne zu nennen. Die erste Entdeckung einer kosmischen Röntgenquelle gelang 1962, nämlich Scorpius X-1.
Bekanntestes Beispiel einer gepulsten Röntgenquelle, die im Gegensatz zum Crabpulsar (↑Crabnebel) nicht gleichzeitig Radiosignale aussendet, ist ↑Herkules X-1. ↑Cygnus X-1 dagegen ist eine faszinierende Röntgenquelle, bei der ein schwarzes Loch als unsichtbarer Begleiter des sichtbaren Sterns vermutet wird.
Im interstellaren Raum werden Röntgenstrahlen ebenfalls absorbiert, und zwar um so mehr, je größer die Wellenlänge ist. Röntgenuntersuchungen außerhalb des solaren Raums sind erst unterhalb einer Wellenlänge von 3 bis 4 nm sinnvoll.
Die Hauptschwierigkeiten röntgenastronomischer Untersuchungen liegen in der geringen Empfindlichkeit der ↑Röntgenteleskope und in der starken, durch die kosmische Strahlung verursachten Störstrahlung. Andererseits gestatten die nicht von Magnetfeldern beeinflußten Röntgenstrahlen leicht die Identifikation ihrer Quelle.

Röntgendoppelsterne: eine spezielle Gruppe wechselwirkender, enger Sternsysteme, die aus einem „normalen Stern" und einem kompakten Begleiter, etwa einem weißen Zwerg, einem Neutronenstern oder einem schwarzen Loch, bestehen.
Ort der Röntgenstrahlung ist eine Materiescheibe, die sich beim Massenfluß vom normalen Stern zum kompakten Objekt um letzteres bildet.
Bei den meisten galaktischen Röntgenquellen handelt es sich um Doppelsterne.

Röntgenquellen: phänomenologisch gesehen isolierte Stellen an der Himmelssphäre, die im Bereich der Röntgenwellen Strahlung emittieren. Seit Beginn der Röntgenastronomie im Jahre 1962 hat man schon viele R. orten können. Man findet sie z. B. auf der Sonne in Flares und in der Korona, in unserer Milchstraße als Röntgendoppelsterne, in Supernovaremnants (z. B. Crabnebel) sowie im extragalaktischen Bereich im Zusammenhang mit Radiogalaxien, Seyfert-Galaxien und Quasaren.

Röntgenstrahlen (X-Strahlen): Die von W. C. Röntgen 1895 entdeckten und im deutschsprachigen Raum nach ihm benannten R. sind extrem kurzwellige, energiereiche elektromagnetische Strahlen. Im internat. Sprachraum werden die R. als X-Strahlen (X-rays) bezeichnet. Im interstellaren Raum wird Strahlung oberhalb von 3 bis 4 nm mit zunehmender Wellenlänge absorbiert. Daher bezeichnet man in der Astronomie üblicherweise den Wellenlängenbereich ab etwa 1 nm bis hinunter zu 1 pm als Röntgenwellenbereich. Nach der Planck-Beziehung

$$E = h \cdot \nu = h \cdot \frac{c}{\lambda}$$

(wobei h das Planck-Wirkungsquantum, ν die Frequenz, λ die Wellenlänge und c die Lichtgeschwindigkeit im Vakuum bedeuten) entspricht dies einer Photonenenergie von 1 keV bis 1 MeV.
Als mögliche Prozesse für die Erzeugung kosmischer R. kommen in Frage:
1. Elektronen, die sich auf schraubenförmigen Bahnen längs der Feldlinien stellarer oder interstellarer Magnetfelder beschleunigt bewegen (↑Synchrotronstrahlung).
2. Inelastische Stöße von energiereichen Elektronen mit energiearmen Photonen des Sternlichts oder der Drei-Kelvin-Strahlung (inverser ↑Compton-Effekt).
3. Abrupt abgebremste Elektronen, z. B. an der Oberfläche von Neutronensternen. Analog zur Abbremsung von Elektronen an der Antikathode einer Röntgenröhre (Röntgenbremsstrahlung) werden beim Aufprall der mit hoher Geschwindigkeit auf den Neutronenstern stürzenden Materie Elektronen abge-

bremst, wobei Röntgenbremsstrahlung entsteht.
Röntgenteleskop: Linsen- und Spiegelteleskope sind für Röntgenstrahlen ungeeignet. Die Brechzahl von optischen Linsen ist für Röntgenstrahlen praktisch 1 und der Reflexionsgrad für Spiegel bei senkrechtem Einfall null. Lediglich bei streifendem Einfall (sehr großer Einfallswinkel) der Röntgenstrahlen werden diese von Spiegeln merklich reflektiert. Eine Beobachtung von Röntgenquellen ist zudem wegen der Absorption der Strahlung in der Atmosphäre (vorwiegend durch Ozon) nur von Raketen und Satelliten aus möglich. In den Anfängen der ↑ Röntgenastronomie benutzte man zum Nachweis kosmischer Röntgenstrahlung Geigerzähler, die jedoch keine Richtungsmessung gestatteten. Mittlerweile ist aber die Konstruktion von Abbildungssystemen gelungen, von denen das **Wolter-Teleskop** (nach H. Wolter) erwähnt sei. Es handelt sich um ein Zweispiegelsystem (Abb.), das auf dem Prinzip der streifenden Reflexion am Paraboloid (S_1) und erneuter Reflexion an einem konfokalen und koaxialen Hyperboloid (S_2) basiert. Durch die Kombination dieser Spiegel wird die starke Koma des einfachen Paraboloids weitgehend beseitigt. Im Brennpunkt F und in der dazugehörenden, umgebenden Brennfläche erhält man von der einfallenden Strahlung über einen Winkelbereich von 1 bis 2 Grad brauchbare Abbildungen.
Wolter-Teleskope werden auf Skylab, in Raketen und auf dem Röntgensatelliten HEAO 2 (Einstein-Observatorium) verwendet.
ROSAT [Kurzbez. für: Röntgensatellit]: ein deutscher Satellit, der mit dem größten bisher gebauten Röntgenteleskop (mit einer Öffnung des größten Spiegels von 83 cm bei 5 Bogensekunden Winkelauflösung) sowie mit einem im extremen UV-Bereich arbeitenden Teleskop ausgerüstet ist. Es soll so bald wie möglich mit einem Raumtransporter in eine 480 km hohe Umlaufbahn gebracht werden. Mit diesem Observatorium soll erstmals eine Durchmusterung des ganzen Himmels mit abbildenden Teleskopen im Röntgen- und extremen UV-Bereich durchgeführt werden. Anschließend sollen einzelne Quellen gesondert untersucht werden.
Rosettennebel [frz. rosette = Röschen] (NGC 2237–2246): ein im Sternbild Einhorn gelegener leuchtender diffuser Gasnebel, der mit einem Durchmesser von 50 pc zu den größten seiner Art zählt. Er hat eine Entfernung von 1 kpc.
Bedeutung kommt dem Nebel als Entstehungszone junger Sterne zu. Wie ein Kranz umgibt er einige junge Sterne, die aus ihm entstanden sein dürften.
Weitere Daten ↑ diffuse Nebel (Tab.).

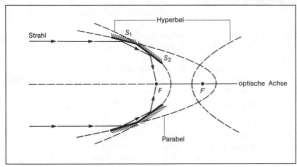

Röntgenteleskop. Prinzip des Wolter-Teleskops

Rotation [aus lat. rotatio = kreisförmige Umdrehung]: die Bewegung eines Himmelskörpers um seine eigene Achse, eine ↑ Zustandsgröße von Sternen.
Eine direkte Bestimmung der R.szeit kann bei der Sonne durch Beobachtung

rote Riesen

von Oberflächenerscheinungen, wie z. B. einzelner Flecken, erfolgen. Auch bei Sternen mit periodischer Variation des Magnetfeldes oder des Spektrums ist mitunter eine direkte Bestimmung der R.sperioden möglich, und zwar in solchen Fällen, bei denen die beobachteten Variationen rotationsbedingt sind, also Ungleichförmigkeiten in der Verteilung von Magnetfeldern oder in der chemischen Zusammensetzung bestehen. Kennt man darüber hinaus den Radius, so erhält man obendrein auch noch die R.sgeschwindigkeit.

In allen anderen Fällen ist man auf spektroskopische Verfahren angewiesen, indem man mit Hilfe des ↑Doppler-Effekts die ↑Radialgeschwindigkeit zu messen versucht. Für diese Art der Bestimmung von R.sgeschwindigkeiten gibt es zwei Möglichkeiten:
1. Bestimmung der R.sgeschwindigkeit aus der durch die R. verursachten Linienverbreiterung. Infolge der R. bewegt sich – falls wir nicht „pole on" beobachten" – die eine Hälfte der sichtbaren Sternoberfläche auf uns zu, die andere Hälfte dagegen von uns weg. Dies bewirkt eine symmetrische Verbreiterung der Spektrallinien. Ein Vergleich der gemessenen Linienbreite mit der natürlichen Breite der Absorptions- oder Emissionslinien im Spektrum liefert die R.sgeschwindigkeit.
2. Bei einigen ↑Bedeckungsveränderlichen entsteht durch den gegenseitigen Umlauf zuweilen die Situation, daß ein schmaler Randbezirk unverdeckt bleibt, dessen R.sverhältnisse getrennt von der anderen Seite untersucht werden können. Wenn jedoch, wie meist der Fall, keine Kenntnisse über die Lage der R.sachsen vorliegen, sind die gemessenen radialen Komponenten der R.sgeschwindigkeit nur von statistischem Wert. Unter der Annahme, daß alle Richtungen der R.sachsen gleich wahrscheinlich sind, läßt sich aus der Verteilung der gemessenen R.sgeschwindigkeiten die Verteilung der wahren R.sgeschwindigkeiten ermitteln.

Die folgenden Werte zeigen längs der ↑Hauptreihe eine deutliche Korrelation mit der Spektralklasse:

B-Sterne	200–250 km/s
A-Sterne	150–200 km/s
F-Sterne	25–100 km/s
F-, K-, M-Sterne	< 25 km/s

Besondere Fälle von R. sind die ↑gebundene Rotation und die ↑differentielle Rotation.

rote Riesen (rote Riesensterne): Sterne der Spektralklasse K oder M mit Durchmessern, die den Sonnendurchmesser um das Zehn- bis mehr als Tausendfache übertreffen. Es handelt sich im Rahmen der ↑Sternentwicklung um ein fortgeschrittenes Stadium, in das Hauptreihensterne nach Erliegen der zentralen Kernfusionsprozesse gelangen.

rote Zwerge: lichtschwache Hauptreihensterne der Spektralklassen K und M, die im ↑Hertzsprung-Russell-Diagramm rechts unterhalb der Sonnenposition liegen. Etwa 80% aller Sterne in der Nachbarschaft der Sonne gehören dieser Sterngruppe an.

Rotverschiebung: die bei einigen Galaxien der lokalen Gruppe und insbes. bei allen weiter entfernten Galaxien beobachtete Verschiebung optischer Spektrallinien zu längeren (roten) Wellenlängen hin. Diese positive Verschiebung

$$z = \frac{\Delta \lambda_{\text{Galaxie}}}{\lambda_{\text{Laboratorium}}}$$

der Spektrallinien wird aufgrund des Doppler-Effekts als Bewegung von uns weg und allg. als Expansion des Universums interpretiert.

r-Prozeß ↑Elementensynthese.

RR-Lyrae-Sterne: rasch pulsierende Riesensterne mit den Eigenschaften der ↑Cepheiden im Periodenbereich von 0,05 bis 1,2 Tagen. Die ↑Lichtkurven dieser regelmäßig ↑Veränderlichen sind durchweg stark asymmetrisch, nur 10% sind nahezu sinusförmig. Die Lichtvariationen überschreiten nicht 1^m bis 2^m. RR-L.-St. und ↑Delta-Scuti-Sterne liegen im ↑Hertzsprung-Russell-Diagramm in der Verlängerung des Cepheidenstreifens und haben starke Verwandtschaft mit den Cepheiden. Mit Hilfe der ↑Perioden-Leuchtkraft-Beziehung kann man eine Entfernungsabschätzung vornehmen.

Die RR-L.-St. werden sehr häufig in alten Kugelsternhaufen gefunden, weshalb sie auch **Haufenveränderliche** genannt werden.
R-Sterne: eine Untergruppe der ↑C-Sterne.
rückläufige Bewegung (retrograde B.): eine nach Abzug des täglichen Bewegungsanteils scheinbare Bewegung von Himmelskörpern an der Sphäre entgegen der allg. Bewegung, also nicht von West nach Ost, sondern von Ost nach West; genauer: mit abnehmender ekliptikaler Länge.
Bei Planeten ist mitunter eine r. B. beobachtbar. Dies ist genau dann der Fall, wenn ein äußerer Planet von der Erde „überholt" wird oder die Erde bei ihrer Bewegung um die Sonne von einem inneren Planeten „zurückgelassen" wird.
Auch bei Kometen und Satelliten ist von r.r B. die Rede, wenn deren Bewegung für einen Beobachter am Nordpol der Ekliptik im Uhrzeigersinn um sein Zentralgestirn erfolgt.
Rudolfinische Tafeln: die von J. Kepler erstellten, auf den exzellenten Beobachtungen von Tycho Brahe fußenden Planetentafeln, die zu Ehren Kaiser Rudolfs II. benannt wurden. Die im Jahre 1627 erschienenen R.n T. lieferten lange Zeit die grundlegenden Daten zur Bestimmung der Planetenörter.
RV-Tauri-Sterne: zu den ↑Veränderlichen zählende Überriesen der Spektralklassen F bis K, deren Helligkeitsänderungen durch einen regelmäßigen Wechsel von flachen und tiefen Minima gekennzeichnet sind. Die Amplituden der ↑Lichtkurve betragen bis zu 3^m, ihre Perioden liegen zwischen 30 und 150 Tagen.
Viele RV-T.-St. zeigen einen Infrarotexzeß.
RW-Aurigae-Sterne: ↑Veränderliche, die der Untergruppe der Eruptivveränderlichen zuzurechnen sind. Die RW-A.-St. gehören wie die ↑T-Tauri-Sterne zur Spektralklasse G (oder späteren Klassen) mit Emissionslinien im Spektrum. Man vermutet, daß es sich um junge Sterne handelt, die im Laufe der Sternentwicklung noch nicht die Hauptreihe erreicht haben, was durch ihre Lage im ↑Hertzsprung-Russell-Diagramm für Veränderliche gefestigt wird.

S

Sagitta [lat. = Pfeil]: wiss. Name für das Sternbild ↑Pfeil.
Sagittarius [lat. = Bogenschütze]: wiss. Name des Sternbildes ↑Schütze.
Sagittarius A: ein kompliziert strukturierte starke Radioquelle im Sternbild Schütze (Sagittarius), von der ein Teil (S. A West) thermische, der andere (S. A Ost) nichtthermische Radiostrahlung aussendet. Man nimmt an, daß S. A im Zentrum unseres Milchstraßensystems liegt.
Sagittariusarm: ein Spiralarm unseres Milchstraßensystems, der zwischen uns und dem Zentrum der Galaxis in Richtung zum Sternbild Schütze (Sagittarius) liegt.
Saha-Gleichung: eine nach dem indischen Astrophysiker M. Saha benannte Gleichung, die die Verteilung der Atome im thermischen Gleichgewicht auf benachbarte Ionisationszustände beschreibt.
Seien von einem bestimmten Element pro Volumeneinheit N_r Teilchen durch Aufnahme von Energie r-fach ionisiert, d. h., jedes Element hat r Elektronen abgegeben und N_{r+1} Teilchen (r + 1)fach ionisiert, dann besagt die S.-G., daß im thermischen Gleichgewicht der Ionisationsgrad N_{r+1}/N_r eine Funktion von N_e (die Anzahl der freien Elektronen pro Volumeneinheit) und der Temperatur T ist, also

$$\frac{N_{r+1}}{N_r} = f(N_e, T).$$

Dabei steigt bei einem Element mit be-

stimmter Ionisationsenergie der Ionisationsgrad mit T an und nimmt mit N_e ab. Anderseits sinkt bei festem T und N_e der Ionisationsgrad, wenn man zu Elementen mit steigender Ionisationsenergie übergeht.
Ionisationsgrad und Anregungsgrad (↑Boltzmann-Formel) haben starken Einfluß auf die Absorptionseigenschaft der Sternmaterie. So sind die Unterschiede der Linienstärken bei den verschiedenen Spektralklassen der Hauptsequenz nicht auf unterschiedliche chemische Zusammensetzung, sondern allein auf die unterschiedlichen Temperaturen zurückzuführen. Somit lassen sich – ohne die spezifischen Unterschiede in den chemischen Zusammensetzungen der einzelnen Sterne kennen zu müssen - viele Besonderheiten und Details in den verschiedenen Sternspektren allein durch einfache Betrachtungen von Ionisationsgrad und Anregungsgrad erklären.

Sakijake: Name einer japanischen Sonde, die im März 1986 am ↑Halley-Kometen vorbeiflog.

säkular [aus kirchenlat. saecularis = alle hundert Jahre stattfindend]: nennt man in der Astronomie jeden Vorgang, der sich in langen Zeiträumen meist nur in einer Richtung bemerkbar macht.

säkulare Störungen: ↑Störungen in der Bewegung von Himmelskörpern, speziell von Planeten, die sich in langen Zeiträumen bemerkbar machen.

Salpeterprozeß: andere Bez. für ↑Drei-Alpha-Prozeß.

Satellit [aus frz. satellite, von lat. satelles, satellitis = Leibwächter, Trabant]:
◊ in der *Astronomie* Bez. für natürliche Begleiter eines Himmelskörpers (z. B. Mond, S.engalaxie).
◊ (künstlicher S.) konstruierter *Raumflugkörper*, der sich in ungefähr elliptischer oder kreisförmiger Bahn um einen Himmelskörper (Planet, Mond) bewegt (z. B. Erdsatellit).

Satellitengalaxie: kleine Galaxie, die physisch zu einer größeren gehört. So sind z. B. die beiden ↑Magellan-Wolken S.n unseres Milchstraßensystems. Auch der ↑Andromedanebel hat mehrere Satellitengalaxien.

Saturn [nach Saturnus, dem röm. Gott des Landbaus]: sechster und nach Jupiter zweitgrößter Planet des Sonnensystems. Sein Durchmesser beträgt am Äquator 120 000 km, zwischen den Polen 106 900 km. S. hat eine Masse von $5{,}68 \cdot 10^{26}$ kg oder 95,14 Erdmassen. Seine mittlere Dichte ergibt sich zu nur $0{,}70$ g cm^{-3}. Der Abstand zur Sonne schwankt zwischen $1347 \cdot 10^6$ km und $1507 \cdot 10^6$ km; er liegt im Mittel bei $1427 \cdot 10^6$ km. Die Bahnexzentrizität beträgt 0,056, die Bahnneigung gegen die Ekliptik etwa 2° 29'. S. hat am Äquator eine siderische Rotationsperiode von 10 h 14 min. Seine siderische Umlaufzeit beträgt etwa 29,46 Jahre.

Wesentliche Kenntnisse vom S. verdanken wir den Raumsonden Pioneer 11 sowie Voyager 1 und Voyager 2, die den Planeten in den Jahren 1979 bis 1981 passierten. Im großen und ganzen ähnelt S. dem Planeten Jupiter. Wie dieser zeigt S., allerdings weniger strukturiert, Wolkenbänder. Auch der innere Aufbau gleicht, bis auf Unterschiede in den jeweiligen Schichtdicken, vermutlich dem des Jupiters. Aus Bahnvermessungen der drei Raumsonden schließt man auf einen etwa erdgroßen Gesteinskern mit hohem Eisengehalt. Wie Jupiter strahlt auch S. deutlich mehr Energie ab, als er von der Sonne erhält. Bei S. nimmt man, im Gegensatz zu Jupiter, keinen Schrumpfungsprozeß, sondern eine Entmischung von Wasserstoff und Helium an, wodurch ebenfalls Gravitationsenergie frei werden kann.

Auffällig am S. ist das ausgeprägte **Ringsystem.** Der noch von der Erde mit einfachen Teleskopen gut sichtbare Teil des Ringsystems hat einen Durchmesser von rund 278 000 km. Man unterscheidet 4 Hauptringe A, B, C, D. Letzterer wurde erst 1969 photographisch entdeckt; er reicht fast bis zur äußeren S.atmosphäre. Zwischen den Ringen A und B konnte bereits G. D. Cassini 1675 eine Teilungslinie ausmachen, die sog. Cassini-Teilung. Mittlerweile gelang es mit Hilfe von Raumsonden, weitere Ringe auszumachen. Außerdem zeigte sich, daß das Ringsystem in Wirklichkeit aus tausenden von Einzelringen besteht. Die ma-

ximale Dicke der Ringe beträgt 400–500 m. Die Ringe bestehen aus Partikeln mit einer maximalen Größe von mehreren Metern. Es handelt sich vermutlich um von Eis überzogenen Staub und Gestein. Aufgrund der Neigung des S.rings von etwa 27° gegen seine Bahnebene sieht man das Ringsystem von der Erde aus zu verschiedenen Zeiten unterschiedlich. Auch eine Kantenstellung, bei der die Blickrichtung in der Ringebene liegt, ist möglich.
Von S. sind mittlerweile 23 Monde bekannt, weitere werden vermutet. Die kleinsten haben nur Radien von einigen 100 m bis wenigen Kilometern. Größere Monde sind Mimas, Enceladus, Tethys, Dione, Rhea, Titan, Hyperion und Iapetus. – Abb. S. 130.
Saturnfamilie: eine ↑ Kometenfamilie mit 5 bis 6 Mitgliedern.
Saturnnebel: ein planetarischer Nebel im Sternbild Wassermann. Der in einer Entfernung von etwa 900 pc liegende Doppelringnebel hat einen Durchmesser von rund 16 800 AE. Die Helligkeit des bereits mit kleinen Fernrohren sichtbaren Nebels beträgt $7^m\!.2$.
Sauerstoffbrennen: andere Bez. für ↑ O-Prozeß.
Schalenbrennen: gebräuchliche, aber fachdidaktisch irreführende Bez. für einen nichtchemischen Prozeß; ↑ Schalenquelle.
Schalenquelle: anschauliche Bez. für Energieumwandlungsprozesse in Sternen, die nicht im Zentralgebiet, sondern in konzentrischen Kugelschalen um den Kern ablaufen. Derartige Sch.n treten im Rahmen der ↑ Sternentwicklung in der Nachhauptreihenentwicklung auf, also mit dem Ende der Fusion von Helium im Zentralgebiet des Sterns.
Schaltsekunde: die „eingeschobene" positive oder negative Sekunde zum Jahreswechsel oder am 30. Juni, um ↑ Koor-

Saturn. Satelliten				
Satellit	Entdeckungsjahr	mittlerer Abstand vom Planeten [km]	siderische Umlaufperiode [Tage]	Durchmesser [km]
Atlas	1980	137 670	0,609	40 × 20
1980 S 27	1980	139 353	0,613	220
1980 S 26	1980	141 700	0,629	200
Epimetheus	1978	151 422	0,694	90 × 40
Janus	1978	151 472	0,695	100 × 90
Mimas	1789	185 600	0,942	390
Mimas-Begleiter	1982	~185 600	~0,940	10
Enceladus	1789	238 100	1,370	500
Tethys	1684	294 700	1,89	1 050
Tethys-Begleiter	1982	~294 700	~1,9	~15
Calypso	1980	294 700	~1,9	35
Telesto	1980	294 700	~1,9	35
–	1982	?	?	?
–	1982	350 000	2,44	~15
Dione	1684	377 500	2,74	1 120
Dione-Begleiter	1982	~378 000	?	~15
1980 S 6	1980	378 060	~2,7	160
–	1982	489 900	?	?
Rhea	1672	527 200	4,518	1 530
Titan	1655	1 221 600	15,95	5 140
Hyperion	1848	1 483 000	21,28	400 × 250 × 240
Iapetus	1671	3 560 000	79,33	1 440
Phöbe	1898	12 950 000	550,3	160

dinierte Weltzeit und ↑Weltzeit in Einklang zu bringen.

Schedir [arab.]: Hauptstern im Sternbild ↑Cassiopeia mit einer scheinbaren visuellen Helligkeit von $2^m\!.24$. – ↑auch Sternverzeichnis.

Scheibenpopulation: ↑Population, der planetarische Nebel, Novä, helle rote Riesen, Sterne des galaktischen Kerns sowie schwache Metalliniensterne angehören.

scheinbare Helligkeit (Formelzeichen: m): Die uns am unmittelbarsten zugängliche Meßgröße eines Gestirns ist seine sch. H. als logarithmisches Maß für den auf der Erde beobachteten Strahlungsstrom (Strahlungsflußdichte) eines Gestirns. Einheit ist die Größe oder ↑Größenklasse.

Bezeichnet man mit S den Strahlungsstrom (als Maß des Reizes) und mit m die Helligkeit in Größenklassen (als Maß für die Empfindung), so ist die Differenz der Helligkeit zweier Sterne in Größenklassen, wenn mit S_1 und S_2 die zugehörigen Strahlungsströme bezeichnet werden, definiert durch

$$m_1 - m_2 = -2{,}5 \log S_1/S_2.$$

Umgekehrt ergibt sich das Verhältnis der Strahlungsströme aus der Differenz der sch.n H.en durch folgende Beziehung:

$$\frac{S_1}{S_2} = \left(\frac{1}{2{,}512}\right)^{m_1-m_2} = 10^{-0{,}4(m_1-m_2)}.$$

Das ursprünglich nur auf visuelle Beobachtungen festgelegte System der sch.n H. ist durch die Entwicklung leistungsstarker Empfänger entsprechend der spektralen Empfindlichkeit der eingesetzten Geräte erweitert worden. Heute kennt man verschiedene ↑Helligkeitssysteme und unterscheidet dementsprechend zwischen der **visuellen Helligkeit** (Abk. m_v oder m_{vis}), der **photographischen Helligkeit** (Abk. m_{pg} oder m_{ph}), der **photovisuellen Helligkeit** (Abk. m_{pv}), der **Radiohelligkeit** (Abk. m_R) oder der Helligkeitsangabe in verschiedenen Wellenlängen- oder Farbbereichen (z. B. $m_B = B$) sowie der ↑bolometrischen Helligkeit (m_{bol}), die das ganze Spektrum umfaßt.

In der Praxis erfolgt die Messung sch.r H.en wegen der schwierigen und zeitraubenden Meßgestaltung nicht direkt, sondern durch Anschluß an Sequenzen von stellaren Standardhelligkeiten. Eine fundamentale Helligkeitsskala ist die ↑Polsequenz. In den Helligkeitskatalogen sind etwa 500 000 Sterne bis zur Größe 19^m vermessen, vollständig jedoch nur bis 9^m.

Ein Maß für die wahre, objektbezogene Helligkeit (↑Leuchtkraft) ist die sch. H. nicht, und damit auch keine echte ↑Zustandsgröße. Die sch. H. eines Objekts ist nämlich abhängig von der absoluten Helligkeit oder Leuchtkraft, von seiner Entfernung und vom Lichtverlust, der auf dem Weg vom Gestirn zum Beobachter durch interstellare Absorption oder durch atmosphärische Lichtstreuung und -absorption (↑Extinktion) eintritt.

scheinbarer Durchmesser: der Winkeldurchmesser eines kosmischen Objekts, von der Erde aus mit geeigneten Winkelmeßinstrumenten direkt oder mit indirekten Methoden bestimmbar. Wegen der großen Entfernungen im All sind derartige Bestimmungen des scheinbaren Durchmessers nur an der Sonne, den großen Planeten, einigen größeren bzw. näheren Planetoiden und Satelliten sowie an Gasnebeln und Galaxien durchführbar. Bei Sternen ist eine direkte Bestimmung des scheinbaren Durchmessers nicht möglich, da Sterne auch in den größten Fernrohren nur punktförmig abgebildet werden. Hier ist man auf indirekte Methoden angewiesen.

scheinbarer Horizont ↑Horizont.
scheinbarer Ort ↑Ort.
Scheitelpunkt: svw. ↑Zenit.
Schiefe der Ekliptik: Winkel, den die Ebene der ↑Ekliptik mit der Ebene des ↑Himmelsäquators bildet. Sein heutiger Wert beträgt 23° 27′. Dies entspricht gerade der größten Abweichung, die die Sonne nördlich oder südlich vom Himmelsäquator erreichen kann. Erreicht werden diese Maximalwerte im **Winterpunkt** (um den 21. Dezember) und im **Sommerpunkt** (um den 21. Juni).

Für die nächsten 9 Jahrtausende rechnet man aufgrund der durch die Präzession

Schnelläufer

bedingten Verlagerung der Äquatorebene mit einer stetigen Abnahme der Sch. d. E., und zwar bis zu einem Minimalwert von 22,6°, der danach wieder auf 24,2° in den folgenden 11 Jahrtausenden ansteigen soll.

Schiefspiegler (Neobrachyt): eine Abwandlung des ↑Newton-Teleskops. Der Hauptspiegel sitzt schief, so daß der Fangspiegel außerhalb der optischen Achse, d. h. neben dem Tubus, zu liegen kommt und das Licht auf das Hinterende des Fernrohrs neben dem Hauptspiegel reflektiert. Insgesamt entsteht so ein Z-förmiger Strahlenweg. Auftretenden Bildfehlern begegnet man durch eine entsprechend genau berechnete Schrägstellung des konvexen Fangspiegels und durch keilförmige Korrektionslinsen. Sch. umgehen die durch die Halterung des Fangspiegels im Fernrohrtubus bewirkten Beugungsphänomene. Lediglich die durch die Fassung des Hauptspiegels hervorgerufenen Beugungsfehler sind auch hier unumgänglich. Sch. ermöglichen wie die übrigen Typen von ↑Spiegelteleskopen bei vertretbar kurzer Baulänge eine größere Brennweite. Sch. werden von vielen Amateurastronomen benutzt.

Schiff (Argo): eine ausgedehnte Sternfigur des südlichen Himmels, die aus den drei voneinander getrennten Sternbildern ↑Schiffskiel, ↑Hinterdeck und ↑Segel gebildet wird.

Schiffskiel (Carina; Abk.: Car): ein helles Sternbild des südlichen Himmels, das von mittleren nördlichen Breiten aus nicht sichtbar ist. Zusammen mit den Sternbildern ↑Hinterdeck und ↑Segel bildet es die ausgedehnte Sternfigur **Schiff**.

Schiffskompaß (Kurzbez. Kompaß; Pyxis; Abk.: Pyx): ein Sternbild des südlichen Himmels.

Schild (Scutum; Abk.: Sct): kleines Sternbild der südlichen Äquatorzone, das von mittleren nördlichen Breiten aus im Sommer am Südhorizont sichtbar ist. Es liegt etwa zwischen den Sternbildern Adler, Schlange und Schütze. Durch das Sternbild zieht sich die Milchstraße, die hier eine helle Verdichtung aufweist. Diese mit Feldstechern gut zu beobachtende Verdichtung heißt **Sch.wolke** oder **Scutumwolke**.

Schildwolke: helle Milchstraßenwolke im Sternbild ↑Schild.

Schlange (Serpens; Abk.: Ser): ein Sternbild der Äquatorzone, das von mittleren nördlichen Breiten aus im Sommer sichtbar ist. Streng genommen zerfällt das Sternbild Sch. in einen westlichen Teil, **Kopf der Schlange** (Caput), und einen östlichen Teil, **Schlangenschwanz** (Cauda). Diese Trennung wird durch das Sternbild ↑Schlangenträger bewirkt.

Schlangenschwanz: östlicher Teil des Sternbildes ↑Schlange.

Schlangenträger (Ophiuchus; Abk.: Oph): ein Sternbild der Äquatorzone, das von mittleren nördlichen Breiten aus im Sommer am Abendhimmel sichtbar ist. Es trennt das Sternbild ↑Schlange streng genommen in zwei Teile (Kopf der Schlange und Schlangenschwanz). Im Sternbild Sch. befinden sich zahlreiche offene Stern- und einige Kugelhaufen.

Schmidt-Spiegel (Schmidt-Teleskop): ein von B. Schmidt 1931 entwickeltes komafreies ↑Spiegelteleskop.

Schnelläufer: Bez. für Sterne mit Geschwindigkeiten von mehr als 100 km/s relativ zur Sonne. Ihre Bewegungsrichtung im Raum ist aber nicht identisch mit der der Sonne um den Kern des Milchstraßensystems. Andernfalls nämlich hätten die Sch. das Milchstraßensystem schon längst verlassen müssen, da ihre wahre räumliche Geschwindigkeit, die sich aus der Addition der Relativgeschwindigkeit zur Sonne ($v > 100$ km/s) und der Umlaufgeschwindigkeit der Sonne um den Kern des Milchstraßensystems mit $\Theta_\odot = 220$ km/s ergibt, in jedem Fall größer als die Entweichgeschwindigkeit am Ort der Sonne (310 km/s) wäre.

Die Sch. zeigen eine ausgesprochen asymmetrische Geschwindigkeitsverteilung. Sie bleiben in bezug auf die Sonnenbewegung mehr oder minder stark zurück und sind daher eigentlich „Langsamläufer".

Die Sch. umlaufen das Milchstraßenzentrum in stark elliptischen Bahnen mit großer Neigung gegen die galaktische Ebene. Ihre Bewegungsrichtung ist daher vorrangig auf das Zentrum hin oder radial davon weg gerichtet. Aufgrund dieser kinematischen Eigenschaften zählen die Sch. zur Population II († Übersicht „Sternpopulationen" S. 280).

Schütze (Sagittarius; Abk.: Sgr): ein zum Tierkreis zählendes Sternbild des nördlichen Himmels, das von mittleren Breiten aus in Sommernächten tief über dem Südhorizont sichtbar ist.

Die Sonne durchläuft bei ihrer scheinbaren jährlichen Bewegung den Schützen in der Zeit von etwa Mitte Dezember bis Ende Januar.

Durch den Sch.n zieht sich die Milchstraße mit vielen Dunkelwolken und hellen Nebeln, wie † Trifidnebel und † Omeganebel. Auch offene Sternhaufen, die bereits mit kleinen Fernrohren sichtbar sind, trifft man hier ebenso an wie Kugelsternhaufen.

Am westlichen Rand des Sternbildes, wo die starke Radioquelle **Sagittarius A** strahlt, dürfte das Zentrum unserer Galaxis liegen.

Schwan (Cygnus; Abk.: Cyg): ein Sternbild des nördlichen Himmels, das von mittleren nördlichen Breiten aus im Sommer und Herbst sichtbar ist. Der nördlichste Teil des Sch.s besteht sogar aus † Zirkumpolarsternen.

Die hellsten Sterne des Sternbildes lassen sich zu einem Kreuz verbinden; deshalb wird der Sch. manchmal auch **Kreuz des Nordens** genannt. Der Hauptstern am Schwanzende des Sch.s, † Deneb, bildet zusammen mit Wega (Sternbild Leier) und Atair (Sternbild Adler) das † Sommerdreieck.

Im Sch. gabelt sich die Milchstraße auf. Viele Sternhaufen, z. B. der helle M 39, Dunkelwolken wie der Nördliche † Kohlensack und galaktische Nebel wie der † Nordamerikanebel oder der † Cirrusnebel befinden sich in diesem Sternbild. Ferner findet man Doppelsternsysteme wie 61 Cygni, Radioquellen wie † Cygnus A, Röntgenquellen wie † Cygnus X-1 bis X-5 und Infrarotsterne.

schwarzer Körper: ein Idealkörper, der einfallende Strahlung in allen Wellenlängenbereichen vollständig absorbiert und durch einen Hohlraum mit metallisch spiegelnden Wänden und einer kleinen Öffnung realisiert werden kann. Man spricht daher auch von † Hohlraumstrahler.

schwarzer Zwerg: kühler, kompakter, sternähnlicher Körper, der gewissermaßen als „Fehlgeburt" bei der Sternentwicklung auftritt. Ist nämlich die Masse des kontrahierenden Körpers zu klein ($\leq 0{,}07\ M_\odot$), so genügt die erreichte Zentraltemperatur nicht, um Kernreaktionen zur Energieumwandlung im Innern in Gang zu setzen.

Diese theoretisch sehr wahrscheinlich existierenden Pseudosterne entziehen sich wegen ihrer geringen Leuchtkraft der Beobachtung.

schwarzes Loch (engl. black hole): Bereits 1939 erörterten R. Oppenheimer und andere Wissenschaftler die Existenz schwarzer Löcher als instabiler Endkonfiguration massereicher Sterne, alternativ zu den bekannten Endzuständen von Sternen mit der oberen Grenzmasse von ein bis zwei Sonnenmassen $M_\odot$, den † weißen Zwergen und den † Neutronensternen.

Für Objekte, die die Endphase ihrer Sternentwicklung mit einer Masse $M > 3\ M_\odot$ erreichen, vermag der Druck der Neutronen der Gravitation nicht das Gleichgewicht zu halten. Als Folge dieser Gleichgewichtsstörung kollabiert der Stern, bis er schließlich fast punktförmig wird. In der Anfangsphase des Zusammenbruchs ist die von der freigesetzten Gravitationsenergie herrührende Strahlung noch beobachtbar. Aufgrund der Abnahme des Sternradius R wird das zu überwindende Schwerefeld des Sterns immer größer. Dies hat eine zunehmende Verminderung der scheinbaren Helligkeit des kollabierenden Sterns zur Folge. Ursache hierfür sind der Energieverlust der Strahlung als Folge der † Gravitationsrotverschiebung sowie das verzögerte Eintreffen von Photonen als Folge der † Zeitdilatation.

Die kritische Grenzgröße ist der sog. **Schwarzschild-Radius** R_s. Er ist erreicht, wenn die Entweichgeschwindigkeit gleich der Lichtgeschwindigkeit wird,

d. h., wenn kein Signal die Sternoberfläche mehr verlassen kann. Dann gilt:

$$R_s = \frac{2GM}{c^2}.$$

Der Schwarzschild-Radius R_s hängt, abgesehen von den Naturkonstanten G (Gravitationskonstante) und c (Lichtgeschwindigkeit), nur von der Masse M des Sterns ab. Es ist sehr instruktiv, sich die Kleinheit dieser Schwarzschild-Radien zu veranschaulichen. So beträgt R_s für ein sch. L. von der Masse 10 $M_\odot$ nur 30 km.
Alle Vorgänge, die sich innerhalb des Schwarzschild-Radius ereignen, bleiben dem Beobachter prinzipiell unzugänglich. Für den Beobachter gibt es damit gar keinen Himmelskörper, sondern nur eine Deformation des Raums, erkennbar am Gravitationsfeld, das alles schluckt, was in seine Nähe gerät, und aus dem nichts herauskommt. Diese Eigenschaften werden durch die in der westlichen Physikliteratur gebräuchliche Bez. „sch. L." sehr einprägsam beschrieben. Die sowjetische Literatur bevorzugt dagegen den Begriff **„gefrorener Stern"**, der, vergleichbar einem festen Körper, einen definierten Radius hat. Der Begriff betont somit mehr die kritische Grenzgröße des Schwarzschild-Radius.
Der Nachweis der Existenz schwarzer Löcher gestaltet sich äußerst schwierig. Aus folgenden Effekten könnte auf ihre Existenz geschlossen werden:
1. Bahnbewegung eines normalen Sterns in einem Doppelsternsystem, wobei der Partner ein sch. L. ist;
2. Strahlung von Materie, die in ein sch. L. hineinstürzt. In diesem Fall würde es zur Emission von Röntgenstrahlung kommen.
Unter den ↑Röntgendoppelsternen werden gegenwärtig drei mögliche Kandidaten für schwarze Löcher diskutiert: Cygnus X-1, Circinus X-1 und GX 339-4.

schwarze Temperatur: wellenlängenunabhängige ↑Strahlungstemperatur eines idealen Hohlraumstrahlers.
Schwarzschild-Radius [nach K. Schwarzschild]: der Radius eines extrem dichten Körpers, an dessen Oberfläche die ↑Entweichgeschwindigkeit v gleich der Lichtgeschwindigkeit c ist.
Für die Entweichgeschwindigkeit gilt:

$$v^2 = \frac{2GM}{R}.$$

Dann folgt für $v = c$ der Sch.-R.

$$R_s = \frac{2GM}{c^2},$$

wobei G die Gravitationskonstante und M die Masse des Sterns ist.
Derartig extreme Zustände können im Endstadium der Sternentwicklung, z. B. bei ↑schwarzen Löchern, auftreten.
Schweifstern: volkstümliche Bez. für einen ↑Kometen.
Schwerebeschleunigung (Fallbeschleunigung; Formelzeichen: g): eine ↑Zustandsgröße von Sternen. An der Sonnenoberfläche beträgt die Sch. $g = 274$ ms^{-2}, bei Überriesen dagegen nur $1,6 \cdot 10^{-6}$ ms^{-2}; bei weißen Zwergen wird mit $g = 10^6$ ms^{-2} der andere Extremwert erreicht.
Sind Masse M und Radius R eines Sterns bekannt, so erhält man die Sch. an der Oberfläche durch die Gleichung:

$$g = \frac{GM}{R^2},$$

wobei G die Gravitationskonstante ist. Die Sch. hat Auswirkungen auf die Atmosphäre. Sie hängt mit der Spektralklasse und der Leuchtkraft zusammen. Die Sch. kann daher auch näherungsweise direkt aus einer Analyse des Spektrums und aus der Theorie der Sternatmosphären abgeleitet werden.
Schwerkraft: svw. ↑Gravitation.
Schwertfisch (Dorado; Abk.: Dor): ein nur aus wenigen Sternen bestehendes Sternbild des südlichen Himmels. Am Südrand des Sch.es liegt die Große Magellan-Wolke mit dem darin befindlichen ↑Tarantelnebel.
Scl: Abk. für Sculptor (↑Bildhauer).
Sco: Abk. für Scorpius (↑Skorpion).
Scorpius [griech.-lat. = Skorpion]: wiss. Name für das Sternbild ↑Skorpion.
Scorpiussagittariden (Sco-Sgr-System): ein Meteorstrom, der in der Zeit vom 20. April bis 30. Juli auftritt. Im Maximum, um den 14. Juni, sind bis zu 20

Meteore pro Stunde zählbar. Der scheinbare Radiant liegt stark streuend im Gebiet Skorpion (Scorpius) – Schütze (Sagittarius).
Sco-Sgr-System: svw. ↑ Scorpius-sagittariden.
Sct: Abk. für Scutum (↑ Schild).
Sculptor [lat. = Bildhauer]: wiss. Name für das Sternbild ↑ Bildhauer.
Scutum [lat. = Schild]: wiss. Name für das Sternbild ↑ Schild.
Scutumwolke: helle Milchstraßenwolke im Sternbild ↑ Schild.
Sechsfarbenphotometrie: ein ↑ Helligkeitssystem, das auf Messungen in 6 verschiedenen Spektralbereichen basiert.
Seeing ['siːɪŋ]: aus der engl. Fachsprache übernommene Bez. für ↑ Szintillation. S.untersuchungen spielen bei der Auswahl neuer geeigneter Standorte für die praktische optische Astronomie eine entscheidende Rolle. Bei sehr guten Beobachtungsverhältnissen ist das durch die Szintillation bewirkte S.scheibchen kleiner als 1 Bogensekunde.

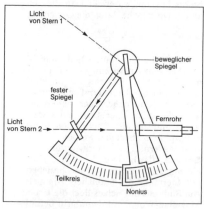

Sextant (Prinzip)

Segel (Vela; Abk.: Vel): ein in der Milchstraße gelegenes Sternbild des südlichen Himmels, das von mittleren nördlichen Breiten aus nicht sichtbar ist. Zusammen mit den Sternbildern ↑ Schiffskiel und ↑ Hinterdeck bildet es die ausgedehnte Sternfigur **Schiff.**

Im Sternbild S. liegen eine Reihe offener Sternhaufen und der ↑ Gum-Nebel.
Selected areas [sɪ'lɛktɪd 'ɛərɪəz; engl.] ↑ Eichfelder.
Selenographie [zu griech. selḗnē = Mond und griech. gráphein = schreiben]: aus dem Griechischen stammende Bez., die Mondkunde bedeutet. Heute wird darunter nur noch die kartographische Erfassung der Mondoberfläche verstanden.
Selentschukskaja: Spezialobservatorium der Akademie der Wissenschaften der UdSSR im nördlichen Großen Kaukasus. Das in etwa 2070 m Höhe gelegene Observatorium besitzt das größte Einzelspiegelteleskop der Welt (Hauptspiegeldurchmesser 6 m). Das Observatorium ist auch radioastronomisch tätig.
Ser: Abk. für Serpens (↑ Schlange).
Serpens [lat. = Schlange]: wiss. Name für das Sternbild ↑ Schlange.
Seti [Abk. für engl. search for extraterrestrial intelligences = Suche nach außerirdischen Intelligenzen]: Sammelbegriff für die Suche nach intelligentem Leben im All.
Seit 1960 wird nach Radiosignalen außerirdischer Zivilisationen gesucht (↑ Ozma). Seit 1982 unterhält auch die Internationale Astronomische Union eine Kommission, die die Suche nach außerirdischem Leben koordiniert. Bislang blieben alle – nicht nur auf Radiosignale beschränkten – Anstrengungen, direkte Nachweise für außerirdisches Leben zu erbringen, erfolglos. – ↑ auch Green-Bank-Formel.
Sex: Abk. für Sextans (↑ Sextant).
Sextans: wiss. Name für das Sternbild ↑ Sextant.
Sextant [aus lat. sextans, sextantis = Sextant] (Sextans; Abk.: Sex): ein lichtschwaches Sternbild der Äquatorzone, das von mittleren nördlichen Breiten aus im Frühjahr im Süden sichtbar ist.
Sextant [aus lat. sextans, sextantis = Sextant]: einfaches Winkelmeßgerät, das vorwiegend auf See zum Messen von Sternhöhen oder des Winkelabstandes zweier Sterne im Rahmen der ↑ geographischen Ortsbestimmung Anwendung findet. Es besteht aus einem kleinen Fernrohr, in das durch einen drehbaren

und einen festen Spiegel das Licht zweier Objektpunkte gemäß der Abb. gespiegelt wird. Durch Drehen des beweglichen Spiegels kann erreicht werden, daß sich die Bildpunkte zweier Sterne oder eines Sterns und des Horizonts decken. Der Winkelabstand kann dann am Teilkreis abgelesen werden.
Zur Reduzierung des Instrumentenfehlers kann man Prismen-S.en benutzen. Solche Instrumente besitzen statt der Spiegel Prismen und die Winkelablesung erfolgt an einem Vollkreis an zwei gegenüberliegenden Stellen.

Seyfert-Galaxien: eine Gruppe ↑aktiver Galaxien, die erstmals 1943 von C. K. Seyfert erforscht wurde. S.-G. sind in der Regel normale Spiralsysteme, allerdings mit Besonderheiten in der Strahlung des Kerns. Der Kern zeichnet sich dadurch aus, daß er erstens, verglichen mit der Flächenhelligkeit der übrigen Galaxie, außergewöhnlich hell ist, und daß er zweitens in seinem Spektrum sehr breite Emissionslinien zeigt. Weitere, häufig auftretende Besonderheiten sind: optische Variabilität, Polarisation, veränderliche Spektren, große Ultraviolett- und Infrarotexzesse sowie sehr kleine Radioquellen mit großer Flächenhelligkeit.
Über den Mechanismus, der der Aktivität des Kerns zugrunde liegt, weiß man bislang nur soviel, daß offensichtlich viele relativistische Elektronen erzeugt werden, die sich durch ihre starke ↑Synchrotronstrahlung bemerkbar machen.
Nach der Breite der Emissionslinien, die man auf ↑Doppler-Effekt und damit auf turbulente Gasströmungen zurückführt, unterscheidet man zwei Untergruppen:
Seyfert-1-Galaxien sind Strahler mit erlaubten, aber variablen Linien, deren Breite auf Geschwindigkeiten in der Größenordnung von 10 000 km/s hindeutet. Sie strahlen sehr stark im Röntgenbereich, aber auch erhöht im Ultraviolett- und Infrarotbereich, im Radiobereich dagegen sehr schwach.
Seyfert-2-Galaxien sind Strahler mit teilweise verbotenen, aber nichtvariablen Linien. Das deutet daraufhin, daß es sich hier um ein Gas mit relativ geringer Dichte im Vergleich zu den höheren Gasdichten in den Seyfert-1-Galaxien handelt. Die Linienbreite läßt lediglich den Schluß auf Geschwindigkeiten im Bereich von 300 bis 1 000 km/s zu. Galaxien dieser Untergruppe strahlen im Infrarot- und Radiobereich stärker als Seyfert-1-Galaxien, sind dafür aber im Röntgenbereich schwächer.
Die hellste Seyfert-Galaxie (vom Typ der Seyfert-2-Galaxien) ist NGC 1 068. Sie ist bereits mit kleinem Fernrohr im Sternbild Walfisch beobachtbar.

Sge: Abk. für Sagitta (das e stammt von der lat. Genitivform sagittae in Fügungen wie α Sge =... im Sternbild Sagitta); ↑Pfeil.

Sgr: Abk. für Sagittarius (↑Schütze).

Shapiro-Experiment [ʃəˈpɪərou...; nach I. I. Shapiro]: Experiment zur Messung der relativistisch bedingten Laufzeitverlängerung von knapp am Sonnenrand vorbeigehendem Licht. Dabei wurde ursprünglich ein Radarsignal von der Erde ausgesandt und mit modernen Atomuhren die Zeit bestimmt, die das von der Venus oder einem anderen Planeten reflektierte Signal benötigte, um wieder die Erde zu erreichen. Später konnten auch von Raumsonden wie Mariner 6, Mariner 7 und Viking ausgesandte Signale genutzt werden. Die Ergebnisse zeigen eine signifikante Verlängerung der Laufzeit für Lichtwege, die nahe an der Sonne vorbeiführen – in Übereinstimmung mit dem Konzept der gekrümmten Raum-Zeit-Welt (↑Relativitätstheorie).

Sichtfeld: svw. ↑Gesichtsfeld.

Sichtlinie: svw. ↑Gesichtslinie.

siderisches Jahr [aus lat. sidereus = auf die Sterne bezogen] ↑Jahr.

siderische Umlaufzeit: [aus lat. sidereus = auf die Sterne bezogen]: die Zeit, in der ein Planet in bezug auf das Fixsternsystem einen vollen Umlauf um die Sonne ausführt.

Siebengestirn: volkstümliche Bez. für den Sternhaufen ↑Plejaden, der bereits mit bloßem Auge in einige Einzelsterne auflösbar ist. Je nach Augenschärfe und Sichtverhältnissen sieht man jedoch nie sieben Sterne, sondern 6, 9 oder 10 Sterne.

Singularität [zu lat. singularis = ver-

einzelt]: Punkt in einem physikalischen Feld, in dem die Feldgröße einen beliebig großen Wert annimmt.
In der ↑Kosmologie bedeutet S. ein Punkt (Ereignis) im ↑Raum-Zeit-Kontinuum, in dem die bekannten physikalischen Gesetze keine Anwendung mehr finden. Eine S. tritt z.B. bei der ↑Bigbang-Theorie in der reellen Nullstelle des Skalenfaktors oder Weltradius $R(t)$ auf. Hier divergieren sowohl die Dichte als auch der Druck über alle Grenzen. Vorgänge im eigentlichen Urknall für Zeiten kürzer als 10^{-43} s müssen daher in der Standardtheorie ausgeklammert werden.

Sinope [nach der gleichnamigen weiblichen Sagengestalt der griech. Mythologie]: ein Satellit des ↑Jupiters.

Sirius [griech.-lat.] (Hundsstern): der Hauptstern im Sternbild ↑Großer Hund. Mit einer scheinbaren Helligkeit von $-1^{m}\!.47$ ist S. der hellste Stern des Nachthimmels. Gleichzeitig bildet S. zusammen mit fünf weiteren hellen Sternen das ↑Wintersechseck.
S. ist ein Doppelstern. Die Hauptkomponente, **S. A,** hat einen um 10^{m} schwächeren Begleiter (**S. B**). – ↑auch Sternverzeichnis.

Sirrah [arab.]: Hauptstern im Sternbild Andromeda; ↑Alpheratz.

SIRTF [Abk. für engl. shuttle infra-red telescope facility = Space-shuttle-Infrarotteleskop-Einrichtung]: ein von der NASA geplantes Infrarotobservatorium für Beobachtungen im Bereich von 2 bis 700 μm.

Skorpion [griech.-lat.] (Scorpius; Abk.: Sco): ein zum Tierkreis zählendes Sternbild des südlichen Himmels, das von mittleren nördlichen Breiten aus im Sommer, z.T. nur über dem Südhorizont sichtbar ist. Quer durch den S. zieht sich das Band der Milchstraße. Die Sonne durchläuft bei ihrer scheinbaren jährlichen Bewegung den S. innerhalb weniger Tage etwa Ende November/Anfang Dezember.
Hauptstern des Sternbildes S. ist ↑Antares. Im S. liegen Kugelsternhaufen, z.B. M 4 in der Nachbarschaft von Antares, und offene Sternhaufen, z.B. M 6 und M 7.

Skylab [engl. 'skaɪlæb]: bemanntes amerikanisches Weltraumlaboratorium. S. wurde am 14. Mai 1973 (zunächst unbemannt) in eine 435 km hohe Umlaufbahn um die Erde gebracht. Der An- und Abtransport der insgesamt drei Besatzungsmannschaften aus jeweils drei Personen erfolgte mit Apollokapseln. Das Laboratorium hatte 292 m³ Wohn- und Arbeitsraum. Mit angekoppelter Apollokapsel betrug die Gesamtlänge 36 m (bei 6,7 m Breite und 90,6 t Gewicht). Die erste Mannschaft erreichte S. am 25. Mai 1973. Die dritte Mannschaft (Ankunft 16. November 1973) blieb mit insgesamt 84 Tagen am längsten im Labor.
S. diente der Untersuchung von Sonne und Erde. Ferner wurden technologische, medizinische und biologische Experimente durchgeführt. Am 11. Juli 1979 stürzte S. ab.

SMC ↑Kleine Magellan-Wolke.

SN: Abk. für ↑Supernova.

solarer Wind: svw. ↑Sonnenwind.

Solarkonstante [zu lat. sol = Sonne]: die gesamte, über alle Frequenzen integrierte Strahlungsflußdichte der Sonne. Bezogen auf die mittlere Erdentfernung

$$r_\odot = 1\,\text{AE} = 1{,}496 \cdot 10^{11}\,\text{m}$$

unter gleichzeitiger Vernachlässigung des atmosphärischen Einflusses ergibt sich die S. zu:

$$s_\odot = 1{,}374\,\text{kW}\,\text{m}^{-2}.$$

Die S. ist eine wichtige Größe zur Bestimmung der Leuchtkraft und der effektiven Oberflächentemperatur der Sonne. Sie ist bis auf eine Unsicherheit von etwa 1% genau bestimmt.
Die Messung der Strahlungsflußdichte, die wegen des wechselnden Erdabstandes von der Sonne jahreszeitlich schwankt, erfolgt mit Strahlungsmeßgeräten wie ↑Aktinometer oder ↑Pyrheliometer.

solarterrestrische Beziehungen [zu lat. sol = Sonne und lat. terrestris = die Erde betreffend]: Erscheinungen und Wirkungen auf der Erde und in der Erdatmosphäre, die durch die Sonne verursacht werden.
S.B. im weiteren Sinne: irdische Vorgän-

solarterrestrische Beziehungen

ge, die durch die gravitative Wechselwirkung mit der Sonne und durch die Strahlung der Sonne verursacht werden. Derartige Auswirkungen sind zweifelsfrei vorhanden.

Durch die gravitative Wechselwirkung mit der Sonne wird die Erde auf einer stabilen Bahn um die Sonne gehalten. Dadurch ist eine über Jahrmilliarden hinreichend gleichmäßige Bestrahlung der Erde gewährleistet (↑Solarkonstante). Dies war und ist eine Voraussetzung für die Entwicklung und Erhaltung des Lebens. Geringfügige Schwankungen der täglichen Dauer und des Einfallswinkels der Sonnenstrahlung innerhalb eines Tages und während eines Jahres in Abhängigkeit von der geographischen Breite führen zur Bildung der ↑Jahreszeiten einschließlich jahreszeitlicher und örtlich unterschiedlicher ↑Tageslängen, sofern man vom Äquator absieht. Auswirkungen haben diese s.n B. z. B. auf Wetter und Klima, auf die Vegetation sowie auf die körperliche und geistige Leistungsfähigkeit des Menschen.

Aufgrund ihrer unterschiedlichen Anziehungskraft auf die Wassermassen der Erde ist die Sonne auch bei der Ausbildung der ↑Gezeiten beteiligt.

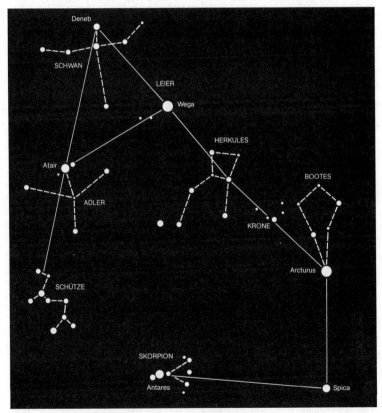

Sommerdreieck als Wegweiser am Sternenhimmel

Solstitialpunkte

S. B. im engeren Sinne: irdische Vorgänge, die mit den veränderlichen Erscheinungen der Sonnenaktivität zusammenhängen. Die durch die Sonnenaktivität hervorgerufene Störstrahlung läßt sich auf der Erde nachweisen durch:
1. Veränderungen des elektrischen Zustandes und Verhaltens der ↑Ionosphäre. Die Folge davon sind Störungen im Kurzwellenbereich.
2. Beeinflussung des Erdmagnetfeldes. Geringe derartige Beeinflussungen treten nahezu täglich auf. Hin und wieder kommt es aber auch bei besonders starken solaren Teilchenströmen zu beachtlichen Störungen des Erdmagnetfeldes, die man als (erd)magnetische Stürme bezeichnet.
3. Leuchterscheinungen in der Hochatmosphäre. Das Eindringen der Teilchenströme in die Erdatmosphäre ruft u. a. das Phänomen ↑Polarlicht hervor. Polarlichter sind daher stets mit Störungen der Ionosphäre und des Erdmagnetfeldes verbunden.

Daneben gibt es noch eine Reihe vermuteter meteorologischer und biologischer Erscheinungen, wie Wettergeschehen (z. B. Gewitterhäufigkeit), Jahreswachstum der Bäume, Ernteerträge, Herzinfarkthäufigkeit, Unfallträchtigkeit, Reaktionseigenschaften des menschlichen Blutes (Flockungszahlen). Der Nachweis, ob jede einzelne Erscheinung auf s. B. zurückzuführen ist, läßt sich schwer erbringen, da es schwierig ist, bei der Fülle der diese Erscheinungen bewirkenden potentiellen Faktoren gerade den Einfluß der Störstrahlung der Sonne mitsamt ihren elektrischen und magnetischen Auswirkungen herauszukristallisieren und zu überprüfen.

Die Einflüsse s.r B. auf das menschliche Leben werden in der **Heliobiologie** untersucht.

Solstitialpunkte [zu ↑Solstitium]: svw. ↑Wendepunkte.

Solstitium [lat.] (Sonnenstillstand, Sonnenwende): der Zeitpunkt, an dem die Sonne während ihrer scheinbaren jährlichen Bewegung an der Himmelskugel ihre größte nördliche bzw. südliche Abweichung vom ↑Himmelsäquator, d. h. ihre größte bzw. kleinste Deklination (↑Koordinatensysteme) erreicht hat. Die beiden Solstitien werden zur Zeit des ↑Winterpunktes und des ↑Sommerpunktes erreicht.

Sombreronebel: eine im Sternbild Jungfrau gelegene Galaxie, die auf photographischen Aufnahmen in der Form eines Sombreros (mexikanischer Hut) erscheint.

Sommerdreieck: ein etwa gleichseitiges Sternendreieck am sommerlichen Abendhimmel, gebildet aus den drei hellen Sternen **Wega** (Sternbild Leier), **Atair** (Sternbild Adler) und **Deneb** (Sternbild Schwan). Mit Hilfe des Sommerdreiecks lassen sich weitere Sternbilder auffinden. – Abb. S. 327.

Sommerpunkt: der Punkt auf der ↑Ekliptik, an dem die Sonne ihren nördlichsten Winkelabstand vom ↑Himmelsäquator erreicht hat. Dies ist um den 21. Juni der Fall. Für die nördliche Halbkugel beginnt dann der Sommer, für die Südhalbkugel der Winter.
Mit Eintritt des S.es verschieben sich die Auf- und Untergangsstellen der Sonne nicht mehr länger in der früheren, sondern wieder in entgegengesetzter Richtung. Am nächsten Solstitium, zur Zeit des ↑Winterpunktes, findet dann eine erneute Umkehrung statt.

Sommersonnenwende: der Zeitpunkt, an dem die Sonne auf ihrer scheinbaren jährlichen Bahn den ↑Sommerpunkt erreicht und sich der scheinbare Aufstieg in Deklination zu einem Abstieg wendet. Dies ist um den 21. Juni der Fall. – ↑auch Solstitium.

Sond [russ. = Sonde]: Name unbemannter sowjetischer Raumsonden. S. 1 wurde am 2. April 1964 gestartet und sollte Venus erreichen. S. 2 wurde am 30. November 1964 zum Mars gestartet. Der Funkkontakt brach jedoch bei beiden vorzeitig ab bzw. kam erst gar nicht zustande. S. 3 bis S. 8 (Start 1965–70) waren erfolgreiche Missionen zum Mond. Bereits S. 3 lieferte Aufnahmen der Mondrückseite.

Sonne (Zeichen ☉): der Zentralkörper des ↑Sonnensystems.
Der S.ndurchmesser beträgt etwa $1{,}392 \cdot 10^6$ km, die Masse etwa $1{,}99 \cdot 10^{30}$ kg oder rund 333 000 Erdmas-

Sonne (Übersicht 1). Charakteristische Daten

Radius	$R_\odot = 6{,}960 \cdot 10^8$ m	$= 109$ Erdradien
Masse	$M_\odot = 1{,}989 \cdot 10^{30}$ kg	$= 333\,000$ Erdmassen
mittlere Dichte	$\varrho_\odot = 1{,}409$ g cm^{-3}	$= 0{,}26 \cdot$ Erddichte
Schwerebeschleunigung an der Oberfläche	$274{,}0$ m s^{-2}	
Entweichgeschwindigkeit an der Oberfläche	$617{,}7$ km s^{-1}	
siderische Rotationsperiode in mittlerer Breite	$2{,}1928 \cdot 10^6$ s $= 25{,}380$ Tage	
Trägheitsmoment	$5{,}7 \cdot 10^{46}$ kg m^2	
Drehimpuls	$1{,}63 \cdot 10^{41}$ kg m^2 s^{-1}	
Rotationsenergie	$2{,}4 \cdot 10^{35}$ J	
Effektivtemperatur	$T_{\mathrm{eff}} = 5780$ K	
Strahlungsstrom an der Oberfläche	$\pi F = 6{,}329 \cdot 10^7$ W m^{-2}	
Leuchtkraft	$L_\odot = 3{,}853 \cdot 10^{26}$ W	
absolute Helligkeit	$M_V = 4\overset{m}{.}87$	
	$M_B = 5\overset{m}{.}54$	
	$M_V = 5\overset{m}{.}72$	
	$M_{\mathrm{bol}} = 4\overset{m}{.}74$	
Spektralklasse	G2V	
mittlere Entfernung von der Erde (astronomische Einheit)	$r_0 = 1{,}495979 \cdot 10^{11}$ m $= 1$ AE	
Solarkonstante	$S = 1{,}374 \cdot 10^3$ W m^{-2}	
scheinbare Helligkeit	$m_V = -26\overset{m}{.}7$	

sen. Die S. hat eine mittlere Dichte von 1,41 g/cm³. Die Schwerebeschleunigung an der Oberfläche ist mit 274 m/s² etwa 27,9mal so groß wie auf der Erde. Die gesamte Strahlungsleistung (Leuchtkraft) der S. beträgt 3,85 · 10²³ kW oder rund 6,3 · 10⁴ kWm⁻². Die Oberfläche der Erdatmosphäre erreichen davon 1,374 kWm⁻² (↑Solarkonstante). Die scheinbare visuelle Helligkeit beträgt $-26\overset{m}{.}7$, die absolute visuelle Helligkeit $4\overset{m}{.}87$, die absolute bolometrische Helligkeit $4\overset{m}{.}74$. Die S. hat eine effektive Oberflächentemperatur von 5780 K (berechnet aus der Energieabstrahlung nach dem Stephan-Boltzmann-Gesetz; ↑Strahlungsgesetze). Die Neigung des Äquators gegen die Ekliptik beträgt 7°15′. Die S. hat eine differentielle Rotation, d.h., die Rotationsgeschwindigkeit ist abhängig von der heliographischen Breite. Die mittlere siderische Rotationsperiode der S., das ist der Wert für die mittlere Breite der Zone der ↑Sonnenflecken bei 16°, beträgt 25,380 Tage; die mittlere synodische Rotationsperiode beläuft er auf 27,275 Tage. In der Übersicht 1 sind die wichtigsten S.ndaten zusammengestellt.

Der Abstand S. – Erde schwankt zwischen 1,47 · 10⁸ km und 1,52 · 10⁸ km; im Mittel liegt er bei 1,496 · 10⁸ km (↑astronomische Einheit). Die S. befindet sich etwa 8,5 kpc vom galaktischen Zentrum entfernt und etwa 14 pc nördlich der galaktischen Ebene. Sie bewegt sich mit einer Geschwindigkeit $\Theta_\odot$ von etwa 220 km/s um das galaktische Zentrum (↑galaktische Konstanten). Ein Umlauf dauert ungefähr 240 Mill. Jahre. Ferner bewegt sich die S. mit etwa 20 km/s relativ zu ihrer Umgebung in Richtung Sternbild Herkules (Pekuliarbewegung der S.).

Von der Erde aus erscheint die S. als Scheibe mit einem Winkeldurchmesser

Sonnenaktivität

von 31'33" im Aphel, von 32'36" im Perihel und von 31'59" bei mittlerer Entfernung der Erde zur Sonne. Aufgrund der Erdrotation führt die S. eine scheinbare tägliche Bewegung aus. Ferner scheint sie, aufgrund der Bahnbewegung der Erde, eine jährliche Bewegung von Westen nach Osten gegenüber den Fixsternen durchzuführen. Der so von der S. beschriebene Kreis verläuft auf der Ekliptik, dem Schnittkreis der Erdbahnebene mit der Himmelskugel. Die Ekliptik ist um 23°27' gegen den Himmelsäquator geneigt. Die S. hat ein polares Magnetfeld von etwa 10^{-4} Tesla, in Aktivitätszentren können jedoch Feldstärken bis zu 0,3 Tesla auftreten.

Wie alle anderen Sterne ist auch die S. eine Gaskugel, die durch die Gravitation zusammengehalten wird. Kenntnisse über den *inneren Aufbau* der S. gewinnt man v. a. durch Modellrechnungen. Nach dem ↑ Standardsonnenmodell beträgt die Temperatur im Zentrum der S. etwa $15 \cdot 10^6$ K, der Druck über $2 \cdot 10^{16}$ Pa und die Dichte über 100 g/cm³. Unter solchen Bedingungen können Kernprozesse ablaufen. Es überwiegt die ↑ pp-Reaktion, bei der Heliumkerne direkt aus Wasserstoffkernen gebildet werden. Ferner läuft noch der ↑ CNO-Zyklus ab, der jedoch nur einen Anteil von etwa 3% an der Heliumproduktion hat. Bei der Energieumwandlung verliert die S. infolge der Äquivalenz von Energie und Masse ($E = mc^2$) rund $4,3 \cdot 10^9$ kg pro Sekunde, das sind bei gleichbleibender Strahlungsleistung in 10 Mrd. Jahren aber nur 0,07% der Sonnenmasse. Zur Zeit hat die S. etwa ⅓ ihres ursprünglichen Wasserstoffvorrats im Zentrum fusioniert. Die umgewandelte Energie wird zunächst in Form von energiereicher (kurzwelliger) elektromagnetischer Strahlung unter fortwährender Absorption und Emission transportiert. Erst nahe der S.noberfläche überwiegt der Energietransport durch Konvektion, also durch Aufsteigen relativ heißer und Absinken kühlerer Materie. Diese ↑ Wasserstoffkonvektionszone hat eine Dicke von etwa ⅒ S.nradius. Außerhalb der Konvektionszone erstreckt sich die *S.natmosphäre* mit ihren vielfältigen Erscheinungen, wie Sonnenflecken, Flares, Fackeln und Protuberanzen. Die unterste Schicht der S.natmosphäre ist die nur wenige 100 km dicke ↑ Photosphäre. Sie entspricht der sichtbaren S.nscheibe. Ihre geringe Dicke ist der Grund dafür, daß die S. uns scharf begrenzt erscheint. Es schließt sich die etwa 10 000 km dicke ↑ Chromosphäre, die nur bei Finsternissen als farbiger Saum direkt sichtbar ist, an. Weiter außen folgt dann die ↑ Sonnenkorona, ein „Strahlenkranz" aus extrem verdünntem, bis zu einigen Millionen Grad heißem Gas, der bei Finsternissen oder auch „künstlich" im Fernrohr sichtbar ist.

Die S. ist ein Stern der Spektralklasse G2 und der Leuchtkraftklasse V. Sie ist damit ein normaler ↑ Zwergstern, der im ↑ Hertzsprung-Russell-Diagramm auf der Hauptreihe liegt. Das kontinuierliche ↑ Sonnenspektrum ist von zahlreichen Absorptionslinien (Fraunhofer-Linien) überlagert, z. B. von solchen des Wasserstoffs und Heliums. Die S. sendet auch eine Korpuskularstrahlung, den sog. ↑ Sonnenwind, aus. – Abb. S. 132/133.

Sonnenaktivität: die Gesamtheit der kurzzeitigen, veränderlichen Erscheinungen auf der Sonne. Dazu gehören ↑ Sonnenflecken, ↑ Fackeln, ↑ Flares, ↑ Protuberanzen und starke Magnetfelder. Verschiedene dieser Erscheinungen kommen häufig in einem Aktivitätszentrum gemeinsam vor. Sie zeigen alle unterschiedlich deutlich ausgeprägt einen 11jährigen Häufigkeitszyklus.

Sonnenenergie: die von der Sonne hpts. in Form elektromagnetischer Strahlung abgegebene Energie. Auf die äußere Erdatmosphäre trifft ständig eine Strahlung von insgesamt 1,37 kWm^{-2} (↑ Solarkonstante).

Sonneneruption: plötzlicher Helligkeitsausbruch in der Sonnenatmosphäre, auch ↑ Flare genannt.

Sonnenfackel: svw. ↑ Fackel.

Sonnenferne: sonnenfernster Punkt der Bahn eines Himmelskörpers um die Sonne (↑ Aphel).

Sonnenfinsternis: teilweise (partielle) oder totale Verdeckung der Sonne durch die Mondscheibe. Wie eine Mondfinsternis kann auch eine S. nur

Sonnenfinsternis

auftreten, wenn Sonne, Mond und Erde auf einer Linie liegen. S.se finden daher nur bei Neumond und bei Positionen des Mondes nahe den Knotenpunkten seiner Bahn statt.
Wie die Mondfinsternisse wiederholen sich auch die S.se nach etwa 18 Jahren **(Sarosperiode)**. S.se sind etwa 1,56mal häufiger als Mondfinsternisse, da der maximale Abstand des Mondes von den Knotenpunkten, bei dem noch eine S. stattfinden kann, 16,1° ist, während der maximale Abstand, bei dem noch eine Mondfinsternis möglich ist, 10,2° beträgt. Für einen bestimmten Ort auf der Erde sind Mondfinsternisse dennoch häufiger zu beobachten, da sie von jedem Punkt der Erde, von dem aus der Mond über dem Horizont steht, beobachtbar sind. S.se sind jeweils nur auf einem schmalen Streifen der Erdoberfläche beobachtbar. Dort, wo der Kernschatten des Mondes die Erde erreicht, ist die S. **total**. Der maximale Durchmesser des vom Kernschatten getroffenen Gebietes liegt bei 264 km. Im Bereich des Halbschattens, der ein Gebiet von mehreren 1000 km Durchmesser trifft, erscheint die S. nur **partiell**.
Der Mondschatten wandert mit etwa 0,5 km/s über die Erdoberfläche, auf der der Kernschatten eine schmale, lange Zone

Sonne (Übersicht 2). Aufbau des Sonneninnern, der Sonnenatmosphäre sowie von Chromosphäre und Sonnenkorona					
		Abstand vom Mittelpunkt R [10^3 km] [$R_\odot$]		Druck p [10^{12} Pa]	Temperatur T [10^6 K]	Dichte ϱ [g/cm³]
Sonneninneres	Energieumwandlung (Wasserstoff-Helium) stabile Schichtung Energietransport nach außen durch Strahlung	0 28 70 139 209 279 348 418 488 556	0 0,04 0,10 0,20 0,30 0,40 0,50 0,60 0,70 0,80	22 100 20 000 13 500 4 590 1 160 267 60,5 13,7 3,0 0,611	14,6 14,2 12,6 9,35 6,65 4,74 3,42 2,49 1,80 1,28	134 121 85,5 36,4 12,9 4,13 1,30 0,405 0,124 0,035
	instabile Schichtung	585 627	0,84 0,90	0,301 0,78	1,04 0,605	$2 \cdot 10^{-2}$ $9 \cdot 10^{-3}$
	Energietransport durch Konvektion	682	0,98	0,0011	0,111	$8 \cdot 10^{-4}$
				[10^3 Pa]	[K]	
Photosphäre	Schicht, aus der die sichtbare Strahlung stammt	400 km Schichtdicke		0,22 0,08 0,006	9 000 5 800 4 300	$5 \cdot 10^{-7}$ $2 \cdot 10^{-7}$ $3 \cdot 10^{-8}$
(Sonnenrand)	Rand der hellen Sonnenscheibe	696	1,00	0,006	4 300	$3 \cdot 10^{-8}$
Chromosphäre	bei Sonnenfinsternis rötlich leuchtende dünne Schicht	698 700 702 704	1,003 1,006 1,009 1,012		5 000 5 000 6 300 300 000	$1 \cdot 10^{-11}$ $7 \cdot 10^{-13}$ $1 \cdot 10^{-13}$ $2 \cdot 10^{-15}$
Sonnenkorona	strahlenförmig weit verteilte, leuchtende Hülle	716 1 392 2 088 2 784	1,03 2,00 3,00 4,00		$\approx 10^6$	$5 \cdot 10^{-16}$ $5 \cdot 10^{-18}$ $5 \cdot 10^{-19}$ $2 \cdot 10^{-19}$

Sonnenflecken

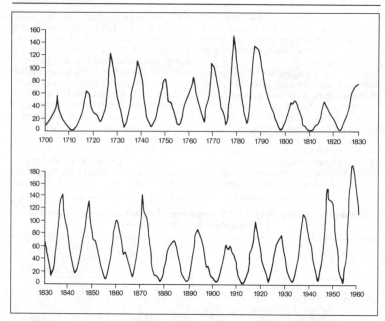

Sonnenflecken (Abb. 1). Zeitliche Entwicklung der Sonnenfleckenrelativzahlen

überstreicht. Die maximale Dauer der Totalität beträgt 7 min 34 s. Da die Winkeldurchmesser von Sonne und Mond von der Erde aus gesehen etwa gleich groß sind, erreicht die Spitze des Mondschattenkegels ziemlich genau die Erdoberfläche. Manchmal erreicht sie die Erde nicht, dann erscheint die Finsternis nirgendwo total, sondern im Zentrum des Sichtbarkeitsgebietes nur ringförmig (kleinere Mondscheibe vor der Sonnenscheibe).

Bei S.sen sind einige außerordentliche astronomische Beobachtungen, z. B. der Korona und der Chromosphäre der Sonne, möglich, die sonst durch das Streulicht der Photosphäre entscheidend behindert werden.

Sonnenflecken: relativ kurzzeitige Erscheinungen in der Photosphäre der Sonne. Sie bestehen aus einen dunklen Kern, der **Umbra,** der von der lamellenartig aussehenden helleren **Penumbra** umgeben ist. Die Temperaturen von Umbra (4 000 K) und Penumbra (5 600 K) liegen unterhalb der Temperatur der umgebenden Photosphäre (6 000 K). Daher emittieren sie weniger Strahlungsenergie, die nach dem Stefan-Boltzmann-Gesetz (↑ Strahlungsgesetze) proportional zur 4. Potenz der Temperatur ist, und erscheinen folglich im Kontrast zur Umgebung dunkel. Die größten Flecken haben Umbren von mehreren 10 000 km Durchmesser. Solche Flecken können Lebensdauern von mehreren Monaten haben. Die übliche Lebensdauer der weit häufigeren kleineren Flecken liegt bei wenigen Tagen.

S. kommen einzeln oder in Gruppen vor. Ihre Häufigkeit wird durch die **Fleckenrelativzahl** $R = k(10 \cdot g + f)$ angegeben. Dabei ist k eine Konstante, f die Zahl der Einzelflecken und g die Zahl der Gruppen, wobei Einzelflecken auch noch als Gruppen gezählt werden. Die Fleckenhäufigkeit zeigt eine Periodizität, bei der etwa alle 7 bis 17 Jahre, im

Sonnenflecken

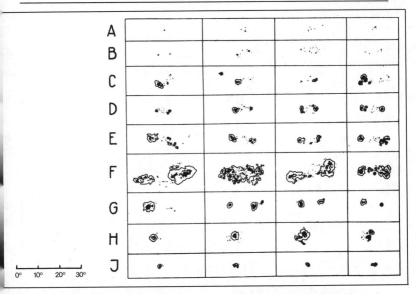

*Sonnenflecken (Abb. 2). Klassifikation von Sonnenfleckengruppen (nach Waldmeier).
A: einzelner Fleck oder eine Gruppe von Flecken, ohne Penumbra oder bipolare
Struktur. B: Gruppe von Flecken ohne Penumbra in bipolarer Anordnung. C: bipolare
Fleckengruppe, von der der eine Hauptfleck von einer Penumbra umgeben ist.
D: bipolare Gruppe, deren Hauptflecken eine Penumbra besitzen; mindestens einer der
beiden Hauptflecken soll eine einfache Struktur aufweisen. Länge der Gruppe im
allgemeinen < 10°. E: große bipolare Gruppe; die beiden von Penumbra umgebenen
Hauptflecken zeigen im allgemeinen eine komplizierte Struktur. Zwischen den
Hauptflecken zahlreiche kleinere Flecken. Länge der Gruppe mindestens 10°.
F: sehr große bipolare oder komplexe Sonnenfleckengruppe; Länge mindestens 15°.
G: große bipolare Gruppe ohne kleinere Flecken zwischen den beiden Hauptflecken.
Länge mindestens 10°. H: unipolarer Fleck mit Penumbra; Durchmesser > 2,5°.
J: unipolarer Fleck mit Penumbra; Durchmesser < 2,5°.*

Mittel alle 11 Jahre, ein Maximum erreicht wird.
Zu Beginn eines Zyklus erscheinen die Flecken hpts. zwischen 30° und 40° heliographischer Breite, die Fleckenzonen wandern dann in Richtung Äquator und liegen gegen Ende eines Zyklus bei ±8° heliographischer Breite.
Die Fleckengruppen durchlaufen eine charakteristische Entwicklung, allerdings nicht alle Gruppen vollständig. Je nach Entwicklungsphase werden sie nach M. Waldmeier in 9 Klassen (A bis J) eingeteilt (Abb. 2).

S. sind mit starken Magnetfeldern von bis zu 0,3 Tesla gekoppelt. Typische Fleckengruppen sind bipolar. Der in Rotationsrichtung vorangehende Fleck wird P-Fleck, der nachfolgende F-Fleck genannt. Alle P-Flecken einer Sonnenhalbkugel haben gewöhnlich dieselbe magnetische Polarität. Die P-Flecken der anderen Sonnenhalbkugel haben die entgegengesetzte Polarität, die F-Flecken haben die zu den jeweiligen P-Flecken entgegengesetzte Polarität. Nach einem elfjährigen Zyklus sind die Polaritäten umgekehrt verteilt, der voll-

Sonnenflecken

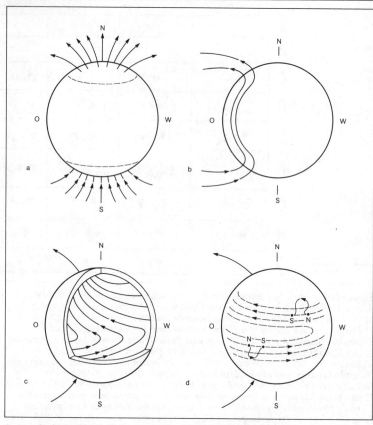

Sonnenflecken (Abb. 3). Deformation des Magnetfeldes im Sonneninnern als Folge der differentiellen Rotation

ständige Zyklus, **Hale-Zyklus** genannt, dauert also 22 Jahre.

Einer verbreiteten Theorie zufolge liegen in einer Ausgangssituation die Magnetfeldlinien in N–S-Richtung (Abb. 3a). Das Magnetfeld verläuft jedoch nicht wie bei der Erde durch das Zentrum, sondern zwischen +55° und −55° heliographischer Breite ziemlich nahe unterhalb der Photosphäre (Abb. 3b). Das solare Magnetfeld ist dabei in der solaren Materie „eingefroren" (Abb. 3c) und wird durch die differentielle Rotation der Sonne aufgewickelt und zusammengedrängt, wodurch sich die Feldstärke erhöht. Dabei kommt es zur Ausbildung von magnetischen Flußröhren, die durch magnetischen Auftrieb schlaufenförmig durch die Photosphäre treten können (Abb. 3d). An den beiden Durchstoßstellen können sich dann S. ausbilden. Schließlich ändern sich die Neigungen der Feldlinien so, daß sie durch die differentielle Rotation wieder abgewickelt werden, bis sie letztlich wieder in N–S-Richtung verlaufen.

Sonnenkorona

Die vergleichsweise zur Umgebung niedrige Temperatur von S. liegt nach einer Theorie an der Behinderung des konvektiven Energietransports durch das starke Magnetfeld. Einer anderen Theorie zufolge wird Energie in hydromagnetischen Wellen abgegeben.

Sonnenfleckenzyklus: die durchschnittlich elfjährige Periode, mit der die Sonnenfleckenhäufigkeit schwankt. Berücksichtigt man auch die Polaritäten der ↑Sonnenflecken, so dauert ein vollständiger Zyklus, Hale-Zyklus genannt, im Durchschnitt 22 Jahre.

Sonnenjahr: andere Bez. für das ↑tropische Jahr.

Sonnenkorona (Korona): äußere, sehr dünne und heiße Atmosphäre der Sonne.

Da im Bereich um die sichtbare Sonnenscheibe das durch die Erdatmosphäre gestreute Licht stärker ist als das Koronalicht, kann die S. ohne besondere Hilfsmittel von der Erde aus nur bei totalen Sonnenfinsternissen beobachtet werden. Mit sog. ↑Koronographen, Beobachtungsgeräten, die gewissermaßen eine Sonnenfinsternis simulieren, kann die S. von Satelliten oder, bei günstigen Bedingungen, von hohen Bergen aus beobachtet werden. Die äußerste, bei Finsternissen beobachtete Grenze der S. liegt bei etwa $20 \cdot 10^6$ km. Mit modernen Beobachtungsverfahren, etwa von Satelliten aus, erkennt man jedoch, daß die S. einen stetigen Übergang zwischen Sonnenatmosphäre und interstellarer Materie bildet.

Die S. ändert ihr Aussehen während des Sonnenfleckenzyklus. Im Minimum ist sie auf die Äquatorgegend konzentriert, im Maximum um die ganze Sonne verteilt und auch stärker strukturiert. Die S. hat strahlenförmige, im unteren Bereich auch bogenförmige Strukturen, die Magnetfeldlinien folgen. Sie zeigt ferner Löcher, die Gebiete schwacher Magnetfelder markieren und mit 10^6 K etwas kühler sind als die ruhigen Gebiete der Sonnenkorona. Gelegentlich kann man helle Knoten, sog. Koronakondensationen, beobachten. Sie befinden sich in Höhen von 10^4 bis 10^5 km über der Sonnenoberfläche und können einige Wochen andauern. Die Temperatur der S. liegt, wie man aus spektroskopischen Beobachtungen schließen kann, bei $2 \cdot 10^6$ K und kann in koronalen Aktivitätsgebieten $5 \cdot 10^6$ K erreichen. Die hohen Temperaturen in der S. werden meistens mit Schockwellen erklärt, deren Ursache in der Granulation der ↑Photosphäre liegen soll. Möglicherweise sind aber eher magnetische Effekte für ihre Aufheizung verantwortlich. Die Dichte der inneren S. liegt bei nur 10^8 Teilchen pro cm^3. Die Koronamaterie besteht aus Elektronen und hochionisierten Atomen.

Man teilt die optische S. in drei *Hauptkomponenten* ein. Die **K-Korona** hat ein kontinuierliches Spektrum, verursacht durch die Streuung von photosphärischem Sonnenlicht an freien Elektronen. Da die Elektronen Geschwindigkeiten von einigen 1 000 km/s haben, werden die auch vorkommenden einzelnen Spektrallinien durch den ↑Doppler-Effekt völlig „verschmiert". Die **F-Korona** leuchtet ebenso im reflektierten pho-

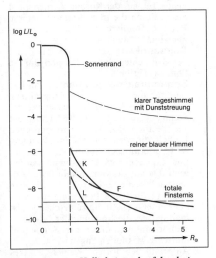

Sonnenkorona. Helligkeitsverlauf der drei Koronakomponenten in Einheiten der solaren Strahldichte $L_\odot$ im Vergleich zur Helligkeit des Himmelshintergrunds unter verschiedenen Bedingungen

Sonnennähe

tosphärischen Kontinuum, zeigt aber zusätzlich Fraunhofer-Linien. Die F-Korona herrscht in Höhen größer als 2 Sonnenradien vor. Das Licht wird an relativ langsamen interplanetaren Staubpartikeln gestreut, deren langsame Bewegungen die Fraunhofer-Linien nicht „verschmieren". Die **L-Korona** schließlich besitzt ein Spektrum aus einzelnen Emissionslinien. Sie stellt das Eigenlicht der S. dar, dessen Anteil an der Gesamtstrahlung nur bei rund 1% liegt. Die hellsten der etwa 30 Linien im sichtbaren Bereich sind die Linien vom 13fach ionisierten Eisen (FeXIV) bei $\lambda = 530{,}3$ nm, vom 9fach ionisierten Eisen (FeX) bei $\lambda = 637{,}4$ nm und vom 14fach ionisierten Calcium (CaXV) bei $\lambda = 569{,}4$ nm.

Aufgrund ihrer hohen Temperatur strahlt die S. auch stark im Röntgenbereich. Für die solare Röntgenstrahlung ist sie zusammen mit Sonneneruptionen die wesentlichste Quelle. Auch die Radiostrahlung der Sonne stammt v. a. im langwelligen Bereich zu einem erheblichen Teil aus der Korona. Ferner speist die S. durch die in den interplanetaren Raum diffundierende Materie den Sonnenwind. – ↑auch Abb. S. 132.

Sonnennähe: sonnennächster Punkt der Bahn eines Himmelskörpers um die Sonne (↑Perihel).

Sonnenneutrinoproblem: andere Bez. für das solare ↑Neutrinoproblem.

Sonnenparallaxe: die ↑Parallaxe der Sonne. Sie beträgt rund 8,8″ und dient zur Bestimmung der ↑astronomischen Einheit, die wiederum als Basis in andere ↑Entfernungsbestimmungen eingeht und daher sehr exakt bestimmt werden muß. Da auf der Sonne kein fester Anpeilpunkt – die Luftunruhe bewirkt eine dauernd fließende Bewegung der Sonnenränder – ausfindig zu machen ist, ist man bei der Bestimmung der ↑Äquatorialhorizontalparallaxe der Sonne auf indirekte Methoden angewiesen.

Aufgrund des dritten ↑Kepler-Gesetzes lassen sich die relativen Entfernungen der Körper im Sonnensystem hinreichend genau aus ihren Umlaufzeiten bestimmen. Durch die Messung nur einer absoluten Entfernung, z. B. aus der Laufzeit eines Radarsignals zur Venus, lassen sich sodann alle relativen Entfernungen in absolute umwandeln. Auf diese Weise gelingt schließlich doch noch die Entfernungsbestimmung Sonne–Erde sehr exakt.

Sonnenscheindauer: die Zeit der direkten Sonnenstrahlung an einem bestimmten Ort für jeden Tag des Jahres. Die **astronomische S.**, d. h. die theoretisch mögliche Dauer des Sonnenscheins zwischen Sonnenaufgang und Sonnenuntergang, hängt von der geographischen Breite ab (↑Tageslänge). Sie kann lokal durch Horizonteinschränkung verringert werden. Gegenüber dieser für einen Ort **maximal möglichen S.** wird die **tatsächliche S.** noch durch den Bewölkungsgrad begrenzt. Die **relative S.** ist schließlich das prozentuale Verhältnis von tatsächlicher zu maximal möglicher Sonnenscheindauer.

Sonnenspektrum: Das ↑Spektrum der Sonne ist das Spektrum eines Sterns der Spektralklasse G2V. Es kennzeichnet damit die Sonne als normalen Zwergstern auf der Hauptreihe des ↑Hertzsprung-Russell-Diagramms. Das S. besteht aus einem kontinuierlichen Spektrum, dem zahlreiche Absorptionslinien **(Fraunhofer-Linien)** überlagert sind. Die stärksten der über 20 000 bekannten Fraunhofer-Linien sind die K- und H-Linien des ionisierten Calciums bei 393,4 nm und 396,8 nm. Man findet im S. ferner eine Vielzahl von zusammenhängender Absorptionslinien, sog. Absorptionsbanden, die von einigen einfachen Molekülen herrühren. Wenn man von wenigen Abweichungen im kurzwelligen Bereich absieht, stimmt die Energieverteilung des kontinuierlichen S.s gemäß dem Planck-Strahlungsgesetz (↑Strahlungsgesetze) mit der eines ↑Hohlraumstrahlers von rund 5 780 K überein. Das ist gerade die sog. ↑Effektivtemperatur der Sonne.

Sonnenstillstand: andere Bez. für ↑Solstitium, weil hier die Sonne „stillsteht", um die Richtung ihrer jährlichen Bewegung in Deklination umzukehren.

Sonnensystem: die Sonne und die Gesamtheit der sie umkreisenden Himmelskörper, wie Planeten, Planetoiden,

Sonnensystem

Kometen und Meteoriten, sowie der Raum, in dem sich diese Objekte bewegen einschließlich der übrigen, darin befindlichen sog. interplanetaren Materie. Das S. wird oft auch **Planetensystem** genannt.

1. Aufbau

Eine Unterteilung der Körper des S.s nach gemeinsamen physikalischen Eigenschaften liefern die in Tab. 1 aufgeführten Objektgruppen sowie deren Massen. Wie die Tab. zeigt, herrscht im S. eine einlastige Massenverteilung vor. Zentralkörper unseres S.s ist die ↑Sonne, um die sich, soweit bekannt, 9 Planeten bewegen. Die inneren Planeten Merkur, Venus, Erde und Mars unterscheiden sich durch hohe Dichten, langsame Rotation, das Vorhandensein von nur wenigen Monden sowie durch ihren Aufbau aus Metallen und Gestein wesentlich von den äußeren Planeten, deren chemische Zusammensetzung mehr der der Sonne gleicht.

Mit Ausnahme von Neptun und Pluto

Wellenlänge λ	Art der Strahlung	Anteil an der Gesamtstrahlung
> 2 µm	Infrarot-, und Radiostrahlung	6%
800 nm bis 2 µm	Infrarotstrahlung	38%
400 nm bis 800 nm	Licht	48%
300 nm bis 400 nm	Ultraviolettstrahlung	6,8%
< 300 nm	kurzwellige Ultraviolett-, Röntgenstrahlung	1,2%

Sonnenspektrum Wellenlänge λ [nm]

- 400,5254
- 403,0763
- 403,3072
- 403,4492
- 403,5732
- 404,5825
- 406,3605
- 407,1749

Sonnenspektrum

Sonnensystem

Sonnensystem (Tab. 1)

Objektgruppe	Masse [in Erdmassen]	stofflicher Zustand	Form
Sonne	333 000	gasförmig	kugelförmig
Planeten	446,8	fest bzw. flüssig/gasförmig	kugelförmig
Satelliten	0,12	fest	kugelförmig/irregulär
Planetoiden	0,0004	fest	irregulär/kugelförmig
Kometen	0,1	Kern fest, Schweif gasförmig/fest	Kern irregulär
Meteoriten	–	fest	irregulär
interplanetare Materie	–	Gas- und Staubpartikel	–

folgen die Abstände der Planeten von der Sonne der ↑Titius-Bode-Regel.
Die Planeten bewegen sich, entsprechend den ↑Kepler-Gesetzen, auf nahezu kreisförmigen Ellipsenbahnen um die Sonne, die sich in einem Brennpunkt dieser Ellipsen befindet. Die Bahnebenen fallen fast mit der Äquatorebene der Sonne zusammen, lediglich Pluto zeigt größere Abweichungen. Der Umlaufsinn beinahe aller Planeten und Monde sowie ihre Rotation und die Rotation der Sonne haben die gleiche Richtung. Die Sonne besitzt etwa 0,5% des Gesamtdrehimpulses und etwa 99,9% der Gesamtmasse des Sonnensystems.
Die wichtigsten Daten der Planeten können Tab. 2 entnommen werden.
Das S. ist vermutlich vor etwa 4,5 bis $5 \cdot 10^9$ Jahren entstanden. Zur Erklärung

Sonnensystem (Tab. 2). Die Planeten

	Merkur ☿	Venus ♀	Erde ♁
kleinster Abstand von der Sonne (in Mill. km)	45,9	107,4	147,1
größter Abstand von der Sonne (in Mill. km)	69,7	109	152,1
mittlerer Abstand von der Sonne (in Mill. km)	57,9	108,2	149,6
mittlerer Abstand von der Sonne (in AE)	0,387	0,723	1,0
kleinster Abstand von der Erde (in Mill. km)	80	38,3	–
größter Abstand von der Erde (in Mill. km)	220	260,9	–
mittlere Umlaufgeschwindigkeit (in km/s)	47,8	35,03	29,79
siderische Umlaufzeit (in Jahren)	0,24085	0,61521	1,00004
Bahnneigung gegen die Ekliptik	7,004°	3,394°	0,000°
numerische Exzentrizität der Bahn	0,2056	0,0068	0,0167
Äquatordurchmesser (in km)	4878	12 104	12 756,28
Durchmesser (in Erddurchmessern)	0,383	0,950	1,000
Abplattung	≈ 0	≈ 0	1:298,257
Masse (in kg)	$3,302 \cdot 10^{23}$	$4,869 \cdot 10^{24}$	$5,974 \cdot 10^{24}$
Masse (in Erdmassen)	0,0553	0,8150	1,000
mittlere Dichte (in g/cm³)	5,43	5,24	5,515
Entweichgeschwindigkeit (in km/s)	4,25	10,4	11,2
Fallbeschleunigung (in cm/s²)	370	887	978
siderische Rotationsperiode	58,65 d	243,0 d	24 h 56 min 4,099 s
Neigung des Äquators gegen die Bahnebene	≈ 2°	≈ 3°	23° 27'
Albedo	0,06–0,10	0,75	–
größte scheinbare visuelle Helligkeit	−0,2	−4,08	–
Anzahl der Monde	0	0	1

Die in Klammern angegebenen Werte sind nicht hinreichend gesichert.

Sonnensystem

seiner Entstehung existieren zahlreiche Theorien.

2. Kosmogonie

Über den Ursprung des S.s ist viel theoretisiert worden. Ziel der Theorien ist nicht nur aufzuzeigen, wie sich das heutige System aus einem undifferenzierten plausiblen Anfangszustand entwickelt hat, sondern auch die Beantwortung der im Zusammenhang mit der Entwicklung des Lebens im All aufgeworfenen Frage, ob die Entstehung eines Planetensystems ein unwahrscheinlicher oder aber fast notwendiger Vorgang bei der Kontraktion einer Gaswolke zu einem Stern ist. Gegenüber dem Problem der Sternentwicklung ist das Problem der Entstehung eines Planetensystems weitaus vielschichtiger. Im letzteren Fall muß nämlich eine plausible Erklärung für die Entstehung ganz verschiedener Typen von Körpern (Sonne, Planeten, Satelliten, Meteoriten und Kometen) sowie für deren charakteristische Bewegungsver-

hältnisse gefunden werden. Eine allgemein akzeptierte detaillierte Theorie ist derzeit nicht vorhanden, wohl aber vielversprechende Ansätze.

Die erste, auf wiss. Grundlage basierende Kosmogonie des S.s geht auf den Philosophen Immanuel Kant (1724–1804) zurück. In seinem 1755 erschienenen naturphilosophischen Frühwerk stellte er die **Nebularhypothese,** auch Meteoritenhypothese genannt, vor. Nach dieser Theorie sollen sich Sonne und Planeten durch Verdichtung aus dem Urzustand gebildet haben. Als Urzustand nahm er eine mächtige kosmische Nebelwolke an, in der kleine, freibewegliche Teilchen – heutige Bez. Meteoriten – in ungeordneter Bewegung existiert haben sollen. Den Vorgang der Verdichtung stellte Kant sich wie folgt vor: Bei Zusammenschluß einzelner Teilchen sollte ein Teil der Bewegungsenergie in Wärmeenergie umgewandelt worden sein. Die dadurch verringerte kinetische Energie führte letztendlich dazu, daß

Mars ♂	Jupiter ♃	Saturn ♄	Uranus ♅	Neptun ♆	Pluto ♇
206,7	740,9	1347	2735	4456	4425
249,1	815,7	1507	3004	4537	7375
227,9	778,3	1427,0	2869,6	4496,7	5900
1,523	5,202	9,538	19,18	30,06	39,44
55,5	588	1193	2590	4304	4275
400	967	1658	3160	4689	7525
24,13	13,06	9,64	6,81	5,43	4,74
1,88089	11,862	29,458	86,01	164,8	297,7
1,850°	1,304°	2,489°	0,773°	1,772°	17,2°
0,0934	0,0484	0,0556	0,0472	0,0086	0,250
6794,4	142800	120000	52400	48600	(2200)
0,532	10,97	9,07	4,15	3,81	(0,17)
1:191	1:15,5	1:9,2	(1:30)	(1:38)	–
$6,419 \cdot 10^{23}$	$1,8988 \cdot 10^{27}$	$5,684 \cdot 10^{26}$	$8,69 \cdot 10^{25}$	$1,028 \cdot 10^{26}$	(10^{22})
0,1074	317,826	95,145	14,54	17,204	(0,0017)
3,93	1,33	0,70	1,58	1,71	(um 2)
5,02	57,6	33,4	(20,6)	(23,7)	–
371	2321	928	838	1154	–
24h 37min 22,66s	9h 55min 29,7s	10h 14min	15h 36min	(18h 12min)	6,39 d
23° 59′	3° 4′	26° 44′	98°	29°	(>50°)
0,15–0,35	0,41	0,41	0,45	0,54	0,16
−1,94	−2,4	+0,8	+5,8	+7,6	+14,7
2	16	23	15	3	1
	+ Ringsystem	+ Ringsystem	+ Ringsystem		

Sonnensystem

sich die abgebremsten Teilchen im Gravitationszentrum der Wolke oder in sekundären, durch örtliche Verdichtungen gebildeten Gravitationszentren sammelten. Die dabei entstandene zentrale Verdichtung sah Kant als Geburtsstätte der Sonne, die in verschiedenen Abständen entstandenen großen Materieansammlungen als Geburtsstätten der Planeten an. Die Kantsche Theorie vermag jedoch nicht – und das ist der Haupteinwand gegen diese Theorie – die ungleiche Verteilung des Gesamtdrehimpulses auf Sonne und Planeten zu erklären.

Eine weitere, historisch bedeutsame Theorie geht auf den französischen Astronomen P. S. Marquis de Laplace zurück. Nach seiner **Abschleuderhypothese** sollen die Planeten aus nacheinander von der Ursonne abgeschleuderten „Gasklumpen" entstanden sein. Die Ursonne selbst zog sich aufgrund der Gravitation aus langsam rotierenden Gas- und Staubteilchen zusammen. Nach dem Gesetz von der Erhaltung des Drehimpulses (Pirouetteneffekt) rotierte dabei diese Gasmasse immer schneller, bis sie sich schließlich zu einer Nebelscheibe, der Ursonne, verformte. Bei diesem Kontraktionsprozeß konnte es zu Ungleichgewichtszuständen am Äquator dieser Scheibe kommen, so daß jedesmal, wenn die am Äquator auftretenden Fliehkräfte die Gravitationskräfte übertrafen, es zur Abschleuderung eines Materierings kam. Auf diese Art entstanden nacheinander mehrere Ringe, wobei die äußeren Ringe als die älteren anzusehen sind. Durch das Auftreten von Verdichtungen in diesen Materieringen kondensierte die jeweilige Masse des Rings zu einem Planeten. Das Ergebnis war eine zentrale, von einer Gruppe kleinerer Körper umgebene Sonne. Auf analoge Weise könnten nun wiederum aus den rotierenden Urplaneten durch Abschleuderung die Satelliten hervorgegangen sein. Diese Theorie vermag aber ebensowenig wie diejenige Kants die ungleiche Verteilung des Drehimpulses auf Sonne und Planeten zu erklären. Aus diesem Grunde favorisierte man in der ersten Hälfte des 20. Jahrhunderts die sog. **Gezeiten-** oder **Katastrophentheorien.**

Die beiden Amerikaner Th. Ch. Chamberlin und F. R. Moulton spekulierten im Jahre 1900, daß die planetenformende Materie möglicherweise durch die Gezeitenwirkung eines nahe an der Sonne vorbeiziehenden Sterns aus der Sonne herausgerissen worden sei. Diese Gezeitentheorie wurde von J. Jeans in der Folgezeit modifiziert. Danach sollte beim Vorübergang des Sterns an der Sonne durch Gezeitenkräfte ein Materieschweif gleich einer „Zunge" aus der Sonne herausgelöst worden sein. Während der verursachende Stern sich wieder entfernte, entstanden durch Verdichtungen dieser zungenartigen Materiebrücke Planeten und Satelliten.

Diese Theorie löst das Problem der langsamen Sonnenrotation und erklärt plausibel die Existenz masseunterschiedlicher Planeten. Da eine „Zunge" gerade in der Mitte am dicksten ist, es ist nach dieser Entstehungstheorie nicht verwunderlich, daß gerade die mittleren Planeten Jupiter und Saturn die massereichsten sind.

Die Gezeiten- oder Katastrophentheorien sind in der klassischen Form unhaltbar. Infolge der hohen Temperaturen der herausgezogenen Materie wäre nämlich eine Verflüchtigung der Gase wesentlich wahrscheinlicher als eine Kontraktion derselben zu einem Körper. Moderne Rechnungen zeigen jedoch, daß die Gezeitentheorie beim Vorübergang eines noch kühlen Protosterns plausibler erscheint. Da Sterne in Haufen entstehen, wären derartige Begegnungen im Frühstadium sogar noch nicht einmal unwahrscheinlich.

Historisch betrachtet, konnten sich die Gezeiten- oder Katastrophentheorien jedoch zunächst nicht durchsetzen, da sie die Existenz unseres S.s entgegen der allgemeinen Annahme nicht auf einen Routinevorgang, sondern auf einen unwahrscheinlichen Vorgang zurückführen. Die Entstehung des S.s wäre danach ein seltener Zufall. In der Folgezeit diskutierte man daher verstärkt Modelle, die die Existenz unseres S.s als normalen und häufigen Entstehungsakt beinhalten. Dabei bildeten sich zwei Grundideen heraus:

a) Die **Akkretionstheorie**: Nach dieser Theorie durchläuft die bereits entwickelte Sonne eine interstellare Wolke und sammelt Materie auf, die sich unter günstigen Bedingungen zu Planeten formt.
b) Die **Sonnen-Planeten-Theorie**: Diese Theorie geht von der Annahme aus, daß sich Sonne und Planeten gleichzeitig oder nacheinander aus derselben Materie gebildet haben.

An die Idee einer Entstehung von Sonne und Planetensystem aus ein und derselben Materie (Urnebel) knüpfte erstmals wieder C. F. Frhr. von Weizsäcker mit der 1944 aufgestellten **Turbulenztheorie** an.

In der modifizierten Form dieser Theorie – nach einer Hypothese des amerikanischen Astronomen G. P. Kuiper – löst sich von einer völlig ungeordnet rotierenden interstellaren Wolke der Urnebel als ein Turbulenzelement ab. Die Masse dieses Urnebels liegt dabei beträchtlich über zwei Sonnenmassen, wobei der größte Teil dieser Masse aus Wasserstoff und Helium und nur ein geringer Teil aus schweren Gasen besteht. Durch die Wirkung der eigenen Gravitation, Rotation und inneren Reibung der Materie kommt es verhältnismäßig rasch zu einer zentralen Verdichtung, zu einer Art solarem Nebel. Während sich der solare Nebel zu einer scheibenförmigen Ursonne zusammenballt, verflüchtigt sich bereits ein Teil der ursprünglich vorhandenen Materie in den Weltraum. Durch Wirbelbildung innerhalb der flachen, um die Sonne rotierenden Gasscheibe entstehen an den Berührungspunkten der einzelnen Wirbel lokale Materiekonzentrationen und mit ihnen lokale Gravitationsfelder. Diese im gleichen Sinne rotierenden Materieansammlungen ziehen immer mehr Gas- und Staubpartikel an, bis sich v. a. die schweren Elemente zu festen Kernen, den sog. Protoplaneten, zusammenklumpen, die von Gashüllen umgeben sind.

Einer anderen Theorie zufolge soll das S. durch langsame Akkretion entstanden sein. Weitere Annahmen dieser Theorie sind: Die anfängliche, gravitationsinstabile Wolke, deren Dimension die Größe unseres heutigen S.s weit übertrifft, besitzt nur eine geringe Rotationsgeschwindigkeit. Mit zunehmender Kontraktion dieser Wolke beginnt die Protosternentwicklung. Aus Gründen der Drehimpulserhaltung rotiert diese zentrale Ursonne immer schneller. Dabei kann, unter der Annahme, daß die Materie dieser massereichen Ursonne sehr dicht (entartet) ist, ihr Radius sehr klein werden. Dies ist die Voraussetzung dafür, daß trotz hoher Äquatorgeschwindigkeit der Drehimpulszuwachs durch das fortwährende Aufsammeln von Materie aus der Akkretionsscheibe gering ausfällt. Erst mit Zünden thermonuklearer Reaktionen bei hinreichender Masse, Dichte und Temperatur des Protosterns wird sich dann das zentrale Objekt wieder ausdehnen und aufgrund der Drehimpulserhaltung wieder langsamer rotieren (Pirouetteneffekt). Durch eine magnetische Kopplung kann noch über den

Sonnensystem (Tab. 3). Kondensationstemperaturen der Elemente im solaren Nebel

Kondensationstemperatur [K]	
> 1 600 schwerflüchtige Elemente	Al, Ca, Ti, (etwas Mg, Si), Be, Sc, V, Sr, Y, Zr, Nb, Mo, Ru, Rh, Ba, La (und alle SE), Hf, Ta, W, Re, Os, Ir, Pt, Th, U
~1 400 Metalle	Fe, Ni, Co, Pd, Au, P
~1 400 Mg-Silikate	Mg, (FeO), Si, Cr, Li, Mn
~1 000 mittelflüchtige Elemente	F, Na, K, Rb, Cs
< 700 flüchtige Elemente	S, Se, Te, Zn, Sn, In, Cd, Pb, Hg, Cl, Br, J, usw., H_2O

Sonnensystem

Sonnenwind ein Teil des Eigendrehimpulses der Sonne an den Restnebel abgegeben werden.
Weiterentwicklungen dieser Theorie beziehen verstärkt kosmochemische Untersuchungen in ihre Überlegungen ein.
Auskunft über die chemische Zusammensetzung des solaren Nebels erhält man durch Analysen des Sonnenspektrums und für alle kondensierbaren Elemente noch genauer und zuverlässiger aus Laboruntersuchungen der kohligen Chondriten, also Chondriten vom Typ 1. Die Kontraktion des solaren Nebels führt zu beträchtlichen Temperaturerhöhungen. Bei Verdampfung und Kondensation des Nebelgases infolge chemischer Reaktionen kommt es zu beträchtlichen Fraktionierungen der Elemente entsprechend ihrer Kondensationstemperatur.
In Tab. 3 sind die Kondensationstemperaturen der Elemente im solaren Nebel, also unter den dort angenommenen chemischen und physikalischen Bedingungen, aufgeführt.
In Abhängigkeit von der Sonnenentfernung entstehen so Kondensationsprodukte unterschiedlicher chemischer Zusammensetzung und Dichte. Im Gegensatz zu anderen kosmogonischen Theorien wird hier also keine isotrope und homogene Dichte und Materieverteilung der präsolaren Molekülwolke angenommen. Damit glaubt man die bei meteoritischem und planetarem Material auftretenden Inhomogenitäten erklären zu können.
Neben zahlreichen kleineren Körpern existierten auch Körper von mehreren 100 bis mehreren 1 000 km Durchmesser. Nach Meinung einiger Astronomen sind Körper von 10% der Erdmasse (entsprechend der Masse des Mars) als Bausteine von Venus und Erde nicht ausschließbar. Für das Vorhandensein größerer Körper im frühen S. sprechen die alten, kraterübersäten Oberflächen von Merkur und Mond. Diese Kraterlandschaften werden bei Zugrundelegung dieser Entstehungstheorie nicht mehr als Meteoriteneinschläge, sondern als Folge der Planetenakkretion (Zunahme der Planetenmasse durch Einfangen von Planetesimalen) interpretiert. Die Planeten, zumindest die terrestrischen Planeten, entstehen danach nicht aus Gas- und Staubzusammenballungen, sondern aus einer Hierarchie von Körpern, den Planetesimalen.

Trotz der hohen kinetischen Energien, mit denen Materie auf die wachsenden Protoplaneten auftrifft, erwärmen sich die terrestrischen Planeten bei Akkretionszeiten von 10^7 Jahren im Falle der Bildung aus Staubteilchen nur unwesentlich, da die gesamte Energie beim Auftreffen an der Oberfläche in Wärme umgewandelt und sofort wieder abgestrahlt wird. Größere Planetesimale von einigen 100 km Durchmesser dagegen bewirken eine enorme Wärmefreisetzung, die jedoch in Tiefen, die etwa dem Durchmesser des auftreffenden Körpers entsprechen, stattfindet. Die geringe Wärmeleitfähigkeit von festem und flüssigem Gestein führt zu Abklingzeiten der Temperatur, die über den Akkretionszeiten liegen. Es kommt daher infolge der hohen Erwärmung zum Aufschmelzen des Protoplaneten, wenn die Planetesimalen eine Größe von 10% der Erdmasse überschreiten.

Mondentstehung. Aufgrund der ähnlichen chemischen Zusammensetzung von Mond und Erdmantel ist ein enger genetischer Zusammenhang von Erde und †Mond wahrscheinlich.

Ein Großteil des Materials, aus dem unser S. besteht, stammt aus Gasen und Staubteilchen, die Supernovä als Überreste in den Weltraum abstießen. Neuerdings gibt es sogar Hinweise, daß vermutlich unser S. sogar einem Supernovaereignis seine Existenz verdankt. Nach neueren Indizien ist nämlich nicht auszuschließen, daß ein massereicher Stern sowohl zur Zeit der Bildung unseres S.s als auch in seiner Nähe explodierte. Spuren dieser Supernova glaubt man in kleinen Einschlüssen einiger Meteoriten gefunden zu haben, da dort eine anormale Isotopenverteilung festgestellt wird. Erstmals fand man in Körnchen des 1969 in Mexiko niedergegangenen †Allende-Meteoriten eine Anreicherung von ^{26}Mg, das sich aus radioaktivem ^{26}Al gebildet haben könnte. Aus der Tatsache, daß ^{26}Al eine Halbwertszeit von 720 000 Jahren hat und daß heute noch Unregelmäßigkeiten im Isotopenverhältnis von Magnesium bei Meteoriten zu erkennen sind, läßt sich folgern, daß, falls eine Supernova als „Produzent" des ^{26}Al-Isotops in Frage kommt, diese maximal wenige Millionen Jahre vor Bildung der Meteoriten stattgefunden haben kann. Andernfalls nämlich hätte sich das gesamte ^{26}Al bereits vor Bildung der Meteoriten in ^{26}Mg umgewandelt und wäre heute als Unregelmäßigkeit im Isotopenverhältnis nicht feststellbar. Aus dem örtlichen und zeitlichen Zusammentreffen der seltenen Ereignisse Supernova und Entstehung unseres S.s glaubt man schließen zu dürfen, daß hier nicht Zufälle spielten, sondern daß es vielmehr zur Entstehung des S.s gerade einer nahen Supernova bedurfte. Dieser Schluß läßt sich durch Modellrechnungen über Kontraktion von Gas- und Staubmassen untermauern. So zeigen Modellrechnungen, daß sich eine Gas- und Staubwolke von der Größe einer Sonnenmasse nicht ohne äußeren Anstoß und daher nicht allein unter dem Einfluß ihrer Gravitation zusammenziehen kann. Erst mit Erreichen einer kritischen Dichte setzt eine Kontraktion infolge von Gravitation ein. Unterhalb der kritischen Dichte jedoch verhindert allein der Gasdruck ein Zusammenziehen der Wolke. Als äußerer Anstoß zum Erreichen der kritischen Dichte werden Dichtewellen für möglich angesehen. So ist folgendes nicht auszuschließen: Die Stoßwelle einer nahen Supernova verdichtet die solare Urwolke soweit, daß sie infolge der Gravitation zur Sonne und deren Planeten kontrahiert. Der Kern der Supernova selbst treibt vermutlich infolge des Rückstoßprinzips vom S. mit hoher Geschwindigkeit weg und ist heute nicht mehr auffindbar. Auffindbar sind nur noch die Spuren der Supernova, die sich in anormalen Isotopenverhältnissen von Meteoriten zeigen. Denn die Meteoriten verfestigen sich, bevor chemische Prozesse die Spuren der Supernova verwischen, wie dies in den meisten übrigen Körpern des S.s geschehen ist.

3. Darstellungsmöglichkeit

Ebenso wie die Massen differieren auch die Durchmesser und Entfernungen der einzelnen Körper des S.s sehr stark. Einerseits besitzt die Sonne als größter Himmelskörper des Systems einen Durchmesser von rund $1,39 \cdot 10^6$ km, entsprechend 110 Erddurchmessern, der Mond unserer Erde nur einen Durchmesser von rund 3 470 km, entsprechend etwa $1/4$ Erddurchmesser. Die Durchmesser der beobachteten Planetoiden variieren sogar zwischen 1 000 km und 125 m. Auf der anderen Seite erstreckt sich die mittlere Entfernung der Planeten von der Sonne von $58 \cdot 10^6$ km bei Merkur bis zu $5,9 \cdot 10^9$ km bei Pluto. Ein Modell des S.s, das beide Größenverhältnisse – Entfernung und Durchmesser – abbildungsgetreu wiedergibt, ist wegen der unterschiedlichen Größendimensionen nur schwer realisierbar.

Ein anschauliches Modell befindet sich jedoch in der Innenstadt von Hagen/NRW. Dem Planetenmodell von Hagen liegt der Maßstab $1:10^9$ zugrunde. In dieser Verkleinerung läßt sich das S. zu Fuß durchschreiten. Als Sonne fungiert eine 1,39 m große Kugel auf dem Rathausturm, die von vielen Stellen der Stadt aus gut zu sehen ist. Auf in den Boden eingelassenen Bronzeplatten sind die Planeten und Satelliten in entsprechenden Abständen und Größen über das Stadtbild verteilt.

Sonnentag: eine Zeiteinheit, definiert als der Zeitraum zwischen zwei aufeinanderfolgenden unteren Durchgängen der Sonne durch den ↑Meridian. Man unterscheidet zwischen wahrem und mittlerem S. (↑Sonnenzeit).

Sonnenuhr: eine Vorrichtung, bei der der Schatten eines parallel zur Erdachse stehenden Stabes den ↑Stundenwinkel der Sonne und damit die wahre ↑Sonnenzeit auf einer zur Äquatorebene parallelen oder senkrechten Ebene, dem Zifferblatt, anzeigt.

Erste S.en wurden bereits von frühen Kulturvölkern, z. B. in Ägypten oder Mesopotamien, hergestellt. Die erste griechische S. soll aus dem Gnomon entwickelt worden sein. Rund 100 Jahre

Sonnenwende

später erfand Aristarchos von Samos die **Skaphe**, eine S. in einer hohlen Halbkugel. Am oberen Kugelsegment war ein Stift angebracht, der zur Schattenbildung und damit zur Anzeige der sog. Temporalstunden (in der Antike gebräuchliche Teilung des Lichttages in zwölf Stunden) diente.

Während die S.en in der Antike, im Mittelalter und noch in der beginnenden Neuzeit zu den üblichen Zeitbestimmungsinstrumenten zählten, finden sie heute nur noch bei Liebhabern der Astronomie oder aus nostalgisch-künstlerischen Gründen Verwendung.

S.en in einfachster Ausführung zeigen in der Regel nur die wahre Sonnenzeit und diese wiederum nur als ↑Ortszeit an. Bei besonderen Konstruktionen kann man allerdings unter Berücksichtigung des Kalendertages auch die mittlere Sonnenzeit ablesen, und zwar nicht nur als Ortszeit, sondern auch als ↑Zonenzeit.

Sonnenwende: andere Bez. für ↑Solstitium, weil hier die Sonne „wendet", um ihre scheinbare jährliche Bewegungsrichtung in Deklination umzukehren.

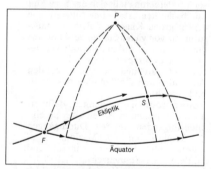

Sonnenzeit. Projektion des wahren Sonnenlaufs auf den Äquator

Sonnenwind (solarer Wind): von der Sonne nach allen Richtungen ausgehende Korpuskularstrahlung. Die Aufheizung der Sonnenkorona bewirkt eine Beschleunigung des Koronaplasmas. Dadurch kann Plasma als S. in den Raum strömen, wobei es Magnetfelder mitführt. In Erdnähe liegt die Protonendichte des S.es bei 9 ± 6 cm^{-3}, die Geschwindigkeit bei 470 ± 120 km/s.
Der S. weist Inhomogenitäten und zeitliche Veränderungen auf; er variiert mit der Sonnenaktivität.

Sonnenzeit: die durch die scheinbare tägliche Bewegung der Sonne um die Erde definierte Zeiteinteilung. So ist z. B. ein wahrer Sonnentag die Zeitspanne zwischen zwei aufeinanderfolgenden Meridiandurchgängen der Sonne. Da dieses Zeitmaß Schwankungen unterliegt, definiert man neben der wahren auch eine mittlere Sonnenzeit.

Die **wahre S.** ist durch das scheinbare tägliche Fortschreiten der Sonne auf der Ekliptik als Widerspiegelung der Erdbewegung um die Sonne beeinflußt. Die wahre S. kann man als Stundenwinkel t der Sonne definieren, ebenso wie man die ↑Sternzeit Θ als den Stundenwinkel des Frühlingspunktes definiert. Ist nun α die Rektaszension der Sonne, so gilt $t = \Theta - \alpha$.

Die wahre S. ist aber aus zwei Gründen ein grob unregelmäßiges Zeitmaß. Erstens ist die Bewegung der Sonne auf der Ekliptik nach dem zweiten ↑Kepler-Gesetz ungleichförmig. So bewegt sie sich im nördlichen Sommer, wo Erde und Sonne ihren größten Abstand erreichen, langsamer als im Winter. Zweitens wird die für die wahre S. benötigte Rektaszension nicht auf der Ekliptik, sondern auf dem gegen diese um rund 23,5° geneigten Himmelsäquator gemessen.

Die durch unterschiedliche Umlaufgeschwindigkeiten und den Projektionseffekt verursachten Unregelmäßigkeiten mit ganz- bzw. halbjähriger Periode lassen die wahre Sonne für die Festlegung eines gleichmäßigen Zeitmaßes ungeeignet erscheinen.

Man definiert daher eine fiktive mittlere Sonne, die sich bei gleicher Umlaufzeit mit konstanter Geschwindigkeit auf dem Himmelsäquator bewegt und somit ein gleichmäßiges Zeitmaß, die **mittlere S.**, liefert.

Den Unterschied zwischen wahrer und mittlerer S. kann man der ↑Zeitgleichung entnehmen.

Spacelab ['spɛɪslæb; = engl. Raumlabor]: von der europäischen Weltraum-

Speckle-Interferometrie

organisation ESA in Zusammenarbeit mit der NASA entwickeltes Raumlabor, das mit Hilfe des in den USA entwickelten Raumtransporters (Space-shuttle) in eine Erdumlaufbahn in 250–1 000 km Höhe gebracht werden kann. Das Labor bleibt während eines sieben- bis dreißigtägigen Aufenthaltes im Weltraum integraler Bestandteil des Raumtransporters. Es kann vier Wissenschaftlern als Arbeitsraum dienen.

Der erste erfolgreiche Einsatz (unter Beteiligung des deutschen Astronauten U. Merbold) erfolgte mit dem Raumtransporter Columbia (STS-9), der am 28. November 1983 zu einem Raumflug startete. Bei dem zehntägigen Aufenthalt konnten rund 70 wiss. Experimente unter den Bedingungen der Schwerelosigkeit durchgeführt werden.

Space-shuttle ['spɛɪs'ʃʌtl; engl. = Raumtransporter]: ein Trägersystem für den Transport von Nutzlasten von der Erde auf eine Umlaufbahn und zurück. Im Gegensatz zu den ersten Trägerraketen ist dieser Raumtransporter wiederverwendbar (mehrmals einsatzfähig).

Space-Teleskop ['spɛɪs...; engl. space = Raum, Weltraum]: Teleskop, das außerhalb der störenden Erdatmosphäre arbeitet und dessen spektrale Empfindlichkeit und Auflösungsvermögen einzig durch die Güte der Optik bestimmt werden.

Eines der ehrgeizigsten und erfolgversprechendsten Projekte der gegenwärtigen extraterrestrischen Astronomie ist der für Ende 1988 geplante Start des ↑Hubble-Space-Teleskops.

Speckle-Bilder ['spɛkl...]: Kurzzeitbilder mit Belichtungszeiten unterhalb $1/10$ bis $1/100$ Sekunde. Durch Überlagerung mehrerer S.-B. eines kosmischen Objekts gelingt im Rahmen der ↑Speckle-Interferometrie eine enorme Erhöhung der Bildqualität.

Speckle-Interferometrie ['spɛkl...; engl. speckle = Fleck]: neuartige Methode der Interferometrie zur Erhöhung des ↑Auflösungsvermögens von großen Teleskopen unter Ausschaltung der Luftunruhe durch statistische Auswertung kurzzeitig belichteter Aufnahmen.

Die Sp.-I. erlaubt unter günstigen Bedingungen die Bestimmung extrem kleiner Winkelabstände und damit die Trennung enger Doppelsterne, die Messung

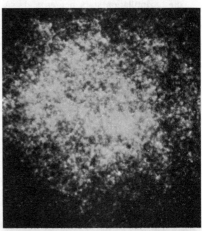

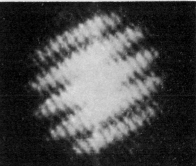

Speckle-Interferometrie. Auflösung eines Dreifachsterns mit Hilfe der Speckle-Interferometrie; Entfernung der beiden kleineren Einzelsterne 0,8″

Speisung

von Sternradien und eventuell auch die Feststellung von Oberflächenstrukturen. Das Auflösungsvermögen von Astrographen und Spiegelteleskopen wird durch die ↑Szintillation stark begrenzt, da sie das Objektbild hin- und hertanzen läßt, so daß die Beugungsmuster „verschmieren". Eine Verbesserung der Bildqualität und damit eine Steigerung des Auflösungsvermögens auf 0,02″ erhält man durch folgenden Trick: Indem man das Objekt mehrmals, d.h. bis zu einigen hundertmal, mit Belichtungszeiten, die unterhalb der Szintillationsdauer liegen, photographiert, erhält man **Speckle-Bilder** (Kurzzeitaufnahmen). Ein Speckle-Bild ist praktisch ein festes Beugungsmuster, da der vom Objekt kommende Lichtstrahl nur eine feste Turbulenzkonfiguration (charakteristische Fluktuationszeit [= Szintillationszeit] größer als $^1/_{10}$ bis $^1/_{100}$ Sekunde) durchlaufen hat. Durch statistische Auswertung einiger hundert Speckle-Bilder eines Objekts gelangt man zu einem scharfen Gesamtbild.

Speisung (engl. feed): bei Radioteleskopen die Auffangvorrichtung (z. B. bei Reflektoren im Brennpunkt), die die Strahlung auffängt und an den Verstärker weitergibt. Dabei ist darauf zu achten, daß die montierte Sp. eine solche Richtwirkung hat, daß nur die Strahlung aus Richtung der reflektierenden Fläche, nicht dagegen die direkte Strahlung des Himmels, des Erdbodens oder sonstiger Störquellen mit empfangen wird.

spektral [zu ↑Spektrum]: auf ein Spektrum (insbes. des Lichts) bezogen.

Spektralanalyse: die Bestimmung von Struktur und chemischer Zusammensetzung kosmischer Objekte, wie Sterne und Gasnebel, aus deren Spektrum.

Spektralapparat: optisches Gerät, mit dem die ankommende elektromagnetische Strahlung mit Hilfe eines Prismas oder Gitters in ein Spektrum aufgefächert werden kann.

Spektralklasse (Spektraltyp): eine Zustandsgröße, charakterisiert durch das Sternspektrum.

In Ermangelung der der Beobachtung nicht ohne weiteres zugänglichen physikalischen Eigenparameter der Sterne, wie etwa ↑Effektivtemperatur oder ↑Schwerebeschleunigung, klassifiziert man die Sterne zunächst nach rein phänomenologischen Größen. Aufgabe der Astrophysik ist es, die Korrelation zwischen den phänomenologischen und den Urparametern aufzudecken.

Spektren von Sternen sind die wichtigsten Klassifizierungsgrößen, da sie weit-

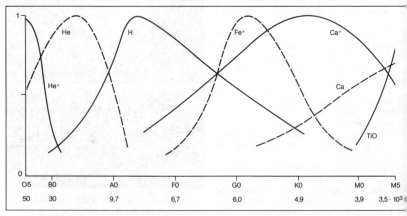

Spektralklasse. Relative Stärke von Spektrallinien in Abhängigkeit von Spektralklasse und Temperatur

Spektralklasse

gehend den physikalischen Aufbau einer Sternatmosphäre widerspiegeln. Die beobachtbaren Sternspektren sind Kontinua mit Absorptions- und mitunter auch Emissionslinien. Ihre exakte Interpretation ist außerordentlich kompliziert. Daher begnügt man sich zunächst mit einer eindimensionalen Sortierung nach typischen, immer wiederkehrenden Merkmalen, wie Auftreten und Stärke gewisser Linien. Mit relativ geringem Aufwand lassen sich so verschiedene Sp.n bestimmen.

In Anlehnung an die ↑ Harvard-Klassifikation, die im Henry-Draper-Katalog festgelegt ist, schälte sich eine sinnvolle Sequenz heraus. Die Bez. der Sp.n erfolgt mit großen Buchstaben, wobei eine feinere Unterteilung zwischen zwei Buchstaben durch nachgestellte Zahlen (0 bis 9) gekennzeichnet wird:

O B A F G K M (R N) S

Die seltsame Buchstabenfolge (Merkspruch: „Oh, Be A Fine Girl, Kiss Me Right Now. Smack!") ist historisch bedingt. Ebenso die durch eine Fehlinterpretation entstandene Bez. „frühe" Typen für die Klassen O, B, A, „mittlere" Typen für die Klassen F, G und „späte" Typen für die Klassen K, M. Damit wird nicht etwa das Entwicklungsstadium eines Sterns bezeichnet, sondern lediglich, ob er mehr rechts oder links in der Sequenz der Sp.n einzuordnen ist. Im wesentlichen ist die Spektralsequenz eine Folge von Effektivtemperaturen. Bei gegebener chemischer Zusammensetzung ist das Spektrum eines Sterns sehr stark temperaturabhängig. Eine genaue Spektralanalyse zeigt, daß längs der Hauptsequenz von O nach M die Effektivtemperatur monoton abnimmt. Die Abb. zeigt in grober Näherung die Effektivtemperaturen verschiedener Repräsentanten von Sp.n und die zugehörigen relativen Stärken von Spektrallinien einiger Elemente.

Ganz allgemein kann man sagen, daß das sichtbare Spektrum heißer Sterne relativ wenige Linien, insbes. aber solche des Heliums und Wasserstoffs enthält, während bei kühlen Sternen wenige Wasserstofflinien, dafür aber Spektrallinien schwerer Elemente auftreten. Im einzelnen lassen sich die Sp.n wie folgt charakterisieren:

O: heiße Sterne mit Linien mehrfach ionisierter Atome, vorherrschend HeII; H relativ schwach. Gelegentlich Emissionen.
B: HeII fehlt; HeI stark. Balmer-Serie (H) nimmt zu.
A: H im Maximum; schwache Linien ionisierter Metalle (CaII).
F: CaII stark; sonst ionisierte und neutrale Metalle etwa gleich. H nimmt ab.
G: = Sonnenspektrum. CaII sehr stark; viele neutrale Metalle (FeI ...). H nimmt weiter ab.
K: starke Metallinien, Auftreten von Molekülbanden.
M: neutrale Metallinien, besonders CaI; TiO-Banden.

Über 99% aller Sterne sind vom Typ O bis M. Die verbleibenden Sterne werden, soweit sie Riesensterne sind, den Sonderklassen S, R und N (letztere heute auch als C-Sterne zusammengefaßt), die restlichen den Sonderklassen Q (Novä), P (planetarische Nebel) und W (Wolf-Rayet-Sterne) zugeordnet. Die modifizierte Spektralklassifikation erhält damit folgende Struktur:

Durch Präfixe und Suffixe (vorangestellte und angehängte Symbole) werden Besonderheiten im Spektrum bezeichnet.

Suffixe:

n (nebulous): diffuse, verwaschene Linien, rasche Rotation;
nn: sehr diffuse Linien, rasche Rotation;
s (sharp): scharfe Linien;
e (emission): Emissionslinien, ausgedehnte Hüllen;
v (variable): variables Spektrum;
k (K-line): starke interstellare Calciumlinien (H u. K);

Spektrallinien

pec (peculiar): Besonderheiten, die nur durch ausführliche Beschreibung zu erfassen sind.

Präfixe:

c: Überriese, z. B. α Cyg (Deneb): cA2;
g: Riese (giant), z. B. β Gem (Pollux): gK0;
d: Zwerg (dwarf), z. B. Sonne: dG2;
sd oder SD: Unterzwerg (subdwarf);
w oder D: weißer Zwerg (white dwarf)

Die Sp. charakterisiert die Effektivtemperatur, besagt aber wenig über die ↑Leuchtkraft, die innerhalb einer Sp. um den Faktor 10^8 variieren kann. Da für eine Sp. die Effektivtemperatur T_{eff} annähernd konstant ist, sind Leuchtkraftunterschiede wegen

$$L = 4\pi R^2 \sigma T_{eff}^4$$

(↑Flächenhelligkeit) einzig auf Unterschiede der Sternradien R zurückzuführen.

Soweit sich der nur geringe Einfluß der Leuchtkraft im Spektrum bemerkbar macht, wird er in der Spektralklassifikation durch die obigen Präfixe angedeutet.

Ein besseres Klassifikationsmerkmal ist die ↑Leuchtkraftklasse, die zusammen mit der Sp. eine ausreichende Charakterisierung fast aller Sterne erlaubt. – ↑auch Sternverzeichnis.

Spektrallinien: zusammenfassende Bez. für Absorptions- und Emissionslinien, die im Spektrum als dunkle oder helle Linien hervortreten.

Spektralphotometrie: Helligkeitsmessung in verschiedenen (integrierten) Spektralbereichen mit dem Ziel, die Energieverteilung im Spektrum eines Sterns zu ermitteln.

Spektraltyp: andere Bez. für ↑Spektralklasse.

Spektraltypparallaxe: Methode der ↑Entfernungsbestimmung, wobei aus dem Spektraltyp (Spektralklasse) die Parallaxe $m - M$ abgeleitet wird.

Spektrograph [zu ↑Spektrum und griech. gráphein = schreiben]: ↑Spektralapparat, der das lichtelektrische oder photographische Erfassen des erzeugten Spektrums erlaubt.

Spektroheliogramm [zu ↑Spektrum, griech. hēlios = Sonne und griech. grámma = Geschriebenes, Zeichen]: Aufnahme der Sonne im Licht eines sehr engen Spektralbereichs. Meistens wer-

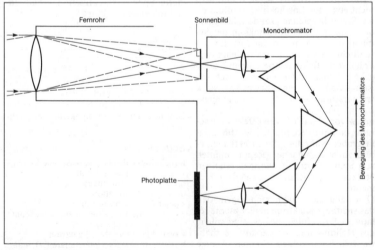

Spektroheliograph (Prinzip)

den Wellenlängen gewählt, die im Kern starker Emissionslinien von Wasserstoff und Calcium liegen. Das sind v. a. die Linien H und K des ionisierten Calciums (Ca II), sowie H$_\alpha$ des neutralen Wasserstoffs (H I).

Spektroheliograph: Gerät zur Aufnahme von ↑Spektroheliogrammen. Beim Sp. wird mit Hilfe des Fernrohrobjektivs zunächst ein Sonnenbild erzeugt. Ein kleiner Teil dieses Lichts wird im Monochromator mittels mehrerer Prismen in ein sehr breites Spektrum zerlegt. Durch den Austrittsspalt wird sodann nur das Licht eines begrenzten Wellenlängenbereichs zur Photoplatte hindurchgelassen, so daß auf der Photoplatte ein monochromatisches Bild des eingeblendeten Sonnenbereichs entsteht. Durch Bewegung des Monochromators können nach und nach alle Teile des Sonnenbildes auf der fest mit dem Fernrohr verbundenen Photoplatte erfaßt werden. Auf diese Weise erhält man stückweise ein monochromatisches Bild der ganzen Sonnenscheibe.

Spektrometer [zu ↑Spektrum und griech. métron = Maß]: ↑Spektralapparat, bei dem das erzeugte Spektrum, sofern es sich um sichtbare Strahlung handelt, mit einem kleinen Fernrohr betrachtet und anhand einer eingebauten Skala die Wellenlänge von einzelnen Spektrallinien bestimmt werden kann. Bei nicht sichtbarer Strahlung erfolgt eine Auswertung mit einem Strahlungsempfänger wie Bolometer oder Photozelle. In der astronomischen Forschung erfolgt häufig eine indirekte Auswertung des Spektrums. Das z. T. noch durch Zwischenschaltung von Bildwandlern oder Bildverstärkern gewonnene Spektrum wird photographisch erfaßt und nachträglich ausgewertet. Zu Registrierzwecken wird mitunter aber auch die direkte Abtastung des Spektrums mit einer Photozelle angewandt.

Sp. mit der Möglichkeit lichtelektrischer oder photographischer Erfassung des Spektrums werden Spektrographen genannt. Ein vielgenutzter Typ von Spektrographen ist der ↑Spektroheliograph.

Spektroskopie [zu ↑Spektrum und griech. skopeīn = betrachten]: Erzeugung, Beobachtung und Registrierung von Spektren sowie ihre Ausmessung (**Spektrometrie**) und Interpretation. Die Sp. hat die Aufgabe, die Wellenlängen (bzw. Frequenzen) und die Energieverteilung in den Spektren der verschiedenen Stoffe enthaltenen Spektrallinien zu ermitteln. Die direkte Messung der Wellenlängen beruht auf der Wellenlängenabhängigkeit von Brechungs- und Beugungserscheinungen an Prismen oder Gittern in Spektralapparaten und erlaubt bei genauer Ausmessung die Festlegung von Wellenlängennormalen bzw. Vergleichsspektren, an denen indirekte Messungen erfolgen können.

In der **angewandten** Sp. dienen die Ergebnisse dazu, Rückschlüsse auf die in einer Lichtquelle oder durchstrahlten Substanz vorhandenen chemischen Elemente oder Verbindungen sowie auf deren Zustandsgrößen (z. B. Temperatur, Druck, Konzentration u. a.) zu ziehen.

spektroskopische Doppelsterne [zu ↑Spektroskopie]: Klasse von ↑Doppelsternen, deren Komponenten optisch nicht getrennt beobachtbar sind, da ihr scheinbarer Abstand unterhalb des Auflösungsvermögens der Instrumente liegt. Die Dublizität ist nur spektroskopisch durch periodische Verschiebung der Spektrallinien aufgrund des ↑Doppler-Effekts infolge der Bewegung um den gemeinsamen Schwerpunkt oder gelegentlich auch durch Überlagerung zweier normaler Sternspektren auffindbar.

Spektrum [aus lat. spectrum = Erscheinung]: die Wellenlängen- bzw. Frequenzverteilung einer elektromagnetischen Strahlung. Die Abb. zeigt den gesamten elektromagnetischen Spektralbereich, wobei λ die in logarithmischem Maßstab aufgetragene Wellenlänge und ν die Frequenz ist.

Emissions- und Absorptionsprozesse verursachen bzw. verhindern die Aussendung von Strahlung unterschiedlichster Wellenlängen. Die in geeignete Empfangsgeräte einfallende Strahlung kann mittels Prisma oder Beugungsgitter in ein Sp. aufgespalten werden.

Je nach Art der Strahlungsquelle und der optischen Bedingungen, die die

spezielle Relativitätstheorie

Strahlung auf dem Weg von der Strahlungsquelle zum Empfänger zu durchlaufen hat, ergeben sich unterschiedliche Spektren. So unterscheidet man zwischen **kontinuierlichen Spektren** – eine lückenlose Verteilung der Strahlung über alle Wellenlängen – und **Linienspektren**, die durch getrennt auftretende Linien charakterisiert sind. Je nachdem, ob es sich um Absorptionslinien, die einem Kontinuum überlagert sind, oder um Emissionslinien handelt, die allein oder auch einem Kontinuum überlagert auftreten können, spricht man von **Emissions-** oder **Absorptionsspektren**. Erzeugt werden diese unterschiedlichen Arten von Spektren beispielsweise durch Sterne (kontinuierliche Spektren), durch leuchtende Gasnebel (Emissionsspektren) und durch Sterne, die von kühlerem Gas umgeben sind (Absorptionsspektren). Gewöhnlich findet man jedoch Mischformen.

Neben den allgemeinen Linienspektren der Atome gibt es auch noch sog. **Bandenspektren**, für die eine Vielzahl beieinanderliegender und z. T. ineinanderfließender Linien charakteristisch ist. Diese Bandenspektren sind auf die Emission oder Absorption von zwei und mehratomigen Molekülen zurückzuführen.

spezielle Relativitätstheorie ↑ Relativitätstheorie.

Sphäre [aus lat. sphaera, von griech. sphaĩra = (Himmels)kugel]: Bez. für Himmelskugel, Sternenhimmel, Sternengewölbe usw., daher auch oft Kurzbez. für Himmelssphäre.

sphärische Aberration [zu ↑ Sphäre]: ein ↑ Bildfehler.

sphärische Astronomie [zu ↑ Sphäre]: andere Bez. für das Teilgebiet der Astronomie, das sich mit der Definition, Festlegung und Bestimmung von Positionen und Eigenbewegungen befaßt (↑ Astrometrie).

sphärischer Hohlspiegel [zu ↑ Sphäre] (Kugelspiegel): ein ↑ Hohlspiegel, dessen reflektierende Fläche Teil einer Kugelfläche ist.

Spica [lat. = Ähre] (Spika): Hauptstern im Sternbild ↑ Jungfrau mit einer scheinbaren visuellen Helligkeit von 0ᵐ96. – ↑ auch Sternverzeichnis.

Spicules ['spɪkju:lz, 'spaɪkju:lz; engl. = Nadeln]: flammenähnliche Gebilde der oberen ↑ Chromosphäre.

Spiegelteleskop (Reflektor): ein Fernrohr, bei dem die lichtsammelnde Optik des Objektivs nicht eine Linse, sondern ein Hohlspiegel ist. Dieser meist parabolisch geschliffene Hohlspiegel ist bei den klassischen Sp.en mit einer Aluminiumauflage o. ä. beschichtet und gegen Umwelteinflüsse mit einer Quarzschutzschicht beschichtet. Ein der-

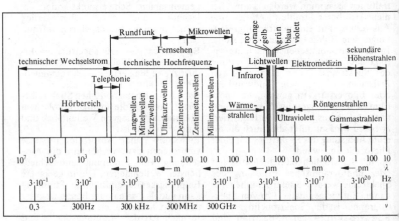

Spektrum. Graphische Darstellung des gesamten elektromagnetischen Spektrums

Spiegelteleskop

artiger Spiegel reflektiert das auftreffende Licht und erzeugt in der Brennebene (Primärfokus) ein Bild des Gegenstands, das mit Hilfe eines Okulars visuell betrachtet oder mittels einer Photoplatte gespeichert werden kann.

Beim **Herschel-Teleskop** wird direkt im Primärfokus beobachtet. Da der Brennpunkt innerhalb des vom Objekt kommenden Strahlenganges liegt, ist es jedoch zweckmäßiger, die vom Spiegel reflektierten Strahlen an eine dem Auge bzw. der photographischen Platte zugängliche Stelle außerhalb des Strahlenganges, d. h. auch außerhalb des Fernrohrtubus, abzulenken. 1671 gelang I. Newton mittels eines um 45 Grad gegen die optische Achse geneigten, elliptisch geformten Planspiegels (sog. Fangspiegel), die reflektierten Strahlen im rechten Winkel aus dem Fernrohrtubus herauszulenken (Abb. 1).

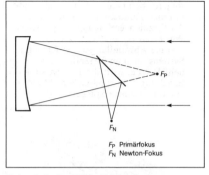

Spiegelteleskop (Abb. 1). Prinzip des Newton-Teleskops

Beim **Newton-Teleskop** ist daher das Okular bzw. die Filmkassette vorne seitlich angeordnet. Im Laufe der Zeit wurden weitere konstruktive Möglichkeiten erdacht und realisiert. Von den heute gebräuchlichen Alternativen seien die wichtigsten erwähnt.

Beim **Cassegrain-Teleskop** bzw. **-System** ist ein konvex-hyperbolisch geschliffener Fangspiegel vor dem Primärfokus angebracht. Auf diese Weise wird die Konvergenz des Strahlenbündels vermindert und die Brennweite verlängert. Das Öffnungsverhältnis beträgt 1:10 bis 1:20. Das vom Hauptspiegel reflektierte Strahlenbündel wird beim ursprünglichen Cassegrain-Teleskop mittels eines Fangspiegels durch eine Bohrung im Hauptspiegel zum Auge bzw. zur photographischen Platte gespiegelt, beim Cassegrain-Teleskop mit Nasmyth-Fokus durch einen weiteren Hilfsspiegel (Planspiegel) zur seitlichen Beobachtung abgelenkt (Abb. 2).

Ein extrem verlängertes Cassegrain-System ist das **Coudé-Teleskop** bzw. **-System**. Hier werden die vom Hauptspiegel kommenden Strahlen mittels eines Systems teilweise drehbarer Hilfsspiegel in die hohle Stundenachse (Hohlraum in der Montierung) gespiegelt, womit unabhängig von der Richtung des Fern-

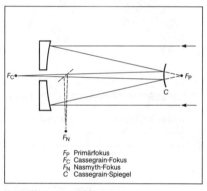

Spiegelteleskop (Abb. 2). Prinzip des Cassegrain-Teleskops

rohrs eine raumfeste Lage des Beobachters oder eventueller Zusatzgeräte (z. B. Spektrograph) erzielt wird (Abb. 3). Das Öffnungsverhältnis liegt zwischen 1:30 und 1:40.

Die großen Sp.e können im allg. zwischen den drei Anordnungen wählen, wie die Übersicht 1 zeigt.

Bei Verwendung eines Kugelspiegels läßt die Bildqualität – zunehmend mit großem Öffnungsverhältnis – außerhalb der Bildmitte zu wünschen übrig. Eine bessere Abbildung erreicht man, wenn der Spiegel (etwa ab einem Öffnungsverhältnis von 1:10) außen eine etwas ge-

351

Spiegelteleskop

ringere Krümmung besitzt als innen. Für eine Parabel ergeben sich bezüglich der Strahlenvereinigung die günstigsten Werte. Weitere Abwandlungen des Cassegrain-Systems seien im folgenden kurz behandelt. Hierbei wird die Deformation zur Behebung der sphärischen Aberration auf verschiedene Spiegel verteilt. So ist z. B. beim Quasi-Cassegrain-System der Hauptspiegel sphärisch, der Sekundärspiegel (Fangspiegel) jedoch überkorrigiert. Dadurch ist dieses Teleskop auch als Schmidt-Spiegel verwendbar. Ein Beispiel für diesen Sp.typ ist der 2-m-Spiegel des Karl-Schwarzschild-Observatoriums. Beim **Ritchey-Chrétien-System** dagegen ist der Hauptspiegel hyperbolisch und der Sekundärspiegel im Vergleich zum Cassegrain-System noch stärker hyperbolisch gekrümmt. Mit einem Ritchey-Chrétien-System läßt sich die Koma († Bildfehler) über ein großes Feld bis etwa $1° \times 1°$ korrigieren. Als Beispiel für ein Quasi-Ritchey-Chrétien-System sei der 3,6-m-Spiegel der Südsternwarte angeführt. Beim **Gregory-Teleskop** bzw. **-System** schließlich ist anstelle eines konvexen Sekundärspiegels vor dem Primärfokus ein konkaver Fangspiegel hinter dem Primärfokus angebracht. Als Beispiel für ein Gregory-Teleskop sei das Sonnenteleskop von Izaña/Teneriffa angeführt. Das von B. Schmidt 1931 entwickelte **Schmidt-Teleskop,** auch **Schmidt-Spiegel** genannt, ist ein Sp. mit großem Gesichtsfeld und hoher Lichtstärke. Es enthält einen sphärischen Spiegel, dessen Öffnungsblende durch den Krümmungsmittelpunkt verläuft (das entstehende Bild ist dadurch frei von den Bildfehlern Koma und Astigmatismus), und eine die sphärische Aberration behebende, in doppelter Brennweite angebrachte Korrektionsplatte, deren Oberfläche so beschaffen ist, daß möglichst geringe Farbfehler auftreten (sog. Schmidt-Platte). Die Strahlen treffen nach dem Durchdringen der Korrektionsplatte auf den sphärischen Spiegel und werden so reflektiert, daß das Bild auf einer zur Spiegelfläche konzentrischen Kugelfläche (Fokalfläche), deren Radius gleich der Brennweite des Spiegels ist, entsteht (Abb. 4). Bei photographischen Aufnahmen mit einer sog. Schmidt-Kamera wird die entsprechend gewölbte Photoplatte in dieser Bildfläche angeordnet. Nachteile des Schmidt-Teleskops sind die gekrümmte Fokalfläche, die Kassette im Strahlengang und der dadurch bedingte Lichtverlust sowie eine doppelte

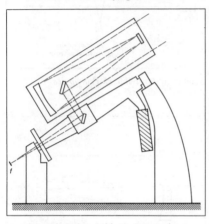

Spiegelteleskop (Abb. 3). Prinzip des Coudé-Systems

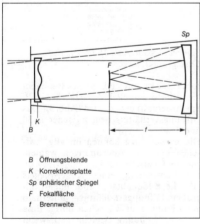

B Öffnungsblende
K Korrektionsplatte
Sp sphärischer Spiegel
F Fokalfläche
f Brennweite

Spiegelteleskop (Abb. 4). Prinzip des Schmidt-Teleskops

Baulänge im Vergleich z. B. zum Cassegrain-Teleskop. Die Übersicht 2 listet die Daten einiger Schmidt-Teleskope auf.

Als Weiterentwicklung des klassischen Schmidt-Teleskops sei das **Maxutow-Teleskop** (Meniskusteleskop) genannt. Das von dem sowjetischen Physiker D. D. Maxutow entwickelte Sp. hat anstelle der Korrektionsplatte zur Korrektur der sphärischen Aberration eine dicke, zum Kugelspiegel konzentrische Meniskuslinse. Die Baulänge des Maxutow-Teleskops beträgt etwa $^3/_4$ des Schmidt-Teleskops. Ein technischer Nachteil des Maxutow-Teleskops ist die Begrenztheit der Konkavlinsengröße. Größere Konkavlinsen sind wegen ihres Gewichts und ihrer Dicke technisch schwer herstellbar und auch nicht ohne Verspannungen einsetzbar. Daher sind große Maxutow-Teleskope bisher nicht gebaut worden. Als Weitwinkelteleskope werden sie jedoch von Amateurastronomen häufig eingesetzt.

Exemplarisch seien einige weitere Abwandlungen des Schmidt-Teleskops erwähnt. Die **Baker-Schmidt-Kamera** ist ein Sp., das vornehmlich zum photographischen Einsatz bei der Beobachtung von Meteoren und künstlichen Erdsatelliten gelangt. Als Beispiel für eine **Super-Schmidt-Kamera** sei das Sp. des Harvard-Observatoriums angeführt. Dieser Spiegeltyp hat ein extrem großes Öffnungsverhältnis von 1:0,67, eine freie Öffnung von 31 cm und ein 55 Grad großes Gesichtsfeld. Derart große Gesichtsfelder und Öffnungsverhältnisse erzielt man, indem man die optische Anordnung eines Schmidt-Teleskops analog zum Maxutow-Teleskop durch eine Meniskuslinse ergänzt und so ein optisches System aus Kugelspiegel, Meniskuslinse und Korrektionsplatte schafft.

Sp.e haben gegenüber Linsenteleskopen den Vorteil, daß sie sich mit größeren Durchmessern bauen lassen, da ein Spiegel auf seiner ganzen Unterfläche gelagert werden kann und somit gegen Durchbiegen geschützt ist. Die derzeit größten Sp.e stehen auf dem Mount Palomar (Spiegeldurchmesser 5 m) und in Selentschukskaja (Spiegeldurchmesser 6 m).

Auch für Amateurastronomen haben Sp.e ihre Vorzüge. Sie zeigen mit Ausnahme des Okulars keine sphärische

Spiegelteleskop (Übersicht 1). Anordnungen bei großen Spiegelteleskopen mit Angabe von Durchmesser D, Brennweite und Öffnungsverhältnis

	Mount Palomar	Tautenburg	Südsternwarte	Selentschukskaja
D	508 cm	200 cm	360 cm	600 cm
Primärfokus	17 m 1:3,3	4 m 1:2	11 m 1:3	24 m 1:4
Cassegrain-Fokus	81 m 1:16	21 m 1:10,5	29 m 1:8	180 m 1:30
Coudé-Fokus	152 m 1:30	92 m 1:46	108 m 1:30	– –

Spiegelteleskop (Übersicht 2). Daten verschiedener Schmidt-Spiegel

	Korrektionsplatte Durchmesser	Spiegel Durchmesser	f [m]	D/f	Feld	Photoplatte
Mount Palomar	120 cm	180 cm	3	1:2,5	$6°\!.5 \times 6°\!.5$	$35 \times 35\ cm^2$
Calar Alto	80 cm	120 cm	2,4	1:3	$5°\!.5 \times 5°\!.5$	$24 \times 24\ cm^2$
Tautenburg	134 cm	200 cm	4	1:2	$3°\!.4 \times 3°\!.4$	$24 \times 24\ cm^2$

Spin

Aberration. Schmidt-Teleskope und verwandte Bauarten sind darüber hinaus noch komafrei. Bei gleichem Objektivdurchmesser sind Sp.e zudem kompakter und billiger als Linsenteleskope. Allerdings ist zu berücksichtigen, daß in der Praxis hinsichtlich der optischen Leistung trotz gleichen Durchmessers leichte Abstriche v. a. wegen des Fangspiegels hingenommen werden müssen. So entspricht ein 20-cm-Sp. in der optischen Leistung etwa einem 15-cm-Linsenteleskop. Ein weiterer leichter Nachteil ist die empfindlichere Justierung.

Sp.e mit mehr als einem Hauptspiegel, sog. **Mehrspiegelteleskope** (Abk. **MMT**, von engl. gleichbed. multi mirror telescope), befinden sich z. Z. noch in der Erprobungsphase. Ein derartiges MMT aus sechs Spiegeln von je 1,82 m Öffnung befindet sich auf dem Mount Hopkins (Smithsonian Astrophysical Observatory and University of Arizona).

Eine Tab. der über 2,5 m großen Sp.e ist unter dem Stichwort ↑Sternwarte aufgelistet. – ↑auch Abb. S. 307.

Spin [engl. = schnelle Drehung]: eine Eigenschaft der Elementarteilchen, die anschaulich als Drehung der Teilchen um ihre eigene Achse vorgestellt werden darf. Nach den Gesetzen der Quantenmechanik kann der Sp. eines Teilchens nur ganz- oder halbzahlige Vielfache des Planck-Wirkungsquantums h, geteilt durch 2π, annehmen. Setzt man als Einheit $\hbar = h/2\pi$ fest, so ist der Sp. durch die Angabe einer Zahl, z. B. $1/2$, 0, 1 usw., gegeben.

Spiralarme [zu lat. spira = Windung (von gleichbed. griech. speĩra)]: bei zahlreichen Galaxien vom Hubble-Typ S oder SB auffallende helle, gewundene Streifen, die aus einem Kern oder aus einem Balken hervorzugehen scheinen. Es handelt sich sowohl um Stellen erhöhter Dichte interstellarer Materie als auch um Orte junger Objekte, die, obwohl sie nur einen kleinen Teil der Gesamtmasse einer Galaxie repräsentieren, zur Klassifizierung der Galaxien wesentlich beitragen (↑Hubble-Typ).

Auch unser Milchstraßensystem besitzt, wie bereits Sternzählungen innerhalb unserer Galaxis vermuten lassen, Spiralarme. Sternzählungen senkrecht zur galaktischen Ebene des Milchstraßensystems ergeben, daß die Dichte der Sterne rasch abfällt. Im Gegensatz dazu liefern Zählungen in der galaktischen Ebene selbst einen langsamen Abfall, dem mit zunehmender Entfernung vom galaktischen Zentrum Schwankungen überlagert sind, die als Sp. interpretiert werden dürfen.

Leider versagt aufgrund der starken Absorptionswirkung der interstellaren Materie die Methode der Sternzählung für Entfernungen über 2 kpc. Zum Nachweis weiter entfernter Sp. stützt man sich auf andere *Spiralarmindikatoren*. 1950 definierte W. Baade die Sp. als Orte massereicher und heißer Sterne. Diese Definition impliziert eine besonders hohe Sternentstehungsrate in Spiralarmen. Orte massiver Sterngeburten sind sicherlich auch Gebiete großer Gas- und Staubansammlungen. Folglich haben wenigstens neben jungen O- und B-Sternen auch OB-Assoziationen, junge Sternhaufen sowie H-I-, H-II-Gebiete und riesige Molekülwolken als Spiralarmelemente zu gelten.

Während die Existenz von Sp.n in unserer Galaxis als gesichert gilt, besteht über ihre Lage noch (weitgehend) Unsicherheit. Da der interstellare neutrale Wasserstoff im Radiofrequenzbereich – im Gegensatz zum optisch erfaßbaren Bereich – über weite Teile der Galaxis beobachtbar ist, eignet sich die ↑Einundzwanzig-Zentimeter-Linie vorzüglich, die Verteilung des neutralen Wasserstoffs (HI) im gesamten Milchstraßensystem zu beobachten. Allerdings ist auch diese Methode nicht ohne Schwierigkeiten. Probleme treten dadurch auf, daß die Entfernung der H-I-Gebiete nur indirekt aus den Doppler-Verschiebungen der Linie erschlossen werden kann. Mit anderen Worten: Es wird die Kenntnis über die Geschwindigkeitsverteilung der interstellaren Materie in Abhängigkeit vom Abstand zum galaktischen Zentrum vorausgesetzt. Es bleibt offen, ob und wie genau die komplizierten Bewegungsverhältnisse in der Milchstraße mit dem Ansatz eines universell gültigen Rotationsgesetzes beschreibbar sind.

Spiralarme

Zur Prüfung und Stützung des aus Messungen der Einundzwanzig-Zentimeter-Linie abgeleiteten Verteilungsbildes der Sp. in unserer Milchstraße sind als weitere Spiralarmindikatoren riesige Molekülwolken und H-II-Gebiete in die Abb. eingetragen. Hiernach liegt unsere Sonne in einem unvollständig ausgebildeten Arm oder Ausläufer eines Spiralarms, dem **lokalen Arm,** der etwa 10 kpc vom galaktischen Zentrum entfernt ist, das durch ältere Sterne markiert wird.

Die Ursache für die Existenz von Sp.n führt man seit den sechziger Jahren vorwiegend auf eine Erscheinung der Stellardynamik zurück, die die **Dichtewellentheorie** beschreibt. Bei Sternen, die um ein gemeinsames Massenzentrum rotieren, kommt es zu Störungen. Dabei scheinen Dichtestörungen in Spiralstruktur bevorzugt aufzutreten. Diese wellenförmigen Störungen in der Massenverteilung können ihrerseits wiederum dazu führen, daß sich Zonen höherer Aufenthaltswahrscheinlichkeit für die interstellare Materie bilden, die miteinander verbunden die Spiralmuster erscheinen lassen. Stoßfronten am Rande der Sp. sollten zum Kollaps von Wolken führen und damit diese Bereiche, also die Sp., zu Gebieten mit hohen Sternentstehungsraten machen.

Für die ständige Anregung der Dichtewellen und damit für die „permanente" Störung des Gravitationsfeldes der Galaxis könnte eine Begleitgalaxie oder ein

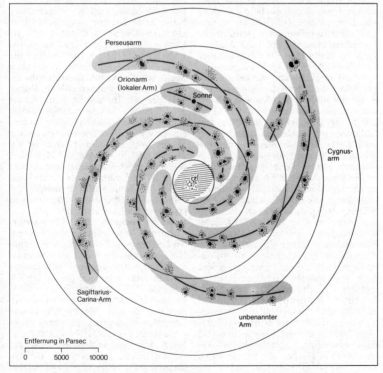

Spiralarme. Vermutete Anordnung der Spiralarme unserer Galaxis aufgrund der Verteilung des neutralen Wasserstoffs (HI)

Spiralarmindikatoren

zentraler Balken in der eigenen Galaxie verantwortlich sein. Beobachtungen erklären in der Tat die Annahme, daß ausgeprägte Sp. vorzugsweise in Galaxien, die entweder einen Begleiter oder einen Balken besitzen, auftreten.

Die Dichtewellentheorie liefert damit nicht nur eine Erklärung für die „Permanenz" der Spiralstruktur. Sie trägt auch dem Differentiationsproblem Rechnung, wonach sowohl interstellare Materie als auch junge Sterne in Sp.n konzentriert anzutreffen sind. Allerdings tauchen neuerdings Zweifel am Anteil der Wirkung von Dichtewellen auf. Sternentstehung ist nämlich nicht nur auf Sp. beschränkt, denn auch in Zwerggalaxien und irregulären Systemen existieren Sterne. Daher muß es auch noch andere Prozesse geben, die die Bildung von Sternen anregen. Denkbar ist eine sich selbst fortpflanzende, stochastische Sternentstehung mit Hilfe der Ausbreitung von Stoßwellen, die von Supernovä herrühren. Auch ist nicht ausgeschlossen, daß ausgerichtete interstellare Magnetfelder die Sternentstehungsrate und damit die Bildung von Spiralstrukturen unterstützen. Letzteres wird vor allem durch die Beobachtung gestützt, daß Galaxien mit lebhafter Sternbildung auch starke Radiostrahler sind und damit starke Magnetfelder enthalten. Untersuchungen an Spiralsystemen unterschiedlicher Ausprägung haben bislang keine signifikante Variation der Sternentstehungsrate mit dem Grad der Ausprägung der Spiralstruktur erkennen lassen. Daher wird der Einfluß der Dichtewellen auf die Sternentstehungsrate neuerdings bescheidener eingeschätzt. Von Ausnahmen bei Galaxien mit massestarkem Begleiter oder besonders großem Balken abgesehen, schätzen manche Autoren den durch Dichtewellen verursachten Sternentstehungsanteil auf durchschnittlich maximal 20%, in Galaxien mit großräumiger Struktur auf maximal 50%. Sternentstehung in Sp.n wird daher neuerdings vielmehr als ein lokaler Prozeß angesehen, der primär durch den Nachschub von Gas durch die differentielle Rotation gesteuert wird. Die großräumigen Dichtewellen organisieren durch ihren Einfluß auf die Rotationsgeschwindigkeit nur noch die Verteilung von Gas, Molekülwolken und jungen Sternen.

Spiralarmindikatoren: kosmische Objekte, die auf die Existenz und Lage von ↑ Spiralarmen hinweisen. Als solche gelten u. a.: OB-Assoziationen, junge Sternhaufen, H-II-Gebiete.

Spiralgalaxien [zu lat. spira = Windung (von gleichbed. griech. speīra)]: Galaxien, die nach ihrem Aussehen dem ↑ Hubble-Typ S zuordenbar sind.

Spiralnebel [zu lat. spira = Windung (von gleichbed. griech. speīra)]: historisch bedingte und veraltete Bez. für Spiralgalaxie.

s-Prozeß: ↑ Elementensynthese durch langsame Neutronenanlagerung.

Sputnik [russ., eigtl. = Weggenosse]: Name einer Gruppe sowjetischer Erdsatelliten. Der am 4. Oktober 1957 gestartete **Sp. 1** war der erste künstliche Erdsatellit überhaupt. Der Satellit hatte einen Durchmesser von 58 cm bei einer Masse von 83,6 kg und umkreiste die Erde auf einer elliptischen Bahn in Höhen zwischen 228 km und 947 km. Der am 3. November 1957 gestartete **Sp. 2** brachte mit der Polarhündin Laika erstmals ein Lebewesen zu Forschungszwecken in den Weltraum. **Sp. 3**, gestartet am 15. Mai 1958, lieferte bis 1960 Meßdaten.

S-Sterne: Riesensterne am kühlen Ende der Spektralklassensequenz (Spektralklasse S) mit kräftigen Banden des Zirkonoxids (ZrO), des Yttriumoxids (YO) und des Lanthanoxids (LaO).

Standardmodell der Elementarteilchen: Beschreibung aller bekannten Erscheinungsformen der Materie mit Hilfe von ↑ Quarks und ↑ Leptonen sowie die Zurückführung der beobachteten Wechselwirkungen auf Austauschprozesse von Teilchen (Bosonen).

Im Standardmodell werden als unteilbare Bausteine der Materie Quarks und Leptonen angesehen, von denen es jeweils sechs gibt (vgl. Übersicht 1). Nach dem Standardmodell existieren vier Grundkräfte: Gravitation, Elektromagnetismus, schwache und starke Kraft (Übersicht 2). Die Rolle der Gravitation im Standardmodell ist noch weit-

Standardmodell der Elementarteilchen

Standardmodell der Elementarteilchen (Übersicht 1)

Quarks

Teilchenname	Symbol	Ruhemasse in MeV	elektrische Ladung
up	u	310	$+2/3$
down	d	310	$-1/3$
charm	c	1 500	$+2/3$
strange	s	505	$-1/3$
top/truth	t	22 500; hypothetisches Teilchen	$+2/3$
bottom/beauty	b	ungefähr 5 000	$-1/3$

Leptonen

Teilchenname	Symbol	Ruhemasse in MeV	elektrische Ladung
Elektronneutrino	ν_e	ungefähr 0	0
Elektron	e^-	0,511	-1
Myonneutrino	ν_μ	ungefähr 0	0
Myon	μ	106,6	-1
Tauneutrino	ν_τ	weniger als 164	0
Tau	τ^-	1 784	-1

gehend unklar, weil sie einerseits zu schwach ist, um merkliche Wechselwirkungen zwischen Elementarteilchen zu bewirken, andererseits sich aber auch (noch) nicht auf der Ebene der Quantenmechanik verstehen läßt.

Die übrigen drei Wechselwirkungen, die auf Quarks und Leptonen wirken, lassen sich durch Austauschteilchen beschreiben. Es gibt insgesamt 12 verschiedene Austauschteilchen. Aus der Quantenelektrodynamik folgt die Existenz des Photons, aus der Quantenchromodynamik die Existenz von acht Gluonen. Für die schwache Wechselwirkung sind schließlich noch drei weitere Austauschteilchen, die schwachen W^-- und W^+-Bosonen sowie das elektrisch neutrale Z^0-Teilchen erforderlich (Übersicht 3).

Standardmodell der Elementarteilchen (Übersicht 2)

Kraft	Reichweite	Stärke bei 10^{-15} m im Vergleich zu starker Kraft
Gravitation	unendlich	10^{-38}
Elektromagnetismus	unendlich	10^{-2}
schwache Kraft	$<10^{-18}$ m	10^{-13}
starke Kraft	$<10^{-13}$ cm	1

Standardsequenz

Bei den Quarks und Leptonen zeigt sich nun eine seltsame Asymmetrie und darüber hinaus eine Nichterhaltung der schwachen Ladung, die nicht mit der elektromagnetischen Ladung zu verwechseln ist. So weisen nur linkshändige Teilchen und rechtshändige Antiteilchen eine schwache Ladung auf, während die entsprechenden Partnergruppen neutral sind. Noch erstaunlicher ist, daß schwache Ladungen wegen der Nichterhaltung auftauchen oder im Vakuum verschwinden können und daß die schwache Kraft durch eine außerordentlich kurze Reichweite auffällt. In den ↑vereinheitlichten Theorien wird die fehlende Ladungserhaltung und die kurze Reichweite der schwachen Wechselwirkung durch einen Prozeß erklärt, den man spontane Symmetriebrechung nennt.

Standardsequenz: eine Anzahl ausgewählter Sterne, für die ↑Helligkeit und ↑Farbe mit der größtmöglichen Genauigkeit bestimmt worden sind. Durch ↑Anschlußbeobachtung können dann weitere Sterne an die Anschlußsterne der St. eingeschätzt oder eingemessen werden. Eine bekannte St. ist die ↑Polsequenz.

Standardsonnenmodell: das derzeit allgemein akzeptierte Modell der Sonne. Danach setzt die Sonne Energie durch bestimmte Kernreaktionen frei. Das St. geht von folgenden Annahmen aus: Im Zentrum der Sonne beträgt die Temperatur etwa $15 \cdot 10^6$ K, der Druck über $2 \cdot 10^{16}$ Pa und die Dichte über 100 g/cm^3; die mittlere Massenzusammensetzung wird folgendermaßen angenommen: Wasserstoff 62%, Helium 36% und schwere Elemente 2%. Unter dieser Prämisse finden vorwiegend nur Fusionen von jeweils 4 Protonen (Wasserstoffkerne) zu einem Alphateilchen (Heliumkern) statt. Die Masse eines Alphateilchens ist entsprechend seiner Bindungsenergie um grob 1% geringer als die Masse von 4 Protonen. Dieser sog. ↑Massendefekt, der auch bei der Bildung anderer Kerne auftritt, ist verantwortlich für die Energieumwandlung in der Sonne. Die Bindungsenergie des Alphateilchens wird bei seiner Bildung frei und entspricht der zerstrahlten Masse m, wobei sich nach der Einstein-Gleichung für die freigesetzte Energie E ergibt: $E = m \cdot c^2$ (c Vakuumlichtgeschwindigkeit). Die Sonne verringert auf diese Weise pro Sekunde ihre Masse um rund $4,3 \cdot 10^9$ kg. Nach dem St. wird die Sonne noch einige Milliarden Jahre lang aus ihrem immensen Wasserstoffvorrat zehren und nahezu unverändert weiterstrahlen.

Standardmodell der Elementarteilchen (Übersicht 3)

Austauschteilchen	Ruhemasse in GeV	Spin	elektrische Ladung	Bemerkungen
Graviton	0	2	0	vermutet
Photon	0	1	0	experimentell nachgewiesen
schwache Vektorbosonen				
W$^+$	81	1	+1	experimentell nachgewiesen
W$^-$	81	1	−1	experimentell nachgewiesen
Z^0	93	1	0	experimentell nachgewiesen
Gluonen	0	1	0	permanent eingeschlossen

Die Fusion von Protonen zu Heliumkernen, auch Wasserstoffbrennen genannt, geschieht auf zwei Wegen: Bei der ↑pp-Reaktion wird Helium direkt aus Wasserstoff gebildet, während beim ↑CNO-Zyklus Kohlenstoff (C) als Katalysator erforderlich ist. Der CNO-Zyklus überwiegt in Sternen erst bei Temperaturen von über $20 \cdot 10^6$ K. Nach dem St. ist der CNO-Zyklus wegen der starken Temperaturabhängigkeit der beteiligten Kernprozesse in der Sonne nur mit etwa 3% an der Energieumwandlung beteiligt. Mit zunehmendem Abstand vom Sonneninneren nimmt der Anteil des CNO-Zyklus noch ab. Sowohl bei der pp-Reaktion als auch beim CNO-Zyklus fallen Neutrinos mit einer Energie bis 0,5 MeV an.

Bei höheren Drücken und Temperaturen, wie sie mitunter in anderen Sternen vorkommen, können auch Fusionsprozesse wie der ↑Drei-Alpha-Prozeß, der ↑C-Prozeß oder der ↑O-Prozeß stattfinden. Auch in unserer Sonne wird in späteren Zeiten ihrer Entwicklung der Drei-Alpha-Prozeß stattfinden. Aus der Kenntnis der im Sterninnern ablaufenden Reaktionen und der beobachteten, an der Oberfläche abgegebenen Strahlung läßt sich ein Modell vom inneren Aufbau von Sternen entwerfen.

Mit aufwendigen Detektoren konnten in letzter Zeit solare Neutrinos nachgewiesen werden, die aus der pp-Reaktion der Sonne stammen. Beim ↑Chlor-Sonnenneutrino-Experiment ist der gefundene Neutrinofluß jedoch nur etwa ein Drittel so hoch, wie nach dem St. zu erwarten wäre. Allerdings muß man einräumen, daß dieser Neutrinodetektor nur Neutrinos aus einer untergeordneten Reaktion in der Sonne zu registrieren vermag, da er nur Neutrinos zählt, deren Energie oberhalb von rund 0,8 MeV liegt. Trotz einiger Ansätze ist dieses ↑Neutrinoproblem noch nicht gelöst. Eine Antwort erhofft man sich vom ↑Gallium-Sonnenneutrino-Experiment, das die Neutrinos aus der Basisreaktion, der pp-Reaktion, zu zählen vermag.

Standlinienmethode: in der Seefahrt beliebtes Verfahren zur geographischen Ortsbestimmung. Dabei wird der Ort aus Zenitdistanzen bei bekannter Weltzeit ermittelt.

Jeder Seefahrer kennt aus Registrierungen von Kurs und Geschwindigkeit seines Schiffes die ungefähre geographische Breite seines „Schiffsortes". Dieser ungefähre Ort heißt in der Seemannssprache „gegißter" Ort (von engl. to guess = vermuten). Sei nun φ_0 die gegißte Breite, so kann er aus der Zenitdistanz z die Ortssternzeit und bei bekannter

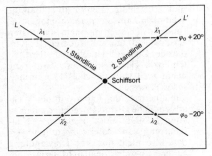

Standlinienmethode

Weltzeit auch die geographische Länge berechnen (↑geographische Ortsbestimmung). Führt er diese Rechnung für zwei angenommene Breiten, innerhalb derer sein Schiff mit Sicherheit liegt, etwa für $\varphi_1 = \varphi_0 - 20^0$ und $\varphi_2 = \varphi_0 + 20^0$, durch, so erhält er zwei Positionen φ_1, λ_1 und φ_2, λ_2, auf deren Verbindung der wahre Ort und damit sein Schiff liegt. Wiederholt er diese Rechnung mit der Höhe eines anderen Sterns, so erhält er eine zweite Standlinie, auf der sein Schiff ebenfalls liegt. Bei geschickt ausgewählten Sternen – das Azimut dieser Sterne sollte möglichst um 90° auseinander liegen – schneiden sich diese beiden Standlinien. Der Schnittpunkt liefert dann gerade den gesuchten Schiffsort.

statisches Universum [zu griech. statikós = zum Stillstehen bringend, wägend]: ein Weltmodell mit konstantem ↑Weltradius. Mit der Entdeckung der ↑Expansion des Weltalls zu Beginn dieses Jahrhunderts sind derartige Weltmodelle heute nicht mehr diskussionswürdig.

Staub: kleine, feste Teilchen, die im interplanetaren und interstellaren Raum auftreten. St. tritt in der Regel stets mit Gas auf. Der St.anteil an der interstellaren Materie wird auf 0,5 bis 1% geschätzt.

Steady-state-Theorie ['stɛdɪˌstɛɪt...; engl. steady state = Fließgleichgewicht]: ein nichtrelativistisches Weltmodell, gegen das alle gegenwärtigen Beobachtungsbefunde zu sprechen scheinen.
Die St.-st.-Th. fußt auf dem philosophisch befriedigenden Postulat, daß die Welt nicht nur isotrop und homogen sei, sondern sich auch in einem stationären Zustand befinde, mit anderen Worten, daß der Zustand der Welt zu allen Zeiten lokal gleich sei. Diese Forderung nennt man vollkommenes ↑ kosmologisches Prinzip.
Um eine trotz der Expansion des Weltalls endliche Dichte aufrecht erhalten zu können, muß eine permanente Neuschaffung von Materie postuliert werden, also nicht nur eine Umwandlung anderer Energieformen in Materie. Über das „Wann" und „Wie" dieser Neuschaffung von Materie sind verschiedene Spekulationen möglich. Bei der Annahme einer gleichmäßigen atomaren Neuschaffung wäre eine Rate von 10^{-40} g/s cm^3 notwendig, was etwa der Masse eines Wasserstoffions pro km^3 und Jahr entspräche. Eine so geringe Materieentstehung ist experimentell jedoch nicht nachweisbar.
Alle gegenwärtigen Beobachtungsfunde, insbes. die ↑ Drei-Kelvin-Strahlung sowie die in kosmischen Entfernungen gefundene unterschiedliche Häufigkeit radioastronomischer Quellen (relativ zu den in unserer näheren Umgebung existierenden) scheinen gegen die St.-st.-Th. zu sprechen.

Steinbock (Capricornus; Abk.: Cap.): ein zum Tierkreis zählendes Sternbild des südlichen Himmels, das von mittleren nördlichen Breiten aus im Spätsommer und Frühherbst etwa im Süden am Abendhimmel sichtbar ist.
Die Sonne durchläuft bei ihrer scheinbaren jährlichen Bewegung den St. in der Zeit von Ende Januar bis Mitte Februar.
Der Hauptstern des Steinbocks, α Cap (obwohl nur zweithellster Stern dieses Sternbildes), ist ein Doppelstern, dessen Komponenten bereits mit scharfem Auge gut getrennt werden können.

Steinmeteoriten: eine Gruppe von ↑ Meteoriten. St. bestehen – wie auch unser Erdmantel – überwiegend aus Silikatgestein.

Stellarastronomie [zu lat. stella = Stern]: Teilgebiet der Astronomie, das sich mit der Erforschung der physikalischen Natur, der räumlichen Verteilung und der Bewegung der Sterne unseres Milchstraßensystems und anderer Galaxien befaßt.

Stereokomparator [griech. stereós = starr, hart, fest]: ↑ Komparator.

Stern: 1. *phänomenologisch* Bez. für alle punktförmigen Lichtquellen an der Sphäre; 2. *physikalisch* im Unterschied zum Planeten eine selbstleuchtende Gaskugel, die eine ↑ Sternentwicklung durchläuft.

Sternatlas: Sammlung photographischer oder kartographisch erstellter Sternkarten.

Sternatmosphäre: die äußere Schicht eines Sterns. Die St. variiert stark und ist bis zu einige tausend km dick, ihre Materie aber so dünn, daß sie für die Strahlung teilweise durchlässig wird und daher von hier die Sternstrahlung in den Raum abgestrahlt wird. Umgekehrt spiegelt das beobachtbare Spektrum nur die Eigenschaften der Atmosphäre, wie Effektivtemperatur, Druck und chemische Zusammensetzung, wider. Das Innere eines Sterns dagegen ist unsichtbar und daher nur indirekt über die Kenntnis der St.neigenschaften erschließbar. Hierin liegt die eigentliche Bedeutung des Studiums der Sternatmosphären.

Sternbedeckungsmethode: Radiusbestimmung aus der Beobachtung des Helligkeitsverlaufs bei Sternbedeckungen. Dazu kann der bedeckende Himmelskörper selbst ein Stern oder der Mond sein. Die Radien von Sternen nahe der Ekliptik lassen sich anhand von Sternbedeckungen durch den Mond bestimmen. Während Punktquellen „schlagartig" hinter dem Mondrand verschwinden, benötigen Sterne mit merk-

Sternbedeckungsmethode

lichem Durchmesser eine meßbare Zeit. Aus dem Verlauf des Helligkeitsabfalls innerhalb von Bruchteilen einer Sekunde kann so der Radius bestimmt werden. Die Genauigkeit dieser Methode liegt etwa bei 10^{-3} Bogensekunden.

Bei ↑Bedeckungsveränderlichen gibt es eine weitere Methode zur Radiusbestimmung. Zur Verdeutlichung des Prinzips wollen wir uns auf den einfachsten Fall beschränken. Angenommen, ein Stern A mit dem Durchmesser D werde von einem zweiten Stern a mit dem Durchmesser d und der Geschwindigkeit v auf einer Kreisbahn umlaufen, in deren Ebene die Richtung zum Beobachter liegt. Das Gesamtsystem solle sich ferner mit der Radialgeschwindigkeit V vom Beobachter entfernen (Abb. 1). Dann variiert die relative Radialgeschwindigkeit des Sterns a, je nach momentaner Bewegungsrichtung, zwischen $V+v$ und $V-v$. Entsprechend treten aufgrund des Doppler-Effekts in seinem Spektrum Linienverschiebungen auf, die zwischen den Extremen $\Delta\lambda_1$ und $\Delta\lambda_2$ pendeln; es gilt:

$$\frac{\Delta\lambda_1}{\lambda_0} = \frac{V+v}{c}$$

und entsprechend

$$\frac{\Delta\lambda_2}{\lambda_0} = \frac{V-v}{c}.$$

Aus den beiden Gleichungen folgt:

$$\frac{\Delta\lambda_1 - \Delta\lambda_2}{\lambda_0} = 2\frac{v}{c}.$$

Durch Messung der beiden Extreme $\Delta\lambda_1$ und $\Delta\lambda_2$ läßt sich die Bahngeschwindigkeit v berechnen.

Pro Umlauf kommt es einmal zur Bedeckung und somit zur Veränderung des Strahlungsflusses. Mittels der Lichtkurve (Abb. 2) lassen sich, da v bekannt ist, die Durchmesser D und d der beiden Sterne im linearen Maß bestimmen. Im einzelnen gilt:

$$D + d = v(t_4 - t_1)$$

und entsprechend

$$D - d = v(t_3 - t_2).$$

Die Bedingungen in der Praxis sind aber leider nicht so ideal. Elliptische Bahnen, abgeplattete Sterne, geneigte Lage der Beobachtungsrichtung zur Bahnebene, ungleichmäßige Oberflächenhelligkeit der Sterne u. ä. beschränken die Anwendung dieser Methode. Zuverlässige Werte liegen nach dieser Meßmethode nur für etwa 100 Sterne vor.

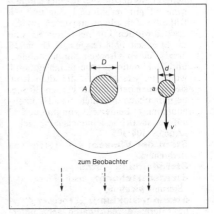

Sternbedeckungsmethode (Abb. 1).
Relevante Größen zur Bestimmung der Umlaufgeschwindigkeit eines Begleiters

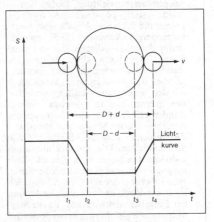

Sternbedeckungsmethode (Abb. 2).
Prinzip der Durchmesserbestimmung bei Bedeckungsveränderlichen

Sternberg-Institut: nach dem Astronomen P. K. Sternberg benanntes astronomisches Forschungsinstitut in Moskau. Die zweitgrößte astronomische Einrichtung der UdSSR besitzt Außenstationen in Kasachstan und auf der Krim.

Sternbild: auffällige Konfiguration hellerer Sterne, die sich zu einer einprägsamen Figur verbinden lassen und seit frühester Zeit phantasievoll zu Bildern ergänzt wurden. Für die *Astronomie* sind die St.er seit 1928 festgelegte Himmelsareale, deren Grenzen durch Stunden- und Deklinationskreise festgelegt sind, wobei im wesentlichen die alten Konstellationen beibehalten wurden. 30 St.er befinden sich nördlich des Himmelsäquators, 11 beiderseits von ihm und 47 auf der südlichen Himmelshalbkugel. – ↑Abb. S. 304/305.

Stern der Weisen: svw. ↑Stern von Bethlehem.

Sterndeutung ↑Astrologie.

Sternentstehung: erste Phase der ↑Sternentwicklung.

Sternentwicklung: „Lebensweg" eines Sterns durch Phasen sehr unterschiedlicher Länge. Im einzelnen sind dies: Sternentstehung, Vorhauptreihenentwicklung, Hauptreihenstadien, Nachhauptreihenentwicklung, Endstadien.

Sterne sind physikalische Systeme. Durch die laufende Abgabe von Strahlungsenergie verändert sich zwangsläufig der physikalische Zustand eines Sterns. Der Stern altert, seine ↑Zustandsgrößen verändern sich. Kenntnisse über die verschiedenen Möglichkeiten der ↑Energieumwandlung und über den Sternaufbau in Gleichgewichtszuständen ermöglichen unter vernünftigen Annahmen über Masse und chemische Zusammensetzung die Berechnung von Sternmodellen. Die Entwicklung eines individuellen Sterns ist aufgrund seiner langen Lebensdauer nicht beobachtbar. Nun ist aber jeder Blick ins All zugleich auch ein Blick in verschiedene Phasen der Einzelsternentwicklung, da die Sterne nicht alle gleichzeitig entstanden sind und unterschiedlich schnell altern. Mit Hilfe der Informationen über verschiedene Stadien der St. zahlreicher Sterne läßt sich auf die Entwicklung individueller Sterne schließen. Die so gewonnenen theoretischen Sternmodelle werden ihrerseits wieder durch weitere Daten überprüft und gegebenenfalls modifiziert. Nach unseren heutigen Kenntnissen, sowohl von der Theorie als auch von der Beobachtung her, läßt sich die Entwicklung von Sternen in groben Zügen beschreiben. Detailaussagen dagegen sind mit einer gewissen Vorsicht zu gebrauchen. Allgemein läßt sich die St. als ein Weg im ↑Hertzsprung-Russell-Diagramm beschreiben, da die einzelnen Sterne im Laufe ihres Lebens Leuchtkraft und Effektivtemperatur ändern.

Sternentstehung

Sterne entstehen beim ↑Gravitationskollaps von diffusen, interstellaren Gas- und Staubwolken. Voraussetzung dafür ist, daß die zum Wolkenzentrum gerichteten Gravitationskräfte größer sind als die nach außen gerichteten Druck- und Turbulenzkräfte. Eine Gravitationsinstabilität ist gegeben, wenn für die Wolkenmasse M das Jeans-Kriterium $M > K \cdot 10^3 M_\odot$ erfüllt ist, wobei der Wert K von der Temperatur und der Dichte im Zentrum abhängt und unter normalen kosmischen Umständen größer 1 ist. Trotz der erforderlichen großen Wolkenmasse kann es zur Bildung von einzelnen Sternen mit typischen Massen von nur 1 bis etwa 10 $M_\odot$ kommen, wenn man annimmt, daß durch Fraktionierung der Wolke infolge zufälliger Dichtefluktuationen die Entstehung von vielen Sternen gleichzeitig erfolgt und nur ein Teil der anfänglich kollabierenden Wolke zu Sternen kondensiert. Tatsächlich bestätigt die Beobachtung die Entstehung von Sternen in Sternhaufen und nicht als Einzelsterne. Liegt die Masse der Wolke dagegen unterhalb der kritischen Jeans-Masse, so daß die Gravitationskräfte geringer als die nach außen gerichteten Druckkräfte des Gases sind, bedarf es eines äußeren Anstoßes, um eine kritische Dichte des Gases zu erhalten, oberhalb derer (bei gegebener Masse und Temperatur) die Wolke zu kollabieren anfängt. Denkbare, außerhalb

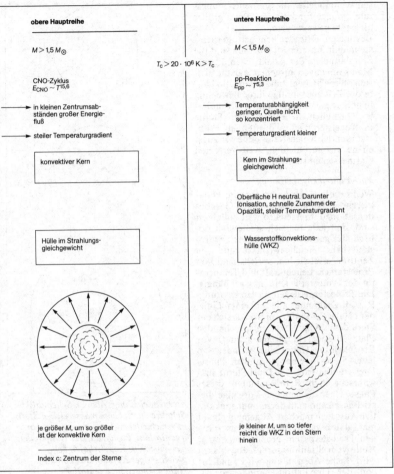

Sternentwicklung (Abb. 1). Eigenschaften von Hauptreihensternen

der Wolke liegende Ursachen sind die vom Kern einer Galaxie ausgehenden Dichtewellen, Stoßwellen einer nahen ↑Supernova oder ausgerichtete Magnetfelder.

Die Entstehung von Sternen in unserer Milchstraße war nicht ein einmaliger Vorgang, sondern dauert heute noch an. Nimmt man an, daß die Entstehungsrate proportional zur vorhandenen Gasmenge ist, so dürfte dieser Vorrat bei Weltmodellen mit konstanter Masse, wie den ↑Friedmann-Weltmodellen, wegen der fortwährenden Sternentstehung laufend abnehmen, selbst dann, wenn man eine gewisse Rückbildung von Sternmaterie in interstellares Gas bei alternden Sternen berücksichtigt. Daher dürfte bei die-

Sternentwicklung

sen Weltmodellen die Sternentstehungsrate anfangs rund 10- bis 20mal größer als heute gewesen sein.

Bevorzugte Orte der heutigen Sternentstehung in unserer Milchstraße sind die Spiralarme in der galaktischen Ebene. Man kann davon ausgehen, daß die meisten Sterne hier entstanden sind, im Laufe der Zeit aber infolge ihrer Bewegung in höhere galaktische Breiten diffundierten. Lediglich die extrem alten Sterne in Kugelsternhaufen dürften im Frühstadium der Milchstraße ohne Vorzugsebene aus turbulenten, weit verteilten Gasmassen entstanden sein.

Vorhauptreihenentwicklung

Wenn die aus der zerbrochenen, kollabierenden Wolke entstandenen Gaskondensationen ihrerseits so weit kollabiert sind, daß jede für sich schließlich optisch dick geworden ist und einen hydrostatischen Gleichgewichtszustand im Zentrum erreicht hat, spricht man von **Protosternen.** Leuchtkraft und Temperatur der Protosterne sind masseabhängig. Die Protosterne liegen im Hertzsprung-Russell-Diagramm alle auf einer Linie, der ↑ Hajaschi-Linie, von wo aus sich der Stern der seiner Masse entsprechenden Platz auf der Hauptreihe nähert. Vor Erreichen der Hauptreihe befindet sich jeder Stern in einer unruhigen Phase. Die veränderlichen ↑ T-Tauri-Sterne sind wahrscheinlich Repräsentanten dieser Phase. Über die genauen Vorgänge dieser Phase kann man derzeit nur spekulative Aussagen machen. Allgemein glaubt man, daß je nach Masse des entstandenen Protosterns ein großer Teil seiner Hülle vom Strahlungsdruck abgeblasen wird. Seine Abstrahlung wird zunächst von der Gravitationsenergie gedeckt, d. h. der Stern kontrahiert. Die Kontraktionszeit variiert je nach Masse des Sterns zwischen 10^5 und 10^8 Jahren.

Hauptreihenstadium

Erst wenn durch Kontraktion die Zentraltemperatur so weit angestiegen ist, daß Kernprozesse bei der Energieumwandlung dominieren, erreicht der Stern als **Hauptreihenstern** eine langlebige ruhige Phase. Auf der Hauptreihe ergeben

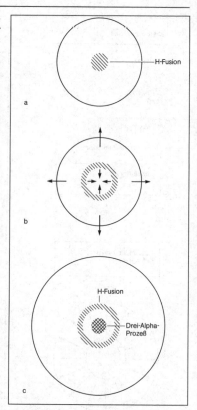

Sternentwicklung (Abb. 2). Schematische Schnitte durch einen massereichen Stern in verschiedenen Entwicklungsstadien: a zentrale H-Fusion auf der Hauptreihe; b H-Fusion in Kugelschalen bei gleichzeitiger Kernkontraktion und Hüllenexpansion; c zentraler Drei-Alpha-Prozeß bei gleichzeitiger H-Fusion in Kugelschalen

sich in Abhängigkeit von der Masse des Sterns wichtige Unterschiede. So ist bei Sternen mit Massen größer als etwa 1,5 bis 2 Sonnenmassen der ↑ CNO-Zyklus der vorherrschende Mechanismus zur Energieumwandlung, während bei masseärmeren Sternen (untere Hauptreihe), zu denen auch unsere Sonne zählt, die

Sternentwicklung

↑pp-Reaktion überwiegt. Aus den unterschiedlichen Energieumwandlungsprozessen ergeben sich auch Konsequenzen für den inneren Aufbau. Wegen der starken Temperaturabhängigkeit des CNO-Zyklus ist die Energieumwandlung bei den oberen Hauptreihensternen stark auf den inneren Kern konzentriert. Der große Energiestrom aus diesem kleinen Volumen bewirkt eine so steile Temperaturabnahme nach außen, daß die Schichtung instabil wird und ↑Konvektion im Kern eintritt. In der unteren Hauptreihe umfaßt der Kern, in dem die pp-Reaktion abläuft, etwa 10% der Sternmasse. Die Temperaturabnahme nach außen ist geringer, so daß der Kern stabil geschichtet bleibt. Dafür gibt es in den äußeren Teilen des Sterns eine ↑Wasserstoffkonvektionszone. Die Dauer τ_H dieser Entwicklungsphase (als Funktion der Sternmasse), in deren Verlauf sich die Leuchtkraft nur wenig ändert, läßt sich leicht abschätzen. Die Energieumwandlung erfolgt generell durch Fusion von Wasserstoff zu Helium. Der anfängliche Energievorrat E_H ist daher proportional zur Masse M_H des Wasserstoffs und M_H ist wiederum proportional zur Masse M des Sterns. Nach der Masse-Leuchtkraft-Beziehung gilt für die Leuchtkraft der Hauptreihensterne $L \sim M^{3,5}$. Somit liefert eine Abschätzung für diese Entwicklungsdauer:

$$\tau_H = \frac{E_H}{L} \sim \frac{M}{M^{3,5}} = M^{-2,5}.$$

Die Hauptreihenphase dauert also um so länger, je kleiner die Masse des Sterns ist. Größenordnungsmäßig liegt sie etwa zwischen 10^6 und 10^{11} Jahren.
Abb. 1 gibt eine Übersicht über die Eigenschaften der Hauptreihensterne.

Nachhauptreihenentwicklung

Unabhängig von seiner Masse verläßt der Stern die Hauptreihe mit dem Ende der Fusion von Wasserstoff zu Helium im Kern. Die Fusion von Wasserstoff setzt sich in konzentrischen Kugelschalen fort. Abb. 2 zeigt einen massereichen Stern in verschiedenen Stadien.
Die nicht im Kern, sondern in Kugelschalen ablaufende Energieumwandlung wird bezeichnenderweise **Schalenquelle** oder **Schalenbrennen** genannt.
Im Zentralgebiet wechseln sich nach Beendigung der Wasserstoffusion je nach Sternmasse neue nukleare Fusionen mit dazwischen liegenden Phasen der Kontraktion und Hüllenexpansion ab. Die massereichen Sterne bewegen sich im Hertzsprung-Russell-Diagramm vorzugsweise nach rechts, da mit Vergrößerung ihres Radius eine Abnahme der Effektivtemperaturen erfolgt. Dagegen bewegen sich die massearmen Sterne bevorzugt nach oben, da bei ihnen die Temperatur etwa konstant bleibt. So gelangen sie von der Hauptreihe ins Gebiet der ↑roten Riesen. Die weitere Entwicklung verläuft für Sterne unterschiedlicher Masse und chemischer Zusammensetzung sehr unterschiedlich, weil sich individuelle Inhomogenitäten und physikalische Zustände ausbilden.
Abb. 3 zeigt die möglichen Entwicklungswege für einen massearmen und einen massereichen Stern. Ein wesentlicher Unterschied zwischen der Entwicklung massereicher und massearmer Sterne zeigt sich bei D bzw. D', wenn in

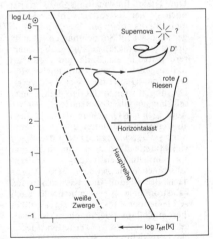

Sternentwicklung (Abb. 3).
Hauptreihenentwicklung eines Sterns mit sonnenähnlicher Masse im Vergleich zu einem massereichen Stern

Sternfarbe

der Energieumwandlung der Drei-Alpha-Prozeß einsetzt. Bei Sternen unterhalb von 2,25 $M_\odot$ ist der Heliumkern, in dem dieser Prozeß stattfindet, zunächst entartet, so daß es zu einem ↑Heliumflash kommt. Dabei expandiert der Kern aufgrund der stark beschleunigten Energieumwandlung und das entartete Gas wandelt sich wieder in normales Gas zurück. Damit sind auch die Randbedingungen für den Drei-Alpha-Prozeß erfüllt. Im Hertzsprung-Russell-Diagramm erfährt der Stern infolgedessen innerhalb kurzer Zeit eine Zustandsänderung und landet auf dem sog. **Horizontallast**. Bei Sternen über 2,25 $M_\odot$ ist der Verlauf ein anderer. Die Temperaturen sind stets so hoch, daß Entartung vermieden wird. Wenn das Helium im Zentrum durch den Drei-Alpha-Prozeß fast vollständig in Kohlenstoff umgewandelt ist, wandert auch diese Reaktion in einen Schalenbereich, so daß der Stern fortan zwei Schalenquellen hat: in der äußeren Schale der CNO-Zyklus, in der inneren der Drei-Alpha-Prozeß.

Endstadien

Die letzte Entwicklungsphase dürfte noch stärker als vorher von der Masse eines Sterns abhängen. Sterne mit weniger als etwa 1,4 Sonnenmassen (↑Chandrasekhar-Grenze) gelangen über mehrere instabile Zustände unter Abwurf weitausgedehnter wasserstoffreicher Hüllen in das Gebiet der ↑weißen Zwerge. Die abgeworfenen Hüllen kennt man seit langem als ↑planetarische Nebel. Aber auch massereichere Sterne können als weiße Zwerge enden, und zwar dann, wenn sie durch Abgabe von hinreichend viel Materie doch noch um oder unter 1,4 Sonnenmassen gelangen. Andernfalls brechen die massereicheren Sterne nach Beendigung der Kernreaktionen katastrophenartig zusammen. Je nach verbleibender Masse ergeben sich bei diesem Kollaps – der möglicherweise eine ↑Supernova ist – zwei unterschiedliche Entwicklungen: Sterne mit 1,4 bis 2, maximal 3 Sonnenmassen im Endstadium enden als ↑Neutronenstern, Sterne mit mehr als 2 bis 3 Sonnenmassen dagegen als ↑schwarzes Loch. Da jedoch die Mehrheit der Sterne während ihrer Entwicklung erhebliche Masseverluste erleidet, darf bei massereicheren Sternen nicht ohne weiteres aus der beobachteten Masse auf das Endstadium geschlossen werden. Vielmehr landen wegen späterer Abwürfe von Materie zahlreiche massereichere Sterne noch im Gebiet der weißen Zwerge.

Sternfarbe: die ↑Farbe des vom Stern ausgesandten bzw. auf der Erde empfangenen Lichts.

Sternferne: svw. ↑Apastron.

Sterngröße: im allg. nicht die geometrische Größe eines Sterns, sondern seine Helligkeit, deren Einheit, historisch bedingt, die Größe oder ↑Größenklasse ist.

Sternhaufen: Bei Durchmusterungen des Himmels fallen mehr oder weniger starke Konzentrationen von Sternen zu Haufen auf. Eine genaue Untersuchung dieser Sternkonglomerate läßt eine Unterteilung in die folgenden drei Gruppen als sinnvoll erscheinen: ↑Assoziationen, ↑offene Sternhaufen und ↑Kugelsternhaufen.

Einen Überblick über diese drei Arten von Sternansammlungen bietet die Übersicht.

Sternkarten (Himmelskarten): kartographische Darstellung von Teilen des Himmels, in der die Sterne (und Sternsysteme) nach Position und Helligkeit in Form kleiner Kreisscheiben wiedergegeben und Sternhaufen, extragalaktische Sternsysteme u. a. durch besondere Symbole gekennzeichnet sind. Heute ist v. a. der vom Mount-Palomar-Observatorium auf photographischem Wege hergestellte Palomar-Sky-Atlas (1758 Karten, die rund ¾ der gesamten Sphäre erfassen) ein wichtiges Hilfsmittel der astronomischen Arbeit.

Bei drehbaren St. läßt sich mit Hilfe einer kreisförmigen oder elliptischen Vignette der zu einem bestimmten Zeitpunkt sichtbare Himmelsausschnitt einstellen.

Sternkatalog: in der Regel ein der Aufgabenstellung entsprechendes systematisches Verzeichnis von Sternen oder besonderen Sterngruppen (z. B. Doppelsterne, Veränderliche).

Sternhaufen

	Assoziationen	offene Sternhaufen	Kugel-sternhaufen
Gestalt am Himmel	unregelmäßig	unregelmäßig	kreissymmetrisch
Sternreichtum und Konzentration	sternarm; nur Konzentration bestimmter Typen	sternarm; aufgelockert	sternreich; stark konzentriert
Verteilung in der Milchstraße	Spiralarme	galaktische Ebene	Halo
Teilnahme an galaktischer Rotation	ja	ja	nein
Verteilung der Sterne im Hertzsprung-Russell-Diagramm	extrem junge Sterne	Population I	Population II
Mittelwerte:			
gegenseitiger Abstand	1 000 pc	100 pc	2 000 pc
linearer Durchmesser	100 pc	4 pc	60 pc
Anzahl der Sterne heller als $M = 0$	25 (OB-Ass.)	15	400
Gesamtmasse in $M_\odot$	2 000	1 000	10^6
Alter in Mill. Jahren	4	50	6 000
Lebensdauer (Jahre)	kurz ($\sim 10^7$)	$6 \cdot 10^8$	10^{10}
bekannte Objekte	100 (70 OB-Assoziationen)	1 039	125
geschätzte Anzahl im Milchstraßensystem	100 OB-Assoziationen, 1 000 T-Assoziationen	15 000	200–2 000

In der wiss. Forschung sind folgende Kataloge von Bedeutung:
1. *Historische Kataloge.* Zu nennen sind hier der ↑Almagest, der die bereits von Hipparch erstellten Positionen von 1 022 Sternen enthält, sowie der letzte, vor Erfindung des Fernrohrs von Tycho Brahe erstellte Katalog, der über 700 sorgfältig vermessene Örter von Sternen enthält.
2. *Fundamentalkataloge.* Derartige Kataloge dienen durch Zusammentragen vieler Beobachtungen zur Festlegung von absoluten Örtern. Der derzeit gültige ↑Fundamentalkatalog ist der FK 5.
3. *Zonenkataloge.* Kataloge mit genauen relativen Örtern, angeschlossen an ↑Fundamentalsterne. Durch einen Vergleich der zu verschiedenen Zeiten (AGK 1, 2 und 3) von der Astronomischen Gesellschaft erstellten Zonenkataloge (↑Zonenkataloge der Astronomischen Gesellschaft) läßt sich die Eigenbewegung der Sterne erschließen.
4. *Durchmusterungen.* Kataloge zur Identifizierung von Sternen und zum Zweck statistischer Untersuchungen. Die bekanntesten Durchmusterungen, die viele Sterne mit mäßiger Genauigkeit enthalten, sind die ↑Bonner Durchmusterung und die ↑Cordoba-Durchmusterung sowie der ↑Henry-Draper-Katalog.

Sternnähe: svw. ↑Periastron.

Sternnamen: Ebenso wie die Sternbilder haben auch die Sterne Eigennamen, die meist arabischen Ursprungs sind. In Gebrauch sind heute jedoch nur noch die Namen für auffällige, helle Sterne, wie z. B. Sirius, Beteigeuze oder Wega.

Sternschnuppe

Stattdessen bezeichnet man auf Vorschlag von J. Bayer die *Sterne* innerhalb eines Sternbildes durch Voranstellen eines kleinen griechischen Buchstabens vor den Genitiv des lateinischen Sternbildnamens oder bequemer vor dessen Abkürzung. Danach entspricht z. B. Wega der Bez. αLyr. Die griechische Buchstabenfolge entspricht dabei ungefähr auch der Helligkeitsfolge innerhalb eines Sternbildes. Sollten die griechischen Buchstaben nicht ausreichen, so geht man zu kleinen lateinischen Buchstaben über.

Die Zahl der schwächeren oder gar teleskopischen Sterne dagegen wird durch Angabe der Katalognummer hinter der Katalogbez. oder einfach durch Angabe der Koordinaten gekennzeichnet. Mithin sind heute verschiedene Benennungen eines Sterns üblich, wie im folgenden zusammengestellt:

Eigenname	Beteigeuze
Bez. nach Bayer	α Ori
Koordinaten	AR(α) $5^h 52^m 27,822^s$ Dekl(δ) $+7° 23' 58,00''$ (1950)
Nr. in der Bonner Durchmusterung	BD $+7°$ 1055
Nr. im Henry-Draper-Katalog	HD 39801
Nr. im Smithsoniankatalog	SAO 113271

Steht nun aber vor der Katalognummer ein M, GC, NGC oder IC (↑Nebelkataloge), so handelt es sich nicht um einen Stern, sondern um einen *Sternhaufen*, einen *galaktischen Nebel* oder ein *Sternsystem*.

Besondere Bezeichnungen sind darüber hinaus für ↑*Veränderliche* und ↑*Doppelsterne* üblich. Veränderliche – wenn ihre Identität zweifelsfrei feststeht – werden durch Voranstellen einer zweifachen Kombination großer lateinischer Buchstaben vor die Sternbildabkürzung, z. B. RR Lyr, gekennzeichnet.

Sind die 334 Buchstabenkombinationen für ein Sternbild erschöpft, so wird einfach mit Zahlen, unter Voranstellen eines V, weitergezählt, also V 335, V 336 usw.

Doppel- und Mehrfachsterne werden nach dem Entdecker und mit der von ihm veröffentlichten Katalognummer bezeichnet, sofern sie nicht schon eigene Sternnamen, wie z. B. Sirius, tragen. Die Komponenten werden einfach ihrer Helligkeit nach entsprechend der alphabetischen Reihenfolge durch Anhängen eines großen lateinischen Buchstabens an den *St.* gekennzeichnet. So ist z. B. Sirius A heller als Sirius B.

Dagegen bezeichnet ein hinter den *Sternbildnamen* gesetzter großer lateinischer Buchstabe eine intensive *Radioquelle*, wie z. B. Virgo A oder Orion B. Da Röntgenstrahlen außerhalb des deutschen Sprachgebrauchs als X-Strahlen bezeichnet werden, weist ein hinter den Sternbildnamen gesetztes großes X mit einer Zahl auf eine *Röntgenquelle* hin. Als Beispiel sei Cygnus X-1 angeführt.

Sternschnuppe ↑ Meteor.

Sternstromparallaxe: Methode der ↑ Entfernungsbestimmung.

Sternsystem (Galaxie): Ansammlung von etwa 100 Mill. bis 200 Mrd. Sternen und großen Mengen interstellarer Materie, die kosmogonisch und dynamisch eine Einheit bilden. Das St., dem unsere Sonne und alle mit bloßem Auge sichtbaren Sterne angehören, ist das ↑ Milchstraßensystem.

Sterntag: der Zeitraum zwischen zwei oberen ↑ Kulminationen des Frühlingspunktes. Der St. ist um 3 Minuten und 56,569 Sekunden kürzer als ein mittlerer Sonnentag.

Stern von Bethlehem (Dreikönigsstern, Stern der Weisen): der im Matthäusevangelium erwähnte Stern, der die Weisen aus dem Osten nach Bethlehem zur Geburtsstätte Christi geführt haben soll. Wenn dem St. v. B. tatsächlich eine natürliche Erscheinung zuordenbar ist, was gegenwärtig umstritten ist, könnte J. Kepler uns einer Lösung näher gebracht haben.

Aus der Beobachtung einer Supernova im Sternbild Schlangenträger im Jahre 1604 schloß Kepler (mangels astrophysikalischer Kenntnisse), daß das Aufflammen eines sehr hellen neuen Sterns – einer Supernova, wie wir heute sagen würden – auf das Zusammentreffen der

STERNVERZEICHNIS
Daten einiger heller, auffälliger Sterne, deren Eigennamen heute noch gebräuchlich sind

Sternname	Rekt. h m s	Dekl. ° ′	EB in α EB in δ	Par RG	Größe	Spektrum	Bemerkungen
Achernar α Eri	1 37 42	−57 15	+0,092 −0,034	0,023 +19 V	0.47	B 5　IV	
Acrab β^1 Sco	16 5 26	−19 48	−0,007 −0,026	0,004 −7 V	2.63	B 0,5　V	M 3
Alamak γ^1 And	2 3 53	+42 20	+0,046 −0,050	0,005 −12	2.28	K 3　II	M 3
Aldebaran α Tau	4 35 55	+16 30	+0,069 −0,190	0,048 +54	0.86	K 5　III	M 6
Alderamin α Cep	21 18 35	+62 35	+0,147 +0,050	0,063 −10	2.41	A 7　IV, V	M 4
Algenib γ Peg	0 13 14	+15 11	−0,001 −0,010	+4 V	2.83	B 2　IV	V
Algol β Per	3 8 11	+40 57	+0,006 −0,001	0,031 +4 V	2.2	B 8　V	V, M 5
Algorab δ Crv	12 29 51	−16 31	−0,210 −0,145	0,018 +9	2.95	B 9,5　V	D
Alioth ε UMa	12 54 2	+55 57	+0,113 −0,011		1.76	A 0	V
Alkyone η Tau	3 47 29	+24 7	+0,023 −0,044	0,005 +10	2.86	B 7　III	D
Alphard α Hya	9 27 35	−8 40	−0,015 +0,030	0,017 −4	1.99	K 4　III	
Alpheratz α And (Sirrah)	0 8 23	+29 5	+0,134 −0,161	0,024 −12 V	2.02	B 9	D
Antares α Sco	16 29 25	−26 26	−0,009 −0,028	0,019 −3 V	1.08	M 1　Ib	V, D
Arcturus α Boo	14 15 40	+19 11	−1,098 −2,003	0,090 −5	0.06	K 2　III	
Atair α Aql	19 50 47	+8 52	+0,535 +0,383	0,198 −26	0.77	A 7　V	D
Bellatrix γ Ori	5 25 8	+6 21	−0,006 −0,014	0,026 +18	1.64	B 2　III	
Benetnasch ε UMa	13 47 32	+49 19	−0,122 −0,018	0,004 −11	1.86	B 3　V	
Beteigeuze α Ori	5 55 10	+7 24	+0,027 +0,007	0,005 +21 V	0.80	M 2　Iab	V, M 5
Canopus α Car	6 23 57	−52 41	+0,018 +0,017	0,018 +21	−0.73	F 0　Ib	
Capella α Aur	5 16 41	+46 0	+0,083 −0,427	0,073 +30 V	0.09	G 8　III + F	M 9
Caph β Cas	0 9 10	+59 9	+0,527 −0,178	0,072 +12	2.25	F 2　IV	D
Castor α Gem	7 34 36	+31 53	−0,165 −0,110	0,072 +6 V	1.99	A 1　V	M 6

369

STERNVERZEICHNIS (Forts.)
Daten einiger heller, auffälliger Sterne, deren Eigennamen heute noch gebräuchlich sind

Sternname		Rekt. h m s	Dekl. ° ′	EB in α EB in δ	Par RG	Größe	Spektrum	Bemerkungen
Deneb	α Cyg	20 41 26	+45 16	−0,002 +0,002	−5 V	1.26	A 2 I a	D
Deneb Kaitos	β Cet	0 43 35	−17 59	+0,230 +0,040	0,057 +13	2.04	K 1 III	
Denebola	β Leo	11 49 4	+14 34	−0,496 −0,122	0,076 −0	2.14	A 3 V	M 4
Dubhe	α UMa	11 3 44	+61 45	−0,119 −0,070	0,031 −9 V	1.79	K 0 II–III	D
Fomalhaut	α Psa	22 57 39	−29 37	+0,328 −0,164	0,144 +7	1.16	A 3 V	
Gemma	α Crb	15 34 41	+26 43	+0,119 −0,098	0,043 +2 V	2.23	A 0 V	V
Kochab	β UMi	14 50 43	+74 9	−0,032 +0,007	0,031 +17	2.08	K 4 III	
Markab	α Peg	23 4 46	+15 12	+0,058 −0,041	0,030 −4 V	2.49	B 9,5 III	
Megrez	δ UMa	12 15 26	+57 2	+0,106 −0,003	0,052 −13	3.31	A 3 V	
Menkar	α Cet	3 2 17	+4 6	−0,009 −0,074	0,003 −26	2.52	M 2 III	
Merak	β UMa	11 1 51	+56 23	+0,082 +0,029	0,042 −12 V	2.36	A 1 V	
Mira	o Cet	2 19 21	−2 59	−0,009 −0,232	0,013 +64 V	2.0	G-M 6	V, M 4
Mirach	β And	1 9 44	+35 37	+0,177 −0,113	0,043 +0	2.03	M 0 III	M 4
Mirfak	α Per	3 24 20	+49 51	+0,025 −0,024	0,029 −2	1.79	F 5 I b	
Mizar	ξ UMa	13 23 56	+54 56	+0,124 −0,028	0,037 −9 V	2.40	A 2 V	D
Phecda	γ UMa	11 53 49	+53 42	+0,094 +0,004	0,020 −13	2.44	A 0 V	
Polarstern (Polaris)	α UMi	2 31 13	+89 15	+0,046 +0,004	0,003 −17 V	2.5	F 8 I b	V, M 4
Pollux	β Gem	7 45 19	+28 1	−0,623 −0,052	0,093 +3	1.15	K 0 III	M 7
Procyon	α CMi	7 39 18	+5 14	−0,706 −1,032	0,288 −3 V	0.34	F 5 IV	M 4
Ras Algethi	α¹ Her	17 14 39	+14 23	−0,010 +0,030	−33	3.1	M 5 II	V, M 4
Ras Alhague	α Oph	17 34 56	+12 34	+0,117 −0,232	0,056 +13 V	2.08	A 5 III	
Regulus	α Leo	10 8 22	+11 58	−0,248 +0,001	0,039 +4	1.36	B 7 V	M 4

STERNVERZEICHNIS (Forts.)
Daten einiger heller, auffälliger Sterne, deren Eigennamen heute noch gebräuchlich sind

Sternname		Rekt. h m s	Dekl. ° '	EB in α EB in δ	Par RG	Größe	Spektrum		Bemerkungen
Rigel	β Ori	5 14 32	−8 12	+0,001 +0,000	+21 V	0.08	B 8	I a	M 4
Schedir	α Cas	0 40 31	+56 32	+0,050 −0,029	0,009 −4	2.24	K 0	II–III	V, M 4
Sirius	α CMa	6 45 9	−16 43	−0,537 −1,210	0,375 −8 V	−1.47	A 1	V	M 3
Spica	α Vir	13 25 11	−11 9	−0,041 −0,035	0,021 +1 V	0.96	B 1	V	V
Unuk	α Ser	15 44 17	+6 25	+0,134 +0,039	0,046 +3	2.65	K 2	III	M 3
Vindemiatrix	ε Vir	13 2 11	+10 58	−0,274 +0,016	0,036 −14	2.81	G 9	II–III	
Wega	α Lyr	18 36 56	+38 47	+0,200 +0,281	0,123 −14	0.04	A 0	V	M 5
Zuben Elgenubi	α² Lib	14 50 53	−16 3	−0,107 −0,074	0,049 −10 V	2.75	A		D
Zuben Elschemali	β Lib	15 17 0	−9 23	−0,098 −0,026	−35	2.61	B 8	V	

Legende.
Rekt.: Rektaszension für Äquinoktium und Epoche 2000. Dekl.: Deklination für Äquinoktium und Epoche 2000. EB in α: jährliche Eigenbewegung in Rektaszension (in Bogensekunden), multipliziert mit cos δ. EB in δ: jährliche Eigenbewegung in Deklination (in Bogensekunden). Par: Parallaxe (in Bogensekunden). RG: Radialgeschwindigkeit (in km/s); veränderliche Radialgeschwindigkeiten sind durch den Zusatz „V" gekennzeichnet. Größe: visuelle Helligkeit (bei Doppelsternen im allg. die Gesamthelligkeit, bei Veränderlichen das Maximum). Spektrum: Spektralklasse und Leuchtkraftklasse. Bemerkungen: V veränderlicher Stern; D Doppelstern; M Mehrfachsystem (die Ziffer gibt die Anzahl der Komponenten an).

---

hellen Planeten Jupiter und Saturn in einer sehr seltenen, sog. großen Konjunktion, zurückzuführen sei. Diese falsche Schlußfolgerung weitete er auch auf die Entstehung des St.s v. B. aus.
Tatsächlich hat im Jahre 7 vor unserer Zeitrechnung eine dreifache Jupiter-Saturn-Konjunktion im Sternbild Fische stattgefunden. Zu einer Supernova ist es dabei natürlich nicht gekommen. In der damaligen Astrologie spielten aber derartige Planetenkonstellationen eine wichtige Rolle. Wenn man bedenkt, daß seinerzeit Jupiter als Königsgestirn, Saturn als Schutzpatron Israels galt und das Sternbild Fische dem „Westland" zugeordnet wurde, ist es plausibel, wenn die Weisen oder Astrologen aus dem Osten (wahrscheinlich das Zweistromland zwischen Euphrat und Tigris) nach Westen reisten, um nach einem neuen König Ausschau zu halten.
Die Interpretation des St.s v. B. als Komet, wie bildlich oft dargestellt, ist nicht nur astrologisch (Kometen gelten allgemein als Unheilsbringer), sondern auch astronomisch höchst unwahrscheinlich. Astronomische Gründe sprechen auch gegen die Deutung, es handele sich um eine Nova. Derartige Erscheinungen können in der fraglichen Zeit nicht ausfindig gemacht werden.
Sternwarte: instrumentell ausgestattete Anlage zur Beobachtung, Registrie-

Sternzeichen

rung und Auswertung von Erscheinungen und Vorgängen im Weltall. Im wesentlichen ist der Begriff auf optische Forschungsstätten (Observatorien) beschränkt. Neben den rein wiss. Forschungsstätten gibt es die **Volks-St.n**, die v. a. in der Vermittlung astronomischer Kenntnisse an breite Bevölkerungskreise ihre Aufgabe sehen.

Bereits die Babylonier hatten zur Beobachtung der Sterne eingerichtete Plätze. Die ersten größeren St.n wurden im arabischen Kulturraum gebaut, unter anderem 829 n. Chr. in Bagdad, 1000 n. Chr. in Kairo. Die letzten großen St.n ohne optische Fernrohre waren die von Tycho Brahe auf der Insel Ven errichteten St.n Uranienborg (1576) und Sternenburg (1586) sowie die noch im 18. Jh. in Indien gebauten steinernen Sternwarten.

Wesentlichen Aufschwung nahm der Bau von St.n nach der Erfindung des Fernrohrs. Zwischen 1642 und 1700 entstanden die St.n von Kopenhagen, Paris, Greenwich und Berlin.

Der Beobachtung im optischen Bereich dienen in neuerer Zeit v. a. in großen Kuppelbauten installierte Spiegelteleskope. Sie werden heute vorwiegend in größerer Entfernung von Städten und Ballungsgebieten auf Bergen oder Hochflächen errichtet, um die starke Lichtfülle und die ein starkes Streulicht verursachenden Staub- und Dunstwolken zu meiden. Aus ökonomischen Gründen – sowohl was die Kostenseite als auch was die Beobachtungszeit betrifft – ist man beim Bau neuer St.n v. a. um meteorologisch günstig gelegene Standorte bemüht. Nur so können möglichst viele Nächte im Jahr zur ungestörten Beobachtung genutzt werden. Als Betreiber von St.n treten neben einzelnen Institutionen (z. B. Max-Planck-Institute) oder Universitäten heute zunehmend internationale Einrichtungen (z. B. Europäische Südsternwarte) auf. – ↑auch Übersicht. – Abb. S. 306.

Sternzeichen: Kurzbez. für ↑Tierkreiszeichen.

Sternzeit: die durch die Erdrotation in bezug auf den Frühlingspunkt definierte Zeiteinteilung (↑Sterntag).
Die St. ist gleich dem Stundenwinkel des Frühlingspunktes. Da dieser infolge der Nutation kleine periodische Schwankungen um einen auf dem Himmelsäquator liegenden Punkt ausführt, muß streng genommen zwischen wahrer und mittlerer St. unterschieden werden. Die Differenz zwischen beiden Zeitmaßen beträgt aber maximal 0,4 s.

Stier (Taurus; Abk.: Tau): ein zum Tierkreis zählendes Sternbild nördlich des Himmelsäquators, das von mittleren nördlichen Breiten aus im Winter am Abendhimmel sichtbar ist.

Die Sonne durchläuft bei ihrer scheinbaren jährlichen Bewegung den St. in der Zeit von etwa Mitte Mai bis kurz vor der ↑Sommersonnenwende.

Hauptstern ist ↑Aldebaran, der zusammen mit fünf weiteren hellen Sternen das ↑Wintersechseck bildet.

Im St. liegen die mit bloßem Auge sichtbaren Sternhaufen ↑Hyaden und ↑Plejaden sowie der ↑Crabnebel.

Störungen: Abweichungen von idealen Zweikörperbewegungen (Kepler-Bewegungen) als Folge störender Gravitationswechselwirkung mit weiteren Himmelskörpern. Als Störfaktoren idealer Kepler-Bewegungen im Sonnensystem treten insbes. Planeten auf. Starke St. erfahren dabei v. a. die Bahnen von Planetoiden und Kometen.

Neben periodischen St., die lediglich ein mehr oder minder starkes Schwanken der ↑Bahnelemente um einen Mittelwert bewirken, können auch säkulare St. auftreten, die proportional mit der Zeit anwachsen.

Wie Störungsrechnungen zeigen, ist die Konfiguration unseres Planetensystems außerordentlich stabil. Lediglich Bahnschwankungen um einen mittleren Zustand treten auf, die aber die Gesamtstruktur nur wenig verändern mögen. Wie bereits P. S. Marquis de Laplace nachwies, erleiden die großen Halbachsen (unter der im gegenwärtigen Entwicklungsstadium des Planetensystems zutreffenden Annahme, daß die Sonnenmasse konstant bleibt und keine merkliche Abbremsung der Planetenbewegung erfolgt) keine merklichen säkularen Störungen. Das gleiche gilt auch für Exzentrizität und Bahnneigung. Lediglich

Sternwarte (Übersicht).
Spiegelteleskope mit Öffnungen über 2,5 m nach dem Jahr ihrer Inbetriebnahme

Ort (Sternwarte; internat. Bez.)	Öffnung (m)	Fokus	Brennweite (m)	Inbetriebnahme
Mount Wilson (Hale Obs.)	2,54	New Cas Cou	12,9 41 76	1917
Mount Palomar (Hale Obs.)	5,08	Pr Cas Cou	16,76 81 152	1948
Krim (Crimean Astrophys. Obs.)	2,64	Pr Cas Cou	10 43 105	1961
Cerro Tololo (Inter-Am. Obs.)	4,0	Pr RC	10,6 31,2	
Fort Davis (Mc Donald Obs. Univ. of Texas)	2,7	RC Cas Cou	24,0 48,6 89,1	1969
Kitt Peak (Kitt Peak Nat. Obs.)	4,0	Pr RC Cou	11,1 30,8 652,0	1973
Byurakan	2,6	Pr Nas Cou	9,4 41,6 104	1975
Coonabarabran (Siding Spring Obs. Angelo-Austr. Obs.)	3,9	Pr RC Cas Cou	12,7 30,8 57,9 140,2	1975
Cerro Las Campanas (Carnegie South. Obs.)	2,54	RC Cou	19,05 76,2	1976
Cerro La Silla (European South. Obs.)	3,6	Pr RC Cou	10,9 28,6 114,6	1976
Selentschukskaja (Special Astrophys. Obs.)	6,0	Pr Nas	24,0 180,0	1976
Mauna Kea (United Kingdom)	3,8	Cas Cas Cou	43,2 133,0 76	1978[+]
Mauna Kea (NASA)	3,0	Cas Cou	105 360	1979[+]
Mauna Kea (Kanada, Frankr., Hawaii)	3,6	Pr Cou	13,7 72	1979
Mount Hopkins (Smithsonian Astrophys. Obs. u. Univ. of Arizona)	4,46 (= 6 × 1,82)	Cas Cas	49,9 57,7	1979[++]
Calar Alto (Max-Planck-Inst. f. Astronomie)	3,5	Pr RC Cou	12,2 35 122,5	1983

Pr: Primärfokus; New: Newton-Fokus; Cas: Cassegrain-Fokus; Nas: Nasmyth-Fokus; RC: Ritchey-Chrétien-Fokus; Cou: Coudé-Fokus; (+): IR-Teleskop; (++): Multi-Mirror-Teleskop, d. h. sechs Spiegel von je 1,82 m Öffnung „bedienen" einen gemeinsamen Fokus; angegeben ist die effektive Öffnung.

Strahldichte

die Bahnelemente „Perihellänge" und „Länge des aufsteigenden Knotens" zeigen säkulare St., die aber auf die Stabilität des Systems keine Auswirkungen haben.

Stabilität der Bewegungsabläufe läßt sich auch für das Dreikörpersystem Sonne–Mond–Erde nachweisen. Hier haben wir es mit einem eingeschränkten Dreikörperproblem zu tun, wobei auch die Masse des zweiten Körpers klein gegenüber der ersten Masse ist.

Anders dagegen sieht es bei den Bahnen der Planetoiden und Kometen aus. Durch St., insbes. durch den massereichen Jupiter, können ihre Bahnen entscheidenden Veränderungen unterworfen sein.

Strahldichte (Formelzeichen L): der Strahlungsfluß pro Flächeneinheit und Raumwinkel. Die Strahldichte ist im Gegensatz zum ↑ Strahlungsstrom eine vom Abstand unabhängige Größe, da der Raumwinkel mit dem Quadrat des Abstandes abnimmt.

Strahlstärke (Formelzeichen I): der Strahlungsfluß pro Raumwinkel.

Strahlungsdruck: Strahlung und Elementarteilchen manifestieren sich anschaulich manchmal als Teilchen, manchmal als Wellen. Unter St. versteht man bei Heranziehung des Teilchenbildes den durch die Impulsänderung der auftreffenden Teilchen erzeugten Druck. Bei Elementarteilchen kann wegen ihrer kleinen Masse der St. die Größenordnung der Massenanziehung erreichen. Der St. spielt daher bei der Sternentwicklung und in der Kosmogonie eine entscheidende Rolle. Ein weiteres Beispiel für die Wirkung des St. ist der Schweif eines Kometen. Als Folge des von der Sonne auf die Gasteilchen des Schweifs ausgeübten St.es ist der Schweif stets von der Sonne abgewandt.

strahlungsenergetische Methode: ein Verfahren zur Bestimmung des Radius R von Sternen, das jedoch nur für grobe Näherungen und Übersichtszwecke geeignet ist. Die dazu benötigte ↑ Flächenhelligkeit eines Sterns läßt sich theoretisch berechnen nach der Formel

$$F = \frac{L}{4\pi R^2},$$

wobei die Leuchtkraft L der gesamten ausgestrahlten Energie entspricht.

Über das Stefan-Boltzmann-Gesetz (↑ Strahlungsgesetze) gelangt man zu:

$$L = 4\pi R^2 \cdot \sigma \cdot T_{\text{eff}}^4.$$

Im Prinzip ist nun R bestimmbar, wenn es gelingt, Leuchtkraft L und Effektivtemperatur T_{eff} aus dem Sternspektrum bzw. L aus dem Entfernungsmodul zu gewinnen.

Strahlungsfluß (Formelzeichen Φ): die Strahlungsenergie pro Zeiteinheit.

Strahlungsgesetze: physikalische Gesetze, die den Zusammenhang zwischen der Temperatur eines im thermischen Gleichgewicht befindlichen strahlenden Körpers (Temperaturstrahler) und der Gesamtenergie oder Energieverteilung über Frequenzen/Wellenlängen beschreiben. Diese Gesetze sind 1. das Kirchhoff-Gesetz, 2. das Stefan-Boltzmann-Gesetz, 3. das Planck-Strahlungsgesetz, 4. das Rayleigh-Jeans-Strahlungsgesetz, 5. die Wien-Strahlungsformel und 6. das Wien-Verschiebungsgesetz.

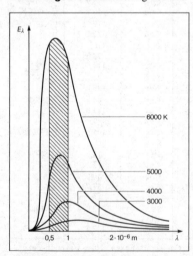

Strahlungsgesetze. Spektrale Energieverteilung eines Hohlraumstrahlers für verschiedene Temperaturen

1. Das **Kirchhoff-Gesetz** (1859 von G. R. Kirchhoff aufgestellt) lautet: Der Quotient aus Emissionsvermögen E und Absorptionsvermögen A eines Strahlers ist konstant. Es hängt nur ab von der Wellenlänge λ und der absoluten Temperatur T des Strahlers:

$$\frac{E(\lambda, T)}{A(\lambda, T)} = f(\lambda, T).$$

Für den ↑schwarzen Körper ist $A = 1$. Es gilt daher $f(\lambda, T) = E_s(\lambda, T)$, wobei E_s das Emissionsvermögen des schwarzen Körpers (bei gleichem λ und T) bedeutet. Damit ergibt sich:

$$\frac{E(\lambda, T)}{A(\lambda, T)} = E_s(\lambda, T).$$

Der Quotient aus dem Emissionsvermögen und dem Absorptionsvermögen eines beliebigen Körpers ist konstant und gleich dem Emissionsvermögen eines schwarzen Körpers.

2. Das **Stefan-Boltzmann-Gesetz** (1879 von J. Stefan aufgefunden und von L. Boltzmann begründet) lautet: Die Energiedichte ε der Temperaturstrahlung eines schwarzen Strahlers ist der vierten Potenz der absoluten Temperatur proportional:

$$\varepsilon = \sigma \cdot T^4.$$

σ ist die Stefan-Boltzmann-Konstante; sie hat den Wert $5{,}6697 \cdot 10^{-8}\,\mathrm{Wm^{-2}K^{-4}}$.

3. Das **Planck-Strahlungsgesetz** (nach M. Planck, 1900) lautet: Für die spektrale Energiedichte $\varepsilon_v = \varepsilon_v(T)$ eines schwarzen Strahlers gilt:

$$\varepsilon_v = \frac{8\pi v^2}{c^3} \cdot \frac{hv}{e^{hv/kT} - 1}$$

(v Frequenz der Strahlung, h Planck-Wirkungsquantum, c Lichtgeschwindigkeit, k Boltzmann-Konstante). Das Planck-Strahlungsgesetz läßt sich nicht aus der klassischen Physik herleiten, sondern erfordert die Annahme quantenhafter Emission und Absorption elektromagnetischer Strahlungsenergie in Portionen der Größe hv durch den schwarzen Strahler. Die Annahme der Quantelung der Strahlungsenergie gab den Anstoß zur Entwicklung der Quantentheorie.

4. Das **Rayleigh-Jeans-Strahlungsgesetz** ist die Näherung des Planck-Strahlungsgesetzes für hohe Temperaturen bzw. niedrige Frequenzen. Es wurde von J. W. St. Rayleigh und J. Jeans auf der Grundlage der klassischen Physik aufgestellt und lautet mit den beim Planck-Strahlungsgesetz angegebenen Bezeichnungen:

$$\varepsilon_v = \frac{8\pi v^2 kT}{c^3}.$$

5. Die **Wien-Strahlungsformel** (von W. Wien 1896 aufgestellt) ist die entsprechende Näherung für niedrige Temperaturen bzw. hohe Frequenzen. Formuliert für das spektrale Emissionsvermögen E_λ eines schwarzen Strahlers in Abhängigkeit von der Wellenlänge lautet es:

$$E_\lambda = \frac{2c_1}{\lambda^5} \cdot e^{-\frac{c_2}{\lambda T}},$$

wobei $c_1 = 2\pi hc^2$, $c_2 = hc/k$.

6. Das **Wien-Verschiebungsgesetz** (von W. Wien 1893 aufgestellt) gilt für schwarze Strahler. Es besagt: Das bei einer Wellenlänge λ_{max} gelegene Energiemaximum einer schwarzen Strahlung verschiebt sich mit wachsender Temperatur T nach kürzeren Wellenlängen:

$$\lambda_{max} = a \cdot T^{-1}$$

($a = 0{,}288\ \mathrm{cm \cdot K}$). Die Abb. veranschaulicht die Energieverteilung im Spektrum eines schwarzen Strahlers für verschiedene Werte von T. Der Verlauf der einzelnen Kurven ergibt sich nach dem Planck-Strahlungsgesetz.

Strahlungsgürtel: Bez. für ↑Van-Allen-Gürtel.

Strahlungskosmos: svw. ↑Feuerball.

Strahlungsstrom (Strahlungsflußdichte; Formelzeichen S): der Strahlungsfluß pro Flächeneinheit, also die Strahlungsenergie pro Zeit- und Flächeneinheit. Die Dimension des St.s ist $[\mathrm{Wm^{-2}}]$. Der Strahlungsstrom nimmt mit dem Quadrat des Abstandes r von der Quelle ab, also

$$S \sim \frac{1}{r^2}$$

(↑Abstandsgesetz).

Strahlungstemperatur: ein formales Maß für den Strahlungsstrom in einem begrenzten Intervall des Spektrums. Die St. entspricht der Temperatur desjenigen ↑Hohlraumstrahlers, der im thermischen Gleichgewicht bei dem betreffenden Wellenlängenbereich oder bei der betreffenden Wellenlänge gerade den beobachteten Energiestrom aussenden würde. Bei nichtschwarzen Körpern, wie Sternen, ist die St. wellenlängenabhängig.

Stratosphäre [Kurzbildung aus lat. stratum = Decke und Atmosphäre]: eine Schicht der Atmosphäre der ↑Erde.

Stufenschätzung: einfache, von F. W. Argelander propagierte Methode zur visuellen Helligkeitsschätzung von Sternen (↑visuelle Photometrie).

Stundenkreis: Großkreis an der Himmelskugel, der den Himmelsäquator senkrecht schneidet, also auch durch die beiden Pole geht. – ↑auch Koordinatensysteme.

Stundenwinkel (Formelzeichen t): der Winkel zwischen den Schnittpunkten des Himmelsäquators mit dem Meridian eines Beobachtungsortes und mit dem Stundenkreis eines Gestirns, gemessen in Zeitmaß. – ↑auch Koordinatensysteme.

sublunare Welt [zu lat. sub = unter, unterhalb und lt. luna = Mond]: nach der ↑Aristotelischen Bewegungslehre die Welt unter dem Mond, also die Erde.

Submillimeterastronomie [lat. sub = unter, unterhalb]: ein noch in den Anfängen steckendes Teilgebiet der ↑Infrarotastronomie, dessen Domäne der Wellenlängenbereich zwischen 300 und 1 000 μm ist.

Sucher: kleines Fernrohr mit großem ↑Gesichtsfeld zur visuellen Beobachtung. Größere Instrumente tragen S. zum Aufsuchen von Himmelsobjekten.

Südliche Krone (Corona Australis; Abk.: CrA): ein lichtschwaches Sternbild des südlichen Himmels, das von mittleren Breiten aus nur teilweise über dem Südhorizont im Spätsommer sichtbar ist.

Südlicher Fisch (Piscis Austrinus; Abk.: PsA): ein kleines Sternbild des südlichen Himmels, das von mittleren nördlichen Breiten aus im Herbst nur knapp über dem Südhorizont sichtbar ist. Der $1^{m}_{.}16$ helle Hauptstern Fomalhaut ist das einzig Auffallende an diesem Sternbild.

Südlicher Kohlensack ↑Kohlensack.

Südliches Dreieck (Triangulum Australe; Abk.: TrA): ein Sternbild des südlichen Himmels, das von mittleren nördlichen Breiten aus nicht sichtbar ist.

Südliches Kreuz: anderer Name für das Sternbild ↑Kreuz des Südens.

Südliche Wasserschlange: andere Bez. für ↑Männliche Wasserschlange.

Südlinie: svw. ↑Meridian.

Südpol: einer der beiden ↑Himmelspole. Der S. des Himmels liegt über dem S. der Erde.

Südpunkt: einer der beiden Schnittpunkte des ↑Meridians mit dem Horizont. Im Gegensatz zum ↑Nordpunkt hat der S. eine größere ↑Poldistanz. – ↑auch Koordinatensysteme.

Südsternwarte (Europäische Südsternwarte, European Southern Observatory, Europäisches Südliches Observatorium; Abk.: ESO): die von der BR Deutschland, Belgien, Dänemark, Frankreich, Schweden, der Schweiz, Italien und den Niederlanden unterhaltene, in Nordchile auf dem Andenberg La Silla (70° 42′ w. L., 29° 16′ s. Br.) in 2 400 m Höhe errichtete Sternwarte mit z. Z. 13 Teleskopen, darunter ein 3,6-Meter-Spiegelteleskop; durch sie ist für europäische Astronomen der südliche Sternenhimmel, v. a. das galaktische Zentrum, der dauernden Beobachtung zugänglich. Der Hauptsitz der S. befindet sich in Garching bei München.

Suisei: Name einer japanischen Sonde, die im März 1986 am ↑Halley-Kometen vorbeiflog.

Supergranulation [lat. super = oben, über, darüber]: zusätzlich zur Granulation in der ↑Photosphäre der Sonne vorhandene, tiefer reichende großräumige Struktur mit einer typischen Dimension der einzelnen Elemente von 30 000 km. Die S. hängt ferner mit der als „chromosphärisches Netzwerk" bezeichneten zellartigen Struktur der ↑Chromosphäre zusammen.

Supergravitationstheorie [lat. super = oben, über, darüber]: die derzeit

Supernova

meistdiskutierte und spektakulärste Gravitationstheorie, die eine Vereinheitlichung aller ↑Wechselwirkungen zu einer Supergravitationskraft fordert. – ↑auch vereinheitlichte Theorien.

Superhaufen: Kurzbez. für ↑Galaxiensuperhaufen.

Supernova [lat. super = oben, über, darüber] (Abk.: SN): phänomenologisch gesehen ein Helligkeitsausbruch, physikalisch interpretiert ein kollabierender massereicher Stern am Ende der normalen Sternentwicklung.

Aus der Beobachtung von Supernovä erhofft man sich nicht nur Verständnis des Phänomens selbst, sondern auch Aufschluß über andere astrophysikalische Problemkreise, wie die Aufheizung der interstellaren Materie und deren Anreicherung mit schweren Elementen, die Entstehung der Elemente, bei nahen Supernovä (z. B. ↑Supernova 1987a) auch über das astrophysikalisch wie elementarteilchenphysikalisch hochinteressante ↑Neutrinoproblem.

Der Name Nova bedeutet ursprünglich neuer, sehr heller Stern. Das ist auch für das Phänomen S. ein zutreffender Name, denn es erscheint plötzlich ein sehr heller Stern, wo zuvor keiner sichtbar war. Nachdem man die physikalische Natur der Supernovä als Endphase alternder Sterne erkannt hatte, bekam der Name einen ironischen Klang. Heute jedoch scheinen Supernovä ihrer ursprünglichen Namensbedeutung wieder Ehre zu machen. Sie tragen nämlich zur Bildung neuer Sterne (↑Sternentwicklung) entscheidend bei. Beispielsweise ist es nicht ausgeschlossen, daß eine S. die Entstehung unserer Sonne und damit auch unseres gesamten ↑Sonnensystems einleitete.

Der Helligkeitsausbruch einer S. ähnelt dem einer ↑Nova. Es treten aber erheblich höhere Amplitudenschwankungen

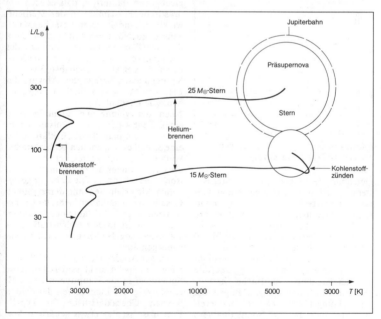

Supernova (Abb. 1). Entwicklungswege zweier massereicher Sterne im Hertzsprung-Russell-Diagramm

Supernova

von 20 Größenklassen und mehr sowie größere absolute Helligkeiten auf, die im Bereich von -14^m bis -21^m liegen. Im Maximum ergeben sich somit Leuchtkräfte, die ungefähr dem 10^{10}fachen der Sonnenleuchtkraft entsprechen. Supernovä können – ihre Leuchtkraft ist vergleichbar der eines ganzen Sternsystems – auch in sehr weit entfernten Galaxien noch beobachtet werden. Damit stellen Supernovä äußerst spektakuläre Erscheinungen dar, die allerdings weitaus seltener (etwa eine S. pro 20 bis 50 Jahre und Galaxie) als Novä sind.

Der Helligkeitsanstieg wird wie bei einer Nova durch eine schnelle Vergrößerung der leuchtenden Oberfläche hervorgerufen. Modellrechnungen zeigen die Entwicklungspfade zweier massereicher Sterne (25 bzw. 15 Sonnenmassen) im Hertzsprung-Russell-Diagramm (vgl. Abb. 1). Die Leuchtkraft ist in Einheiten von 1 000 Sonnenleuchtkräften dargestellt. Maßstabsgerecht sind am Ende der normalen Entwicklung die Radien der Sterne im Vergleich zur Jupiterbahn gezeigt. Die abgestoßene Materiehülle ist jedoch bei einer S. bis zu 1 000mal größer, mithin werden typischerweise Massen in der Größenordnung von 0,1 bis 1 Sonnenmassen abgeworfen. Zusammen mit der aus Messungen des ↑Doppler-Effekts ermittelten Abwurfgeschwindigkeit von 5 000 km/s errechnet man kinetische Energien von 10^{44} J für die Expansion. Dies entspricht in etwa der Energie, die die Sonne bei konstanter jetziger Leuchtkraft in rund 10^{10} Jahren abstrahlen würde.

Die größeren freigesetzten Energiebeträge sowie die geringere Häufigkeit von S.erscheinungen im Vergleich zu Novaerscheinungen sprechen dafür, daß es sich um zwei unterschiedliche Prozesse handelt. So deuten derartige große Energieabgaben daraufhin, daß es sich um drastische Einschnitte in der Sternentwicklung handelt, deren Ursache im Gegensatz zu Novä nicht in Instabilitäten der Oberflächenschichten, sondern des Sterninnern zu suchen sind (bei der Sonne würde z. B. ein Massenabstoß von 0,1 Sonnenmassen bereits den Abwurf der gesamten Masse außerhalb von 0,5 Sonnenradien bedeuten!).

Nach der gelungenen Identifizierung eines Zentralsterns als ↑Pulsar (Crabnebel) ist die plausibelste Erklärung für eine S., daß es sich um den ↑Gravitationskollaps eines Sterns mit einer Masse von über 1,4 Sonnenmassen zu einem ↑Neutronenstern handelt. Die dabei abgestoßenen Materiehüllen mit derart hohen Gesamtenergien haben sehr lange Lebenszeiten, etwa 10^5 Jahre oder darüber. Man kennt in unserer Milchstraße etwa 150 dieser sog. **S.überreste**, auch **S.remnants** genannt.

Nach der Art des Helligkeitsabfalls und nach dem Spektrum klassifiziert man die Supernovä in die Haupttypen I und II. Abb. 2 zeigt die Lichtkurven der beiden S.typen. Charakteristisch für Typ-II-Ereignisse ist das etwas schärfere Maximum sowie das deutlich ausgeprägte Plateau nach dem Maximum, das wahr-

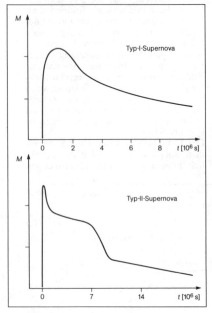

Supernova (Abb. 2). Lichtkurven von Supernovä (Typ I und Typ II)

scheinlich durch eine sehr ausgedehnte Sternhülle verursacht wird.

Supernovä vom Typ I (SN I)
SN I bilden in bezug auf ihre Lichtkurven eine sehr homogene Gruppe.
SN I kommen in allen Typen von Galaxien vor, auch in solchen vom Typ E.
$$M_{bol_{max}} = -19{,}1.$$

Supernovä vom Typ II (SN II)
SN II bilden eine weniger homogene Gruppe.
SN II sind nur in Spiralarmen beobachtet worden.
$$M_{bol_{max}} = -17{,}0.$$
Supernovä zählen zu den ↑Veränderlichen, wobei sie der Unterklasse der Eruptivveränderlichen angehören.
Bekanntestes historisches Beispiel ist die im Jahre 1054 n. Chr. im Sternbild Stier beobachtete Supernova. Als Zentralstern identifizierte man 1969 einen Pulsar (CM Tau); als S.überrest ist der ↑Crabnebel bekannt. Letzterer ist noch heute, nach fast 1 000 Jahren, ein starker kosmischer Strahler. – ↑auch Abb. S. 309.

Supernova 1987a (Abk.: SN 1987a): die erste im Jahre 1987 entdeckte ↑Supernova. Diese nahe Supernova, die am 23. Februar 1987 in der Großen Magellan-Wolke aufleuchtete, verspricht für die Astronomen ein Jahrhundertereignis zu werden. Zwar werden Jahr für Jahr 20 bis 25 Supernovä registriert. Doch sind die bisher insgesamt entdeckten 600 so weit entfernt, daß selbst diese mit modernsten Meßinstrumenten verfolgten Supernovä wesentlich ungenauere Daten lieferten als SN 1987a.

SN 1987a ist die erste nahegelegene Supernova, die in allen Phasen vom Präsupernovazustand bis hin zum Postsupernovazustand mit modernsten Forschungsmethoden registriert werden kann. Die Entwicklung der SN 1987a wird spektroskopisch und phototechnisch in vielen Wellenlängenbereichen vom Ultravioletten bis hin zum Infraroten erfaßt.

SN 1987a gestattete erstmals die Identifizierung der Präsupernova. Damit konnte die theoretische Vorhersage bestätigt werden, daß es sich bei dieser Supernova um einen massereichen Stern am Ende der normalen ↑Sternentwicklung handelt.

SN 1987a ermöglicht es, erstmals Aufschluß über die Natur und die Menge der Abgabe schwerer Elemente in den interstellaren Raum zu erhalten. In einer Supernovaexplosion erfolgt nicht nur eine Anreicherung der interstellaren Materie mit Elementen, die schon während der normalen Sternentwicklung entstanden sind, sondern es werden auch schwere Elemente synthetisiert.

SN 1987a gestattet erstmals die Messung der energetischen Wirkung einer Supernova auf ihre Umgebung. Nach gängiger Lehrmeinung sind Supernovä Energielieferanten, die für die Aufheizung des interstellaren Gases verantwortlich sind.

SN 1987a wird möglicherweise das erste geometrisch vermessene extragalaktische stellare Objekt sein. Durch Vergleich der radialen Geschwindigkeit der Supernovahülle (frühzeitig einsetzende photometrische und spektroskopische Messungen verfolgten die Expansion der Hülle) mit ihrer Winkelausdehnung (die in einigen Jahren interferometrisch meßbar sein wird) wird eine Entfernungsbestimmung auf geometrischer Basis möglich sein.

SN 1987a stellt eine Hintergrundlichtquelle dar, die es erlaubt, Absorptionslinien des interstellaren Gases zwischen uns und der Supernova mit hoher Genauigkeit zu analysieren. Damit erlangt man gleichzeitig Einblicke in den Entwicklungszustand des interstellaren Gases in der Großen Magellan-Wolke.

SN 1987a emittierte zweifelsfrei Neutrinos. Aus der noch nicht abgeschlossenen Auswertung der gewonnenen Daten erhofft man sich Aufschluß über die Sternentwicklung am Ende eines Sterndaseins und allgemein über das ↑Neutrinoproblem.

Supernovaüberrest (Supernovaremnant): die von einer ↑Supernova abgestoßene Materiehülle.

Super-Schmidt-Spiegel [lat. super = oben, über, darüber] (Super-

Surveyor

Schmidt-Teleskop): ein ↑Spiegelteleskop, bei dem die optische Anordnung des Schmidt-Teleskops durch eine Meniskuslinse ergänzt wird, also eine Kombination von Kugelspiegel, Meniskuslinse und Korrektionsplatte.

Surveyor [sə'veɪə; engl. = Inspektor]: Name einer Serie unbemannter amerikanischer Mondsonden. Die Sonden dienten zur Vorbereitung des Apollo-Programms. Sie sollten Bilder von der Mondoberfläche liefern sowie Untersuchungen des Mondbodens auf Festigkeit und chemische Zusammensetzung durchführen. Es wurden 7 Sonden gestartet, die alle weich landen sollten; die Missionen S. 2 und 4 mißglückten allerdings. S. 1 wurde am 30. Mai 1966 gestartet und landete drei Tage später nahe dem Krater Flamsteed. S. 7 wurde als letzte Sonde dieser Gruppe am 7. Januar 1968 gestartet.

Swing-by-Effekt ['swɪŋ'baɪ...; zu engl. to swing = schwingen und engl. by = bei, vorbei]: Ausnutzung der Gravitationskräfte und der Bahngeschwindigkeit eines Himmelskörpers (z. B. eines Planeten) zum Zwecke der Bahn- und Geschwindigkeitsänderung eines Raumflugkörpers. Angewandt wurde dieser Effekt beispielsweise beim Vorbeiflug der Pionier-11-Sonde am Jupiter (als Folge dieses Manövers flog die Sonde Saturn an).

symbiotische Sterne [zu griech. symbíōn = zusammenleben]: nicht homogene Gruppe von ↑Veränderlichen, die ein „zusammengesetztes" Spektrum zeigen. Neben einem Emissionsspektrum, das auf höhere Temperaturen schließen läßt, wird auch ein Absorptionsspektrum, das auf niedrigere Temperaturen hindeutet, beobachtet.

Symmetriebrechung [griech. symmetría = Ebenmaß]: Übergang von einem Zustand höherer Symmetrie in einen Zustand niedrigerer Symmetrie. So geht z. B. beim Gefrieren von flüssigem Wasser zu Eis die Radialsymmetrie verloren. Statt dessen werden bestimmte kristallographische Richtungen ausgezeichnet.

Beim frühen Universum spielen v. a. sog. spontane S.en (Higgs-Mechanismen) eine Rolle. Nach den Prinzipien der Quantenfeldtheorie werden Elementarteilchen als Anregungszustände der den Raum erfüllenden Felder angesehen. Derjenige physikalische Zustand, in dem alle Felder ihre minimale Energiedichte haben, wird dabei als Vakuum definiert. Für die meisten Felder ist die Energiedichte dann minimal, wenn das Feld überall verschwindet. Für Higgs-Felder jedoch wird postuliert, daß auch im energetisch tiefsten Zustand (Abwesenheit von realen Elementarteilchen) eine Nullpunktsenergie, also ein gewisser endlicher Energiewert existiert. Nach den ↑vereinheitlichten Theorien sind den Austauschteilchen der Wechselwirkungen Higgs-Felder zugeordnet. Im frühen Universum sind nach diesen Theorien die Austauschteilchen die Repräsentanten einer umfassenden Kraft, der sog. Urkraft. Durch Phasenübergänge in Gleichgewichtszuständen bei niedrigeren Temperaturen teilt sich die Urkraft in weitere Kräfte, wobei die zugehörigen Austauschteilchen, die mit Ausnahme des Photons eine endliche Masse haben, erzeugt werden. Durch derartige spontane S.en wird die ein physikalisches System ursprünglich beschreibende Symmetrie mehr und mehr verdeckt.

Synchronorbit [zynk...; zu griech. sýn = zugleich, zusammen mit und griech. chrónos = Zeit]: eine ausgezeichnete Umlaufbahn eines Satelliten oder einer Raumsonde um einen rotierenden Zentralkörper, und zwar diejenige, bei der die Umlaufzeit des Satelliten gleich der Rotationszeit des Zentralkörpers ist. Für den Spezialfall Erde ↑geostationäre Bahn.

Synchrotronstrahlung: eine erstmals in Teilchenbeschleunigungsanlagen (Synchrotron; Kurzbildung aus synchron und Elektron) festgestellte nichtthermische Strahlung, die von beschleunigten elektrisch geladenen Teilchen abgestrahlt wird.

Astrophysikalisch wichtig sind Elektronen, die sich mit relativistischen Geschwindigkeiten z. B. in interstellaren Magnetfeldern bewegen. Bei dieser beschleunigten Bewegung sendet das Elektron die S. aus, die scharf in Bewegungs-

richtung gebündelt und linear polarisiert ist. Je nach magnetischer Feldstärke und Geschwindigkeit tritt die S. vom Radiobereich bis ins Röntgengebiet auf.
synodischer Monat [aus spätlat. synodicus = zusammengehend, weiter zu griech. sýn = zusammen und griech. hodós = Weg] ↑Monat.
synodische Umlaufzeit: bei Planeten das Zeitintervall zwischen zwei aufeinanderfolgenden ↑Oppositionen oder ↑Konjunktionen.
Syzygien [von griech. syzigía = Gespann]: Sammelbez. für ↑Konjunktion und ↑Opposition zweier Gestirne, im engeren Sinne beim Mond die Phasen von Voll- und Neumond.
Szintillation [aus lat. scintillatio = das Funkeln]: die unregelmäßige Änderung der Helligkeit eines Gestirns. Wie die ↑Luftunruhe beruht die S. auf dem Auftreten von Turbulenzelementen in der Atmosphäre. Die damit verbundene zeitliche und örtliche Veränderung der Brechzahl der Luft bewirkt eine Modulation des Lichts.

T

Tachyonen [Kurzbildung aus griech. tachýs = schnell und Elektronen]: hypothetische Elementarteilchen, die in Science-fiction-Romanen und populären astronomischen Veröffentlichungen eine Rolle spielen, weil sie sich mit Überlichtgeschwindigkeit fortbewegen. Nach der speziellen ↑Relativitätstheorie ist die Lichtgeschwindigkeit im Vakuum genau genommen nicht die größtmögliche Geschwindigkeit für irgendein Signal, sondern eine Grenzgeschwindigkeit, die nicht überschritten, aber auch nicht unterschritten werden kann. Daher sind durchaus Teilchen mit imaginärer Masse denkbar, deren Geschwindigkeit von vornherein oberhalb der Vakuumlichtgeschwindigkeit liegt. Die Energie dieser Teilchen würde allerdings mit abnehmender Geschwindigkeit in Richtung auf die Lichtgeschwindigkeit im Vakuum gegen Unendlich anwachsen, so daß ein Unterschreiten der Lichtgeschwindigkeit im Vakuum niemals möglich wäre. Experimentell sind T. bisher nicht nachgewiesen.
Tafelberg (Mensa; Abk.: Men): ein sehr lichtschwaches Sternbild des südlichen Himmels, an dessen Nordrand sich die Große Magellan-Wolke befindet.
Tag: durch die Rotation der Erde um ihre Achse gegebene natürliche Zeiteinheit. Je nach Wahl des Bezugspunktes, gegenüber dem eine volle Umdrehung gezählt wird, ergeben sich unterschiedliche T.definitionen und somit unterschiedliche Zeiträume.
Für den **Stern-T.** ist der Frühlingspunkt Bezugspunkt, für den **siderischen T.** ein Fixstern, für den **wahren Sonnen-T.** die Sonne, für den **mittleren Sonnen-T.** eine längs des Himmelsäquators mit gleichbleibender Geschwindigkeit umlaufende gedachte „mittlere Sonne". Die ↑Zeitgleichung liefert den Unterschied zwischen wahrer und mittlerer Sonnenzeit. Beim Stern-T. und beim siderischen T. wird die Länge eines T.es durch den Zeitraum zwischen zwei oberen Kulminationen, bei den Sonnen-T.en durch den Zeitraum zwischen zwei unteren Kulminationen des jeweiligen Bezugspunktes festgelegt.
Der mittlere Sonnen-T. (Zeichen: d), der die Grundlage der alltäglichen Zeitrechnung bildet (1 d = 24 h = 1 440 min = 86 400 s) ist um 3 min 56,6 s länger als der Stern-T., letzterer wiederum ist 0,008 s kürzer als der siderische Tag.
Die Drehung der Erde um ihre Achse ist nicht ganz gleichförmig, so daß die Erdrotation kein völlig konstantes Zeitmaß liefert. So nimmt z. B. der mittlere Sonnen-T. infolge ständiger Verlangsamung der Rotation durch Gezeitenreibung allein um 1 ms pro Jahrhundert zu.
Im normalen Leben bezeichnet man als T. die Zeit zwischen Sonnenaufgang und

Tagbogen

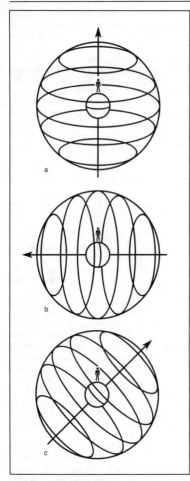

Tagbogen. Scheinbare Bahnen der Gestirne für einen Beobachter am Pol (a), am Erdäquator (b) und in mittleren geographischen Breiten (c)

Sonnenuntergang. Die jeweilige ↑ Tageslänge hängt dabei von der Jahreszeit und der geographischen Breite des Beobachtungsortes ab.

Tagbogen: Bogen der Kreisbahn eines Gestirns vom Aufgangspunkt bis zum Untergangspunkt. Die Lage und Länge eines T.s hängt von der geographischen Breite des Beobachtungsortes und von der Jahreszeit ab.

An den Erdpolen (geographische Breite $\varphi = 90°$) verläuft die tägliche Bewegung eines Gestirns, also sein T., parallel zum Horizont (Abb. a). Die Sterne der eigenen Himmelshalbkugel sind stets über dem Horizont, die der anderen Halbkugel stets unter dem Horizont und daher für den Beobachter am Pol nicht sichtbar.

Für einen Beobachter am Äquator schneidet der T. der Gestirne den Horizont stets senkrecht (Abb. b). Alle sichtbaren Gestirne des Himmels sind daher am Äquator prinzipiell beobachtbar. Sie stehen gleich lang über wie unter dem Horizont.

Für Beobachter an Orten geographischer Breite außerhalb dieser beiden Extremorte verläuft der T. eines Gestirns schräg zur Horizontalebene (Abb. c). Alle Sterne beschreiben für Orte mit $0° < \varphi < 90°$ je nach ihrer Deklination δ einen mehr oder weniger weiten Tagbogen. Lediglich die für den jeweiligen Beobachtungsort geltenden ↑ Zirkumpolarsterne sinken nicht unter den Horizont. In Jahrbüchern findet man die genauen Auf- und Untergangszeiten sowie die Länge des T.s für Gestirne bekannter Deklination und für Beobachtungsorte geographischer Breite φ in Abhängigkeit von der Jahreszeit.

Vernachlässigt man die Strahlenbrechung am Horizont, die Höhe des Beobachtungsortes über dem Meeresspiegel, beachtet man außerdem bei Sonne und Mond nicht die Korrektur auf den Mittelpunkt der Gestirnsscheibe sowie ihre ↑ Äquatorhorizontalparallaxe, so liefern Überschlagsrechnungen unter Heranziehung des ↑ astronomischen Dreiecks und mit Hilfe eines Taschenrechners schnell einen bis auf einige Minuten genauen Wert. Für den gesuchten halben T. t, d. h. vom Aufgang bis zur oberen Kulmination, gilt nämlich:

$$\cos t = -\tan \varphi \tan \delta.$$

Nach Umrechnung von Grad- in Zeitmaß und anschließender Multiplikation

mit dem Faktor 2 erhält man den gesuchten T. bzw. im Fall der Sonne die gesuchte Tageslänge.
Tageslänge: Als T. bezeichnet man im täglichen Leben den Zeitraum zwischen Sonnenaufgang und Sonnenuntergang. Auf- und Untergang der Sonne erfolgen aber nicht immer an der gleichen Stelle des Horizonts. Dementsprechend ändert sich auch die Dauer von Tag und Nacht. Nur am Erdäquator ist der Tag immer 12 Stunden lang. Ansonsten hängt die T. von der geographischen Breite und von der Jahreszeit ab.
Der Abstand der Sonne vom Ost- oder Westpunkt, die **Morgen-** bzw. **Abendweite**, ist umso größer, je höher die geographische Breite eines Ortes ist. Für einen festen Ort erreichen Morgen- und Abendweite am Tag der Sommersonnenwende (um den 22. Juni) bzw. der Wintersonnenwende (um den 22. Dezember) ihren größten Wert. Dagegen sind sie null am Tag des Frühlingsanfangs (um den 21. März) bzw. des Herbstanfangs (um den 23. September). Zum Zeitpunkt dieser **Tagundnachtgleichen** (Äquinoktien) beträgt die Tageslänge an allen Orten der Erde genau 12 Stunden. An allen anderen Tagen aber geht die Sonne nördlich (auf der nördlichen Erdhalbkugel an den Tagen des Sommerhalbjahres) oder südlich (auf der nördlichen Erdhalbkugel an den Tagen des Winterhalbjahres) vom Ost- bzw. Westpunkt auf und unter.
Die Tab. zeigt die theoretisch (unter idealen Bedingungen) möglichen maximalen und minimalen T.n für Orte nördlicher Breite.
Unter „Tag" bzw. „Nacht" werden hier „Polartag" bzw. „Polarnacht" verstanden, die laut Definiton keine echten Tage und Nächte mehr sind, da sie durch die Schiefe der Achse determiniert sind.
Tagundnachtgleiche: andere Bez. für ↑ Äquinoktium.
TAI ↑ Internationale Atomzeit.
Tarantelnebel: ein sehr heller Nebel in der Großen Magellan-Wolke, in den einige helle ↑ Wolf-Rayet-Sterne eingebettet sind.
T-Assoziation: Ansammlung von ↑ T-Tauri-Sternen. – ↑ auch Assoziation.

Tau: Abk. für **Taurus** (↑ Stier).
Taube (Columba; Abk.: Col): ein Sternbild des südlichen Himmels.
Tauriden: ein ↑ Meteorstrom mit scheinbarem Radianten im Sternbild Stier (Taurus). Der Sternschnuppenfall tritt in der Zeit vom 24. September bis 10. Dezember auf. Im Maximum, um den 13. November, sind bis zu 25 Meteore zählbar.
Taurus [griech.-lat. = Stier]: wiss. Name für das Sternbild ↑ Stier.
Teilchenstrahlung: svw. ↑ Korpuskularstrahlung.
Tektite [zu griech. tēktós = geschmolzen, schmelzbar]: aus glasartiger Masse (rund 75 % SiO_2) bestehende, meist rundliche kleine Mineralkörper mit genarbter oder gerillter Oberfläche und meist grünlicher oder bräunlicher Färbung. T. wurden bislang nur in einigen eng begrenzten Gebieten gefunden, z. B. in Böhmen („Moldavit") und auf der indonesischen Insel Billiton („Billitonit"). Herkunft bzw. Entstehung der früher auch als Glasmeteoriten bezeichneten T. sind nach wie vor sehr umstritten. Am naheliegendsten erscheint noch die Annahme, daß T. auf Einschläge größerer Meteoriten zurückzuführen sind.
Tel: Abk. für **Telescopium** (↑ Fernrohr).
Telescopium [zu griech. tēle = fern

Tageslänge

geogr. Breite	längster Tag	kürzester Tag
0°	$12^h 0^m$	$12^h 0^m$
5°	$12^h 17^m$	$11^h 43^m$
10°	$12^h 35^m$	$11^h 25^m$
15°	$12^h 53^m$	$11^h 7^m$
20°	$13^h 13^m$	$10^h 47^m$
25°	$13^h 33^m$	$10^h 27^m$
30°	$13^h 56^m$	$10^h 4^m$
35°	$14^h 21^m$	$9^h 39^m$
40°	$14^h 51^m$	$9^h 9^m$
45°	$15^h 26^m$	$8^h 34^m$
50°	$16^h 9^m$	$7^h 51^m$
55°	$17^h 6^m$	$6^h 54^m$
60°	$18^h 30^m$	$5^h 30^m$
66° 33′	24^h Tag	24^h Nacht
70°	Tag = 65 Tage	Nacht = 60 Tage
80°	Tag = 134 Tage	Nacht = 127 Tage
90°	Tag = 186 Tage	Nacht = 179 Tage

Teleskop

und griech. skopeīn = betrachten]: wiss. Name für das Sternbild ↑ Fernrohr.

Teleskop: svw. ↑ Fernrohr.

Telesto [griech.]: ein Satellit des ↑ Saturn.

Tellurium [zu lat. tellus, telluris = Erde]: Demonstrationsgerät zur Veranschaulichung der Bewegungen des Mondes um die Erde und der Erde um die Sonne.

Terminator [spätlat. = Abgrenzer]: die Grenze (Trennlinie) zwischen beleuchtetem und unbeleuchtetem Gebiet auf der Oberfläche eines Himmelskörpers, z. B. des Mondes oder eines Planeten.

Tethys [nach der gleichnamigen Titanin der griech. Mythologie]: ein Satellit des ↑ Saturn.

Thebe [nach einer gleichnamigen weiblichen Sagengestalt der griech. Mythologie]: ein Satellit des ↑ Jupiters.

thermische Strahlung [zu griech. thermós = warm, heiß]: im Gegensatz zur ↑ nichtthermischen Strahlung eine Strahlung, die von einem Körper entsprechend seiner Temperatur ausgesandt wird. Im Idealfall eines schwarzen Körpers entspricht die wellenlängenabhängige Energieverteilung dem Planck-Strahlungsgesetz (↑ Strahlungsgesetze).

Thermoelement [griech. thermós = warm, heiß]: ein Leiterkreis aus zwei oder mehreren verschiedenen Metallen oder halbleitenden Materialien, deren Verbindungsstellen (Lötstellen) auf verschiedene Temperaturen gebracht, infolge des Seebeck-Effekts eine Thermospannung bzw. einen Thermostrom liefern. Th. mit metallischem Leiterpaar werden v. a. zur Temperaturmessung verwendet; sie dienen auch als Strahlungsmeßgeräte **(Strahlungs-Th.)**, insbes. in der Infrarotspektroskopie.

Thermosphäre [griech. thermós = warm, heiß]: eine Schicht in der Atmosphäre der ↑ Erde.

Tierkreis (Zodiakus): die Himmelskugel umspannende Zone (etwa 20° breit), in deren Mitte die ↑ Ekliptik verläuft. Der T. enthält die 12 **T.sternbilder** Widder (Aries), Stier (Taurus), Zwillinge (Gemini), Krebs (Cancer), Löwe (Leo), Jungfrau (Virgo), Skorpion (Scorpius), Schütze (Sagittarius), Steinbock (Capri-

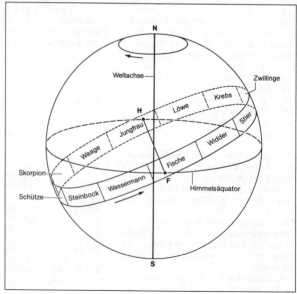

Tierkreis und Tierkreissternbilder

cornus), Wassermann (Aquarius) und Fische (Pisces). Das Sternbild Schlangenträger (Ophiuchus), das wie die obigen von der Ekliptik geschnitten wird, zählt nicht zu den Tierkreissternbildern.
Tierkreislicht: andere Bez. für ↑Zodiakallicht.
Tierkreissternbilder: Bez. für die Sternbilder des ↑Tierkreises.
Tierkreiszeichen (Kurzbez. Sternzeichen): Bez. für die jeweils 30° umfassenden Abschnitte des ↑Tierkreises, die die Namen der Tierkreissternbilder tragen. Aufgrund der ↑Präzession, die eine stetige Verlagerung des Frühlingspunktes bewirkt, fallen die sich mitbewegenden Tierkreissternbilder und T. heute nicht mehr zusammen. So steht das Zeichen Widder beispielsweise im Sternbild Fische, das Zeichen Stier im Sternbild Widder.
Die T. spielen in der ↑Astrologie eine dominante Rolle.
Titan [nach den Titanen der griech. Mythologie]: mit etwa 5 140 km Durchmesser der größte Satellit des ↑Saturn. T. hat eine dichte Atmosphäre, die im wesentlichen aus Stickstoff besteht. Neben knapp 1% Methan, das fest, flüssig und gasförmig vorliegen könnte, enthält sie auch organische Verbindungen wie Acetylen und Äthylen. – Abb. S. 130.
Titania [nach der Feenkönigin Titania (Gemahlin Oberons)]: ein Satellit des ↑Uranus.
Titius-Bode-Regel [nach J. D. Titius und J. E. Bode]: eine Regel, die in unserem Planetensystem die Abstände der einzelnen Planeten beschreibt. Ob es sich um reinen Zahlenzufall handelt oder ob ein Gesetz dahintersteht, das die Entstehung von Planeten- und Mondsystemen regiert, kann an einem Objekt, wie es das Sonnensystem darstellt, nicht entschieden werden, da sich hier zufällige und notwendige Eigenschaften nicht voneinander trennen lassen.
Die Regel besagt: Wenn man zu den Zahlen 0, 0,3, 0,6, 1,2, ... (die folgende Zahl ist mit Ausnahme der ersten beiden jeweils das Doppelte der vorhergehenden) 0,4 addiert, so erhält man entsprechend ihrer Reihenfolge die Abstände der Planeten in astronomischen Einheiten. Die folgende Tab. listet die Daten von Titius und Bode auf:

Planet	Abstand von der Sonne in AE	Titius-Bode
Merkur	0,39	0,4
Venus	0,72	0,7
Erde	1,00	1,0
Mars	1,52	1,6
–	–	2,8
Jupiter	5,20	5,2
Saturn	9,54	10,0

Nach Titius und Bode müßte bei 2,8 AE ein Planet kreisen. Dies ist aber gerade die mittlere Entfernung der ↑Planetoiden. Bei der Entdeckung von Uranus bewährte sich die Regel glänzend. Bei Pluto, v. a. aber bei Neptun gab es jedoch größere Abweichungen.
topozentrischer Ort [zu griech. tópos = Ort, Stelle und lat. centrum = Mittelpunkt] ↑Ort.
topozentrisches Weltbild: ein weiterentwickeltes ↑egozentrisches Weltbild. Im Gegensatz zu diesem steht nicht der erlebende, sondern der beobachtende, messende Mensch im Zentrum allen Geschehens.
Totalität [zu lat. totus = ganz]: der Zeitraum, in dem bei einer totalen Finsternis das betreffende Gestirn vollständig verdeckt bzw. verfinstert ist. Die T. einer Sonnenfinsternis kann bis zu 7,6 min, die einer Mondfinsternis bis zu 1 h 40 min betragen.
Totalitätszone: schmale, nicht ortsfeste Zone auf der Erdoberfläche, die der Kernschatten des Mondes bei einer Sonnenfinsternis überstreicht. Nur von dieser Zone aus ist eine totale Sonnenfinsternis beobachtbar. Dies erklärt, warum die häufiger als Mondfinsternisse auftretenden Sonnenfinsternisse bei Beobachtungen von einem festen Ort der Erde aus nur relativ selten zu sehen sind.
TrA: Abk. für Triangulum Australe (↑Südliches Dreieck).
Trabant: andere Bez. für ↑Satellit.
translunare Welt [zu lat. trans = jenseits und lat. luna = Mond]: nach der ↑Aristotelischen Bewegungslehre die himmlische Welt, bestehend aus Sonne, Mond, Planeten und Fixsternen.

Transpluto [lat. trans = jenseits]: ein jenseits der Bahn des Planeten Pluto vermuteter Planet. Die sehr umstrittene Annahme stützt sich auf geringfügige Bahnstörungen bei Uranus und Neptun. Die beobachteten Reststörungen lassen sich aber auch als systematische Fehler in den Sternkatalogen, auf die die Positionen dieser Planeten bezogen werden, interpretieren.

Trapez [von griech. trapézion, eigtl. = Tischchen]: vier ungefähr trapezförmig angeordnete Sterne im Zentrum des ↑Orionnebels.

Tri: Abk. für Triangulum (↑Nördliches Dreieck).

Triangulum [lat. = Dreieck]: wiss. Name für das Sternbild ↑Nördliches Dreieck.

Triangulum Australe [lat. = südliches Dreieck]: wiss. Name für das Sternbild ↑Südliches Dreieck.

Triangulumgalaxie: svw. ↑Dreiecksnebel.

Trifidnebel [zu lat. trifidus = dreispitzig, dreizackig] (M 20, NGC 6 514): ein leuchtender diffuser Gasnebel, der wie sein leuchtender Nachbarnebel, der ↑Lagunennebel, zum Arm des Sternbildes Schütze im Milchstraßensystem gehört. – ↑auch diffuse Nebel (Tab.).

Triton [nach der gleichnamigen Meergottheit der griech. Mythologie]: ein Satellit des ↑Neptun. Er besitzt vermutlich eine dichte Methanatmosphäre.

Trojaner: eine besondere Gruppe von etwa 100 beobachteten Planetoiden (die bisher benannten tragen Namen aus der Geschichte des Trojanischen Krieges), die zusammen mit Jupiter und Sonne ein gleichseitiges Dreieck bilden (↑Dreikörperproblem). Tatsächlich führen die T. nierenförmige Bahnen um die jeweiligen Librationspunkte aus.

tropisches Jahr (Sonnenjahr): die Zeitspanne eines vollen Umlaufs der mittleren Sonne bezüglich einer der beiden ↑Äquinoktialpunkte. Das tropische Jahr liegt unserem Kalender zugrunde. – ↑auch Jahr.

Troposphäre [Kurzbildung zu griech. tropē = Kehre, Wende und Atmosphäre (bezogen auf die auf- und absteigenden Luftströme in dieser Schicht)]: eine Schicht in der Atmosphäre der ↑Erde.

Tscherenkow-Strahlung [nach P. A. Tscherenkow]: eine ↑nichtthermische Strahlung, die z. B. im Weltall durch Eintreten hochenergetisch geladener Teilchen in ein Plasma radioastronomisch beobachtbar ist. Es handelt sich dabei um das elektromagnetische Gegenstück zur akustischen Schockwelle (Überschallknall). Die elektrisch geladenen Teilchen haben beim Eindringen in das Plasma zunächst eine über der Lichtgeschwindigkeit in diesem Medium liegende Geschwindigkeit. Durch Abgabe von Strahlungsenergie verlieren die eingedrungenen Teilchen jedoch solange Energie, bis ihre Geschwindigkeit unter der des Lichtes in dem betreffenden Stoff abgesunken ist.

T-Tauri-Sterne: bekannte ↑Emissionsliniensterne der Spektralklassen G bis M. Es handelt sich um Eruptivveränderliche, eine Untergruppe der ↑Veränderlichen, mit starken Emissionslinien, v. a. von H, Ca II und He I.

T-T.-St. sind in T-Assoziationen (↑Assoziation) zu finden, stets in Verbindung mit großen Dunkelwolken oder kleinen leuchtenden Gasnebeln. Im ↑Hertzsprung-Russell-Diagramm sind sie oberhalb der Hauptreihe postiert. Man

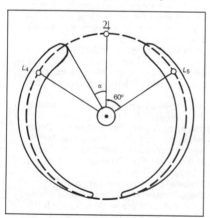

Trojaner in den Librationspunkten L_4 und L_5 des Jupiters

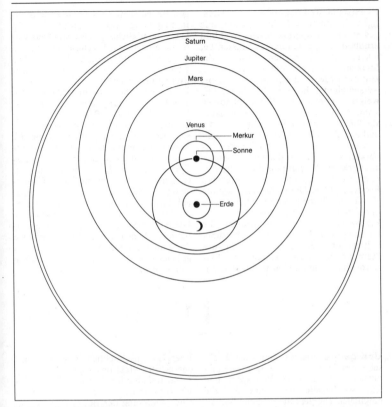

Tychonisches Weltbild

nimmt an, daß es sich um sehr junge Sterne handelt (10^5 bis 10^7 Jahre alt), die sich im Rahmen der Sternentwicklung noch in der letzten Kontraktionsphase befinden, wobei die beobachtete zirkumstellare Materie zu derselben Wolke gehören dürfte, aus der sie entstanden sind.

Tubus [lat. = Röhre]: ein das Objektiv und das Okular eines Fernrohrs verbindendes Schutzrohr.

Tuc: Abk. für **Tucana** (↑Tukan).

Tucana: wiss. Name für das Sternbild ↑Tukan.

Tukan [indian.] (Tucana; Abk.: Tuc): ein Sternbild des südlichen Himmels, in dem sich die Kleine Magellan-Wolke und der sehr helle Kugelsternhaufen NGC 104 befinden.

Turmteleskop: senkrecht in einem Turm eingebautes Teleskop zur Erforschung der Sonne. Im oberen Abschluß des Turms befindet sich ein ↑Zölostat, der das Licht der Sonne senkrecht in ein unter der Erdoberfläche gelegenes Laboratorium spiegelt.

Tychonisches Weltbild: ein von dem größten beobachtenden Astronomen des 16. Jahrhunderts, Tycho Brahe, geschaffenes Weltbild, das einen Kompromiß zwischen dem Ptolemäischen und Kopernikanischen Weltbild darstellt.

Übergänge

Es entstand, weil Astronomen der damaligen Zeit schwere fachliche Einwände gegen das ↑Kopernikanische Weltbild erhoben. Streng genommen müssen bei einem heliozentrischen System die Sternpositionen eine mit dem Jahresumlauf der Erde um die Sonne verbundene Verschiebung, die sog. ↑Parallaxe, aufweisen. Dieses Parallaxenphänomen konnte aber selbst von dem am genauesten beobachtenden Astronomen der damaligen Zeit, Tycho Brahe, nicht nachgewiesen werden. Die Nichtnachweisbarkeit der Sternparallaxen im Mittelalter erklärte Kopernikus durch die Annahme einer ungemein weit entfernten Fixsternsphäre. Dieser Deutung konnte sich Tycho Brahe nicht anschließen. Als unbeirrbarer Anhänger einer Erde ohne Eigenrotation war er gezwungen, die Drehung der Fixsternsphäre beizubehalten, um die tägliche Drehung des Sternenhimmels zu erklären. Die Fixsternsphäre konnte aber unmöglich ungemein weit entfernt sein, da andernfalls ihre Drehung – wie man sich leicht überlegt – unmögliche Geschwindigkeitswerte annehmen würde. Diese und andere Argumente führten dazu, daß damalige Fachastronomen dem Kopernikanischen System ihre Anerkennung versagten.

Im Tychonischen System wird die offensichtliche Bindung der Merkur- und Venusbahn an die Position der Sonne erklärt. Neben Merkur und Venus kreisen auch die äußeren Planeten um die Sonne, die ihrerseits um die Erde läuft (Abb.). Mit diesem Kunstgriff gelang es Tycho Brahe, die Erde weiterhin im Mittelpunkt der Welt zu belassen. Gleichzeitig versuchte er aber auch, der Beobachtung Rechnung zu tragen, indem er die Planeten um die Sonne kreisen ließ. Dieses System gestattet, die Planetenbahnen ebenso gut zu berechnen wie das Kopernikanische Grundmodell; rein geometrisch betrachtet sind beide gleichwertig.

U

Übergänge: allg. die möglichen Wechsel eines Systems von einem Energieniveau in ein anderes. Von speziellem Interesse für die Astronomie sind die möglichen energetischen Zustandsänderungen eines Elektrons. Man unterscheidet als Folge einer Wechselwirkung von Strahlung mit Materie, inelastischer Stöße oder von Beschleunigungen in äußeren Feldern verschiedene Übergänge. Die wichtigsten sind:

1. **gebunden-gebundene Ü.:** Ü. eines Elektrons zwischen zwei an das Atom gebundenen diskreten Energiezuständen.

2. **gebunden-freie Ü.:** Abtrennung des Elektrons vom Atom (Ionisation). Neben der Ionisierungsenergie ist auch noch die Bewegungsenergie des freien Elektrons aufzubringen.

3. **frei-gebundene Ü.:** Einfang eines zunächst freien Elektrons (Rekombination des Atoms). Dabei wird die gesamte Energie – einschließlich der Bewegungsenergie des Elektrons – emittiert.

4. **frei-freie Ü.:** Bei diesen Ü.n bleibt das Elektron frei, es kommt lediglich zu einer Änderung der Bewegungsenergie. Der Änderungsenergiebetrag wird dabei emittiert bzw. absorbiert. Ein Beispiel für einen frei-freien Übergang ist die **Bremsstrahlung**, bei der Elektronen beim Durchgang durch das Coulomb-Feld von Atomkernen abgebremst werden.

Während bei Strahlungsemission bzw. -absorption gebunden-gebundene Ü. Linienspektren erzeugen, treten bei den übrigen erwähnten Ü.n kontinuierliche Spektren auf. Neben atomaren Strahlungsprozessen spielen bei frei-freien Ü.n vorwiegend im langwelligen Spektralbereich (Radiowellenlängenbereich) ↑Plasmaschwingungen und ↑Synchrotronstrahlung eine dominante Rolle.

Überriesen: die absolut hellsten Sterne im ↑Hertzsprung-Russell-Diagramm, die der ↑Leuchtkraftklasse Ia und Ib angehören. Bekannte Vertreter sind Rigel und Beteigeuze im Sternbild Orion.

UBV-System: ein praktikables, weltweit verbreitetes ↑Helligkeitssystem in drei Spektralbereichen: im ultravioletten (mittlere Wellenlänge 350 nm), im blauen (435 nm) und im visuellen Bereich (555 nm).

Ufo [engl., Kurzwort aus engl. unidentified flying object = nichtidentifiziertes fliegendes Objekt]: vielfach tellerförmige, häufig hell leuchtende und sich bewegende Objekte unbekannter Art, die in den verschiedensten Gebieten der Erde beobachtet wurden. Bei diesen Erscheinungen, auch als **fliegende Untertassen** bezeichnet, handelt es sich, im Gegensatz zur landläufigen Meinung, nicht um Einflüge fremder Planetarier. Aus wiss. Sicht sind außerirdische Intelligenzen, wenn überhaupt, äußerst selten anzutreffen, d. h. die zu erwartende gegenseitige Distanz zweier Zivilisationen dürfte mindestens einige hundert Parsec betragen, andererseits konnten alle Ufo-Beobachtungen auf andere Phänomene zurückgeführt werden, wie hochfliegende Flugzeuge, Vögel, Ballons, Satelliten oder atmosphärische Leuchterscheinungen (Polarlichter, Halos, Meteore).

U-Geminorum-Sterne (UG-Sterne): eine Gruppe Veränderlicher mit wiederkehrenden Helligkeitsausbrüchen von 2^m bis 4^m, die nach dem typischen Vertreter, U Gem (im Sternbild Zwillinge), benannt sind. Es handelt sich um Zwergsterne mit schwachem, nahezu konstantem Normallicht mit rasch verlaufendem Aufleuchten in nicht ganz unregelmäßigen Intervallen von 20 bis 600 Tagen. Die U-G.-St. bilden vermutlich die Hauptklasse der ↑Zwergnova.

Uhuru (Explorer 42): 1970 von Kenia aus gestarteter Erderkundungssatellit der Serie Explorer. Er war mit Röntgendetektoren ausgestattet. Sein Name „U." bedeutet in Swahili „Freiheit".

Ultrarotstrahlung [lat. ultra = jenseits, darüber]: svw. ↑Infrarotstrahlung.

Ultraviolettastronomie [lat. ultra = jenseits, darüber] (UV-Astronomie): Teilgebiet der Astronomie, das sich mit der aus dem Weltall kommenden ↑Ultraviolettstrahlung befaßt. Zu größeren Wellenlängen hin schließt sich das Gebiet der ↑optischen Astronomie, zu kleineren Wellenlängen hin das Gebiet der ↑Röntgenastronomie an.

Die Erdatmosphäre ist für Ultraviolettstrahlung – abgesehen vom längerwelligen Bereich – vollständig undurchsichtig, da Ionosphäre und Ozonschicht diese Strahlung absorbieren. U. ist daher nur von Hochgebirgsstationen und Ballonteleskopen (längerwelliger Bereich) aus sowie mittels Raketen, Erdsatelliten und Raumsonden möglich. Bedauerlicherweise aber absorbiert auch die interstellare Materie Ultraviolettstrahlung.

Hauptarbeitsgebiet der U. ist die Erforschung der Sonne im ultravioletten Spektralbereich. Von besonderem Interesse sind darüber hinaus im Hinblick auf die Sternentwicklung spezielle Sterngruppen, die ihr Strahlungsmaximum im ultravioletten Bereich haben (Sterne im „Pubertätsstadium"), sowie Infrarot- und Ultraviolettexzesse (Überschüsse), die bei bestimmten kosmischen Objekten (↑Seyfert-Galaxien, ↑Quasare, ↑Markarian-Galaxien, ↑RW-Aurigae-Sterne) auftreten.

Ultraviolettstrahlung (UV-Strahlung): unsichtbare elektromagnetische Strahlung mit einer typischen Wellenlänge zwischen 200 und 90 nm, die sich an das violette Ende des sichtbaren Spektrums anschließt. U. läßt sich z. B. photographisch nachweisen.

UMa: Abk. für Ursa Maior (↑Großer Bär).

Umbra [lat. = Schatten]: das dunkle Kerngebiet eines ↑Sonnenflecks.

Umbriel [...bri-ɛl; hebr.]: ein Satellit des ↑Uranus.

UMi: Abk. für Ursa Minor (↑Kleiner Bär).

Umlaufzeit: die Zeit, die ein Himmelskörper für einen Umlauf um seinen Zentralkörper, genauer, für einen Umlauf um den gemeinsamen Schwerpunkt benötigt.

Universalinstrument [zu spätlat. universalis = zur Gesamtheit gehörend, allgemein]: transportables Winkelmeßgerät, das aus einem kleinen, azimutal montierten Fernrohr mit Teilkreisen zum Ablesen von ↑Zenitdistanz und ↑Azimut besteht.

Universalität der Naturgesetze [zu spätlat. universalis = zur Gesamtheit gehörend, allgemein]: ein Postulat, nach dem die auf der Erde gefundenen Naturgesetze im All ebenso gelten, wie umgekehrt die im All gefundenen auf der Erde. Diese Annahme ist erstmals bei G. Galilei zu finden, der die bis dahin allgemein angenommene, auf die ↑Aristotelische Bewegungslehre zurückgehende Wesensverschiedenheit von translunarer und sublunarer Welt aufhob. Die Ausweitung des Gültigkeitsbereiches von Naturgesetzen schuf eine der Grundlagen für die moderne Astro- und Kosmophysik.

Universum [lat.]: das (begrifflich) zu einer Einheit zusammengefaßte Ganze; das Weltall oder der Kosmos.

unregelmäßige Galaxien: Galaxien, die nach ihrem Aussehen dem ↑Hubble-Typ Ir zuordenbar sind.

unregelmäßige Veränderliche: langsam veränderliche Sterne mit unregelmäßigen Helligkeitsschwankungen. Vertreter dieser Gruppe sind Riesensterne oder Überriesen in praktisch allen Spektralbereichen.
Die u.n V.n werden nicht als eigene Untergruppe der ↑Veränderlichen geführt. Diese sehr inhomogene Gruppe bildet gewissermaßen eine „Verlegenheitsgruppe", da zahlreiche Veränderliche wohl nur wegen ungenügender Beobachtungsmöglichkeiten in diese Untergruppe eingeordnet werden.

Untergang: der Zeitpunkt, genauer, der Vorgang, bei dem ein Gestirn unter dem Horizont verschwindet. Wie beim ↑Aufgang hat man zwischen verschiedenen Untergängen zu differenzieren.

Unterriesen: Gruppe von Sternen, die der Leuchtkraftklasse IV angehören; im ↑Hertzsprung-Russell-Diagramm liegen sie zwischen Hauptreihe und Riesenast.

Unterzwerge: Bez. für Sterne, die im ↑Hertzsprung-Russell-Diagramm unterhalb der Hauptreihe liegen. U. gehören zur Leuchtkraftklasse VI.

Unuk [arab. = der Nacken (der Schlange)]: Hauptstern im Sternbild ↑Schlange mit einer scheinbaren visuellen Helligkeit von $2^m\!.65$. – ↑auch Sternverzeichnis.

Uranus [griech.]: siebter Planet des Sonnensystems, der 1781 von Sir W. Herschel entdeckt wurde. U. kann unter günstigen Bedingungen gerade noch mit freiem Auge gesehen werden. Genauere Kenntnisse über U. wurden erst durch den Vorbeiflug der Sonde Voyager 2 im Januar 1986 gewonnen. Sein Äquatordurchmesser beträgt etwa 51 200 km. Er hat eine Masse von rund $8{,}7 \cdot 10^{25}$ kg oder 14,6 Erdmassen. Seine mittlere Dichte liegt bei 1,27 g/cm³. Dank der Entdeckung und Beobachtung seines Magnetfeldes durch Voyager 2 ließ sich seine siderische Rotationsperiode zu 17,24 h ermitteln. Die Neigung der Polachse beträgt 98°; sie liegt also ungewöhnlicherweise fast in der Bahnebene, vielleicht das Resultat eines Zusammenpralls mit einem sehr großen Körper während der Bildungsphase der Planeten. Der Abstand von der Sonne

Uranus. Satelliten					
Satellit	Ent-deckungs-jahr	mittlerer Abstand vom Planeten [km]	siderische Umlauf-periode [Tage]	Durch-messer [km]
Miranda	1948	130 500	1,413	350
Ariel	1851	191 800	2,520	1 330
Umbriel	1851	267 200	4,144	1 110
Titania	1787	438 000	8,706	1 300
Oberon	1787	586 300	13,460	1 630

schwankt zwischen $2735 \cdot 10^6$ km und $3005 \cdot 10^6$ km; er liegt im Mittel bei $2884 \cdot 10^6$ km. Die Bahnexzentrizität beträgt 0,047, die Bahnneigung gegen die Ekliptik etwa 46'. U. hat eine siderische Umlaufzeit von 84,67 Jahren.
Der Planet besitzt wahrscheinlich einen großen Kern aus Metallen und Metalloxiden mit einer direkt daran anschließenden Atmosphäre aus vermischten gefrorenen und gasförmigen Stoffen. Diese Atmosphäre dürfte im wesentlichen aus Wasser, daneben aus Ammoniak und Methan bestehen. Methanwolken sind für die grünblaue Farbe des Planeten verantwortlich. Darüber existiert noch eine dünne Hochatmosphäre v. a. aus Wasserstoff mit etwas Helium und Neon.
U. besitzt ein schwach ausgebildetes Ringsystem. Mittlerweile sind 15 Monde bekannt. Die schon länger bekannten Monde tragen die Namen Oberon, Miranda, Ariel, Umbriel und Titania (↑ Übersicht).

Uranusfamilie: eine ↑ Kometenfamilie mit vermutlich drei Mitgliedern.

Urknalltheorien: Theorien über die Entwicklung des Weltalls, die darauf basieren, daß das Weltall vor einer bestimmten Zeit aus einem Zustand extremer Dichte (Singularität) hervorging und anschließend expandierte. Da der Ursprung der Welt zunächst explosionsartig angenommen wurde, bezeichnete man die „Geburtsphase" als **Urknall**.
Gegenüber der klassischen Urknalltheorie, der ↑ Big-bang-Theorie, erklären nach den gegenwärtigen empirischen und theoretischen Kenntnissen die ↑ Big-bounce-Theorie oder das ↑ inflationäre Szenario die Entwicklung der aus dem Urknall entstandenen Welt treffender.

Ursa Maior [lat.]: wiss. Name für das Sternbild ↑ Großer Bär.

Ursa-Maior-Haufen: ein ↑ Bewegungssternhaufen, zu dem fünf der sieben Sterne des Großen Wagens im Sternbild Großer Bär (Ursa Maior), nämlich Merak, Phecda, Megrez, Alioth und Mizar, gehören. Zu den mehr als 40 Mitgliedern dieses Sternhaufens zählen auch Sterne aus anderen Regionen der Himmelssphäre, so z. B. Sirius. Mit einer Geschwindigkeit von rund 28 km/s in bezug auf die Sonne bewegen sich die Mitglieder dieses Bewegungssternhaufens auf einen Zielpunkt (Konvergenzpunkt) hin, der sich im östlichen Teil des Sternbildes Schütze befindet.

Ursa Minor [lat.]: wiss. Name für das Sternbild ↑ Kleiner Bär.

UT ↑ Weltzeit.

UV-Astronomie: Kurzbez. für ↑ Ultraviolettastronomie.

UV-Ceti-Sterne (Flare-Sterne, Flakkersterne): kühle Hauptreihensterne (Spektralklasse dM) mit in unregelmäßigen Abständen raschem, kurzem Aufleuchten (Flares). Der Helligkeitsausbruch (Amplituden bis zu 6^m) dauert nur einige zehn Minuten. Das Spektrum dieser Sterne ähnelt dem der ↑ T-Tauri-Sterne, woraus möglicherweise eine Verwandtschaft gefolgert werden darf. Beide Sterntypen zählen aufgrund der Helligkeitsänderungen zu den Eruptivveränderlichen (↑ Veränderliche).

UV-Strahlung: Kurzbez. für ↑ Ultraviolettstrahlung.

V

Van-Allen-Gürtel [væn'ælın...; nach J. A. Van Allen]: zwei Strahlungsgürtel der Erde in mittleren Höhen von 4000 km und 16000 km. Es handelt sich um Bereiche, in denen geladene Teilchen aus dem Weltall durch das Erdmagnetfeld eingefangen werden.

Vega [russ.]: Name zweier sowjetischer Raumsonden. V. 1 wurde am 15. Dezember 1984, V. 2 am 21. Dezember 1984 gestartet. Beide Sonden flogen im Juni 1985 in einem Abstand von etwa 35 000 km an der Venus vorbei, wo sie jeweils einen Lander abgaben. Die Lander führten Untersuchungen der Atmosphäre sowie des Bodens durch. Ferner setzten die Lander jeweils einen Behälter mit einem sich selbst öffnenden Ballon ab. Die Behälter konnten sich in etwa 35 km Höhe frei bewegen. Sie lieferten Daten über Temperatur, Druck, Sichtverhältnisse und Windgeschwindigkeit.

Die Sonden flogen nach dem Absetzen der Lander weiter zum ↑Halley-Kometen. Sie näherten sich dem Kometenkern im März 1986 bis auf 8 000 km.

Vel: Abk. für Vela (↑Segel).

Vela [lat. (Mehrz.) = die Segel]: wiss. Name für das Sternbild ↑Segel.

Vela [amerikan.]: Name einer Serie amerikanischer Erderkundungssatelliten. Mit V. wurde erstmals die kosmische ↑Gammastrahlung nachgewiesen.

Velapulsar: ein Pulsar in etwa 500 pc Entfernung, der in Zusammenhang mit der Radio- und Röntgenquelle Vela X steht. Im Hochenergiebereich (> 100 MeV) ist der V. als Punktquelle identifiziert worden (↑Gammaastronomie).

Vela X [lat. vela (Mehrz.) = die Segel]: eine kompakte Radio- und Röntgenquelle in etwa 500 pc Entfernung. Sie steht in Zusammenhang mit dem ↑Gum-Nebel.

Venera [russ.] (Wenera, Venus): Name einer Serie unbemannter sowjetischer Raumsonden zur Erforschung der Venus. V. 1 wurde am 12. Februar 1961 gestartet. Allerdings riß der Kontakt bereits bei 8,5 Mill. km Entfernung von der Erde ab. Erst V. 4 lieferte am 19. Oktober 1967 die ersten Meßergebnisse beim Abstieg in die Venusatmosphäre.

Die Sonden wurden nun ständig verbessert. Sie mußten an Drücke von mehr als dem 90fachen des irdischen Drucks und an Temperaturen von über 450°C, wie sie in der Atmosphäre der Venus vorkommen, angepaßt werden.

Mit V. 7 gelang am 15. Dezember 1970 erstmals eine weiche Landung mit anschließender 23minütiger Datenübertragung zur Erde. V. 9 und V. 10 sandten im Oktober 1975 die ersten Bilder von der Venusoberfläche zur Erde. Von V. 13 und V. 14 wurden im März 1982 sogar Farbbilder des Bodens übermittelt. Diese Sonden führten auch Bodenanalysen durch. V. 15 und V. 16 starteten am 2. bzw. 7. Juni 1983 und schwenkten im Oktober des gleichen Jahres in eine Venusumlaufbahn ein. Sie dienten der Radarkartierung der Venusoberfläche und der Untersuchung der Atmosphäre mit Infrarotspektrometern.

Venus [nach der gleichnamigen röm. Göttin]: zweitinnerster Planet des Sonnensystems. Der Durchmesser beträgt 12 104 km. Eine Abplattung ist nicht erkennbar. V. hat eine Masse von $4,87 \cdot 10^{24}$ kg oder 0,815 Erdmassen. Die mittlere Dichte ergibt sich zu $5,24$ g cm^{-3}. Der Abstand zur Sonne schwankt zwischen $107,4 \cdot 10^6$ km und $109 \cdot 10^6$ km; im Mittel liegt er bei $108,2 \cdot 10^6$ km. V. nähert sich der Erde bis auf $38,3 \cdot 10^6$ km und kommt ihr damit so nahe wie kein anderer Planet. Die Bahnexzentrizität beträgt nur etwa 0,0068; V. hat damit die einem Kreis am nächsten kommende Umlaufbahn aller bekannten Planeten. Die Bahnneigung gegen die Ekliptik beträgt etwa 3° 24'. Die siderische Rotationsperiode konnte mit Radarmethoden zu 243 Tagen bestimmt werden. V. rotiert retrograd (rückläufig). Die siderische Umlaufzeit beträgt 224,7 Tage.

Da V. der Sonne näher ist als die Erde, wird sie von der Erde aus nie weit von der Sonne entfernt gesehen. Die größte ↑Elongation beträgt 47°. Steht V. westlich der Sonne, geht sie vor ihr als Morgenstern im Osten auf. Bei östlicher Elongation kann sie abends im Westen als Abendstern gesehen werden. V. zeigt (im Fernrohr) deutlich Phasen und ist mit maximal $-4^{\rm m}4$ nach Sonne und Mond der hellste Himmelskörper am Firmament.

V. besitzt eine dichte *Atmosphäre,* die eine direkte Beobachtung der Oberfläche im optischen Bereich unmöglich macht. Die Atmosphäre besteht hpts. aus Kohlendioxid (96%) und Stickstoff (3,5%). Der Rest entfällt v. a. auf Wasserdampf (H_2O), Kohlenmonoxid (CO), Schwefeldioxid (SO_2), Schwefelsäure (H_2SO_4) und Argon (Ar). An der Oberfläche herrscht beim angenommenen Nullniveau ein Druck von rund $9 \cdot 10^6$ Pa bei einer mittleren Temperatur von etwa 730 K. Die Wolkendecke besteht aus mehreren un-

Veränderliche

terschiedlichen Schichten. Unter einer oberen Dunstschicht liegt in 56-70 km Höhe die obere Wolkenschicht. Sie besteht aus Schwefelsäuretröpfchen von 1-2 μm Durchmesser. In 52-56 km Höhe befindet sich die mittlere Wolkenschicht mit festen Teilchen und Flüssigkeitströpfchen von 10-20 μm Durchmesser. Es folgt die untere Wolkenschicht in etwa 49-52 km Höhe. Hier sind die Teilchen durchschnittlich noch etwas größer und auch die Teilchendichte ist maximal; die Sichtweite beträgt weniger als 1 km. Es schließt sich eine untere Dunstschicht mit Teilchengrößen von weniger als 1 μm an. Sie reicht bis auf etwa 32 km Höhe herab, darunter wird die V.atmosphäre wolkenfrei.

Das die Atmosphäre durchdringende Licht wird vom Boden teils absorbiert, teils als Wärmestrahlung reflektiert. Letztere wird wiederum von der Atmosphäre absorbiert. Die dadurch bedingte Aufheizung (Treibhauseffekt) ist Ursache der hohen Oberflächentemperatur.

V. besitzt zwei größere Hochländer, **Ischtar Terra** und **Aphrodite Terra,** die irdischen Kontinenten vergleichbar sind. Ferner wurden Vulkane, Klüfte und Gräben entdeckt. Höchstwahrscheinlich gibt es auch heute noch aktiven Vulkanismus. Vermutlich ähnelt der innere Aufbau der V. dem der Erde. Ein starkes Magnetfeld ist nicht vorhanden. Die meisten Kenntnisse über V. verdanken wir den sowjetischen Venera- und den amerikanischen Mariner- und Pioneer-Sonden. Einige Sonden (Venera) konnten sogar weich landen und Bilder von der V.oberfläche zur Erde funken. Sie zeigen wüstenhaftes Gelände mit Steinen unterschiedlicher Größe. – Abb. S. 131.

Veränderliche: eine spezielle Gruppe von Sternen, bei denen sich eine oder mehrere ↑Zustandsgrößen, auf jeden Fall aber die Sternstrahlung, in bestimmten Beobachtungszeiträumen, also in Minuten, Stunden oder Tagen, ändern. Veränderungen im Rahmen der normalen Sternentwicklung, die bekanntlich tausende Millionen oder gar Milliarden Jahre dauern, sind hier also nicht gemeint.

Historisch bedingt werden die V.n in drei Gruppen aufgeteilt: regelmäßig V., Eruptiv-V. und ↑Bedeckungsveränderliche, wobei letztere keine echten V.n sind und gesondert betrachtet werden.

Regelmäßig V.: Die beobachtbaren regelmäßigen, periodischen Helligkeitsänderungen sind häufig auf physikalische Veränderungen des Sterns zurückzuführen. Als mögliche Ursachen kommen Pulsation oder Rotation von Sternen mit ungleichmäßiger Flächenhelligkeitsverteilung auf ihrer Oberfläche in Betracht. Als Repräsentanten dieser Gruppe sind zu nennen: ↑Cepheiden, ↑RR-Lyrae-Sterne, ↑Delta-Scuti-Sterne, ↑Mirasterne, ↑RV-Tauri-Sterne sowie ↑Pulsare. Das Vorkommen verschiedener V.r im Hertzsprung-Russell-Diagramm zeigt die Abbildung S. 394.

Der Cepheidenstreifen ist ein Instabilitätsstreifen. Hier liegt eine anormale Schichtung von Druck und Temperatur der Sterne vor. Bei den langperiodischen Cepheiden (Delta-Cephei-Sterne, W-Virginis-Sterne) dürften die Helligkeitsschwankungen auf radiale Pulsationen und die damit verbundenen Variationen der Effektivtemperaturen zurückzuführen sein. Bei den kurzperiodischen Cepheiden (Beta-Cephei-Sterne) können als Mechanismus kleinste zufällige radiale Störungen angenommen werden, die zu großen Schwankungen der Größe der Sternoberfläche mit sichtbaren Helligkeitsschwankungen anwachsen.

Eruptiv-V.: Helligkeitsänderungen dieser Gruppe erfolgen sporadisch und teilweise abrupt. Etwaige Wiederholungen treten in unregelmäßigen Abständen auf, wobei grob gesagt, die Dauer zwischen zwei Abständen um so länger ist, je heftiger der zuvor erfolgte Ausbruch ist. Für viele Eruptiv-V. ist ein Massenausstoß typisch, z. B. als kontinuierlicher stellarer Wind oder als sporadischer Abstoß einer Hülle. Zahlenmäßig ist die Gruppe der Eruptiv-V.n nur $1/10$ so stark wie die der regelmäßig V. vertreten. Als typische Vertreter der Eruptiv-V.n seien erwähnt: ↑UV-Ceti-Sterne, ↑R-Coronae-Borealis-Sterne, ↑RW-Aurigae-Sterne, ↑T-Tauri-Sterne, ↑Novä, ↑Zwergnovä sowie ↑Supernovä.

verbotene Linien

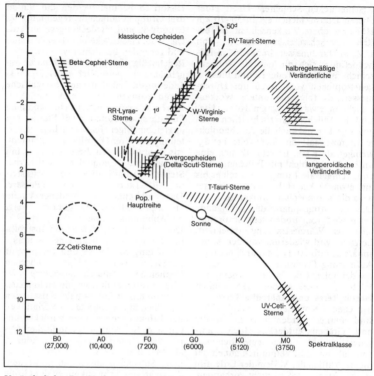

Veränderliche. Das Vorkommen verschiedener Veränderlicher im Hertzsprung-Russell-Diagramm

verbotene Linien: Spektrallinien, die unter normalen Bedingungen nicht auftreten, da sie aus quantentheoretisch äußerst seltenen ↑ Übergängen entstehen und daher in der Astronomie als „verboten" bezeichnet werden.
Die Lebensdauer der angeregten Zustände für v. L. ist im Vergleich zur Lebensdauer für normale Linien beträchtlich größer. Statt der üblichen 10^{-8} s liegt sie bei Sekunden, Minuten oder sogar vielen Jahren. Unter normalen Bedingungen erfolgt aufgrund der hohen Teilchendichte der Übergang aus solchen langlebigen Zuständen durch wechselseitige Stöße. Im Weltall dagegen treten wegen der extrem geringen Teilchendichte Stöße nur vereinzelt auf, so daß derart angeregte Atome ihre Anregungsenergie in Form dieser Strahlung abgeben. Unter den extremen physikalischen Bedingungen im Weltraum sind daher verbotene Übergänge z. B. im Spektrum planetarischer Nebel beobachtbar.

vereinheitlichte Theorien (Abk.: GUTs für engl. **G**rand **u**nified **t**heories = große vereinheitlichte Theorien): experimentell noch nicht abgesicherte Theorien, die oberhalb gewisser Energien (rund 10^{15} GeV) mit Ausnahme der Gravitation eine Vereinheitlichung der drei Grundwechselwirkungen (schwache, starke, elektromagnetische) versprechen. Außerdem werden ↑ Leptonen und

↑Quarks zu einer einzigen Familie zusammengefaßt.

In der älteren Quantenelektrodynamik (QED) wird die Wechselwirkung zwischen elektrisch geladenen Teilchen durch das Austauschteilchen Photon erklärt. In der Quantenchromodynamik (QCD) wird die zwischen Quarks wirkende Farbkraft auf den Austausch von acht verschiedenen Gluonen zurückgeführt. Im Standardmodell der Elementarteilchen, das eine Vereinheitlichung der elektromagnetischen und der schwachen Wechselwirkung beschreibt, sind darüber hinaus noch drei weitere Austauschteilchen notwendig: die beiden schwachen W^-- und W^+-Bosonen sowie das elektrisch neutrale Z^0-Boson.

In den v.n Th. wird nun oberhalb gewisser Energien (rund 10^{15} GeV) eine Vereinheitlichung der Farb- und elektroschwachen Kräfte zu einer fundamentalen Kraft, z. B. X-Kraft, gesucht. Außerdem werden Leptonen und Quarks als nicht mehr unteilbare Teilchen angesehen.

Die in den v.n Th. beschriebene Kraft vermag Quarks in Leptonen umzuwandeln und umgekehrt. Ihre Austauschteilchen sind die X-Teilchen, auch X-Bosonen genannt. Aus diesen v.n Th. folgt z. B. der Protonenzerfall (Zerfall von Protonen in leichtere Teilchen, etwa in Positron und Meson) und die Entstehung magnetischer Monopole in den ersten 10^{-35} Sekunden des Universums.

Die v.n Th. erklären aber auch den fehlenden Ladungserhalt und die kurze Reichweite der schwachen Wechselwirkung bei „normalen" Zuständen als Folge einer spontanen Symmetriebrechung. Unterhalb einer gewissen Temperatur, der Vereinheitlichungstemperatur, erfolgt durch spontane Symmetriebrechung eine Aufhebung des Erhaltungssatzes für die schwache Ladung und eine Separation der schwachen von der elektromagnetischen Wechselwirkung. Zu jeder Kraft gehören aber auch Austauschteilchen, die die Kraft übertragen. Die Austauschteilchen der schwachen Wechselwirkung, nämlich die W^+-, W^-- und Z^0-Bosonen, werden durch den Mechanismus der Symmetriebrechung mit Massen versehen, die 80- bis 90mal größer sind als die Protonenmasse. Das Bestücken dieser Teilchen mit Masse wird von sog. ↑Higgs-Bosonen bewirkt. Nach der Heisenberg-Unschärferelation ist nun aber die Reichweite einer Kraft umgekehrt proportional zur Masse des Trägerteilchens. Die großen Massen dieser Austauschteilchen erklären somit die außerordentlich geringe Reichweite der schwachen Wechselwirkung.

Diese bislang rein theoretischen Gedankenkonstrukte bedürfen jedoch noch der experimentellen Bestätigung. Daher suchen Physiker intensiv nach Protonenzerfällen und magnetischen Monopolen. Für die Suche nach den äußerst schwierig aufzuspürenden Higgs-Bosonen sind darüber hinaus neue Hochenergiebeschleuniger erforderlich.

Verfärbung: eine Farbänderung des Sternlichts beim Durchgang durch interstellare Materie. Als Maß für die V. dient der ↑Farbexzeß.

Vergrößerung: das Verhältnis von Blickwinkel, unter dem ein Objekt im Fernrohr erscheint, und Blickwinkel zu demselben Objekt ohne Fernrohr. Beim Fernrohr ist dies gleichbedeutend mit:

$$V = \frac{\text{Brennweite des Objektivs}}{\text{Brennweite des Okulars}}$$

oder

$$V = \frac{\text{Durchmesser des Objektivs}}{\text{Bündelbreite am Okular}}.$$

Bei starker Fernrohr-V. wächst allerdings der Einfluß der ↑Luftunruhe, so daß unscharfe Bilder die Folge sind. Daher liegt die brauchbare V. weit unter der theoretisch möglichen. Letztere wird daher mitunter auch „leere V." genannt. Die V. eines Fernrohrs spielt in der Astronomie nur eine untergeordnete Rolle. Nützlich ist sie v. a. bei „nahen" Objekten, wie bei Planeten und deren Monden, sowie bei der Auflösung eng benachbarter Objekte (z. B. Doppelsterne).

Vertex [lat. = Scheitel]: der Punkt, auf den ein Bewegungssternhaufen zuzuströmen scheint (↑Konvergenzpunkt).

Vertikalkreis [aus spätlat. verticalis = senkrecht]:

◊ svw. ↑Höhenkreis.

Very large array

◊ Winkelmeßgerät, das v. a. zur Bestimmung der Höhe eines Sterns Anwendung findet. Im Aufbau ähnelt es einem ↑Meridiankreis. Da es jedoch sowohl in Azimut wie in Höhe drehbar ist, kann es in allen Himmelsrichtungen eingesetzt werden.

Very large array ['vɛrɪ 'lɑ:dʒ ə'reɪ; engl. = sehr große Reihe] (Abk.: VLA): Syntheseteleskop aus 27 beweglichen Antennen zu je 25 m Durchmesser, die in Form des Buchstabens Y angeordnet sind. Mit diesem Vielelementeninterferometer, das vom ↑National Radio Astronomy Observatory bei Green Bank, West Virginia, zum Zweck der Radiointerferometrie betrieben wird, gelingt ein den optischen Instrumenten vergleichbares ↑Auflösungsvermögen von 1/10 Bogensekunde.

Very large telescope ['vɛrɪ 'lɑ:dʒ 'tɛlɪskoʊp; engl. = sehr großes Teleskop] (Abk.: VLT): von der Südsternwarte geplantes Großteleskop. Das VLT soll aus 4 linear angeordneten 8-Meter-Spiegeln bestehen. Die Öffnung des Gesamtsystems entspricht damit der eines Instruments mit einem Durchmesser von 16 m. Die Einzelteleskope sollen in jeder möglichen Kombination, also auch einzeln, betrieben werden können, wodurch das VLT-System wesentlich flexibler ist als andere, in Planung befindliche Projekte. Durch Kopplung zweier oder mehrerer Teleskope kann die Anlage als Interferometer betrieben werden, dessen Auflösungsvermögen durch die Gesamtausdehnung der Anordnung, mindestens 100 m, bestimmt wird. Damit soll eine für optische Teleskope bisher nicht annähernd erreichte Auflösung erzielt werden.

Das VLT soll zur Beobachtung sehr entfernter und somit lichtschwacher Galaxien und Quasare sowie zur Untersuchung von Dunkelwolken, schwarzen Löchern, Galaxienkernen, der Entstehung anderer Planetensysteme und vielem anderen mehr genutzt werden.

Technische Schwierigkeiten bereiten v. a. die Einzelspiegel, die mit 8 m Durchmesser immerhin deutlich größer sind als alle bisherigen optischen Teleskope. Die Fertigstellung des VLT ist für die Jahre 1995–1998 geplant. Der Standort soll in Chile liegen.

Verzeichnung: ein ↑Bildfehler.

Verzögerungsparameter: andere Bez. für ↑Abbremsparameter.

Vẹsta [nach der gleichnamigen altröm. Göttin des häuslichen Herdes]: ein Planetoid, der mit etwa $5^{m}5$ die größte Helligkeit aller Planetoiden erreicht, mit einem Durchmesser von 544 ± 80 km allerdings nicht der größte ist.

Viking: ['vaɪkɪŋ; engl. = Wikinger]: Name unbemannter amerikanischer Marssonden. V. 1 wurde am 20. August 1975 gestartet, V. 2 am 9. September 1975. Beide Sonden bestanden aus je einem Orbiter, der den Planeten umkreiste, und einem Lander. Die genauen Landeplätze wurden erst mit Hilfe von Aufnahmen festgelegt, die Kameras an Bord der Orbiter lieferten. Die Lander wurden auf Kommandos von der Erde von den Orbitern gelöst und erreichten den Marsboden, durch Fallschirm und Raketen gebremst, mit etwa 10 km/h. Der V.-1-Lander setzte am 20. Juli 1976 in der sog. Chryse-Planitia-Region, etwa 23° nördlich des Marsäquators auf. Der V.-2-Lander erreichte die Oberfläche am 3. September 1976 in der Region Utopia-Planitia, 48° nördlich des Äquators und rund 180 Längengrade vom V.-1-Landeplatz entfernt. Bereits beim Abstieg sowie nach der Landung wurden Messungen in der Atmosphäre durchgeführt. Ferner sandten Orbiter und Lander zahlreiche Photographien der Planetenoberfläche zur Erde. Bei der Untersuchung von Bodenproben lag der Schwerpunkt auf der Suche nach primitiven Lebensformen auf dem Mars. Daher versuchte man verstärkt, organisches Material oder Stoffwechselvorgänge nachzuweisen. Es konnten jedoch keine Lebensspuren gefunden werden.

Vindemiatrix [nlat. weibliche Bildung zu lat. vindemiator = Winzer (also eigtl. = Winzerin)]: Stern im Sternbild ↑Jungfrau mit einer scheinbaren visuellen Helligkeit von $2^{m}81$. – ↑auch Sternverzeichnis.

Violẹttverschiebung: svw. ↑Blauverschiebung.

Vir: Abk. für Virgo (↑Jungfrau).

Viriginiden: ein ↑Meteorstrom mit scheinbarem Radianten im Sternbild Jungfrau (Virgo). Er tritt in der Zeit zwischen dem 1. März und 10. Mai auf. Im Maximum, um den 3. April, sind etwa 20 Meteore pro Stunde zählbar.

Virgo [lat. = Jungfrau]: wiss. Name für das Sternbild ↑Jungfrau.

Virgo A: starke Radioquelle im ↑Virgohaufen, die mit der Röntgenquelle Virgo X-1 zusammenfällt.

Virgohaufen: Galaxienhaufen im Sternbild Jungfrau (Virgo) in einer Entfernung von rund 16 Mpc (für die Hubble-Konstante $H_0 = 75$ [km/s]/Mpc). Der V. enthält zwei elliptische Riesengalaxien sowie viele Riesenspiralgalaxien und Zwerggalaxien. Eine der beiden elliptischen Riesengalaxien (M 87) zeigt bei Aufnahmen im blauen Spektralbereich einen etwa 2 kpc langen, hellen, aus mehreren Knoten bestehenden Strahl (Jet), der aus dem Zentrum strömt und sehr kompakt ist. Der Jet stammt vermutlich von einer oder mehreren Explosionen im Kerngebiet vor etwa 10^6 Jahren. Die Jetgalaxie M 87 gilt als typisches Beispiel für eine ↑aktive Galaxie. Die starke Radioquelle **Virgo A** fällt optisch mit M 87 zusammen. Sie ist gleichzeitig auch eine Röntgenquelle mit der Bez. Virgo X-1.

Virgo X-1: Röntgenquelle im ↑Virgohaufen, die optisch mit der Radioquelle Virgo A zusammenfällt.

Visionsradius [lat. visio = das Sehen]: svw. ↑Gesichtslinie.

visuelle Doppelsterne [von spätlat. visualis = zum Sehen gehörend]: Klasse von ↑Doppelsternen, deren Komponenten getrennt sichtbar bzw. interferometrisch nachweisbar sind.

visuelle Photometrie [von spätlat. visualis = zum Sehen gehörend]: Schätzung der ↑scheinbaren Helligkeit eines Gestirns mit dem Auge. Bei der v.n Ph. wird die vorzügliche Fähigkeit unseres Auges, sehr geringe Helligkeitsdifferenzen (bis zu 0,05 ↑Größenklassen) im mittleren Helligkeitsbereich zu erkennen, genutzt.

Bei der *unmittelbaren Größenschätzung* wird die scheinbare Helligkeit durch Einrücken des Schätzobjekts in eine Reihe von gleichwertigen Sternen, die nach ihrer Helligkeit geordnet sind, ermittelt. Die erreichbare Genauigkeit liegt bei etwa $0\overset{m}{.}5$.

Mit einer *Stufenschätzung* erzielt man dagegen schon Genauigkeiten von $0\overset{m}{.}1$. In einer Gedächtnisskala wird die Helligkeit des zu beobachtenden Gestirns mit der Helligkeit eines Vergleichssterns verglichen. Erscheinen beide Sterne gleich hell oder schätzt man einmal den einen, dann den anderen ein wenig heller ein, so ist der Unterschied Stufe 0. Erscheinen bei flüchtiger Beobachtung beide Sterne gleich hell, liefert aber eine aufmerksamere Betrachtung einen geringfügigen Helligkeitsunterschied, so liegt Stufe 1 vor. Bei Stufe 2 ist ein geringer Helligkeitsunterschied schnell zu erkennen. Eine auf den ersten Blick ins Auge fallende Verschiedenheit ist charakteristisch für Stufe 3. Bei Stufe 4 ist eine auffallende Verschiedenheit zu verzeichnen. Die geschätzten Stufenwerte lassen sich in eine Helligkeitsskala transformieren.

Stufenschätzungen werden heute vorwiegend von Amateurastronomen zur Beobachtung von Veränderlichen herangezogen. Visuelle Helligkeitsvergleiche von punktförmigen und flächenhaften Objekten lassen sich auch mit speziellen Photometern vornehmen, wobei eine gleiche oder annähernd gleiche Helligkeit der Beobachtungsobjekte in den Photometern herbeigeführt wird. So kann durch Einschieben eines Grauglaskeils (Neutralkeil) vor eine künstliche Lichtquelle diese so lange abgeschwächt werden, bis ihre Helligkeit mit der des Beobachtungsobjektes übereinstimmt oder aber man verändert die Flächenhelligkeit des extrafokalen Bildchens im Fernrohr durch Verschiebung des Okulars so, daß ebenfalls ein Helligkeitsabgleich mit einer aktiv leuchtenden Fläche möglich ist.

VLA: Abk. für ↑Very large array.

VLB-Interferometrie [VLB ist Abk. für engl. very long baseline]: ↑Radiointerferometrie auf interkontinentaler Basis. Die einzelnen Elemente des VLB-Interferometers sind simultan auf eine bestimmte Radioquelle ausgerichtete

VLT

↑Radiotelescope, die die Signale der kosmischen Objekte separat auf Magnetbänder mit Zeitmarken speichern. Die Synchronisation der aufgezeichneten Signale erfolgt zu einem späteren Zeitpunkt im Korrelator (Abb.).
An Magnetband und Zeitregistrierung werden immense Anforderungen gestellt. So ist die aufzuzeichnende Datendichte etwa vergleichbar mit der Informationsdichte auf einer Photoplatte: 800 Bit pro mm². Um sinnvolle Wechselzeiten von einigen Stunden für die Magnetbänder zu erreichen, bedarf es spezieller kapazitätsreicher Videobänder zur Registrierung. Andererseits muß die Stabilität der Uhren gewährleistet sein. Atomuhren liefern zwar konstante Zeitmarken, aber leider keine absoluten. Daher müssen die einzelnen Atomstandardzeitmarken über die örtlichen Zeitdienste über Kontinente hinweg genauer als auf eine Nanosekunde miteinander abgestimmt werden.
Trotz dieser immensen Schwierigkeiten konnten viele VLB-Interferometrien realisiert werden. Die vorerst längste Basisstrecke, etwa 95% des Erddurchmessers, wurde zwischen Instrumenten von Green Bank (USA) und Parkes (Australien) verwirklicht. In einem zukunftsnahen Schritt ist die Erweiterung der Basisstrecke durch Entsendung einer oder mehrerer Antennen in eine Erdumlaufbahn in 100 000 km Höhe geplant. Auf diese Weise könnte das derzeit erreichbare Auflösungsvermögen um den Faktor 10 verbessert werden.
Das Auflösungsvermögen der VLB-I. kann z. Z. etwa 0,0001 Bogensekunde erreichen. Damit ist die Möglichkeit eröffnet, die innersten Kerne extragalaktischer Objekte zu erforschen. Auch zur Lösung von geodätischen Problemen ist dieses Verfahren einsetzbar. So kann man Entfernungen auf der Erde auf 10 cm und genauer bestimmen.

VLT: Abk. für ↑Very large telescope.

Vol: Abk. für **Volans** (↑Fliegender Fisch).

Volans [zu lat. volare = fliegen]: wiss. Name für das Sternbild ↑Fliegender Fisch.

Volkssternwarte: im Gegensatz zu den primär der wiss. Forschung verpflichteten ↑Sternwarten eine öffentliche oder private Einrichtung mit dem Ziel, astronomische Breitenbildung zu fördern.

Vostok ↑Wostok.

Voyager ['vɔɪdʒə; engl. = Reisender]: Name unbemannter amerikanischer Raumsonden zur Erforschung der äußeren Planeten des Sonnensystems.

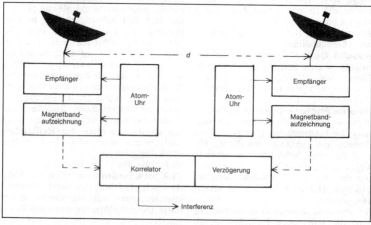

VLB-Interferometrie. Schema eines VLB-Interferometers

Wasserstoffbrennen

V.1 wurde am 5. September 1977 gestartet und passierte Jupiter im März 1979, Saturn im November 1980. **V.2** wurde bereits am 20. August 1977 gestartet. Diese Sonde erreichte Jupiter im Juli 1979, Saturn im August 1981 und Uranus im Januar 1986; Neptun soll sie im August 1989 passieren.

Die Sonden übertrugen zahlreiche Bilder von den Planeten und ihren Monden. Besonders aufsehenerregend waren die Bilder der Ringsysteme von Jupiter, Saturn und Uranus. Insbes. stellte sich heraus, daß die Saturnringe aus Tausenden von Einzelringen bestehen.

Vul: Abk. für **Vulpecula** (↑ Füchschen).
Vulpecula [lat. = Füchschen]: wiss. Name für das Sternbild ↑ Füchschen.

W

Waage (Libra; Abk.: Lib): ein zum Tierkreis zählendes Sternbild des südlichen Himmels, das von mittleren nördlichen Breiten aus im Spätfrühling oder Frühsommer am Abendhimmel sichtbar ist. Die Sonne durchläuft bei ihrer scheinbaren jährlichen Bewegung die W. in der Zeit von etwa Anfang November bis Ende November. Die W. enthält nur wenige Sterne und ist daher nur schwer vom Sternbild Skorpion zu trennen. Der Hauptstern α Lib ist ein ↑ visueller Doppelstern, der bereits mit einem Opernglas aufgelöst werden kann.

Waagepunkt: historisch begründete Bez. für den Herbstpunkt (↑ Äquinoktialpunkte).

Wagen: Kurzbez. für Großer W. (Sternbild ↑ Großer Bär) bzw. für Kleiner W. (Sternbild ↑ Kleiner Bär).

wahrer Horizont ↑ Horizont.
wahrer Ort ↑ Ort.
wahre Sonnenzeit ↑ Sonnenzeit.

Walfisch (Cetus; Abk.: Cet): ein mittelhelles, weit ausgedehntes Sternbild des südlichen Himmels, das von mittleren nördlichen Breiten aus v.a. im Herbstabenden im Süden sichtbar ist. Bemerkenswert im W. ist der Stern o Cet, **Mira** genannt, nach dem eine Gruppe langperiodischer Veränderlicher (↑ Mirasterne) benannt ist.

Wandelsterne: historisch bedingte Bez. für die Planeten.

Wärmetod: eine v.a. im 19. Jahrhundert vieldiskutierte These, wonach die Temperaturen aller Körper sich immer mehr angleichen sollten, so daß ein W. letztlich unausweichlich wäre. Bei angenommener tiefer Endtemperatur wurde auch von Kältetod gesprochen.

Ausgangspunkt dieser heute verworfenen These war der 2. Hauptsatz der Wärmelehre. Danach strebt in einem abgeschlossenen System die ↑ Entropie einem Maximum zu. Wendet man den 2. Hauptsatz der Wärmelehre auf das Weltall an, so würde dies bedeuten, daß letztlich alle Energie in Wärmeenergie überginge und es somit zu einem allgemeinen Temperaturausgleich im Weltall und insbes. auch auf der Erde käme. Dieser Temperaturausgleich auf der Erde würde Leben jeglicher Art zerstören. Der Fehler der obigen These liegt nun darin, daß man diesen bei abgeschlossenen Systemen auf der Erde gewonnenen Erfahrungssatz auf das gesamte Weltall extrapolierte, was nach heutiger Erkenntnis nicht gerechtfertigt ist.

Wassermann (Aquarius; Abk.: Aqr): ein zum Tierkreis zählendes lichtschwaches Sternbild der Äquatorzone, das, von mittleren nördlichen Breiten aus beobachtet, v.a. im Herbstabenden am Südhimmel sichtbar ist. Die Sonne durchläuft bei ihrer scheinbaren jährlichen Bewegung den W. in der Zeit von etwa Mitte Februar bis Mitte März. Im W. befinden sich einige planetarische Nebel, u.a. der ↑ Saturnnebel.

Wasserschlange: mitunter benutzte Kurzbez. für die Sternbilder Weibliche oder Nördliche W. bzw. Männliche oder Südliche Wasserschlange.

Wasserstoffbrennen: historisch be-

Wasserstoffkonvektionszone

dingte, aber physikalisch unsaubere Bez. für die Fusion von Wasserstoff in Sternen durch die ↑pp-Reaktion oder den ↑CNO-Zyklus.

Wasserstoffkonvektionszone: eine bei Sternen unter der Oberfläche gelegene Wasserstoffschicht, in der durch Temperaturunterschiede starke Strömungsprozesse hervorgerufen werden. Die Temperatur in dieser W. ist so weit abgesunken, daß der Wasserstoff nur noch teilweise ionisiert ist.

Derartige Zonen treten im Rahmen der ↑Sternentwicklung im Hauptreihenstadium auf. Unsere Sonne befindet sich ebenfalls in diesem Hauptreihenstadium. Daher existiert auch bei ihr eine solche W., deren Dicke etwa $1/10$ des Sonnenradius ausmacht.

WC-Sterne: eine Untergruppe von ↑Wolf-Rayet-Sternen, bei denen starke Linien des Kohlenstoffs im Emissionsspektrum auftreten.

Weakonen [vi:k...; zu engl. weak = schwach]: Austauschteilchen (Eichbosonen) der schwachen ↑Wechselwirkung.

Wechselwirkung: allg. Bez. für die gegenseitige Beeinflussung physikalischer Objekte.

Die moderne Physik konnte die vielfältigen, in der Natur beobachtbaren W.en auf einige ganz wenige Typen zurückführen. Im ↑Standardmodell der Elementarteilchen unterscheidet man: 1. Gravitations-W.; 2. elektromagnetische W.; 3. schwache W.; 4. starke Wechselwirkung.

Die W.en werden durch Austauschteilchen vermittelt, deren Eigenschaften in der Übersicht aufgelistet sind.

Wega [arab.]: Hauptstern im Sternbild ↑Leier mit einer scheinbaren visuellen Helligkeit von $0^m.04$. – ↑auch Sternverzeichnis.

Weibliche Wasserschlange (Hydra; Abk.: Hya): weit ausgedehntes Sternbild der Äquatorzone, dessen nördliche Teile von mittleren nördlichen Breiten aus im Winter und Frühjahr sichtbar sind. Aufgrund der Lage zur ↑Männlichen Wasserschlange auch **Nördliche Wasserschlange** genannt.

weiße Zwerge: eine Gruppe weißer oder blauer Sterne mit äußerst kleinen Radien, die im Vergleich zu Hauptreihensternen gleicher Spektralklasse eine um den Faktor 10^4 kleinere Leuchtkraft aufweisen. In Anlehnung an die normale Spektralklassifikation werden die Spektren dieser w.n Z. (engl. dwarf) mit DO, DB, DA, DF und DG bezeichnet. Sie liegen im ↑Hertzsprung-Russell-Diagramm um 8 bis 10 Größenklassen unter der Hauptreihe, mithin links unten. Bei gleicher Farbe verhalten sich die Leuchtkräfte der Sterne etwa wie deren Oberflächen. Folglich müssen die Radien dieser Sterne sehr klein sein, etwa $1/100$ klei-

Wechselwirkungen und ihre Austauschteilchen

Wechselwirkung	Ladung	Austauschteilchen					
		Name	Ruhemasse	Reichweite	elektrische Ladung	relative Stärke	Spin
Gravitationswechselwirkung	schwere Masse	Graviton	0	unbegrenzt	neutral	1	2
elektromagnetische Wechselwirkung	elektrische Ladung	Photon	0	unbegrenzt	neutral	$\sim 10^{36}$	1
schwache Wechselwirkung	Leptonenladung	Weakonen	$\sim 90\,\text{GeV}$	$< 10^{-18}\,\text{m}$	$W^+: +1$ $W^-: -1$ Z^0: neutral	$\sim 10^{25}$	1
starke Wechselwirkung	Farbladung	Gluonen	0	$< 10^{-15}\,\text{m}$	neutral	$\sim 10^{38}$	1

ner als die der entsprechenden Hauptreihensterne. Die Masse der w.n Z. ist durchaus – wie Analysen der Bahnbewegungen von Doppelsternen zeigen – mit den Massen der Hauptreihensterne vergleichbar. Sie kann, in Sonnenmasseneinheiten ausgedrückt, zwischen 0,1 und 1,4 $M_\odot$ streuen. Für die meisten w.n Z. liegt sie jedoch zwischen 0,5 und 0,6 $M_\odot$. Aus Radius und Masse ergeben sich extrem hohe Werte für Schwerebeschleunigung g und Dichte. Im folgenden sind die Mittelwerte für w. Z. der Spektralklasse DA zusammengefaßt:

Radius $\bar{R} = 0{,}012\ R_\odot$;
Schwerebeschleunigung $\bar{g} = 10^8\ \text{cm/s}^2$;
Masse $\bar{M} = 0{,}52\ M_\odot$;
Dichte $\bar{\varrho} = 4 \cdot 10^5\ \text{g/cm}^3$.

Die obigen Werte legen nahe, daß die Materie bis nahe an die Oberfläche entartet ist. Voraussetzung für einen stabilen Aufbau des Sterns ist, daß die Sternmasse unterhalb der ↑Chandrasekhar-Grenze von 1,4 $M_\odot$ liegt, da andernfalls der Druck des entarteten Elektronengases den Gravitationskräften nicht das Gleichgewicht halten kann und der Stern zu noch höheren Dichten kollabiert, wo z. B. Neutronisierung der Materie einsetzt oder allgemeinrelativistische Effekte entscheidend werden (↑Neutronenstern, ↑schwarzes Loch).
W. Z. decken ihre geringe Leuchtkraft aus der noch gespeicherten thermischen Energie. Kernenergien sind nicht mehr verfügbar und Kontraktionen nicht mehr möglich. Bei angenommenen Temperaturen von $20 \cdot 10^6$ K im Sterninnern ergeben sich Abkühlzeiten von 10^{10} Jahren, wobei nach anfangs rascher eine später sehr langsame weitere Verringerung der Oberflächentemperatur mit einhergehender Leuchtkraftabnahme erfolgt, bis bei Temperaturen unter 3 000 K der weiße Zwerg unbeobachtbar wird und damit zum ↑roten Zwerg übergewechselt ist.
Bei w.n Z.n dürfte es sich um eine friedliche Endphase der Sternentwicklung handeln, in die Sterne mit einer Restmasse kleiner als 1,4 $M_\odot$ (maximale Masse, bei der ein Stern noch hydrostatisch stabil bleibt) gelangen.

1914 wurde der erste weiße Zwerg im Siriusbegleiter (Sirius B) gefunden. Mittlerweile kennt man innerhalb von 10 pc schon etwa 100 w. Z., die vornehmlich in ↑Zwergnovä entdeckt wurden.
W. Z. strahlen bei Oberflächentemperaturen von 20 000 bis 30 000 K im wesentlichen im ultravioletten Teil des Spektrums. Nähere Aufschlüsse erwartet man sich von Beobachtungen des ↑IUE.

Weltalter (Formelzeichen t_0): allg. das Alter der Welt im heutigen Zustand; speziell bei einem Universum, das sich durch ein ↑Friedmann-Weltmodell beschreiben läßt, die seit einem singulären Zustand verstrichene Zeit.
Die gegenwärtig ernsthaft diskutierten Weltmodelle gehen davon aus, daß das Weltall in früheren Zeiten wesentlich kleiner war als heute. In der Abb. ist der (normierte, parametrisierte) ↑Weltradius $R(t)$ über der Zeit t für verschiedene Friedmann-Weltmodelle aufgetragen. Die Tangente an den gemeinsamen Berührungspunkt aller Kurven $R_i(t)$, also zum heutigen Zeitpunkt t_0, bestimmt die heutige Hubble-Konstante H_0, da die Tangentengleichung

$$R_t(t) = \frac{R_0}{t_0} \cdot t$$

lautet und andererseits nach dem Hubble-Effekt

$$H(t_0) = H_0 = \frac{R_0}{t_0} \cdot R_0^{-1}$$

ist.
Nimmt man nun eine unbeschleunigte Expansion an, so wird der Beginn der Expansion durch den Schnittpunkt der Tangente mit der t-Achse markiert. Eine unbeschleunigte Expansion hat also vor der sog. **Hubble-Zeit** $t_0 = H_0^{-1}$ bei $R(t) = 0$ eingesetzt. Für einen angenommenen Wert $H_0 = 50$ (km/s) $\cdot$ Mpc^{-1} ergibt sich die Hubble-Zeit zu $t_0 = 6 \cdot 10^{17}$ s $= 2 \cdot 10^{10}$ a. Für H_0-Werte bis 100 (km/s) $\cdot$ Mpc^{-1} ergeben sich entsprechend geringere Hubble-Zeiten bis hinunter zu $1 \cdot 10^{10}$ a.
Bei Friedmann-Weltmodellen wird als Folge der gegenseitigen Massenanziehung von einer gebremsten Expansion des Weltalls ausgegangen. Die Hubble-

Welthorizont

Zeit t_0 kann für ein derartiges Weltall daher nur ein Maximalalter darstellen. Die für ein derartiges Weltall seit Beginn der negativ beschleunigten Expansion vergangene Zeit nennt man **Friedmann-Zeit**. Im einzelnen ergibt sich:

$$t_0 < \frac{2}{3} H_0^{-1}$$

bei elliptischer Expansion,

$$t_0 = \frac{2}{3} H_0^{-1}$$

bei parabolischer Expansion,

$$\frac{2}{3} H_0^{-1} < t_0 < H_0^{-1}$$

bei hyperbolischer Expanison.
Bei positiv beschleunigter Expansion (z. B. ↑Steady-state-Theorie) dagegen bildet die Hubble-Zeit einen unteren Grenzwert, mithin ergibt sich ein größeres W. $t_0 > H_0^{-1}$.
Weitere Methoden zur ↑Altersbestimmung liefern trotz erheblicher Unsicherheiten teilweise ganz unabhängig voneinander für das W. die gleiche Größenordnung $t_0 \approx 10$ bis $20 \cdot 10^9$ Jahre.
Diese Übereinstimmung deutet darauf hin, daß die primitive Methode zur Bestimmung der Expansionszeit und die damit erhaltene Größenordnung des W.s eine Berechtigung haben.
Welthorizont: eine gedachte sphärische Oberfläche mit dem Beobachter im Mittelpunkt der Sphäre, die sich mit Lichtgeschwindigkeit (radial) ausdehnt. Zu einem bestimmten Zeitpunkt teilt sie den Weltraum in zwei Bereiche. Der W. grenzt in Analogie zum Horizont den Raum mit den beobachtbaren kosmischen Objekten vom Raum mit den nicht erfaßbaren kosmischen Objekten ab. Anders ausgedrückt: Innerhalb eines vom Beobachter aus rückwärts gerichteten Strahlenkegels liegen im Raum-Zeit-Diagramm alle Ereignisse, die den Beobachter beeinflussen können.
Weltmodelle: idealisierte und generalisierende Vorstellungen über die Struktur und Entwicklung der Welt als Ganzes (↑Kosmologie).
Weltradius (Formelzeichen R): der Radius des gekrümmten dreidimensionalen Raums, wobei der Raum als in die gekrümmte vierdimensionale Raum-Zeit-Welt eingebettet angesehen werden darf.
Nach der allgemeinen ↑Relativitätstheorie sind Raumstruktur und Materieinhalt des Weltalls miteinander verknüpft. Daher sind sowohl der dreidimensionale Raum wie auch die vierdimensionale Raum-Zeit-Welt gekrümmt. Mit der Annahme des ↑kosmologischen Prinzips reduzieren sich die möglichen Geometrien für den dreidimensionalen Einbettungsraum außerordentlich, denn in diesem Fall muß die Krümmung des dreidimensionalen Raums offenbar überall und

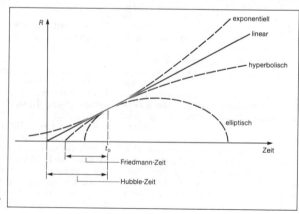

Weltalter. Abhängigkeit des Weltalters vom Expansionsverlauf

bezüglich aller Richtungen zu einem bestimmten Zeitpunkt dem Betrage nach gleich sein. In Analogie zur Krümmung einer zweidimensionalen Fläche (Gauß-Krümmung) lassen sich derart gekrümmte dreidimensionale Räume durch das Krümmungsmaß $K(t)$ definieren:

$$K(t) = \frac{k}{R^2(t)}.$$

Hierbei ist k das ↑Krümmungsvorzeichen, das über das Vorzeichen des Krümmungsmaßes entscheidet und daher nur die Werte ±1 oder 0 annehmen kann. Derartig gekrümmte dreidimensionale Räume sind anschaulich schwer vorstellbar. Deshalb werden sie im allg. durch ihre zweidimensionalen Analogien veranschaulicht, nämlich gekrümmte Flächen, die in den gewöhnlichen dreidimensionalen Raum eingebettet sind: eine Ebene für das Krümmungsvorzeichen $k = 0$, eine Kugelfläche für $k = +1$ und eine Sattelfläche für $k = -1$.

Die gekrümmten dreidimensionalen Räume zeichnen sich durch entsprechende Unterschiede aus. So sind die Volumina bis zur gleichen Entfernung verschieden groß. Ebenso sind auch hier der flache, euklidische Raum ($k = 0$) und der hyperbolisch gekrümmte Raum ($k = -1$) sog. offene Räume, die unendlich ausgedehnt sind. Der elliptisch gekrümmte Raum ($k = +1$) dagegen ist ein geschlossener Raum. In ihm existiert eine maximale Entfernung und zwar ist dies gerade der Abstand eines Punktes zu seinem antipodischen Gegenpunkt. Der antipodische Gegenpunkt ist über alle Richtungen erreichbar und seine Entfernung von der Richtung unabhängig. Der Strahlungsstrom einer fiktiven Galaxie in einem antipodischen Gegenpunkt wäre daher in allen Richtungen empfangbar und betragsmäßig gleich.

Im Falle eines sphärisch gekrümmten Raums ist es gerechtfertigt, den Krümmungsradius $R = 1/\sqrt{K}$ als W. zu bezeichnen. In etwas lockerer Form wird aber auch bei euklidischen und bei hyperbolisch gekrümmten Räumen vom W. gesprochen.

Äquivalent kann man aufgrund des kosmologischen Prinzips die Metrik durch eine einfache Gleichung, das Robertson-Walker-Linienelement

$$ds^2 = cdt^2 - \frac{R^2(t)\,dr^2}{(1 + \frac{1}{4}kr^2)^2},$$

beschreiben. Dabei ist ds der vierdimensionale Abstand zweier unmittelbar benachbarter Ereignisse, wobei dt ihr zeitlicher Abstand und dr ihr räumlicher Abstand ist. Man mißt dr in einem Koordinatensystem S_1, das fest an der Materie hängt und daher die Expansion des Weltalls mitmacht. Das Differential dr ist beschreibbar durch die dimensionslosen Raumkoordinaten x, y, z dieses mitbewegten Systems. Die Lage der Koordinaten ändert sich mit der Expansion des Weltalls nicht. Im mitbewegten System S_1 sind diese also fixiert und der Abstand r zweier beliebiger Punkte konstant. $R(t)$ ist ein zeitabhängiger **Skalenfaktor** mit der Dimension einer Länge. Er bestimmt den Krümmungsradius und beschreibt, wie sich die Welt im Laufe der Zeit ausdehnt oder zusammenzieht. Jeder Beobachter befindet sich zwangsläufig im physikalischen (engl. proper) System S_2 und bestimmt den zeitabhängigen Abstand $D(t)$ zweier Objekte zur Zeit t durch

$$D(t) = R(t) \cdot r,$$

wobei r nur von den Koordinaten der beiden Objekte im System S_1 und damit in S_1 nicht von der Zeit abhängt.

Im Weltall ändert sich der physikalische Abstand zweier Objekte als Folge der Expansion mit der Zeit, wobei die Änderung durch den Skalenfaktor spezifiziert wird und dieser mit dem W. korreliert ist.

Weltraumfahrt: svw. ↑Astronautik.

Weltraumteleskope: Teleskope, die außerhalb der irdischen Atmosphäre arbeiten und vorwiegend auf Satelliten installiert sind. Es handelt sich neben optischen Teleskopen v.a. um Geräte der Gamma-, Röntgen-, Ultraviolett- und Infrarotastronomie.

Weltzeit (Abk.: WZ bzw. UT, für engl. Universal time): die Ortszeit des Meridians von Greenwich (Nullmeridian), die

Wendekreis

bis 1972 ausschließlich aus astronomischen Zeitbestimmungen der ↑mittleren Sonne abgeleitet wurde. Alle Zeitmaße, die auf der Erdrotation basieren, erfüllen nicht die Forderung nach Konstanz in strengem Sinne, da die Erdrotation und damit auch der Lauf der mittleren Sonne nicht völlig gleichförmig sind.

Seit 1956 wurden mehrfach Modifizierungen vorgenommen. Heute unterscheidet man zwischen der klassischen W. UT 0 (die aus astronomischen Zeitbestimmungen abgeleitete Zeit), der UT 1 (W. UT 0 korrigiert um Polbewegung) und UT 2 (die um jahreszeitliche Schwankungen der Erdrotation im Nachhinein korrigierte UT 1-Zeit).

Mit der Einführung der SI- oder Atomsekunde als neuer Grundeinheit im Internat. Einheitensystem wurde die W. UTC eingeführt, die nicht mehr auf astronomischen Bewegungsabläufen basiert (↑Koordinierte Weltzeit), wohl aber mit astronomischen Ereignissen verglichen und abgestimmt wird.

Durch internat. Übereinkunft wurde festgelegt, daß der Unterschied zwischen den beiden Zeitskalen UT 1 und UTC nicht mehr als 0,7 s betragen soll. Durch Korrekturen an der UTC, indem bei Bedarf zur Jahreswende oder Jahresmitte eine Schaltsekunde eingefügt oder weggenommen wird, wird die Koordinierte W. UTC an die unregelmäßige Rotationsgeschwindigkeit der Erde angepaßt. Die bürgerliche Zeitrechnung beansprucht nicht die höchstmögliche Genauigkeit über lange Zeiträume, sondern als Zeiteinheit die mittlere Sonnenzeit.

Wendekreis: Bez. für die beiden Kreise konstanter Deklination ($\pm 23°\,27'$) an der Himmelssphäre, die die scheinbare Sonnenbahn zum Zeitpunkt einer Sonnenwende (↑Solstitium) berührt. Man unterscheidet zwischen dem **W. des Krebses,** den die Sonne während ihres jährlichen scheinbaren Laufs am 21./22. Juni, zur Sommersonnenwende, erreicht, und dem **W. des Steinbocks,** in dem die Sonne zur Wintersonnenwende am 21./22. Dezember steht.

Die beiden Breitenkreise auf der Erdkugel, über denen die Sonne zu diesen Zeitpunkten senkrecht steht (sie haben die geographische Breite 23° 27'), werden ebenfalls als W.e bezeichnet.

Wendepunkte (Solstitialpunkte): die beiden Punkte auf der ↑Ekliptik, an denen sich die Sonne zur Zeit der Solstitien (↑Solstitium) befindet. Auf ihrer scheinbaren Bahn zwischen den Sternen an der Himmelskugel „wendet" die Sonne sich in diesen Punkten richtungsmäßig wieder dem Äquator zu.

West-Komet: am 5. November 1975 von R. M. West entdeckter Komet. Entgegen den Erwartungen entwickelte der Komet einen prächtigen Schweif. Dies hing mit seiner Teilung in mindestens 4 größere Stücke zusammen, die im März 1976 mit modernen technischen Hilfsmitteln genau verfolgt werden konnte. Seine Entfernung zur Sonne betrug im Perihel nur $29{,}5 \cdot 10^6$ km. Möglicherweise war es das erste Mal, daß er der Sonne nahe kam. Sein weiteres Schicksal wird wohl lange ungewiß bleiben, da man die Zeit bis zur Wiederkehr seiner Bruchstücke auf über $2 \cdot 10^4$ Jahre schätzt. – Abb. S. 131.

Westpunkt: einer der beiden Schnittpunkte des ↑Himmelsäquators mit dem ↑Horizont. Gegenpunkt ist der ↑Ostpunkt.

Widder (Aries; Abk.: Ari): ein zum Tierkreis zählendes Sternbild des nördlichen Himmels, das von mittleren nördlichen Breiten aus im Winter sichtbar ist. Die Sonne durchläuft bei ihrer scheinbaren jährlichen Bewegung den W. in der Zeit von etwa Mitte April bis Mitte Mai.

Widderpunkt: historisch begründete Bez. für den Frühlingspunkt (↑Äquinoktialpunkte).

Winkelmaß (Norma; Abk.: Nor; Lineal): ein sehr lichtschwaches Sternbild des südlichen Himmels.

Winkelmeßinstrumente: astronomische Beobachtungsgeräte, mit denen Koordinaten oder andere Winkelabstände an der Himmelssphäre gemessen werden können. Bekannte W. sind u. a. ↑Meridiankreis, ↑Durchgangsinstrument und ↑Zenitteleskop.

Winterpunkt: der Punkt auf der ↑Ekliptik, an dem die Sonne ihren südlichsten Winkelabstand vom ↑Himmels-

Wintersonnenwende

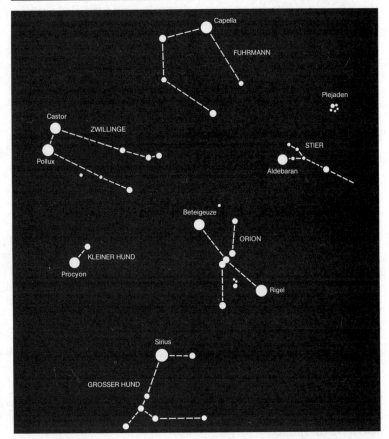

Wintersechseck

äquator erreicht hat. Dies ist um den 21. Dezember der Fall. Für die nördliche Halbkugel beginnt jetzt der Winter, für die Südhalbkugel der Sommer.

Mit Eintritt des W.es (Solstitium) verschieben sich die Auf- und Untergangsstellen der Sonne nicht mehr länger in derselben, sondern wieder in entgegengesetzter Richtung. Am nächsten Solstitium, zur Zeit des ↑Sommerpunktes, findet dann eine erneute Umkehrung statt.

Wintersechseck: Der rechte Fußstern des Sternbildes Orion, **Rigel**, bildet zusammen mit fünf weiteren hellen Sternen, nämlich **Sirius** im Großen Hund, **Procyon** im Kleinen Hund, **Castor** in den Zwillingen, **Capella** im Fuhrmann sowie **Aldebaran** im Stier das Wintersechseck. Mit Hilfe des Orion sind über das W. weitere Sternbilder auffindbar.

Wintersonnenwende: der Zeitpunkt, genauer, der Vorgang, bei dem die Sonne auf ihrer scheinbaren jährlichen Bahn den ↑Winterpunkt erreicht und „wendet". Dies ist um den 21. Dezember der Fall. – ↑auch Solstitium.

WN-Sterne: eine Untergruppe von ↑Wolf-Rayet-Sternen, bei denen starke Linien des Stickstoffs (N) im Emissionsspektrum auftreten.

Wolf (Lupus; Abk.: Lup): ein Sternbild des südlichen Himmels.

Wolf-Rayet-Sterne [...ra'jɛ...; nach Ch. J. E. Wolf und G. A. P. Rayet] (W-Sterne): eine Klasse sehr heißer Sterne mit extrem breiten Emissionslinien, v. a. des neutralen und ionisierten Heliums. Man unterscheidet zwei Klassen: **WC-Sterne,** bei denen zusätzlich starke Linien des Kohlenstoffs auftreten, und **WN-Sterne,** bei denen Stickstoff- und Sauerstofflinien dominieren.

Bei den W.-R.-St.n handelt es sich vermutlich um relativ weit entwickelte Objekte, bei denen die im Innern des Sterns durch Kernreaktionen entstandenen Elemente bereits in die Hülle des Sterns gelangt sind und die Emissionen bewirken. Spektralanalysen bestätigen, daß von diesen Sternen Materie mit hoher Geschwindigkeit (~1000 km/s) abströmt. Die Hüllen um W.-R.-St. haben Massen von einigen Sonnenmassen und die Photosphären Temperaturen um 30 000 K.

Wolf-Schema [nach M. Wolf]: Verfahren, mit dem man über Sternzählungen in einem Sternfeld mit interstellarer Extinktion und in einem Vergleichsfeld ohne Extinktion Informationen über Extinktion, Entfernung und Ausdehnung von Dunkelwolken erhält. Analog kann man über Nebelzählungen Informationen über die großräumige Extinktion in unserer Galaxis erhalten.

Das W.-Sch. gewinnt man wie folgt: Man zählt in dem zu untersuchenden Sternfeld und in einem gleich großen benachbarten Vergleichsfeld ohne Extinktion jeweils die Anzahl der Sterne $A(m)$ im Intervall

$$m - \frac{1}{2} \text{ bis } m + \frac{1}{2}$$

und trägt die gewonnenen Sternzahlen gegen die scheinbare Helligkeit m auf. In Gebieten ohne Extinktion wächst die Anzahl der Sterne mit zunehmendem m gleichmäßig an, wenn man eine konstante Raumdichte der Sterne zugrunde legt.

Ist jedoch in einer bestimmten Entfernung eine Wolke und damit eine Extinktion vorhanden, so würde das Licht der dahinterliegenden Sterne um den Extinktionsbetrag Δm geschwächt, und somit würden die scheinbaren Helligkeiten der Sterne zu größerem m verschoben. Sei M die mittlere absolute Helligkeit der beobachteten Sterne, so erhält man über den ↑Entfernungsmodul

$$\overline{m - M} = 5 \log(r/10) = 5 \log r - 5$$

aus dem Wert für $m = m_1$ die Entfernung r_1 der Sterne am vorderen Wolkenrand, für $m = m_2$ die Entfernung r_2 der Sterne am hinteren Wolkenrand und für $m = m_2 - m_1$ somit die Ausdehnung der Wolke, wobei sich alle Entfernungsangaben in Parsec ergeben.

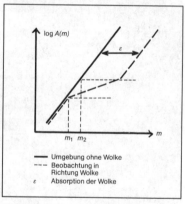

Wolf-Schema

Woschod [vas'xɔt; russ. = Aufgang (eines Gestirns)]: Name zweier bemannter sowjetischer Raumfahrzeuge. W. 1 wurde am 12. Oktober 1964 gestartet, W. 2 am 18. März 1965.

Wostok [russ. = Osten] (Vostok): Name einer Serie bemannter sowjetischer Raumfahrzeuge. Mit W. 1 (gestartet am 12. April 1961) gelangte erstmals ein Mensch, J. A. Gagarin, in eine Erdumlaufbahn. W. 6, das am 16. Juni 1964 gestartete letzte Raumfahrzeug dieser Reihe, hatte erstmals eine Frau, W. W. Tereschkowa, an Bord.

W-Sterne: svw. ↑Wolf-Rayet-Sterne.
W-Ursae-Maioris-Sterne: ↑Bedeckungsveränderliche vom Typ EW, die nach einem typischen Vertreter dieser Gruppe, W Ursae Maioris im Sternbild Großer Bär, benannt werden.
W-Virginis-Sterne [zu ↑Virgo]: langperiodische ↑Cepheiden. Diese Veränderlichen kommen in Kugelsternhaufen vor und gehören damit im Gegensatz zu den klassischen Cepheiden vom Typ der Delta-Cephei-Sterne der älteren Halopopulation II an. Bei großen Perioden ähneln sie den ↑RV-Tauri-Sternen, bei kleinen Perioden den ↑RR-Lyrae-Sternen.
Mit Hilfe der ↑Perioden-Leuchtkraft-Beziehung kann man eine Entfernungsbestimmung vornehmen.
WZ: Abk. für ↑Weltzeit.

X Y

X-Boson (X-Teilchen): nach den ↑vereinheitlichten Theorien vermutetes Austauschteilchen, das oberhalb gewisser Energien Quarks in Leptonen umzuwandeln vermag und umgekehrt.
X-ray-burster ['ɛksrɛɪ,bə'stə]: Röntgenquellen mit irregulären Strahlungsausbrüchen im weichen Röntgenbereich. Die Strahlungsausbrüche erreichen innerhalb von 10 bis 1000 Sekunden Leuchtkräfte bis zu 10^{32} Watt.
Man vermutet, daß es sich um Neutronensterne mit schwachem Magnetfeld handelt, bei denen geringer Materieeinfall, im wesentlichen Wasserstoff, auftritt. Nach Ansammlung einer hinreichend dicken Materieschicht könnte es zu Kernreaktionen kommen, die die Strahlungsausbrüche erklären würden.
X-Strahlen (engl. X-rays): international gebräuchliche Bez. für Röntgenstrahlen. Daher werden Röntgenquellen, wie z. B. Cyg X-1, durch ein nachgestelltes großes X gekennzeichnet.
X-Teilchen: svw. ↑X-Boson.

Yagiantenne (Yagi-Uda-Antenne): nach dem Japaner Yagi benannter Antennentyp, der häufig auch als UKW- und Fernsehantenne Anwendung findet. Es handelt sich im Prinzip um einen gespeisten Dipol, vor dem zur Erhöhung der Richtwirkung mehrere Direktoren angebracht sind, dahinter zu Bündelungszwecken ein Reflektor.
Yerkes-Aktinometrie ['jɔː:kiːz...]: am ↑Yerkes-Observatorium erstellter Helligkeitskatalog für den Deklinationsbereich 60° bis 75°. Der 1931 erschienene Katalog enthält die photographischen Helligkeiten für 2354 Sterne. – ↑auch Aktinometrie.
Yerkes-Observatorium ['jɔː:kiːz...]: bei Williams Bay (sw. von Milwaukee), Wisconsin, gelegenes Observatorium der Universität Chicago, dessen Gründung auf das Jahr 1897 zurückgeht. Das Y.-O. besitzt das derzeit größte Linsenteleskop (Objektivdurchmesser 102 cm).
Yerkes-System ['jɔː:kiːz...]: andere Bez. für ↑MK-System.

Z

Zahleffekt: die Reduzierung der beim ↑Hubble-Effekt ankommenden Photonen um den Faktor $(1 + z)^{-1}$.
Zeeman-Effekt ['zeːman...]: 1896 von P. Zeeman beobachtete Aufspaltung bzw. Verbreiterung von Spektrallinien durch die Einwirkung eines Magnetfeldes im Bereich der Strahlungsquelle.
Mit Hilfe der Theorie des Z.-E.s kann aus der Größe der Linienaufspaltung

Zeit

auf die Stärke des Magnetfeldes, z. B. in einer Sternatmosphäre oder in Sonnenflecken, geschlossen werden. Bei schwachen Magnetfeldern macht sich der Z.-E. nur in einer Verbreiterung der Spektrallinien bemerkbar.

Zeit: eine nach allen Erfahrungen unbeeinflußbare, jedoch nach der ↑Relativitätstheorie vom Bewegungszustand eines zeitmessenden Beobachters (relativ zu einem Inertialsystem) abhängige physikalische Größe, die als monoton zunehmender Parameter zur Charakterisierung des Ablaufs aller Ereignisse verwendet wird. Im normalen Sprachgebrauch wird unter Z. auch der Z.punkt eines Ereignisses sowie die Z.spanne (Z.raum) zwischen zwei Ereignissen verstanden, wobei die vom zuerst stattgefundenen Ereignis ab gemessene Z. in irgendeiner Z.einheit (z. B. Sekunde, Stunde, Tag, Jahr) angegeben wird.

Nach der Relativitätstheorie spannt die Z. als vierte Dimension zusammen mit den drei [kartesischen] Ortskoordinaten die vierdimensionale Raum-Zeit-Welt auf. In der nichtrelativistischen Physik wird die Z. als unabhängige Variable in den [Bewegungs]gleichungen verwendet; sie stellt hier die Gesamtheit aller Klassifikationsmöglichkeiten von Ereignissen mittels der Ordnungsrelation „vorher-nachher" dar und wird präzisiert 1. durch die Angabe geeigneter operativer Definitionen für die Anwendung der Ordnungsrelation und 2. durch die Festlegung des Z.intervalls zwischen Beginn und Ende eines geeigneten, beliebig oft reproduzierbaren Experiments bzw. Vorgangs als Maßeinheit der Zeitdauer.

Zeitdilatation (Zeitdehnung, Einstein-Dilatation): eine in der ↑Relativitätstheorie begründete Erscheinung. Die Zeit in einem gleichförmig mit der Geschwindigkeit u bewegten System läuft (von einem ruhenden System aus gemessen) um den Faktor

$$\sqrt{1 - \left(\frac{u}{c}\right)^2}$$

langsamer ab (c Vakuumlichtgeschwindigkeit). Vom bewegten System aus gesehen, scheint dagegen die Zeit im ruhenden System um den gleichen Faktor langsamer zu verstreichen.

Eine Konsequenz der Z. ist das sog. **Zwillingsparadoxon.** Man stelle sich Zwillingsbrüder vor, von denen einer im Alter von 25 Jahren eine Reise in einem Raumschiff, das sich mit der Geschwindigkeit

$$u = \frac{12}{13} c$$

bewegt, antritt. Wenn bei seiner Rückkehr auf der Erde 39 Jahre vergangen sind, ist für ihn nur eine Zeit

$$t = \sqrt{1 - \frac{12^2}{13^2}} \cdot 39 \text{ Jahre} = 15 \text{ Jahre}$$

verstrichen. Während sein biologisches Alter also 40 Jahre beträgt, ist sein auf der Erde verbliebener Bruder bereits 64 Jahre alt.

Solche Rechnungen, die bei anderen Zahlen zu noch viel phantastischeren Ergebnissen führen können, stehen völlig im Einklang mit den Prinzipien der speziellen Relativitätstheorie. Dennoch wurde hier vielfach ein Paradoxon gesehen. Man argumentierte, dieselbe Betrachtung müsse auch aus der Perspektive des Raumfahrers möglich sein. Dann würde sich nämlich sein Bruder mit der Erde bewegen, während er ruhte. Für zwei Systeme, die sich relativ zueinander mit konstanter, geradliniger Geschwindigkeit (Inertialsysteme) bewegen, gehen die Uhren im jeweils anderen System langsamer. Also müßte aus der Sicht des Raumfahrers der auf der Erde verbliebene Bruder weniger gealtert sein. Dieser Schluß ist jedoch nicht richtig, denn während die Erde näherungsweise als Inertialsystem bezeichnet werden kann, gilt dies für das Raumschiff nicht: Um zur Erde zurückkehren zu können, muß es mindestens einmal abgebremst und beschleunigt worden sein. Folglich kann das Raumschiff nicht während seiner gesamten Fahrt als Inertialsystem angesehen werden.

Zeitgleichung: Differenz zwischen mittlerer und wahrer ↑Sonnenzeit. Sie ist positiv, wenn die wahre Sonne früher kulminiert als die mittlere.

Die Z. hat im Jahr zwei Maxima

(14. Mai, +3,8 min; 3. November, +16,4 min) und zwei Minima (12. Februar, −14,4 min; 26. Juli, −6,4 min). Viermal im Jahr ist sie null (16. April, 14. Juni, 1. September und 25. Dezember). Diese angegebenen Daten können sich um einen Tag verschieben, da die Z. geringfügigen Veränderungen unterworfen ist. Ursache für die Z. ist der ungleichmäßige Lauf der Erde um die Sonne.

Zeitmessung: der Vergleich einer Zeitspanne (Dauer eines Vorganges) mit einer Zeiteinheit bzw. die genaue Registrierung von bestimmten Zeitpunkten mit Hilfe von Uhren; im weiteren Sinne auch die Entwicklung von Verfahren, Vorschriften und Geräten zur Messung und Registrierung von Zeitdauern und -punkten sowie zur Festlegung einer Zeiteinheit. Im Prinzip ist jeder periodische, beliebig reproduzierbare Vorgang, dessen Frequenz hinreichend konstant ist, zur Festlegung einer Zeiteinheit und damit zur Z. verwendbar.

Die physikalische Beschreibung des Naturgeschehens mit der Zeit als unabhängiger Variablen erfordert eine Festlegung der Zeiteinheit durch einen physikalischen, reproduzierbaren Vorgang konstanter Dauer. Dieses unveränderliche Maß konnte bis zur Entwicklung von Atomuhren für längere Zeitintervalle (Tage, Jahre) nur durch die Rotationsperiode der Erde bzw. durch die Dauer ihres Umlaufs um die Sonne definiert werden (sog. **astronomische Z.**); für praktische Zwecke ist die Periode der Eigenrotation der Erde, bezogen auf den Meridiandurchgang der Sonne (Sonnenzeit) bzw. von Fixsternen (Sternzeit), am geeignetsten. Die Sonnenhöchststände an einem Ort definieren die Zeitpunkte „12 Uhr" seiner wahren Ortszeit. Diese **wahre Sonnenzeit** [des Ortes] variiert allerdings wegen der elliptischen Form der Erdbahn und wegen der Schiefe der Ekliptik. Man definiert daher mit Hilfe einer fiktiven Sonne, die sich gleichförmig am Himmelsäquator bewegt, eine **mittlere Sonnenzeit**, die proportional zum Drehwinkel der Erdrotation ist und die um die ↑Zeitgleichung von der wahren Sonnenzeit abweicht. Die mittlere Sonnenzeit des Nullmeridians (mittlere Ortszeit von Greenwich, mittlere Greenwichzeit) dient als **Weltzeit** (UT), auf die sich alle Zonenzeiten beziehen, z. B. die mitteleuropäische Zeit (MEZ; liegt 1 Stunde vor der Weltzeit). Die Zählung der mittleren Sonnentage erfolgt nach dem Gregorianischen Kalender. Durch die Einführung von Schalttagen wird erreicht, daß langfristig das mittlere Kalenderjahr mit dem durch die [mittlere] Umlaufzeit der Erde bei ihrer Bewegung um die Sonne festgelegten [mittleren] tropischen Jahr übereinstimmt. Durch Teilung des mittleren Sonnentages ergeben sich Stunde, Minute und Sekunde der mittleren Sonnenzeit. Diese bis 1956 verwendeten Zeitmaße sind wegen Änderungen der Erdrotation und damit des mittleren Sonnentages nicht konstant: Jahreszeitliche Änderungen konnten mit Quarzuhren nachgewiesen werden; diese Schwankungen betragen mehr als 0,001 s pro Tag. Ein Vergleich der Erdrotation mit den Umläufen der Planeten und des Mondes ergab systematische Rotationsschwankungen der Erde, die bis zu 0,01 s pro Tag betrugen. Diesen Schwankungen überlagert sich außerdem eine allmähliche Abbremsung der Erdrotation infolge der Gezeitenwirkung v. a. des Mondes. Da aber auch das tropische Jahr sich geringfügig ändert (0,006 s pro Jahr), wurde 1956 die Dauer eines bestimmten tropischen Jahres als Zeitmaß insbes. der Ephemeridenzeit eingeführt. Die als Bruchteil dieses Zeitraumes definierte Ephemeridensekunde wurde jedoch als Zeiteinheit bereits 1967 durch die zur Basiseinheit des Internat. Einheitensystems erhobene sog. **Atomsekunde** ersetzt. Der in der Definition der Atomsekunde angegebene Zahlenwert gewährleistet, daß die neue Zeiteinheit etwa dieselbe Dauer wie die vorher verwendete Ephemeridensekunde hat. Ihre Darstellung bzw. Reproduzierung erfolgt mit sog. Cäsiumuhren. Die relative Unsicherheit der besten („primären") Cäsiumuhren beträgt $6 \cdot 10^{-14}$, was einer Zeitabweichung von etwa 2 s in 1 Mill. Jahren entspricht. Durch Aneinanderfügen und Zählen von Sekundenintervallen, die mit Cäsiumuhren hergestellt werden, entstehen sog. Atom-

Zellenstruktur des Weltalls

zeitskalen. Seit 1955 berechnet das Internat. Büro für die Zeit (BIH) in Paris auf der Grundlage der Anzeigen verschiedener Cäsiumuhren eine „integrierte Atomzeitskala", die seit 1971 als **Internat. Atomzeit[skala]** (TAI) bezeichnet wird. Das Skalenmaß ist die Atomsekunde. Die Internat. Atomzeit wurde so festgelegt, daß sie mit der Weltzeit (UT) zu Anfang 1958 übereinstimmte. Da die Atomsekunde etwa $3 \cdot 10^{-8}$ s kürzer als die gegenwärtige Sekunde der mittleren Sonnenzeit ist, findet eine wachsende Verschiebung der TAI gegenüber der UT statt. Durch gelegentliches Einfügen einer zusätzlichen Schaltsekunde wird seit 1972 eine als **Koordinierte Weltzeit** (UTC) bezeichnete Zeitskala erhalten, die von der UT nie mehr als 0,9 s abweicht. 1975 empfahl die 15. Generalkonferenz für Maß und Gewicht die Verwendung der UTC als Grundlage der bürgerlichen Zeit, d. h. den Ersatz von UT durch UTC bei der Bildung der Zonenzeiten. Neue Zeitgesetze (z. B. in der BR Deutschland das Gesetz über die Zeitbestimmung vom 25. 7. 1978) definieren die gesetzliche Zeit auf der Grundlage der UTC.

Zellenstruktur des Weltalls: eine vorgeschlagene, durch einige Studien angedeutete großräumige, wabenförmige Verteilung der Galaxien und Galaxienhaufen. Die Wände der Zellen bestehen aus einer dünnen Schicht von Galaxien, die Knoten möglicherweise aus Galaxiensuperhaufen. Dazwischen befinden sich annähernd materiefreie Räume (Löcher) von 10^5 Mpc^3 Volumen.

Zenit [aus gleichbed. italien. zenit(h), von arab. samt (ar-ras) = Weg, Richtung (des Kopfes)] (Scheitelpunkt): der genau senkrecht über dem Beobachtungsort liegende Punkt der Himmelskugel. Der Gegenpunkt heißt ↑Nadir. – ↑auch Koordinatensysteme.

Zenitdistanz (Formelzeichen z): der Winkelabstand eines Gestirns vom ↑Zenit, gemessen in Gradmaß.
Bezüglich der Höhe h gilt: $z = 90° - h$. – ↑auch Koordinatensysteme.

Zenitteleskop: ein praktisch senkrecht aufgestelltes Fernrohr, das zur Beobachtung der Umgebung des Zenits dient. Mit einem ↑Mikrometer werden die relativen Höhen von Gestirnen zur Bestimmung der ↑Polhöhe bzw. der geographischen Breite des Beobachtungsortes ermittelt (↑geographische Ortsbestimmung).

Zentralstern [zu lat. centrum = Mittelpunkt]: der im Innern eines ↑planetarischen Nebels befindliche Stern.

ZFD: Abk. für ↑Zweifarbendiagramm.

Zirkel [von lat. circulus = Kreis] (Circinus; Abk.: Cir): ein kleines, lichtschwaches Sternbild des südlichen Himmels.

Zirkumpolarsternbild: ein Sternbild, das aus ↑Zirkumpolarsternen besteht.

Zirkumpolarsterne [lat. circum = ringsumher, ringsum]: Sterne, deren Winkelabstand vom Himmelspol kleiner ist als die Höhe des Pols über dem Beobachtungshorizont. Z. können daher bei ihrem täglichen scheinbaren Lauf um den Himmelspol nicht unter den Horizont verschwinden und sind deshalb von diesem Beobachtungsort aus das ganze Jahr über sichtbar.
Am Nordpol sind ebenso wie am Südpol der Erde die jeweils sichtbaren Sterne zirkumpolar. Dagegen gibt es für einen Beobachtungsort auf dem Erdäquator keine zirkumpolaren Sterne.

zirkumstellare Materie [zu lat. circum = ringsumher, ringsum und lat. stella = Stern]: die in der unmittelbaren Nachbarschaft eines Sterns vorhandene gas- und staubförmige Materie, die im Gegensatz zur interstellaren Materie in einem kosmogonischen Zusammenhang mit dem Stern steht.
Viele astronomische Objekte (Protosterne, T-Tauri-Sterne, Infrarotquellen, Riesen, Überriesen und kataklysmische Sterne) zeigen eine intensive Wechselwirkung von Sternen mit ihrer umgebenden Materie, z. B. durch einseitigen oder wechselseitigen Materiefluß. Zum Verständnis dieses Massenaustauschs – bei Überriesen etwa $10^{-7} M_\odot$ pro Jahr – sind detaillierte Informationen aus allen Bereichen des elektromagnetischen Spektrums erforderlich.
Die Erforschung der physikalischen Vorgänge, der Struktur und der zeitlichen Entwicklung der vielfältigen Erscheinungsformen z.r M. dient dem Ziel,

Entstehung und Entwicklung von Sternen aus Gas und Staub zu verstehen.
Zodiakallicht [zu griech. zōdiakós (kýklos) = Tierkreis] (Tierkreislicht): die schwache Erhellung des Himmels über der Auf- und Untergangsstelle der Sonne. Dieses etwa dreieckige, verwaschen erhellte Gebiet liegt mit seiner Hauptsymmetrieebene nahezu in der Ekliptik, dem Tierkreis. Das Z. ist keine erdatmosphärische Erscheinung, sondern beruht auf der Streuung von Sonnenlicht an interplanetarem Gas, an freien Elektronen und Staubteilchen vom Durchmesser 0,001 bis 0,1 mm in einer abgeflachten Gas- und Staubwolke, die die Sonne umgibt und mit ihrer Symmetrieebene in der Ekliptik liegt.
Mit photographischen Methoden kann man feststellen, daß sich das Z. als schmale Lichtbrücke beiderseits der Sonne entlang des Nachthimmelsbogens der Ekliptik fortsetzt. An der der Sonne genau gegenüberliegenden Himmelsstelle erreicht das Z. ein sekundäres Helligkeitsmaximum, den **Gegenschein**.
Das Z. ist besonders gut in den Tropen zu sehen, und zwar nahezu das ganze Jahr hindurch. In unseren Breiten ist es nur im Frühjahr an klaren Abenden **(Abendhauptlicht)** oder im Herbst als morgendliches Z. **(Morgenhauptlicht)** zu sehen. Der Grund für diese beschränkte Beobachtungsmöglichkeit liegt in der veränderlichen Lage der Ekliptik zum Horizont. Nur um die Frühlings- und Herbstäquinoktien herum sind die Winkel der Nachthimmelsbögen der Ekliptik gegenüber unserem Horizont steil genug, um das Z. bei Beobachtungen durch die bodennahe Dunstschicht noch vom Dämmerungslicht zu trennen. Aufgrund der Lichtfülle unserer Städte haben nur wenige Menschen in unseren Breiten dieses immerhin der visuellen Helligkeit des Milchstraßenbandes vergleichbare Licht bewußt gesehen.
Zodiakus [von griech. zōdiakós (kýklos) = Tierkreis]: svw. ↑Tierkreis.
Zölostat [zu griech. koīlos = hohl und griech. statós = stehend] (Coelostat): eine vorwiegend für große Sonnenteleskope verwendete Vorrichtung, die mittels zweier beweglicher Spiegel (Abb.)

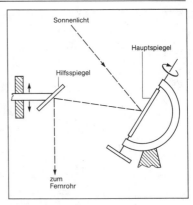

Zölostat (Prinzip)

das Licht in ein ortsfestes Gerät, z. B. einen Spektrographen, lenkt.
Zonenkataloge der Astronomischen Gesellschaft (Abk.: AGK): Bez. für den im Rahmen des ↑Zonenunternehmens der Astronomischen Gesellschaft (AG) 1863 und in den Folgejahren erstellten Positionskatalog (AGK 1) sowie für die bei Wiederholungen des Zonenunternehmens 1928/32 und 1956/63 erstellten Kataloge AGK 2 bzw. AGK 3, in die mit höchstmöglicher astrometrischer Genauigkeit rund 190 000 Sterne heller als etwa 12^m aufgenommen wurden. Durch Vergleich dieser Kataloge läßt sich auf die ↑Eigenbewegung der Sterne schließen.
Zonenunternehmen (Zonenbeobachtung): Positionsbestimmungen an Sternen innerhalb bestimmter Deklinationsbereiche (Zonen). Am bekanntesten sind die Z. der Astronomischen Gesellschaft (↑Zonenkataloge der Astronomischen Gesellschaft).
Zonenzeit: die für bestimmte Zonen der Erde gültige Zeit. In Europa existieren drei Zeitzonen. Für die BR Deutschland ist die koordinierte Ortszeit des Meridians 15° ö. L. maßgebend. Die zugehörige Zonenzeit heißt mitteleuropäische Zeit (MEZ). Auch politische oder ökonomische Gesichtspunkte können zu Korrekturen – meist um eine Stunde – führen, die Anlaß zur Einführung von

Zuben Elgenubi

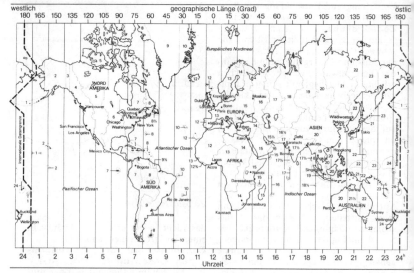

Zonenzeit. Weltzeitzonen

Saisonalzeiten, wie Sommer- oder Winterzeit, geben.

Zuben Elgenubi [arab.]: Hauptstern im Sternbild ↑Waage mit einer scheinbaren visuellen Helligkeit von $2^{m}\!.75$. – ↑auch Sternverzeichnis.

Zuben Elschemali [arab.]: Stern im Sternbild ↑Waage mit einer scheinbaren visuellen Helligkeit von $2^{m}\!.61$. – ↑auch Sternverzeichnis.

Zustandsdiagramm: zweidimensionale Darstellung, in welcher die Sterne als Bildpunkte in Abhängigkeit von Zustandsgrößen eingetragen werden. Bei statistisch gleichmäßiger Verteilung der Bildpunkte kann nicht auf einen funktionalen Zusammenhang zwischen den Zustandsgrößen geschlossen werden, wohl dagegen, wenn sich die Sternpunkte in schmalen Bändern oder Linien anhäufen. Die Breite dieser Bänder ist dabei durch Beobachtungsfehler bedingt.
Bekannte Z.e sind das ↑Hertzsprung-Russell-Diagramm, das ↑Farben-Helligkeits-Diagramm oder das ↑Masse-Leuchtkraft-Diagramm.

Zustandsgröße: eine der Beobachtung direkt oder indirekt zugängliche Größe eines Sterns, die diesen als Ganzes charakterisiert.
Die wichtigsten Z.n sind: **Helligkeit** (im Grunde genommen keine echte Z., da von der Entfernung abhängig), **Leuchtkraft, Farbe, Spektralklasse, Masse, Radius, Dichte, Schwerebeschleunigung, Effektivtemperatur, Rotation, Magnetfeld** und **chemische Zusammensetzung.**
Die Z.n sind aufgrund ihrer Definition teilweise voneinander abhängig. So ist z. B. die Schwerebeschleunigung g an der Sternoberfläche abhängig von der Masse M und dem Radius R des Sterns

$$g = \frac{G \cdot M}{R^2},$$

wobei G die Gravitationskonstante ist. Um weniger triviale Relationen zwischen Z.n aufzudecken, verwendet man ↑Zustandsdiagramme.

Zweifarbendiagramm (Abk.: ZFD): ein Zustandsdiagramm, das zwei Farbenindizes von Sternen kombiniert. Es tritt in Ergänzung zum ↑Farben-Helligkeits-Diagramm auf und benötigt wie dieses nur Messungen von scheinbaren Helligkeiten. Z. dienen zur groben Spektralklassifikation oder zur Feststellung der interstellaren Verfärbung († Farbexzeß).

Im Z. des UBV-Systems wird der † Farbindex U−B über dem Farbindex B−V aufgetragen. Bei Eintragung von Hauptreihensternen mit verschwindendem Farbexzeß ergibt sich die in der Abb. dargestellte charakteristische Kurve, deren Knie v. a. auf die Absorption der angeregten Wasserstoffatome (Balmer-Kontinuum) in den Sternatmosphären zurückzuführen ist. Bei Vorhandensein interstellarer Verfärbung wird der Stern in Richtung des gestrichelten Vektors verschoben. Aus dem Verfärbungsweg kann daher auf die Farbexzesse in (U−B) und (B−V) geschlossen werden. In manchen Bereichen ist allerdings die Korrektur zweideutig.

Zweikörperproblem: 1. *allg.* das Problem, die Bewegung zweier punktförmig angenommener Körper oder Teilchen unter dem alleinigen Einfluß ihrer Wechselwirkung zu berechnen. Ausgehend vom Newton-Gravitationsgesetz oder vom Coulomb-Gesetz ist das Z. exakt lösbar. Als Bahnformen ergeben sich Kegelschnitte (Kreis, Ellipse, Parabel, Hyperbel), deren einer Brennpunkt mit dem gemeinsamen Schwerpunkt der beiden Körper (der sich auf deren Verbindungslinie befindet) zusammenfällt.

2. In der *Himmelsmechanik* versteht man unter Z. das grundlegende Problem, die Bewegung zweier Himmelskörper aufgrund ihrer gravitativen Wechselwirkung zu bestimmen. Die vereinfachende Annahme, punktförmig zu sein, ist für Himmelskörper erlaubt, wenn die Körper eine kugelsymmetrische Dichteverteilung im Innern aufweisen oder wenn zumindest der Abstand der beiden Körper wesentlich größer ist als ihr Durchmesser. Für einige Satelliten der Planeten, insbes. auch für den Erdmond, ist diese Vereinfachung im strengen Sinne nicht erlaubt. Die Bahnbestimmung erfordert in diesen Fällen die Berücksichtigung der Dichteverteilung, was komplizierte Berechnungen zur Folge hat. In vielen Fällen, z. B. in den Systemen Raumflugkörper−Erde, Planet−Sonne, Jupitermond−Jupiter sowie in zahlreichen Doppelsternsystemen, ist über die obige Vereinfachung hinaus ein Körper so massedominant, daß der gemeinsame Schwerpunkt praktisch mit dem Zentrum des Zentralkörpers zusammenfällt. Bei diesem eingeschränkten Z. genügt es, die Bewegung des masseärmeren Körpers um den im Raum als ruhend angenommenen Zentralkörper zu betrachten. Die Bestimmung der Planetenbewegung aus dem Newton-Gravitationsgesetz, auch als **Kepler-Problem** bezeichnet, gelang erstmals in guter Näherung mit Hilfe der †Kepler-Gesetze. Streng genommen ist die Bestimmung der Bewegungen von Planeten und anderer Himmelskörper im Sonnensystem kein Z., da gravitative Wechselwirkungen benachbarter Körper auftreten. Als Störungen finden sie im nachhinein bei den nach dem Z. berechneten Bahnen Berücksichtigung.

Bei Beachtung allgemeinrelativistischer Effekte tritt neben obiger, nichtrelativistischer Bewegung zweier Himmelskörper aufgrund des Newton-Gravitationsgesetzes **(Kepler-Bewegung)** in zweiter Näherung eine Drehung der großen

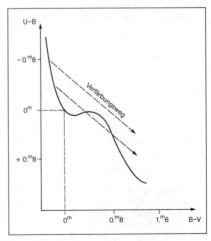

Zweifarbendiagramm. Verfärbungsweg im Zweifarbendiagramm

Zwergast

Halbachsen der Bahnen auf. Der Betrag dieser relativistischen ↑Periheldrehung ist doppelt so hoch wie der durch gravitative Störungen bewirkte nichtrelativistische Anteil.

Zwergast: andere Bez. für die Hauptreihe im ↑Hertzsprung-Russell-Diagramm, da Hauptreihensterne Zwergsterne sind.

Zwergcepheiden: andere Bez. für ↑Delta-Scuti-Sterne.

Zwerggalaxie: Galaxientyp, der nicht in der ursprünglichen Hubble-Klassifikation enthalten ist. Diese kleinen Galaxien haben einen Durchmesser von nur wenigen 300 pc und umfassen folglich auch nur um Größenordnungen weniger Sterne als Galaxien wie unsere Milchstraße. Wegen der geringen Flächenhelligkeit sind irreguläre Z.n schwer auffindbar. Trotz der geringen Anzahl entdeckter Systeme schätzt man ihre Gesamtzahl sehr hoch. Dafür spricht auch, daß in der ↑lokalen Gruppe etwa 70% der Mitglieder Zwerggalaxien sind.

In Anlehnung an den ↑Hubble-Typ werden auch die Z.n klassifiziert. Durch ein vorgesetztes D (von engl. dwarf = Zwerg) wird dies zum Ausdruck gebracht. Die meisten Z.n sind elliptische Systeme (DE).

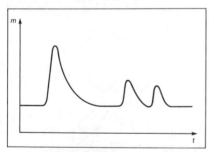

Zwergnovä. Lichtkurve einer Zwergnova

Zwergnovä (Abk.: DN, für engl. dwarf novae): ↑Veränderliche, die novaähnliches Verhalten zeigen. Die Helligkeitsausbrüche erfolgen im Gegensatz zu den Novä mit geringeren Amplituden von 2^m bis 6^m und wiederholen sich in unregelmäßigen Abständen. Dabei ist die Amplitude umso geringer, je schneller die Eruptionsfolge ist.

Man vermutet, daß Z. Erscheinungen in Doppelsternsystemen sind (wie auch die normalen Novä), wobei das System aus weißem Zwerg und kühlem Hauptreihenstern besteht. Wie beim normalen Novamechanismus könnte Materie vom Hauptreihenstern auf den Zwerg überfließen und dort in der Oberflächenschicht infolge Temperatur- und Dichteanstieg eine Eruption hervorrufen. Die abgestoßene Gashülle expandiert dann mit hoher Geschwindigkeit und erzeugt die beobachtbaren Emissionslinien.

Man unterteile die Z. in 7 Unterklassen, deren bedeutendste die Klasse der ↑U-Geminorum-Sterne zu sein scheint. Deshalb wird die Gruppe der Z. auch als U-Geminorum-Sterne bezeichnet.

Zwergsterne (Zwerge): Sterne mit relativ kleinem Durchmesser und daher relativ geringer absoluter Helligkeit. Die Z. der Leuchtkraftklasse V, zu der auch unsere Sonne zählt, liegen im ↑Hertzsprung-Russell-Diagramm auf der Hauptreihe, weshalb sie auch als Hauptreihensterne bezeichnet werden.

Besondere Untergruppen bilden die ↑weißen Zwerge, die ↑schwarzen Zwerge und die ↑roten Zwerge.

Zwillinge (Gemini; Abk.: Gem): ein zum Tierkreis zählendes Sternbild des nördlichen Himmels, das von mittleren nördlichen Breiten aus im Winter gut sichtbar ist. Auffallend am Sternbild sind die beiden nahezu gleich hellen Hauptsterne, die zudem noch nahe beieinanderstehen. Entsprechend der Zwillingssage heißen sie **Castor** und **Pollux**. Castor bildet zusammen mit fünf weiteren hellen Sternen das ↑Wintersechseck. Die Sonne durchläuft bei ihrer scheinbaren jährlichen Bewegung die Z. in der Zeit von Ende Juni bis Ende Juli.

Im Sternbild Z. ist der offene Sternhaufen M 35 bereits mit einem Feldstecher beobachtbar.

Zwillingsparadoxon ↑Zeitdilatation.

Zwischenpopulation ↑intermediäre Population.

ZZ-Ceti-Sterne: kurzperiodisch veränderliche weiße Zwerge der Spektralklasse DA.

Personenregister
(berücksichtigt sind nur im Text genannte Personen)

Arago, Dominique François Jean, französischer Physiker und Astronom (1786–1853)
Arend, Sylvain, belgischer Astronom (* 1902)
Argelander, Friedrich Wilhelm [August], deutscher Astronom (1799–1875)
Aristarchos von Samos, griechischer Astronom (um 310 – um 230)
Aristoteles, griechischer Philosoph (384–322)
Arrhenius, Svante [August], schwedischer Physikochemiker (1859–1927)
Baade, [Wilhelm Heinrich] Walter, deutscher Astronom (1893–1960)
Babinet, Jacques, französischer Physiker (1794–1872)
Balmer, Johann Jakob, schweizerischer Mathematiker (1825–1898)
Barnard, Edward Emerson, amerikanischer Astronom (1857–1923)
Bayer, Johann, deutscher Astronom (1572–1625)
Bennett, John Caister, südafrikanischer Amateurastronom (* 1914)
Bessel, Friedrich Wilhelm, deutscher Astronom und Mathematiker (1784–1846)
Bethe, Hans Albrecht, amerikanischer Physiker deutscher Herkunft (* 1906)
Biela, Wilhelm von, deutscher Astronom (1782–1856)
Blome, Hans-Joachim, deutscher Astrophysiker (* 1950)
Bode, Johann Elert, deutscher Astronom (1747–1826)
Bohr, Niels [Hendrick David], dänischer Physiker (1885–1962)
Boltzmann, Ludwig, österreichischer Physiker (1844–1906)
Bondi, Hermann, österreichischer Mathematiker (* 1919)
Brahe, Tycho, dänischer Astronom (1546–1601)
Brewster, Sir David, britischer Physiker (1781–1868)
Broglie, Louis de, französischer Physiker (1892–1987)
Cannon, Annie Jump, amerikanische Astronomin (1863–1941)
Cassegrain, N., französischer Naturforscher (1625–1672)
Cassini, Giovanni Domenico, französischer Astronom italienischer Herkunft (1625–1712)
Cavendish, Henry, britischer Naturforscher (1731–1810)
Chamberlin, Thomas Chrowder, amerikanischer Geologe (1843–1928)
Chandrasekhar, Subrahmanyan, amerikanischer Astrophysiker indischer Herkunft (* 1910)
Chrétien, Henri Jacques, französischer Physiker (1870–1956)
Compton, Arthur Holly, amerikanischer Physiker (1892–1962)
Dirac, Paul Adrien Maurice, britischer Physiker (1902–1984)
Donati, Giovanni Battista, italienischer Astronom (1826–1873)
Doppler, Christian, österreichischer Physiker und Mathematiker (1803–1853)
Drake, Frank Donald, amerikanischer Astronom (* 1930)
Draper, Henry, amerikanischer Chemiker und Amateurastronom (1837–1882)
Dreyer, John Louis Emile, dänischer Astronom (1852–1926)
Einstein, Albert, deutscher Physiker (ab 1901 schweizerische, ab 1940 amerikanische Staatsbürgerschaft; 1879–1955)
Encke, Johann Franz, deutscher Astronom (1791–1865)
Fechner, Gustav Theodor, deutscher Physiker, Psychologe und Philosoph (1801–1887)
Fermi, Enrico, italienischer Physiker (1901–1954)
Fowler, William Alfred, amerikanischer Astrophysiker (* 1911)
Fraunhofer, Joseph von, deutscher Optiker und Physiker (1787–1826)
Friedmann (Fridman), Alexandr Alexandrowitsch, sowjetischer Mathematiker, Physiker und Astronom (1888–1925)
Galilei, Galileo, italienischer Mathematiker, Philosoph und Physiker (1564–1642)
Galle, Johann Gottfried, deutscher Astronom (1812–1910)
Gamow, George, amerikanischer Physiker russischer Herkunft (1904–1968)
Gold, Thomas, österreichischer Astronom und Physiker (* 1920)
Gould, Benjamin Apthorp, amerikanischer Astronom (1824–1896)
Gregory, James, schottischer Mathematiker (1638–1675)
Gum, Colin, australischer Astrophysiker (1924–1960)
Hajaschi (Hayashi), Chushiro, japanischer Astrophysiker (* 1920)
Hale, George [Ellery], amerikanischer Astronom (1868–1938)
Halley, Edmond, englischer Mathematiker, Physiker und Astronom (1656–1742)
Harkins, William Draper, amerikanischer Chemiker (1873–1951)

Haro, Guillermo, mexikanischer Astronom chilenischer Herkunft (1922–1980)
Heisenberg, Werner [Karl], deutscher Physiker (1901–1976)
Herbig, George H[oward], amerikanischer Astronom (* 1920)
Herschel, Sir John [Frederick William], britischer Astronom (1792–1871)
Herschel, Sir [Friedrich] Wilhelm (William), britischer Astronom deutscher Herkunft (1738–1822)
Hertzsprung, Ejnar, dänischer Astronom (1873–1967)
Hess, Victor Franz, amerikanischer Physiker österreichischer Herkunft (1883–1964)
Hewish, Antony, britischer Astrophysiker (* 1924)
Higgs, Peter Ware, britischer Physiker (* 1929)
Hofstadter, Robert, amerikanischer Physiker (* 1915)
Hohmann, Walter, deutscher Ingenieur und Raumfahrtwissenschaftler (1880–1945)
Horrebow, Peder, dänischer Astronom (1679–1764)
Hoyle, Sir Fred, britischer Astronom, Mathematiker und Science-fiction-Autor (* 1915)
Hubble, Edwin Powell, amerikanischer Astronom (1889–1953)
Jansky, Karl, amerikanischer Radioingenieur (1905–1950)
Jeans, Sir James [Hopwood], britischer Mathematiker, Physiker und Astronom (1877–1946)
Kapteyn, Jacobus Cornelius, niederländischer Astronom (1851–1922)
Keenan, Philip Childs, amerikanischer Astronom (* 1908)
Kempf, Paul, deutscher Astronom (1856–1920)
Kepler, Johannes, deutscher Astronom (1571–1630)
Kirch, Gottfried, deutscher Astronom (1639–1710)
Kirchhoff, Gustav Robert, deutscher Physiker (1824–1887)
Kohoutek, Lubos, deutscher Astronom tschechischer Herkunft (* 1935)
Kopernikus (Copernicus; eigtl. Kopernik), Nikolaus, Astronom (1473–1543)
Kuiper, Gerard Peter, amerikanischer Astronom niederländischer Herkunft (1905–1973)
Küstner, [Karl] Friedrich, deutscher Astronom (1856–1936)
Lagrange, Joseph [Louis] de, französischer Mathematiker (1736–1813)
La Mettrie, Julien Offroy de, französischer Mediziner und Philosoph (1709–1751)
Laplace, Pierre Simon Marquis de, französischer Mathematiker und Astronom (1749–1827)
Lemaître, Abbé Georges, belgischer Mathematiker und Astrophysiker (1894–1966)
Le Verrier, Urbain [Jean Joseph], französischer Astronom (1811–1877)
Lexell, Andreas Johann (Andrei Iwanowitsch), finnisch-russischer Astronom und Mathematiker (1740–1784)
Lipperhey, Hans, niederländischer Brillenmacher (um 1570–1619)
Lorentz, Hendrik Antoon, niederländischer Physiker (1853–1928)
Maxutow (Maksutov), Dmitrij Dmitrijewitsch, sowjetischer Physiker (1896–1964)
Méchain, Pierre François André, französischer Astronom (1744–1804)
Messier, Charles, französischer Astronom (1730–1817)
Michelson, Albert Abraham, amerikanischer Physiker (1852–1931)
Mie, Gustav, deutscher Physiker (1868–1957)
Morgan, William Wilson, amerikanischer Astrophysiker (* 1906)
Moulton, Forest Ray, amerikanischer Astronom (1872–1952)
Müller, [Karl Hermann] Gustav, deutscher Astronom (1851–1925)
Newcomb, Simon, amerikanischer Astronom (1835–1909)
Newton, Sir Isaac, englischer Mathematiker, Physiker und Astronom (1643–1727)
Olbers, [Heinrich] Wilhelm [Matthias], deutscher Astronom (1758–1840)
Oort, Jan Hendrik, niederländischer Astronom (* 1900)
Oppenheimer, [Julius] Robert, amerikanischer Physiker (1904–1967)
Penzias, Arno Allen, amerikanischer Physiker deutscher Herkunft (* 1933)
Perrotin, [Henri] Joseph Anastase, französischer Astronom (1845–1904)
Pickering, Edward Charles, amerikanischer Astronom (1846–1919)
Planck, Max [Karl Ernst Ludwig], deutscher Physiker (1858–1947)
Pogson, Norman Robert, britischer Astronom (1829–1891)
Pons, Jean Louis, französischer Astronom (1761–1831)
Priester, Wolfgang, deutscher Astronom (* 1924)
Ptolemäus, Claudius, alexandrinischer Astronom, Mathematiker und Geograph (um 100 – nach 160)
Rayet, Georges-Antoine-Pons, französischer Astronom (1839–1906)
Rayleigh, John William Strutt, Baron, britischer Physiker (1842–1919)

Ritchey, George Willis, amerikanischer Astronom (1864–1945)
Robertson, Howard Percy, amerikanischer Kosmologe (1903–1961)
Roche, Édouard [Albert], französischer Astronom (1820–1883)
Roland, Georges, belgischer Astronom (* 1922)
Röntgen, Wilhelm Conrad, deutscher Physiker (1845–1923)
Russell, Henry Norris, amerikanischer Astronom (1877–1957)
Ryle, Sir Martin, britischer Astrophysiker (1918–1984)
Saha, Meghnad, indischer Physiker (1894–1956)
Scaliger, Joseph Justus, französischer Gelehrter (1540–1609)
Schmidt, Bernhard [Woldemar], estnischer Optiker (1879–1935)
Schönfeld, Eduard, deutscher Astronom (1828–1891)
Schrödinger, Erwin, österreichischer Physiker (1887–1961)
Schwarzschild, Karl, deutscher Astronom (1873–1916)
Schwarzschild, Martin, deutsch-amerikanischer Astronom (* 1912)
Seyfert, Carl K., amerikanischer Astrophysiker (1911–1960)
Shapiro, Irwin Ira, amerikanischer Physiker (* 1929)
Siedentopf, Henry Friedrich Wilhelm, deutscher Physiker (1872–1940)
Sitter, Willem de, niederländischer Astronom (1872–1934)
Stefan, Josef, österreichischer Physiker (1835–1893)
Sternberg, Pawel Karlowitsch, sowjetischer Astronom (1865–1920)
Talcott, Andrew, amerikanischer Ingenieur und Astronom (1797–1883)
Thomé, John Macon, amerikanischer Astronom (1870–1908)
Titius (Tietz), Johann Daniel, deutscher Naturwissenschaftler (1729–1796)
Tscherenkow (Čerenkov), Pawel Alexejewitsch, sowjetischer Physiker (* 1904)
Turkevich, Anthony, amerikanischer Chemiker (* 1916)
Van Allen, James Alfred, amerikanischer Physiker (* 1914)
Waldmeier, Max, schweizerischer Astronom (* 1912)
Walker, Arthur Geoffrey, britischer Mathematiker (* 1909)
Weber, Ernst Heinrich, deutscher Anatom und Physiologe (1795–1878)
Wegener, Alfred [Lothar], deutscher Geophysiker und Meteorologe (1880–1930)
Weizsäcker, Carl Friedrich Frhr. von, deutscher Physiker und Philosoph (* 1912)
West, Richard Martin, deutscher Astrophysiker (* 1941)
Whipple, Fred Lawrence, amerikanischer Astronom (* 1906)
Wien, Wilhelm, deutscher Physiker (1864–1928)
Wilson, Robert Woodrow, amerikanischer Physiker (* 1936)
Witt, Carl Gustav, deutscher Astronom (1866–1946)
Wolf, Charles Joseph Étienne, französischer Astronom (1827–1918)
Wolf, Maximilian (Max), deutscher Astronom (1863–1932)
Wolter, Hans, deutscher Physiker (1911–1978)
Zeeman, Pieter, niederländischer Physiker (1865–1943)
Zöllner, [Johann] Karl Friedrich, deutscher Physiker und Astronom (1834–1882)
Zwicky, Fritz, schweizerischer Physiker und Astronom (1898–1974)

Literaturverzeichnis

Becker, F.: Geschichte der Astronomie. – Mannheim ^{4}1980.
Dunlop, S.; Tirion, W.: Alle mit dem bloßen Auge sichtbaren Sterne der nördlichen und südlichen Hemisphäre. – Stuttgart 1985.
Elsässer, H.: Weltall im Wandel. Die neue Astronomie. – Stuttgart 1985.
Die Entstehung der Sterne. Einl. v. J. Krautter. – Heidelberg 1986.
Erben, H.-K.: Intelligenzen im Kosmos? Die Antwort der Evolutionsbiologie. – München 1984.
Field, G. B.; Chaisson, E. J.: Das unsichtbare Universum. – Basel 1986.
Fritzsch, H.: Vom Urknall zum Zerfall. – München ^{4}1987.
Gamow, G.: Mr. Tompkins seltsame Reisen durch Kosmos und Mikrokosmos. – Braunschweig 1984.
Giese, R. H.: Einführung in die Astronomie. – Mannheim 1984.
Giese, R. H.; Heinke, W.: Klett Studienbücher Physik, Astronomie III. Übungsaufgaben mit Lösungen. – Stuttgart ^{5}1983.
Gondolatsch, F.; Groschopf, G.; Zimmermann, O.: Fixsterne und Sternsysteme. – Stuttgart ^{2}1981.
Gondolatsch, F.; Groschopf, G.; Zimmermann, O.: Die Sonne und ihre Planeten. – Stuttgart ^{3}1981.
Gravitation. Raum-Zeit-Struktur und Wechselwirkung. Einl. v. J. Ehlers. – Heidelberg 1987.
Greenstein, G.: Der gefrorene Stern. Pulsare, Schwarze Löcher und das Schicksal des Alls. – Neuausg. München 1988.
Hoyle, F.: Das intelligente Universum. Eine neue Sicht von Entstehung und Evolution. – Frankfurt am Main 1984.
Kippenhahn, R.: Licht vom Rande der Welt: Das Universum und sein Anfang. – Neuausg. München 1987.
Kippenhahn, R.: Unheimliche Welten. Planeten, Monde und Kometen. – Stuttgart 1987.
Kippenhahn, R.: Hundert Milliarden Sonnen. – München ^{6}1987.
Komarov, V.: Rätselhaftes Weltall: Schwarze Löcher, Quarks und Neutrinos. – Berlin-Ost ^{2}1985.
Kosmologie. Struktur und Entwicklung des Universums. Einl. v. I. Appenzeller. – Heidelberg ^{3}1986.
Landolt-Börnstein: *siehe* Zahlenwerte und Funktionen aus Naturwissenschaften und Technik
Lindner, K.: Astroführer. – Köln 1986.
Meurers, J.: Kosmologie heute. – Darmstadt 1984.
Meyers Handbuch Weltall. Hg. v. K. Schaifers u.a. – Mannheim ^{6}1984.
Oberndorfer, H.: Schau mal in die Sterne. Himmelsbeobachtungen mit bloßem Auge und dem Feldstecher. – Stuttgart 1984.
Priester, W.: Urknall und Evolution des Kosmos. Fortschritte in der Kosmologie. – Opladen 1984.
Roth, G. D.: Sterne und Sternbilder. Die wichtigsten Sternbilder des Nord- und Südhimmels sicher erkennen. – München ^{2}1985.
Scheffler, H.; Elsässer, H.: Physik der Sterne und der Sonne. – Mannheim 1974.
Scheffler, H.; Elsässer, H.: Bau und Physik der Galaxis. – Mannheim 1982.
Schlosser, W.; Schmidt-Kaler, T.: Astronomische Musterversuche. – Frankfurt am Main ^{5}1982.
Schneider, M.: Himmelsmechanik. – Mannheim ^{2}1981.
Schröder, W.: Praktische Astronomie für Sternfreunde. Einfache Berechnungen und Apparate zum Selbstbau. – Stuttgart 1982.
Sexl, R.; Sexl, H.: Weiße Zwerge, Schwarze Löcher. Einführung in die relativistische Astrophysik. – Braunschweig ^{2}1985.
Spiering, C.: Auf der Suche nach der Urkraft. – Thun 1986.
Teichmann, J.: Wandel des Weltbildes. Astronomie, Physik und Meßtechnik in der Kulturgeschichte. – Reinbek 1985.
Unsöld, A.; Baschek, B.: Der neue Kosmos. – Berlin ^{3}1981.
Voigt, H.-H.: Abriß der Astronomie. – Mannheim ^{4}1988.
Weigert, A.; Zimmermann, H.: Abc Astronomie. – Hanau ^{7}1983.
Weigert, A.; Wendker, H. J.: Astronomie und Astrophysik. Ein Grundkurs. – Neuausg. Weinheim 1983.
Weinberg, S.: Die ersten drei Minuten. Der Ursprung des Universums. – München ^{7}1987.
Zahlenwerte und Funktionen aus Naturwissenschaften und Technik. Begr. v. H. Landolt. Hg. v. K.-H. Hellwege u.a. Gruppe 6, Bd. 2a, b und c: Astronomie und Astrophysik. Hg. v. K. Schaifers u.a. – Berlin 1981–82.
Zimmermann, O.: Astronomisches Praktikum. 2 Bde. – München ^{3}1983.

Zeitschriften

Astronomische Nachrichten. – Berlin 1823 ff.
Bild der Wissenschaft. – Stuttgart 1964 ff.
Das Himmelsjahr. Sonne, Mond und Sterne im Jahre ... – Stuttgart 1940 ff.
Naturwissenschaftliche Rundschau. – Stuttgart 1948 ff.
Orion. Zeitschrift der Schweizerischen Astronomischen Gesellschaft. – Luzern 1943 ff.
Physik in unserer Zeit. – Weinheim 1970 ff.
Spektrum der Wissenschaft. Deutsche Ausgabe von Scientific American. – Weinheim 1978 ff.
Die Sterne. – Leipzig 1921 ff.
Sterne und Weltraum. – München 1962 ff.

DUDEN-TASCHENBÜCHER

Praxisnahe Helfer zu vielen Themen

Herausgegeben vom Wissenschaftlichen Rat der DUDEN-Redaktion: Prof. Dr. Günther Drosdowski · Dr. Rudolf Köster · Dr. Wolfgang Müller · Dr. Werner Scholze-Stubenrecht

Band 1: Komma, Punkt und alle anderen Satzzeichen
Sie finden in diesem Taschenbuch Antwort auf alle Fragen, die im Bereich der deutschen Zeichensetzung auftreten können. 165 Seiten.

Band 2: Wie sagt man noch?
Hier ist der Ratgeber, wenn Ihnen gerade das passende Wort nicht einfällt oder wenn Sie sich im Ausdruck nicht wiederholen wollen. 219 Seiten.

Band 3: Die Regeln der deutschen Rechtschreibung
Dieses Buch stellt die Regeln zum richtigen Schreiben der Wörter und Namen sowie die Regeln zum richtigen Gebrauch der Satzzeichen dar. 188 Seiten.

Band 4: Lexikon der Vornamen
Mehr als 3 000 weibliche und männliche Vornamen enthält dieses Taschenbuch. Sie erfahren, aus welcher Sprache ein Name stammt, was er bedeutet und welche Persönlichkeiten ihn getragen haben. 239 Seiten.

Band 5: Satz- und Korrekturanweisungen
Richtlinien für die Texterfassung.
Dieses Taschenbuch enthält die Vorschriften für den Schriftsatz, die üblichen Korrekturvorschriften und die Regeln für Spezialbereiche. 282 Seiten.

Band 6: Wann schreibt man groß, wann schreibt man klein?
Jeder weiß, daß die Groß- und Kleinschreibung eines der schwierigsten Kapitel der deutschen Rechtschreibung ist. Dieses Taschenbuch bietet mit rund 8 200 Artikeln eines schnelle Hilfe für die tägliche Schreibpraxis. 252 Seiten.

Band 7: Wie schreibt man gutes Deutsch?
Dieser Band stellt die vielfältigen sprachlichen Ausdrucksmöglichkeiten dar. Ein unentbehrlicher Ratgeber für alle, die sich um einen guten Stil bemühen. 163 Seiten.

Band 8: Wie sagt man in Österreich?
Das Buch bringt eine Fülle an Informationen über alle sprachlichen Eigenheiten, durch die sich die deutsche Sprache in Österreich von dem in Deutschland üblichen Sprachgebrauch unterscheidet. 252 Seiten.

Band 9: Wie gebraucht man Fremdwörter richtig?
Mit 4 000 Stichwörtern und über 30 000 Anwendungsbeispielen ist dieses Taschenbuch eine praktische Stilfibel des Fremdwortes. 368 Seiten.

Band 10: Wie sagt der Arzt?
Dieses Buch gibt die volkstümlichen Bezeichnungen zu rund 9000 medizinischen Fachwörtern an und erleichtert damit die Verständigung zwischen Arzt und Patient. 176 Seiten.

Band 11: Wörterbuch der Abkürzungen
Dieses Wörterbuch enthält rund 38 000 nationale und internationale Abkürzungen aus allen Bereichen. 288 Seiten.

Band 13: mahlen oder malen?
Gleichklingende Wörter, die verschieden geschrieben werden, gehören zu den schwierigsten Problemen der deutschen Rechtschreibung. Dieses Buch bietet eine umfassende Sammlung solcher Zweifelsfälle. 191 Seiten.

Band 14: Fehlerfreies Deutsch
Zahlreiche Fragen zur Grammatik werden im DUDEN-Taschenbuch „Fehlerfreies Deutsch" in leicht lesbarer, oft humorvoller Darstellung beantwortet. 204 Seiten.

Band 15: Wie sagt man anderswo?
Dieses Buch will all jenen helfen, die mit den landschaftlichen Unterschieden in Wort- und Sprachgebrauch konfrontiert werden. 190 Seiten.

Band 17: Leicht verwechselbare Wörter
Der Band enthält Gruppen von Wörtern, die auf Grund ihrer lautlichen Ähnlichkeit leicht verwechselt werden. 334 Seiten.

Band 18: Wie schreibt man im Büro?
Dieser Band enthält zahlreiche nützliche Informationen, Empfehlungen, Hinweise und Tips für die moderne Büroarbeit. Das praktische Nachschlagewerk für alle Sekretärinnen und Bürokräfte. 179 Seiten.

Band 19: Wie diktiert man im Büro?
Alles Wesentliche über die Verfahren, Regeln und Techniken des Diktierens. 225 Seiten.

Band 20: Wie formuliert man im Büro?
Dieses Taschenbuch bietet Regeln, Empfehlungen und Übungstexte aus der Praxis. 282 Seiten.

Band 21: Wie verfaßt man wissenschaftliche Arbeiten?
Dieses Buch behandelt ausführlich und mit vielen praktischen Beispielen die formalen und organisatorischen Probleme des wissenschaftlichen Arbeitens. 216 Seiten.

Band 22: Wie sagt man in der Schweiz?
In rund 4 000 Artikeln gibt dieses Wörterbuch Auskunft über die Besonderheiten der deutschen Sprache in der Schweiz. 380 Seiten.

DUDENVERLAG
Mannheim/Wien/Zürich

DER DUDEN IN 10 BÄNDEN

Das Standardwerk zur deutschen Sprache
Herausgegeben vom Wissenschaftlichen Rat der
DUDEN-Redaktion:
Professor Dr. Günther Drosdowski ·
Dr. Rudolf Köster · Dr. Wolfgang Müller ·
Dr. Werner Scholze-Stubenrecht

Band 1: Die Rechtschreibung
Das maßgebende deutsche Rechtschreibwörterbuch. Zweifelsfälle der Groß- und Kleinschreibung, der Zusammen- und Getrenntschreibung und alle anderen orthographischen Probleme werden auf der Grundlage der amtlichen Richtlinien entschieden. Ausführlicher Regelteil mit Hinweisen für das Maschinenschreiben und den Schriftsatz. 792 Seiten.

Band 2: Das Stilwörterbuch
Das DUDEN-Stilwörterbuch ist das umfassende Nachschlagewerk über die Verwendung der Wörter im Satz und die Ausdrucksmöglichkeiten der deutschen Sprache. Es stellt die inhaltlich sinnvollen und grammatisch richtigen Verknüpfungen dar und gibt ihren Stilwert an. 864 Seiten.

Band 3: Das Bildwörterbuch
Über 27 500 Wörter aus allen Lebens- und Fachbereichen werden durch Bilder definiert. Nach Sachgebieten gegliedert stehen sich Bildtafeln und Wortlisten gegenüber. 784 Seiten mit 384 Bildtafeln. Register.

Band 4: Die Grammatik
Die DUDEN-Grammatik gilt als die vollständigste Beschreibung der deutschen Gegenwartssprache. Sie hat sich überall in der Welt, wo Deutsch gesprochen oder gelehrt wird, bewährt. 804 Seiten mit ausführlichem Sach-, Wort- und Zweifelsfälleregister.

Band 5: Das Fremdwörterbuch
Mit rund 50 000 Stichwörtern, mehr als 100 000 Bedeutungsangaben und 300 000 Angaben zu Aussprache, Betonung, Silbentrennung, Herkunft und Grammatik ist dieser DUDEN das grundlegende Nachschlagewerk über Fremdwörter und fremdsprachliche Fachausdrücke. 832 Seiten.

Band 6: Das Aussprachewörterbuch
Mit etwa 130 000 Stichwörtern unterrichtet es umfassend über Betonung und Aussprache sowohl der heimischen als auch der fremden Namen und Wörter. 791 Seiten.

Band 7: Das Herkunftswörterbuch
Dieser Band stellt die Geschichte der Wörter von ihrem Ursprung bis zur Gegenwart dar. Es gibt Antwort auf die Frage, woher ein Wort kommt und was es eigentlich bedeutet. 844 Seiten.

Band 8: Die sinn- und sachverwandten Wörter
Wem ein bestimmtes Wort nicht einfällt, wer den treffenden Ausdruck sucht, wer seine Aussage variieren möchte, der findet in diesem Buch Hilfe. 801 Seiten.

Band 9: Richtiges und gutes Deutsch
Dieser Band ist aus der täglichen Arbeit der DUDEN-Redaktion entstanden. Er klärt grammatische, stilistische und rechtschreibliche Zweifelsfragen und enthält zahlreiche praktische Hinweise. 803 Seiten.

Band 10: Das Bedeutungswörterbuch
Dieses Wörterbuch stellt einen neuen Wörterbuchtyp dar. Es ist ein modernes Lernwörterbuch, das für den Spracherwerb wichtig ist und den schöpferischen Umgang mit der deutschen Sprache fördert. 797 Seiten.

DUDEN – Das große Wörterbuch der deutschen Sprache in 6 Bänden

Das maßgebende Werk für höchste, selbst wissenschaftliche Ansprüche.
Herausgegeben und bearbeitet vom Wissenschaftlichen Rat und den Mitarbeitern der DUDEN-Redaktion unter Leitung von Günther Drosdowski.
Über 500 000 Stichwörter und Definitionen auf rund 3 000 Seiten. Mehr als 1 Million Angaben zu Aussprache, Herkunft, Grammatik, Stilschichten und Fachsprachen sowie Beispiele und Zitate aus der Literatur der Gegenwart. Jeder Band etwa 500 Seiten.
„Das große DUDEN-Wörterbuch der deutschen Sprache" ist das Ergebnis jahrzehntelanger sprachwissenschaftlicher Forschung der DUDEN-Redaktion. Mit seinen exakten Angaben und Zitaten erfüllt es selbst höchste wissenschaftliche Ansprüche. „Das große DUDEN-Wörterbuch" basiert auf mehr als drei Millionen Belegen aus der Sprachkartei der DUDEN-Redaktion und enthält alles, was für die Verständigung mit Sprache und für das Verständnis von Sprache wichtig ist.

DUDEN – Deutsches Universalwörterbuch

Der Wortschatz der deutschen Sprache
2., vollständig überarbeitete und erweiterte Auflage.
Über 120 000 Artikel mit den Neuwörtern der letzten Jahre, mehr als 500 000 Angaben zu Rechtschreibung, Aussprache, Herkunft, Grammatik und Stil, 150 000 Anwendungsbeispiele sowie eine kurze Grammatik für Wörterbuchbenutzer dokumentieren den Wortschatz der deutschen Gegenwartssprache in seiner ganzen Vielschichtigkeit. Ein Universalwörterbuch im besten Sinne des Wortes. 1816 Seiten.

DUDENVERLAG
Mannheim/Wien/Zürich

WIE FUNKTIONIERT DAS?

Wie funktioniert das?
Die Technik im Leben von heute
608 Seiten mit 282 zweifarbigen und 8 vierfarbigen Schautafeln.

Wie funktioniert das?
Der Mensch und seine Krankheiten
600 Seiten mit 248 zweifarbigen und 8 mehrfarbigen Schautafeln.

Wie funktioniert das?
Gesund sein und fit bleiben
543 Seiten mit 229 zweifarbigen Schautafeln.

Wie funktioniert das?
Der moderne Staat
512 Seiten mit 240 zweifarbigen Schautafeln.

Wie funktioniert das?
Die Umwelt des Menschen
607 Seiten mit 265 zweifarbigen Schautafeln.

Wie funktioniert das?
Die Wirtschaft heute
656 Seiten mit 315 ganzseitigen Schautafeln.

Wie funktioniert das?
Die Energie – Erzeugung, Nutzung, Versorgung
303 Seiten mit 137 zweifarbigen Schautafeln.

Wie funktioniert das?
Die Arzneimittel
320 Seiten mit 132 zweifarbigen Abbildungen.

Wie funktioniert das?
Städte, Kreise und Gemeinden
336 Seiten mit 160 zweifarbigen Schautafeln.

Wie funktioniert das?
Die Bundeswehr
316 Seiten mit rund 147 zweifarbigen Schautafeln.

Wie funktioniert das?
Der Computer
Rund 300 Seiten mit 150 farbigen Bildtafeln.

Wie funktioniert das?
Wetter und Klima
304 Seiten mit 140 zweifarbigen Bildtafeln.

MEYERS TASCHENLEXIKA ZU SPEZIALTHEMEN

Meyers Taschenlexikon Biologie in 3 Bänden
Alles Wissen über Mensch, Tier und Pflanze. 960 Seiten, rund 15 000 Sachartikel und Biographien. Über 800 meist farbige Abbildungen, Graphiken, Tabellen, Übersichten.

Meyers Taschenlexikon Geschichte in 6 Bänden
Die Weltgeschichte in 25 000 exakt definierten Stichwörtern. 1984 Seiten, rund 25 000 Biographien, Sachartikel und Ländergeschichten. Zahlreiche zum Teil mehrfarbige Abbildungen, Graphiken, Übersichten und Stammtafeln. Rund 200 historische Karten und mehr als 6 000 Literaturangaben.

Meyers Taschenlexikon Musik in 3 Bänden
Das gesamte Wissen über die Musik: Vom Mittelalter bis ins 20. Jahrhundert. 1 056 Seiten, rund 8 000 Biographien und Sachartikel. Über 800 Notenbeispiele, zahlreiche, zum Teil farbige Abbildungen, rund 9 000 Literaturangaben.

MEILENSTEINE

Meilensteine –
Deutsche Geschichte in Schlaglichtern
Ein Geschichtsbuch mit neuartiger Konzeption. 456 Seiten, über 300 Abbildungen. Register.

Meilensteine –
Deutsche Literatur in Schlaglichtern
Ein ideales Handbuch mit Informationen zu den wichtigsten Aspekten deutschsprachiger Literatur. Etwa 480 Seiten, zahlreiche, meist farbige Abbildungen.

Meilensteine –
Europäische Musik in Schlaglichtern
Die bedeutendsten musikalischen Ereignisse der abendländischen Musik von ihren Anfängen bis heute. Etwa 500 Seiten mit zahlreichen, meist farbigen Abbildungen und Notenbeispielen.

KINDER- UND JUGENDBÜCHER

Meyers Jugendlexikon
Ein allgemeines Lexikon, das auf keinem Schülerschreibtisch fehlen sollte. 672 Seiten, rund 7 500 Stichwörter, zahlreiche meist farbige Abbildungen, Fotos, Schautafeln und Tabellen.

Meyers Großes Kinderlexikon
Das neuartige Wissensbuch für Vor- und Grundschulkinder. 323 Seiten mit 1 200 Artikeln, 1 000 bunten Bildern sowie einem Register mit etwa 4 000 Stichwörtern.

Meyers Kinderlexikon
Mein erstes Lexikon. 259 Seiten mit etwa 3 000 Stichwörtern und rund 1 000 farbigen Bildern.

Meyers Buch vom Menschen und von seiner Erde
Das besondere „Schmökerlexikon". Erzählt für jung und alt von James Krüss, gemalt von Hans Ibelshäuser und Ernst Kahl. 162 Seiten mit 77 überwiegend ganzseitigen, farbigen Bildtafeln.

Meyers Großes Buch der alten Schiffe
Von den frühesten Bootsformen bis zu den schönen schnellen Segelschiffen unseres Jahrhunderts. 96 Seiten mit 45 großformatigen, farbigen Bildtafeln.

Meyers Großes Sternbuch für Kinder
Eine umfassende Einführung in das faszinierende Wissensgebiet der Astronomie für Kinder. 126 Seiten mit über 100 farbigen, teils großformatigen Zeichnungen und Sternkarten.

MEYERS LEXIKONVERLAG
Mannheim/Wien/Zürich